Schriftenreihe
der Juristischen Schulung

Band 5

Öffentliches Recht in der Fallbearbeitung

Grundfallsystematik, Methodik, Fehlerquellen

von

Dr. Gunther Schwerdtfeger

Professor an der Universität Hannover

13., neu bearbeitete Auflage

Verlag C. H. Beck München 2008

Verlag C. H. Beck im Internet:
beck.de

ISBN 978 3 406 559975 4

© 2008 Verlag C. H. Beck oHG
Wilhelmstraße 9, 80801 München
Druck und Bindung: Nomos Verlagsgesellschaft
In den Lissen 12, 76547 Sinzheim

Satz: Druckerei C. H. Beck Nördlingen

Gedruckt auf säurefreiem, alterungsbeständigem Papier
(hergestellt aus chlorfrei gebleichtem Zellstoff)

Für Friederike

Vorwort

Die Neuauflage bringt den Rechtsstoff, seine Strukturierungen und die Rechtsprechungsanalysen auf den Stand vom 1. August 2007. Folgende Paragraphen des Buches sind umgeschrieben oder neu geschrieben worden: § 7 – Verwaltungsvollstreckung, § 29 – Rechtsverordnung, § 30 – Satzung, § 32 – Freiheitsgrundrechte, § 33 – Gleichheitsgrundrechte, § 46 – Bund-Länder-Verhältnis/Föderalismusreform, §§ 49, 50, 51 – Europarecht.

Den neuen europarechtlichen Teil (§§ 49, 50, 51) habe ich gemeinsam mit meiner Nichte *Angela Schwerdtfeger,* Wissenschaftliche Mitarbeiterin an der Universität Trier, erarbeitet. Eingepaßt in die Pflichtfachausrichtung des Buches versuchen die neuen Ausführungen, das für einen *Pflichtfach*kandidaten notwendige Wissen und Können im Europarecht herauszuarbeiten. Soweit ersichtlich, wird damit Neuland betreten.

Hannover, im August 2007   *Gunther Schwerdtfeger*

Inhaltsübersicht

4. Teil. Das Recht der öffentlichen Einrichtungen

5. Teil. Die Gültigkeit von Normen

6. Teil. Grundrechtsprüfung

7. Teil. Streitigkeiten zwischen Privaten mit öffentlichrechtlicher Überlagerung

8. Teil. Recht der politischen Parteien

Inhalt*

---

* Im Interesse besserer Übersichtlichkeit sind nachfolgend nur Untergliederungen des
Textes aufgeführt, in welchen die Hauptgedanken Ausdruck finden. Zur Ergänzung
sei auf das Sachverzeichnis verwiesen.

Abkürzungsverzeichnis

a. A. .... anderer Ansicht
aaO .... am angegebenen Orte
abgedr. .... abgedruckt
AbgG .... Abgeordnetengesetz (*Sartorius* Nr. 48)
abw. .... abweichend
a. E. .... am Ende
Alt. .... Alternative
a. M. .... anderer Meinung
Anm. .... Anmerkung
AO .... Abgabenordnung
AöR .... Archiv des öffentlichen Rechts
Arg. .... Argument
Art. .... Artikel
ASOG Bln .... Allgem. Sicherheits- u. Ordnungsgesetz Berlin
AufenthG .... Aufenthaltsgesetz (*Sartorius* Nr. 565)
Aufl. .... Auflage

BadWürttPolG   Baden-württembergisches Polizeigesetz
BauGB .... Baugesetzbuch (*Sartorius* Nr. 300)
BauNVO .... Baunutzungsverordnung (*Sartorius* Nr. 311)
BayLStVG .... Bayerisches Gesetz über das Landesstrafrecht und das Verordnungsrecht auf dem Gebiet der öffentlichen Sicherheit und Ordnung
BayVBl. .... Bayerische Verwaltungsblätter
BBG .... Bundesbeamtengesetz (*Sartorius* Nr. 160)
BbgOBG .... Brandenburgisches Ordnungsbehördengesetz
Bd. .... Band
BeamtVG .... Beamtenversorgungsgesetz (*Sartorius* Nr. 155)
bes. .... besonders
bestr. .... bestritten
betr. .... betreffend
BFH .... Bundesfinanzhof
BFStrG .... Bundesfernstraßengesetz (*Sartorius* Nr. 932)
BGB .... Bürgerliches Gesetzbuch (*Schönfelder* Nr. 20)
BGBl. .... Bundesgesetzblatt
BGH .... Bundesgerichtshof
BGHZ .... Entscheidungen des Bundesgerichtshofs in Zivilsachen
BK .... „Bonner Kommentar", Kommentar zum Bonner Grundgesetz, 1950 ff.
BReg. .... Bundesregierung
BRRG .... Beamtenrechtsrahmengesetz (*Sartorius* Nr. 150)
bestr. .... bestritten
BSG .... Bundessozialgericht
Bundeslaufbahn-
VO .... Bundeslaufbahnverordnung (*Sartorius* Nr. 180)
BVerfG .... Bundesverfassungsgericht
BVerfGE .... Entscheidungen des Bundesverfassungsgerichts

BVerfGG .... Gesetz über das Bundesverfassungsgericht (*Sartorius* Nr. 40)
BVerwG .... Bundesverwaltungsgericht
BVerwGE .... Entscheidungen des Bundesverwaltungsgerichts
BVwVG .... Verwaltungs-Vollstreckungsgesetz des Bundes (*Sartorius* Nr. 112)
BWahlG .... Bundeswahlgesetz (*Sartorius* Nr. 30)
BWahlO .... Bundeswahlordnung (*Sartorius* Nr. 31)

DJT .... Deutscher Juristentag
DÖV .... Die Öffentliche Verwaltung
DRiG .... Deutsches Richtergesetz (*Schönfelder*-Ergänzungsband Nr. 97)
DRiZ .... Deutsche Richterzeitung
DVBl .... Deutsches Verwaltungsblatt

E .... Entscheidungssammlung (Amtliche Sammlung)
EG .... Europäische Gemeinschaft/EG-*Vertrag* in der nach dem 1. 5. 1999 geltenden Fassung (*Sartorius* Nr. 1001)
EGGVG .... Einführungsgesetz zum Gerichtsverfassungsgesetz (*Schönfelder* Nr. 95 a)
EGMR .... Europäischer Gerichtshof für Menschenrechte (vgl. *Sartorius II* Nr. 137)
Einf. .... Einführung
Einl. .... Einleitung
EMRK .... Europäische Konvention zum Schutze der Menschenrechte und Grundfreiheiten (*Sartorius II* Nr. 130)
EU .... Europäische Union/EU-*Vertrag* (*Sartorius* Nr. 1000)
EuGH .... Europäischer Gerichtshof
EuZW .... Europäische Zeitschrift für Wirtschaftsrecht

FG .... Festgabe
FS .... Festschrift
FlugLG .... Gesetz zum Schutz gegen Fluglärm
Fn. .... Fußnote

GaststG .... Gaststättengesetz (*Sartorius* Nr. 810)
gem. .... gemäß
GeschOBReg ... Geschäftsordnung der Bundesregierung (*Sartorius* Nr. 38)
GeschOBTag .... Geschäftsordnung des Bundestages (*Sartorius* Nr. 35)
GewArch .... Gewerbearchiv
GewO .... Gewerbeordnung (*Sartorius* Nr. 800)
GG .... Grundgesetz (*Sartorius*Nr. 1/*Schönfelder*-Ergänzungsband Nr. 1)
GmS-OGB .... Gemeinsamer Senat der obersten Gerichtshöfe des Bundes
GoA .... Geschäftsführung ohne Auftrag
grdl. .... grundlegend
GS .... Großer Senat/Gedächtnisschrift
GVG .... Gerichtsverfassungsgesetz (*Schönfelder* Nr. 95)

HessSOG .... Hessisches Gesetz über die öffentliche Sicherheit und Ordnung
HessStGH .... Hessischer Staatsgerichtshof
HkWP .... Handbuch der kommunalen Wissenschaft und Praxis
h.L. .... herrschende Lehre
h.M. .... herrschende Meinung
HmbSOG .... Hamburgisches Gesetz zum Schutz der öffentlichen Sicherheit und Ordnung
HStR .... Isensee/Kirchhof (Hrsg.), Handbuch des Staatsrechts

Pr.ALR .... Preußisches Allgemeines Landrecht von 1794
Pr.OVG .... Preußisches Oberverwaltungsgericht
Pr.PVG .... Preußisches Polizeiverwaltungsgesetz

Rn. .... Randnummer/Randnummern
RG .... Reichsgericht
RGBl. .... Reichsgesetzblatt
RGZ .... Entscheidungen des Reichsgerichts in Zivilsachen
Rspr. .... Rechtsprechung
RsprEinhG .... Gesetz zur Wahrung der Einheitlichkeit der Rechtsprechung der
                         obersten Gerichtshöfe des Bundes (*Schönfelder* Nr. 95 b)

S. .... Seite
s. .... siehe
SammlG .... Sammlungsgesetz
SchlH .... Schleswig-Holstein
SGB (I oder X)   Sozialgesetzbuch (1. oder 10. Buch) (*Sartorius* Nrn. 408, 409)
SGb .... Die Sozialgerichtsbarkeit
SGG .... Sozialgerichtsgesetz
sog. .... sogenannt
StGB .... Strafgesetzbuch (*Schönfelder* Nr. 85)
StPO .... Strafprozeßordnung (*Schönfelder* Nr. 90)
str. .... strittig
st.Rspr. .... ständige Rechtsprechung
StVG .... Straßenverkehrsgesetz (*Schönfelder* Nr. 35)
StVO .... Straßenverkehrs-Ordnung (*Schönfelder* Nr. 35 a)
StVZO .... Straßenverkehrs-Zulassungs-Ordnung (*Schönfelder* Nr. 35 b)

TA .... Technische Anleitung

umstr. .... umstritten
UPR .... Umwelt- und Planungsrecht

v. .... vom
VA .... Verwaltungsakt
VAe .... Verwaltungsakte
Verh. .... Verhandlungen
VersammlG ...... Gesetz über Versammlungen und Aufzüge (*Sartorius* Nr. 435)
VersR .... Versicherungsrecht
VerwArch .... Verwaltungsarchiv
VG .... Verwaltungsgericht
VGH .... Verwaltungsgerichtshof
vgl. .... vergleiche
VO .... Verordnung
VVDStRL .... Veröffentlichungen der Vereinigung der Deutschen Staatsrechtslehrer
VwGO .... Verwaltungsgerichtsordnung (*Sartorius* Nr. 600)
VwVfG .... Verwaltungsverfahrensgesetz des Bundes (*Sartorius* Nr. 100)

w. .... weitere
WahlprüfungsG Wahlprüfungsgesetz (*Sartorius* Nr. 32)
WHG .... Wasserhaushaltsgesetz (*Sartorius* Nr. 845)
WV .... Weimarer Verfassung

z. B. .... zum Beispiel
ZBR .... Zeitschrift für Beamtenrecht

Verzeichnis abgekürzt zitierter Literatur

Böhm/Gaitanides .... Fälle zum Allgemeinen Verwaltungsrecht
(JuS-Schriftenreihe 54), 4. Aufl. 2007

Bull .... Allgemeines Verwaltungsrecht, 6. Aufl.,
2000

Butzer/Epping .... Arbeitstechnik im Öffentlichen Recht,
2. Aufl., 2001

DDR-Sartorius .... Verfassungs- und Verwaltungsgesetze der
DDR (Loseblattsammlung)

Diederichsen/Wagner .... Die BGB-Klausur (JuS-Schriftenreihe 1),
9. Aufl., 1998

Drews/Wacke/Vogel/Martens .... Gefahrenabwehr, Allgemeines Polizeirecht
(Ordnungsrecht) des Bundes und der Län-
der, 9. Aufl., 1986

Erichsen/Ehlers (Herausgeber) .... Allgemeines Verwaltungsrecht, 13. Aufl.,
2006 („Allg. VR")

Eyermann .... Verwaltungsgerichtsordnung, 12. Aufl., 2006

Götz .... Allgemeines Polizei- und Ordnungsrecht,
13. Aufl., 2001

Götz .... Allgemeines Verwaltungsrecht
(JuS-Schriftenreihe 43), 4. Aufl., 1997

Herdegen .... Europarecht, 9. Aufl., 2007

Hesse .... Grundzüge des Verfassungsrechts der
Bundesrepublik Deutschland, 20. Aufl.,
1995/1999

Hufen .... Verwaltungsprozeßrecht, 6. Aufl., 2005

Kisker/Höfling .... Fälle zum Staatsorganisationsrecht (JuS-
Schriftenreihe 92), 3. Aufl., 2001 („Staatsor-
ganisationsrecht")

Knemeyer .... Polizei- und Ordnungsrecht, 10. Aufl., 2004

Pieroth/Schlink/Kniesel .... Polizei- und Ordnungsrecht, 4. Aufl., 2007

Kopp/Schenke .... Verwaltungsgerichtsordnung, 13. Aufl.,
2003

Kopp/Ramsauer .... Verwaltungsverfahrensgesetz, 9. Aufl., 2005

Leibholz/Rinck .... Grundgesetz, Kommentar an Hand der
Rechtsprechung des Bundesverfassungsge-
richts, 7. Aufl., 1993 ff.

Maunz/Dürig .... Grundgesetz, 1958 ff.

Maurer .... Allgemeines Verwaltungsrecht, 16. Aufl.,
2006

Maurer .... Staatsrecht I, 5. Aufl., 2007

v. Münch .... Staatsrecht I, 6. Aufl., 2000

Ossenbühl .... Staatshaftungsrecht, 5. Aufl., 1998

Palandt .... Bürgerliches Gesetzbuch, 66. Aufl., 2007

Peine .... Allgemeines Verwaltungsrecht, 6. Aufl.,
2002

Pestalozza .... Verfassungsprozeßrecht, 3. Aufl., 1991

Pieroth/Schlink .... Grundrechte Staatsrecht II, 17. Aufl., 2001
Püttner .... Allgemeines Verwaltungsrecht, 7. Aufl., 1995
Püttner/Kretschmer .... Die Staatsorganisation (JuS-Schriftenreihe 62), 2. Aufl. 1993
Redeker/v. Oertzen .... Verwaltungsgerichtsordnung, 12. Aufl., 1997
Rüfner/von Unruh/Borchert/Muckel .. Öffentliches Recht, Bd. I, 6. Aufl., 1994
Sartorius .... Verfassungs- und Verwaltungsgesetze (Loseblattsammlung)
Sartorius (E) .... Verfassungs- und Verwaltungsgesetze, Ergänzungsband (Loseblattsammlung)
Schenke .... Verwaltungsprozeßrecht, 8. Aufl., 2002
Schmidt-Aßmann .... Besonderes Verwaltungsrecht, 13. Aufl., 2005
Schmidt-Jortzig .... Kommunalrecht, 1982
Schmitt Glaeser/Horn .... Verwaltungsprozeßrecht, 15. Aufl., 2000
Schönfelder .... Deutsche Gesezte (Loseblattsammlung)
Schönfelder (E) .... Deutsche Gesetze, Ergänzungsband (Loseblattsammlung)
Sodan-Ziekow .... Verwaltungsgerichtsordnung, 1996 ff.
Steiner (Herausgeber) .... Besonderes Verwaltungsrecht, 6. Aufl., 1999
Stelkens/Bonk/Sachs .... Verwaltungsverfahrensgesetz, 6. Aufl., 2001
Stern .... Verwaltungsprozessuale Probleme in der öffentlich-rechtlichen Arbeit (JuS-Schriftenreihe 3), 8. Aufl., 2000
Ule/Laubinger .... Verwaltungsverfahrensrecht, 4. Aufl., 1995
Wolff/Bachof/Stober .... Verwaltungsrecht, Band 1, 12. Aufl., 2007; Band 2, 6. Aufl., 2000; Band 3, 5. Aufl., 2004

1. Teil. Hinführungen

§ 1. Bestandsaufnahme

I. Scheu vor der öffentlichrechtlichen Fallbearbeitung

Voraussetzung jeder Therapie ist die Diagnose. Deshalb sei zunächst **1** bewußt gemacht, woran es liegt, daß viele Anfänger Scheu vor der öffentlichrechtlichen Fallbearbeitung zeigen und selbst Examenskandidaten der öffentlichrechtlichen Arbeit im Referendarexamen noch mit besonders gemischten Gefühlen entgegensehen.

Häufig fällt sicherlich ins Gewicht, daß das öffentliche Recht im Ausbil- **2** dungsprogramm der ersten Semester mit dem Staatsrecht beginnt. Gerade das Staatsrecht erscheint den Studierenden wesentlich „sperriger" als das Strafrecht und das Zivilrecht mit ihren Anschauungsfällen „aus dem täglichen Leben." Von der Möglichkeit, innerhalb des Staatsrechts jedenfalls die am besten zugänglichen Grundrechte voranzustellen, machen die Fakultäten in der Regel keinen Gebrauch. Im Verwaltungsrecht geht es um Fallgestaltungen und Problemzusammenhänge, zu welchen die Studierenden auf der Schule noch keinerlei Zugang hatten und welche sich ihnen in der praktischen Bedeutung für den Alltag und für das Wirtschaftsleben erst nach und nach erschließen.

Allgemein herrscht Ungewißheit über das, was im öffentlichen Recht zum **3** fall*wichtigen* Stoff gehört und was nicht. Es wird befürchtet, man könne Klausuren mit ungewohnten Fragestellungen oder aus Gebieten bekommen, auf welche man nicht vorbereitet ist; die unüberschaubare Vielzahl der alleine im „Sartorius" abgedruckten (Bundes-)Gesetze läßt Schlimmes ahnen.

Das Unbehagen der Studierenden wird dadurch verfestigt, daß viele öf- **4** fentlichrechtliche Aufgaben (aber nicht alle!) auch ein **Eingehen auf prozessuale Fragen** verlangen.

Das hat u. a. folgende *Gründe:* Ein praktischer Fall bleibt unvollständig gelöst, solange nicht untersucht ist, ob festgestellte Rechte auch *durchgesetzt* werden können und wie das zu geschehen hat. In Zivilrechtsfällen ist es regelmäßig völlig selbstverständlich und daher nicht erwähnenswert, daß die Zivilgerichte angerufen werden können. In der öffentlichrechtlichen Arbeit kann hingegen zweifelhaft sein, ob eine Klagemöglichkeit besteht[1] oder welcher Rechtsweg gegeben ist.[2] Hier ist der Fall erst „gelöst",

---

[1] Vgl. etwa §§ 47, 42 II VwGO.
[2] Problematisch kann insb. sein, ob eine öffentlichrechtliche Streitigkeit i. S. von § 40 I VwGO vorliegt, ferner z. B., ob *trotzdem* gem. § 40 II VwGO der Zivilrechtsweg gegeben ist.

wenn auch solche prozessuale Fragen geklärt sind. – In allen Fällen, in denen die Behörde einen Verwaltungsakt erlassen, also einem Bürger z.B. ein Tun oder Unterlassen geboten hat (Verfügung = Befehl), ist der Klausur eine verfahrensrechtliche Seite *immanent.* Denn durch Erlaß eines Verwaltungsakts entstehen neben materiellrechtlichen auch verfahrensrechtliche Beziehungen zwischen Bürger und Staat: Auch der rechtswidrige (nicht nichtige) Verwaltungsakt ist gültig, solange der Bürger ihn nicht innerhalb der bestehenden Fristen erfolgreich mit Rechtsmitteln angegriffen hat. Versäumt er eine Rechtsmittelfrist (= Verfahrensvorschrift), ist das Verfahren beendet. Der Bürger kann sich nicht mehr darauf berufen, die materiellrechtliche Regelung des Verwaltungsakts sei rechtswidrig.[3] Schon deshalb muß der Bearbeiter zu den Anfechtungsmöglichkeiten mit den Anfechtungsfristen Stellung nehmen.

5   Schließlich dürfte das bei manchem Bearbeiter öffentlichrechtlicher Fälle anzutreffende Unbehagen noch mit darauf zurückzuführen sein, daß von ihm auch **methodisch neue Denkansätze** gefordert werden: Vom Zivilrecht her ist er gewohnt, den Einstieg in fast jede Aufgabe mit der Frage nach der Anspruchsgrundlage zu finden. Jeden Strafrechtsfall pflegt er nach dem Schema „Tatbestandsmäßigkeit, Rechtswidrigkeit, Schuld" aufzubauen. Lediglich wenn es um öffentlichrechtliche *Ansprüche* geht,[4] ist das zivilrechtliche Anspruchsdenken in der öffentlichrechtlichen Klausur noch von Nutzen. Das Strafrechtsschema hat Bedeutung beim Bußgeld.[5] In allen anderen Fällen muß der Bearbeiter (oft selbstschöpferisch) andere Einkleidungen für den Lösungsweg finden. Diese Aufgabe ist ihm ungewohnt.

II. Das Anklammern an Schemata

6   In dieser Situation klammern sich Anfänger, Fortgeschrittene und selbst Examenskandidaten regelmäßig eng an eines der *Schemata für die Bearbeitung öffentlichrechtlicher Fälle,* welche ihnen in schriftlichen oder mündlichen Fallanleitungen nahegebracht werden.

7   Am bekanntesten ist das sogenannte „Prozeßschema", in welchem zunächst nach der „Zulässigkeit der Klage", sodann nach der „Begründetheit der Klage" gefragt wird.

1. Schema „Zulässigkeit einer Klage"

Die einzelnen *Zulässigkeitsvoraussetzungen* einer Klage vor dem *Verwaltungsgericht* (Prozeßvoraussetzungen) lassen sich etwa so zusammenfassen:[6]

---

[3] Einzelheiten später in Rn. 33 ff.
[4] Nachfolgend Rn. 142 ff., 223 ff.
[5] Rn. 137 ff.
[6] Auch eine andere Reihenfolge ist möglich, s. etwa die Vorschläge bei *Stern,* Verwaltungsprozessuale Probleme, Rn. 62; *Schmitt Glaeser/Horn,* Verwaltungsprozeßrecht, Rn. 31; *Hufen,* Verwaltungsprozeßrecht, § 10 Rn. 4.

Zulässigkeitsvoraussetzungen einer Klage

(1) Deutsche Gerichtsbarkeit (§§ 18 ff. GVG), Justitiabilität[7]

(2) **Eröffnung des Verwaltungsrechtsweges** (§ 40 VwGO)

    (a) „Öffentlichrechtliche Streitigkeit"[8]

    (b) Streitigkeit „nichtverfassungsrechtlicher Art"[9]

    (c) Keine gesetzliche Zuweisung an ein anderes Gericht

    (Hält das Verwaltungsgericht den Verwaltungsrechtsweg nicht für gegeben, verweist es den Rechtsstreit an das zuständige Gericht des zulässigen Rechtsweges, § 17 a II GVG; nach Maßgabe von § 17 a I, II, IV GVG wird die Rechtswegfrage vorweg *abschließend* geklärt)

(3) **Richtiger Klage- oder Verfahrenstyp** (– das Gericht hat darauf hinzuwirken, daß die sachdienlichen Anträge gestellt werden, § 86 III VwGO)

    (a) Anfechtungsklage (§ 42 I VwGO)

    (b) Verpflichtungsklage (§ 42 I VwGO)

    (c) Sonstige Abwehr- oder Leistungsklage

    (d) Feststellungsklage (§ 43 VwGO)

    (e) Fortsetzungsfeststellungsklage (§ 113 I 4 VwGO, evtl. analog)

    (f) Abstrakte Normenkontrolle (nur in bestimmten Fällen möglich, § 47 VwGO)

(4) Örtliche, sachliche, instanzielle Zuständigkeit des angerufenen Gerichts (§§ 45 ff. VwGO)

(5) Beteiligtenfähigkeit (§ 61 VwGO), Prozeßführungsbefugnis (§ 78 VwGO)

(6) Prozeßfähigkeit, Prozeßvertretung, Beistand (§§ 62, 67 VwGO)

(7) Ordnungsgemäße Klageerhebung (§§ 81 ff. VwGO), **Klagefrist** (§ 74 VwGO)

(8) Keine Rechtshängigkeit (§ 17 I 2 GVG) und keine Rechtskraft (§ 121 VwGO)

(9) **Klagebefugnis** (§ 42 II VwGO)

(10) **Rechtsschutzbedürfnis**

(11) **Vorverfahren** durchgeführt oder nicht erforderlich (§§ 68 ff. VwGO)

Die Einzelheiten zu diesen Prozeßvoraussetzungen sind z. B. von *Stern*   **8** in Heft 3 der Schriftenreihe der Juristischen Schulung, von *Schmitt Glaeser/Horn* oder von *Hufen*[10] systematisch dargestellt worden. Der „Pflichtfachstudent" braucht im Wesentlichen nur die *Grundzüge*[11] mit den *zentralen* Fragen des Verwaltungsprozeßrechts zu kennen. Erfahrungsgemäß sind in den Übungsfällen nur die (vorstehend fett hervorgehobenen) Schemapunkte „Zulässigkeit des Verwaltungsrechtsweges" (2), „Richtiger Klage- oder Verfahrenstyp" (3), „Klagebefugnis" (9), „Rechtsschutzbedürfnis" (10), „Vorverfahren" (11) und „Klagefrist" (7)

---

[7] Insbes. *Gnadenentscheidungen* (vgl. Art. 60 II GG) sind *nicht* justitiabel; *BVerfGE* 25, 352 (361 ff.); 30, 108 (110 f.); 45, 187 (242 f.); 66, 337 (363); *BVerfG (Kammer)*, NJW 2001, 3771.

[8] Zur Abgrenzung von der „zivilrechtlichen Streitigkeit" s. Rn. 28, 285.

[9] Bei der Klage eines *Bürgers* gegen eine öffentlichrechtliche Körperschaft *ohne weiteres* gegeben; „**Streitigkeiten verfassungsrechtlicher Art**" sind nur zwischen Verfassungsorganen möglich, und auch das nur, wenn materiell ein Verfassungsrechtsverhältnis betroffen ist („doppelte Verfassungs-Unmittelbarkeit", *Schmitt Glaeser/Horn*, Rn. 56); *BVerwGE* 80, 355 (357); 96, 45 (49); *Kraayvanger*, Der Begriff der verfassungsrechtlichen Streitigkeit, 2004.

[10] Titel der einschlägigen Werke schon soeben.

[11] Auf sie beschränken die Ausbildungsnormen die Pflichtfachmaterie des Verwaltungsprozeßrechts in den meisten Bundesländern auch *ausdrücklich*, s. nachfolgend Rn. 19.

problemträchtig und daher **wichtig.**[12] In der *Niederschrift* dürfen wie bei jedem Denkschema nur *die* Schemapunkte abgehandelt werden, welche *ernsthaft* zweifelhaft sind. Ausnahmen bestehen für Erörterungen, welche zur Abrundung der Gedankengänge unerläßlich sind. Selbst wenn es völlig unproblematisch ist, sollte deshalb mit wenigen Sätzen möglichst knapp ausgeführt werden, daß und warum der Verwaltungsrechtsweg gegeben (2) und die richtige Klage (3) erforderlichenfalls nach Durchführung des Vorverfahrens (11) fristgerecht (7) erhoben ist.

Die Prozeßvoraussetzungen des *Zivilprozesses* hat etwa *Ekkehard Schumann* dargestellt.[13] In der *öffentlichrechtlichen* Arbeit wird insoweit regelmäßig nur problematisch, ob der *Zivilrechtsweg* gegeben ist (vgl. z. B. § 40 II VwGO).

9   **Beachte:** Zur **Zulässigkeit der Berufung gegen** ein Urteil gehört nur, ob *sie selbst* zugelassen (vgl. § 124 VwGO) sowie form- und fristgerecht eingelegt und begründet worden ist (vgl. § 124 a VwGO). Stellt sich im Berufungsverfahren heraus, daß die *Klage* nicht zulässig war (etwa weil dem Kläger die Klagebefugnis nach § 42 II VwGO fehlte), ist die Berufung (des in erster Instanz unterlegenen Klägers) nicht unzulässig, sondern un*begründet.*

2. Schema „Begründetheit der Klage"

10   Zur Prüfung der *Rechtmäßigkeit* einer behördlichen Maßnahme *(Begründetheit der/einer Klage)* sei folgendes Grobschema genannt:

(1) In Betracht kommende Ermächtigungsgrundlage
(2) Formelle und verfahrensmäßige Anforderungen
(3) Subsumtion unter die Ermächtigungsgrundlage
(4) Ermessen und Ermessensfehler
(5) Verfassungsrechtliche Schranken

In verfeinerter Form wird das Schema später[14] Gegenstand eingehender Erörterungen sein.

III. Nutzen und Schaden der Schemata

11   Selbstverständlich ist es nützlich, Schemata gegenwärtig zu haben. Sie sind aber nicht geeignet, jeden vorkommenden Sachverhalt ohne weiteres mit den einschlägigen Paragraphen und Rechtsproblemen in Zusammenhang zu bringen und zur richtigen Lösung zu führen – eine Wunderwirkung, welche ihnen selbst Examenskandidaten oft noch zutrauen.[15]

1. Einer schematischen Behandlung zugänglich sind von vornherein nur *einfache* Fälle mit *präziser* Fragestellung. Unklare Fragen sind vorher aufzubereiten.

---

[12] Manche Bundesländer *beschränken* den Prüfungsstoff sogar auf diese Schemapunkte, s. etwa § 16 III Nr. 2 NJAVO.

[13] Die ZPO-Klausur, 3. Aufl. 2005 (JuS-Schriftenreihe 75).

[14] Rn. 57 ff.

[15] „Zur Schein-Sicherheit durch Anwendung der Schemata" s. *Bull,* JuS 2000, 778.

Ist nur allgemein nach der Rechtslage gefragt, läßt sich z.B. das Prozeßschema erst **12** anwenden, wenn geklärt ist, *wogegen* zweckmäßigerweise geklagt wird oder *was genau* mit einer Klage erreicht werden soll. Solange das nicht feststeht, kann man nicht die „Zulässigkeit *der* Klage" erörtern, weil je nach Klageziel ganz unterschiedliche Zulässigkeitsvoraussetzungen einschlägig sein können (= häufiger Fehler).

2. Jedes Schema ist nur für *bestimmte Fallkonstellationen* entwickelt und **13** *brauchbar.* Der Aufbau nach dem *Prozeßschema* ist (nur) verbindlich, wenn im Gutachten die Entscheidung des Gerichts vorzubereiten ist. Denn ein Gericht darf über die Begründetheit der Klage erst befinden, nachdem es ihre Zulässigkeit bejaht hat. Das Prozeßschema paßt von vornherein *nicht,* wenn eine Klagemöglichkeit nach der Fallgestaltung nicht interessiert.

Geradezu grotesk wirkte es, als der Verfasser einer Examensklausur die Möglichkeiten einer *Behörde* zum polizeilichen Vorgehen gegen einen Störer danach beurteilte, ob der *Störer* die noch gar nicht ergangene Polizeiverfügung anfechten könnte, und dann fast nur Ausführungen zur *Zulässigkeit* einer Anfechtungsklage brachte.

Ob das Prozeßschema im **vorprozessualen Stadium** angewendet wird, in welchem zu beurteilen ist, ob die Erhebung einer Klage angebracht wäre, richtet sich nach *darstellung*stechnischen Gründen der Zweckmäßigkeit. Von Ausnahmefällen abgesehen[16] ist es logisch genauso gut möglich, statt dessen zunächst nach der Begründetheit und dann erst nach der Zulässigkeit einer Klage zu fragen. Denn anders als für das Gericht ist es etwa für einen Anwalt gleichgültig, ob die Klage unzulässig oder unbegründet wäre; wenn nach seiner Einschätzung nur eines der Fall ist, sieht er von der Klageerhebung ab. Häufig lassen sich Klage*ziel* (Rn. 12) und Klage*art* erst ermitteln, *nachdem* die materielle Rechtslage durchdacht worden ist.

Das genannte *Schema zu den Rechtmäßigkeitsvoraussetzungen einer* **14** *Maßnahme* (Rn. 10) ist an Fällen entwickelt worden, welche die Anfechtung eines belastenden Verwaltungsakts oder andere belastende Maßnahmen betreffen. Es paßt daher nicht für einen Anspruch auf Erlaß eines begünstigenden Verwaltungsakts, für die Frage, ob ein Gesetz gültig ist, und für weitere später zu behandelnde Fallgestaltungen.

3. Das *einschlägige* Schema vermag dem Bearbeiter nicht zu verraten, **15** hinter welchen Schemapunkten sich die *eigentlichen Probleme* seines Falles verbergen.

Wie später[17] am Beispiel einer Polizeirechtsklausur im einzelnen dargestellt werden wird, verführt die Kenntnis eines Schemas die Bearbeiter daher recht häufig nur dazu, in aller Breite Schemapunkt auf Schemapunkt abzuhandeln und ebenso zäh- wie überflüssig das ganze **„Klipp-Klapp"** des **Schemas** zu Papier zu bringen, die eigentlichen

---

[16] Falls die Verfassungsbeschwerde als das einzig zulässige Rechtsmittel in Betracht kommt, *muß* mit der verfahrensrechtlichen Seite begonnen werden. Denn aus ihr ergibt sich dann, daß materiellrechtlich nur Grundrechtsverletzungen interessieren (vgl. Rn. 509).

[17] Rn. 104, 106.

Probleme dabei aber zu übersehen. Als ganzer Ertrag der Klausur wird dann lediglich ohne allen Wert dokumentiert, daß ein Schema bekannt ist. Zumindest werden die Schwerpunkte falsch gesetzt. Die **eigentliche Aufgabe,** mit möglichst knappen, klaren, auf das Wesentliche beschränkten Worten **die dem Fall (nicht einem Schema) adäquate Lösung** zu finden,[18] wird verfehlt. Es ist also ausgesprochen unheilvoll, wenn immer wieder der den Schemata in der Literatur zumeist beigefügte ausdrückliche Hinweis überlesen wird, es seien nur die Punkte abzuhandeln, welche *ernsthaft* zweifelhaft sind.[19]

16   4. Schließlich kann selbst ein mit größter Perfektion entworfenes Schema nicht *alle* Fragen enthalten, die irgendwann einmal irgendwie erheblich werden könnten. Die *eigentlichen Probleme* des Falles können also gerade *außerhalb* des Schemas liegen.[20]

17   5. *Ertrag* verspricht die Kenntnis eines Schemas nur, wenn der Bearbeiter plastische Vorstellungen zu den Problemen hat, welche *hinter* jedem Schemapunkt stehen. So gesehen kann das Schema insbesondere dem Anfänger **Denkhilfe** beim Hintasten zur Lösung sein, indem es wichtige Punkte vor dem Vergessen bewahrt und die Grundsätze eines systemgerechten logischen Aufbaus verdeutlicht. Der fortgeschrittene Bearbeiter löst sich auch schon während der Denkarbeit mehr und mehr vom Schema. Er hat ein von Kenntnissen und Verständnis getragenes Erfahrungswissen zu immer wiederkehrenden Problemen in typischen Fallgestaltungen, welches ihm unnötige Umwege über das Durchdenken abseitiger Schemapunkte erspart und ihn zumeist alsbald auf die entscheidenden Fragen führt. Ihm dient das Schema nur noch zur Selbst-*kontrolle.*

§ 2. Aufgabenstellung

18   Vor dem Hintergrund des Gesagten wäre ein Vorhaben von vornherein zum Scheitern verurteilt, welches nach zivil- oder strafrechtlichem Vorbild ein Generalschema zu entwickeln suchte, mit welchem man alle oder auch nur einen Großteil der öffentlichrechtlichen Fälle wirklich in den Griff bekäme. Sinnvoll und möglich ist allein von der materiellrechtlichen Seite her die immer wiederkehrenden *typischen Fallkonstellationen* (**Grundfälle**) zusammenzustellen und die *für sie* jeweils typischen materiellrechtlichen *und* prozessualen Probleme zu erläutern. So erhält der Leser einen Überblick über das, was ihn in der Fallbearbeitung erwarten kann. Insbesondere aber wird sein Blick von vornherein für **das in jedem Grundfall Wesentliche** geschult. Im wichtigen letzten Teil, welcher der eigentlichen **Methodik** gewidmet ist, wird später gezeigt, wie man mit den erworbenen Kenntnissen unbefangen und über

---

[18] S. dazu schon das Vorwort.
[19] Zur entsprechenden Behandlung der Prozeßvoraussetzungen schon soeben Rn. 8.
[20] Beispiel in Rn. 104, 106.

allen Schemata stehend arbeitet, um einen *unbekannten* Fall falladäquat und wissenschaftlich angemessen zu bewältigen.

Die Grundfallmethode ist nicht in der Lage, die herkömmlichen Lehrbücher zu ersetzen. Das gilt insbesondere für das Verwaltungsprozeßrecht und für den organisatorischen Teil des Staatsrechts. Demgemäß gehen die verwaltungsrechtlichen Ausführungen des Buches davon aus, daß der Leser sich anhand der genannten Darstellungen von *Stern, Schmitt Glaeser/Horn* oder *Hufen* mit den Grundzügen des Prozesses, insbesondere mit den wichtigsten Prozeßvoraussetzungen, vertraut gemacht hat. Für die Ausführungen des Buches zum organisatorischen Teil des Grundgesetzes gilt entsprechendes mit dem Hinweis auf die gängigen Lehrbücher des Staatsrechts und des Verfassungsprozeßrechts.

§ 3. Wichtige Einzelaspekte

I. Die Anforderungen nach den Prüfungsordnungen

1. Stoffbeschränkungen

Nach § 5 a II 3 DRiG (*Schönfelder (E)* Nr. 97) sind **Pflichtfächer** nur „die 19 *Kernbereiche* des Bürgerlichen Rechts, des Strafrechts, des Öffentlichen Rechts und des Verfahrensrechts einschließlich der europarechtlichen Bezüge". Was zu den Kernbereichen gehört, ist im einzelnen im Juristenausbildungsrecht der Bundesländer festgelegt. In diesem Rahmen sind im *Öffentlichen Recht* vor allem folgende Rechtsgebiete relevant:

Staatsrecht; Verfassungsprozeßrecht; Allgemeines Verwaltungsrecht mit dem allgemeinen Verwaltungsverfahrensrecht; Verwaltungsprozeßrecht; aus dem Besonderen Verwaltungsrecht: Polizei- und Ordnungsrecht, Baurecht, Kommunalrecht; Europarecht.

Es erscheint sinnvoll, die nachfolgenden Darstellungen auf diesen Fächerkatalog zu konzentrieren. Allerdings ist der Fächerkatalog nicht in allen Bundesländern in seinem vollen Umfang relevant. Auch grenzen die Länder den ausbildungsrelevanten Stoff *innerhalb* der prüfungsrelevanten Rechtsgebiete oft nach dem Enumerationsprinzip zusätzlich ein. Von Land zu Land unterschiedlich sind *bestimmte* Materien schließlich bloß in ihren „*Grundzügen*" oder „*im Überblick*"[1] relevant.

Letzteres gilt vor allem für das Verfassungsprozeßrecht und für das Verwaltungsprozeßrecht sowie für das Staatshaftungsrecht als Teil des Allgemeinen Verwaltungsrechts, für das Baurecht und für das Kommunalrecht.

Der Leser muß den für seinen Studien- bzw. Examensort einschlägigen Pflichtprüfungsstoff abschließend selbst ermitteln.[2] Das gleiche gilt für

---

[1] = „Kenntnisse von Inhalt und Struktur der geschriebenen und ungeschriebenen Normen, ihrer systematischen Bedeutung und ihrer Grundgedanken ohne Einzelheiten aus Rechtsprechung und Schrifttum" (§ 3 VI SchlHJAO).

[2] Fundstellen zur jeweils neuesten Fassung der Ländervorschriften im *Schönfelder (E)*, Fn. 3 zu § 5 DRiG (Nr. 97).

den Stoff der öffentlichrechtlichen **Schwerpunktbereiche.**[3] Die Schwer-
punktmaterien finden nachfolgend nur Berücksichtigung, soweit sich
das vom Pflichtfach her aufdrängt.[4]

2. Klausuren und Hausarbeiten

20 Fallbearbeitungen in der Gestalt von **Klausuren** werden in allen Phasen
des Studiums verlangt, schon in der Zwischenprüfung, in den Übungen
für Fortgeschrittene, in der staatlichen Pflichtfachprüfung und zumeist
auch in der universitären Schwerpunktbereichsprüfung.

Für die staatliche Pflichtfachprüfung legen die Juristenausbildungsordnungen in der
Regel den Schwierigkeitsgrad der Klausuren fest: „Die Aufgaben sollen *rechtlich und
tatsächlich einfach* liegen, jedoch hinreichend Gelegenheit geben, die Fähigkeit zur
Erörterung von Rechtsfragen zu zeigen" (§ 19 II NJAVO). Ob die Examensaufgaben
diesem Einfachheitsgebot stets entsprechen, steht auf einem anderen Blatt. In Rechts-
gebieten, welche der Kandidat nur „in den *Grundzügen*" oder nur „im *Überblick*"
kennen muß, sind Fallklausuren im Grundsatz nicht möglich. Denn mit dem Erwerb
bloß *derartiger* Kenntnisse verfügt ein Kandidat nicht über das Wissen und Können,
welches für die Bearbeitung eines *Einzelfalls* erforderlich ist. Aber auch hier sieht die
Prüfungspraxis eventuell anders aus.

Fallbearbeitungen in der Gestalt einer **Hausarbeit** sind Bestandteile der
Zwischenprüfung und der Übung für Fortgeschrittene, nicht (mehr) der
staatlichen Pflichtfachprüfung. Ob die Studienarbeit der Schwerpunktbereichsprüfung eine Fallbearbeitung sein kann oder nur als Themenarbeit[5] oder als gestalterische Aufgabe[6] ausgegeben wird, hängt vom jeweiligen Landesrecht, von der Schwerpunktbereichsprüfungsordnung der
Fakultät und/oder von der Entscheidung des jeweiligen Dozenten ab.

3. Fallbearbeitung als praktisch-wissenschaftliche Aufgabe

21 Die Inhalte des Studiums und die Erste Juristische Staatsprüfung „berücksichtigen die rechtsprechende, verwaltende und rechtsberatende

---

[3] Fundstellen wie Fn. 2.
[4] **Klausurbezogene Einführungen in schwerpunktbereichsrelevante Materien**
geben etwa *Gubelt/Muckel,* Fälle zum Bau- und Raumordnungsrecht, 6. Aufl. 2007
(JuS-Schriftenreihe 26); *Finkelnburg/Ortloff,* Öffentliches Baurecht, Band I,
5. Aufl. 1998, Band II, 5. Aufl. 2005 (JuS-Schriftenreihe 107 u. 108); *Frotscher,* Wirt-
schaftsverfassungs- und Wirtschaftsverwaltungsrecht, 5. Aufl. 2007 (JuS-Schriftenreihe 103); *Schöbener/Jahn,* Fälle zum Öffentlichen Wirtschaftsrecht, 2003 (JuS-
Schriftenreihe 163); *Schmidt/Kahl,* Umweltrecht, 7. Aufl. 2006 (JuS-Schriftenreihe
98). – Zum Europarecht s. Rn. 710 ff., zum Völkerrecht Rn. 692 ff.
[5] Beachte etwa *Tettinger,* Hinweise zur Themenarbeit, JuS 1981, 275, 354; *Huff,* Das
juristische Seminar und die Seminararbeit, JuS 1991, 214; *Bull,* Wie „riskant" sind
Themenarbeiten? – Hilfestellungen und Tips, JuS 2000, 47; *Büdenberger/Bachert/
Humbert,* Hinweise für das Verfassen von Seminararbeiten, JuS 2002, 24.
[6] S. insoweit etwa *Wettling,* Rechtliche Gestaltung in der öffentlichen Verwaltung,
1990; *Grziwotz,* Vertragsgestaltung im öffentlichen Recht, 2002 (JuS-Schriftenreihe
160); *Zuleeg,* JuS 1973, 34 (Schwimmbad-Benutzungsordnung); *Sieveking,* JuS
1983, 536 (Benutzungsordnung für Kindertagesstätte).

Praxis" (§§ 5 a III 1, 5 d I 1 DRiG); das Studium und das Examen sind also auch anwaltsorientiert. „Die erste Prüfung dient der Feststellung, ob der Prüfling das Recht *mit Verständnis* erfassen und *anwenden kann*, in den Prüfungsfächern ... über die erforderlichen Kenntnisse verfügt und *damit für den juristischen Vorbereitungsdienst fachlich geeignet ist"* (§ 2 I 3 NJAG).

Aus diesen Zusammenhängen folgt, daß der Kandidat in einer Fallbear- 22 beitung **praktisches Verständnis** zeigen muß. In der Universitätsübung und im Referendarexamen muß der Fallbearbeiter die Rechtswissenschaft einem Rechtsfall des täglichen Lebens *nutzbar* machen, so wie es von ihm als Referendar und dann später im juristischen Berufsleben ständig verlangt wird. In der Fallbearbeitung sind also *nebeneinander* eine wissenschaftliche Leistung und praktisches Verständnis gefordert, nichts Gegensätzliches, sondern zwei Aspekte *einer* Sache, die gleichzeitig relevant sind.

Ob der Universitätsdozent oder das Prüfungsamt durch die Auswahl des Falles mehr Gelegenheit zur (theoretischen) *Erörterung* von Rechtsfragen gegeben oder Probleme ihrer (praktischen) *Anwendung* auf den konkreten Sachverhalt (z. B. Sachverhaltsauslegungen, saubere Subsumtion, Auffinden versteckter Vorschriften) in den Vordergrund gestellt hat, muß von Fall zu Fall ermittelt werden. Besonders im Universitätsbereich kommen „Fälle" vor, welche ganz auf *ein* Rechtsproblem zugeschnitten sind. Der Aufgabensteller erwartet eine gründliche Auseinandersetzung mit diesem Problem. Er hätte das Problem an sich auch als Aufsatzthema ausgeben können. Die Falleinkleidung wählte er nur, weil das Problem durch sie sogleich plastisch wird, ebenso wie er in Vorlesungen auch *Anschauungs*fälle bringt, um die behandelten Rechtsfragen zu erläutern. Auf der anderen Seite einer breiten Skala stehen Fälle aus der täglichen Praxis, welchen der Bearbeiter durch viel praktisches Verständnis etwa in der Entwicklung sinnvoller Fragestellungen erst die richtige Ausrichtung geben muß, bevor er eine Fülle von Rechtsproblemen aufdeckt, welche mitunter auch dem Aufgabensteller nicht aufgefallen waren.

II. Bewertungskriterien

Der Bearbeiter muß möglichst viele Punkte sammeln. **Wer für die Lösung** 23 **auf der Stelle tritt, punktet nicht.** Mängel führen zu Punktabzügen bis hin zu einem Negativsaldo. Selbstverständlich berücksichtigt der Korrektor, in welchem Stadium seiner Ausbildung sich der Bearbeiter nur erst befindet; auch im Referendarexamen wird noch nicht die Leistung eines fertigen Volljuristen erwartet. Aber die **Bewertungskriterien,** die der Korrektor zunächst „milde" und im Fortschreiten der Ausbildung dann zunehmend strikter anwendet, sind in allen Fällen gleich. Insoweit orientiert sich die Korrektur insbesondere an folgenden Fragen:

– Auf der Grundlage des Gesagten:[7] Ist der Fall gleichsam aus sich heraus mit Pointierungen bei den entscheidenden Fragestellungen zügig bearbeitet worden oder zeigt die Arbeit eher nur handwerklich-technische Routine im „Abarbeiten" eines Schemas mit viel l'art pour l'art und mit unpointierten Rechtsausführungen nach der „Schrotschußmethode"?
– Wie vollständig sind die „springenden Punkte" des Falles bearbeitet oder jedenfalls erkannt worden?
– Sind die Darstellungen in sich konsequent oder enthalten sie logische Brüche?
– Ist unter den Text der entscheidenden Rechtsvorschriften sauber subsumiert worden oder begnügt sich die Arbeit eher mit pauschalen Zuordnungen?[8]
– Werden Begründungen gegeben oder eher nur Behauptungen aufgestellt? Welche Qualität haben die Begründungen? Werden die rechtlichen Zusammenhänge gehörig durchschaut?
– Enthalten die Darstellungen wesentliche Fehler, vielleicht sogar Grundlagenfehler?

Bei einer **Hausarbeit** treten folgende Bewertungskriterien **hinzu:**

– Entsprechen die gedankliche Durchdringung des Falles und die Verarbeitung von Literatur und Rechtsprechung den Anforderungen an eine Hausarbeit oder handelt es sich in der Tendenz eher um eine mit Fußnoten garnierte Klausur?[9]
– Zeigt der Umgang mit Literatur und Rechtsprechung Eigenständigkeit und eigene wissenschaftliche Erfahrung oder gerät die Arbeit in Schwierigkeiten, soweit sie sich nicht auf „Vorgekautes" stützen kann?
– Befindet sich die Arbeit auf dem neuesten Stand von Gesetzgebung, Literatur und Rechtsprechung oder diskutiert sie Vergangenes?[10]
– Usw.

Entscheidend ist mit allem der **Weg zur Lösung,** nicht die „Richtigkeit" oder „Vertretbarkeit" der „nackten" Lösung als solcher.

III. Fall-Training

24 Es liegt auf der Hand, daß man Examensklausuren und -hausarbeiten, die den angedeuteten Bewertungskriterien genügen sollen, erst nach intensivem Training mit vielen Trainingseinheiten angemessen bewältigen kann. Wohlmeinende Anleitungsbücher, auch die vorliegende Schrift, können zwar Hilfestellungen geben, aber nicht den Lehrsatz überspielen, daß nur die eigene Übung den Meister macht.

Die besten und wichtigsten Trainingsmöglichkeiten bieten schon die Zwischenprüfungsarbeiten und dann die **Universitätsübungen.** Sie geben dem Studenten die Gelegenheit, durch das Anfertigen _eigenständiger_ Bearbeitungen die _Schwierigkeiten_ der Fallbearbeitung und der selbständigen wissenschaftlichen Arbeit zu _erfahren_, in den mündlichen Besprechungsstunden die Wege zu ihrer _Beseitigung_ kennenzulernen und – jeweils darauf aufbauend – durch weiteres Üben _rechtzeitig_ die nötige Erfahrung und Sicherheit in der Fallbearbeitung und in der wissenschaftlichen Methodik zu erlangen. Jeder examensbewußte Student sollte von dieser einzigartigen Möglichkeit

---

[7] S. schon das Vorwort sowie Rn. 15 und später Rn. 835.
[8] Rn. 837, 838.
[9] Eingehender zum Unterschied von Klausur und Hausarbeit Rn. 773, 806 f.
[10] Dazu Rn. 808 f.

reichlich Gebrauch machen, möglichst *alle* angebotenen Arbeiten (gerade auch alle Hausarbeiten) mitschreiben und die Besprechungen besuchen. Wenn das auch viel Zeit kostet: Für Anfangssemester und mittlere Semester gibt es keine wichtigere Betätigung. Wer die Zwischenprüfungsarbeiten und die Übungen lediglich als *Prüfungen* sieht, welche mit möglichst wenig Kraftaufwand (und in der Übung mit viel fremder Hilfe) zu absolvieren seien, damit er sich dann in Ruhe auf das Examen vorbereiten könne, überspringt den *Grundstein* des Examenserfolges. Wie man eine wissenschaftliche *Hausarbeit* (= „Grundstock" der Examensnote in den meisten Schwerpunktbereichsprüfungen) schreibt, muß man *vor* Beginn der Examensvorbereitung intensiv eingeübt haben. Später fehlt dafür die Zeit. Mit dem *Klausurenschreiben* verstärkt erst in Examenklausurenkursen zu beginnen, ist ebenfalls zu spät. Nach der Erfahrung gerät der Student jetzt auch nur noch in eine oberflächliche (und zeitraubende) Hektik (Motto 1 bis 3 Klausuren pro Woche neben der sonstigen Examensvorbereitung), in welcher er sich im Übermaß *handwerklich-technische Routine* einübt, die (bisher versäumte) eigenständige, vertiefte, wissenschaftliche Beschäftigung *mit der Sache selbst* aber nicht mehr nachholt.

IV. Präsente Rechtskenntnisse

Unerläßliche Voraussetzung für jede Fallbearbeitung sind insbesondere 25 auch *solide Rechtskenntnisse.* Sie bestehen nicht aus unverdautem Detailwissen, das lediglich eingepaukt worden ist. Der Bearbeiter muß vielmehr über **Grundlagenkenntnisse** verfügen,[11] die dogmatischen Grundstrukturen und das jeweils Typische sicher beherrschen, die Zusammenhänge durchschauen, über das „Warum" nachgedacht und alles Grundlegende wirklich *verstanden* haben. Nur so kann er die *Weichen* richtig stellen. **Wer unreflektiert alles und jedes paukt,** was ihm angeboten wird oder begegnet, gerät in ein nur *trügerisches* Gefühl der Sicherheit: Er **speichert zu unwichtigen und abseitigen Fragen viel zu viel, zu den zentralen Dingen aber entscheidend zu wenig.** Die Examensvorbereitung ist auf das Wesentliche zu konzentrieren. Hilfreich ist das Bild von einem wuchtigen Baum. Auf das Examensergebnis wirkt sich *prägend* aus, wie sich der Kandidat zum *Stamm* und zu den *Ästen* auskennt, wie er *von hierher* die Einzelheiten, auch *unbekannte* Einzelheiten, erschließen und durchschauen kann. Im Bereich von *Zweigen* und *Blattwerk* ist präsentes Wissen allenfalls zu *bestimmten* Einzelheiten gefordert. Weil die Zeit der Examensvorbereitung und die Speicherfähigkeit des menschlichen Gehirns begrenzt sind, ist hier ansonsten „Mut zur Lücke" sinnvoll. *Alles* kann ein Examenskandidat ohnehin nicht wissen. So oder so ist eine Auswahl angesagt. Nichtwissen oder schlechtes Wissen im Bereich von Stamm und Ästen wiegen schwer. Re-

---

[11] In einem Bericht von *Klinger*, JuS 2003, 1191 (1197) heißt es: „Hinsichtlich der von den Prüfungskandidaten gemachten Fehler ergab sich ein aus vielen Examensklausuren vertrautes Bild: Die Korrektoren rügten nicht fehlendes Detailwissen, sondern nahezu ausschließlich Grundlagenfehler, die eigentlich bei Examenskandidaten nicht vorkommen dürften". Das bestätigt die Dringlichkeit einer Veränderung in der üblichen Examensvorbereitung.

duziertes Wissen im Bereich von Zweigen und Blattwerk fällt nicht wesentlich ins Gewicht. Präsente Kenntnisse im Bereich von Zweigen und Blattwerk können sich zwar positiv auswirken. Sie sind aber nicht geeignet, die nach der Examenserfahrung fast typischen Mängel im Bereich von Stamm und Ästen auszugleichen und das Ruder so entscheidend herumzureißen. **Die nachfolgenden Darstellungen versuchen, sich an diesen Erkenntnissen auszurichten.** Das Werk will zum *Juristen* ausbilden und nicht „wandelnde Computer" produzieren.

Wenn immer wieder kolportiert wird, im Bereich von Zweigen und Blattwerk werde *geprüft*, muß man unterscheiden: In einer *Hausarbeit* sind entsprechende Fragestellungen angemessen. Denn in einer wissenschaftlichen Ausbildung muß auch die Fähigkeit erworben werden, mit Hilfe von Gesetzestext, Grundlagenkenntnissen, Literatur und Rechtsprechung bisher unbekannte Einzelbereiche erkunden und bearbeiten zu können. *Klausuren* können zwar eine (dann oft als „schockierend" empfundene) *Anknüpfung* in den Zweigen oder im Blattwerk haben. Aber *verlangt* wird so nur, daß der Kandidat die ihm bisher unbekannten Gesetzestexte gerade mit Hilfe seiner Kenntnisse zum Stamm und zu den Ästen sinnvoll auslegt und anwendet. Ganz ähnlich sollen auch im *Mündlichen* Fragen zu den Zweigen und zum Blattwerk den Prüfern zeigen, ob der Kandidat sich „graue Flecken" auf der Landkarte mit Grundkenntnissen und mit juristischem Verständnis erschließen kann. Ein Kandidat, der sogleich mit der fertigen Antwort hervorprescht, sie dann auf Rückfrage aber (wie häufig zu beobachten) nicht über Stamm und Äste ableiten kann, schadet sich mehr, als ihm sein bloßes Wissen nutzt. Zwar verbleibt ein **Risiko, daß Wissen zu abseitigen Dingen** „abgeprüft" werden könnte. Aber ganz ohne Risiken ist *kein* Examen. Das Risiko ist **kein Grund**, von den als „richtig" erkannten Grundsätzen einer sinnvollen und selbstbewußten Examensvorbereitung abzugehen.

V. Keine Überbewertung von Streitfragen und Theorien

26 Viele Bearbeiter lassen keine Gelegenheit ungenutzt, zu jeder irgend umstrittenen Frage sogleich einen ganzen Stapel verschiedener Theorien auszubreiten. Selbst auf ganz abseits liegende Streitfragen wird oft der Schwerpunkt der ganzen Bearbeitung gelegt – eine Erscheinung des **offenbar unausrottbaren Irrtums, „das Problem" des Falles müsse immer ein Theorienstreit sein.**[12]

Wenn die Aufgabe nicht ganz auf eine Streitfrage zugeschnitten ist, *kann* es nicht die Absicht des Aufgabenstellers einer zwei- bis fünfstündigen **Klausur** sein, den Bearbeiter zusätzlich zur Bewältigung anderer Schwierigkeiten auch noch zu einer fundierten Stellungnahme zu Meinungsstreitigkeiten zu veranlassen. Derartiges ist in erster Linie Spezialabhandlungen, insbesondere Aufsätzen und Monographien vorbehalten. Schon wegen der Kürze der Zeit und weil ihm die nötigen Hilfsmittel (Lehrbücher, Monographien, Rechtsprechung) fehlen, bleibt dem Klausurbearbeiter nichts anderes übrig, als mit möglichst knappen Worten alsbald auf die Theorie zuzusteuern, welche er anwenden möchte. Zu

---

[12] Zu anderen Fallproblemen Rn. 27, 824.

den anderen Theorien genügen Andeutungen, wenn man sie nicht ganz wegläßt. Wer in einer *Klausur* seitenlang Theorien referiert, das Für und Wider erörtert und dann schließlich erst nach vielen Umwegen zu der Theorie kommt, die alleine richtig und anwendbar sei, verschenkt wertvolle Zeit und tritt auf der Stelle. Denn es ist offenkundig, daß er lediglich en bloc übernimmt, was er sich bereits *vor* der Klausur bis in alle Einzelheiten zurechtgelegt hatte.

Nach der Examenserfahrung handelt es sich zumeist um „**Versatzstücke**", die in der Regel von dritter Seite standardisiert worden sind, häufig unabhängig vom Fall genauso auch in anderen Klausuren verwendet werden könnten und in einer Klausur typischerweise von einer großen Anzahl von Bearbeitern in genau der gleichen Weise mit identischen Argumentationen zu Papier gebracht werden.

Das Prüfungsrecht verlangt anderes. Der Kandidat soll *in* der Klausur **27** anhand eines „tatsächlich und rechtlich einfachen" Falles *ad hoc* die „Fähigkeit zur Erörterung von Rechtsfragen"[13] zeigen. Dieser Aufgabe wird der Bearbeiter gerecht, indem er die normativen Zusammenhänge erkennt, (vor allem) sauber subsumiert und Auslegungsprobleme meistert, die sich speziell vom Fall her ergeben. Mit dem „Abspulen" vorgefertigter Versatzstücke kann der Kandidat *nicht* entscheidend „punkten".

In einer **Hausarbeit** ist es eine Frage sinnvoller Schwerpunktbildung,[14] ob man auf einen Theorienstreit eingeht. Als „**Faustregel**" gilt: Theorien zu an sich „gelösten" *allgemeinen Standardfragen* sollten nicht abgehandelt werden (Ausnahmen: Gesetzesänderungen oder neue Erkenntnisse im Umfeld der Frage). Denn ein „passendes" Rad muß nicht ständig neu gefunden werden. In der Regel enthält eine Hausarbeit in hinreichender Zahl *fallspezifische* Schwierigkeiten, an denen sich der Bearbeiter bewähren kann. Durch solche Schwierigkeiten auf der Tagesordnung *müssen* Streitfragen sorgfältig behandelt werden, wenn sie einigermaßen im Zentrum des Falles stehen.[15] Bei **Streitfragen an der Peripherie** sollte der Bearbeiter auch jetzt kurz treten. Greift der Bearbeiter einen Theorienstreit auf, wird weder monographische Gründlichkeit verlangt noch erwartet, daß den verschiedenen Ansichten „gestandener" Wissenschaftler wesentlich Neues hinzufügt wird. Wissenschaftliche Befähigung zeigt der Bearbeiter schon dadurch, daß er seine Stellungnahme methodisch sorgfältig entwickelt und einsichtig macht.[16]

Auch in der **mündlichen Prüfung** geht es um die Methodik, um das „Herangehen" an die Sache. Führt das Prüfungsgespräch auf eine Rechtsfrage, die in verschiedener Weise gelöst werden könnte, versucht der Prüfer, die einzelnen Lösungsmöglichkeiten von den Grundlagen her erarbeiten zu lassen. Präsentes Wissen wird nur zu wenigen zentralen Streitfragen im Bereich des „Stammes" (Rn. 25) erwartet.

---

[13] S. etwa § 19 II NJAVO.
[14] Zu ihr Rn. 820 ff.
[15] Beispiele in Rn. 657 ff., 838.
[16] Dazu Näheres in Rn. 837, 838.

Aus allem folgt, daß der Student sein besonderes Augenmerk in der **Examensvorbereitung** jedenfalls im öffentlichen Recht nicht auf Streitfragen zu richten braucht. Wer stets mit verschiedenen Ansichten hantiert, schafft sich ein unnötiges Gefühl der Unsicherheit und sieht bald den Wald vor lauter Bäumen nicht mehr. Im Pflichtfachbereich sind die gängigen Rechtsfragen für die Praxis mittlerweile so gut wie vollständig geklärt, vor allem durch die höchstrichterliche Rechtsprechung. *Von hierher* sollte sich der Examenskandidat **klare Linien einprägen** und nicht stattdessen alles und jedes relativieren. Die nachfolgenden Darstellungen wollen dem Leser *dabei* helfen.

28 So oder so sollte der Bearbeiter Theorien, mit denen er hantiert, *vertieft verstanden* haben. An einem *zentralen Beispiel*, dem Umgang mit den **Theorien zur Abgrenzung von privatem und öffentlichem Recht** (Subordinationstheorie, Subjektstheorie, Sonderrechtstheorie usw.):[17] In einer Examensklausur waren die Erfolgsaussichten einer Klage zu begutachten, die ein Grundstückseigentümer vor dem Verwaltungsgericht gegen einen „Leistungsbescheid" als (eindeutig) Verwaltungsakt der Gemeinde (Zahlung eines Erschließungsbeitrages, §§ 127 ff. BauGB) erhoben hatte. Zur „öffentlichrechtlichen Streitigkeit" (§ 40 I VwGO) machten die Bearbeiter Ausführungen, wie sie in diesem Zusammenhang fast typisch sind. Zur Abgrenzung des öffentlichen Rechts vom privaten Recht gebe es verschiedene Theorien. Angewendet werde die heute herrschende[18] „Sonderrechtstheorie". Nach ihr liege eine öffentlichrechtliche Streitigkeit vor, weil das BauGB Sonderrecht für die öffentliche Verwaltung enthalte. Diese Ausführungen könnten dreifach kritisiert werden. (1) Mit dem Erlaß des Leistungsbescheides als *Verwaltungsakt hat* die Gemeinde öffentlichrechtlich gehandelt. Das ist eine Selbstverständlichkeit und keine Frage von Theorien. Theorien dienen der Lösung von Zweifelsfällen. (2) Eine öffentlichrechtliche Streitigkeit ist *ohne weiteres* gegeben, wenn die Beteiligten zueinander eindeutig in einem hoheitlichen Verhältnis der Über- und Unterordnung stehen (= „Subordinationstheorie"). Die „Sonderrechtstheorie" steht nicht in einem Konkurrenzverhältnis, sondern allenfalls in einem Ergänzungsverhältnis zur „Subordinationstheorie" für Fälle, in denen die Über-Unterordnung nicht eindeutig ist. So hat die „Sonderrechtstheorie" ihr Hauptanwendungsfeld beim „schlichthoheitlichen" Verwaltungshandeln und beim Verwaltungsrealakt; nach dem Gemeinsamen Senat der obersten Gerichtshöfe des Bundes dient sie hier (nur) der *Identifizierung* von Über-Unterordnungsverhältnissen (Näheres in Rn. 285). Liegt wie im *Ausgangsfall* eindeutig ein Verwaltungsakt vor, ist ohne weiteres das Über-Unterordnungsverhältnis der „Subordinationstheorie" gegeben. (3) Arbeitet man trotz allem mit der „Sonderrechtstheorie", darf bei *Verwaltungsakten* nicht auf das *Fachrecht* abgestellt werden, in dem der Fall „spielt" (BauGB). Sonst wäre ein eindeutig als solcher erlassener Leistungs*bescheid,* der (rechtswidrig) zur Durchsetzung eines zivilrechtlichen Kaufvertrages erlassen wird (Anforderung des Kaufpreises für das verkaufte Rathaus), ein zivilrechtlicher Rechtsakt, was er selbstverständlich nicht ist. „Sonderrecht" liegt vielmehr vor, weil die *nur Behörden* zustehende (materiell vielleicht gar nicht vorhandene) *Befugnis* zum Handeln durch Verwaltungsakt *in Anspruch* genommen wird.[19]

---

[17] Näheres zu den Theorien ist nachzulesen z. B. bei *Maurer,* Allg. VR, § 3 Rn. 14 ff.; *Wolff/Bachof/Stober,* VR Bd. 1, § 22 Rn. 13 ff. Die *Sonderrechtstheorie* (letzter „Schliff" durch *Bachof,* FG BVerwG, 1978, S. 1 ff.) hat sich durchgesetzt, s. zu ihr insbes. auch *GmS-OGB,* in: BVerwGE 74, 368 (370) = *BGHZ 97,* 312 (314); *GmS-OGB,* in: BGHZ 102, 280 (283); *GmS-OGB,* in: BGHZ 108, 284 (286 ff.).
[18] S. vorstehende Fn.
[19] *BVerwGE 84,* 274 (275).

VI. Zur Bedeutung der höchstrichterlichen Rechtsprechung für die Fallbearbeitung

Praktisches Verständnis kann der Bearbeiter u. a. dadurch zeigen, daß er **29** den *rechtlichen* Maßstäben der Praxis Beachtung schenkt und deshalb der höchstrichterlichen Rechtsprechung die **gehobene Bedeutung** beimißt, welche ihr in der Praxis zukommt. Solange der Bearbeiter keine Veranlassung hat, auf einen Meinungsstreit einzugehen (dazu soeben V.), legt er seinen Ausführungen sinnvollerweise die Ansicht der höchstrichterlichen Rechtsprechung zugrunde, nach welcher der Sachverhalt im „Ernstfall" beurteilt würde. So kommt er zu einer *realistischen* Einschätzung der Rechtslage.

Die **Schwerpunktbildung** in einer Hausarbeit kann sich u. a. danach richten, ob eine Frage durch die höchstrichterliche Rechtsprechung für die Praxis geklärt ist. Besteht Veranlassung zu eingehenden Auseinandersetzungen mit einer Zweifelsfrage, zu der eine abschließende Stellungnahme der höchstrichterlichen Rechtsprechung vorliegt, hat der Bearbeiter das Für und Wider zunächst wissenschaftlich zu durchdringen und auf die Waagschalen zu verteilen. Bei der endgültigen Entscheidung ist aber eine Waagschale von vornherein vorbelastet: *Gegen* die Rechtsprechung sollte sich der Bearbeiter nur entscheiden, wenn seiner Ansicht nach *gewichtige* Gründe gegen sie sprechen. Andernfalls besteht keine Aussicht, daß die Rechtsprechung den eingeschlagenen Weg in Zukunft ändert; die Entscheidungsgrundlage ist nicht hinreichend tragfähig für eine **realistische Einschätzung der Rechtslage**. Alle Einzelheiten „Zur Bedeutung der höchstrichterlichen Rechtsprechung für die Fallbearbeitung" sind früher in der „Juristischen Schulung" dargestellt worden.[20] Sie sind allerdings **nicht unbestritten**.[21] Wie der Bearbeiter sich in Zweifelsfällen verhält, bleibt seinem Fingerspitzengefühl überlassen. Den Übungsleiter kann man nach seiner Ansicht fragen. Die Handhabung der Prüfungsämter ist naturgemäß dadurch beeinflußt, daß die Prüfungsausschüsse (zumeist) zur Hälfte mit Praktikern besetzt sind. Seit der Ausbildungsreform 2002 ist das Studium insbesondere auch anwaltsorientiert (Rn. 21). Im Berufsfeld des Anwalts hat die höchstrichterliche Rechtsprechung *so oder so* zentrale Bedeutung.

Beachte im übrigen: Die höchstrichterliche Rechtsprechung kann in sich uneinheitlich sein. Das gilt nicht nur für die verschiedenen Gerichte (*BVerwG* einerseits, *BGH* andererseits), sondern auch für die verschiedenen Senate[22] innerhalb eines Gerichts.[23]

---

[20] *Schwerdtfeger,* JuS 1967, 312. Zur **richterlichen Rechtsfortbildung** und ihren Grenzen zusammenfassend *BVerfGE* 84, 212 (226) – Arbeitskampfrecht; 111, 54 (81 f.).
[21] Vgl. besonders *Ridder,* JuS 1967, 504. Erwiderung durch *Schwerdtfeger,* JuS 1969, 477.
[22] Instruktiv zu ihrer Eigenständigkeit etwa *BVerwGE* 69, 366 (369 ff.).
[23] Beispiel in Rn. 414.

Zwar dienen **die „Großen Senate",** welche bei den obersten Gerichten zu bilden sind (§§ 132, 138 ff. GVG, § 11 VwGO), und **der „Gemeinsame Senat der obersten Gerichtshöfe des Bundes"** (Art. 95 III GG, §§ 1 ff. RsprEinhG) dem Zweck, derartige Divergenzen zu vermeiden.[24] Aber das gelingt nur lückenhaft.

VII. Lösungsregeln nicht als Selbstzweck

29a Zur Aufgabe dieser Anleitung, *methodische* Hinweise zu geben, sei schließlich noch vorausgeschickt: Lösungsregeln sind nicht Selbstzweck, sondern nur Mittel zu dem Zweck, dem Studenten und Examenskandidaten die Fallbearbeitung zu *erleichtern.* Logik und „gesunder Menschenverstand" haben für jede Fallbearbeitung an erster Stelle zu stehen. **Entscheidend ist, daß der Fall adäquat gelöst wird, nicht, daß Lösungsregeln beachtet werden.** Wird eine Fallbearbeitung durch Regeln erschwert, können sie (nach reiflicher Überlegung) getrost beiseite gelassen werden, solange sie nicht auf *zwingenden* logischen oder rechtlichen Vorgegebenheiten beruhen.

Selbst in einem dem *Gericht* zu erstattenden Gutachten, wie über eine erhobene Klage zu entscheiden sei, kann es in Ausnahmefällen aus darstellungstechnischen Gründen zweckmäßig und daher zulässig sein, einige materiellrechtliche Erörterungen „vor die Klammer" zu ziehen und so in einem einführenden Teil vor der „Zulässigkeit der Klage" zu bringen.

---

[24] Beispiel Rn. 28 Fn. 17.

2. Teil. Der Verwaltungsakt im Über-Unterordnungsverhältnis

Regelungen für den Verwaltungsakt (und über den öffentlichrechtlichen Vertrag, **30** Rn. 236 ff.) finden sich im **Verwaltungsverfahrensgesetz des Bundes (VwVfG)**[1] und in den **Verwaltungsverfahrensgesetzen der Länder.**[2] Das Verwaltungsverfahrensgesetz des Bundes gilt nur für die öffentlichrechtliche Verwaltungstätigkeit der Behörden des *Bundes* und der *bundes*unmittelbaren Körperschaften, Anstalten und Stiftungen des öffentlichen Rechts. Für die Behörden der *Länder* und sonstiger öffentlicher Körperschaften, Anstalten und Stiftungen gelten die Verwaltungsverfahrensgesetze der Länder (s. § 1 III VwVfG). Die Verwaltungsverfahrensgesetze der Länder stimmen inhaltlich mit dem VwVfG des Bundes überein. Manche dieser Landesgesetze nehmen das VwVfG des Bundes sogar „schlicht" in Bezug.[3] Das rechtfertigt es, nachfolgend ausschließlich das VwVfG des Bundes zu zitieren. Lediglich das *Landesverwaltungsgesetz Schleswig-Holstein* geht teilweise (zum öffentlichrechtlichen Vertrag) eigene Wege.

§ 4. Allgemeines

I. Arten des Verwaltungsakts

1. Einteilung nach dem Inhalt

Nach ihrem Inhalt teilt man die Verwaltungsakte zumeist ein in:[4]   **31**

a) Gebote und Verbote (Befehle, „Verfügungen" im engeren Sinne)

Beispiele: Die Behörde gibt dem Bürger auf, ein von ihm stehengelassenes Autowrack zu beseitigen, ein Fahrtenbuch zu führen, ein baurechtswidriges Wochenendhaus abzureißen; die Behörde verbietet eine Versammlung, den Betrieb eines Gewerbebetriebes oder einer Gaststätte.

b) Gestaltende Verwaltungsakte

Beispiele: Erteilung, Rücknahme oder Widerruf einer *Erlaubnis* (zum Betrieb einer Gaststätte oder zum Bauen); Einbürgerung, Namensänderung, Beamtenernennung oder sonstige *Statusveränderung;* Widmung eines öffentlichen Weges.

c) Feststellende Verwaltungsakte

Sie stellen die Rechtslage für den konkreten Einzelfall verbindlich fest.

---

[1] *Sartorius* Nr. 100.

[2] Mit Fundstellen aufgeführt im *Sartorius,* Nr. 100, S. 1.

[3] Zum Problem „*dynamischer*" Verweisungen, welche ein anderes Gesetz in seiner *jeweils* geltenden Fassung in Bezug nehmen, s. etwa *BVerfGE* 47, 285 (312 ff.); 60, 135 (161); 78, 32 (35 f.).

[4] Einzelheiten z. B. bei *Wolff/Bachof/Stober,* VR Bd. 1, § 46; *H. Kracht,* Feststellender VA und konkretisierende Verfügung, 2002, S. 38 ff.

Beispiele: Festsetzung des Besoldungsdienstalters eines Beamten; Feststellung der Sozialversicherungspflicht, der Flüchtlingseigenschaft, des Grades der Erwerbsminderung, der Staatsangehörigkeit.[5]

2. Einteilung nach der Wirkung

32 Nach der Wirkung für den Betroffenen lassen sich unterscheiden:

a) Belastende Verwaltungsakte

Belastend sind für die Adressaten alle Gebote und Verbote, aber auch manche gestaltende und feststellende Verwaltungsakte wie z. B. die Rücknahme oder der Widerruf einer Erlaubnis, die Entlassung eines Beamten, die verschlechternde Neufestsetzung seines Besoldungsdienstalters.

Die Initiative zum Erlaß eines belastenden Verwaltungsakts geht typischerweise[6] von der Behörde aus. Nach Maßgabe von Rn. 34 wehrt sich der Bürger durch **Widerspruch** (§§ 68 ff. VwGO) an die Verwaltung und anschließende **Anfechtungsklage** (§ 42 I VwGO) vor dem Verwaltungsgericht.

b) Begünstigende Verwaltungsakte

Eine Legaldefinition des begünstigenden Verwaltungsakts findet sich in § 48 I 2 VwVfG (lesen!). Begünstigend können für die Adressaten nur gestaltende und feststellende Verwaltungsakte sein, wie etwa Erlaubnisse und Genehmigungen oder z. B. die Feststellung der Flüchtlingseigenschaft.

Der Erlaß eines begünstigenden Verwaltungsakts wird in der Regel vom Bürger **beantragt**. Kommt die Behörde dem Antrag nicht nach, verfolgt ihn der Bürger durch **Widerspruch** (§ 68 II VwGO) und **Verpflichtungsklage** (§ 42 I VwGO).

II. Die Funktionen des Verwaltungsakts

33 Grundvoraussetzung für jede Fallbeurteilung ist, daß der Bearbeiter die rechtlichen Funktionen[7] des Verwaltungsakts und – in ihrem Gefolge – einige prozessuale Zusammenhänge kennt.

1. Regelungsfunktion und Bestandskraft

Gem. § 35 VwVfG dient der Verwaltungsakt der *Regelung* eines Einzelfalles. Solange die Regelung besteht, ist ihr Inhalt *verbindlich*. Es liegt also fest, daß der Bürger das zu tun oder zu unterlassen hat, was die Ver-

---

[5] Dazu s. *BVerwGE* 41, 277.
[6] S. aber auch Rn. 183, 202 ff. (Antrag eines Bürgers auf Drittbelastung).
[7] S. zu ihnen auch *Löwer*, JuS 1980, 805.

fügung von ihm verlangt, daß der Inhaber einer Bauerlaubnis bauen darf,[8] welches Besoldungsdienstalter der Beamte hat usw. (**materielle Regelungsfunktion** des Verwaltungsakts). Dabei ist es in der Regel unerheblich, ob der Verwaltungsakt rechtmäßig oder rechtswidrig ist. Denn auch ein rechtswidriger Verwaltungsakt ist gültig, falls er nicht ausnahmsweise mit einem besonders schwerwiegenden und offenkundigen Fehler behaftet ist, welcher gem. § 44 VwVfG zur Nichtigkeit führt.[9]

Der Adressat des **belastenden Verwaltungsakts** kann der Verbindlich- 34
keit nur dadurch entgehen, daß er den Verwaltungsakt fristgerecht anficht, damit die Behörde ihn im Widerspruchsverfahren (§§ 68 ff. VwGO) zurücknimmt (§ 72 VwGO) oder das Gericht ihn im Rahmen einer Anfechtungsklage (§ 42 I VwGO) aufhebt (§ 113 I 1 VwGO). Mit der Rücknahme oder Aufhebung wird der Verwaltungsakt in seinem *Bestand,* in seiner *„äußeren Wirksamkeit"* beseitigt (vgl. § 43 II VwVfG). Nach Maßgabe des § 80 VwGO führt bereits die Anfechtung *als solche* dazu, daß der Verwaltungsakt in seinem *Regelungsgehalt,* in seiner *„inneren Wirksamkeit",*[10] vorläufig gehemmt ist[11] (**„Suspensiveffekt" des Widerspruchs**). Wird der belastende Verwaltungsakt innerhalb der Anfechtungsfristen nicht angefochten, erwächst er zu Lasten seines Adressaten in **(formelle) Bestandskraft.** Sieht man von den nachfolgend behandelten Ausnahmekonstellationen ab, kann der Adressat die Rücknahme oder Aufhebung nicht mehr *erzwingen.* Ein verspäteter Widerspruch hat auch keine aufschiebende Wirkung. Die *Behörde* ist aber nicht gehindert, den belastenden Verwaltungsakt zurückzunehmen oder zu widerrufen (§§ 48 I, 49 I VwVfG). Anders als ein Gerichtsurteil erwächst der Verwaltungsakt *nicht* in *materielle* Bestandskraft („Rechtskraft").

Nach Maßgabe von § 68 I VwGO ist das **Widerspruchsverfahren** der Anfechtungsklage kraft Bundesrechts vorgeschaltet. § 68 I 2 VwGO räumt den Bundesländern aber die Möglichkeit ein, auf ein Widerspruchsverfahren zu verzichten. Die Studierenden müssen erkunden, ob und inwieweit das Ausführungsgesetz des für ihren Studienort einschlägigen Landes zur VwGO von dieser Möglichkeit Gebrauch gemacht hat.

Die **Widerspruchsfrist** und/oder die Frist für die spätere Anfechtungsklage betragen in der Regel einen Monat (§§ 70, 74 I VwGO).

Fall: Als ein Student *(S)* sich zum Examen meldet, stellt sich heraus, daß ihm der an 35
sich erforderliche Übungsschein im Hauptfach X fehlt. Gleichwohl wird er unter der „Bedingung" zum Examen zugelassen, daß er die Klausur in diesem Fach mindestens „ausreichend" schreibt. Dies gelingt ihm nicht. Weil auch alle anderen schriftlichen

---

[8] Die Bauerlaubnis betrifft aber nicht die privatrechtliche Bauberechtigung.
[9] Zu den Nichtigkeitsgründen Rn. 103.
[10] Näheres zur Gegenüberstellung von „äußerer" und „innerer" Wirksamkeit etwa bei *Kopp/Ramsauer,* VwVfG, § 43 Rn. 5 ff.
[11] Zu Ausnahmen (§§ 80 II 1, 80 b I 1 VwGO) und zur Möglichkeit des Bürgers, den Suspensiveffekt in diesen Fällen im Wege des einstweiligen Rechtsschutzes durch das Verwaltungsgericht herstellen zu lassen, s. Rn. 130.

Arbeiten „mangelhaft" sind, erhält er den Bescheid, er habe das Examen nicht bestanden. S überlegt sich: Die „Bedingung" sei nicht eingetreten, also fehle die Zulassung; in einem Examen, zu welchem er nicht zugelassen sei, könne er aber auch nicht scheitern. – Falls S den Bescheid über das Examensergebnis nicht fristgerecht anficht, ist er trotzdem rechtswirksam „durchgefallen", etwa mit der Folge, daß er die Prüfung jetzt nur noch einmal wiederholen kann. Denn aus den von S angeführten Gründen ist der Bescheid über das Nichtbestehen der Prüfung zwar rechtswidrig, aber nicht nichtig, also bis zur Aufhebung durch die Behörde oder durch das Gericht gültig. Die bedingte Zulassung mag ihrerseits auch rechtswidrig gewesen sein. Solange man sie nicht als nichtig ansieht, entfaltet jedoch auch die rechtswidrige Bedingung die von S angedeutete Wirkung.[12]

36 Lehnt die Behörde einen **Antrag auf Erlaß eines begünstigenden Verwaltungsakts** (Baugenehmigung) ab, muß der Antragsteller entsprechend fristgerecht Rechtsmittel einlegen (Widerspruch, anschließend Verpflichtungsklage gemäß § 42 I VwGO auf Erlaß des begünstigenden Verwaltungsakts). Denn sonst kann sich die Behörde gegenüber einem neuen Antrag darauf berufen, sie *habe* bereits negativ entschieden: Die **formelle Bestandskraft der Ablehnung** ist im Rahmen nachfolgender Eingrenzungen **Verfahrenshindernis für das neue Antragsverfahren**.[13]

37 Nach Ablauf der Rechtsmittelfrist[14] steht es sowohl beim belastenden Verwaltungsakt als auch bei der Ablehnung eines begünstigenden Verwaltungsakts grundsätzlich im **Ermessen der Behörde,** ob sie das Verfahren **wiederaufgreift,** nämlich in eine erneute Sachprüfung eintritt (§ 51 V i.V.m. §§ 48 I 1, 49 I VwVfG).[15] Der Bürger hat allerdings einen *Anspruch* auf ermessensfehlerfreie Entscheidung[16] über die Frage, *ob* in eine erneute Sachprüfung *eingetreten* werden soll.[17] Ein **Anspruch auf die neue Sachprüfung** selbst besteht, **wenn** das Wiederaufnahmeermessen „auf Null reduziert" ist,[18] vor allem (§ 51 VwVfG), wenn sich die Sach- oder Rechtslage verändert hat,[19] neue Beweismöglichkeiten aufgetaucht sind oder Wiederaufnahmegründe entsprechend § 580 ZPO vorliegen.[20] Ein Anspruch auf Wiederaufgreifen besteht hingegen nicht, wenn sich nur die höchstrichterliche Rechtsprechung geändert hat.[21, 22]

---

[12] Näheres Rn. 168.

[13] Diese *formelle* Situation übersieht *BVerwGE 48, 271,* wo es heißt, wiederholte Bauanträge müßten stets sachlich neu beschieden werden, weil der Ablehnung eines Bauantrages keine materielle *Regelungs*funktion (Rn. 40, 45) zukomme, sie nämlich nicht *materiell* verbindlich feststelle, daß kein Bauanspruch bestehe.

[14] Zur „Wiedereinsetzung in den vorigen Stand" s. § 32 VwVfG, § 60 VwGO.

[15] Klausur bei *Seiler,* JuS 2001, 263.

[16] Zu ihm allgemein Rn. 157 ff.

[17] S. *BVerwGE 44, 333* i.V.m. *BVerfGE 27, 297* ff.; *BVerwG,* NJW 1981, 2595.

[18] Allgemein zur „Ermessensreduzierung auf Null" Rn. 161.

[19] Dazu gehört auch der naturwissenschaftliche „Erkenntnisfortschritt", *BVerwGE 115, 274 (281).*

[20] Zum Wiederaufgreifen trotz rechtskräftiger Gerichtsentscheidung in der gleichen Sache s. *BVerwG,* NJW 1985, 280; *BVerwGE 82, 272* = JuS 1990, 851 Nr. 13.

[21] *BVerwGE 28, 118 (127 f.), 39, 231 (233); BVerwG,* NJW 1981, 2595.

2. „Titel"funktion als Grundlage der Verwaltungsvollstreckung

Ein Gebot oder Verbot kann die Behörde selbst vollstrecken, ohne das   **38**
verlangte Tun oder Unterlassen vorher gerichtlich einklagen und sich so
wie ein Privatmann einen gerichtlichen Vollstreckungstitel beschaffen zu
müssen[23] *(„ Titel"funktion* des Verwaltungsakts als Grundlage der Verwaltungs*vollstreckung).* Bei gestaltenden und feststellenden Verwaltungsakten kommt eine Vollstreckung naturgemäß nicht in Betracht.

III. Vorliegen und Regelungsinhalt eines Verwaltungsakts

Insbesondere wegen der Verbindlichkeit seiner Regelungen ist es in der   **39**
Praxis und in der Fallbearbeitung wichtig zu *erkennen, wann* die
Rechtsbeziehungen durch einen Verwaltungsakt geregelt sind und wel-
chen genauen *Inhalt* die Regelung hat.

Fall: Obgleich *A* in einen Unfall verwickelt war, beläßt ihm das Gericht die Fahrerlaubnis, weil es ihn weiterhin für geeignet hält, ein Kraftfahrzeug zu führen. Wegen
der Schwere der Schuld entzieht dem *A* anschließend aber die Verwaltungsbehörde
die Fahrerlaubnis und fordert ihn auf, den Führerschein unverzüglich bei ihr abzuliefern. *A* tut das, hält das Handeln der Behörde aber für rechtswidrig und fragt an, was
er unternehmen müsse, „um den Führerschein wiederzubekommen". – Viele Bearbeiter dieser Klausur stellten (laienhaft) die Herausgabe des Führerscheins (Leistungsklage) ganz in den Vordergrund. Statt dessen geht es in erster Linie um den gestaltenden
Verwaltungsakt „Entziehung der Fahrerlaubnis" (§ 3 StVG, § 46 I FahrerlaubnisVO).
A muß diesen (wegen § 3 IV 1 StVG rechtswidrigen) Verwaltungsakt anfechten (Widerspruch, Anfechtungsklage). Der Führerschein ist nur eine Bescheinigung, welche
dem Nachweis der Fahrerlaubnis dient (§ 4 II FahrerlaubnisVO). Einen Anspruch auf
seine Aushändigung hat *A* erst, wenn die „Entziehung der Fahrerlaubnis" beseitigt ist.
Zu klären bleibt die rechtliche Bedeutung der „Aufforderung", den Führerschein
unverzüglich abzuliefern. Es handelt sich vielleicht um einen unverbindlichen Hinweis *(kein* Verwaltungsakt) auf die ohnehin schon nach § 3 II 3 StVG, § 47 I FahrerlaubnisVO bestehende *gesetzliche* Ablieferungspflicht. Diese Ablieferungspflicht
kann aber ohne Zwischenschaltung einer Verfügung als „Vollstreckungstitel" von der
Behörde nicht vollstreckt werden. Deshalb ist es naheliegender, in der „Aufforderung" ein vollstreckbares Gebot (Verwaltungsakt) der Behörde zur Ablieferung zu
sehen. Die prozessuale Behandlung dieses (durch die Ablieferung erledigten) Verwaltungsakts mag hier dahinstehen.

Weiterer Fall:[24] Von *X* ist durch Gebührenbescheid eine Fleischbeschaugebühr in
Höhe von 5000 € erhoben worden. Später stellt sich heraus, daß die Behörde nach der
einschlägigen Gebührenordnung nicht 1 cent pro kg, wie geschehen, sondern 2 cent
pro kg hätte ansetzen müssen. Sie erläßt deshalb einen weiteren Gebührenbescheid
über nochmals 5000 €. *X* fragt an, ob er gegen diesen „Nachforderungsbescheid" vor-

---

[22] Im Wiederaufgreifen des Verfahrens nach § 51 I VwVfG ist die im Text nur behandelte „Begründetheit" des Antrags auf Wiederaufgreifen von seiner (vorweg erheblichen) „Zulässigkeit" zu unterscheiden. Näheres dazu und zu der Frage, welche
Aspekte wo „geprüft" werden müssen, in *BVerwG*, NJW 1982, 2204.

[23] Näheres nachfolgend Rn. 128 ff.

[24] *BVerwGE* 30, 132.

gehen könne. – Mancher Bearbeiter der Klausur sah die Ermächtigungsgrundlage für den Nachforderungsbescheid ohne weiteres in der Gebührenordnung, nach welcher eben 10 000 € erhoben werden müßten. Diese Lösung wäre zutreffend, wenn der erste Bescheid *lediglich* das *Zahlungsgebot* über 5000 € enthalten, die bereits in der Gebührenordnung enthaltene Gebührenforderung also nur *vollstreckbar* gemacht hätte. Dann könnte der „Nachforderungsbescheid" den noch fehlenden „Vollstreckungstitel" über die restlichen 5000 € schaffen. Der erste Bescheid regelt wie jeder Gebührenbescheid über die vollstreckbare Anforderung des Betrages hinausgehend aber gleichzeitig auch, daß für die Fleischbeschau 5000 €, nicht weniger und nicht mehr, zu entrichten seien. Der Gebührenbescheid ist also gleichzeitig Zahlungsgebot *und feststellender Verwaltungsakt*. Der Nachforderungsbescheid beseitigt die dem X günstige *verbindliche Feststellung* des ersten Bescheides, es seien Gebühren in Höhe von *(nur)* 5000 € entstanden. Die Ermächtigungsgrundlage für diese (Teil-)Rücknahme des ersten Bescheides findet sich nicht in der Gebührenordnung, sondern ergibt sich aus den Regelungen über die Rücknahme rechtswidriger begünstigender[25] Verwaltungsakte, welche später[26] näher dargestellt werden.

40 **Merke:** Vergleichbar dem Gebührenbescheid enthält die **Baugenehmigung neben der Gestattung** (Baufreigabe als *gestaltender* Verwaltungsakt) die **verbindliche Feststellung,** daß das (Bau-)Vorhaben einschließlich der ihm zugedachten Nutzung mit den einschlägigen öffentlichrechtlichen Vorschriften übereinstimmt.[27] Mit dem Ansatz bei der Feststellung läßt sich das Genehmigungsverfahren *gestuft* durchführen, über die verbindliche Vorabentscheidung zu (für die weitere Planung wichtigen) einzelnen Genehmigungsvoraussetzungen („Vorbescheid",[28] z. B. über die Bebaubarkeit eines Grundstücks; die „Teilgenehmigung" enthält neben einer entsprechenden Feststellung auch die Gestattung, Teile des Baues ausführen zu dürfen).[29] Über den feststellenden Teil kann teilweise auch die **Frage nach der Bindungswirkung**[30] **einer Genehmigung für andere Verwaltungsverfahren** gelöst werden.[31]

41 Der sog. „**Zweitbescheid**", mit dem die Behörde einen *bestandskräftig* abgelehnten, aber erneuerten (Bau-)Antrag ein zweites Mal ablehnt, ist schon deshalb Verwaltungsakt, weil er das neue Verwaltungsverfahren (§ 22 Nr. 1 VwVfG) beendet.[32] Die Behörde mußte jedenfalls über das beantragte *Wiederaufgreifen* entscheiden.[33] Ob die Regelung des Zweitbescheides sich hierin erschöpft oder darin besteht, daß die Be-

---

[25] A. A. (belastende Verwaltungsakte) *BVerwG*, aaO. Dabei wird aber die *feststellende* Regelung des ersten Bescheides übersehen, welche besteht, *obgleich* die Behörde natürlich nicht auf Gebühren *verzichten* (Arg. des *BVerwG*) wollte.

[26] Rn. 178 ff.; in vielen Bundesländern verweisen die Kommunalabgabengesetze auf die AO (= § 130 AO).

[27] *BVerwGE* 81, 61 (69); 84, 11 (13 f.) st. Rspr. Umgekehrt enthält die *Ablehnung* einer Genehmigung in der Regel *keine* Feststellung zur *Un*vereinbarkeit mit den öffentlichrechtlichen Vorschriften, s. *BVerwGE* 48, 271; 84, 11 (14) = JuS 1990, 589 Nr. 14.

[28] *Reichelt,* Der Vorbescheid im Verwaltungsverfahren, 1989. Abgrenzung von der „Zusicherung" (§ 38 VwVfG) in Rn. 230.

[29] Zu Stufungen in immissionsschutzrechtlichen und atomrechtlichen Genehmigungsverfahren s. Rn. 222.

[30] Umfassend *Seibert,* Die Bindungswirkung von Verwaltungsakten, 1988; Überblick bei *Randak,* JuS 1992, 33.

[31] Für das Verhältnis Baugenehmigung – Gaststättenerlaubnis s. insoweit *BVerwGE* 80, 259 = JuS 1989, 675 Nr. 13; 84, 11 = JuS 1990, 589 Nr. 14.

[32] *BVerwGE* 44, 333 (335); *BVerwG,* NVwZ 2002, 482.

[33] Soeben Rn. 37. Aus den dort genannten Gründen ist die „*wiederholende Verfügung*", die *keine* Regelung enthält (*BVerwGE* 13, 99 [103]), heute rechtlich nicht mehr denkbar; *BVerwG,* NVwZ 2002, 482.

hörde *nach* Wiederaufgreifen und erneuter Sachprüfung den (Bau-)Antrag *in der Sache* erneut abgelehnt hat, beurteilt sich nach dem Einzelfall. (In der zweiten Alternative ist die Bestandskraft der ersten Ablehnung hinfällig; der (Bau-)Antrag kann durch Widerspruch und Verpflichtungsklage *in der Sache selbst* neu verfolgt werden).

IV. VA-Begriff

1. Mit etwas Judiz läßt sich in den meisten Fällen ohne weiteres ausma- 42
chen, ob die Beziehungen zwischen Bürger und Staat durch Verwaltungsakt geregelt sind und damit der gegenwärtig behandelte „Grundfall" einschlägig ist. Zur Überwindung von *Abgrenzungsschwierigkeiten* muß der Fallbearbeiter gleichwohl plastische Vorstellungen von den *Kriterien des Verwaltungsakts* haben.

Ausgangsfall:[34] Der zuständige Referent beim Regierungspräsidenten fordert durch ein Rundschreiben alle mit der Vergabe öffentlicher Aufträge betrauten staatlichen Stellen des Regierungsbezirks auf, dem Bauunternehmer *U* fortan keine Aufträge mehr zukommen zu lassen, da dessen Geschäftspraktiken zu unsolide seien. *U* möchte wissen, wie er gegen das Rundschreiben vorgehen kann. U. a.[35] interessiert, ob die „Aufforderung" ein Verwaltungsakt ist. *U* müßte gegen sie dann zunächst gem. §§ 68 ff. VwGO Widerspruch einlegen.

Nach der **Legaldefinition in § 35 VwVfG** ist[36] Verwaltungsakt „jede 43
Verfügung, Entscheidung oder andere hoheitliche Maßnahme", die erlassen wird

(1) von einer „Behörde"

„Behörde" ist gem. § 1 IV VwVfG in einem weiten Sinne „jede Stelle, die Aufgaben der öffentlichen Verwaltung wahrnimmt". Aufgaben der *Verwaltung* sind nicht die Aufgaben der Gesetzgebung, Regierung oder Rechtsprechung, so z.B. in der Tätigkeit des BPräs. nicht die Ausfertigung von Gesetzen, wohl aber die Beamtenernennung. – Eine Behörde hat im *Ausgangsfall* gehandelt. – *Merke:* Wegen des weiten Behördenbegriffs kann **auch** ein **Privater,** welcher **mit entsprechenden Hoheitsbefugnissen** „**beliehen"** ist (Beispiel TÜV), Verwaltungsakte erlassen.[37]

(2) „auf dem Gebiet des öffentlichen Rechts" 44

Damit ist der Verwaltungsakt insbesondere von privatrechtlichen Maßnahmen abgegrenzt. Im *Ausgangsfall* ist die *dienstliche* Aufforderung öffentlichrechtlich.

(3) „zur Regelung" 45

Das Begriffsmerkmal der Regelung **kennzeichnet die Verbindlichkeit des VA als Ausdruck seiner Regelungsfunktion** (Rn. 33). Die Regelung ist zu unterscheiden von einer *unverbindlichen* Meinungsäußerung, Auskunft oder bloßen Aufforderung (Auslegung entsprechend § 133 BGB[38]). Im *Ausgangsfall* könnte die Aufforderung als

---

[34] Vgl. *BVerwGE* 5, 325.
[35] Abschließende Fallbehandlung in der 10. Auflage dieses Buches, Rn. 283 ff.
[36] Zu den einzelnen Merkmalen vgl. die Darstellungen bei *Erichsen/Ehlers,* Allg. VR, § 12 Rn. 11 ff.; *Wolff/Bachof/Stober,* VR Bd. 1, § 45 Rn. 15 ff.; *Maurer,* Allg. VR, § 9 Rn. 6 ff.
[37] Rn. 638.
[38] Dazu etwa *BVerwG,* NVwZ 1986, 1011.

verbindliche Weisung zu deuten sein, sodaß eine Regelung gegeben wäre. Der „unmittelbaren Außenwirkung", welche früher verbreitet mit bei der Regelung angesiedelt wurde, ist nach dem Wortlaut des § 35 S. 1 VwVfG ein eigener Schemapunkt zu reservieren (nachfolgend (5)). Faktisches Handeln *(Realakt)* ist keine Regelung, kann aber konkludent eine Regelung enthalten (zeichengebender Verkehrspolizist, § 37 II 1 VwVfG).

46 (4) „eines Einzelfalls"

Damit ist die **Abgrenzung zur generellen Regelung durch eine Norm** (Gesetz, Verordnung, Satzung) bezeichnet. Besondere Schwierigkeiten macht die Abgrenzung zwischen einer **Allgemeinverfügung** (§ 35 S. 2 VwVfG) und einer Norm;[39] auch das Rundschreiben im *Ausgangsfall* läßt sich insoweit nicht ohne weiteres einordnen. Das früher strittige **Verkehrszeichen** ist kraft bewußter Entscheidung des Gesetzgebers[40] Allgemeinverfügung,[41] weil es „die Benutzung einer Sache durch die Allgemeinheit" (§ 35 S. 2 VwVfG) betrifft.

47 (5) „gerichtet" „auf unmittelbare Rechtswirkung nach außen"

„Ob einer Regelung unmittelbare Außenwirkung in *diesem* Sinne zukommt, hängt davon ab, ob sie ihrem *objektiven Sinngehalt* nach **dazu bestimmt** ist, Außenwirkung zu entfalten, nicht aber davon, wie sie sich im Einzelfall *tatsächlich* auswirkt."[42] Im *Ausgangsfall* ist keine *unmittelbare* Außen*richtung* gegeben. – Auch die beim sog. „**mehrstufigen Verwaltungsakt**" erforderliche *interne* Zustimmung einer anderen öffentlichrechtlichen Körperschaft[43] ist nicht auf *unmittelbare* Außenwirkung *gerichtet* und damit kein selbständig einklagbarer Verwaltungsakt. In der Zeit vor Inkrafttreten des VwVfG hatte das *BVerwG* zwar einen Verwaltungsakt angenommen, wenn der mitwirkenden Behörde „die *ausschließliche* Wahrnehmung bestimmter Aufgaben und die *alleinige* Geltendmachung besonderer Gesichtspunkte übertragen ist".[44] Diese Rechtsprechung ist aber überholt, weil § 35 VwVfG das Kriterium der ausschließlichen Sachkompetenz in den VA-Begriff *nicht* aufgenommen hat. Somit ist alleine das Außenhandeln der „*federführenden*" Behörde, etwa der Baugenehmigungsbehörde, VA, nicht aber das bloß interne Einvernehmen der Gemeinde nach § 36 BauGB[45] oder die bloß interne Zustimmung der obersten Landesstraßenbaubehörde nach § 9 II, III BFStrG.[46]

48 Fallwichtig sind besonders die Kriterien (3), (4), (5). In der Niederschrift sollten nie langatmig alle Kriterien durchgemustert, sondern nur

---

[39] Klausurfall („absolutes" exekutives Fahrverbot wegen Schneekatastrophe) bei *Steiniger,* JuS 1981, 205. S. ferner *Schenke,* Formeller oder materieller Verwaltungsaktbegriff?, NVwZ 1990, 1009.

[40] Vgl. BT-Drs. 7/910, S. 57.

[41] *BVerwGE,* 59, 221 (224); 92, 32 (34); 97, 323 (326); 102, 316 (318) = JuS 1998, 183 Nr. 15; *BVerwG,* NJW 2004, 698 = JuS 2004, 637 Nr. 637 *(Hufen)* (auch zu § 42 II VwGO und zum Rechtsschutzbedürfnis für eine Anfechtungsklage).

[42] So *BVerwGE* 60, 144 (145, 147) im Zusammenhang mit der beamtenrechtlichen Umsetzung (= *kein* VA); *BVerwG,* DVBl. 1981, 495; *BVerwGE* 77, 268 (273 f.); 90, 220 (222 f.); *BVerwG,* NVwZ 1994, 784; *BVerwG,* NVwZ 1995, 910.

[43] Überblick über die gesamte Problematik bei *Wolff/Bachof/Stober,* VR Bd. 1, § 45 Rn. 66 ff.

[44] *BVerwG,* NJW 1959, 590; *BVerwGE* 26, 31 (39 ff.); s. ferner *BVerwGE* 16, 301 (303); 19, 238 (241 f.).

[45] *BVerwG,* NVwZ 1986, 556.

[46] *BVerwG,* DÖV 1975, 572; s. ferner z. B. *BVerwGE* 21, 354 (§ 12 II LuftverkehrsG); 67, 173 (Einbürgerung); 95, 333 (§ 45 I b 2 StVO); 99, 371 (Richterwahlausschüsse).

die Kriterien gebracht werden, welche irgendwie zweifelhaft sein könnten.

Für alle Einzelheiten der Abgrenzung muß auf die Spezialliteratur 49 verwiesen werden.[47] Nur auf eines sei besonders aufmerksam gemacht: Ist eine Behörde tätig geworden, muß zur Ermittlung der Rechtsnatur der Maßnahme (ebenso wie auch für ihren genauen Inhalt, s. insoweit § 43 I 2 VwVfG) vom **objektiven Erklärungswert** ausgegangen werden, den sie für den Bürger nach seinem „Empfängerhorizont" hat, nicht davon, welche Maßnahme die Behörde „an sich" ergreifen wollte.[48]

Beispiele: Durch Gesetzesänderung ist klargestellt, daß die Gemeinde ihr Vorkaufsrecht „durch Verwaltungsakt" auszuüben hat (§ 28 II 1 BauGB). Vor dieser Klarstellung war umstritten,[49] ob die Ausübung des gemeindlichen Vorkaufsrechts zivilrechtliche Willenserklärung oder (privatrechtsgestaltender) Verwaltungsakt „*sei.*" Die Frage war *so* schief formuliert: Nach der Sachverhaltsschilderung einer Klausur hatte die Äußerung der Gemeinde ganz das herkömmliche Aussehen eines Verwaltungsakts, enthielt insbesondere auch eine Rechtsmittelbelehrung.[50] Schon damit *war* sie Verwaltungsakt. Auf die Streitfrage kam es erst im Zusammenhang mit der Rechtmäßigkeit dieses Verwaltungsakts an: Eine zivilrechtliche Berechtigung zur Ausübung des Vorkaufsrechts hätte nicht Ermächtigungsgrundlage für einen Verwaltungsakt sein können; er wäre also rechtswidrig gewesen. – Eine in der gesamten Form eines Verwaltungsakts ausgestaltete Anordnung ist auch dann (rechtswidriger) Verwaltungsakt, wenn sie ihrem wesentlichen Inhalt nach etwas regelt, was nur durch eine Rechtsnorm geregelt werden kann.[51]

2. In den *Vorüberlegungen* empfiehlt es sich, Zweifelsfragen der Ab- 50 grenzung vorweg zu klären, um die Weichen zum einschlägigen Grundfall von vornherein richtigzustellen. **In der Niederschrift** sollte die **Rechtsnatur** eines Rechtsaktes (Verwaltungsakt?) hingegen **nie für sich vorweg** behandelt, sondern stets sinnvoll eingekleidet werden. In einem prozessualen Aufbau hat die Rechtsnatur des Rechtsaktes etwa Bedeutung für die Ermittlung des Rechtsweges und der richtigen Klageart (Anfechtungsklage nur bei Verwaltungsakt). Werden zunächst materiellrechtliche Ausführungen gebracht, kann man die Untersuchung zur Rechtsnatur in geeigneten Fällen z. B. so motivieren: Der Eingriff setzt eine Ermächtigungsgrundlage voraus. Als Ermächtigungsgrundlage kommt eine bestimmte Vorschrift in Betracht, welche (nur) den Erlaß eines Verwaltungsakts gestattet. Also kommt es darauf an, ob ein Verwaltungsakt vorliegt.

---

[47] Einstieg etwa über die in Fn. 33 Zitierten.
[48] *BVerwGE* 12, 87 (91); 13, 99 (103); 16, 116; 29, 310; 74, 15 (17); 88, 286 (292).
[49] Ausführliche Nachw. in *BGH*, NJW 1973, 1278 = JuS 1973, 651 Nr. 14.
[50] Zur Bedeutung der Rechtsmittelbelehrung als Indiz (aber auch nicht mehr) für das Vorliegen eines VA s. *BVerwGE* 13, 99 (103).
[51] *BVerwGE* 18, 1. Zur Frage „formeller (h. M.) oder materieller VA-Begriff" eingehend *Schenke*, NVwZ 1990, 1009.

§ 5. Der belastende Verwaltungsakt

51 Ausgangsfall: Das Staatsoberhaupt *S* des Landes *A* wird in der Bundesrepublik erwartet. Die für die Organisation verantwortlichen Stellen wollen verhindern, daß die vielen Staatsangehörigen des Landes *A,* welche sich in der Bundesrepublik aufhalten, Demonstrationen gegen *S* organisieren und durchführen. Denn sie befürchten, dadurch könnten die bisher äußerst freundschaftlichen Beziehungen zwischen beiden Ländern erheblich beeinträchtigt werden. Unter Bezugnahme auf § 47 I 2 Nr. 2 AufenthG untersagt der Oberbürgermeister dem *X* deshalb mit dieser Begründung durch schriftliche Verfügung „jegliche politische Betätigung für die Dauer des Staatsbesuchs". Zu Recht?[1]

I. Prozessuales

52 Prozessual bestehen **typischerweise keine Schwierigkeiten,** soweit belastende Verwaltungsakte vom *Adressaten* angegriffen werden[2]. Ist bereits **Anfechtungsklage erhoben,** genügt es zumeist, darauf zu achten, ob das Vorverfahren (§§ 68ff. VwGO) stattgefunden hat[3] und die Klagefrist[4] (§ 74 VwGO) eingehalten worden ist. Entgegen der Praxis vieler Bearbeiter ist es – von Ausnahmekonstellationen abgesehen[5] – *nicht* angebracht, breit auf die Klagebefugnis nach § 42 II VwGO einzugehen, insbesondere viel Mühe auf die Einzelexegese des § 42 II VwGO[6] und auf die Untersuchung zu verwenden, in welchen Rechten der Kläger beeinträchtigt sein könnte. Der *Adressat* einer *Verfügung* (Gebot oder Verbot) ist regelmäßig

---

[1] Zudem könnten z. B. folgende Klausurbesprechungen durchgearbeitet werden: *Jahn,* JuS 1990, 219 (baurechtliche Abrißverfügung); *Brugger,* JuS 1990, 566 (Umbenennung einer Straße); *Brühl,* JuS 1991, 314, 399 (Ausweisung u. Abschiebung nach AuslG); *Häußler,* JuS 1995, 140 (Wirtschaftsverwaltungsrecht); *Gröpl/Wehr,* JuS 1995, L 76 (Verbot einer Gaststätte); *Discher,* JuS 1996, 529 i. V. mit *BVerwGE* 99, 1 u. *BVerfGE* 104, 377 (Verbot des „Schächtens"); *Lühmann,* JuS 1998, 337 (Busspur im Straßenverkehr); *Czybulka/Biermann,* JuS 2002, 353 (Verbot von Bier und Einweggeschirr auf Festival); *Diemert,* JuS 2002, 973 (Einfuhrverbot wegen Schweinepest); *Jahn,* JuS 2004, 61 (Verbot eines Swingerclubs).

[2] **Klageschema** in Rn. 7.

[3] Einzelheiten zum Vorverfahren bei *Brühl,* Sachbericht, Gutachten und Bescheid im Widerspruchsverfahren, ab JuS 1994, 56 in Fortsetzungen; *Geis/Hintersch,* Grundfälle zum Widerspruchsverfahren, ab JuS 2001, 1074 in Fortsetzungen. Eine „reformatio in peius" ist im Widerspruchsverfahren nach der Rspr. im Grundsatz zulässig, s. *BVerwGE* 51, 310 (313); 65, 313 (319); 67, 310 (314); *BVerwG,* NVwZ 1987, 215; *BVerwG,* NVwZ-RR 1997, 26; zum Streitstand z. B. *Hufen,* Verwaltungsprozeßrecht, § 9 Rn. 15ff.; Klausur bei *Czybulka/Biermann,* JuS 2000, 353.

[4] Wenn der Widerspruch sachlich beschieden worden ist, kann dahinstehen, ob *er* seinerseits fristgerecht eingelegt war; *BVerwGE* 28, 305; *BVerwG,* DVBl 1972, 423.

[5] S. z. B. *BVerwG,* NVwZ 1991, 470; *BVerwGE,* 8, 283 (284 f.) – keine *Rechts*beeinträchtigung des Schuldners, wenn ein an ihn adressierter VA eine Forderung auf einen neuen Gläubiger überleitet.

[6] Dazu später Rn. 194ff.

in Rechten beeinträchtigt,[7] weil Art. 2 I GG insoweit lückenlosen Grundrechtsschutz[8] gegen staatliche Eingriffe vermittelt.[9] Der Kläger ist damit *jedenfalls* in seinem Grundrecht auf freie Entfaltung der Persönlichkeit betroffen. Ist **noch keine Anfechtungsklage erhoben,** genügt es entsprechend, die Anfechtungsfristen zu prüfen und den ratsuchenden Bürger darauf hinzuweisen, daß er den Verwaltungsakt fristgerecht anfechten müsse (Widerspruch/Anfechtungsklage).

§ 42 II VwGO wird regelmäßig *problematisch* nur in *Dreiecksverhältnissen,* vor allem, 53 wenn ein Verwaltungsakt von einem *Dritten* angefochten wird, an welchen er nicht adressiert ist (dazu Näheres erst in Rn. 194 ff.).

Die „Klagebefugnis" ist ein *Rechtsbegriff,* welcher *ausschließlich* dem § 42 II VwGO zugeordnet ist. Es ist also fehlerhaft, wenn Fallbearbeiter das Wort „Klagebefugnis" als *Ober*begriff für die verschiedensten Prozeßvoraussetzungen verwenden. Insbesondere steht auch das „*Rechtsschutzbedürfnis*" selbständig *neben* der „Klagebefugnis".

Gem. § 43 II VwVfG erlischt ein Verwaltungsakt, wenn sich sein **Rege-** 54 **lungsgehalt** durch Zeitablauf oder auf andere Weise **erledigt** hat. Ein Verwaltungsakt, welcher nicht (mehr) existiert, kann weder in einem Widerspruchsverfahren noch in einem Gerichtsverfahren *aufgehoben* werden; für eine Aufhebung wäre keine sachliche Substanz (mehr) vorhanden.[10] Hat sich der Verwaltungsakt vor[11] oder nach Klageerhebung erledigt, kann der Adressat aber vor *Gericht* die *Feststellung* beantragen, daß der Verwaltungsakt *rechtswidrig gewesen* sei („**Fortsetzungsfeststellungsklage**", § 113 I 4 VwGO).[12]

Auf Verwaltungsakte, die sich bereits *vor* der Klageerhebung erledigt haben, wird § 113 I 4 VwGO *analog* angewendet (*BVerwG*). In der Literatur wird statt dessen verbreitet die „normale" Feststellungsklage nach § 43 I VwGO empfohlen.[13] Aber diese Lösung läßt sich nicht mit dem Wortlaut von § 43 I VwGO vereinbaren. Denn die Feststellung der Rechtswidrigkeit einer *vergangenen* Regelung betrifft weder das „*Bestehen* oder Nichtbestehen *eines Rechtsverhältnisses*" noch die „*Nichtigkeit*" eines Verwaltungsakts.

Ein der Fortsetzungsfeststellungsklage vorgeschaltetes „*Fortsetzungswiderspruchsverfahren*" ist in der VwGO nicht vorgesehen;[14] ein bereits

---

7 Instruktiv etwa *BVerwG,* NJW 2004, 698.

8 Näheres zu ihm Rn. 446.

9 Diese offenbar unbestrittene Selbstverständlichkeit sollte man nicht als „Adressaten*theorie*" kennzeichnen; *Theorien* dienen der Lösung von Zweifelsfragen. *Auftauchende* Zweifelsfragen in Sonderkonstellationen (soeben Fn. 4) dürfen nicht über eine unbesehene Anwendung der „Adressatentheorie" übergangen werden.

10 S. *BVerwGE* 81, 226 (229). Vertiefend *Lascho,* Die Erledigung des VA als materielles und prozessuales Problem, 2001.

11 *BVerwGE* 26, 161 (164); 81, 226 (227); *BVerwGE* 109, 203 (207) = JuS 2000, 720 Nr. 16.

12 Die Fortsetzungsfeststellungsklage ist geradezu typisch etwa für den Rechtsschutz gegen vollzugspolizeiliche Maßnahmen; „Grundfälle" zur Fortsetzungsfeststellungsklage bei *Rozek,* JuS 1995, 413, 598, 697; Klausurbesprechung bei *Bodanowitz,* JuS 1996, 911; *Jahn,* JuS 1998, 833; *Geiger,* JuS 1999, 285; *Heckmann,* JuS 2001, 675.

13 Vgl. *BVerwGE* 109, 203 (208 f.) = JuS 2000, 720 Nr. 16, wo der *6. Senat* des BVerwG für die Literatur erhebliche Sympathie zeigt.

14 S. *BVerwGE* 26, 161 (165).

eingeleitetes Widerspruchsverfahren ist mit der Erledigung einzustellen.[15] Demgemäß kann das Widerspruchsverfahren nicht Klagevoraussetzung sein, wenn ein Verwaltungsakt sich erledigt hat, bevor ein Widerspruchsverfahren durchgeführt werden konnte (*früher* bestr.). Eine *Klagefrist* ist für die Fortsetzungsfeststellungsklage ebenfalls nicht vorgesehen (Parallele zu § 43 I VwGO, *früher* bestr.); der Verwaltungsakt darf nur nicht im Zeitpunkt der Erledigung bestandskräftig gewesen sein (Parallele zu § 43 II 1 VwGO).[16] Das für die Fortsetzungsfeststellungsklage erforderliche **Feststellungsinteresse**[17] ist **in folgenden fünf Fällen** gegeben:

(1) Um eine fortwirkende Beeinträchtigung durch einen an sich beendeten Eingriff zu beseitigen.[18] (2) Um einer Wiederholungsgefahr zu begegnen.[19] (3) Wenn der Verwaltungsakt diskriminierende Wirkung hat und deshalb ein Rehabilitationsinteresse besteht.[20] (4) „In Fällen tiefgreifender ... Grundrechtseingriffe ..., wenn die direkte Belastung durch den angegriffenen Hoheitsakt sich nach dem typischen Verfahrensablauf auf eine Zeitspanne beschränkt, in welcher der Betroffene die gerichtliche Entscheidung kaum erlangen kann".[21] (5) Wenn der Kläger im Anschluß an die Fortsetzungsfeststellungsklage einen Amtshaftungsprozeß anstrengen möchte, der nicht offensichtlich aussichtslos ist.[22] Insoweit ist die Fortsetzungsfeststellungsklage Ausdruck der erst später[23] abzuhandelnden Tatsache, daß der Geltendmachung von Schadensersatz- und Entschädigungsansprüchen grundsätzlich der Primärrechtsschutz vor den Verwaltungsgerichten vorgeschaltet ist (vgl. z. B. § 839 III BGB).[24] Hat sich der Verwaltungsakt allerdings bereits *vor* der Klageerhebung erledigt, ist im Vorfeld einer Amtshaftungsklage *kein* Fortsetzungsfeststellungsinteresse gegeben; die Frage nach der Rechtswidrigkeit des Verwaltungsakts kann mit dem gleichen Aufwand im Amtshaftungsprozeß geklärt werden.[25]

Nachdem der Staatsbesuch beendet ist, kommt im *Ausgangsfall* (Rn. 51) nur die Fortsetzungsfeststellungsklage in Betracht (Rehabilitierungsinteresse).

---

[15] *BVerwGE* 81, 226 (229).

[16] *BVerwGE* 109, 203 = JuS 2000, 720 Nr. 10; *Rozek*, JuS 2000, 1162; nach wie vor kritisch etwa *R. P. Schenke*, NVwZ 2000, 1255.

[17] Überblick über Einzelfragen des Feststellungsinteresses bei *Kopp/Schenke*, VwGO, § 113 Rn. 129 ff.; *Rozek*, JuS 1995, 598.

[18] *BVerwG*, NVwZ 1999, 991 = JuS 2000, 198 Nr. 1.

[19] *BVerwG*, NVwZ 1999, 991 = JuS 2000, 198 Nr. 1; *BVerfG*, NVwZ 1990, 360 (zu Grenzen).

[20] *BVerwGE* 26, 161 (168): „Durch die ausdrückliche gerichtliche Feststellung, daß das Vorgehen (der Polizei) ... rechtswidrig war, kann ... der durch den (polizeilichen) Übergriff diskriminierte Bürger angemessen rehabilitiert werden".

[21] *BVerwG*, NVwZ 1999, 991 = JuS 2000, 198 Nr. 1 (Versammlungsverbot) unter Hinweis auf *BVerfGE* 96, 27 (39f.); *BVerfGE* 104, 220 (232f.) = JuS 2003, 192 Nr. 6.

[22] Zusammenfassend *Kopp/Schenke*, VwGO, § 113 Rn. 136ff.; *BVerwG*, NJW 1980, 2426 = JuS 1981, 384 Nr. 16; *BVerwG*, NVwZ 1989, 1156. An die *Offensichtlichkeit* werden hohe Anforderungen gestellt; *BVerwG*, NVwZ 1992, 1092; *BVerwGE* 106, 295 (301f.) = JuS 1999, 614 Nr. 17.

[23] Rn. 302a, 315, 353.

[24] *BVerwGE* 106, 295 (298, 300) = JuS 1999, 614 Nr. 17, mit einer Ausnahme bei „schwierigen zeit- und kostenintensiven Aufklärungsmaßnahmen".

[25] *BVerwGE* 81, 226 (228); 106, 295 (298); 111, 306 (309f.).

Gegen einen **nichtigen Verwaltungsakt** braucht der Adressat an sich   55
nichts zu unternehmen. Er kann vor oder nach Ablauf der Anfechtungsfrist die Klage auf Feststellung der Nichtigkeit (**Nichtigkeitsklage,** § 43
I Alt. 2 VwGO) erheben. Ist zweifelhaft, ob der Verwaltungsakt nichtig
oder nur anfechtbar ist, empfiehlt es sich aber immer, innerhalb der Anfechtungsfrist **Widerspruch** einzulegen und so zunächst auf die Anfechtungsklage zuzusteuern,[26] um auf jeden Fall die Fristen zu wahren.

Merke: Sogenannte **Justizverwaltungsakte** werden in den Fällen des § 23 I EGGVG
vor den *ordentlichen* Gerichten angefochten.[27]

Ob für die Anfechtungsklage die **Sachlage bei Erlaß des Verwaltungsaktes** bzw. des   56
Widerspruchsbescheides **oder zur Zeit der letzten gerichtlichen Tatsacheninstanz**
maßgeblich ist, beurteilt das *Bundesverwaltungsgericht* nicht nach dem Prozeßrecht,
sondern nach den Besonderheiten des jeweils einschlägigen *materiellen* Rechts. „Nur
in *diesem* Rahmen ist *tendenziell* davon auszugehen, daß es bei der Anfechtung eines
belastenden Verwaltungsakts grundsätzlich auf die Sachlage im Zeitpunkt der letzten
Behördenentscheidung, bei einem mit der Verpflichtungsklage geltend gemachten
Leistungsanspruch auf diejenige im Zeitpunkt der letzten gerichtlichen Tatsacheninstanz ankommt."[28]

II. Rechtmäßigkeitsprüfung

In materiellrechtlicher Hinsicht lassen sich die vorkommenden Fälle zu   57
zwei Gruppen zusammenfassen: Ist die **Rechtsmittelfrist** zur Anfechtung eines schon *erlassenen* Verwaltungsakts **noch nicht abgelaufen,** hat
der Bürger bereits fristgerecht Rechtsmittel eingelegt oder erkundigt
sich die Behörde, ob ein *noch nicht erlassener* Verwaltungsakt ergehen
dürfte,[29] kommt es auf das Vorliegen der Voraussetzungen für den Erlaß
des Verwaltungsakts an, also auf seine *Rechtmäßigkeitsvoraussetzungen*.
Sie werden nachfolgend zunächst dargestellt. Ist die **Rechtsmittelfrist**
hingegen **schon abgelaufen,** ohne daß der Adressat fristgerecht Rechtsmittel eingelegt hat, interessiert allein, ob der Verwaltungsakt mit so
schweren Fehlern behaftet ist, daß er *nichtig* ist.

---

[26] Der Kläger hat die Wahl, ob er einen nichtigen Verwaltungsakt mit der Nichtigkeitsklage oder mit einer Anfechtungsklage angreift, s. § 43 II 2 VwGO sowie z.B.
Eyermann, VwGO, § 43 Rn. 26; BSG, NJW 1989, 902.

[27] *Stern*, Verwaltungsprozessuale Probleme, Rn. 130 ff. In bezug auf *erkennungsdienstliche Unterlagen* ist der Verwaltungsrechtsweg gegeben, s. *BVerwGE* 66, 192
(202).

[28] So zusammenfassend *BVerwGE* 78, 243 (244). S. ferner *BVerwG*, NVwZ 1990, 653
= JuS 1990, 942; *BVerwG*, NVwZ 1991, 360; umfassend mit Darstellung des
Streitstands *Kleinlein*, VerwArch 81. Bd. (1990), S. 149; Überblick bei *Polzin*,
JuS 2004, 211.

[29] Speziell aus dieser Sicht der Verwaltungsbehörde sind die nachfolgenden Grundsätze dargestellt bei *Weides*, Verwaltungsverfahren und Widerspruchsverfahren, 3. Aufl., 1993 (JuS-Schriftenreihe 6), S. 60 ff. Evtl. beachtlich ferner *Linhart*,
Schreiben, Bescheide und Vorschriften in der öffentlichen Verwaltung, 3. Aufl.
1989.

58 **Beispiel:** X hat am 6. 2. 1992 eine mit einer Rechtsmittelbelehrung versehene Verfügung erhalten, welche ihm aus bestimmten Gründen gebietet, Bäume zu fällen. Erst am 6. 5. 1992 reagiert er darauf mit einer Klage vor dem Verwaltungsgericht und dem Antrag, die „Rechtsunwirksamkeit" der Verfügung festzustellen. – In dieser Examensklausur prüfte ein Kandidat seitenlang sämtliche Rechtmäßigkeitsvoraussetzungen und hielt die Klage schon für begründet, sobald er irgendwo einen Rechtsverstoß entdeckte. Der Kandidat übersah den Unterschied Anfechtbarkeit – Nichtigkeit. Weil die Anfechtungsfrist abgelaufen war, hatte X zutreffend die Nichtigkeitsklage erhoben; es kam nur noch auf *Nichtigkeitsgründe* an. Die Rechtmäßigkeitsvoraussetzungen durften also nur zur Ermittlung besonders *schwerwiegender* und *offenkundiger* Fehler (§ 44 VwVfG) durchgemustert werden.

Mit der Nichtigkeit des Verwaltungsakts beschäftigen sich erst die Ausführungen nachfolgend III. (Rn. 103).

1. In Betracht kommende Ermächtigungsgrundlage

59 Nach dem Grundgesetz bedürfen belastende Verwaltungsakte einer gesetzlichen Grundlage.

Das ist Ausdruck des **„Vorbehalts des Gesetzes"**.[30] Die Exekutive darf die Voraussetzungen ihres Einschreitens nicht selbst festlegen; diese Kompetenz kommt dem Normgeber zu. Soweit in Grundrechte eingegriffen werden soll, bestimmt oft schon der Wortlaut des Grundgesetzes, daß der Eingriff nur „durch Gesetz" oder „aufgrund eines Gesetzes" erfolgen darf.[31] Sonst ergibt sich das Gleiche aus dem *Rechtsstaatsprinzip* und aus dem *Demokratieprinzip*.[32] Wegen des Grundrechtsschutzes (*jedenfalls* Art. 2 I GG) darf eine Ermächtigungsgrundlage für einen belastenden Verwaltungsakt nicht im Wege einer Analogie gewonnen werden.[33]

Gesetze i. S. des Vorbehalts des Gesetzes sind die **Parlamentsgesetze** *staatlicher* Gesetzgebungsorgane (Bundestag, Landtage der Länder).[34] Mit gewissen Einschränkungen treten die **Satzungen** nichtstaatlicher öffentlichrechtlicher Selbstverwaltungskörperschaften hinzu.[35] Gestützt auf die staatlich verliehene Satzungsautonomie werden diese Satzungen von der Legislative (Gemeinderat, Vertreterversammlung) dieser Körperschaften erlassen, welche von den Verbandsangehörigen (Bürger der Gemeinde, Mitglieder der Ärztekammer) gewählt worden ist.[36] Schließ-

---

[30] Näheres zur historischen Entwicklung etwa bei *Pietzcker,* JuS 1979, 710; zusammenfassend zur heutigen Sicht und zu noch offenen Fragen kurz *Voßkuhle,* JuS 2007, 118. Der **„Vorrang des Gesetzes"** verbietet der Verwaltung den *Verstoß* gegen Gesetze.

[31] Näheres Rn. 452.

[32] Zusammenfassend *BVerfGE* 45, 400 (417); 47, 46 (78); 49, 89; 58, 233 (268); 101, 1 (34); 116, 69 (80) = JuS 2006, 924 Nr. 1 (*Sachs*). Zum demokratischen Ansatz s. ferner *BVerfGE* 33, 125 (158); 34, 52 (59 f.); 40, 237 (248); *Hansen,* Fachliche Weisung und materielles Gesetz, 1971, S. 15 ff., 57 ff.; *Busch,* Das Verhältnis des Art. 80 I GG zum Gesetzes- und Parlamentsvorbehalt, 1992, S. 48 ff.

[33] *BVerfG (Kammer),* NJW 1996, 3146.

[34] S. Rn. 452.

[35] Rn. 428 ff., 452.

[36] S. dazu Rn. 399.

lich kann die Ermächtigungsgrundlage in einer **Rechtsverordnung** enthalten sein. Unter den Voraussetzungen des Art. 80 I GG oder entsprechender Vorschriften in den Landesverfassungen ist der Gesetzgeber befugt, die Exekutive zum Erlaß von Rechtsverordnungen zu ermächtigen.[37]

Rechtsverordnungen regeln – wie ein Gesetz und eine Satzung – *extern* das Verhältnis zwischen Bürger und Staat. Sie sind von **Verwaltungsvorschriften** zu unterscheiden, welche sich lediglich **intern** an nachgeordnete Behörden und Beamte wenden[38] und daher als Ermächtigungsgrundlage für (*externe*) belastende Verwaltungsakte nicht in Betracht kommen.[39]

a) Vor diesem Hintergrund ist in der Fallbearbeitung zunächst zu ermit- 60 teln, ob ein Gesetz, eine Satzung oder eine Rechtsverordnung eine (möglicherweise) einschlägige **Spezialermächtigung** enthalten.

Im *Ausgangsfall* ist § 47 I 2 Nr. 2 AufenthG die einschlägige Ermächtigungsgrundlage. 61 – Gemäß § 31 a StVZO (= Rechtsverordnung) kann z.B. die Führung eines Fahrtenbuches[40] auferlegt werden. § 15 II und § 35 I GewO ermächtigen die Behörde, Gewerbebetriebe zu untersagen. Nach § 15 VersammlG können Versammlungen verboten werden.[41]

b) Fehlt eine Spezialermächtigung, kommt **häufig** die **polizeiliche Ge-** 62 **neralklausel** als Ermächtigungsgrundlage in Betracht. Das gilt besonders, wenn Bürger gegen Gesetze, Rechtsverordnungen oder Satzungen verstoßen. Wie oft übersehen wird, sind solche Verstöße nämlich Störungen der öffentlichen Sicherheit i.S. der polizeilichen Generalklausel.[42]

Wer ein Autowrack auf der Straße stehenläßt und dadurch ein Verkehrshindernis 63 schafft, verstößt gegen § 32 I StVO. Diese Vorschrift ermächtigt ihrem Wortlaut nach aber nicht die zuständige *Behörde*, die *Beseitigung* zu gebieten.[43] Sieht man auch nicht § 44 StVO als Ermächtigungsgrundlage an, läßt sich die Beseitigungsverfügung jedenfalls auf die polizeiliche Generalklausel stützen.

2. Formelle und verfahrensmäßige Voraussetzungen des Verwaltungsakts[44]

Beachte: Es ist nicht angemessen, wenn die formellen und verfahrensmäßigen Voraus- 64 setzungen des Verwaltungsakts schon vor der Ermächtigungsgrundlage (soeben 1.,

---

[37] Einzelheiten in Rn. 418 ff.
[38] S. Rn. 645.
[39] *BVerfGE* 78, 214 (227) = JuS 1989, 500 Nr. 13.
[40] Zu diesen Fällen s. bereits Rn. 31 f.
[41] Dazu auch Rn. 108.
[42] Rn. 111, 112, 126.
[43] Daß – nachträglich – ein Bußgeld in Betracht kommt, steht auf einem *anderen* Blatt, s. Rn. 125 ff.
[44] Zusammenstellung mit Einzelerläuterungen z.B. bei *Wolff/Bachof/Stober,* VR Bd. 1, § 48 Rn. 16 ff.; umfassend *Hufen,* Fehler im Verwaltungsverfahren, 4. Aufl. 2002.

Rn. 59) untersucht werden. Denn je nach der Ermächtigungsgrundlage können einzelne dieser Voraussetzungen, etwa die Zuständigkeiten, verschieden geregelt sein.

a) Wichtigste Einzelvoraussetzungen

(1) Verbandsmäßige Kompetenz (Bund, Land, Gemeinde oder eine andere öffentlichrechtliche Körperschaft).

(2) Örtliche (§ 3 VwVfG, für die Stadtstaaten § 101 VwVfG), **sachliche, instanzielle Zuständigkeit** der Behörde.[45]

Im *Ausgangsfall* war der Oberbürgermeister als „Ausländerbehörde" (§ 71 I AufenthG) örtlich und sachlich zuständig.

65 **(3) Verfahrensgrundsätze** (§§ 9 ff. VwVfG).

Beispiele:[46] Richtige Besetzung und Zusammensetzung der Behörde (dienstliche Qualifikation des Beamten, keine persönliche oder sachliche Befangenheit, §§ 20, 21 VwVfG); Mitwirkung von Ausschüssen (§§ 88 ff. VwVfG); Mitwirkung anderer Behörden; Untersuchungsgrundsatz (§§ 24 ff. VwVfG); Anhörung Beteiligter (§§ 28, 29 VwVfG).

66 **(4) Formvorschriften.**

Die Exekutive muß ermächtigt sein, gerade durch Verwaltungsakt und nicht in anderer Rechtsform zu handeln.[47]

Eine Verordnungsermächtigung gestattet nur eine generelle Regelung, nicht den Erlaß eines Verwaltungsakts (Einzelregelung). Anderenfalls würde ein *einzelner* benachteiligt (etwa durch das Gebot, sein Treppenhaus zu beleuchten), obgleich das Gesetz mit der Verordnungsermächtigung derartige Benachteiligungen nur gestattet, wenn auch alle gleichliegenden Fälle entsprechend behandelt werden (= *generelles* Gebot an alle Eigentümer großer Mietshäuser, die Treppenhäuser zu beleuchten). – Wenn die Behörde einen öffentlichrechtlichen Geldanspruch gegen den Bürger hat, ist sie allein damit noch nicht befugt, ihn durch Leistungsbescheid (Verwaltungsakt) geltend zu machen.[48] Denn durch das Handeln in der *Form* des Verwaltungsakts wird der Adressat *eigenständig* belastet. Der Staat verschafft sich *selbst* einen Vollstreckungstitel,[49] den er sonst nur mit Hilfe des Gerichts (Leistungsklage gegen den Bürger) erhalten könnte. Wegen des Gesetzesvorbehalts braucht der Bürger auch diese Belastung nur zu dulden, wenn sie in einer Ermächtigungsgrundlage vorgesehen ist.[50] Allerdings ist keine „ausdrückliche" Ermächtigung gefordert. Die Ermächtigungsgrundlage kann auch im Wege der Gesetzesauslegung gewonnen werden.[51] Demgemäß ist ein Leistungsbescheid möglich,[52] wenn die Beziehungen zwischen Bürger und Staat wie im Beamten- und Soldatenverhältnis in jeder anderen Hinsicht so umfassend von einseitigen Regelungen im Über-Unterordnungsverhältnis geprägt sind, daß die einseitige

---

[45] Ausführlich *Collin*, JuS 2005, 694.

[46] Einzelheiten zu allem bei *Badura*, in: Erichsen/Ehlers, Allg. VR, § 37 Rn. 1 ff.

[47] Allgemein *Christoph Druschel*, Die Verwaltungsaktbefugnis, 1999.

[48] Ausführlich begründet von *Renck*, JuS 1965, 129 ff.; s. allgemein etwa *Wolff/Bachof/Stober*, VR Bd. 1, § 45 Rn. 14.

[49] Dazu Rn. 38, 128 ff.

[50] *BVerwGE* 72, 265 (267); *Osterloh*, JuS 1983, 280.

[51] *BVerwGE* 59, 13 (19 f.); 72, 265 (268).

[52] Nach *BVerwGE* 28, 153 fehlt das Rechtsschutzbedürfnis *nicht*, wenn die Behörde gleichwohl Leistungs*klage* erhebt.

Regelung als *das* Prinzip erscheint, welches die gesamte Beziehung beherrscht.[53] Ferner kann nach der Rechtsprechung des *BVerwG*[54] durch Leistungsbescheid zurückgefordert werden, was auf Grund eines (nichtigen oder erfolgreich angefochtenen) Verwaltungsakts geleistet wurde (Kehrseitentheorie). Wegen des Gesetzesvorbehalts dürfen durch Vertrag begründete Pflichten *nicht* durch den Erlaß von Verwaltungsakten durchgesetzt werden, wenn hierfür keine gesetzliche Grundlage vorhanden ist.[55] – Im *Ausgangsfall* darf die Behörde durch Verwaltungsakt handeln.

Oft muß auch der Verwaltungsakt selbst noch besonderen Formvorschriften genügen, so im Ausgangsfall der Schriftform (s. § 77 I 2 AufenthG). **67** Nach Maßgabe von § 3 a VwVfG kann die Schriftform durch die elektronische Form ersetzt werden, soweit nicht durch Rechtsvorschrift etwas anderes bestimmt ist. Fehlen besondere Formvorschriften, können Verwaltungsakte schriftlich, elektronisch, mündlich, durch Zeichen oder durch konkludentes Handeln ergehen (§ 37 II, III, IV, V VwVfG).

(5) Bekanntgabe empfangsbedürftiger Verwaltungsakte (§§ 41, 43 I **68** **VwVfG).**

Ohne Bekanntgabe bleibt der Verwaltungsakt unwirksam (§ 43 I VwVfG).

(6) Genügende inhaltliche Bestimmtheit[56] und Widerspruchslosigkeit (§ 37 I VwVfG).

Unklare Verwaltungsakte sind in ähnlicher Weise (§ 133 BGB) auszulegen wie rechtsgeschäftliche Erklärungen.[57]

(7) Begründung. **69**

Nach den Maßgaben des § 39 VwVfG sind Verwaltungsakte zu begründen. Bei Ermessensentscheidungen[58] muß festgelegt werden, aus *welchen* von mehreren Gründen eingeschritten wird[59] und welche Ermessens*erwägungen* dem Verwaltungsakt zugrunde liegen.[60] Fehlt dem Ermessensverwaltungsakt die Begründung, ist er *in sich* unvollständig.[61] In den Fällen des § 39 II VwVfG kann auf eine Begründung verzichtet werden, u. a. auch dann, wenn sich die Begründung konkludent aus den Umständen ergibt (§ 39 II Nr. 2 VwVfG) oder wenn eine Ermessensentscheidung *ohne weiteres* einer gesetzlich intendierten Regelfolge (Soll-Vorschrift als Beispiel) entspricht.[62]

---

[53] *BVerwGE* 28, 1; st. Rspr., zusammenfassend *Osterloh*, JuS 1983, 280.

[54] *BVerwG*, DÖV 1967, 269; *BVerwGE* 40, 89; *BVerwG*, NJW 1977, 1838. Positivrechtliche Regelung in § 49 a I 2 VwVfG. Zur praktischen Bedeutung s. den Sachzusammenhang Rn. 275.

[55] *BVerwGE* 50, 171 = JuS 1976, 818 Nr. 9.

[56] Dazu *BVerwG*, NVwZ 1990, 855 = JuS 1991, 158 Nr. 11.

[57] So *BVerwGE* 88, 286 (299). S. auch schon Rn. 45 sowie Rn. 49 zum „objektiven Erklärungswert".

[58] Zu ihnen nachfolgend bei Rn. 84 ff.

[59] Beispiel nachfolgend Rn. 88.

[60] *BVerwGE* 39, 197 (204) erstreckt die entsprechende Begründungspflicht auch auf die Wahrnehmung eines Beurteilungsspielraumes (= Textzusammenhang Rn. 78).

[61] S. *BVerwGE* 85, 163 (165 f.) = JuS 1991, 427 Nr. 13 sowie das Anschauungsmaterial in Rn. 88.

[62] Dazu *BVerwGE* 105, 55 (57) = JuS 1998, 764 Nr. 13; Näheres zur materiellrechtlichen Situation insoweit in Rn. 84.

70 **(8) Rechtsmittelbelehrung.**

Eine Rechtsmittelbelehrung wird beigefügt, **weil sonst die Rechtsmittelfrist nicht zu laufen beginnt** (§ 58 VwGO). Sonstige Rechtsfolgen hat das Fehlen der Rechtsmittelbelehrung *nicht* (Fehlerquelle).

b) Eingeschränkte Fehlerfolgen

71 Anders als materielle Fehler (nachfolgend 3.) führen formelle und verfahrensmäßige Fehler beim Erlaß eines Verwaltungsakts *nicht* ohne weiteres dazu, daß der Verwaltungsakt im Rechtsmittelverfahren aufzuheben ist: Legt das Gesetz *abschließend* fest, daß der Verwaltungsakt bei Vorliegen der gesetzlichen Voraussetzungen ergehen *muß* (= *gebundener* Verwaltungsakt), ist der Verwaltungsakt gem. § 46 VwVfG *unaufhebbar*, wenn „er unter Verletzung von Vorschriften über das Verfahren, die Form oder die örtliche Zuständigkeit zustande gekommen", *materiell aber rechtmäßig ist.*[63] Denn hier ist i.S. von § 46 VwVfG „offensichtlich, daß die Verletzung die Entscheidung *in der Sache* nicht beeinflußt hat"; in der Sache hätte ohnehin keine andere Entscheidung getroffen werden können. Das Fehlen der Begründung oder einer erforderlichen Anhörung kann in derartigen Fällen nur dazu führen, daß der Bürger Wiedereinsetzung in den vorigen Stand nach § 32 VwVfG erhält, wenn er eine Anfechtungsfrist versäumt hat (§ 45 III VwVfG). Soweit hingegen *Ermessen*[64] der Behörde (oder ein *Beurteilungsspielraum*)[65] zwischengeschaltet ist, machen Verfahrensfehler und Zuständigkeitsmängel den Verwaltungsakt nach den allgemeinen Regeln *anfechtbar.*[66] Denn nunmehr ist in der Regel nicht auszuschließen, daß die zuständige Behörde in einem ordnungsgemäßen Verfahren zu einem anderen Ergebnis gekommen wäre. Gem. § 46 VwVfG sind auch Ermessensverwaltungsakte allerdings *nicht* aufhebbar, wenn (ausnahmsweise) „*offensichtlich* ist, daß die Verletzung von Vorschriften über das Verfahren, die Form oder die örtliche Zuständigkeit die Entscheidung in der Sache *nicht* beeinflußt hat".

Merke: Nach Maßgabe von § 44a VwGO ist ein Verfahrensfehler nicht alsbald und isoliert, sondern erst im Rahmen der abschließenden Sachentscheidung anfechtbar.[67]

---

[63] Grundlegend *Bettermann,* FS H.P. Ipsen, 1977, S. 271; *ders.,* FS Menger, 1986, S. 709. Mit der Neufassung des § 46 VwVfG durch das Genehmigungsbeschleunigungsgesetz 1996 ist diese überkommene Sicht beibehalten, im Sinne der nachfolgenden Textausführungen nur für den Ermessensbereich *erweitert* worden; Begr. der BReg. zum Gesetzentwurf, BT-Drs. 13/3995, S. 8; kritisch *Hufen,* JuS 1999, 313.

[64] Näheres zu ihm Rn. 84 ff.

[65] Näheres zu ihm Rn. 78 ff.

[66] Ausnahme bei „Ermessensreduzierung auf Null" (Rn. 102), s. *BVerwG,* NVwZ 1988, 525 (526).

[67] Irritationen zur Fortgeltung von § 44a VwGO im Gefolge des 2. VwVfÄnderungsG 1996 hat *BVerwG,* NJW 1999, 1729 beendet.

In den Fällen des § 45 I VwVfG kann die Behörde einer Anfechtung dadurch den Boden entziehen, daß sie den Fehler *heilt.*[68]

Zur Heilung einer unterlassenen *Anhörung* (§ 28 I VwVfG) durch Zustellung eines *widerspruchsfähigen* begründeten Bescheides s. *BVerwGE* 66, 111 (114); 66, 184 (189).

§ 45 II VwVfG sieht vor, daß die in § 45 I genannten Verfahrens- und   72 Formfehler und mit ihnen Begründungsmängel (§ 45 I Nr. 2 VwVfG) „bis zum Abschluß der letzten Tatsacheninstanz eines verwaltungsgerichtlichen Verfahrens" nachgeholt werden können. Nach § 114 Satz 2 VwGO[69] kann die Behörde „ihre Ermessenserwägungen hinsichtlich des Verwaltungsaktes auch noch im verwaltungsgerichtlichen Verfahren ergänzen".

Keine „Ergänzung" in diesem Sinne ist „die vollständige Nachholung oder die Auswechslung der die Ermessenentscheidung tragenden Gründe."[70] Denn das wäre die „nachträgliche inhaltliche Änderung des erlassenen Verwaltungsakts"[71] und damit der Erlaß eines neuen Verwaltungsakts[72] ohne eigenständige Anfechtungsmöglichkeit.

c) Beachte: Es gibt nur verhältnismäßig wenige Klausuren und Hausar-   73 beiten, in welchen die *formellen* und *verfahrensmäßigen* Voraussetzungen des Verwaltungsakts wirklich erheblich werden. Die meisten der hier auftauchenden Probleme sind für eine Bearbeitung durch Studenten nicht geeignet. Demgemäß sollten die Formalien in der Regel nur ganz kurz erwähnt werden, besonders auch dann, wenn sich zu ihnen ohne große Mühe an sich viel Selbstverständliches schreiben ließe.

Hat nach dem Sachverhalt die „*zuständige Behörde*" gehandelt, ist es z.B. verfehlt,   74 immer wieder in aller Breite zu untersuchen, *welche* Behörde das wohl gewesen sein könnte. Enthält der Sachverhalt keine konkreten Angaben, in welcher Form die Behörde den Verwaltungsakt erlassen hat, kann der Bearbeiter ohne weiteres davon ausgehen, alle Formvorschriften seien gewahrt. Denn der Aufgabensteller nimmt natürlich nur zu den Punkten nähere Angaben in den Sachverhalt auf, die wirklich problematisch sind.[73] Wer sich bei einem insoweit „mageren" Sachverhalt die Mühe macht, die erforderlichen Formalien bis in alle Einzelheiten aufzuzählen, kommt der Lösung damit nicht näher: *Daß* die Behörde die Vorschriften eingehalten *hat,* kann er auch jetzt noch nicht *positiv* feststellen. Ebenso überflüssig ist es, eine Behörde in aller Breite über Formalien zu belehren, wenn sie etwa um Rat fragt, ob ein bestimmter Verwaltungsakt ergehen könnte. Die Behörde kennt die Formalien besser als jeder Student. Sie will in erster Linie materiellrechtliche Zweifelsfragen geklärt haben.

Wer zu den Formalien mehr schreibt, als nötig ist, verstrickt sich leicht   75 in Fehler.

Z.B. wird immer wieder übersehen, daß ein Verwaltungsakt nur rechtswidrig ist, wenn die falsche *Behörde* gehandelt hat, nicht hingegen schon, wenn die Geschäfts-

---

[68] Umfassend zur Heilung *Laubinger,* VerwArch 1981, 333ff.; s. ferner etwa *Hufen,* JuS 1999, 313 (kritisch).

[69] *BVerwGE* 106, 351 (363) = JuS 1999, 1227 Nr. 4 (auch zur Verfassungsmäßigkeit); *R.P. Schenke,* JuS 2000, 230.

[70] *BVerwGE* 106, 351 (365).

[71] *BVerwGE* 106, 351 (365).

[72] Vgl. Rn. 88.

[73] S. auch noch Rn. 813, 814.

verteilung *innerhalb* einer Behörde mißachtet wurde. Ist im *Ausgangsfall* etwa anstelle des hierfür an sich „zuständigen" städtischen Ausländeramts das städtische Ordnungsamt tätig geworden, ist die Verfügung rechtmäßig. Denn derartige „Ämter" sind nur unselbständige Teile der Behörde „Der Oberbürgermeister"; *jeder* Sachbearbeiter handelt im Außenverhältnis in seinem „Auftrag".

3. Materielle Voraussetzungen für das Einschreiten

a) Subsumtion

76 Die einzelnen rechtlichen Voraussetzungen für das Einschreiten sind in den Vorüberlegungen vor der Niederschrift sauber und vollständig *herauszuarbeiten* und *auszulegen*. Dabei ist der Sachverhalt unter sie zu *subsumieren*. Die *Niederschrift* sollte sich ganz auf *die* Voraussetzungen konzentrieren, welche problematisch sind.

Über § 47 AufenthG *(lesen)* kann die politische Betätigung eines Ausländers aus verschiedenen Gründen „beschränkt oder untersagt werden". Nach dem Wortlaut des *Ausgangsfalles* geht es der Behörde um Demonstrationen, durch welche die *freundschaftlichen Beziehungen* der Bundesrepublik zum Land A erheblich beeinträchtigt werden könnten. Damit ist alleine ein Einschreiten wegen der *„außenpolitischen Interessen"* der Bundesrepublik gemäß § 47 I 2 Nr. 2 AufenthG zu untersuchen.

b) Unbestimmte Gesetzesbegriffe

77 Wie sich am Beispiel des § 47 AufenthG zeigt, sind die **Eingriffsvoraussetzungen** der Ermächtigungsgrundlage häufig durch sogenannte *„unbestimmte Gesetzesbegriffe"* ausgedrückt. Die Gerichte und damit auch die Fallbearbeiter haben unbestimmte *Gesetzes*begriffe selbst auszulegen und im Wege der Subsumtion auf den Sachverhalt anzuwenden. Anders als die Ermessensentscheidung auf der *Rechtsfolgeseite* einer Norm (dazu anschließend Rn. 84 ff.) ist die Entscheidung der Behörde über das Vorliegen der Eingriffs*voraussetzungen* **in der Regel gerichtlich voll nachprüfbar.**

Das folgt aus dem Zusammenspiel von Vorbehalt des Gesetzes (Parlamentsvorbehalt) und Rechtsweggarantie des Art. 19 IV GG im Rahmen der Gewaltenteilung.[74] Der Vorbehalt des Gesetzes[75] gebietet in seiner Tendenz, daß der Parlamentsgesetzgeber selbst alle Einzeleingriffe ex ante eindeutig und abschließend programmiert. Aber das ist in der Gesetzgebungspraxis undurchführbar. Der Gesetzgeber kommt ohne *unbestimmte* Gesetzesbegriffe nicht aus. Jetzt obliegt es ersatzweise den *Gerichten,* die Eingriffsvoraussetzungen ex post zu formulieren.[76] Aus rechtsstaatlichen Gründen der Gewaltenteilung ist die *Exekutive* gehindert, die Voraussetzungen ihrer eigenen *Eingriffe*[77] abschließend *selbst* zu bestimmen.

---

[74] Näheres bei *Schwerdtfeger,* Arbeitslosenversicherung und Arbeitskampf, Neue Aspekte zum unbestimmten Gesetzesbegriff, 1974, S. 89 ff.

[75] Soeben Rn. 59.

[76] Mit gleicher Tendenz *BVerfGE* 33, 303 (341); 49, 168 (183).

[77] Darauf seien die Textausführungen ausdrücklich beschränkt. Daß der *GmS-OGB, BVerwGE* 39, 334 (355), der Steuerverwaltung innerhalb der Voraussetzungen für

Jedenfalls für die (konkretisierende) *Auslegung* unbestimmter Gesetzes- **78** begriffe gilt das *ohne Einschränkungen*. **Bei der Subsumtion**[78] **kann in wenigen (!) Fallkonstellationen die Lehre vom „gerichtsfreien Beurteilungsspielraum"**[79] relevant werden (, die der Anfänger durch „Überspringen" der nachfolgenden Ausführungen bis Rn. 80 zunächst auslassen sollte). In Literatur und Rechtsprechung wird der „gerichtsfreie Beurteilungsspielraum" für Fälle ins Gespräch gebracht, in denen die Subsumtion unter einen unbestimmten Gesetzesbegriff von **komplexen Wertungen** und/oder von **komplexen Diagnosen oder Prognosen** abhängt. Das *Bundesverwaltungsgericht*[80] hatte die Existenz gerichtsfreier Beurteilungsspielräume für bestimmte *Leitkonstellationen* (s. sogleich) anerkannt. Das *Bundesverfassungsgericht* hat diese Rechtsprechung aber eingeengt und die Lehre vom Beurteilungsspielraum insgesamt neu formuliert (s. Rn. 79). Demgemäß darf die **überkommene Rechtsprechung des Bundesverwaltungsgerichts** in der Fallbearbeitung **nur nach Maßgabe der Vorstellungen des Bundesverfassungsgerichts** angewendet werden, solange das Bundesverwaltungsgericht seine Rechtsprechung nicht „angepaßt" hat.

Nach der überkommenen[81] **Rechtsprechung** des Bundesverwaltungsgerichts sind der Verwaltung trotz Art. 19 IV GG[82] gerichtsfreie Beurteilungsspielräume kraft gesetzlicher **„Beurteilungsermächtigung"**[83] **in folgenden Fällen** eingeräumt: bei Prüfungsentscheidungen und prüfungsähnlichen Entscheidungen;[84] bei dienstlichen Beurteilungen des Beamten[85] sowie bei Eignungsbeurteilungen für Einstellungen oder Beförderungen;[86] bei der Zwischenschaltung weisungsfreier, mit Sachverständigen und/oder Interessenvertretern besetzter Ausschüsse (Bundesprüfstelle für die Beurteilung jugendgefährdender Schriften als Standardbeispiel[87]); teilweise bei anderen kom-

---

den *Erlaß* von Steuern (§ 131 I 1 AO a. F., jetzt § 227) (cognitives) „Ermessen" eingeräumt hat, ist unbedenklich, weil es sich um die *Begünstigung* von Steuerpflichtigen handelt, welche auch Dritte *nicht* benachteiligt; s. dazu auch *BVerfGE* 48, 210 (222).

[78] Zu dieser „Verortung" s. *BVerwGE* 72, 39 (53).

[79] Grdl. *Bachof*, JZ 1955, 97 (i. V. mit JZ 1972, 208, 641); *Ule*, GS W. Jellinek, 1955, S. 309; *Jesch*, AöR 82 (1957), 163. Überblicke bei *Wolff/Bachof/Stober*, VR Bd. 1, § 31 Rn. 14 ff.; *Erichsen*, Allg. VR § 10 Rn. 31 ff.; *Maurer*, Allg. VR, § 7 Rn. 26 ff. „Versuch einer Modernisierung" bei *Eckhard Pache*, Tatbestandliche Abwägung und Beurteilungsspielraum, 2000.

[80] Umfassende Zusammenstellung bei *Maurer*, Allg. VR, § 7 Rn. 37 ff.

[81] Bereits erfolgte „Anpassungen" sind in den nachfolgenden Fußnoten hinzugefügt.

[82] Dazu *BVerwGE* 39, 197 (203 f.); 59, 213 (216 f.); 72, 185 (206); 72, 300 (317).

[83] *BVerwGE* 59, 213 (215 f.); 72, 195 (199); *BVerwG*, NVwZ 1991, 568 (569); alle mit intensiven *Auslegungsbemühungen* zum Nachweis einer Beurteilungsermächtigung.

[84] *BVerwGE* 70, 4 (9 ff.); 70, 143 (146); „Anpassung" in *BVerwGE* 104, 203 (206), s. Fn. 101.

[85] *BVerwGE* 21, 127 (129 f.); 60, 245. „Anpassung" in *BVerwGE* 106, 263 (266 f.) = JuS 1999, 924 Nr. 17, s. Fn. 104. Billigung durch *BVerfG (Kammer)*, NVwZ 2002, 1368.

[86] *BVerwGE* 61, 176 (185 f.); 80, 224 (225 f.).

[87] *BVerwGE* 39, 197 u. 77, 75, im Anschluß an *BVerfGE* 83, 130 modifiziert durch *BVerwGE* 91, 211. S. ferner *BVerwGE* 59, 213 – Sachverständigenausschuß zur Be-

plexen Subsumtionen.[88] „Gerichts*frei*" ist nach der Rechtsprechung des Bundesverwaltungsgerichts allerdings *nur* die subsumtionsmäßige Wertung, Diagnose und/oder Prognose *selbst*. **Gerichtlich zu überprüfen ist demgegenüber:** ob die Behörde die rechtlichen Grenzen der Beurteilungsermächtigung eingehalten hat; ob sie die rechtlich entscheidenden Maßstäbe und Gesichtspunkte erkannt und (ohne sachfremde Erwägungen) angewandt hat; ob der Entscheidung ein zutreffender und hinreichend ermittelter Sachverhalt zugrunde gelegt worden ist; ob die einschlägigen Verfahrensvorschriften richtig angewendet worden sind; ob (bei einer Prognose) eine *offensichtliche* Fehleinschätzung zum Verlauf der Entwicklung vorliegt; ob wissenschaftlich-fachliche Gesichtspunkte *außerhalb jedes vernünftigen* Rahmens fehleingeschätzt worden sind.[89] – Etwa zur Festlegung von Grenzwerten durch **Verwaltungsvorschrift** (§§ 48, 51 BImSchG) hat der Gesetzgeber einen „*gerichtsfreien Beurteilungsspielraum*" auch der *Ministerialinstanz* eingeräumt. Damit ist die Verwaltungsvorschrift nicht bloß ein „*antizipiertes Sachverständigengutachten*",[90] das dem Gericht nur eine Bewertungs*hilfe* für die *eigene* Festlegung des Grenzwertes geben würde. Es liegt vielmehr einer der *Ausnahmefälle* vor, in denen eine Verwaltungsvorschrift im *Außenverhältnis* Verbindlichkeit erzeugt.[91]

79 **Das Bundesverfassungsgericht hat die Lehre vom „gerichtsfreien Beurteilungsspielraum" zurückgedrängt**[92] und dabei den Blick verstärkt auf Art. 19 IV GG gelenkt: Aus Art. 19 IV GG „folgt grundsätzlich die Pflicht der Gerichte, die angefochtenen Verwaltungsakte" auch in „tatsächlicher Hinsicht vollständig nachzuprüfen. Das schließt auch

---

urteilung der Befähigung von Architekten; 62, 330 (337 ff.) – Bewertung von Weizensorten durch Sachverständigenausschuß; 72, 195 – Zulassung zur Börse durch Börsenvorstand.

[88] S. etwa *BVerwGE* 56, 31 (47 ff.) – Kapazitätsermittlung bei n. c.-Fächern; 62, 86 (107 f.) – Aufnahme in Krankenhausplan; 72, 300 (315 ff.) – Vorsorge nach dem AtomG mit der Wertung wissenschaftlicher Streitfragen einschließlich der daraus folgenden Risikoabschätzung, Bestätigung bei nicht erforderlicher Anpassung (s. bei Fn. 114) durch *BVerwGE* 106, 115 (121 f.); 79, 208 (231 ff.) = JuS 1989, 322 Nr. 3 u. 82, 295 (301) = JuS 1990, 673 Nr. 11 – neue Taxengenehmigung und Funktionsfähigkeit des örtlichen Taxengewerbes. – *Anders* (*keine* gesetzliche Beurteilungsermächtigung) etwa *BVerwGE* 81, 12 (17) – nach dem Stand der Wissenschaft nicht vertretbare Auswirkungen von Pflanzenschutzmitteln auf den Naturhaushalt; 68, 267 (271) – „Gefahr im Verzuge"; 65, 19 (22 f.) – „im Interesse der ärztlichen Versorgung der Bevölkerung".

[89] Entsprechende Zusammenstellungen in *BVerwGE* 72, 38 (54); 72, 195 (201); 79, 209 (213 ff.).

[90] *BVerwGE* 55, 250 (256); wegen des dezisionistischen Charakters umweltrechtlicher Grenzfestlegungen insoweit kritisch *Sendler*, NJW 1986, 2907 (2913).

[91] Entsprechend *BVerwGE* 72, 300 (320 f.) für eine atomrechtliche Richtlinie sowie *BVerwG*, DVBl. 1995, 516 mit *BVerwG*, NVwZ-RR 1996, 499, *BVerwGE* 110, 216 (218) = JuS 2000, 927 Nr. 17 und *BVerwGE* 114, 342 (344) = JuS 2001, 94 Nr. 15 für die TA Luft (§ 48 BImschG); ohne Anknüpfung an einen Beurteilungsspielraum dazu *Jarass*, JuS 1999, 105 (108 f.).

[92] *BVerfGE* 83, 130 (148) = JuS 1992, 249 Nr. 1 – *Indizierung jugendgefährdender Schriften*; 84, 34 = JuS 1992, 253 Nr. 3 – *juristische Staatsprüfungen*; 84, 59 = JuS 1992, 252 Nr. 3 – *medizinische Multiple-Choice-Prüfungen*; 88, 40 – *besonderes pädagogisches Interesse i. S. von Art. 7 V GG*; ergänzend *BVerfGE* 85, 36 – *Kapazitätsermittlung im n. c.-Bereich*; *Herzog*, NJW 1992, 2601; *Schmidt-Aßmann/Groß*, NVwZ 1993, 612.

eine Bindung an die im Verwaltungsverfahren getroffenen *Feststellungen* und *Wertungen* im Grundsatz aus".[93]

aa) **Einfallstor** für die Frage nach einem „gerichtsfreien Beurteilungs-spielraum" ist **für das Bundesverfassungsgericht** die Erkenntnis, daß sich die gerichtliche Kontrolle (Art. 19 IV GG) nach dem zugrundelie-genden *materiellen* Recht bestimmt und daß die verwaltungsgerichtliche Überprüfung daher nicht weiter reichen kann als die *gesetzlich* festgeleg-te materiellrechtliche Bindung der Verwaltung.[94]

Beispiel:[95] Ist nach dem materiellen Recht für die Subsumtion eines Sachverhalts unter das Gesetz eine *Punkt*genauigkeit nicht gefordert, sondern kommt es nur darauf an, daß sich die Subsumtion im Rahmen der *Bandbreite* der in der technischen Fachwis-senschaft für vertretbar gehaltenen Meinungen bewegt, ist eine Behördenentschei-dung, die diese Bandbreite nicht verläßt, *rechtmäßig*, vor Gericht unangreifbar.

Soweit das materielle Recht der Behörde eine derartige Bandbreite recht-mäßiger Subsumtionen einräumt, verfügt die Behörde auch nach dem Bundesverfassungsgericht über die vom BVerwG kreierte **„Beurteilungs-ermächtigung"**. Die entscheidende Frage ist allerdings, ob und inwieweit vor dem **Vorbehalt des Gesetzes** (Rn. 59) materiellrechtliche Regelun-gen verfassungsrechtlich möglich sind, die eine Bandbreite für mehrere (auch gegenteilige) rechtmäßige Entscheidungen offenhalten. Aus der Rechtsprechung des Bundesverfassungsgerichts ergeben sich insoweit **folgende Leitlinien:**[96]

– Beurteilungsermächtigungen kraft gesetzgeberischer Entscheidung kommen verfas-sungsrechtlich in Betracht, wenn die *geregelte Materie* „wegen hoher Komplexität oder besonderer Dynamik" besonders vage und ihre Konkretisierung im gerichtli-chen Nachvollzug der Verwaltungsentscheidung besonders schwierig ist.[97] Daß die Materie eventuell einer *besonders fachkundigen Entscheidungsinstanz* (Fachbehör-de, Sachverständigenausschuß, Examensprüfer) anvertraut wird, ist entgegen der überkommen Rechtsprechung des Bundesverwaltungsgerichts[98] *nicht* relevant; das Gericht ist gehalten, sich den erforderlichen unabhängigen Fachverstand mit Hilfe von Sachverständigen zu verschaffen.[99]

– „Mit dem Hinweis auf die ‚Komplexität‘ bestimmter schwieriger fachlicher Bewer-tungen läßt sich eine *pauschale* Zurücknahme der fachgerichtlichen Prüfungsdichte nicht begründen."[100] Vielmehr hängt es „von der Intensität und Bedeutung des je-weiligen Grundrechtseingriffs ab",[101] ob der Gesetzgeber der Verwaltung eine

[93] *BVerfGE* 84, 34 (49); 84, 59 (77); 103, 142 (156) = JuS 2001, 701 Nr. 3.
[94] *BVerfGE* 84, 34 (49); 88, 40 (45, 56); 103, 142 (156f.).
[95] Andeutungsweise in *BVerfGE* 88, 40 (59).
[96] S. vor allem *BVerfGE* 88, 40 (57ff.). Umfassend *Schmidt-Aßmann,* in: Maunz-Dürig, GG, Art. 19 IV Rn. 191ff.
[97] *BVerfGE* 84, 34 (50).
[98] *BVerwGE* 59, 213 (216ff.), sowie soeben Fn. 82.
[99] *BVerfGE* 84, 34 (55); 88, 40 (57). – Ob das „Umschwenken" von *BVerwGE* 91, 211 (217) = JuS 1994, 430 Nr. 1 für die Bundesprüfstelle für jugendgefährdende Schrif-ten auf den Gedanken einer „Selbstverwaltung" vor dem *BVerfG* Bestand haben kann, bleibt abzuwarten.
[100] *BVerfGE* 88, 40 (58) = JuS 1994, 432 Nr. 2.
[101] *BVerfGE* 88, 40 (59).

Bandbreite gerichtsfreier Beurteilungszuständigkeit zugestehen darf. Dabei ist gleichzeitig zu berücksichtigen, daß gerade auch die gerichtliche Überprüfbarkeit dem Grundrechtsschutz dient.[102]

Auf dieser Linie hat das Bundesverfassungsgericht die überkommene Rechtsprechung des Bundesverwaltungsgerichts verworfen, nach der dem Prüfungsausschuß bei Berufseingangsprüfungen (= Art. 12 I 1 GG/Berufs*wahl*) zur Frage „richtig" oder „falsch", „vertretbar" oder „unvertretbar" ein gerichtsfreier Beurteilungsspielraum eingeräumt war.[103] Andererseits ist die Konkretisierung eines gesetzlich vorgezeichneten umweltrechtlichen Grenzwertes (TA Luft, Rn. 78 a.E.) grundrechtlich so wenig relevant, daß der Gesetzgeber der Exekutive einen gerichtsfreien Beurteilungsspielraum einräumen *kann*.

– Bei *komplexen Prognosen* hält das Bundesverfassungsgericht die Einräumung von Beurteilungsspielräumen für möglich.[104]

bb) Wenn die grundrechtliche Situation dem Gesetzgeber „an sich" *nicht* gestattet, der Verwaltung einen gerichtsfreien Beurteilungsspielraum einzuräumen, besteht dieser Spielraum *gleichwohl,* sobald die „**Funktionsgrenzen der Rechtsprechung**" erreicht sind;[105] *Unmögliches* verlangt das Grundgesetz *nicht.*

Demgemäß hat die Prüfungsbehörde einen gerichtsfreien Bewertungsspielraum in der Frage, welche *Note aufgrund* der (gerichtlich überprüfbaren) Einsatzdaten („falsch" oder „richtig") vergeben wird. Denn *diese* Bewertung muß „mit Rücksicht auf die Chancengleichheit aller Berufsbewerber (Art. 3 I GG) im Gesamtzusammenhang des Prüfungsverfahrens getroffen werden und läßt sich nicht ohne weiteres im nachfolgenden Verwaltungsstreitverfahren einzelner Kandidaten isoliert nachvollziehen".[106] – Bei *eiligen Prognosen* muß das Gericht die besonderen Bedingungen für das Behördenhandeln zur Kenntnis nehmen. Auf dieser Grundlage kann es die getroffene Einschätzung der konkreten Situation bloß nach dem Maßstab der Plausibilität nachvollziehen.[107]

cc) Auch **wenn** der Behörde ein gerichtsfreier **Beurteilungsspielraum** eingeräumt ist, **muß sich das Gericht „stets so weit versichern, daß es die Unrichtigkeit der Verwaltungsentscheidung ausschließen kann".**[108] Hierfür reicht es regelmäßig aus, „daß die fachlichen Einschätzungen substantiell und nachvollziehbar begründet sind", solange der Kläger nicht fachliche Einwände vorträgt, „die die Bewertung der Behörde nachhaltig erschüttern können".[109]

---

[102] Vgl. *BVerfGE* 84, 34 (49, 53); 84, 59 (78).

[103] *BVerfGE* 84, 34 – *juristische Staatsprüfungen;* übernommen z.B. durch *BVerwGE* 104, 203 (206).

[104] S. *BVerfGE* 88, 40 (60).

[105] *BVerfGE* 84, 34 (50); *BVerfG (Kammer),* NVwZ 2002, 1368; auch *BVerwGE* 106, 263 (267) = JuS 1999, 924 Nr. 17.

[106] *BVerfGE* 84, 34 (50); 84, 59 (77). Als Beispiele für eine Funktionsgrenze wegen *übergroßer* Komplexität: *BVerfGE* 85, 36 (58) – *Kapazitätsermittlung im n.c.-Bereich; BVerwGE* 106, 263 (267) – „mangelnde Bewährung" im Beamtenrecht.

[107] *BVerfGE* 103, 142 (158 f.) = JuS 2001, 701 Nr. 3 im Zusammenhang mit Art. 13 II GG („Gefahr im Verzuge").

[108] *BVerfGE* 88, 40 (60).

[109] So *BVerfGE* 88, 40 (60); vgl. auch *BVerfGE* 103, 142 (159). Speziell zur Überprüfung von *Prognosespielräumen* allgemein *BVerfGE* 106, 62 (151 f.).

Im *Ausgangsfall* (Rn. 51) ist es eine Frage der politischen Wertung, ob die freundschaftlichen Beziehungen zum Land A den „außenpolitischen Interessen der Bundesrepublik" entsprechen, und eine Frage vorausschauender *Prognose*, ob X sich an der Demonstration beteiligen würde, das Verbot gegen ihn also erforderlich ist. Die *Prognose* ist so wenig komplex, daß sich die Frage nach einem „gerichtsfreien Beurteilungsspielraum" insoweit (wie bei der polizeirechtlichen Gefahrenprognose, Rn. 117)[110] *von vornherein* nicht stellt. Im Zusammenhang mit der *Wertung* führten einige Bearbeiter im Rahmen einer „Vollprüfung" aus: Die „außenpolitischen Interessen der Bundesrepublik" seien nicht verletzt, weil das Land A keine demokratische Verfassung habe und dort alle Menschenrechte mit Füßen getreten würden. Es könne nicht im Interesse der Bundesrepublik liegen, zu einem solchen Land freundschaftliche Beziehungen zu unterhalten.

dd) Bei Wertungen kann indessen die „**Faktorenlehre**"[111] einschlägig   80
sein, die **neben der Lehre vom „gerichtsfreien Beurteilungsspielraum"** steht und von Art. 19 IV GG her unproblematisch ist: Das Gericht hat nicht über Faktoren zu befinden, welche die entscheidende Behörde oder eine dritte Instanz im Rahmen ihrer *„politischen"* Kompetenzen oder nach einem ihr eingeräumten *gestalterischen Planungsermessen* mit **Tatbestandswirkung** festgelegt hat,[112] wobei die insoweit kompetente Behörde die zugrundeliegenden Daten allerdings ausreichend ermittelt haben muß.[113]

Im *Ausgangsfall* (Rn. 51) ist es eine *außenpolitische* Frage, ob die Bundesrepublik zum Land A freundschaftliche Beziehungen unterhalten möchte oder nicht. In dieser Frage sind die Behörde, das Gericht und auch der Fallbearbeiter der Entscheidung der für die Außenpolitik *zuständigen* Organe der Bundesrepublik unterworfen. – Weitere *Beispielsfälle*: Veränderung der Behördenorganisation als gerichtsfreier Faktor im Rahmen des gerichtlich ansonsten voll überprüfbaren Gesetzesbegriffs „dienstliches Bedürfnis" bei der Versetzung eines Beamten;[114] „öffentliche Verkehrsinteressen" mit gerichtsfreien Elementen behördlicher Verkehrs*planung* bei der Versagung einer Linienverkehrs-Genehmigung (§ 13 II Nr. 2 PBefG);[115] Risikoabschätzung im Atomrecht, die „letztlich nur politisch verantwortet werden kann".[116]

c) Gültigkeit/Verfassungsmäßigkeit der Ermächtigungsgrundlage

Schließlich muß die Ermächtigungsgrundlage, auf die sich der belastende   81
Verwaltungsakt stützt, *gültig*, nämlich *mit höherrangigem Recht vereinbar sein*. Im Unterschied zum Verwaltungsakt ist eine *rechtswidrige Norm* in der Regel[117] *nichtig*. Falls insoweit Bedenken bestehen, ist daher die Gültigkeit der anzuwendenden Norm, insbesondere ihre *Verfas-*

---

[110] Vgl. *Drews/Wacke/Vogel/Martens*, Gefahrenabwehr, S. 265; *BVerwGE* 68, 267 (271).

[111] *BVerwGE* 26, 65 (75 ff.); *Wolff/Bachof/Stober*, VR Bd. 1, § 31 Rn. 20.

[112] Entsprechend unter Hinweis auf die „vom Grundgesetz vorgegebene Kompetenzverteilung" *BVerfGE* 88, 40 (61).

[113] *BVerwGE* 106, 115 (121 f.).

[114] *BVerwGE* 26, 65 (75 ff.).

[115] *BVerwGE* 82, 260 (265).

[116] *BVerwGE* 106, 115 (122).

[117] Zu Ausnahmen s. Rn. 401, 402.

sungsmäßigkeit, zu untersuchen. Einzelheiten der Normprüfung werden später in den Rn. 391 ff. zusammenhängend dargestellt. Ist die Entscheidung eines Gerichts zu entwerfen, muß **Art. 100 I GG** beachtet werden (lesen!). In den in Art. 100 I GG genannten Fällen darf das Gericht nicht eigenständig davon absehen, die nach seiner Ansicht ungültige Norm anzuwenden; es hat vielmehr die Entscheidung des *BVerfG* einzuholen.[118]

82 **Beachte besonders:** Es gibt wenige Normen, an deren Verfassungsmäßigkeit ernsthafte Zweifel bestehen. Daher ist es verfehlt, *in der Niederschrift* von vornherein die Gültigkeit fast jeder einschlägigen Norm in Zweifel zu ziehen, solange der Sachverhalt nicht besonderen Anlaß dazu gibt. Wer das nicht beachtet, schwebt in Gefahr, rein *verwaltungsrechtliche* Aufgaben in verfassungsrechtliche Abhandlungen umzufunktionieren und damit die Schwerpunkte der Arbeit zu verfälschen. Beispielsweise ist es abwegig, in einer Polizeirechtsklausur mit vielen verwaltungsrechtlichen Problemen seitenlang zu erörtern, ob die polizeiliche Generalklausel (Rn. 108 ff.) wegen ihrer Unbestimmtheit mit dem Vorbehalt des Gesetzes vereinbar ist, selbst wenn diese Frage Gegenstand einer *früheren* Übungsstunde gewesen sein sollte, in welcher es darum ging, die Bedeutung des Gesetzesvorbehalts zu erklären. Wegen *dieser* seit langem *ausgestandenen*[119] Frage ist die Klausur im Zweifel *nicht* ausgegeben worden.

Ob man im *Ausgangsfall* (Rn. 51) die Verfassungsmäßigkeit des § 47 II 2 Nr. 2 AufenthG diskutiert, muß jeder Bearbeiter „für sich" entscheiden. Trotz seiner Unbestimmtheit („außenpolitische Interessen") genügt des § 47 II 2 Nr. 2 AufenthG als Eingriffsermächtigung dem Vorbehalt des Gesetzes in der Gestalt des verfassungsrechtlichen *Bestimmtheitsgebotes* (Rn. 411); das Bundesverfassungsgericht hat sogar die ausländerrechtliche Formulierung „sonstige erhebliche Belange der Bundesrepublik" (§ 47 II 2 Nr. 1 AufenthG) als hinreichend bestimmt angesehen.[120] Soweit nach des § 47 II 2 Nr. 2 AufenthG die politische Betätigung in der Gestalt von Meinungsäußerungen verboten werden kann, geht es um Art. 5 I GG. Art. 5 I GG, der an sich für Ausländer gilt, müßte diesen gerade auch die *politische* Meinungsäußerung garantieren, obgleich sie nicht Angehörige des Staatsvolkes i. S. der politischen Demokratie des Grundgesetzes (Art. 20 II GG) sind.[121] Sollte Art. 5 I GG einschlägig sein, wird die in der ausländerrechtlichen Literatur erörterte Streitfrage erheblich, ob das AufenthG mit seinen *Sondervorschriften* ein *„allgemeines* Gesetz" i. S. des Art. 5 II GG ist.[122] Wie sich anschließend[123] zeigen wird, verengen *verwaltungsrechtliche* Überlegungen die Verfügung indessen ohnehin noch zu einem Demonstrationsverbot. Als Ermächtigung zum Demonstrationsverbot kann des § 47 II 2 Nr. 2 AufenthG aber von vornherein nicht mit Grundrechten kollidieren. Denn nach seinem klaren Wortlaut steht das Demonstrationsgrundrecht des Art. 8 I GG als lex specialis nur Deutschen zu.

83 Von der Vereinbarkeit mit höherrangigem Recht hängt nicht immer nur die Gültigkeit, sondern oft auch lediglich die *Auslegung* der Norm ab. *Wenn* verschiedene Auslegungen in Betracht kommen und die Norm

---

[118] Näheres Rn. 391, 392.
[119] S. Rn. 108 Fn. 12.
[120] *BVerfGE* 35, 382 (400); 49, 168 (182).
[121] Exemplarisch der Streit zwischen *Erbel,* JuS 1971, 35 (dagegen) und *Dolde,* JuS 1971, 314 (dafür). Zusammenfassend *Schwerdtfeger,* Gutachten A zum 53. Deutschen Juristentag, 1980, A 117 f.
[122] Vgl. *Schwerdtfeger,* aaO.
[123] Rn. 97, 98.

nicht bei allen Auslegungen mit höherrangigem Recht vereinbar ist, muß die „verfassungskonforme"[124] bzw. die „gesetzeskonforme" Auslegung gewählt werden.

Beispiel:[125] Eine Polizeiverordnung bestimmt, daß Mietshäuser bis 22 Uhr vom Hauseigentümer zu beleuchten sind. Gegen *A* und *B* ist wegen Nichtbefolgung ein Bußgeld verhängt worden. *A* hatte die Haustür abgeschlossen, *B* nicht. Die Verordnung ist „polizeirechtskonform" so auszulegen, daß sie nur für Häuser mit nicht abgeschlossener Haustür gilt, weil nur hier eine Gefahr für die *öffentliche* Sicherheit oder Ordnung besteht.[126] Nur *B* verstieß also gegen die VO.

Derartige verfassungs- oder gesetzeskonforme Auslegungen sind stets in Betracht zu ziehen, bevor der Bearbeiter eine Norm als nichtig ansieht.

4. Fehlerfreie Ermessensausübung auf der Rechtsfolgeseite

Liegen die rechtlichen Voraussetzungen für den Erlaß des Verwaltungs- **84** akts vor, steht es nach vielen Ermächtigungsgrundlagen noch im *Ermessen* der Behörde, *ob* und/oder *wie* und/oder *gegen wen* sie einschreitet. Der Gesetzgeber verwendet in derartigen Fällen Wendungen wie: die Behörde „kann", „darf", „ist berechtigt", „ist befugt" usw. Das Ermessen dient der **Einzelfallgerechtigkeit und/oder gerechtigkeitsneutralen Zweckmäßigkeitserwägungen.**[127]

Im *Ausgangsfall* (Rn. 51) ist die Behörde *nicht verpflichtet*, einzuschreiten, *obgleich* die „außenpolitischen Interessen der Bundesrepublik" beeinträchtigt werden. Die Behörde *darf* aber einschreiten. Auch *wie* sie einschreitet, steht in ihrem Ermessen. (Die Behörde darf nur nicht „ermessensfehlerhaft" handeln, s. Rn. 90 ff.).

Nach den „*Grundsätzen über das gelenkte bzw. intendierte Ermessen*"[128] räumen „**Soll**"-Vorschriften und entsprechend auszulegende[129] Vorschriften der Behörde nur an der Peripherie Ermessen ein. Für Normalfälle bedeutet das „Soll" ein „Muß". In atypischen Fällen sind Ausnahmen möglich.[130]

Während die früher erwähnten unbestimmten Rechtsbegriffe die *Voraussetzungen* des behördlichen Tätigwerdens betreffen, also auf der

---

[124] St. Rspr. des *BVerfG;* eingehend zu allen Einzelfragen *Hesse,* Verfassungsrecht, Rn. 79 ff.; *Bettermann,* Die verfassungskonforme Auslegung, Grenzen und Gefahren, 1986; *Bleckmann,* JuS 2002, 942 (946 f.); *Lüdemann,* JuS 2004, 27. – Etwa in *BVerfGE* 20, 150 (160); 42, 176 (189); 101, 312 (329) = JuS 2000, 599 Nr. 1 war eine verfassungskonforme *Auslegung nicht* möglich, weil der Wille des Gesetzgebers *eindeutig* feststand. Über eine verfassungskonforme Auslegung darf nicht der normative Gehalt einer Vorschrift grundlegend neu bestimmt werden (*BVerfGE* 34, 165 (200)). Das Gesetz muß sinnvoll bleiben (*BVerfGE* 101, 312 (329) = JuS 2000, 599 Nr. 1).

[125] In Anlehnung an *Evers/Schwerdtfeger,* JuS 1964, 281.

[126] Vgl. Rn. 113.

[127] *Bachof,* JZ 1972, 642; Beispiel in Rn. 85.

[128] *BVerwGE* 105, 55 (57 ff.) = JuS 1998, 764 Nr. 13.

[129] Dazu besonders *BVerwGE* 105, 55 (57 ff.) = JuS 1998, 764 Nr. 13.

[130] *BVerwGE* 40, 323 (330); 105, 55 (57 ff.) = JuS 1998, 764 Nr. 13; *Wolff/Bachof/Stober,* VR Bd. 1, § 31 Rn. 34.

„Tatbestandsseite" der Norm auftreten, erhält die Behörde das Ermessen auf der „Rechtsfolgeseite" der Norm eingeräumt.[131]

85   Alle Einzelheiten zur rechtlichen Bewältigung des Ermessens kann der Student nur verstehen, wenn er hinreichende Vorstellungen vom **Ablauf einer Ermessensentscheidung** hat.

Beispielsfall:[132] Leiter *L* eines Finanzamtes hatte seinen Stellvertreter *St* ungerechtfertigt gerügt. In der Folgezeit war es zwischen beiden Beamten immer wieder zu Auseinandersetzungen und Reibereien gekommen, ohne daß sich jeweils feststellen ließ, wer die Schuld trug. Als andere Bedienstete Partei ergreifen und die Streitigkeiten sich dadurch auszubreiten beginnen, erwägt die zuständige Oberfinanzdirektion (OFD), *L* oder *St* an ein anderes Finanzamt zu versetzen. Was hat sie zu bedenken? – Nach dem Beamtenrecht „kann" ein Beamter versetzt werden, „wenn ein dienstliches Bedürfnis besteht" (so gleichlautend § 26 BBG und die Beamtengesetze der Länder). Ein „dienstliches Bedürfnis" (auf der Tatbestandsseite der Norm) ist gegeben. Die OFD hat also die rechtliche *Möglichkeit*, *L* oder *St* zu versetzen. *Ob* sie von dieser Möglichkeit Gebrauch macht, *wen* sie versetzt und *wohin* sie ihn versetzt, steht entsprechend § 26 BBG in ihrem *Ermessen*.

Idealtypisch gesehen durchläuft das *Verfahren der* Ermessens*betätigung* **zwei Stationen.** Zunächst hat die OFD alle entscheidungsrelevanten Daten und Gesichtspunkte *zusammenzutragen,* soweit sie sich aufklären lassen. Es steht schon fest, wer die Schwierigkeiten ursprünglich verursacht hat. Erheblich ist aber weiter, ob, wann und wo eine geeignete Stelle für *L* bzw. für *St* frei wäre, welche konkreten Folgewirkungen eine Versetzung auf diese Stellen jeweils für die Familie des *L* und des *St* hätte (Umschulung der Kinder?, Berufstätigkeit der Ehefrau?, eigenes Haus?, soziale Kontakte?), ob geeignete Nachfolger für *L* oder *St* vorhanden wären, welche Umstellungsschwierigkeiten sich durch einen Wechsel in der Leitung des Finanzamtes ergeben könnten, usw. usw. Ist das Entscheidungsmaterial hinreichend umfassend zusammengetragen, hat die OFD die verschiedenen Daten und Gesichtspunkte, welche teils für die eine, teils für die andere Lösung sprechen, im Hinblick auf Einzelfallgerechtigkeit und Zweckmäßigkeit[133] gegeneinander *abzuwägen*. Bei dieser Abwägung hat die OFD die einander widerstreitenden Gesichtspunkte in ihrem Verhältnis zueinander zu gewichten. Es gibt keine einheitliche Meßeinheit, in welcher jeder einzelne Gesichtspunkt von vornherein eine bestimmte Wertigkeit hätte und mathematisch exakt gegen die Wertigkeit der anderen Gesichtspunkte saldiert werden könnte. Die **Behörde** (OFD) ist vielmehr dafür zuständig, die **Gewichtung in ihrer Verantwortung** vorzunehmen und nach *ihren* Wertungen abzuwägen. Das ist das **Wesen des Ermessens.**

86   Wenn das Verfahren der Ermessens*betätigung* ordnungsgemäß stattgefunden hat und das *Ergebnis* dieses Verfahrens, die Ermessens*entscheidung*, nicht gegen höherrangiges Recht verstößt, wenn also kein Ermessensfehler vorliegt (dazu nachfolgend Rn. 90 ff.), ist die Ermessensentscheidung rechtmäßig, *wie immer sie ausgefallen ist.*

Im Beispielsfall mag die Sachaufklärung u. a. ergeben haben, daß sowohl für *L* wie auch für *St* eine andere Stelle nur an einem Ort verfügbar ist, nach welchem der Ver-

---

[131] Diese herkömmliche Gegenüberstellung hat *GmS-OGB,* BVerwGE 39, 355 (betr. § 131 I 1 AO a.F.) nur für eine staatliche *Begünstigung* eingeebnet, s. soeben Fn. 75 sowie *Bachof*, JZ 1972, 641; *Kellner*, DÖV 1972, 801.

[132] In Anlehnung an *Frotscher*, JuS 1971, 533 mit *BVerwGE* 26, 65. Vergleichbarer Fall zur *Umsetzung* eines Beamten: *BVerwGE* 60, 144 (151 ff.).

[133] Soeben Rn. 84.

setzte umziehen müßte, daß *L* mobiler Junggeselle ist, *St* drei schulpflichtige Kinder hat und am bisherigen Wohnort soeben ein Eigenheim gebaut hat. Bei der Abwägung der OFD können sich einerseits die persönlichen Interessen des *St*, auf der anderen Seite aber auch Belange des Finanzamtes (Folgewirkungen durch den Austausch des Leiters) durchsetzen. Sowohl die Versetzung des *L* als auch die Versetzung des *St* wäre rechtmäßig.

a) Vorschläge für die Betätigung des Ermessens in die eine oder andere **87** Richtung darf der Bearbeiter in den meisten Fällen nicht bringen. Sie kommen von vornherein nicht in Betracht, wenn die Entscheidung eines Gerichts zu entwerfen ist. Denn **gemäß § 114 VwGO darf das Verwaltungsgericht nicht sein Ermessen an die Stelle des Ermessens der Verwaltung setzen,** sondern nur Ermessensfehler feststellen. Demgemäß interessieren auch nur Ermessensfehler, wenn der Bearbeiter vor Klagerhebung auf seiten des Betroffenen zu beurteilen hat, ob Rechtsmittel aus Rechtsgründen erfolgreich sein müßten und/oder der ergangene Verwaltungsakt rechtmäßig ist, selbst wenn er selbst die Ermessensentscheidung in der Situation der Behörde anders getroffen hätte.

Obgleich § 114 VwGO schon jedem Anfänger bekannt zu sein pflegt, unterläuft auch **88** Examenskandidaten noch dieser immer wiederkehrende **Fehler:** Die Klausurbearbeiter hatten gutachtlich die Entscheidung des Verwaltungsgerichts über eine Anfechtungsklage vorzubereiten, mit welcher ein Konditor ein auf (im einzelnen näher geschilderte) gesundheitspolizeiliche Gründe gestütztes Verbot angriff, von einem Handwagen aus Speiseeis zu verkaufen. Einige Bearbeiter kamen zu dem Ergebnis, das Verbot sei rechtmäßig, weil es sich wegen des hinderlichen Stellplatzes des Wagens jedenfalls auf verkehrspolizeiliche Erwägungen stützen lasse. Damit setzten die Bearbeiter in unzulässiger Weise ihr Ermessen (= das Ermessen des Gerichts) an die Stelle des Ermessens der Behörde: Selbst wenn verkehrspolizeiliche Gefahren vorlagen, oblag es allein der Behörde zu entscheiden, ob sie auch aus diesem Grunde einschreiten wollte.[134] Den Bearbeitern war allenfalls eine „vorsorgliche" Auseinandersetzung mit den verkehrspolizeilichen Erwägungen für den Fall möglich, daß die Behörde sie noch nachschieben[135] sollte. Iura novit curia gilt nur für Rechtsfragen, nicht für Ermessensfragen. – Entsprechend war es falsch, wenn einige Bearbeiter des *Ausgangsfalls* (Rn. 51) schrieben: Es sei zu erwarten, daß Staatsangehörige des Landes *A* während des Staatsbesuches durch Flugblattaktionen gegen *S* hetzen oder gar Anschläge auf sein Leben unternehmen würden; auch das verletzte die außenpolitischen Interessen der Bundesrepublik, im letzten Falle zusätzlich die öffentliche Sicherheit (des § 47 II 2 *Nr. 1* AufenthG). Aus *diesen* Gründen wollte die Behörde *nicht* einschreiten. Diese Gründe mußten bei der Fallbearbeitung also außer Betracht bleiben.

Raum für Vorschläge zur Ermessensausübung ist an sich vorhanden, **89** wenn der Bearbeiter die Entscheidung der *Behörde* vorzubereiten hat, sei es vor Erlaß des Verwaltungsakts, sei es im Widerspruchsverfahren. (Daß die Beschränkung des § 114 VwGO für das Widerspruchsverfahren nicht gilt, folgt aus § 68 I 1 VwGO.) Zumeist ist in derartigen Fällen aber unter Ausklammerung von Ermessenserwägungen nur *gefragt,* wie die Behörde (aus Rechtsgründen) handeln *könnte.*

---

[134] S. z. B. *BVerwGE* 11, 170 (171).
[135] Vgl. Rn. 72.

90 **b)** Der Bearbeiter hat zu untersuchen, ob ein **Ermessensfehler** vorliegt oder vorliegen würde. Denn dann ist der Verwaltungsakt rechtswidrig. Wegen eines Ermessensfehlers hebt das Gericht den Verwaltungsakt auf (§ 114 VwGO). Die herkömmliche Bezeichnung „Ermessensfehler" hat keine spezifische Bedeutung. Sie gibt nur zu erkennen, daß es sich um Verstöße gegen den Grundsatz der Gesetzmäßigkeit und der Verfassungsmäßigkeit der Verwaltung handelt, welche typischerweise bei Ermessensbetätigungen vorkommen.[136] Damit ist es lediglich eine terminologische Frage, welche Rechtsverletzungen man als „Ermessensfehler" bezeichnet und wie man die Ermessensfehler zu Gruppen zusammenfaßt.[137] Die Lösung des zu bearbeitenden Falles wird hierdurch nicht beeinflußt. Falls die Entscheidung des Verwaltungsgerichts vorzubereiten ist, muß der Bearbeiter die **Aufteilung des § 114 VwGO** (s. auch § 40 VwVfG) zugrunde legen, nämlich überprüfen, ob „die gesetzlichen Grenzen des Ermessens überschritten sind" (1. Variante des § 114 VwGO) oder „von dem Ermessen in einer dem Zweck der Ermächtigung nicht entsprechenden Weise Gebrauch gemacht ist" (2. Variante).[138]

91 **aa)** Die *zweite Variante* des § 114 VwGO (= erste Variante des § 40 VwVfG) betrifft Rechtsfehler beim „*Gebrauch*" des Ermessens, im **Verfahren der Ermessensbetätigung** auf dem Wege *zur* abschließenden Entscheidung (= *Ermessensfehlgebrauch*). Solche „*inneren*" Ermessensfehler liegen vor, wenn das innere Verfahren der Ermessensbetätigung *defizitär* war.

92 **Verfahrensdefizite** können **auf drei Stufen** vorkommen: **(1)** Die Behörde hat irrtümlich ein vorhandenes Ermessen nicht betätigt, weil sie glaubte, ein Ermessensspielraum sei nicht vorhanden oder enger, als er in Wirklichkeit ist *(Ermessensunterschreitung)*. **(2)** Die Behörde hat nicht alle entscheidungsrelevanten Tatsachen und Gesichtspunkte bzw. falsche Daten ermittelt und als Entscheidungsmaterial in die Abwägung einbezogen *(Heranziehungsdefizit)*[139] oder (umgekehrt) Gesichtspunkte berücksichtigt, die im Kontext der Ermächtigung nicht berücksichtigt werden durften *(Heranziehungsüberhang)*.[140] **(3)** Die Behörde hat das Für und

---

[136] In gleicher Richtung *Stern,* Ermessen und unzulässige Ermessensausübung, 1964, S. 27 m. w. Nachw.

[137] Die Terminologie ist insoweit recht uneinheitlich; zusammenfassend mit dem Versuch, eine in sich geschlossene „Ermessensfehlerlehre" zu entwickeln, z. B. *Alexy,* JZ 1986, 701.

[138] Ausführliche Zusammenstellung der Ermessensfehler z. B. bei *Wolff/Bachof/Stober,* VR I, § 31 Rn. 45 ff. Zur praktischen Behandlung des Verwaltungsermessens in Bescheid und Urteil s. *Brühl,* JuS 1995, 249.

[139] Steht zusammen mit dem Abwägungsdefizit in Parallele zu entsprechenden Defiziten beim Planungsermessen, Rn. 434.

[140] Beispiele: Abstellen auf die ehelichen Verhältnisse für die Zulassung eines Schaustellers zum Frühlingsmarkt im Rahmen von § 70 III GewO (*BVerwG,* NVwZ 1984, 585); Erteilung einer Ausnahmebewilligung nach § 23 I LSchlG, um aus Gründen der Gefahrenabwehr abends „Leben" in eine dunkle Passage zu bringen (*BVerwGE* 65, 167).

Wider nicht *wirklich* gegeneinander *abgewogen*, sondern etwa das Los entscheiden lassen oder unter dem Einfluß persönlicher Laune, Voreingenommenheit, Antipathie, Schikane oder Schädigungsabsicht gestanden *(Abwägungsdefizit)*. Hierher gehört auch das Vorschieben „an sich" sachgemäßer Gründe zur Erreichung eines anderen, von der Ermächtigungsnorm nicht gedeckten Zwecks *(detournement de pouvoir)*.

Einen Ermessensfehlgebrauch kann nur entdecken, wer **Einblick in den inneren Verfahrensgang** hat. § 39 I 2, 3 VwVfG sorgt insoweit für gewisse Transparenz, indem er besondere **Anforderungen an die Begründung** von Ermessensentscheidungen stellt. Begründungsmängel, die dem Bürger die Chance zur Überprüfung des inneren Verfahrens der Ermessensbetätigung vorenthalten, behandelt das VwVfG im Grundsatz so, als *sei* das innere Verfahren defizitär gewesen: Weil § 46 VwVfG auf Ermessensverwaltungsakte nur in Ausnahmekonstellationen anwendbar ist (s. Rn. 71), führt das Fehlen oder die Unvollständigkeit der Begründung im Grundsatz zur Aufhebung des Verwaltungsakts.[141] Allerdings kann die Behörde „ihre **Ermessenserwägungen** hinsichtlich des Verwaltungsaktes auch **noch im verwaltungsgerichtlichen Verfahren ergänzen**" (§ 114 Satz 2 VwGO).[142]

bb) Die *erste Variante* des § 114 VwGO (= zweite Variante des § 40 VwVfG) betrifft das **Ergebnis der Ermessensbetätigung**, die abschließende *Entscheidung*. Das *Ergebnis* der Ermessensbetätigung ist fehlerhaft, wenn es *inhaltlich* die vom Gesetz oder von der Verfassung gesetzten Grenzen überschreitet, also gegen höherrangiges Recht verstößt **(Ermessensüberschreitung)**. Die Ermessensüberschreitung läßt sich ohne Kenntnis des behördeninternen Entscheidungsvorganges aus dem Verwaltungsakt selbst ablesen. Soweit es um Verstöße der Ermessensentscheidung gegen die Verfassung geht, ist die Fallgestaltung scharf von der bereits erörterten[143] Verfassungswidrigkeit der *Ermächtigungs*grundlage zu trennen. Dort verstieß die *Legislative* gegen die Verfassung, indem sie die verfassungswidrige Norm schuf, welche die Exekutive dann nur anwendete. Bei der Ermessensentscheidung geht es hingegen um unmittelbare Verfassungsverstöße der *Exekutive*, weil sie hier *eigene* Entscheidungen trifft.

(1) Die Ermessensverwaltung darf nicht gegen den **Gleichheitsgrundsatz** und damit nicht gegen *Gleichheitsgrundrechte*[144] verstoßen[145] („*Ermessenswillkür*"). Sie muß ihr Ermessen also in parallelen Fällen gleich handhaben (sog. **Selbstbindung der Verwaltung**). Über Art. 3 I GG gewinnen so auch interne **Verwaltungsvorschriften** und Richtlinien **Außenwirkung**, *wenn* nach ihnen (wie in der Regel) *faktisch* verfahren

93

94

95

---

[141] S. z. B. *Hufen*, Fehler im Verwaltungsverfahren, 4. Aufl. 2002, Rn. 318.

[142] Näheres vorne Rn. 72.

[143] Soeben Rn. 81 ff.

[144] Zur Gegenüberstellung mit den Freiheitsgrundrechten Rn. 446, 447.

[145] *BVerfGE* 9, 137 (147); 18, 353 (363); 49, 168 (184).

wird.[146] Die neue Entscheidung darf von einem früheren Verwaltungsgebrauch nur abweichen, wenn sie als Anfang einer neuen Handhabung
gemeint ist.[147] Solange der Sachverhalt dafür keine deutlichen Anhaltspunkte zeigt, kann das nicht angenommen werden.

Beispiel: Die Polizei kann das „Dirnenwesen" (= Störung der öffentlichen Sicherheit
oder Ordnung) dulden (= Ermessensentscheidung). *Wenn* sie einschreitet, muß sie
gegen alle Dirnen in einem bestimmten Bezirk vorgehen. Das Vorgehen gegen eine
Dirne verstieße gegen Art. 3 I GG, solange in diesem Fall nicht besondere Umstände
(etwa gesundheitspolizeilicher Art) in Betracht kommen.

Im *Ausgangsfall* (Rn. 51) lägen Verstöße gegen Art. 3 I GG vor, wenn die Behörde
ohne besonderen Grund nur gegen *X*, nicht auch gegen andere Landsleute vorgegangen wäre (Ermessensfehler bei der Entscheidung, *ob* eingeschritten werden soll) oder
wenn sie *X* stärker als andere Landsleute in gleicher Situation belastet hätte (Ermessensfehler bei der Entscheidung, *wie* eingeschritten wird).

96 (2) Des weiteren ist die Ermessensverwaltung an die **Freiheitsgrundrechte mit dem Grundsatz der Verhältnismäßigkeit**[148] gebunden. Vor
allem im Einzugsbereich der Landesgesetze über die öffentliche Sicherheit und Ordnung (Gefahrenabwehr, Rn. 104 ff.) ist diese Bindung **einfachgesetzlich festgeschrieben** (s. z. B. § 4 NdsSOG).

In manchen Ländern finden diese Festschreibungen *ergänzende* Anwendung auf
Verwaltungsakte, die sich auf landesrechtliche oder bundesrechtliche (!) Spezialregelungen zur Gefahrenabwehr stützen (s. z. B. § 3 I 2, 3 NdsSOG).

Mit dem Ansatz bei den Grundrechten oder beim Rechtsstaatsprinzip[149]
darf der Grundsatz der Verhältnismäßigkeit *unmittelbar* von Verfassungs wegen *nur* angewendet werden (Fehlerquelle), wenn keine *sub-
sumtionsbedürftige (!)*[150] einfachgesetzliche Festschreibung einschlägig
ist.

97 Nach dem Grundsatz der Verhältnismäßigkeit muß die ergriffene Maßnahme in der Zweck-Mittel-Relation **geeignet und erforderlich** sein,
um das von der Verwaltung angestrebte Ziel zu fördern. Außerdem darf
sich die Maßnahme in einer Rechtsgüterabwägung zwischen ihrem
Zweck und der Intensität der Belastung für den Bürger **nicht als unangemessen, unverhältnismäßig im engeren Sinne** erweisen. *Geeignet* ist
eine Maßnahme, die zur Erreichung des angestrebten Zwecks tauglich
ist. *Erforderlich* ist eine geeignete Maßnahme, wenn es kein milderes
Mittel gibt, das angestrebte Ziel *gleich wirksam* zu fördern. *Unangemessen (disproportional)* ist eine Maßnahme, wenn die Bedeutung des zur

---

[146] *BVerwGE* 35, 159 (161 ff.); 58, 45 (51); 104, 220 (223); *BVerwG*, NVwZ 2003, 1376
= JuS 2004, 85 Nr. 10 *(Selmer)*. Vergleichbarer Fall einer Außenwirkung auch
schon in Rn. 78. Nach *BVerwGE* 34, 278 vermag eine *rechtswidrige* Verwaltungs-
übung aber *keine* Selbstbindung der Verwaltung herbeizuführen; a. A. für eine
Ausnahmekonstellation *VGH Mannheim*, DVBl 1972, 186 m. Anm. *Götz*.
[147] S. dazu *BVerwGE* 104, 220 (223 f.) = JuS 1998, 377 Nr. 16.
[148] Einzelableitung später Rn. 454 ff., 463 ff.
[149] S. z. B. *BVerfGE* 23, 127 (133).
[150] Dazu Näheres in Rn. 124.

Geltung zu bringenden Rechtsguts **offensichtlich** (!)[151] **außer Verhältnis** zu dem Rechtsgut steht, welches zurücktreten muß.

Beispiel: Selbst wenn der Schuß mit dem Gewehr das einzig *geeignete* und damit *erforderliche* Mittel wäre, um einen Jungen aus dem Kirschbaum zu vertreiben: die Polizei dürfte nicht schießen (*unverhältnismäßiges, disproportionales* Mittel), weil zum Schutz der Kirschen kein Menschenleben gefährdet werden darf.

Im *Ausgangsfall* (Rn. 51) ist das Verbot jeglicher politischer Betätigung zwar *geeignet*, den unerwünschten Demonstrationen entgegenzuwirken und so die „außenpolitischen Interessen der Bundesrepublik" zu schützen. Diese *erfordern* aber nicht das totale Verbot. Weil die Behörde lediglich Gefährdungen abwehren will, welche für die freundschaftlichen Beziehungen zum Land *A* durch *Demonstrationen* entstehen, hätte es als „milderes Mittel" ausgereicht, dem *X* nur *Demonstrationen* zu verbieten. Soweit das Verbot darüber hinausgeht, ist es also rechtswidrig. Der erforderliche Teil der Verfügung (Demonstrationsverbot) steht nicht *offensichtlich* außer Verhältnis zum Interesse des *X*, Demonstrationen durchzuführen, ist also *nicht unangemessen*. In bezug auf *Demonstrationen* ist das Verbot damit rechtmäßig.[152] Weil das Verwaltungsgericht einen Verwaltungsakt nur aufhebt, „*soweit* er rechtswidrig ist" (Wortlaut des § 113 I 1 VwGO), bleibt das Demonstrationsverbot bestehen, wenn *X* das Verbot politischer Betätigung anficht.

Beachte: Der **Begriff der Verhältnismäßigkeit** wird in Literatur und Rechtsprechung 98 **in einem doppelten Sinne** verwendet, einerseits als *Oberbegriff* für die Eignung, Notwendigkeit und Angemessenheit (Proportionalität) einer Maßnahme, andererseits als Synonym bloß für die Angemessenheit/Proportionalität (= Verhältnismäßigkeit im engeren Sinne). Wie die Korrekturerfahrung lehrt, wird der Grundsatz der Verhältnismäßigkeit in der Fallbearbeitung häufig alleine mit der Frage nach einem milderen Mittel in Zusammenhang gebracht; die Frage nach der Unangemessenheit/Disproportionalität als Grenze der Rechtsgüterabwägung geht so verloren.

Der Grundsatz, daß die Maßnahme **erforderlich** sein muß, wird von den Studierenden **oft mißverstanden.** Ein Bearbeiter des *Ausgangsfalls* (Rn. 51) schrieb: Selbst ein Verbot, welches auf Demonstrationen beschränkt bleibe, sei nicht „erforderlich". Ein freiheitlicher Staat wie die Bundesrepublik könne es sich leisten, der Kritik an einem fremden Staatsoberhaupt freien Lauf zu lassen. Wenn *S* das als unfreundlichen Akt auffasse, bestätige sich nur, daß er nicht das rechte demokratische Bewußtsein habe. Dieser Bearbeiter ließ laienhaft Assoziationen freien Lauf, die sich für ihn mit der Vokabel „erforderlich" im *alltäglichen* Sprachgebrauch verbinden. Seine Ausführungen behandeln Fragen politisch-sachlicher Zweckmäßigkeit, welche dem wertenden *Ermessen der Behörde* bei der Entscheidung unterfallen, *ob* (durch das mildeste Mittel) eingeschritten werden soll. Der Bearbeiter korrigierte also unzulässigerweise die Erwägungen der Behörde durch *eigene* Ermessenserwägungen. „Erforderlich" ist ein *Rechtsbegriff* mit feststehenden Konturen. Als Gebot, das mildeste Mittel zu wählen, betrifft er ausschließlich die Zweck-Mittel-Relation im Zusammenhang mit der Frage, *wie* eingeschritten werden kann. Im übrigen hat die Behörde insoweit eine gewisse **Einschätzungsprärogative.**

Typischer Fehler beim Grundsatz der Verhältnismäßigkeit im engeren 99 **Sinne:** Eine Bearbeitung verfehlt das maßgebliche Überprüfungskriterium, wenn sie nicht dezidiert auf die *offensichtliche Un*verhältnismäßigkeit/*Un*angemessenheit/*Dis*proportionalität abstellt, sondern *positiv* die Verhältnismäßigkeit/Angemessenheit/Proportionalität der Maßnahme

---

[151] Näheres zu dieser Eingrenzung nachfolgend Rn. 99.
[152] Im Ergebnis ebenso *OVG Münster* u. *BVerwG*, Fn. 1.

prüft und dabei (oft als Schwerpunkt der Darstellungen) *eigene* Abwägungen zur „Angemessenheit" des Verwaltungsakts bringt. Was *positiv* angemessen ist, entscheidet die *Behörde* kraft *ihrer Ermessens*kompetenz, *nicht* der Bearbeiter. Denn der Grundsatz der Verhältnismäßigkeit enthält kein Meßsystem, nach welchem das Gewicht der öffentlichen Interessen auf der einen Seite und die Intensität des Eingriffs auf der anderen Seite mit allen jeweils relevanten Daten und Gesichtspunkten exakt gewichtet und gegeneinander saldiert werden könnten. Die Gewichtungen und Saldierungen sind *Wertungs*vorgänge, die mit der Einräumung des Ermessens originär der *Verwaltung* übertragen worden sind.[153] Das wertende Ins-Verhältnis-Setzen macht gerade mit das Wesen der Ermessensentscheidung aus. Wie alle Vorschriften zur Disziplinierung des Ermessens setzt der Grundsatz der Verhältnismäßigkeit für die Ermessensentscheidung bloß *Grenzen*. Der Grundsatz der Verhältnismäßigkeit verbietet Abwägungsergebnisse, welche *ganz einseitig, offensichtlich fehl*gewichtet sind,[154] „*erkennbar außer* Verhältnis" stehen (so z.B. § 4 II NdsSOG im Anschluß an § 2 II MEPolG). Damit das Verwaltungsgericht nicht unter Verstoß gegen § 114 VwGO letztendlich doch *seine* Abwägung an die Stelle der für die Abwägung zuständigen Behörde setzt, kann es nur auf derart zurückgezogener Linie einen *Verstoß* gegen den Grundsatz der Verhältnismäßigkeit feststellen. Gleiches gilt für die Fallbearbeitung, solange der Bearbeiter nicht ausnahmsweise[155] der *Verwaltung* Vorschläge zur Ermessensausübung zu unterbreiten hat.

100 Im *Beispielsfall* zu den Querelen im Finanzamt (Rn. 85) mögen die Ermittlungen (in Abänderung der bisherigen Annahmen) ergeben haben, daß Leiter L drei schulpflichtige Kinder hat, ein Eigenheim am Dienstort besitzt und sein Fortgang erhebliche Folgewirkungen für das Finanzamt hätte, St aber hinreichend mobil für einen Umzug ist. *Hier* wäre es *offensichtlich un*verhältnismäßig, wenn die OFD zugunsten des St prägend werden ließe, daß L sich ursprünglich inkorrekt verhalten hatte, und L versetzte. In der Auswahl zwischen L und St müßte St versetzt werden.

101 **(3)** Schließlich hat die Ermessensverwaltung etwa dem **Vertrauensschutz** als Element des Rechtsstaatsprinzips[156] Rechnung zu tragen[157] und das **Sozialstaatsprinzip** zu beachten.[158]

102 Die eingestreuten Beispielsfälle zeigen: Bei Vorliegen besonderer tatsächlicher Umstände können insbesondere der Gleichheitsgrundsatz, der Grundsatz der Verhältnismäßigkeit und der Gedanke des Vertrauensschutzes dazu führen, daß ein an sich vorhandenes **Ermessen** eingeschränkt, im Extremfall **„auf Null reduziert"** ist.[159]

---

[153] S. dazu bereits Rn. 85.
[154] Näheres dazu Rn. 465 ff.
[155] Vgl. Rn. 87.
[156] Dazu Rn. 178.
[157] *BVerfGE* 49, 168 (185 f.).
[158] Beispiel in *BVerwGE* 42, 148 (157); *BVerwG*, DÖV 1976, 569 ff.
[159] Zur (eigentlichen) Relevanz der „Ermessensreduzierung auf Null" beim begünstigenden VA und zu den Einzelkriterien der Reduzierung s. Rn. 161.

III. Nichtigkeit des Verwaltungsakts?

Nach dem früher[160] Gesagten geht es um Nichtigkeitsgründe insbeson- 103
dere, wenn ein fehlerhafter Verwaltungsakt nicht mehr angefochten
werden kann. Auf Antrag des Betroffenen wird die Nichtigkeit durch
Verwaltungsakt der *Behörde* festgestellt (§ 44 V VwVfG). Erst wenn die
Behörde dem Antrag nicht stattgibt, ist die Nichtigkeitsklage nach § 43 I
VwGO gegeben. Vorher würde ihr in der Regel das Rechtsschutzbedürfnis fehlen.[161] § 44 II und III VwVfG regeln für bestimmte Fehler
ausdrücklich, ob der Verwaltungsakt nichtig ist oder nicht[162] (zuerst prüfen!). Im übrigen ist ein Verwaltungsakt gem. § 44 I VwVfG nichtig,
„soweit er an einem besonders schwerwiegenden Fehler leidet und dies
bei verständiger Würdigung aller in Betracht kommenden Umstände
offensichtlich[163] ist". Damit hat sich das VwVfG gegen andere Nichtig-
keitstheorien[164] für eine Kumulation von „*Schweretheorie*" und „*Evi-
denztheorie*" entschieden: Wegen seiner Regelungsfunktion[165] soll ein
Verwaltungsakt *nur dann* von vornherein keine Beachtung verdienen,
wenn ein *besonders* (!) schwerwiegender Fehler gegeben ist *und* (!) dieser *so klar* auf der Hand liegt, daß es für den Bürger unerträglich wäre,
die getroffene Regelung als gültig anerkennen zu müssen. „**Besonders
schwerwiegend**" ist nur ein Fehler, „der den davon betroffenen Verwaltungsakt als schlechterdings unerträglich erscheinen, d. h. mit tragenden
Verfassungsprinzipien oder der Rechtsordnung immanenten wesentlichen Wertvorstellungen unvereinbar sein läßt".[166] Für die **Offensichtlichkeit** wird auf einen „aufmerksamen und verständigen Durchschnitts-
beobachter" abgestellt.[167]

Zur Teilnichtigkeit eines Verwaltungsakts (§ 44 IV VwVfG) s. Rn. 170.

---

[160] Rn. 57.
[161] *Meyer/Borgs*, VwVfG § 44 Rn. 30. A.A. *Kopp/Ramsauer*, VwVfG § 44 Rn. 69;
BSG, NJW 1989, 902.
[162] Zur Nichtigkeit einer Peep-Show-Genehmigung wegen Verstoßes gegen die guten
Sitten (§ 44 II Nr. 6 VwVfG) s. *BVerwGE* 84, 314; *Discher*, JuS 1991, 642.
[163] Sprachliche Neufassung des früheren „offenkundig" durch das 2. VwVfgÄndG
1998 *ohne Inhaltsänderung*; Begr. der BReg. zum Gesetzentwurf, BT-Drs. 13/
8884.
[164] Überblick etwa bei *Wolff/Bachof*, VR I, 9. Aufl. 1974, § 51 I c 3, 4.
[165] Zu ihr Rn. 33.
[166] So *BVerwG*, NJW 1985, 2658; s. auch *BVerwGE* 104, 289 (296).
[167] *BVerwGE* 19, 284 (287); 23, 237 (238).

§ 6. Insbesondere: Die „Polizei"verfügung

I. Gefahrenabwehr, Beseitigung von Störungen

104 **Ausgangsfall:**[1] Nach ihrem Parteiprogramm will die neu gegründete „Partei der Monarchisten" die Bundesrepublik „mit den Mitteln der Demokratie und unter Wahrung der demokratischen Grundsätze" in eine Monarchie umwandeln. Um sich den Wählern bekannt zu machen, läßt die Partei ihre Mitglieder *A* und *B* mit Transparenten durch die Stadt ziehen, auf denen diese Ziele aufgeführt sind. Die Ordnungsbehörde kommt zu dem Schluß, das Programm verstoße gegen die Grundordnung des Grundgesetzes, und verbietet der Partei deshalb das Umherziehen mit den Transparenten. Zu Recht?

105 „Polizei"verfügungen dienen dem *Schutz der öffentlichen Sicherheit oder Ordnung* und damit der *Gefahrenabwehr.* „Polizei" wird in dieser **Begriffsbestimmung** in einem überkommenen *materiellen* Sinne als Synonym für die Verwaltungsaufgabe der Gefahrenabwehr („Polizeirecht") gebraucht.[2] Es hängt von der Zuständigkeitsverteilung in den einzelnen Bundesländern ab, ob eine Polizeiverfügung im Einzelfall von der **uniformierten Polizei** (= *formeller* Polizeibegriff) oder (in den meisten Fällen) von einer anderen Behörde, insbesondere von einer „**Ordnungsbehörde**", erlassen wird.[3] An diese Zuständigkeitsverteilung knüpft an, wer von Polizei- und Ordnungsrecht (= Recht der Polizei- und Ordnungsbehörden) spricht.

106 Es hat sich eingebürgert, die wichtigsten Rechtmäßigkeitsvoraussetzungen der Polizeiverfügung in einem **Spezialschema** darzustellen. Nachdem die Studenten und Examenskandidaten dieses Schema auswendig gelernt haben, empfinden sie es zumeist als Glücksfall, wenn sie eine Klausuraufgabe aus dem Polizeirecht erhalten. Trotzdem fallen gerade Polizeirechtsklausuren leicht schlecht aus: Wer sich ausschließlich an das Schema klammert, welches nie in jeder Hinsicht vollständig ist, kann viele Polizeirechtsfälle nicht lösen.[4]

---

[1] Zusätzlich sollten einige dieser Klausurfälle durchgearbeitet werden: *Bleicher,* JuS 1995, 432 (NRW); *Heckmann/Klein,* JuS 1995, 327 (Bad.-Württ.); *Bodanowitz,* JuS 1996, 911 (Sachsen); *Gromitsaris,* JuS 1997, 49 (Sachsen-Anhalt); *Kilian/Meinel,* JuS 1997, 440 (Sachsen-Anhalt); *Jahn,* JuS 1997, 1027 (Bayern); *Burgi,* JuS 1997, 1106 (Bad.-Württ.); *Jahn,* JuS 1998, 833 (Bayern); *Zielkens,* JuS 1999, 672 (NRW); *Jahn,* JuS 2001, 172 (Bayern); *Jahn,* JuS 2001, 798 (Bayern); *Geis/Bierbaum,* JuS 2001, L 92 (Bad.-Württ.); *Rademacher/Janz,* JuS 2002, 58 (Brandenburg); *Rozek,* JuS 2002, 470 (Sachsen); *Wernsmann,* JuS 2002, 582 (NRW); *Gornig/Jahn,* Fälle zum Sicherheits- und Polizeirecht, JuS-Schriftenreihe H. 125, 2. Aufl. 1999; *Schoch,* Grundfälle zum Polizei- und Ordnungsrecht, JuS 1994, 391 (in Fortsetzungen).

[2] *Martens,* in: Drews/Wacke/Vogel/Martens, Gefahrenabwehr, 9. Aufl. 1986, S. 33; *Knemeyer,* Polizei- und Ordnungsrecht, 10. Aufl. 2004, Rn. 1 ff. Kritisch zum materiellen Polizeibegriff *Götz,* Allgem. Polizei- und Ordnungsrecht, 13. Aufl. 2001, Rn. 19 ff.

[3] Näheres zu dieser Zweigliedrigkeit z. B. bei *Vogel,* in: Drews/Wacke/Vogel/Martens, S. 48 ff., 99 ff.; *Götz,* Rn. 24.

[4] Zu Funktion und Grenzen aller Schemata lies nochmals Rn. 11 ff.

Durch das **Klipp-Klapp des Schemas** wurde so auch im *Ausgangsfall* die eigentliche Pointe übersehen: das Parteienprivileg des Art. 21 II GG. Solange die Partei nicht durch das *BVerfG* verboten ist, darf keine Behörde administrativ gegen ihre Aktivitäten einschreiten, soweit sie sich allgemein erlaubter Mittel bedient.[5] Im *Ausgangsfall* hat die Behörde ihre Verfügung nur deshalb erlassen, weil sie die Ziele der Partei mißbilligt, *nicht* aus verkehrspolizeilichen oder sonstigen Erwägungen, welche im Grundsatz ein Einschreiten auch gegen Parteien rechtfertigen können. Schon wegen Art. 21 II GG ist die Verfügung damit rechtswidrig.

Trotzdem kann man der Lösung noch eine zweite Stütze geben und nachweisen, daß die Verfügung *auch* aus *polizeirechtsimmanenten* Gründen rechtswidrig ist. Unter diesem Blickwinkel kann der *Ausgangsfall* noch weiterverfolgt werden.

Der Klausurbearbeiter muß *plastische* Vorstellungen und *Kenntnisse* zu den zentralen Fragen des Polizeirechts haben, die sich *hinter* den einzelnen Schemapunkten verbergen.[6]

Das Polizeirecht ist in allen Bundesländern kodifiziert.[7] Deshalb ist es 107 unzulässig, nur mit allgemeinen Kategorien des Polizeirechts zu arbeiten. Der Leser sollte in das nachfolgende Schema die einschlägigen Paragraphen der gesetzlichen Regelungen über die Gefahrenabwehr einfügen, welche an seinem Studien- oder Examensort gelten.[8] (Die bayerische Besonderheit, nach der zunächst nach einer „Aufgabennorm" gefragt wird, findet nachfolgend keine Berücksichtigung[9].)

1. In Betracht kommende Rechtsgrundlage

a) Spezialermächtigung außerhalb des (allgemeinen) Gesetzes über die 108 öffentliche Sicherheit und Ordnung.

Beispiele: § 16 InfektionsschutzG; § 10 BBodenschutzG (industrielle Altlasten); § 15 VersammlungsG für das Einschreiten gegen Demonstranten.[10] – Wie § 15 I Versamm-

---

5 Rn. 576 mit Nachw.
6 Umfassend: *Drews/Wacke/Vogel/Martens*, Gefahrenabwehr, 9. Aufl. 1986. Für Studienzwecke etwa: *Götz*, Allgemeines Polizei- und Ordnungsrecht, 13. Aufl. 2001; *Knemeyer*, Polizei- und Ordnungsrecht, 10. Aufl. 2004; *Schenke*, Polizei- und Ordnungsrecht, 3. Aufl. 2004; *Pieroth/Schlink/Kniesel*, Polizei- und Ordnungsrecht, 4. Aufl. 2007. Zu Einflüssen der *EG-Grundfreiheiten* auf das Polizeirecht s. Rn. 717e sowie umfassend *Lindner*, JuS 2005, 302.
7 In bezug auf die uniformierte Polizei folgen die Kodifikationen weitgehend dem „Musterentwurf eines einheitlichen Polizeigesetzes"; Abdruck bei *Knemeyer*, Rn. 409.
8 Zusammenstellung aller einschlägigen Gesetze mit Kommentarliteratur bei *Götz*, aaO., Rn. 62 ff.; *Schenke*, aaO., Rn. 23 und Literaturverzeichnis. Die (zumeist parallelen) Einzelnormen aus allen Landesgesetzen werden in allen Gesetzeszitaten bei *Pieroth/Schlink/Kniesel*, Polizei- und Ordnungsrecht, nachgewiesen.
9 Kritisch zu diesem Prüfungsaufbau etwa *Wehr*, JuS 2006, 582.
10 Zu Einzelheiten s. insoweit *Schwabtfeger*, Die Grenzen des Demonstrationsrechts in innerstädtischen Ballungsbereichen, 1988 (auch zur Einordnung der „Brokdorf-Entscheidung" *BVerfGE* 69, 315 bei unfriedlichen Demonstrationen); später etwa *BVerfG* (*Kammer*), NJW 2001, 1409 = JuS 2001, 811 Nr. 4; NJW 2001, 2069 = JuS 2001, 911 Nr. 3; NJW 2001, 2459 = JuS 2001, 1223 Nr. 1; NVwZ 2005, 1055 =

lungsG zeigt, bedienen sich auch derartige Spezialermächtigungen teilweise der nachfolgend erörterten polizeirechtlichen Begriffe. Ferner können die Normen des allgemeinen Polizeirechts ergänzende Funktionen haben.[11] – Im *Ausgangsfall* dürfte das Umherziehen *keine* Versammlung und kein Aufzug i. S. von § 15 I VersammlungsG sein.[12]

b) Spezialermächtigung innerhalb des einschlägigen Gesetzes über die öffentliche Sicherheit und Ordnung.

Insoweit geht es um die sogenannten „**Standardmaßnahmen**" wie Identitätsfeststellung, erkennungsdienstliche Maßnahmen, Platzverweisung, Ingewahrsamnahme, Durchsuchung von Personen, Sachen und Wohnungen, Sicherstellung und Verwahrung. Im Vergleich zur Generalermächtigung (nachfolgend c)) ist der Befugnisrahmen für die Behörde hier erweitert oder verengt; Verengungen setzen insbesondere bei der Intensität und zeitlichen Nähe einer möglichen Schädigung an (vgl. Rn. 118).

c) Polizeiliche **Generalklausel** im einschlägigen Gesetz über die öffentliche Sicherheit und Ordnung (vgl. Rn. 110 ff.).

Um sie geht es im *Ausgangsfall*.

2. Formelle Voraussetzungen[13] der Polizeiverfügung

109   a) Zuständigkeit der Behörde

Hier geht es u. a. um die Zuständigkeitsabgrenzung zwischen uniformierter Polizei und Ordnungsbehörde (vgl. Rn. 105). Im *Ausgangsfall* hat mit der Ordnungsbehörde ohne weiteres die insoweit zuständige Behörde gehandelt.

b) Vorgeschriebene Form
c) Ausreichende inhaltliche Bestimmtheit der Verfügung
d) Bekanntgabe
e) Begründung
f) Usw.

3. Materielle Voraussetzungen der Polizeiverfügung (Generalklausel)

110   a) Nach der **Generalklausel** muß *im einzelnen Falle* (nachfolgend (4)) die *Gefahr* (3) bestehen, daß am Schutzgut „*öffentliche Sicherheit oder Ordnung*" (1) ein *Schaden* (2) eintritt.[14]

JuS 2005, 1031 Nr. 4. Klausuren bei *Heckmann*, JuS 2001, 675; *Steinhorst*, JuS 2005, 813. Zu § 15 II VersG *Stohrer*, JuS 2006, 15.

[11] S. als Beispiel Rn. 96 sowie *BVerwG*, NJW 1982, 1008; umfassend *Meßmann*, JuS 2007, 524.

[12] Überblick über die verschiedenen Ansichten zur Begriffsbestimmung bei *Dietel/Gintzel/Kniesel*, Demonstrations- und Versammlungsfreiheit, 14. Aufl. 2004, § 1 Rn. 6 ff., 18 ff.

[13] Näheres in Rn. 64 ff.

[14] Die Generalklausel ist in jahrzehntelanger Entwicklung durch Rspr. und Lehre nach Inhalt, Zweck und Ausmaß so weitgehend präzisiert worden, daß sie verfassungsrechtlich unbedenklich ist; *BVerfGE* 54, 143 (144 f.); *BVerwGE* 109, 29 (37).

Wie sich im *Ausgangsfall* zeigen wird, kann der Bearbeiter die hier etwa verborgenen Probleme seines Falles nur erkennen und exakt einkreisen, wenn er die Einzelkriterien der Generalklausel *getrennt je für sich* durchmustert.

(1) Schutzgut „*öffentliche Sicherheit oder Ordnung*"   111

(a) Sicherheit oder Ordnung

(Öffentliche) Sicherheit ist die Unversehrtheit der *objektiven Rechtsordnung*, der *subjektiven Rechte und Rechtsgüter* des einzelnen (Gesundheit, Ehre, Freiheit und Vermögen) sowie der *Einrichtungen und Veranstaltungen des Staates* und der sonstigen Träger der Hoheitsgewalt.[15] (Öffentliche) Ordnung ist die Gesamtheit der ungeschriebenen Regeln für das Verhalten des einzelnen in der Öffentlichkeit, deren Befolgung nach den jeweils *herrschenden sozialen und ethischen Anschauungen* als *unerläßliche* Voraussetzung eines geordneten menschlichen Zusammenlebens innerhalb eines bestimmten Gebiets angesehen wird.[16] Bei diesen Regeln handelt es sich um *gesellschaftliche* Normen, *nicht* (wie bei der öffentlichen Sicherheit) um *Rechts*normen.

Beachte: Einige Landesgesetze haben das Schutzgut der **öffentlichen Ordnung** mittlerweile eliminiert, wobei Niedersachsen seine entsprechende Entscheidung revidiert hat. Verfassungsrechtlich ist das Schutzgut der öffentlichen Ordnung nicht unproblematisch,[17] zumal die Behörde im Rahmen der wiedergegebenen Definition *blanco* ermächtigt wird, eine Minderheit auf die herrschenden gesellschaftlichen Normen zu *verpflichten*.

Im *Ausgangsfall* (Rn. 104) ist die öffentliche Sicherheit betroffen: In Art. 20 I und 28 I GG wird der Staat des Grundgesetzes als Republik gekennzeichnet. Das ist nach wohl einhelliger Ansicht[18] eine Absage an *jede* Form der Monarchie. Weil Art. 20 I GG an der „Ewigkeitsgarantie" des Art. 79 III GG teilhat, kann die Monarchie selbst durch Verfassungsänderung nicht eingeführt werden.[19] Hätte also das Parteiprogramm jemals *Erfolg* (= *Einführung* der Monarchie in ferner *Zukunft*), läge *darin* ein Verstoß gegen die Rechtsordnung (Art. 79 III GG) und damit gegen die öffentliche Sicherheit. Hingegen verstoßen die *gegenwärtigen* monarchischen *Bestrebungen nicht* gegen die öffentliche Sicherheit. Insoweit lenkte das Schlagwort, sie seien „verfassungswidrig", die Bearbeiter von einer sauberen Subsumtion ab. Es sind nämlich keine *Rechts*normen ersichtlich, wel-

---

Die neueren Gesetze über die öffentliche Sicherheit und Ordnung haben den bisherigen Stand von Rspr. und Lit. jeweils rezipiert. Allerdings reicht die Generalklausel für Grundrechtseingriffe ausnahmsweise nicht aus, wenn es in der Sache darum geht, eine *verbreitete neue* Erscheinungsform der Grundrechtsbetätigung unter Berücksichtigung einer Mehrzahl verschiedener Interessen generell abwägend zu bewerten; *B VerwG,* NVwZ 2002, 598 (601) = JuS 2002, 1030 Nr. 3 (Laserspiele).

[15] Definition in Anlehnung an *Götz,* Rn. 89; s. auch z. B. *Martens,* in: Drews/Wacke/Vogel/Martens, S. 232.

[16] Definition nach *B VerfGE* 69, 315 (352).

[17] S. z. B. *Götz,* Rn. 127; *Pieroth/Schlink/Kniesel,* Rn. 53 ff. A. A. z. B. *Fechner,* JuS 2003, 734; *Jörn Ipsen* NdsVBl. 2003, 281 ff. Keine *prinzipiellen* Bedenken auch in *BVerfG (Kammer),* NJW 2001, 1409 = JuS 2001, 811 Nr. 4; NJW 2001, 2069 (2071); NJW 2001, 2075 = JuS 2001, 1116 Nr. 3.

[18] S. z. B. *Hesse,* Verfassungsrecht, Rn. 119; *Herzog,* in: Maunz/Dürig, Art. 20, „Republik" Rn. 5 ff.

[19] *Hesse,* Rn. 122.

che dem Bürger als *Verhaltens*norm die Werbung für eine (verfassungswidrige) Monarchie verbieten. Art. 18 GG (Verwirkung von Grundrechten) und andere Vorschriften des Grundgesetzes zum Schutze gegen seine Feinde, aus denen man Unterlassungspflichten herauslesen könnte, betreffen nur die *freiheitliche* und *demokratische* Grundordnung des Grundgesetzes. Gegen *sie* wendet sich die Partei aber nicht. Gesellschaftliche Normen (öffentliche *Ordnung)*, welche monarchische Bestrebungen verbieten, sind schließlich auch nicht nachweisbar.

112   **Beachte:** Auch **Verstöße gegen Gesetze, Verordnungen und Satzungen** sind als Verletzungen der Rechtsordnung **Störungen der öffentlichen Sicherheit,** welche durch Polizeiverfügung *über die polizeiliche Generalklausel* beseitigt werden,[20] wenn die jeweilige Rechtsnorm *selbst keine* Ermächtigungsgrundlage enthält. Das wird häufig übersehen. – Eine behördliche Erlaubnis/Genehmigung (Rn. 142 ff.) legalisiert das genehmigte Verhalten, auch wenn es „an sich" gegen die öffentliche Sicherheit oder Ordnung verstößt.[21]

113   **(b) Öffentliche** Sicherheit oder Ordnung

Eine Polizeiverfügung darf nicht ergehen, wenn Sicherheit oder Ordnung *ausschließlich* in der *privaten* Sphäre gestört oder gefährdet sind (BGB, Zivilgerichte). So kann die Polizei dem Hauseigentümer nicht vorschreiben, er müsse ein dunkles Treppenhaus beleuchten, solange die Haustür verschlossen ist und daher alleine Hausbewohner stürzen können.[22] Vom *einzelnen* darf die Polizei Gefahren nur abwehren, wenn er als *Mitglied der Allgemeinheit* erscheint[23] (Besucher bei offener Haustür) *oder* wenn die Gefahr aus dem privaten Bereich *für die Allgemeinheit unerträglich* ist (Selbstmord).[24]

Im *Ausgangsfall* darf dieser Schemapunkt nicht vertieft werden, weil er unproblematisch ist.

114   **(2) Schaden am Schutzgut** „öffentliche Sicherheit oder Ordnung"

Von einem Schaden kann erst gesprochen werden, wenn die zu erwartende Beeinträchtigung einen bestimmten *Intensitätsgrad* erreicht. Eine **bloße Belästigung,** Unbequemlichkeit oder Geschmacklosigkeit reicht für einen polizeilichen Eingriff nach der Generalklausel nicht aus.[25] (Demgegenüber schützt z. B. das BImSchG auch vor „erheblichen Belästigungen", § 3 I BImSchG.)

115   **(3) Gefahr** eines Schadenseintrittes **oder Störung**

(a) Eine *Gefahr* liegt vor, wenn der Schaden in der Zukunft eintreten könnte. Bei einer *Störung* hat sich die Gefahr bereits verwirklicht. Ob-

---

[20] *Drews/Wacke/Vogel/Martens,* S. 236, 412. Beispiele in Rn. 63, 126.

[21] *BVerwG,* NVwZ 2000, 1206 m. w. Nachw. Der Weg führt über eine Aufhebung oder Einschränkung der Erlaubnis, Rn. 174 ff.

[22] Klausurfall bei *Evers/Schwerdtfeger,* JuS 1964, 281.

[23] Nach der klassischen Formulierung in § 10 II 17 Pr.ALR v. 1794 war es Aufgabe der Polizei, „die nötigen Anstalten ... zur Abwendung dem dem Publico oder einzelnen Mitgliedern *desselben* bevorstehenden Gefahren zu treffen".

[24] Näheres zu allem bei *Götz,* Rn. 104, 109; *Martens,* in: Drews/Wacke/Vogel/ Martens, S. 230.

[25] *BVerwG,* DVBl 1969, 586.

gleich die „Störung" nicht in allen Bundesländern durch die Generalklausel ausdrücklich angesprochen wird, ist unbestritten, daß die Generalklausel (erst recht) auch der Abwehr einer eingetretenen Störung
dient. Die *Gefahren*abwehr tritt *präventiv* einem möglichen Schaden
entgegen. Eine eingetretene Störung wird *repressiv* beseitigt.

Im *Ausgangsfall* (Rn. 104) wäre das Umhertragen der Transparente eine *Störung* der
öffentlichen Sicherheit, *wenn* es nach der Rechtsordnung verboten *wäre*. Weil aber
erst die tatsächliche *Einführung* der Monarchie in ferner Zukunft ein Verstoß gegen
die öffentliche Sicherheit sein würde, kommt gegenwärtig allenfalls eine *Gefahr* für
die öffentliche Sicherheit in Betracht.

(b) Die Gefahr muß – wie es die Generalklauseln der meisten Bundes-   116
länder auch ausdrücklich formulieren – „bestehen". Eine Gefahr *besteht*
nur, wenn die **Schädigung hinreichend wahrscheinlich** ist. Welcher
Wahrscheinlichkeitsgrad im Einzelfall gefordert werden muß, hängt ab
von der Größe des Schadens und der Wertigkeit des Rechtsgutes, welches geschützt werden soll.[26] Ist das Schutzgut besonders bedeutsam
und/oder der möglicherweise eintretende Schaden sehr groß (Bomben-
drohung), so können an die Wahrscheinlichkeit des Schadenseintritts
wesentlich geringere Anforderungen gestellt werden als bei geringerwer-
tigen Rechtsgütern und Schädigungsintensitäten.

Bei der Republik geht es im *Ausgangsfall* zwar um ein verfassungsrechtlich zentrales
Rechtsgut (vgl. Art. 79 III GG). Es ist aber so gut wie unvorstellbar, daß die Partei
jemals ausreichende Gefolgschaft finden könnte, um die Monarchie tatsächlich einzuführen. Daher besteht hier *keinerlei* Wahrscheinlichkeit und damit *von vornherein
kein Ansatz für eine „Gefahr"* i.S. der Generalklausel. Das Verbot ist auch aus polizeirechtsimmanenten Gründen rechtswidrig.

Das Wahrscheinlichkeitsurteil ist eine **Prognose**. Diese beruht auf den   117
Erkenntnissen, welche zur Zeit der Entscheidungsfindung („**ex ante**")
vorhanden waren. Stellt sich „ex post" heraus, daß diese Erkenntnisse
oder der angenommene Kausalverlauf unzutreffend waren, daß also nur
eine „**Anscheinsgefahr**" vorlag, wird die Rechtmäßigkeit der Polizeiverfügung nicht beeinträchtigt, wenn die Behörde ihre Prognose ex ante
hinreichend sorgfältig und nachvollziehbar getroffen hatte.[27] (Der „Anscheinsstörer" hat aber den in Rn. 330 erörterten Entschädigungsanspruch.)

(c) Anders als viele Spezialermächtigungen zum polizeilichen Einschrei-   118
ten[28] stellt die polizeiliche Generalklausel in den meisten Bundesländern

---

[26] *BVerwGE* 45, 51 (61); 47, 31 (40); 57, 61 (65); 62, 36 (39).

[27] *Hoffmann-Riem*, FS Wacke, 1972, S. 327 ff.; *Martens*, in: Drews/Wacke/Vogel/
Martens, S. 223, auch zur Abgrenzung von der **Schein- bzw. Putativgefahr**.

[28] Z.B. die Ermächtigungen zur Inanspruchnahme des Nichtstörers (Rn. 122) und zur
„unmittelbaren Ausführung" (Rn. 135, 136). Umfassend zu den Variationen des
Gefahrbegriffs in den verschiedenen Spezialermächtigungen *Hansen-Dix*, Die Gefahr im Polizeirecht, im Ordnungsrecht und im Technischen Sicherheitsrecht, 1982.
Z.B. § 2 NdsSOG u. § 2 BremPolG enthalten Legaldefinitionen zu einigen Gefahr-
variationen.

keine besonderen Anforderungen an die **zeitliche Nähe** des Schadenseintritts. Der Schadenseintritt muß nur bereits im Zeitpunkt der Polizeiverfügung „hinreichend wahrscheinlich" sein.[29]

119 **(4) Im einzelnen Falle bestehende (= „konkrete") Gefahr**

Die Gefahr muß *im einzelnen Falle* bestehen, in *diesem* Sinne *konkret* sein. Das Konkretheitserfordernis hat also nichts mit der Frage nach der Wahrscheinlichkeit (Rn. 116) zu tun, mit der der Schaden eintreten könnte[30] (häufiger Fehler). Es geht vielmehr um die **Abgrenzung** der Polizeiverfügung **von der Polizeiverordnung** (= Rechtsverordnung), für welche eine „abstrakte" Gefahr ausreicht.[31] Die Gefahr darf nur im konkreten *Einzelfall* der Polizeiverfügung oder in einer konkret bestimmten Zahl gleichgelagerter Fälle bestehen, gegen welche mit parallelen Polizeiverfügungen eingeschritten wird. Handelt es sich hingegen um eine „typische" Gefahr, welche in einer unbestimmten Vielzahl gleichgelagerter Fälle immer wieder in gleicher Weise gegeben ist, würde es gegen den Gleichheitsgrundsatz verstoßen, wenn die Behörde nur in einem Falle (oder in einer beschränkten Anzahl von Fällen) durch Polizeiverfügung einschritte. Hier ist die (generell-abstrakt formulierte) Polizeiverordnung das richtige Instrument.

Am Beispiel des Treppenhauses:[32] Ist in einem unbeleuchteten Treppenhaus eines Mietshauses bei unverschlossener Haustür ein Passant *bloß* wegen der Dunkelheit gestürzt, hat die Ordnungsbehörde keine Möglichkeit, dem Hauseigentümer durch *Verfügung* Beleuchtungspflichten aufzuerlegen. Es hat sich lediglich eine Gefahr verwirklicht, wie sie typischerweise in allen Mietshäusern mit unverschlossener Haustür besteht (= Polizei*verordnung*). Eine „im *einzelnen* Falle" bestehende („konkrete") Gefahr liegt nur vor, wenn das Treppenhaus individuelle Besonderheiten (schadhafte oder „überraschend" angeordnete Treppenstufen) aufweist, die zu Unfällen führen könnten.

120 **(5) Fehlerfreie Ermessensentscheidung** (Rn. 84 ff.) zur Frage, **ob eingeschritten werden soll**

121 **b) Richtiger Adressat der Verfügung**[33]

(1) Handlungsstörer/Zustandsstörer

Handlungsstörer ist derjenige, der durch sein *Handeln* eine Gefahr oder Störung verursacht. *Zustandsstörer* ist der Eigentümer oder Inhaber der tatsächlichen Gewalt über eine *Sache,* durch deren *Zustand* die öffentliche Sicherheit oder Ordnung gefährdet oder gestört wird. In allen Fäl-

---

[29] *BVerwGE* 45, 51 (57 f.); *BVerwG,* NJW 1970, 1892.
[30] *BVerwG,* NJW 1970, 1892.
[31] Dazu Näheres in Rn. 422.
[32] Rn. 113.
[33] Zur „**Polizeipflicht von Hoheitsträgern**" s. etwa *Götz,* Rn. 238 ff.; *BVerwG,* NVwZ 1983, 474; *Wallerath/Strätker,* JuS 1999, 127. Zur **Polizeipflicht von Rechtsnachfolgern** umfassend *Nolte/Nierstedt,* JuS 2000, 1071, 1172.

len ist nach h. M.[34] Störer aber nur, wer in der Kausalkette die *unmittelbare*,[35] letzte[36] steuerbare Ursache setzt.

Ausnahmen: Im Bereich der *Handlungsstörung* kann auch der sog. „**Zweckveranlasser**" herangezogen werden:[37] Ein Geschäftsinhaber setzt zur Werbung für Unterwäsche ein leicht bekleidetes Mannequin ins Schaufenster und ruft so verkehrsstörende Menschenansammlungen hervor. Neben dem letzten Verursacher, der Menschenmenge, ist auch G Störer. Die *Zustands*haftung trifft ausnahmsweise nicht den letzten Verursacher, wenn bereits vorher eine **latente Gefahr** vom Zustand einer anderen Sache ausging:[38] Ein Ziegelhaus mit polizeilich zulässiger Feuerstelle wird neben ein altes Strohdachhaus gebaut, das nunmehr einer erhöhten Brandgefahr ausgesetzt ist. Weil es sich *besonders leicht* entzündet, wird die Störung aus der Sicht des Polizeirechts vom Strohdach verursacht, nicht vom neuen Ziegelhaus.[39]

Die *Zustandsverantwortlichkeit* findet in der durch die Sachherrschaft vermittelten Einwirkungsmöglichkeit auf die gefahrenverursachende Sache sowie in der Möglichkeit, aus der Sache Nutzen zu ziehen, ihren legitimierenden Grund. Demgemäß ist es unerheblich, auf welche Umstände der Gefahrenzustand zurückzuführen ist (Felsabgang als Naturereignis[40]) und ob der Gefahrenzustand für den *gegenwärtig* Verantwortlichen erkennbar war (industrielle Altlasten).[41] Allerdings *kann* der *Umfang* der Zustandshaftung begrenzt sein (Art. 14 I GG,[42] Grundsatz der Verhältnismäßigkeit), insbesondere wenn der finanzielle Aufwand für eine Sanierung den Verkehrswert nach Durchführung der Sanierung übersteigt.[43] – Die früher diskutierte Haftungsbefreiung durch *Dereliktion* schließen heute fast alle Gesetze über die öffentliche Sicherheit und Ordnung ausdrücklich aus.[44]

(2) Nichtstörer im polizeilichen Notstand 122

Der Nichtstörer kann nur unter Voraussetzungen in Anspruch genommen werden, welche *enger* als die polizeiliche Generalklausel sind: Die Störung muß *eingetreten* sein oder *unmittelbar* bevorstehen (= besondere *zeitliche* Nähe, vgl. Rn. 118). Die Störung oder Gefahr darf nicht auf andere Weise, insbesondere auch nicht durch ausreichende eigene Kräfte und Mittel der Polizei abgewehrt werden können.

---

[34] Überblick über die verschiedenen Kausalitätstheorien im Polizeirecht z. B. bei *Götz*, Rn. 195 ff.; *Martens*, in: Drews/Wacke/Vogel/Martens, S. 313; *Selmer*, JuS 1992, 97.

[35] Ausführlich dazu *Martens*, in: Drews/Wacke/Vogel/Martens, S. 313 ff.

[36] *OVG Lüneburg*, E 11, 292 (296); krit. insoweit aber *Martens*, in: Drews/Wacke/Vogel/Martens, S. 316 f.

[37] Einzelheiten bei *Götz*, Rn. 196 ff.; kritisch *Erbel*, JuS 1985, 257.

[38] Näheres und Probleme bei *Martens*, in: Drews/Wacke/Vogel/Martens, S. 322 f.

[39] *Drews/Wacke*, Allg. PolR, 7. Aufl. 1961, S. 241.

[40] *BVerwG*, NJW 1999, 231.

[41] Entsprechend zu allem *BVerwGE* 102, 1 (17 ff.) = JuS 2000, 1219 Nr. 3 – *Altlasten*.

[42] Zum Zusammenhang s. Rn. 546, 549.

[43] *BVerfGE* 102, 1 (18 ff.) mit Einzelkriterien.

[44] Für die Altlasten s. insoweit § 4 III 4 BBodenschutzG.

Beispiele: Obdachlosenunterbringung;[45] Heranziehung von Passanten zur Mithilfe bei Verkehrsunfällen; Versammlungsverbot wegen bevorstehender Gefahren durch Gegendemonstrationen.

Wie in Rn. 332 in anderem Zusammenhang erörtert werden wird, hat der Nichtstörer außerdem Entschädigungsansprüche.

123 **(3) Fehlerfreie Ermessensentscheidung bei der Auswahl zwischen mehreren Störern**

Grundsätzlich steht es im Ermessen der Behörde, wen von mehreren Störern (mit Ausnahme des Nichtstörers) sie heranzieht.[46] Nur wenn es wegen besonderer Umstände des konkreten Einzelfalles ermessensfehlerhaft wäre, Störer A statt Störer B heranzuziehen, darf nur Störer B ausgewählt werden. Das Auswahlermessen der Behörde ist dann „auf Null reduziert".[47]

In der Rechtsprechung wird verbreitet angenommen, aus Billigkeitsgründen sei das in der Regel der Fall, wenn Handlungsstörung und Zustandsstörung nebeneinander beständen. *Beispiel:* Ein Tanklastzug des A kippt um (Handlungshaftung), das Öl fließt auf ein Grundstück des B und droht, ins Grundwasser zu dringen (Zustandshaftung des B). In diesem Fall[48] und in anderen von der Rechtsprechung entschiedenen Fällen mag es in der Tat *rechtswidrig* sein, wenn B aufgefordert wird, er solle das Öl mit dem erforderlichen hohen Kostenaufwand beseitigen. Der Bearbeiter darf die angedeutete „*Billigkeitsregel*" aber nicht unreflektiert als *Rechts*regel auf jeden anderen ihm vorliegenden Sachverhalt übertragen, wie es leicht geschieht. Insbesondere muß der Zustandsverantwortliche auch nicht aus verfassungsrechtlichen Gründen als stets nachrangig Haftender angesehen werden.[49]

Von *eindeutigen* Konstellationen abgesehen hat *ausschließlich* die Behörde kraft des ihr dafür eingeräumten Ermessens zu entscheiden, was im Einzelfall der Billigkeit entspricht.

c) Verhältnismäßiger Umfang des Eingriffs

124 Wie in Rn. 96 schon gesagt wurde, ist der Grundsatz der Verhältnismäßigkeit in den Landesgesetzen über die Öffentliche Sicherheit und Ordnung **einfachgesetzlich festgeschrieben.** *Gliederungsmäßig* geht es wie nach den allgemeinen Grundsätzen[50] auch nach den gesetzlichen Regelungen um die

(1) Geeignetheit
(2) Erforderlichkeit (kein milderes Mittel)
(3) Unverhältnismäßigkeit/Disproportionalität/Unangemessenheit   der Maßnahme.

---

[45] *OVG Berlin,* NJW 1980, 2484; Klausur bei *Volkmann,* JuS 2001, 888.

[46] Zur *zivilrechtlichen* Ausgleichspflicht unter mehreren Störern (Unanwendbarkeit des § 426 BGB) s. *BGH,* NJW 1981, 2457.

[47] Allgemein zur „Ermessensreduzierung auf Null" Rn. 102, 161.

[48] *OVG Koblenz,* JuS 1969, 143 Nr. 9. Vgl. auch den Fall in Rn. 781 (Zementwagen).

[49] *BVerfGE* 102, 1 (19).

[50] Zu ihnen s. Rn. 96 ff., 463 ff.

Aber für den *genauen Inhalt* der Überprüfung gilt das **Subsumtionsgebot**. *Insoweit* haben die *allgemeinen* Erkenntnisse zum Grundsatz der Verhältnismäßigkeit Bedeutung nur für die Auslegung des *Gesetzestextes*. Eine Bearbeitung, die nicht subsumiert, sondern bloß die allgemeinen Grundsätze anwendet, gerät nach der Korrekturerfahrung typischerweise in folgende **Fehler:** Sie übersieht im Rahmen von (2), daß es nach dem Gesetzestext nicht nur auf die geringstmögliche Belastung des Adressaten, sondern – häufig im *Konflikt* damit – gleichzeitig auch auf die geringstmögliche Belastung der *Allgemeinheit* ankommt.[51] Sie übersieht, daß das Gesetz dem Adressaten die Möglichkeit einräumt, das aus seiner Sicht mildeste Mittel als „*Austauschmittel*" zu benennen.[52] Sie überprüft im Rahmen von (3) mit eigenen Abwägungen die „Angemessenheit" der Maßnahme, obgleich es nach dem Gesetzeswortlaut (wie auch nach den allgemeinen Grundsätzen[53]) darauf ankommt, ob der eintretende Nachteil „*erkennbar außer* Verhältnis" zu dem erstrebten Erfolg steht.

Merke im übrigen: Allein beim Grundsatz der Verhältnismäßigkeit, auf welchen die Bearbeiter erfahrungsgemäß in erster Linie zuzusteuern pflegen, liegen kaum jemals alle Probleme der Polizeirechtsklausur. *Gegenbeispiel:* Konditor *K* ist dazu übergegangen, sein Eis von einem Eiswagen aus in der Nähe der Schulen anzubieten. Seitdem klagen die Ärzte der Stadt, die Zahl der Magen- und Darmkatarrhe sei sprunghaft gestiegen, weil die Schulkinder zu viel Eis äßen. Nun verbietet die Ordnungsbehörde dem *K,* auf öffentlichen Straßen der Stadt weiterhin Eis feilzubieten. *K* möchte wissen, ob er hiergegen vorgehen kann. Viele Bearbeiter lösten den Fall mit der Erwägung, es sei nicht *notwendig* (2), den Verkauf in der *ganzen* Stadt zu untersagen. Mit dieser Begründung könnte die Verbotsverfügung nur *teilweise* aufgehoben werden (vgl. § 113 I 1 VwGO). Das Verbot bliebe vor den Schulen bestehen, obgleich *K* daran gelegen ist, es gerade dort aufheben zu lassen. Die Bearbeiter mußten also nach Gründen suchen, welche *jedes* Vorgehen gegen *K* rechtswidrig machen: Ob die Kinder zu viel Eis essen, geht den Staat nichts an. Art. 6 II GG überläßt die Personensorge den Eltern. Falls die Kinder zu verwahrlosen drohen, eröffnet § 1666 BGB die Zuständigkeit des Familiengerichts. Selbst dann ist die Ordnungsbehörde nur in Eilfällen zuständig (Subsidiaritätsprinzip im Polizeirecht).[54]

II. Anhang: Polizeiliche Ermittlung von Straftaten und Ordnungswidrigkeiten

Bisher ging es um die Aufgabe der Polizei, die öffentliche Sicherheit und **125** Ordnung *präventiv* zu *bewahren* oder *wiederherzustellen*. Von ihr ist die **zweite Hauptaufgabe der Polizei** scharf zu trennen: „Die Behörden und Beamten des Polizeidienstes haben Straftaten zu erforschen und alle keinen Aufschub gestattenden Anordnungen zu treffen, um die Verdunkelung der Sache zu verhüten" (§ 163 I 1 StPO). Hier ist die (uniformierte) Polizei in die **Strafverfolgung** eingeschaltet, durch welche der

---

[51] Dazu *Vogel,* in: Drews/Wacke/Vogel/Martens, S. 426 f.; *Knemeyer,* Rn. 215 ff.
[52] Dazu *OVG Münster,* NJW 1980, 2210; *Götz,* Rn. 340.
[53] S. insoweit Rn. 99.
[54] S. *Martens,* in: Drews/Wacke/Vogel/Martens, S. 237 ff., 239 f.

Täter einer *Bestrafung* zugeführt werden soll. Entsprechende Zuständigkeiten hat die Polizei bei Ordnungswidrigkeiten (§ 53 OWiG), welche durch Bußgeld ebenfalls als (Verwaltungs-)*Unrecht* geahndet werden.[55] Bestimmte Ermittlungsmaßnahmen wie körperliche Untersuchungen (§§ 81 a, 81 c StPO), Beschlagnahmen (§ 98 StPO) und Durchsuchungen (§ 105 StPO) haben besondere Zulässigkeitsvoraussetzungen, welche über die Anforderungen des § 163 I StPO hinausgehen.[56]

126 **Fall:**[57] Eine Polizeiverordnung verpflichtet alle Hauseigentümer unter Androhung eines Bußgeldes, ihren Hausflur nach Einbruch der Dunkelheit zu beleuchten. Um zu kontrollieren, ob die Verordnung eingehalten wird, tritt Polizist *P* in viele Hausflure ein. Darf er das? – Falls die Hauseigentümer das Handeln des *P* nicht gestatten, muß es auf eine gesetzliche Ermächtigung gestützt sein.[58] Diese kann sich einmal (a) aus der hier behandelten Aufgabe der Polizei ergeben, Ordnungswidrigkeiten zu erforschen, damit Verstöße gegen die Verordnung durch Bußgeld (= Verwaltungs*strafe*) *geahndet* werden können. Wer eine Polizeiverordnung (Rechtsnorm) nicht einhält, stört (b) aber auch die öffentliche Sicherheit[59] im Textzusammenhang soeben Rn. 104ff. Der Polizist kann diese Störung unabhängig von ihrer Verfolgung als Ordnungswidrigkeit dadurch beseitigen, daß er dem Hauseigentümer durch Polizei*verfügung* gebietet, nunmehr das Licht einzuschalten. Damit in Zweifelsfällen festgestellt werden kann, *ob* eine Störung oder Gefahr für die öffentliche Sicherheit oder Ordnung und damit ein Grund zum Einschreiten vorliegt, ermächtigt die polizeiliche Generalklausel auch dazu, tatsächlich Gegebenheiten näher aufzuklären. Wie viele Bearbeiter der Examensklausur nicht sahen, waren also gleichzeitig *beide* Hauptaufgaben der Polizei zu beachten, einerseits die Ermittlung von Straftaten und Ordnungswidrigkeiten *und andererseits* die Gefahrenabwehr. Die Einzelsubsumtion führt allerdings auf keinem der beiden Wege zu einer ausreichenden Ermächtigung. Zu (a): Das Betreten des Hausflurs *zur Augenscheineinnahme* mag eine Durchsuchung[60] i. S. der §§ 102ff. StPO sein. § 53 II OWiG ermächtigt zwar (nur) Beamte des Polizeidienstes, die zu Hilfsbeamten der Staatsanwaltschaft bestellt sind, „nach den für sie geltenden Vorschriften" zu Durchsuchungen. Es liegt aber nicht der *konkrete Verdacht* einer Ordnungswidrigkeit vor, den diese Vorschriften (§§ 102ff. StPO) fordern. Zu (b): Die Ländergesetze über die öffentliche Sicherheit und Ordnung enthalten Spezialermächtigungen mit katalogartig aufgeführten Voraussetzungen für die Durchsuchung von Wohnungen zum Zwecke der Gefahrenabwehr, welche im *Ausgangsfall* nicht erfüllt sind.[61] Im übrigen darf die Polizei auch schon nach der Generalklausel Maßnahmen zur näheren Sachaufklärung nur treffen, wenn wenigstens der *Verdacht* einer Störung der öffentlichen Sicherheit vorliegt.[62] *P* „schnüffelt" statt dessen nur.

---

[55] Einzelheiten dazu in Rn. 137ff.

[56] S. zu allem auch etwa *Götz,* Rn. 536ff.; *Martens,* in: Drews/Wacke/Vogel/Martens, S. 132. Zum Richtervorbehalt bei Durchsuchungen (Art. 13 II GG) mit seinen Ausnahmen bei „Gefahr im Verzuge" grundlegend *BVerfGE* 103, 142 (150ff.) = JuS 2001, 701 Nr. 3; *Ostendorf/Brüning,* JuS 2001, 1063.

[57] Zusatzfrage zum Beispielsfall aus Rn. 83.

[58] S. auch *BVerfGE* 32, 54 (77).

[59] S. soeben Rn. 112.

[60] Zum Begriff s. etwa *BVerwGE* 47, 31; *BVerfGE* 51, 97 (105ff.).

[61] Zum Umgang mit Art. 13 GG im *Ausgangsfall* s. Rn. 440.

[62] Nach der Lebenserfahrung besteht allerdings die „abstrakte" Gefahr, daß die Polizeiverordnung übertreten wird. Daher sind an sich Kontrollen geboten. Zu ihnen müßte die Polizei aber durch die Aufnahme einer entsprechenden Ermächtigungsgrundlage *in die Verordnung* ermächtigt werden.

Strafverfolgungsmaßnahmen der Polizei unterstehen in vielen Fällen, so   **127**
bei Beschlagnahme (§ 98 I StPO), Durchsuchung (§ 105 StPO), körper-
licher Untersuchung einschließlich Blutprobe (§§ 81 a, 81 c StPO) dem
Richtervorbehalt[63] und so prozessual der StPO;[64] ein verwaltungspro-
zessuales „Anfechtungsverfahren" existiert insoweit nicht.

§ 7. Verwaltungsakte im Verwaltungsvollstreckungsverfahren

I. Vollstreckung von Verfügungen

1. Hinführungen

Verwaltungsakte, die ein *Gebot oder Verbot* enthalten (Verfügungen),   **128**
vom Adressaten also ein Tun oder Unterlassen bzw. eine Geldzahlung
verlangen, sind der Vollstreckung fähig. Sie werden von der Verwaltung selbst vollstreckt.[1] **Rechtsgrundlagen** sind das Verwaltungsvollstreckungsgesetz des Bundes (BVwVG, *Sartorius* Nr. 112) für Bundesbehörden und die Verwaltungsvollstreckungsgesetze der Länder für
Landesbehörden. Die Vollstreckung von Polizeiverfügungen ist teilweise
in den Landesgesetzen zum Schutz der öffentlichen Sicherheit und Ordnung geregelt.

In einer Examenshausarbeit suchte der Kandidat ausführlich in einem Verwaltungs-
vollstreckungsgesetz nach einer Ermächtigungsgrundlage für die Behörde, eine
Gebührenforderung durch Leistungsbescheid (Verwaltungsakt) statt durch Leistungsklage geltend zu machen.[2] Das war verfehlt. Wie die Leistungsklage ist der Leistungsbescheid im juristischen Sinne keine Maßnahme der Vollstreckung, sondern
Voraussetzung für diese.[3]

Die Verwaltungsvollstreckungsgesetze unterscheiden zwischen der „*Voll-*   **129**
streckung wegen Geldforderungen" (§§ 1 bis 5 BVwVG) und der „*Er-*
zwingung von Handlungen, Duldungen oder Unterlassungen" (§§ 6 ff.
BVwVG).[4] Klausurmäßige Bedeutung hat besonders der zweite Fall.
Daher beschränken sich die nachfolgenden Darstellungen auf ihn.[5]
Zwangsmittel sind insoweit die „Ersatzvornahme" auf Kosten des

---

[63] Soeben Fn. 55.

[64] Dazu mit allen Einzelheiten – auch für Ermittlungen in *Bußgeldverfahren* – *Götz*,
JuS 1985, 869.

[1] S. zum Zusammenhang schon Rn. 31, 38.

[2] Zum Problem s. bereits Rn. 66.

[3] So auch z. B. *BVerwG*, NJW 1969, 810.

[4] Umfassend *App*, Verwaltungsvollstreckungsrecht, 3. Aufl. 1997; *Engelhardt/App*,
Verwaltungs-Vollstreckungsgesetz, Verwaltungszustellungsgesetz, 7. Aufl. 2006;
Brühl, ab JuS 1997, 926 in Fortsetzungen.

[5] Klausuren bei *Bodanowitz*, JuS 1996, 911; *Wernsmann*, JuS 2002, 582; *Traulsen*,
JuS 2004, 414.

Pflichtigen, das „Zwangsgeld" und der „unmittelbare Zwang" (s. z. B. § 9 BVwVG).

Ersatzvornahme ist die Vornahme einer *vertretbaren Handlung* durch einen Beauftragten der Behörde oder durch die Behörde selbst auf Kosten des Handlungspflichtigen. Die Selbstvornahme durch die Behörde wird in einigen Gesetzen allerdings abweichend als einer der Fälle des unmittelbaren Zwanges angesehen (so in §§ 10, 12 BVwVG). Das **Zwangsgeld** ist ein *indirektes* Beugemittel. Ist ein Zwangsgeld „uneinbringlich", kann das Verwaltungsgericht auf Antrag der Vollstreckungsbehörde **Ersatzzwangshaft** anordnen (§ 16 BVwVG). **Unmittelbarer Zwang** ist die unmittelbare Einwirkung auf Personen oder Sachen durch körperliche Gewalt (z. B. Aufbrechen von Schlössern und Türen, Zwangsgriffe durch Polizeibeamte, Fesselung, Verschließen von Personen, Gebrauch von Schlagstöcken, Tränengas, Schusswaffen).

2. Vollstreckungsvoraussetzungen, Vollstreckungsverfahren, Rechtsschutz

130 **a)** Vollstreckungsmaßnahmen sind (erst) *zulässig,* wenn der „**Titel**", also der Verwaltungsakt,[6] **vollstreckbar** (geworden) ist (vgl. § 6 I BVwVG). Z. B. gemäß § 6 I BVwVG ist ein Verwaltungsakt vollstreckbar, wenn er unanfechtbar ist, wenn seine sofortige Vollziehung angeordnet ist (§ 80 II 1 Nr. 4, III VwGO), wenn dem Rechtsmittel keine aufschiebende Wirkung beigelegt ist (§ 80 II 1 Nrn. 1 bis 3 VwGO) oder wenn die aufschiebende Wirkung im Anschluß an ein klageabweisendes Urteil nach Maßgabe von § 80b I 1 VwGO beendet ist. Im Landesrecht wird die Unanfechtbarkeit teilweise nicht gefordert. Hat die Behörde die sofortige Vollziehung angeordnet oder hat ein fristgerecht eingelegtes Rechtsmittel von Gesetzes wegen keine aufschiebende Wirkung, kann das Verwaltungsgericht die Vollstreckbarkeit des Verwaltungsakts im Wege des einstweiligen Rechtsschutzes nach Maßgabe von § 80 V bis VIII VwGO beseitigen, indem es die aufschiebende Wirkung wiederherstellt oder anordnet.[7]

131 **b)** Das **Vollstreckungsverfahren** selbst ist nach dem BVwG dreistufig und durchläuft die Stationen **Androhung** eines der drei Zwangsmittel mit angemessener Fristsetzung (§ 13 BVwVG), **Festsetzung** des Zwangsmittels (Vollstreckungsanordnung, § 14 BVwVG)[8] und **Anwendung** des Zwangsmittels (§ 15 BVwVG). In den Verwaltungsvollstreckungsgesetzen der Länder wird die *Festsetzung teilweise nicht gefordert.* Die *Androhung* regelt, welches Zwangsmittel angewendet werden soll (vgl. § 13 III BVwVG), und ist deshalb **anfechtbarer Verwaltungsakt**

---

[6] S. schon Rn. 38.

[7] Einzelheiten insbes. bei *Finkelnburg/Jank,* Vorläufiger Rechtsschutz im Verwaltungsverfahren, 4. Aufl. 1998, sowie bei *Eyermann,* VwGO, § 80 Rn. 53 ff.; *Stern,* Verwaltungsprozessuale Probleme, Rn. 326 ff.; *Brühl,* JuS 1995, 722. Zur Methodik der gerichtlichen Entscheidung bes. *Proppe,* JA 2004, 324; *BVerfG (Kammer),* NJW 2002, 2225. – Fallbesprechungen bei *Beckmann,* JuS 1990, 749; *Zilkens,* JuS 1998, 915; *Bodanowitz,* JuS 1999, 574.

[8] Nach *BVerwG,* NVwZ 1997, 381 = JuS 1997, 950 Nr. 13 kann die Festsetzung entfallen, wenn der Verpflichtete ernstlich und endgültig erklärt hat, daß er der Grundverfügung nicht Folge leisten werde.

(bestr.).[9] Auch die Festsetzung ist anfechtbarer Verwaltungsakt. Die *Anwendung* des Zwangsmittels durch Ersatzvornahme oder unmittelbarer Zwang ist nach wohl h.M. **Realakt**, gegen den der Betroffene nachträglich Klage auf Feststellung der Rechtswidrigkeit gemäß § 43 I VwGO erheben kann.[10]

c) Den Bearbeitern macht es erfahrungsmäßig keine Schwierigkeiten, die formellen und materiellen **Rechtmäßigkeitsvoraussetzungen** der einzelnen Akte im Verwaltungsvollstreckungsverfahren von Fall zu Fall aus dem einschlägigen Verwaltungsvollstreckungsgesetz herauszuziehen. Bei der Auswahl des Zwangsmittels muß der **Grundsatz der Verhältnismäßigkeit** beachtet werden (vgl. § 9 II BVwVG).[11]

3. Grundzusammenhänge

Häufig kommt es in der Klausur nur darauf an, gewisse Grundzusammenhänge des Verwaltungsvollstreckungsrechts zu erkennen.

Beispiel: Die zuständige Behörde gebietet aus feuerpolizeilichen Gründen, an einem **132** vierstöckigen Hotel außen eine Eisentreppe anzubringen, weil innen nur Holztreppen vorhanden sind. Hotelbesitzer *H* legt diese Verfügung zu den Akten. Nach zwei Jahren droht ihm die Behörde an, sie werde sein Haus schließen, wenn er die Treppe nunmehr nicht innerhalb einer Frist von drei Monaten baue. *H* fragt an, was er unternehmen könne. – Viele Bearbeiter sahen in der „Androhung" einen Akt der Verwaltungsvollstreckung, welchen *H* mit Erfolg vor dem Verwaltungsgericht anfechten könne, (1) weil die vor zwei Jahren ergangene Verfügung rechtswidrig sei und (2) weil „der angedrohte unmittelbare Zwang" nicht *notwendig*, eine Ersatzvornahme vielmehr das mildere Mittel sei. – Grund (1) interessiert im Vollstreckungsverfahren nicht mehr:

Weil die **Grundverfügung** unanfechtbar geworden ist, kann *H* nicht mehr geltend machen, sie sei **rechtswidrig** (§ 18 I 3 BVwVG), solange sie nicht nichtig ist.[12] Andernfalls wären die (von *H* versäumten) Rechtsmittelfristen sinnlos.

Es können also auch Verwaltungsakte vollstreckt werden, welche (nach den Überlegun- **133** gen des gerade Urteilenden) rechtswidrig sind.[13] Das pflegt dem Anfänger rechtsstaatlich bedenklich zu erscheinen, läßt sich aber rechtfertigen. Denn *daß* der Verwaltungsakt *tatsächlich* rechtswidrig *ist*, steht nicht abschließend, nämlich nicht rechtskräftig fest. Vielmehr mögen die Ansichten darüber im Einzelfall durchaus geteilt sein. Weil der Ad-

---

[9] *Wolff/Bachof/Stober,* VR Bd. 2, § 45 Rn. 45; *BVerwG,* NVwZ-RR 1989, 377; § 18 I BVwVG.

[10] A.A. (VA), aber nach dem natürlichen Ablauf des Geschehens juristisch „überkonstruiert" die in Literatur und Rechtsprechung teilweise noch nachwirkende Entscheidung *BVerwGE* 26, 161 (164) für den Gebrauch von Schlagstöcken zur Vollstreckung eines vorangegangenen Platzverweises („Schwabinger Krawalle"). Näheres etwa bei *Finger,* JuS 2005, 116; *Pieroth/Schlink/Kniesel,* Polizei- und Ordnungsrecht, 4. Aufl. 2007, § 27 Rn. 39 ff.

[11] Plastisch insoweit etwa *VG Oldenburg,* NJW 1988, 580 (Ersatzzwangshaft).

[12] *BVerwGE* 56, 172 (178).

[13] *BVerfGE* 87, 399 (409) im Zusammenhang mit Art. 8 I GG (Demonstrationsfreiheit).

ressat es versäumt hat, die Frage der Rechtmäßigkeit im Rahmen der Rechtsmittelmöglichkeiten fristgerecht verbindlich klären zu lassen, kann zu seinen Ungunsten von der Rechtmäßigkeit *ausgegangen* werden. *Wenn* sich aber ausnahmsweise einmal aus einer *rechtskräftigen* Entscheidung ergibt, *daß* der Verwaltungsakt rechtswidrig sein *muß* (ein Verfassungsgericht hat seine Ermächtigungsgrundlage ex tunc für nichtig erklärt), darf der rechtswidrige Verwaltungsakt *nicht* vollstreckt werden (so § 79 II 2 BVerfGG, § 183 VwGO). Entsprechendes mag bei einer Gesetzesänderung[14] und in Fällen gelten können, in denen der Bürger im Wege des Wiederaufgreifens einen Anspruch auf Rücknahme des Verwaltungsakts hat.[15]

134   Die Argumentation zu (2) trifft im *Beispielsfall* (Rn. 132) nicht den Kern, weil sie schon dem *Ansatz* der Verwaltungsvollstreckung nicht gerecht wird. Zwangsmittel zur Durchsetzung des *Treppen*baugebotes sind die Ersatzvornahme, das Zwangsgeld und – soweit es um das für die Ersatzvornahme notwendige Betreten des Grundstücks geht – der unmittelbare Zwang. Mit der Androhung einer Schließung des *Hotels* als Akt der Verwaltungsvollstreckung würde die Behörde versuchen, den Bau der Treppe durch eine *mittelbare* Pression durchzusetzen. Eine mittelbare Pression ist *nur* über ein Zwangs*geld* möglich **(numerus clausus der Zwangsmittel)**. Vor diesem Hintergrund dürfte die Androhung *nicht* als Maßnahme der Verwaltungs*vollstreckung* zu deuten sein, sondern als *unverbindliche Ankündigung* einer *neuen selbständigen Grund*verfügung, das Hotel (aus feuerpolizeilichen Gründen) zu schließen. Erst diese (noch nicht ergangene) Verfügung wäre dann später durch unmittelbaren Zwang zu vollstrecken.

II. Sofortiger Vollzug, unmittelbare Ausführung

135   Es gibt Fälle, in denen die Verwaltung Zwangsmittel (Ersatzvornahme, unmittelbarer Zwang) anwenden kann, *ohne vorher* eine (vollstreckbare) Gebots- oder Verbots*verfügung* erlassen und/oder vorher das Zwangsmittel androhen und festsetzen zu müssen. Die Gesetze sprechen dann von „*sofortigem Vollzug*"[16] (so auch § 6 II BVwVG) oder von „*unmittelbarer Ausführung*" (so einige Landesgesetze zum Schutz der öffentlichen Sicherheit und Ordnung).[17]

Beispiele: Die Feuerwehr fällt auf einem Privatgrundstück, dessen Besitzer abwesend ist, einen Baum, welcher nach einem Sturm den Straßenverkehr gefährdet;[18] das Ordnungsamt beauftragt einen Unternehmer, aus einem umgekippten Tanklastzug ausgelaufenes Öl zu beseitigen[19] oder einen auf dem Bürgersteig geparkten Wagen abzuschleppen[20] (unmittelbare Ausführungen im Wege der Ersatzvornahme).

---

[14] So *OVG Münster*, E 21, 193.

[15] Ob in derartigen Fallkonstellationen tatsächlich *automatisch* die Vollstreckungsmöglichkeit entfällt oder ob zunächst im Wiederaufnahmeverfahren (Rn. 37) der „Titel"-VA beseitigt werden muß, ist nicht abschließend geklärt; *OVG Münster*, aaO.

[16] Er darf nicht verwechselt werden mit der Anordnung der „sofortigen Vollziehung" (§ 80 II 1 Nr. 4 VwGO), durch welche eine *ergangene* Verfügung vorzeitig vollstreckbar gemacht wird (soeben Rn. 130).

[17] Umfassend zu unmittelbaren Maßnahmen der Gefahrenabwehr *Kästner*, JuS 1994, 361.

[18] Ähnlicher Fall in Rn. 810.

[19] *OVG Münster*, DVBl 1964, 683; *OVG Koblenz*, JuS 1969, 143 Nr. 9; *BVerwG*, DÖV 1974, 207.

[20] *VGH Kassel*, NVwZ-RR 1999, 23; *BVerwGE* 102, 316 (319f.) = JuS 1998, 183 Nr. 15; *Koch/Frank*, JuS 1997, 321; umfassend *Götz*, Allgemeines Polizei- und Ord-

Bildlich gesehen faßt die Behörde in diesen Fällen „gewissermaßen die **136** sachliche Verfügung, die Androhung des unmittelbaren Zwanges oder der Ersatzvornahme sowie die Festsetzung und die Ausführung dieses Zwangsmittels in einem einzigen Akt zusammen".[21] Man kann darüber streiten, ob sofortiger Vollzug und unmittelbare Ausführung *rechtlich gesehen* wirklich Verwaltungsakte mit diesem weiten Regelungsinhalt oder lediglich Realakte sind.[22] Im ersten Fall erhält der Bürger **Rechtsschutz** über die Fortsetzungsfeststellungsklage (§ 113 I 4 VwGO analog, Rn. 54), im zweiten Fall über die Feststellungsklage (§ 43 I VwGO, Rn. 131), wobei allerdings § 18 II BVwVG für seinen Einzugsbereich auch im zweiten Fall die Anfechtungsklage vorschreibt. Weil der „normale" Weg der Vollstreckung nicht eingehalten wird, enthalten Spezialermächtigungen **besonders enge Rechtmäßigkeitsvoraussetzungen.** Der sofortige Vollzug ist z. B. nach § 6 II BVwVG nur zulässig, wenn er „zur *Verhinderung* einer rechtswidrigen Tat, die einen *Straf- oder Bußgeldtatbestand* verwirklicht, oder zur *Abwendung* einer *drohenden* Gefahr *notwendig* ist und die Behörde hierbei innerhalb ihrer gesetzlichen Befugnisse handelt". „Im Wege der unmittelbaren Ausführung darf eine Maßnahme nur getroffen werden, wenn *auf andere Weise* eine *unmittelbar* bevorstehende[23] Gefahr für die öffentliche Sicherheit oder Ordnung nicht abgewehrt oder eine *Störung* der öffentlichen Sicherheit oder Ordnung nicht beseitigt werden kann" (§ 7 I Hmb. SOG). Manche Klausur ist schon gescheitert, weil der Bearbeiter nicht erkannte, daß die Behörde im „sofortigen Vollzug" oder in „unmittelbarer Ausführung" gehandelt hatte (Beispiel Rn. 810).

§ 8. Bußgeld zur Durchsetzung von Normen

Ausgangsfall:[1] Eine Polizeiverordnung, welche Hauseigentümern Beleuchtungs- **137** pflichten auferlegt, droht für den Fall ihrer Nichtbefolgung Bußgeld an. Gegen *H* wird ein solches Bußgeld verhängt, weil er den Hausflur seines Mietshauses bei verschlossener Haustür nicht vorschriftsgemäß beleuchtet habe.

Wie an diesem Sachverhalt schon früher[2] dargestellt wurde, kann der **138** Bürger auf *zwei* Wegen dazu angehalten werden, eine Norm zu befolgen: durch Polizeiverfügung, welche ihm gebietet, konkrete Normver-

---

nungsrecht, Rn. 423 ff.; *Heckmann,* in: Becker/Heckmann/Kempen/Manssen, Öffentliches Recht in Bayern, 2. Aufl. 2001, 3. Teil, Rn. 543 ff.; *Fischer,* JuS 2002, 446.

[21] *Vogel,* in: Drews/Wacke/Vogel/Martens, 8. Aufl. 1975, Bd. 1, S. 209.

[22] Auf letzteres deutet der Wortlaut von § 6 II BVwVG und der gleiche Wortlaut der entsprechenden Landesgesetze hin, s. auch z. B. *Götz,* Polizei- und Ordnungsrecht, Rn. 422 ff. Für Realakt z. B. *Pieroth/Schlink/Kniesel,* Polizei- und Ordnungsrecht, § 27 Rn. 39 ff.

[23] Dazu s. Rn. 122.

[1] *Evers/Schwerdtfeger,* JuS 1964, 281.

[2] S. Rn. 126.

stöße abzustellen, *und* durch Bestrafung. Hier ist dieser zweite Weg näher darzustellen.[3] Aus der Strafrechtsvorlesung ist die *gerichtliche Kriminalstrafe* geläufig. Sie wurde früher bei Normverstößen jeder Art verhängt. Seit der Schrift von *James Goldschmidt*, Das Verwaltungsstrafrecht (1902), hat sich in den gesetzlichen Regelungen mehr und mehr die Unterscheidung zwischen *sittlich verwerflichem kriminellem* Unrecht und **Verwaltungsunrecht ohne sittlichen Makel** durchgesetzt. Verwaltungsunrecht wird von der *Exekutive* als „**Ordnungswidrigkeit**" durch „*Bußgeld*" geahndet. Dementsprechend hat der Gesetzgeber z.B. die meisten Verkehrsübertretungen in Ordnungswidrigkeiten umgewandelt.[4]

139 Der **Bußgeldbescheid** ist **Verwaltungsakt**. Er findet seine **Ermächtigungsgrundlage** stets in § 65 des *Bundesgesetzes* über Ordnungswidrigkeiten (OWiG, *Schönfelder* Nr. 94), allerdings jeweils *in Verbindung* mit der Vorschrift des Bundesrechts oder des Landesrechts, die das normwidrige Verhalten zu einer Ordnungswidrigkeit erklärt (vgl. § 2 OWiG).

Beispiel: § 24 StVG (lesen) betr. Verkehrsordnungswidrigkeiten. In den Ermächtigungen zum Erlaß von Polizeiverordnungen ermächtigen die Landesgesetze über die öffentliche Sicherheit und Ordnung den Verordnungsgeber regelmäßig, Verstöße gegen die Verordnung – wie im *Ausgangsfall* – als Ordnungswidrigkeiten auszuweisen.

140 Nach § 1 I OWiG kann die zuständige Behörde Bußgeld festsetzen, wenn ein Bürger rechtswidrig und vorwerfbar den Tatbestand eines Gesetzes verwirklicht hat, das die Ahndung mit einer Geldbuße zuläßt. Zur Systematisierung der materiellen Einzelvoraussetzungen des Bußgeldbescheides kann damit das von der Strafrechtsübung her bekannte **Schema „Tatbestandsmäßigkeit, Rechtswidrigkeit, Schuld"** zugrunde gelegt werden – auch das Bußgeld ist eben eine (Verwaltungs-)*Strafe*. Das OWiG enthält aus dem Strafrecht geläufige Regelungen über Schuld (§ 10), Irrtum (§ 11), Versuch (§ 13), Notwehr (§ 15) usw.

Die *eigentlichen* Probleme einer öffentlichrechtlichen Bußgeldklausur liegen **zumeist** nur in **zwei Fragen der Tatbestandsmäßigkeit: (1)** Hat der Adressat des Bußgeldbescheids gegen die Norm verstoßen? **(2)** Ist diese Norm gültig?

Im *Ausgangsfall* ist die Polizeiverordnung nur bei *unverschlossener* Haustür gültig (polizeirechtskonforme Auslegung).[5] Weil *H* die Haustür verschlossen hatte, hat er nicht gegen die Verordnung verstoßen. Der Bußgeldbescheid ist also rechtswidrig.

141 Für die **Anfechtung** eines Bußgeldbescheides gelten die *besonderen* Vorschriften der **§§ 67 ff.** OWiG *(lesen)*. Zuständiges Gericht ist das **Amtsgericht** (Rechtsbeschwerde an das Oberlandesgericht).

---

[3] Zum Nachfolgenden s. z.B. *Vogel*, in: Drews/Wacke/Vogel/Martens, S. 551 ff.

[4] Vgl. dazu etwa *H. Weber,* JuS 1969, 41; zur Verfassungsmäßigkeit der Umwandlung s. *BVerfGE 27,* 36.

[5] S. schon Rn. 83.

§ 9. Der Anspruch auf Erlaß eines begünstigenden Verwaltungsakts

Ausgangsfälle: (1) *X* hat die Erteilung eines Passes beantragt. Die Behörde hat den 142
Antrag unter Berufung auf § 7 I Nr. 1 PaßG abgelehnt, weil zu erwarten sei, daß *X* im
Ausland keine Gelegenheit ungenutzt lassen werde, sich als „Systemkritiker" der
Verhältnisse in der Bundesrepublik zu betätigen. *X* fragt an, ob er die Paßerteilung
erzwingen kann.

(2) Die Baugenehmigungsbehörde hat einen Bauantrag des *E* für ein 6-Familien-Haus
abgelehnt, weil eine im Bebauungsplan festgesetzte Baulinie (§ 23 II BauNVO, *nach-
lesen*) durchgehend nicht eingehalten werde und das Vorhaben deshalb nicht genehmigt werden dürfe. Mit der gleichen Begründung ist der Widerspruch des *E* zurückgewiesen worden. Der Baubestand in der Nachbarschaft hält die Baulinie teilweise
nicht ein. Wurde ordnungsgemäß entschieden? Welche prozessualen Möglichkeiten
hat *E*?[1]

Am häufigsten sind Fallgestaltungen, in welchen wie hier der *Bürger*
fragt, ob er mit Aussicht auf Erfolg einen Antrag auf Erlaß eines begünstigenden Verwaltungsakts stellen oder einen bereits abgelehnten Antrag
weiterverfolgen kann. Seltener kommt es vor, daß die Behörde um Auskunft bittet, ob sie dem Antrag stattgeben kann oder muß.

I. Materiellrechtliche Fragen

Den Bürger interessiert stets in erster Linie, ob er einen **Anspruch auf** 143
Erlaß des beantragten Verwaltungsakts hat. Wenn das nicht der Fall ist,
muß überlegt werden, ob der Behörde Ermessen eingeräumt ist und der
Bürger einen **Anspruch auf fehlerfreie Ermessensausübung** hat.

Auch wenn der Antrag auf Erlaß des Verwaltungsakts bereits abgelehnt 144
ist, steht aus der Sicht des Bürgers weiterhin der *erstrebte begünstigende
Verwaltungsakt* im Vordergrund, nicht der belastende Verwaltungsakt
der Ablehnung. Es verkürzt daher die Interessen des Antragstellers,
wenn Anfängerarbeiten nur (im Rahmen einer Anfechtungsklage) nach
einer „*Ermächtigungsgrundlage*" für die *Ablehnung* forschen. Im Ansatz geht es (im Rahmen einer Verpflichtungsklage)[2] um die **„Anspruchsgrundlage"** für den *begehrten* Verwaltungsakt bzw. für eine fehlerfreie
Ermessensausübung.[3]

---

[1] Weitere Fälle bei *Zuleeg/Kadelbach,* JuS 1989, 922 (Einbürgerung); *Häde,* JuS 1993,
225 (Baugenehmigung); *Häußler,* JuS 1996, 543 (Anerkennung eines Dienstunfalls);
Beyer, JuS 1997, 284 (Zulassung als Marktbezieher); *Förster/Sander,* JuS 1999, 892
(Baugenehmigung); *Brohm,* JuS 1999, 1097 (Baugenehmigung); *Klinger,* JuS 2003,
1191; *Sauer,* JuS 2004, 1085 (Volksfest); *Brenner,* JuS 2005, 343 (ordnungsbehördliches Einschreiten); *Müller-Franken,* JuS 2005, 723 (Subvention).

[2] S. Rn. 163.

[3] Einzelheiten zur *prozessualen* Situation nachfolgend Rn. 163.

Im *Ausgangsfall 1* muß also zunächst auf die Frage eingegangen werden, ob grundsätzlich ein Anspruch auf Paßerteilung besteht. In diesem Rahmen bekommt dann erst später der Versagungsgrund des § 7 I Nr. 1 PaßG Bedeutung. Entsprechendes gilt für *Ausgangsfall 2.*

145 Der Bearbeiter sollte sich von der Suche nach einer Anspruchsgrundlage auch nicht durch die **komplizierte Formulierung des § 113 V 1 VwGO** abbringen lassen, wonach das Gericht die Verpflichtung der Verwaltungsbehörde zum Erlaß der begehrten Amtshandlung ausspricht, „soweit die Ablehnung oder Unterlassung des Verwaltungsaktes rechtswidrig und der Kläger dadurch in seinen Rechten verletzt ist". Durch die Ablehnung oder Unterlassung ist der Kläger nur dann in seinen Rechten verletzt, wenn er einen Anspruch hat.

Im einzelnen ist folgender **Gedankenablauf** zu empfehlen:

1. Erforderlichkeit des Verwaltungsakts?

146 Manche gewerbliche Tätigkeit braucht der Behörde z.B. nur angezeigt zu werden (vgl. §§ 14ff. GewO). Eine Demonstration ist lediglich anmeldepflichtig, entgegen weitverbreiteter Vorstellung nicht genehmigungspflichtig (§ 14 VersammlG). Nach der Reform der **Bauordnungen** der Länder sind manche Bauvorhaben nicht mehr genehmigungspflichtig.[4] Das kann in bestimmten Plangebieten und unter bestimmten Einzelvoraussetzungen z.B. für „Wohngebäude geringer Höhe" gelten (s. z.B. § 69 a I NBauO).

Besteht nicht das Erfordernis einer Genehmigung, muß die trotzdem beantragte Genehmigung *versagt* werden.[5]

Für *Ausgangsfall 2* wird davon ausgegangen, daß das 6-Familien-Haus nach der einschlägigen Bauordnung genehmigungspflichtig *ist.*

2. Anspruch auf Erlaß des Verwaltungsakts?

147 **a) In Betracht kommende Anspruchsgrundlage**

aa) Häufig ist **im Gesetz eindeutig** ein Anspruch formuliert.

Alle Gemeindeordnungen enthalten die Bestimmung (oft unbekannt): „Die Einwohner der Gemeinde sind im Rahmen der bestehenden Vorschriften berechtigt, die öffentlichen Einrichtungen der Gemeinde zu benutzen".[6] Im *Ausgangsfall 1* „*wird*" der Paß ausgestellt (§ 6 I PaßG), wenn kein Versagungsgrund (§ 7 PaßG) gegeben ist. In den Bauordnungen (*Ausgangsfall 2*) heißt es: „Die Baugenehmigung *ist* zu erteilen, wenn die Baumaßnahme dem öffentlichen Baurecht entspricht" (so z.B. § 75 I NBauO).

148 bb) Ist der Gesetzeswortlaut nicht so eindeutig, kann eine **verfassungskonforme Auslegung**[7] den grundsätzlichen Anspruch auf Erlaß des

---

[4] Überblick bei *Ortloff*, NVwZ 1995, 112.

[5] *BVerwGE* 32, 41 (43f.).

[6] Fall in Rn. 361 ff.

[7] Zu ihr s. schon Rn. 83.

begünstigenden Verwaltungsakts ergeben: Wegen der weiten Auslegung, die Art. 2 I GG durch das *BVerfG* erfahren hat,[8] besteht lückenloser Grundrechtsschutz für jede Tätigkeit, zu welcher der Bürger *selbständig ohne Hilfe des Staates* in der Lage ist (reisen, bauen). Damit kann ein solches Tätigwerden *materiell* nur insoweit verboten werden, als das einschlägige Grundrecht selbst das zuläßt (Gesetzesvorbehalt). In der Regel kann der Gesetzgeber ein privates Tätigwerden so nur *partiell* verbieten. Die Rechtsfigur des *generellen (materiellen)* „Verbots mit Erlaubnisvorbehalt", welche bestimmte Arten privater Tätigkeit dem *gewährenden* Ermessen der Behörde ausliefert, ist unter der Herrschaft des Grundgesetzes nicht mehr möglich.[9] Zulässig ist nur ein *formelles* Verbot des Tätigwerdens ohne Erlaubnis. *Dieser* Erlaubnisvorbehalt ermöglicht der Behörde die *rechtzeitige Nachprüfung*, ob sich die beabsichtigte Tätigkeit *materiell* im Bereich des gesetzlich Erlaubten oder Verbotenen hält.[10] Lediglich im Bereich des *materiell* Verbotenen kann der Gesetzgeber es der Behörde gestatten, nach ihrem *Ermessen* Ausnahmen oder Dispense (Befreiungen) zu erteilen.

Beispiel: Wegen Art. 14 I GG, ohne die Rechtsstellung als Eigentümer[11] wegen Art. 2 I GG hat jeder Bauherr den in allen Bauordnungen genannten grundsätzlichen Anspruch auf die Baugenehmigung. Die Einschränkung, daß sein Vorhaben aber den einschlägigen öffentlichrechtlichen Vorschriften genügen muß, findet ihre Rechtfertigung über den Gesetzesvorbehalt, welchem Art. 14 I und 2 I GG unterstehen. Hält sich das Bauvorhaben im Rahmen der öffentlichrechtlichen Vorschriften, *muß* die Baugenehmigung erteilt werden. Nur wenn das nicht der Fall ist, die Baugenehmigung also „an sich" versagt werden müßte, kann es das Baurecht in das *Ermessen* der Behörde stellen, sie im Wege einer Ausnahme oder einer Befreiung trotzdem zu erteilen.[12]

Ein grundrechtlicher Hintergrund fehlt demgegenüber, wenn der Bürger **149** die Gestattung von Tätigkeiten verlangt, zu denen er, anders als soeben in Rn. 148, aus eigener Kraft *nicht* in der Lage ist.

Beispielsweise vermittelt Art. 12 I GG (Berufsfreiheit) einem Schiffsausrüster keinen Anspruch auf die Zulassung (= VA) zur Benutzung eines Schleusengeländes am Nord-Ostsee-Kanal, um die Schiffe während der Schleusenzeit mit Proviant und Ausrüstungsgegenständen beliefern zu können. Denn die Schleuse ist für S ein „fremdes" Grundstück; die von S angestrebte Tätigkeit wird vom Widmungszweck der Schleuse[13] nicht umfaßt.

Die Grundrechte sind im Ansatz *Abwehrrechte* gegen staatliche Eingrif- **150** fe in Handlungsmöglichkeiten, zu denen der Bürger aus eigener Kraft in der Lage ist. Ansprüche auf Erweiterung dieser Möglichkeiten, Leistungsansprüche und Ansprüche auf Teilhabe an staatlichen Maßnahmen

---

[8] Lies das „*Elfes*-Urteil" *BVerfGE* 6, 32 sowie nachfolgend Rn. 446.
[9] Ausnahmekonstellation (Atomanlagen) in *BVerfGE* 49, 89 (145).
[10] Zur Vertiefung lies *BVerfGE* 20, 150 (SammlungsG).
[11] Insoweit s. *BVerwGE* 42, 103 (115).
[12] Vgl. als Beispiel § 31 I, II BauGB, nachfolgend im Text unter Rn. 157.
[13] *BVerwGE* 39, 235 = NJW 1973, 724 (vollständiger Abdruck). Einzelheiten zu dieser anstaltsrechtlichen Verflechtung in Rn. 361 ff.; 365.

der Daseinsvorsorge lassen sich aus den Grundrechten nur in bestimmten Konstellationen herleiten,[14] die im Beispielsfall nicht gegeben sind.

151   cc) Eine Norm, welche der Behörde ein Ermessen einräumt, kann nur ausnahmsweise als Anspruchsgrundlage für einen Anspruch auf *Erlaß* des begünstigenden Verwaltungsakts (also nicht nur für einen Anspruch auf fehlerfreie Ermessensausübung) in Betracht kommen. Es muß eine **„Ermessensreduzierung auf Null"**[15] möglich sein.

152   **b) Formelle Voraussetzungen des begünstigenden Verwaltungsakts**[16]
aa) Ordnungsmäßiger Antrag des Bürgers[17] (**„mitwirkungsbedürftiger Verwaltungsakt"**).
bb) Zuständigkeit der Behörde.

153   cc) Mitwirkung anderer Behörden.

Die **Mitwirkung** ist nur verwaltungsintern von Bedeutung und daher nur von der *Behörde* zu beachten; für den Anspruch des Antragstellers im **Außenverhältnis** ist sie **uninteressant.**[18]

154   **c) Materiellrechtliche Voraussetzungen des Anspruchs**
Die materiellrechtlichen Voraussetzungen sind in den einschlägigen Vorschriften ohne sachlichen Unterschied teils positiv formuliert („Die Baugenehmigung ist zu *erteilen*, wenn ..."), teils negativ ausgedrückt („Der Paß ist zu *versagen*, wenn ...").

Im *Ausgangsfall 1* (Rn. 142) ist zweifelhaft, ob „bestimmte Tatsachen die Annahme begründen", daß X „erhebliche Belange der Bundesrepublik Deutschland gefährdet" (§ 7 I Nr. 1 PaßG).[19]

155   Die **besonders prüfungsrelevante Baugenehmigung**[20] (*Ausgangsfall 2*, Rn. 142) ist zu erteilen, „wenn die Baumaßnahme dem öffentlichen Baurecht entspricht" (so z.B. § 75 I NBauO). Dabei ist zwischen den *bauordnungsrechtlichen* und den *bauplanungsrechtlichen* Anforderungen an das Vorhaben zu unterscheiden.

Das **Bauordnungsrecht** stellt Anforderungen an das Vorhaben, die der Gefahrenabwehr dienen (früher: „Baupolizeirecht"), beschränkt sich heute allerdings nicht mehr auf diesen Ansatz. Zusammen mit dem Genehmigungs*verfahren* ist das *(materielle)*

---

[14] Zu den Einzelheiten s. Rn. 510 ff.

[15] Näheres nachfolgend Rn. 161.

[16] Weitere formelle Erfordernisse, welche aber in der Fallbearbeitung nur höchst selten praktisch werden, ergeben sich aus der Aufzählung in Rn. 64 ff. – Zur *Beschleunigung von Genehmigungsverfahren* im Rahmen wirtschaftlicher Unternehmungen s. §§ 71 a ff. VwVfG.

[17] Bei **Fehlen eines Antragsinteresses** (= Parallele zum Rechtsschutzbedürfnis) kann die Behörde den Antrag ohne weiteres ablehnen; *Schwerdtfeger*, DÖV 1966, 494; *BVerwGE* 42, 115 (117); 84, 11 (12); umfassend *Wittreck*, BayVBl. 2004, 193.

[18] S. Rn. 47.

[19] Zur Verfassungsmäßigkeit von § 7 I Nr. 1 PaßG s. *BVerfGE* 6, 32 (43).

[20] Umfassende Darstellung der wichtigsten baurechtlichen Grundfallkonstellationen bei *Dürr*, Die Klausur im Baurecht, JuS 2007, 328 (in Fortsetzung).

Bauordnungsrecht in Landesgesetzen, in den schon erwähnten Bauordnungen der Länder, geregelt, *nicht* im Baugesetzbuch (BauGB) des Bundes (häufige Fehlvorstellung). Das **BauGB** betrifft die **bauplanungsrechtlichen Anforderungen** an das Vorhaben mit den räumlichen Aspekten der baulichen Nutzung ("städtebauliche Ordnung").[21] Gestützt auf §§ 8, 10 BauGB erlassen die Gemeinden in der Gestalt von Satzungen[22] Bebauungspläne.[23] **Wenn** die Gemeinde einen **Bebauungsplan** erlassen hat, beurteilt sich die Zulässigkeit des Vorhabens nach den Festsetzungen des Bebauungsplans (**§ 30 BauGB**). Welche Festsetzungen ein Bebauungsplan inhaltlich treffen kann, ist durch die Baunutzungsverordnung des Bundes (BauNVO) festgelegt. Für die Art der baulichen Nutzung (Baugebiete) enthält die BauNVO einen "Typenzwang".[24] Die Gemeinde kann sich nur zwischen bestimmten Arten der baulichen Nutzung (Beispiele: reines Wohngebiet, Mischgebiet, Gewerbegebiet, Sondergebiet) entscheiden. Welche Vorhaben im konkret festgesetzten Gebiet im einzelnen zulässig sind, ergibt sich dann aus den Festsetzungen des Bebauungsplans i. V. mit §§ 2–14 BauNVO. Bauliche Anlagen, die dem "Buchstaben" des Bebauungsplans in seiner Verbindung mit der BauNVO entsprechen, können unzulässig sein, wenn sie nach Maßgabe der in **§ 15 BauNVO** geregelten Einzelkriterien dem "Geist" des Bebauungsplans oder dem nachbarlichen "Gebot der Rücksichtnahme" widersprechen.[25]

Wenn kein Bebauungsplan oder kein i. S. des § 30 I BauGB "qualifizierter" Bebauungsplan vorliegt, beurteilt sich die Zulässigkeit des Vorhabens ausschließlich oder ergänzend (§ 30 III BauGB) nach **§ 34 BauGB** (im Zusammenhang bebaute Ortsteile)[26] oder nach **§ 35 BauGB** (Außenbereich).[27] Bei Vorhaben innerhalb der *im Zusammenhang bebauten Ortsteile* sind für die Zulässigkeit des Vorhabens §§ 2–14 BauNVO maßgebend, wenn die Eigenart der näheren Umgebung einer der in der BauNVO bezeichneten Baugebiete entspricht (§ 34 II BauGB). Sonst ist entscheidend, ob sich das Vorhaben "in die Eigenart der näheren Umgebung einfügt" (§ 34 I BauGB mit der Abweichensmöglichkeit nach § 34 III a BauGB). Im *Außenbereich* besteht ein Anspruch auf die Baugenehmigung nur, wenn es sich um eines der in § 35 I BauGB genannten "privilegierten" Vorhaben handelt. **156**

Im *Ausgangsfall 2* (Rn. 142) hat *E keinen Anspruch* auf die Baugenehmigung, weil das Vorhaben der Festsetzung der Baulinie im Bebauungsplan in seiner Verbindung mit § 23 II BauNVO widerspricht.

3. Anspruch auf fehlerfreie Ermessenausübung?

Besteht kein Anspruch auf *Erlaß* des beantragten begünstigenden Verwaltungsakts, kann der Behörde die Möglichkeit eingeräumt sein, den Verwaltungsakt nach ihrem *Ermessen* zu erlassen. **157**

---

[21] Grundfälle zu den bauplanrechtlichen Voraussetzungen der Baugenehmigung bei *Hager,* JuS 1989, 383, 460; Klausurbesprechungen etwa bei *Förster/Sander,* JuS 1999, 892; *Brohm,* JuS 1999, 1097.

[22] In den "Stadtstaaten" Berlin, Hamburg und teilweise Bremen werden Rechtsverordnungen erlassen (vgl. § 246 II BauGB).

[23] Zu den rechtlichen Einzelanforderungen an diese Satzungsgebung s. Rn. 427 ff. mit dem *dortigen* Ausgangsfall 2.

[24] *BVerwGE* 94, 151 (154).

[25] S. dazu Rn. 187.

[26] Klausur bei *Reinhardt/Schwertner,* JuS 2002, 893.

[27] Zu Abgrenzungsfragen (keine geographisch-mathematischen Maßstäbe, sondern Bewertung der gesamten örtlichen Verhältnisse) *BVerwG,* NVwZ-RR 1992, 227; NVwZ 1997, 899.

Im **Baurecht** geht es so **häufig** um eine „**Ausnahme**" **oder** um eine „**Befreiung**" (**Dispens**) von einer entgegenstehenden Vorschrift des Bauordnungsrechts (z.B. §§ 85, 86 NBauO) oder des Bauplanungsrechts (§ 31 BauGB).

Die Möglichkeit zu einer „*Ausnahme*" ist in einer konkreten Vorschrift des Bauordnungsrechts oder im Bebauungsplan *vorgesehen* (s. § 85 I NBauO, § 31 I BauGB). Die „*Befreiung*" dispensiert von einer „an sich" zwingenden Vorschrift des Bauordnungsrechts (§ 86 NBauO) oder eines Bebauungsplans (§ 31 II BauGB).

a) Antrag. Die Ausnahme ist vom Bauantrag miterfaßt. Die Befreiung muß nach den meisten Bauordnungen *ausdrücklich* beantragt werden (s. etwa § 86 NBauO).

In Ergänzung zum Sachverhalt sei im *Ausgangsfall 2* (Rn. 142) davon ausgegangen, daß E sowohl eine Ausnahme als auch eine Befreiung ausdrücklich beantragt hat.

158 **b) Materiellrechtliche Voraussetzung** für einen Anspruch auf fehlerfreie Ermessensausübung[28] ist, daß auf der Tatbestandsseite der Norm die *rechtlichen* Anforderungen erfüllt sind, unter denen die Norm das Ermessen auf der Rechtsfolgeseite erst einräumt.

In Abweichung von einer Baulinie kann gem. § 23 II 2 BauNVO als *Ausnahme* (§ 31 I BauGB) „ein Vor- oder Zurücktreten von Gebäudeteilen in geringfügigem Ausmaß zugelassen werden". Im *Ausgangsfall 2* (Rn. 142) weicht indessen nicht bloß ein Gebäude*teil*, sondern das *ganze* Gebäude von der Baulinie ab. Eine *Befreiung* von der Baulinie kann E gem. § 31 II BauGB erhalten, wenn einer der in § 31 II Nr. 1, 2, 3 BauGB aufgeführten Gründe vorliegt „und wenn die Abweichung auch unter Würdigung nachbarlicher Interessen mit den öffentlichen Belangen vereinbar ist". Weil der Baubestand in der Nachbarschaft die Baulinie teilweise nicht einhält und Nachbarbelange in der gegenwärtigen Fallgestaltung nicht entgegenstehen,[29] sei unter Hinweis auf § 31 II Nr. 2 BauGB davon ausgegangen, daß im *Ausgangsfall 2* die rechtlichen Voraussetzungen für eine *Befreiung* vorliegen.

159 **c)** Steht fest, daß die rechtlichen Voraussetzungen für eine Ermessensentscheidung gegeben sind, kann der Antragsteller einen (klagbaren) Anspruch auf fehlerfreie Ermessensbetätigung *nur* haben, solange die Behörde ihr **Ermessen nicht ordnungsgemäß betätigt** hat. Mit fehlerfreier Ermessensbetätigung erlischt ein entsprechender Anspruch. *Hat* die Behörde über den Antrag bereits entschieden, darf ein Anspruch auf fehlerfreie Ermessensbetätigung daher nicht zugestanden werden, bevor untersucht worden ist, ob die bereits getroffene Entscheidung *ermessensfehlerhaft* war (häufiger Auslassungsfehler). Liegt *kein* Ermessensfehler vor, ist die Klage abzuweisen.

Ob ein Ermessensfehler vorliegt, beurteilt sich nach den herkömmlichen Grundsätzen der Ermessenslehre.[30] Weil im *Ausgangsfall 2* (Rn. 142) die rechtlichen Voraussetzungen für eine Befreiung gegeben sind, liegt der Ermessensfehler der *Ermessensunterschreitung*[31] vor. Denn nach dem Sachverhalt haben die Baugenehmigungsbehörde

---

[28] Zusammenfassend zu diesem Anspruch *Pietzcker,* JuS 1982, 106.
[29] Anders in der Fallabwandlung Rn. 192.
[30] Zu ihnen Rn. 90 ff.
[31] Rn. 92.

und die Widerspruchsbehörde angenommen, das beantragte Vorhaben „dürfe" nicht genehmigt werden. Das ihnen eingeräumte Ermessen haben sie nicht betätigt.

d) In der Untersuchung zwischen objektivem Recht und subjektiven 160
Rechten[32] hat der Antragsteller einen (klagbaren) **Anspruch auf ermessensfehlerfreie Entscheidung** auch bei Vorliegen der Voraussetzungen soeben a) bis c) **nur, wenn** die Ermessensnorm auch seinen Interessen dient und nicht nur öffentliche Interessen verfolgt.[33] Einen von dieser Voraussetzung freien *allgemeinen* Anspruch des Bürgers auf fehlerfreie Ermessensausübung gibt es nicht.[34]

Wegen des grundrechtlichen Hintergrundes[35] hat E im *Ausgangsfall 2* (Rn. 142) bei Vorliegen der Voraussetzungen nach a), b) und c) ohne weiteres einen (klagbaren) Anspruch auf die ermessensfehlerfreie Entscheidung der Baugenehmigungsbehörde über eine Befreiung. – Im Beispielsfall des Schiffsausrüsters (Rn. 149 f.) hat S demgegenüber *keinen* Anspruch auf ermessensfehlerfreie Entscheidung der Behörde über die Zulassung zur Benutzung der Schleuse. Eine Norm einfachen Gesetzesrechts, die S ein solches subjektives Recht zubilligen könnte, ist nicht ersichtlich. Grundrechtlich ist das Begehren des S nach dem Gesagten (Rn. 149 f.) nicht abgedeckt.

4. Ermessensreduzierung „auf Null"?

Der Anspruch auf fehlerfreie Ermessensentscheidung kann „auf Null" 161
reduziert sein und so in einen Anspruch auf Erlaß des begünstigenden Verwaltungsaktes umschlagen, allerdings nur in signifikanten *Ausnahmefällen.*

Eine Ermessensreduzierung auf Null liegt vor, wenn (im Entscheidung*sergebnis*) jede andere als die begehrte Entscheidung ermessensfehlerhaft wäre.[36] Das ist der Fall,[37] **(1)** wenn keine Gegengesichtspunkte ersichtlich sind; **(2)** wenn allen Gegengründen über Auflagen oder andere Nebenbestimmungen (§ 36 II VwVfG) hinreichend wirksam Rechnung getragen werden kann; **(3)** wenn verbleibende Gegengründe ein so geringes Gewicht haben, daß es vor dem Grundsatz der Verhältnismäßigkeit offensichtlich[38] fehlgewichtet wäre, auf *sie* abzustellen (und den Antrag also abzulehnen). Ansonsten reichen noch vorhandene Gegengründe aus, um der Behörde die Ablehnung zu ermöglichen. Das Behördenermessen *besteht* gerade darin, die kollidierenden Gesichtspunkte zu gewichten und in der Abwägung *wertend* zugunsten der (aus der Sicht des Antragstellers) positiven *oder* negativen Gesichtspunkte zu entscheiden. Zusätzlich kann eine Ermessensreduzierung auf Null etwa vorliegen, wenn **(4)** die Behörde eine Zusage gemacht hat[39] oder **(5)** die Behörde durch ihre Verwaltungspraxis über Art. 3 I GG festgelegt ist,[40] wie es bei Subventionen zumeist der Fall ist. Bei „Kettenverwaltungsakten" (= wiederholte routinemäßige Verlängerung befri-

---

[32] Zu dieser Unterscheidung Näheres Rn. 185 ff.
[33] S. Rn. 186.
[34] *BVerwGE* 39, 235 (237).
[35] Rn. 148.
[36] *BVerwGE* 11, 89 (97); 16, 214 (218); 18, 241 (251); 62, 206 (210); 69, 90 (94); 78, 40 (46); st. Rspr.; *Wolff/Bachof/Stober,* VR Bd. 1, § 31 Rn. 56.
[37] *Beispiele* in Rn. 384, 385.
[38] S. Rn. 99.
[39] Einzelheiten dazu in Rn. 229.
[40] S. Rn. 95.

steter Genehmigungen, Beispiel: Aufenthaltserlaubnis für Ausländer) kann (6) der rechtsstaatliche Gedanke des *Vertrauensschutzes* das Ermessen (bei der Entscheidung über einen erneuten Verlängerungsantrag) „auf Null" reduzieren.[41]

Im *Ausgangsfall 2* (Rn. 142) käme eine Ermessensreduzierung auf Null in Betracht, wenn eine nähere Aufklärung des Sachverhalts ergeben würde, daß Nachbarn nach Inkrafttreten der Baulinie entsprechende Befreiungen erteilt worden sind („Berufungsfälle", Art. 3 I GG).

II. Prozessuale Fragen

162 1. Wie bereits ausgeführt wurde,[42] muß der Bürger fristgerecht **Widerspruch** einlegen und notfalls klagen **Verpflichtungsklage,** wenn sein Antrag auf Erlaß eines begünstigenden Verwaltungsakts *abgelehnt* worden ist.[43] Solange die Sach- und Rechtslage unverändert bleibt, darf die Behörde sich sonst nach Maßgabe der früheren Ausführungen[44] darauf berufen, die Rechtsmittelfrist sei versäumt worden. Hat die Behörde über den Antrag (oder über einen Widerspruch) ohne zureichenden Grund in angemessener Frist sachlich *nicht* entschieden, kann der Bürger ohne Vorverfahren unter den Voraussetzungen des § 75 VwGO **Untätigkeitsklage** (= Unterfall der Verpflichtungsklage, vgl. § 42 I VwGO) erheben.

163 2. Ein begünstigender Verwaltungsakt wird also mit der *Verpflichtungsklage* erstrebt.[45] Wie eingangs schon angedeutet wurde,[46] entspricht es in der Regel nicht dem Interesse des Antragstellers, lediglich die Ablehnung des Verwaltungsakts mit einer Anfechtungsklage anzufechten.[47] Über die Anfechtungsklage kann nur erreicht werden, daß die Ablehnung aufgehoben wird. Damit ist der ursprüngliche Antrag wieder existent. Die Behörde hat neu über ihn zu entscheiden. Bleibt die Entscheidung aus, muß der Antragsteller ein zweites Mal klagen (Untätigkeitsklage). Wird von vornherein die Verpflichtungsklage erhoben, erhält der Antragsteller sogleich einen vollstreckbaren Titel, mit welchem die Behörde zum Handeln gezwungen werden kann. Mit der Verpflichtungsklage ist die Anfechtung des ablehnenden Verwaltungsakts automatisch verbunden.[48] Im Rahmen der Verpflichtungsklage richtet sich der Antrag danach, ob der Kläger einen Anspruch auf Erlaß des Verwaltungsakts oder nur auf fehlerfreie Er-

---

[41] *BVerfGE* 49, 168 (186); *Kloepfer,* DVBl 1972, 371.

[42] Rn. 32.

[43] **Klageschema** bereits in Rn. 7.

[44] S. Rn. 36.

[45] War der begünstigende VA schon erteilt, auf Widerspruch eines Dritten aber im Widerspruchsverfahren aufgehoben worden, ist das prozessuale Ziel, den *Widerspruchsbescheid* durch *Anfechtungsklage* zu beseitigen; s. § 79 I Nr. 2 VwGO, Einzelheiten in Rn. 201.

[46] Soeben Rn. 144.

[47] Für *unzulässig* hält *BVerwGE* 38, 99 eine Anfechtungsklage allerdings *nicht,* wobei das Gericht die gleichen Grundsätze wie für das Verhältnis von Leistungsklage und Feststellungsklage (Rn. 225 Fn. 5) anwendet.

[48] *BVerwG,* DVBl 1962, 138.

messensausübung zu haben glaubt. Nur im ersten Fall beantragt der Kläger, die Behörde zum Erlaß des abgelehnten Verwaltungsakts zu verpflichten. Im zweiten Fall beantragt er hingegen, die Behörde zu verpflichten, ihn unter Beachtung der Rechtsauffassung des Gerichts neu zu bescheiden (§ 113 V 2 VwGO = **Bescheidungsklage** als Unterfall der Verpflichtungsklage).[49] Andernfalls hat der Kläger nach Maßgabe von § 155 I VwGO einen Teil der Prozeßkosten zu tragen,[50] weil seinem Klagantrag nicht voll stattgegeben werden kann.

3. In seltenen Fällen kann die Klagebefugnis nach **§ 42 II VwGO** problematisch sein.[51] Insoweit gelten die in Rn. 194 ff. entwickelten Grundsätze.

4. Zum **maßgeblichen Zeitpunkt** für die Begründetheit der Verpflichtungsklage (Sach- und Rechtslage bei der Ablehnung des begünstigenden Verwaltungsakts oder bei der letzten Gerichtsentscheidung) s. schon Rn. 56.

5. In Eilfällen kommt eine **einstweilige Anordnung** nach § 123 VwGO in Betracht.[52]   **164**

6. Hat sich das Verpflichtungsbegehren erledigt, ist in entsprechender Anwendung von § 113 I 4 VwGO eine **Fortsetzungsfeststellungsklage** statthaft,[53] soweit deren Voraussetzungen (Rn. 54) vorliegen.   **164a**

§ 10. Begünstigende Verwaltungsakte mit Nebenbestimmungen (Bedingung, Befristung, Widerrufsvorbehalt, Auflage)

I. Materiellrechtliche Fragen

Ausgangsfall:[1] Dem X wird die Erlaubnis zum Betrieb der Schankwirtschaft „Zum blauen Affen" erteilt, jedoch unter der „Bedingung", daß er seine mehrfach als Dealerin vorbestrafte Bekannte B nicht im Betrieb beschäftige; sonst werde die Erlaubnis als erloschen betrachtet und behandelt werden. Nach zwei Jahren stellt X die B als Buffetdame ein. Kann gegen X vorgegangen werden?   **165**

---

[49] So z.B. *BVerwG*, DVBl 1961, 128 („Beschränkung des Klagantrages auf ein Bescheidungsurteil"). Allgemein *Hödl-Adick*, Die Bescheidungsklage als Erfordernis eines interessengerechten Rechtsschutzes, 2000; *Christian Bickenbach*, Das Bescheidungsurteil als Ergebnis einer Verpflichtungsklage, 2006.

[50] *Bettermann*, aaO; *Eyermann*, VwGO, § 113 Rn. 43; bestr.

[51] S. etwa *BVerwG*, NVwZ 1984, 652 (keine Klagebefugnis einer Bausparkasse als „Selbsthilfeeinrichtung" aus beamtenrechtlichen Vorschriften); *BVerwGE* 114, 115 (118).

[52] Prüfungsschema bei *Huba*, JuS 1990, 983; *Brühl*, JuS 1995, 916.

[53] *BVerwGE* 89, 354 (355); 106, 295 (296) = JuS 1999, 614 Nr. 17.

[1] Weiterer Fall zur Bedingung bereits in Rn. 35. Klausurbesprechungen zu einer Auflage bei *Zuleeg*, Fälle, Nr. 2; zu einer Befristung bei *Gusy*, JuS 1983, 622; zu einer „modifizierenden Auflage" bei *Förster/Sander*, JuS 1999, 892; zu atypischen Nebenbestimmungen bei *Dolderer*, JuS 1998, 934 u. *Tschentscher*, JuS 2003, 345.

1. Unterschiedliche Folgen der einzelnen Nebenbestimmungen[2]

166 Trotz ihrer zivilrechtlichen Vorbildung erkennen die Bearbeiter häufig nicht, welche unterschiedlichen Rechtsfolgen sich an die verschiedenen Neben bestimmungen knüpfen: Tritt eine **auflösende Bedingung**[3] ein oder läuft seine **Befristung** ab, erlischt der Verwaltungsakt *automatisch* (§ 36 II Nrn. 1, 2 VwVfG). Der **Widerrufsvorbehalt** (§ 36 II Nr. 3 VwVfG) ermächtigt die Behörde, die Erlaubnis *durch Verwaltungsakt* (= actus contrarius) zu widerrufen (§ 49 II 1 Nr. 1 VwVfG). Hier wird die Erlaubnis also erst mit dem Widerruf beseitigt. Eine **Auflage** enthält ein Gebot (§ 36 II Nr. 4 VwVfG) und kann deshalb selbständig durchgesetzt werden. Ist das untunlich, kann die Behörde statt dessen die Erlaubnis widerrufen (§ 49 II 1 Nr. 2 VwVfG), soweit der Grundsatz der Verhältnismäßigkeit nicht entgegensteht. **Keine Nebenbestimmung** im *eigentlichen* Sinne ist die „**modifizierende" Auflage.**[4]

Beispiel: Mit der Bezeichnung als „Auflage" wird formuliert „Die Anlage ist so zu betreiben, daß der von ihr ausgehende Lärmpegel den Wert x nicht übersteigt".

Derartige „Auflagen" treffen keine *Neben*regelung. Sie schränken vielmehr den *Inhalt* der Erlaubnis *als solcher* ein[5] oder verändern den Inhalt gegenüber dem Genehmigungsantrag. Anders als eine „normale" Festlegung zum Inhalt der Erlaubnis[6] (= gestaltender VA) enthält die „modifizierende" *Auflage zusätzlich* das (vollstreckbare) *Gebot* (= Verfügung im engeren Sinne[7]), die Einschränkung/Veränderung *einzuhalten.*

Im *Ausgangsfall* ergibt die *Auslegung*, daß die Gaststättenerlaubnis auflösend bedingt ist. Sie soll *automatisch* „als erloschen betrachtet werden". Damit kommt ein Vorgehen nach §§ 31 GaststG, 15 II GewO in Betracht: Ist die Bedingung eingetreten, wird die Gaststätte ohne die erforderliche Genehmigung betrieben. Die Behörde kann die „Fortsetzung des Betriebes" verbieten, wenn sich nachfolgend nichts anderes ergibt.

2. Zulässigkeit von Nebenbestimmungen

167 § 36 VwVfG und ein etwa einschlägiges Spezialgesetz bestimmen, wann eine Nebenbestimmung zulässig ist.[8]

---

[2] Umfassend zum Gesamtbereich *Schachel*, Nebenbestimmungen zu VAen, 1979; *H.-J. Schneider*, Nebenbestimmungen und Verwaltungsprozeß, 1981; *Tegethoff*, Nebenbestimmungen in umweltrechtlichen Zulassungsentscheidungen, 2001. Überblick bei *Brenner*, JuS 1996, 281.

[3] Von ihr ist der „**vorläufige**" VA (s. Rn. 174) zu unterscheiden.

[4] Zu ihr *BVerwG*, DÖV 1974, 380; *BVerwG*, NVwZ 1984, 366; zusammenfassend *Weyreuther*, DVBl 1984, 365 (mit Nachw. kritischer Stellungnahmen).

[5] Daher die *nachträgliche* modifizierende Auflage Teilrücknahme.

[6] Als Abgrenzung zur „modifizierenden Auflage" s. dazu *BVerwGE* 69, 37 (39).

[7] Zur Abgrenzung vom gestaltenden VA s. Rn. 31, 38.

[8] Einzelheiten bei *Erichsen/Ehlers*, Allg. VR, § 14 Rn. 9 ff.; *Schachel*, aaO, S. 86 ff. S. ferner *BVerwGE* 60, 269.

Im *Ausgangsfall* (*gebundene* Erlaubnis) ist § 36 I VwVfG einschlägig. „Durch Rechtsvorschrift" (§ 36 I VwVfG 1. Alt.) wird eine auflösend bedingte Gaststättenerlaubnis nicht zugelassen. Zur „Sicherstellung der gesetzlichen Voraussetzungen" (§ 36 I VwVfG 2. Alt.) der Erlaubnis (Zuverlässigkeit des *G*, § 4 I Nr. 1 GaststG) wäre die automatisch greifende auflösende Bedingung ein Übermaß, ein Beschäftigungsverbot durch Auflage das mildere Mittel. – Verwaltungsakte, welche im *Ermessen* der Behörde stehen, können gem. § 36 II VwVfG mit Nebenbestimmungen versehen werden, solange die Beifügung nicht ermessensfehlerhaft ist.[9] Fehlerbeispiel: Baudispens (Rn. 157) unter der aufschiebenden Bedingung, daß ein Teil des Grundstücks kostenlos für den Straßenbau übereignet wird (= unzulässige Koppelung zu einem baurechtsfremden Zweck, § 36 III VwVfG).[10]

3. Prinzipielle Wirksamkeit unangefochtener rechtswidriger Nebenbestimmungen

Wie die Bearbeiter **oft übersehen,** entfaltet grundsätzlich auch eine 168 rechtswidrige Nebenbestimmung volle Wirksamkeit, solange sie nicht angefochten worden ist. Denn auch hier sind die allgemeinen Grundsätze über die Gültigkeit von Verwaltungsakten[11] anzuwenden.[12] Nur ein besonders schwerwiegender und gleichzeitig evidenter Fehler macht die Nebenbestimmung nichtig (§ 44 I VwVfG). *Von vornherein* unbeachtlich ist eine rechtswidrige, nicht nichtige Nebenbestimmung alleine dann, wenn der *Gesetzgeber* das als Durchbrechung der *allgemeinen* Grundsätze im Einzelfall *specialiter* angeordnet hat.

Im *Ausgangsfall* (Rn. 165) war es damit verfehlt, wenn viele Bearbeiter die *Bedingung* schon für unbeachtlich hielten, nachdem sie lediglich ihre Rechtswidrigkeit festgestellt hatten. Nur wenn man die Bedingung als nichtig ansieht, entfällt die Möglichkeit, daß die Erlaubnis (durch Eintritt der Bedingung) automatisch erloschen sein könnte.

Parallel zur Vollstreckung von Verwaltungsakten sind auch eine *Auflage* und ein *Widerrufsvorbehalt* grundsätzlich vollziehbar, ohne daß der belastete Bürger sich darauf berufen könnte, die Nebenbestimmung sei rechtswidrig.[13] Wer das leugnet,[14] übergeht die **Regelungsfunktion** (Rn. 33 ff.) **des Verwaltungsakts.** Als Bestandteil des begünstigenden Verwaltungsakts der Bewilligung enthalten Auflage und Widerrufsvorbehalt die *verbindliche, abschließende* Regelung, daß der Bürger die (vollstreckbare) Auflage zu befolgen hat und daß die Bewilligung bei Nichtbefolgung der Auflage oder im Gefolge eines Widerrufsvorbehalts widerrufen werden kann. **§ 49 II 1 Nrn. 1 und 2 VwVfG** verlangen als Widerrufsgrund nur einen *gültigen* Widerrufsvorbehalt

---

[9] Zu den Ermessensfehlern s. vorstehend Rn. 84 ff.

[10] Parallele Fallgestaltung (Auflage) in *BVerwGE* 36, 145 ff. Weiteres Beispiel: *BVerwG*, NJW 1982, 2269.

[11] Vgl. Rn. 33 ff.

[12] *W. Martens*, DVBl 1965, 429; *BVerwGE* 29, 261 (266); *BVerwG*, NVwZ 1987, 498 (499); *BVerwG*, NVwZ-RR 1994, 580.

[13] *BFH*, NVwZ 1983, 640; *BVerwG*, NVwZ 1987, 498 (499); *BVerwG*, NVwZ-RR 1994, 580.

[14] Für den Widerrufsvorbehalt z.B. *Maurer*, Allg. VR, § 11 Rn. 41; *Erichsen/Ehlers*, Allg. VR, § 18 Rn. 14.

oder eine *gültige* Auflage.[15] Solange die Rechtswidrigkeit von Auflage oder Widerrufsvorbehalt nicht objektiv[16] oder in der subjektiven Überzeugung der Behörde feststeht, ist der Widerruf auch nicht ermessensfehlerhaft. Weil der Betroffene seinerzeit die Anfechtungsfristen versäumt hat, ist die Behörde nicht verpflichtet, die (nur subjektive[17]) Rechtsauffassung des Betroffenen (Rechtswidrigkeit der Nebenbestimmung) zu überprüfen. Wie bei der Vollstreckung (s. Rn. 133) bestehen Ausnahmen, wenn der Bürger einen Anspruch auf Beseitigung der Nebenbestimmung im Rahmen einer Wiederaufnahme des Verfahrens hat[18] oder wenn die Genehmigung vor dem Hintergrund des Art. 12 I GG auf Antrag des Bürgers ohne weiteres wiedererteilt werden müßte (dolo facit, qui petit, quod statim redditurus est[19]).

Kraft spezialgesetzlicher Regelung ist der **Widerruf** andererseits **ausgeschlossen, wenn** ein Gesetz die Widerrufsgründe von § 49 II Nrn. 1 und 2 VwVfG abweichend (abschließend) aufzählt und dabei Widerrufsvorbehalt und/oder Auflage nicht erwähnt (so früher § 33 II GewO)[20] oder auf Tatbestände begrenzt, welche durch die vorliegende Nebenbestimmung nicht erfüllt werden (möglich z. B. bei § 21 I Nr. 1 BImSchG).

4. Inhaltliche Modifizierung durch Umdeutung (§ 47 VwVfG)

169   § 47 VwVfG gestattet es unter bestimmten Voraussetzungen, den Regelungsgehalt eines rechtswidrigen Verwaltungsaktes im Wege der Umdeutung[21] zu verändern.[22] Demgemäß kann eine rechtswidrige Nebenbestimmung in eine andere Nebenbestimmung umgedeutet werden, wenn *deren* Rechtmäßigkeitsvoraussetzungen *vorliegen*. Das gilt nach dem klaren Gesetzeswortlaut nicht nur, wenn die rechtswidrige Nebenbestimmung nichtig ist, sondern insbesondere auch, wenn sie trotz ihrer Rechtswidrigkeit *gültig* ist.[23] **§ 47 VwVfG modifiziert** also **den Regelungsgehalt des unangefochtenen rechtswidrigen Verwaltungsakts** und hat somit Relevanz für die Lehre von der Bestandskraft.[24]

---

[15] Zur **Anwendbarkeit des § 49 (und nicht des § 48) VwVfG trotz Rechtswidrigkeit der Nebenbestimmung** s. *BVerwG*, NVwZ 1987, 498, sowie allgemein Rn. 176. § 48 VwVfG ist nur anwendbar, wenn die Behörde die Aufhebung nach ihrem *Ermessen* (!) auf die *Rechtswidrigkeit* des Verwaltungsakts und *nicht* auf den Widerrufsvorbehalt stützt.

[16] Insoweit dürfte eine *offensichtliche* Rechtswidrigkeit ausreichen, s. *BVerwG*, NVwZ-RR 1994, 580.

[17] Unter Hinweis auf die Subjektivität der Rechtsauffassung wurde parallel zum Textzusammenhang in Rn. 133 die Formulierung „entschärft", rechtswidrige VAe seien vollstreckbar.

[18] So jedenfalls *OVG Münster*, E 21, 193 (Gesetzesänderung).

[19] Zur Anwendbarkeit dieses Grundsatzes im öffentlichen Recht s. *BVerwG*, NJW 1989, 118 (119).

[20] S. *BVerwGE* 45, 235 (241 f.); *BVerwG*, NVwZ-RR 1994, 580.

[21] Umfassend zu ihr z. B. *Laubinger*, VerwArch Nr. 78, 207; *Wirth*, Umdeutung fehlerhafter VAe, 1991.

[22] Die bloße Veränderung der rechtlichen Begründung bei Fortbestehen des Regelungs*inhalts* ist keine Umdeutung; *BVerwGE* 80, 96 (97) = JuS 1989, 767 Nr. 16.

[23] *BVerwGE* 110, 111 (114).

[24] Zu ihr s. Rn. 33 ff.

Im *Ausgangsfall* (Rn. 165) läßt sich die rechtswidrige Bedingung in eine rechtmäßige Auflage umdeuten. Obgleich (bei Gültigkeit der rechtswidrigen Bedingung) „an sich" verbindlich geregelt ist, daß die Erlaubnis mit Beschäftigung der B automatisch erlischt, tritt diese Rechtsfolge nach der Umdeutung in eine Auflage nicht mehr ein. Vielmehr muß die Behörde zunächst versuchen, die Auflage durchzusetzen. Nur wenn ihr das nicht gelingt, ist sie gem. § 49 II Nr. 2 VwVfG berechtigt, die Erlaubnis (durch actus contrarius) zu widerrufen. Erst nach diesem Widerruf ist die gleiche Situation gegeben, welche bei Eintritt der Bedingung „an sich" sofort vorliegen würde.

Ob für die Umdeutung ein Verwaltungsakt der Behörde erforderlich ist,[25] ist strittig. Das *BVerwG* läßt auch die richterliche Umdeutung zu.[26]

5. Nichtige Nebenbestimmungen in ihrer Auswirkung auf den Gesamtverwaltungsakt

Ist eine Nebenbestimmung (ausnahmsweise) nichtig und auch durch Umdeutung in eine rechtmäßige Nebenbestimmung (soeben Rn. 169) nicht zu heilen, fragt sich, ob diese *Teil*nichtigkeit die *gesamte* Erlaubnis infiziert und so schon von Anfang an der Zustand besteht (keine Erlaubnis), welcher mit Hilfe der Nebenbestimmung an sich erst später herbeigeführt werden könnte. Gem. **§ 44 IV VwVfG** ist der Verwaltungsakt „im ganzen nichtig, wenn der nichtige Teil so wesentlich ist, daß die Behörde den Verwaltungsakt ohne den nichtigen Teil nicht erlassen hätte". 170

Es ist **verfehlt, wenn** zur Exegese dieser Vorschrift (weiterhin[27]) **Gedanken aus § 139 BGB herangezogen werden** und entsprechend untersucht wird, ob die *Behörde* die nichtige Nebenbestimmung für so wesentlich angesehen hat, daß *sie* den Verwaltungsakt nach ihren *subjektiven* Intentionen ohne die Nebenbestimmung nicht erlassen haben würde. § 44 IV VwVfG steht *nicht* wie § 139 BGB im Kontext mit der *subjektiven Willens*autonomie, welche die Rechtsgeschäftslehre des Privatrechts beherrscht. § 44 IV VwVfG ist vielmehr eingebunden in die *objektive Gesetzes*gebundenheit und *Funktion* der Verwaltungstätigkeit und entsprechend *auszulegen:* Es kommt darauf an, ob der nichtige Teil nach der *objektiven Gesetzes*lage so *wesentlich* ist, daß eine *gesetzestreue* Behörde den Verwaltungsakt ohne ihn nicht erlassen hätte.[28] 171

Das Willenselement ist so *jedenfalls* ausgeschaltet, wenn der Antragsteller einen *gesetzlichen Anspruch* auf die Erlaubnis (= *gebundene Erlaubnis*) hat.[29] Im *Ausgangsfall mußte* die Behörde eine *unbedingte* Erlaubnis erteilen. Es ist kein Grund ersichtlich, warum eine derart unbedingte Erlaubnis nicht erhalten bleiben sollte, wenn man die rechtswidrige Bedingung – entgegen den bisherigen Ausführungen – als nichtig an-

---

[25] *Kopp/Ramsauer*, VwVfG, § 47 Rn. 34 ff.; *Windthorst/Lüdemann*, NVwZ 1994, 244, alle mit Überblick über den Meinungsstand.

[26] *BVerwGE* 62, 300 (306); *BVerwG*, NVwZ 1984, 645; *BVerwGE* 108, 30 (35); *BVerwGE* 110, 111 (114) = JuS 2000, 1032 Nr. 16.

[27] Zu dieser früheren Praxis s. *W. Martens*, DVBl 1965, 428; *BVerwG*, DÖV 1974, 381.

[28] Entsprechend *Kopp/Ramsauer*, VwVfG, § 44 Rn. 60 m. w. Nachw.; bestr.

[29] Ebenso *W. Martens*, DVBl 1965, 428 m. w. Nachw.; *Erichsen/Ehlers*, Allg.VR, § 15 Rn. 31.

sieht und die Umdeutung verneint. Die B nicht zu beschäftigen, kann dem X auch nachträglich gemäß § 21 I GaststG aufgegeben werden.

172   Aber auch im Bereich der *Ermessensverwaltung* dürfte für die Ausgangsproblematik im *Beispielsfall* des Baudispenses mit unzulässiger Koppelung[30] nicht auf den Willen der Behörde abzustellen sein,[31] wenn man (ungeprüft) davon ausgeht, daß die aufschiebende Bedingung (kostenlose Übereignung eines Grundstücks) nichtig ist. Die Behörde *hat* das ihr eingeräumte Ermessen in *sachlicher* Erwägung zugunsten des E betätigt, nämlich in dem ihr vom Gesetzgeber *eingeräumten* Entscheidungsrahmen keine Bedenken dagegen gezeigt, daß E bestimmte Vorschriften des Baurechts nicht einhält. Die Bedingung beruht auf Erwägungen, die *außerhalb* dieses Rahmens liegen. Läßt man den Dispens jetzt ohne die rechtswidrige Bedingung bestehen, wird das Ermessen der Behörde nicht übergangen. Anders als ein Privatmann im Rahmen seiner Privatautonomie dürfte die Behörde ihren Willen bei erneuter Ermessensbetätigung nicht willkürlich ausüben, den Dispens insbesondere nicht deshalb verweigern, weil sie mit ihm die ursprünglich angestrebte rechtswidrige (!) Zwecksetzung nicht verfolgen darf. Findet sie jetzt doch noch „sachliche" Gründe, liegt der Verdacht des (rechtswidrigen) „détournement de pouvoir"[32] auf der Hand.

II. Die Abwehr fehlerhafter Nebenbestimmungen

173   Weil in der Regel auch rechtswidrige Nebenbestimmungen wirksam sind,[33] muß der Betroffene innerhalb der Anfechtungsfristen versuchen, eine Nebenbestimmung abzuwehren, welche ihm nicht genehm ist. Sein Interesse geht dahin, nur die Nebenbestimmung beseitigen zu lassen, die Begünstigung aber aufrechtzuerhalten. Das geschieht im Anschluß an einen erfolglosen Widerspruch über eine **Anfechtungsklage**, die nach der *heutigen*[34] Rechtsprechung des *BVerwG*[35] im Grundsatz **gegen alle Nebenbestimmungen** i. S. des § 36 II VwVfG **zulässig** ist; gemäß § 113 I 1 VwGO kann das Verwaltungsgericht einen Verwaltungsakt *teilweise* aufheben, *soweit* er rechtswidrig ist. **Begründet** kann die Anfechtungsklage allerdings **nur** sein, wenn der Verwaltungsakt bei Aufhebung der Nebenbestimmung *materiell* „ohne Änderung seines Inhalts sinnvoller- und rechtmäßigerweise bestehen bleiben kann"[36] (Kriterien soeben in Rn. 170 ff.). Ist das nicht der Fall, kann die prozessuale Konformität mit der materiellen Rechtslage nur über eine **Verpflichtungsklage** auf Erlaß eines *neuen* Verwaltungsakts *ohne* die Nebenbestimmung hergestellt werden.

---

[30] Rn. 167.

[31] Ebenso W. *Martens*, DVBl 1965, 431 f.

[32] Vgl. Rn. 92.

[33] Soeben Rn. 168.

[34] Zur früheren Rspr. des *BVerwG,* die je nach Nebenbestimmung differenzierte, sowie zur Entwicklung s. die früheren Auflagen, Rn. 173, sowie *Hufen/Bickenbach*, JuS 2004, 867.

[35] *BVerwGE* 60, 269 (274 f.); 81, 185 (186); 112, 221 (224) = JuS 2001, 926 Nr. 15; 112, 263 (265) = JuS 2002, 90 Nr. 12.

[36] *BVerwG*, aaO, wonach eine Anfechtungsklage *unzulässig* nur ist, wenn „eine isolierte Aufhebbarkeit offenkundig von vornherein ausscheidet."

Wie sich aus Rn. 171, 172 ergibt, ist im *Ausgangsfall* (Rn. 165) und im Beispielsfall des Baudispenses (Rn. 167) die Anfechtungsklage die adäquate Klageart. Andererseits kann man einer „modifizierenden Auflage", die qua definitione auch den *Inhalt* der Genehmigung betrifft (Rn. 166), mit Aussicht auf Erfolg nur über eine Verpflichtungsklage entgegentreten.[37]

§ 11. Rücknahme und Widerruf begünstigender Verwaltungsakte

Ausgangsfälle:[1] **(1)** Die zuständige Behörde hat dem Beamten *B*, den sie von einem   **174** anderen Dienstherrn „abgeworben" hat, durch Verwaltungsakt[2] die Erstattung seiner Umzugskosten zugesagt, eine Ermessensentscheidung, die nach dem einschlägigen Umzugskostengesetz rechtlich möglich ist. Nachdem *B* umgezogen ist und die Umzugsbelege eingereicht hat, fragt die Behörde, ob sie die Zusage aufheben kann, weil der Landeshaushalt zu angespannt sei.[3]

(2) Student *S* ist von einer Gebühr befreit worden, weil er als bedürftig angesehen wurde. Nach einem Jahr stirbt sein Vater. Zu seiner großen Überraschung erfährt *S* jetzt, daß sein Vater Millionär war. Als auch die Behörde davon hört, nimmt sie die Gebührenbefreiung zurück. Zu Recht?

(3) Fachbereich *F* hat die Verleihung des Doktorgrades an *D* zurückgenommen, weil der Promotionsausschuß fehlerhaft besetzt gewesen sei. *D* ficht die Rücknahme an, weil er erheblichen Schaden für sein wissenschaftliches und persönliches Renommee befürchtet.

Aus der Sicht des Bürgers ist es unproblematisch, wenn die Behörde einen Verwaltungsakt beseitigt, welcher ihn *belastet*. Hier geht es um die Aufhebung *begünstigender* Verwaltungsakte (Umzugskostenzusage, Gebührenbefreiung, Doktorgrad). Als actus contrarius ist die Aufhebung ein *belastender* Verwaltungsakt.

Beachte: *Keine* Aufhebung i. S. der nachfolgenden Grundsätze liegt vor, wenn ein **vorläufiger VA** (Subventionsbewilligung unter dem Vorbehalt endgültiger Entscheidung nach Betriebsprüfung) keinen endgültigen Bestand erhält (ablehnender Bescheid mit Rückforderung der Subvention nach ungünstigem Ausgang der Betriebsprüfung).

---

[37] Ob eine Anfechtungsklage hier nur unbegründet oder auf der Linie von Fn. 35 schon unzulässig wäre, mag dahinstehen; für eine Unzulässigkeit sprechen etwa *BVerwGE* 65, 139 (141); 69, 37 (39); 90, 42 (48).

[1] Weitere Fallbesprechungen z. B. bei: *Richter*, ab JuS 1990, 991 in Fortsetzungen; *Böhm/Gaitanides*, Fälle, Nr. 13, 14; *Schefold/v. Schwanenflügel*, JuS 1992, 770 (Zuwendungsbescheid); *Schmid*, JuS 1994, 865 (Bauvorbescheid); *Wünschmann*, JuS 1996, 1097 (Baugenehmigung); *Kamann/Selmayr*, JuS 1998, 148 (Zuwendungsbescheid mit EG-Bezug); *Suerbaum*, JuS 1998, 635 (Zuwendungsbescheid); *Bodanowitz*, JuS 1999, 574 (Befreiung); *Pünder*, JuS 2000, 682 (Bauvorbescheid); *Reinhardt/Schwertner*, JuS 2002, 893 (Baugenehmigung); *Martini*, JuS 2003, 266 (Begabtenförderungsbescheid); *Jochum*, JuS 2003, 1101 (Gewerbeerlaubnis). S. ferner Rn. 39 sowie nachfolgend Rn. 277.

[2] Dazu Rn. 272.

[3] Fall bei *Götz*, AllgVR, 4. Aufl. 1997, S. 190.

Mit dem endgültigen Bescheid wird abschließend über den ursprünglichen Antrag entschieden; die vorläufige Regelung ist auch ohne Aufhebung *automatisch* hinfällig.[4]

I. Einstieg in die Fallproblematik

175 1. Die erforderliche **Ermächtigungsgrundlage** für die Aufhebung findet sich bisweilen in Spezialregelungen (s. z. B. § 15 GaststG, § 25 PBefG, § 12 BBG, §§ 17, 21 BImSchG, § 46 I FahrerlaubnisVO), sonst in §§ 48, 49 VwVfG oder in den entsprechenden landesrechtlichen Regelungen.

In den Ausgangsfällen findet das VwVfG des Bundes bzw. des einschlägigen Landes Anwendung, weil keine Spezialermächtigungen ersichtlich sind.

176 2. Das VwVfG, auf welches sich die nachfolgenden Darstellungen beschränken, unterscheidet zwischen dem **Widerruf eines rechtmäßigen (§ 49)** und der **Rücknahme eines rechtswidrigen (§ 48) Verwaltungsakts**. Allerdings darf diese Gegenüberstellung nicht mißverstanden werden. Die **Rechtmäßigkeitsfrage ist Tatbestandsvoraussetzung nur für die Rücknahme**, zu der § 48 VwVfG *wegen* der Rechts*widrigkeit* ermächtigt. Demgegenüber setzt der *Widerruf* nach § 49 VwVfG tatbestandlich *nicht* voraus, daß der Verwaltungsakt recht*mäßig* ist (so gut wie allgemeine Meinung).[5] Schon über den Schluß a maiore ad minus wird angenommen, die Widerrufsgründe des § 49 VwVfG müßten „erst recht" für rechtswidrige Verwaltungsakte gelten. Von hierher ist der Gesetzeswortlaut des **§ 49 VwVfG unsorgfältig formuliert**.

Vertieft man die Zusammenhänge, geht es um eine Auslegung des § 49 VwVfG im Lichte der *Regelungskraft* des Verwaltungsakts. Nach der Gesetzeslage und *damit rechtmäßig* entfaltet *jeder* Verwaltungsakt die in ihnen ausgesprochene Regelungswirkung (Rn. 33), auch der rechtswidrige Verwaltungsakt; der Verwaltungsakt darf nur nicht nichtig oder vom Suspensiveffekt einer Anfechtung erfaßt sein. Weil der Verwaltungsakt kraft Gesetzes *rechtmäßig gilt*, kann die Behörde eine belastende Verfügung vollstrecken[6] oder eine belastende Nebenbestimmung durchsetzen,[7] ohne dem Einwand ausgesetzt zu sein, der Verwaltungsakt sei rechtswidrig. Weil der Verwaltungsakt gesetzlich-rechtmäßig gilt, kann der Bürger von einem begünstigenden Verwaltungsakt Gebrauch machen, ohne daß der Verwaltungsakt als solcher rechtmäßig sein muß. Im Gegenzug zu allem gestattet § 49 VwVfG der Behörde auf der gleichen Linie, den Verwaltungsakt unter bestimmten Voraussetzungen zu widerrufen und seine rechtmäßige Geltung damit zu beseitigen, ohne die Frage nach der Rechtmäßigkeit des Verwaltungsakts als solchem stellen zu müssen. „Richtig" gelesen knüpft § 49 VwVfG so nicht eigentlich an den „rechtmäßigen Verwaltungsakt", sondern an den nach der Gesetzeslage unabhängig von seiner Rechtmäßigkeit „*rechtmäßig gültigen* Verwaltungsakt" an.

---

[4] *BVerwGE* 67, 99 (101 f.); *Götz*, JuS 1983, 924; umfassend *Schimmelpfennig*, Vorläufige VAe, 1989. Zum *vorsorglichen VA* s. *BVerwGE* 81, 94; *Losch*, NVwZ 1995, 235.

[5] S. etwa *BVerwG*, NVwZ 1987, 498; *Kopp/Ramsauer*, VwVfG, § 49 Rn. 5; *Ule-Laubinger*, Verwaltungsverfahrensrecht, § 61 Rn. 23; *Sachs*, in: Stelkens/Bonk/ Sachs, VwVfG, § 49 Rn. 4; *Maurer*, Allg. VR, § 11 Rn. 19; *Götz*, Allg.VR, S. 190; a. A. etwa *Erichsen/Ehlers*, Allg. VR, § 18 Rn. 7.

[6] Rn. 133.

[7] Rn. 168.

§ 48 VwVfG ermächtigt die Behörde, statt auf die Widerrufsgründe des § 49 VwVfG *zusätzlich und insbesondere auch* auf die Rechtswidrigkeit eines Verwaltungsakts abstellen zu können.[8] Ob von § 49 oder § 48 VwVfG Gebrauch gemacht wird und auf welchen Aufhebungsgrund ein Widerruf im Rahmen von § 49 II, III VwVfG gestützt wird, entscheidet die *Behörde* nach ihrem **Ermessen,** *nicht* ein Gericht oder der Bearbeiter.[9]

II. Widerruf eines rechtmäßig gültigen begünstigenden Verwaltungsakts (§ 49 VwVfG)

Der Widerruf[10] ist gem. § 49 II 1 VwVfG „mit Wirkung für die Zukunft" in den Fällen möglich, welche in **§ 49 II 1 Nrn. 1–5 VwVfG** *aufgezählt* sind (lesen). Ferner können Fristen zu beachten sein (§ 49 II 2 i. V. mit § 48 IV VwVfG). In den Fällen von § 49 II 1 Nrn. 3–5 VwVfG ist eventuell eine Entschädigung zu zahlen (§ 49 VI VwVfG).[11] Für **Zuwendungsbescheide,** die Geldleistungen (oder teilbare Sachleistungen) zur Erfüllung eines bestimmten Zweckes gewähren (Beispiel Subventionen[12]), wird § 49 II VwVfG durch **§ 49 III VwVfG** ergänzt und überlagert. Derartige Bescheide können[13] gem. § 49 III 1 Nr. 1 VwVfG *auch* widerrufen werden, wenn die Zuwendung nicht zweckentsprechend verwendet worden ist, und das mit Wirkung für die Vergangenheit.[14]

177

Im *Ausgangsfall 1* (Rn. 174) kommt allenfalls ein Widerruf nach § 49 II 1 Nr. 3 VwVfG in Betracht. Aber eine nähere Sachaufklärung dürfte kaum ergeben, daß die Haushaltsmisere eine *„nachträglich* eingetretene Tatsache" i. S. dieser Vorschrift ist.[15]

III. Rücknahme eines rechtswidrigen begünstigenden Verwaltungsakts (§ 48 VwVfG)[16]

In den *Ausgangsfällen 2* und *3* (Rn. 174) hat die Ermessensbehörde nach der Sachverhaltsschilderung („"Rücknahme") für den Bearbeiter verbindlich auf die Rechtswid-

178

---

[8] Das gilt auch für einen zunächst rechtmäßigen (Dauer-)VA, der im Zeitablauf rechtswidrig *geworden* ist; *BVerwGE* 66, 65 (68); 84, 111 (113); *Schenke,* JuS 1991, 547 mit Darstellung des Streitstandes.

[9] Parallele zum Eiswagenfall in Rn. 88.

[10] Umfassend *Bronnemeyer,* Der Widerruf rechtmäßiger begünstigender VAe nach § 49 VwVfG, 1994.

[11] Dazu erst der Sachzusammenhang Rn. 335.

[12] Näheres zum Subventionsrecht in Rn. 228 ff.

[13] Hier ist der Widerruf die „gesetzlich intendierte Regelfolge"; *BVerwGE* 105, 55 (57 ff.) = JuS 1998, 764 Nr. 13.

[14] Fall in Rn. 272.

[15] Entsprechend die Lösung bei *Götz,* vorne Fn. 3.

[16] Zur Abgrenzung von der *Berichtigung* wegen „offenbarer Unrichtigkeit" (§ 42 VwVfG) s. *BVerwGE* 40, 212 (216); *BVerwG,* NJW 1976, 532. Zu *Spezialfragen* bei der Rücknahme *EG-widriger Beihilfebescheide* s. Rn. 714 c (2), 714 b.

rigkeit der Verwaltungsakte abgestellt (§ 48 VwVfG), und das zu Recht. Im *Ausgangs-fall 2* ist die Gebührenbefreiung rechtswidrig, weil S *objektiv* nicht bedürftig war (Unterhaltsansprüche gegen den Vater als Vermögenswert) und daher die Vorausset-zungen der Gebührenbefreiung nicht gegeben waren; auf die Kenntnis des S oder der Behörde kommt es hier nicht an (häufiger Fehler). Im *Ausgangsfall 3* macht die feh-lerhafte Besetzung des Prüfungsausschusses die Promotion rechtswidrig.

Wie jedes Ermessen ist auch das Rücknahmeermessen des § 48 I VwVfG beschränkt, vor allem durch den verfassungskräftigen **Gedanken des Vertrauensschutzes** als Element des Rechtsstaatsprinzips.[17] Für Verwal-tungsakte, welche **Geldleistungen (oder teilbare Sachleistungen)** ge-währen *oder dafür Voraussetzung* sind (= *Ausgangsfall 2*), geht es dabei *ausschließlich* um die Alternative Rücknahme oder Fortbestand; § 48 II VwVfG kodifiziert im einzelnen, wann der Vertrauensschutzgedanke die Rücknahme ausschließt, der Vermögensvorteil dem Begünstigten also bestandsgeschützt erhalten bleibt. **Bei anderen Verwaltungsakten,** die *nicht* auf Geldleistungen gerichtet sind (Beispiel: rechtswidrige Baugenehmigung), würde ein *Bestandsschutz* (keine Rücknahme der Genehmigung) häufig über das hinausgehen, was der Vertrauensschutz fordert. Denn der Vertrau*enstatbestand* liegt oft lediglich in *Vermögens-dispositionen*, welche der Begünstigte getroffen hat (Kauf von Baumate-rialien). In solchen Fällen ist die *Rücknahme* (der rechtswidrigen Bau-genehmigung) *nicht* ausgeschlossen. § 48 III VwVfG genügt dem Ver-trauensschutzgedanken schon dadurch, daß er dem Begünstigten einen Anspruch auf Ausgleich des Vertrauens*schadens* einräumt.[18] **Wenn der Vertrauenstatbestand** allerdings **im immateriellen Bereich angesiedelt ist** (= *Ausgangsfall 3*, Promotion), kann ihm auch jetzt nur durch die *Aufrechterhaltung* der rechtswidrigen Begünstigung (also der Promo-tion) Genüge getan werden. Falls der Vertrauensschutz das öffentliche Interesse an der Rücknahme des Verwaltungsakts überwiegt, wird hier das Ermessen zur Rücknahme aus § 48 I 1 VwVfG unmittelbar durch den *verfassungskräftigen* Grundsatz des Vertrauensschutzes ausge-schlossen.[19]

179 In der Fallbearbeitung ist folgender Gedankengang angesagt:

(1) **Rechtswidrigkeit des Verwaltungsakts** (in den *Ausgangsfällen 2* und *3* eingangs schon bejaht).

(2) Rücknahme innerhalb der **Frist** des § 48 IV VwVfG.[20]

---

[17] St. Rspr. des *BVerwG*, s. bes. *BVerwGE* 19, 188 ff.; 40, 212; ferner *BVerfGE* 59, 128 (166).

[18] Dazu erst der Sachzusammenhang Rn. 335.

[19] Derartige Ermessensbindungen unmittelbar aus dem GG sind in der Ermessensleh-re geläufig, s. Rn. 95 ff.

[20] Nach *BVerwG (Gr. S.) E* 70, 356 findet § 48 IV 1 VwVfG auch Anwendung, wenn die Behörde erst nachträglich *erkennt*, daß sie den beim Erlaß eines begünstigenden Verwaltungsakts vollständig bekannten Sachverhalt unzureichend berücksichtigt oder unrichtig gewürdigt und deswegen rechtswidrig entschieden hat. Die Frist be-ginnt zu laufen, wenn die Behörde die Rechtswidrigkeit des Verwaltungsakts er-

(3) § 48 I 1 VwVfG = **Rücknahmeermessen als Grundsatz.**

(4) Vertrauensschutz = Bestandsschutz bei Verwaltungsakten i. S. von § **48 II VwVfG** (= *Geld-* oder teilbare *Sachleistungen, Ausgangsfall 2*).

(a) Hat der Begünstigte auf den *Bestand* des Verwaltungsakts „*vertraut*" (§ 48 II 1)? 180

(b) Was ist im Einzelfall *schutzwürdiger*, das Vertrauen oder das öffentliche Interesse an der Rücknahme (§ 48 II 1 VwVfG)? 181

– Schutzwürdigkeit des Begünstigten wegen *Betätigung*[21] des Vertrauens (= *Vertrauenstatbestand*) durch gewisse Vermögensdispositionen im Rahmen der Wertungs*regel* des § 48 II 2 VwVfG?
– *Keine* Schutzwürdigkeit des Begünstigten wegen Vorliegens der Voraussetzungen des § 48 II 3 Nrn. 1–3 VwVfG (lesen)?
– Sonst Einzelabwägung nach § 48 II 1 VwVfG: *Wie schwer* trifft die Rücknahme den Begünstigten und *welche* öffentlichen Interessen sind auf der anderen Seite *konkret* im Spiel?

Bei ungerechtfertigten fortlaufenden Geldleistungen ist für die Vergangenheit zumeist ein Vertrauenstatbestand (erster Spiegelstrich) anzunehmen, weil der Bürger seine Lebenshaltung auf die höheren Bezüge umgestellt hat. Für die Zukunft besteht hingegen kein Vertrauenstatbestand, falls der Bürger nicht z. B. seinen Wohnsitz mit Rücksicht auf einen (rechtswidrigen) Rentenbescheid verlegt hat.[22] Daher ist bei fortlaufenden Geldleistungen die Rücknahme des Bewilligungsbescheides ex nunc zumeist ohne weiteres zulässig, die Rücknahme ex tunc hingegen wegen der Wertungsregel des § 48 II 2 VwVfG problematisch.[23]

Im *Ausgangsfall 2* ist ein Vertrauenstatbestand gegeben, weil auch *S* seine Lebenshaltung aufwendiger gestaltet hat, als er es ohne die Gebührenbefreiung hätte tun können. *S* verfügt aber reichlich über liquide Mittel. Als Ausnahme von der (nur) Wertungs*regel* des § 48 II 2 VwVfG ist daher *sein* Vertrauen im Rahmen von soeben aa) nicht schutzwürdig. Außerdem hat *S* die Gebührenbefreiung im Rahmen von soeben bb) durch (objektiv)[24] unrichtige Angaben über seine Unterhaltsansprüche erwirkt (§ 48 II 3 Nr. 2 VwVfG). Damit kann die Behörde die Gebührenbefreiung zurücknehmen.

(5) Vertrauensschutz als (ausnahmsweise) *Bestandsschutz* bei Verwaltungsakten i. S. von § **48 III VwVfG** (= *Ausgangsfall 3*), verankert unmittelbar im Rechtsstaatsprinzip des GG.[25] 182

(a) *Immaterieller* Vertrauens*tatbestand* (entsprechend soeben Rn. 180), welcher durch den Geldausgleich in § 48 III VwVfG nicht kompensiert werden kann?

(b) Was ist im Einzelfall schutzwürdiger (entsprechend soeben Rn. 181), das betätigte Vertrauen oder das öffentliche Interesse an der Rücknahme?

---

kannt hat und ihr die für die Rücknahmeentscheidung außerdem erheblichen Tatsachen vollständig bekannt sind. Kritisch z. B. *Weides,* DÖV 1985, 431.

[21] Das Erfordernis dieses Vertrauens*verhaltens* wird besonders deutlich in *BVerwGE* 24, 294 (Leitsatzund S. 297); s. auch *Wolff/Bachof/Stober,* VR Bd. 2, § 51 Rn. 68 f.

[22] *BVerwGE* 9, 251.

[23] Bes. deutlich zum vorhergehenden *BVerwGE* 19, 188 (190 f.); 52, 201 (213).

[24] Das dürfte ausreichen, s. *BVerwGE* 24, 294 (299 f.) zum „Verantwortungsbereich" des *S.*

[25] Soeben Rn. 178.

Im *Ausgangsfall 3* dürfte der Vertrauensschutz des *D* überwiegen, solange *D* die Promotionsprüfung nicht gerade nur *wegen* der falschen Besetzung des Promotionsausschusses *bestanden* haben *könnte*.

(6) Finanzieller Ausgleich gemäß § 48 III VwVfG, Rn. 335.

§ 12. Verwaltungsakt und Drittinteresse

183 Bisher ging es stets nur um das Verhältnis zwischen der Behörde und dem *Adressaten* eines begünstigenden oder belastenden Verwaltungsakts. Häufig sind aber auch **Fallgestaltungen** anzutreffen, **in welchen ein Bürger die Verwaltung auffordert, zu seinen Gunsten einen Dritten zu belasten.**

Beispiele: *X* verlangt von der zuständigen Behörde, einer benachbarten Fabrik den Betrieb von Exhaustoren (Entlüftern)[1] oder einer Kirche das Glockengeläut[2] zu verbieten, weil er in seiner Nachtruhe gestört werde; von einem Nachbargrundstück scharfe Munition zu entfernen, die zu explodieren drohe;[3] seine Garagenausfahrt durch Parkverbotszeichen freizuhalten;[4] gegen Auswüchse bei Demonstrationen einzuschreiten, welche ihm Nachteile brächten;[5] andauernde Verstöße eines Konkurrenten gegen das Ladenschlußgesetz zu unterbinden (= *Ausgangsfall* Rn. 202); seinem Nachbarn den Abriß eines „Schwarzbaues" zu gebieten[6] oder die Errichtung eines nicht genehmigungspflichtigen Wohnhauses zu verbieten, weil eine im Bebauungsplan festgelegte Baulinie (§ 23 II BauNVO) nicht eingehalten werde (= *weiterer Ausgangsfall* in Rn. 202).

184 Parallel dazu stehen **Fallgestaltungen, in welchen sich der Bürger gegen eine Begünstigung wendet, welche einem Dritten durch Verwaltungsakt**[7] **zuteil geworden ist.**[8]

---

[1] *OVG Lüneburg,* DVBl 1960, 648.

[2] *BVerwGE* 68, 62; 90, 163 (Turmuhr); als Klausur *Odendahl,* JuS 1998, 1032.

[3] Vgl. *BGH,* VerwRspr. 5, 319.

[4] *BVerwGE* 37, 112.

[5] Klausurbesprechung bei *Pappermann,* JuS 1970, 128; *OLG Celle,* JuS 1971, 489 Nr. 9.

[6] Klausurbesprechungen bei *Würtenberger/Riggert,* JuS 1991, 838; *Ramsauer,* JuS 1995, 60.

[7] Zum Schutz gegen einen drittbegünstigenden öffentlichrechtlichen (Subventions-) *Vertrag* erstmals *OVG Münster,* NVwZ 1984, 522 i. V. mit *Knuth,* JuS 1986, 523; Klausur bei *Gersdorf,* JuS 1994, 955.

[8] Die Parallele ist bes. deutlich, wenn man sich die Fallsituation *vor* Klageerhebung, insb. im Vorverfahren, vergegenwärtigt. Entscheidend ist zu diesem Zeitpunkt auch, ob der Bürger einen *Anspruch* gegen die Behörde auf Erlaß eines einen Dritten *belastenden* VAs hat, jetzt auf *Rücknahme* des (den Dritten) begünstigenden VAs. Nur aus prozessualen Gründen verschiebt sich die Fragestellung *nach* Klageerhebung: Der Bürger hat keine Verpflichtungsklage auf Rücknahme des begünstigenden VAs durch die *Behörde* zu erheben (so früher *OVG Münster*), sondern er kann den VA unmittelbar anfechten (*BVerwGE* 22, 129 (131 f.)) mit der Folge, daß das VG den VA durch Gestaltungsurteil *selbst* aufhebt.

Beispiele: *X* wendet sich gegen die Erteilung eines Reisepasses an ihren Ehemann, weil dieser aus dem Ausland keinen Unterhalt mehr zahlen werde (= *Ausgangsfall* in Rn. 192); gegen eine Gaststättenerlaubnis, weil sie Lärmbelästigungen und sonstige Unannehmlichkeiten fürchtet;[9] gegen eine Baugenehmigung für ein genehmigungsbedürftiges Vorhaben, weil der Bauherr sich ihr gegenüber verpflichtet habe, das Grundstück nicht zu bebauen, oder weil eine im Bebauungsplan festgelegte Baulinie nicht eingehalten werde (= *weiterer* Ausgangsfall in Rn. 192); usw.[10]

I. Subjektives Recht

Schlüssel zur Lösung derartiger Fälle ist stets die **Unterscheidung zwischen** der Rechtslage nach **objektivem Recht und subjektiven Rechten** des Bürgers. Es genügt nicht, daß die Behörde nach objektivem Recht zum Einschreiten gegen den Dritten verpflichtet ist; nur wenn der daran interessierte Bürger ein *subjektives* Recht (Anspruch) auf das Einschreiten hat, kann gerade *er* es erzwingen.[11] Ebensowenig reicht es aus, wenn die Drittbegünstigung objektiv rechtswidrig ist; erst wenn der durch sie belastete Bürger ein *eigenes subjektives* Recht hat, kraft dessen er von der Behörde die Einhaltung des objektiven Rechts *verlangen* darf, kann er die Beseitigung der Drittbegünstigung durchsetzen.   185

1. Schutznormtheorie (BVerwG)

Das Vorliegen eines subjektiven Rechts beurteilt sich entsprechend der heute wohl allgemeinen Ansicht nach der *„Schutznormtheorie"* des Bundesverwaltungsgerichts.[12] Auszugehen ist von der für die Rechtswidrigkeit des staatlichen Handelns oder Unterlassens maßgeblichen Norm. Entscheidend ist, ob diese Norm bloß dem Schutz öffentlicher Interessen oder auch dem *Individualinteresse* des klagenden Bürgers dient, und das derart, daß er die Einhaltung der Norm soll verlangen können.[13] Dabei geht es um die *„Auslegung"* der jeweiligen Norm nach   186

---

[9]   Fall zur Problemkonstellation Kirche/Gaststätte bei *Uechtritz*, JuS 1984, 130 mit Kritik durch *Schwabe* u. *Horn*, JuS 1984, 496.

[10] Vgl. die Fallbesprechungen bei *Losch/Grühl*, JuS 1990, 307; *Ramsauer*, JuS 1995, 60; *Dolderer*, JuS 2000, 279.

[11] Hierzu und z.T. zum Nachfolgenden s. *W. Martens*, JuS 1962, 245 ff.; *Erichsen/Ehlers*, Allg. VR, § 11 Rn. 30 ff.; *Schwerdtfeger*, NVwZ 1983, 199. *Allgemein P. M. Huber*, Konkurrenzschutz im Verwaltungsrecht, 1991; *Preu*, Subjektivrechtliche Grundlagen des öffentlichrechtlichen Drittschutzes, 1992; *König*, Drittschutz, 1993; *Schmidt-Preuß*, Kollidierende Privatinteressen im Verwaltungsrecht, 2. Aufl. 2005.

[12] In der Wissenschaft wird diskutiert, ob die Schutznormtheorie beim Vollzug von EG-Recht durch deutsche Behörden modifiziert oder ersetzt werden muß; dazu Rn. 716 b.

[13] Entsprechend *BVerwGE* 107, 215 (220); 111, 276 (280) = JuS 2001, 406 Nr. 16; st. Rspr. Analyse zur genauen Struktur der drittschützenden Norm bei *Schwerdtfeger*, NVwZ 1983, 199 (200); *Dietlein*, JuS 1996, 593.

Sinn und Zweck".[14] „Worauf es ankommt ist, daß sich aus individualisierenden Tatbestandsmerkmalen der Norm ein *geschützter Personenkreis* entnehmen läßt, *der sich von der Allgemeinheit unterscheidet.*"[15]

187   Ob eine konkrete Norm den Anfechtenden schützt, muß in der Hausarbeit über ein intensives Eindringen in die Rechtsprechung ermittelt werden.[16] Für die Auslegung von Landesrecht kommt dabei der Ansicht des insoweit letztinstanzlich zuständigen einschlägigen Oberverwaltungsgerichts besondere Bedeutung zu. In der Klausur ist der Bearbeiter auf präsente Kenntnisse angewiesen:

Die **Normen des Bauordnungsrechts** (Bauordnungen der Länder)[17] sind *jedenfalls* „nachbarschützend", soweit es um den klausurträchtigen Bereich der seitlichen Grenzabstände geht.[18]

Inwieweit die normativen **Festlegungen eines Bebauungsplans** nachbarschützend sind, hängt im Grundsatz vom Willen des *Satzungsgebers* und nicht von den nur an die planende Gemeinde gerichteten typisierenden Vorschriften der BauNVO ab.[19] Demgemäß darf im erwähnten Beispielsfall der Baulinie (Rn. 183, 184) nicht gefragt werden, ob die Regelungen zur Baulinie in § 23 II BauNVO nachbarschützend sind. Entscheidend ist vielmehr, ob der *Satzungsgeber* mit der Festsetzung der Baulinie *neben* der Bauästhetik *auch* die Interessen des *Nachbarn* hat berücksichtigen *wollen*. – Unabhängig vom Willen der Gemeinde sind allerdings §§ 2 bis 14 BauNVO mit ihren Einzelfestlegungen zur Zulässigkeit von Vorhaben im von der Gemeinde festgelegten Baugebiet nachbarschützend. Mit dem Typen*zwang* hat die BauNVO *hier* die möglichen Bodennutzungskonflikte zwischen den Grundstückseigentümern im Baugebiet *selbst* entschieden und den Grundstückseigentümern korrespondierende subjektive Rechte eingeräumt.[20] Nachbarschützend ist ferner **§ 15 I BauNVO** mit dem in ihm enthaltenen Gebot der Rücksichtnahme,[21] durch das die Zulässigkeit von Vorhaben gegenüber den Festsetzungen des Bebauungsplans zusätzlich eingeschränkt wird. – Mit dem Gebot der Würdigung nachbarlicher Interessen hat des weiteren § 31 II BauGB **(Befreiung von Festsetzungen eines Bebauungsplanes)** nachbarschützende Wirkung.[22] Soweit *seine* Interessen berührt werden,[23] erhält der Nachbar so Schutz *auch* gegen die Abweichung von „an sich" nicht nachbarschützenden Vorschriften eines Bebauungsplans. Das gilt, soweit die Baugenehmigungsbehörde dem Bauherrn eine Befreiung *tatsächlich* erteilt *hat*. – **Fehlt es an einer erforderlichen Befreiung,** entsteht Nachbarschutz „in entsprechender Anwendung des § 15 I BauNVO unter

---

[14] *BVerwG*, NVwZ 1987, 409; *BVerwGE* 107, 215 (220).

[15] So *BVerwG*, NVwZ 1987, 409 (leading case, lesen) unter Aufgabe bisher anderslautender Rechtsprechung.

[16] Den Einstieg vermitteln die neuesten Kommentare. Überblick über die entsprechende Rspr. zum öffentlichen Baurecht bei *Pecher,* JuS 1996, 887; *Muckel,* JuS 2000, 132.

[17] Zur Unterscheidung von Bauordnungsrecht und Bauplanungsrecht sowie zur Einordnung der nachfolgend zitierten Vorschriften s. bereits Rn. 155, 156.

[18] Zusammenfassend dazu *BGHZ* 66, 354.

[19] *BVerwGE* 94, 151 (154 f.).

[20] *BVerwGE* 94, 151 (155, 157 f.); 101, 364 (373 ff., 377); *Petersen,* Der Drittschutz der BaunutzungsVO, 1999.

[21] *BVerwGE* 82, 343 (345); 94, 151 (154 f.).

[22] *BVerwGE* 82, 343 (344, 347) = JuS 1990, 767 Nr. 14.

[23] Zu dieser Eingrenzung s. *BVerwG,* NVwZ-RR 1999, 8 = JuS 1999, 829 Nr. 17.

Berücksichtigung der Interessenbewertung nach § 31 II BauGB."[24] Denn wenn § 15 I BauNVO Drittschutz gegen Baugenehmigungen vermittelt, die den Festsetzungen eines Bebauungsplans entsprechen, muß der Regelungsgehalt des § 15 I BauNVO erst recht gelten, wenn diese Entsprechung fehlt. Dabei kann der Bauherr drittschutzmäßig nicht schlechter stehen, als er stände, wenn die bei Nichteinhaltung des Bebauungsplans *jedenfalls* erforderliche Befreiung nach § 31 II BauGB erteilt worden wäre.

Im **unbeplanten Innenbereich** ist § 34 II BauGB in seiner Bezugnahme auf die in den Baugebieten nach §§ 2 bis 14 BauNVO nur zulässigen Vorhaben nachbarschützend.[25] Ansonsten sind § 34 BauGB (unbeplanter Innenbereich) und § 35 II, III BauGB (**Aussenbereich**) nachbarschützend, soweit sie Ausdruck des Gebotes der Rücksichtnahme sind.

Das **Gebot der Rücksichtnahme** vermittelt Nachbarschutz nur im Rahmen der genannten Normen (§ 15 I BauNVO, §§ 31 II, 34 I, 35 II, III BauGB), nicht aber per se.[26] Dabei kommt dem Gebot der Rücksichtnahme eine nachbarschützende Wirkung *nur zu*, soweit nach den tatsächlichen Umständen des Einzelfalles „in qualifizierter und zugleich individualisierter Weise auf schutzwürdige Interessen eines erkennbar abgegrenzten Kreises" Betroffener Rücksicht zu nehmen ist. „Das gilt für diejenigen *Ausnahmefälle*, in denen – erstens – die tatsächlichen Umstände handgreiflich ergeben, auf wen Rücksicht zu nehmen ist, *und* – zweitens – eine besondere rechtliche Schutzwürdigkeit des Betroffenen anzuerkennen ist.[27]

Einen baurechtlichen **Drittschutz zugunsten von Mietern oder Pächtern** lehnt das *BVerwG* ab.[28]

Im **Immissionsschutzrecht** (BImSchG, AtomG) und im **Fachplanungsrecht** (BFStrG, LuftVG, Allg. EisenbahnG) ist Drittschutz *ohne weiteres* gegeben, soweit die Genehmigung – anders als das bei einer Baugenehmigung der Fall ist – privatrechtsgestaltende Wirkung hat.[29]

Verfahrensvorschriften sieht das *BVerwG* nur unter engen Voraussetzungen als drittschützend an.[30]

2. Kein Rückgriff auf das Zivilrecht

188 Fehler entstehen in der Klausur dadurch, daß die Bearbeiter nicht nach einer *öffentlichrechtlichen Schutznorm* suchen, sondern auf das *Zivilrecht* zurückgreifen.

So wurde zu den Beispielsfällen aus Rn. 184 argumentiert: Die Paßerteilung mit der drohenden Ausreise beeinträchtige den zivilrechtlichen Unterhaltsanspruch der Ehe-

---

[24] Grundlegend dazu *BVerwGE* 82, 343 = JuS 1990, 767 Nr. 14 *(lesen)*.

[25] *BVerwGE* 94, 151 (156). Gleichzeitig vermittelt § 15 I BauNVO einen Anspruch auf Aufrechterhaltung der typischen Prägung des Baugebietes; *BVerwGE* 94, 151 (161); *BVerwG*, NVwZ 2002, 1384.

[26] *BVerwG*, NVwZ 1985, 37; *BVerwG*, NVwZ 1987, 409 (410) = JuS 1987, 751 Nr. 15; *BVerwG*, NVwZ 1999, 879 = JuS 2000, 409 Nr. 16. Zusammenfassend zum Rücksichtnahmegebot *Jäde*, JuS 1999, 961.

[27] So *BVerwGE* 67, 334 (339); 82, 343 (347) = JuS 1990, 767 Nr. 14; s. auch etwa *BVerwG*, NVwZ 1987, 409 (410) = JuS 1987, 751 Nr. 15.

[28] S. etwa *BVerwG*, NJW 1989, 2766; 1994, 1233 (1234). Nach *BVerwG*, NVwZ 1998, 956 = JuS 1999, 508 Nr. 17 kann die Ablehnung auch vor dem Hintergrund der „Mieter-Eigentums-Entscheidung" *BVerfGE* 89, 1 aufrechterhalten bleiben.

[29] *BVerwGE* 28, 131 (134f.). Zum Drittschutz im *Ladenschlußrecht* s. Rn. 202ff.

[30] Zusammenfassend *BVerwGE* 85, 368 (373f.) *(lesen)*.

frau; die Bauerlaubnis verstoße gegen die vertragliche Verpflichtung des Nachbarn, nicht zu bauen.

Derartige Argumente sind nicht schlüssig: Das Zivilrecht (Unterhaltsanspruch) gibt nur Ansprüche gegen *andere Privatpersonen*, verpflichtet aber nicht den *Staat*, diese Ansprüche über die Bereitstellung seiner Zivilgerichtsbarkeit hinausgehend (gegen eine Gefährdung durch Ausreise) zu schützen. Die **Baugenehmigung** wird nach allen Bauordnungen „**unbeschadet privater Rechte Dritter**" erteilt, berührt ein zivilrechtliches Bauverbot also nicht.[31]

3. Grundrechtlicher Drittschutz?

189 Immer wieder verlockend ist es für die Bearbeiter schließlich, *Grundrechte* als Schutznormen einzuführen.

So wird in Anfängerarbeiten typischerweise argumentiert: Eine Bauerlaubnis oder Gaststättenerlaubnis beeinträchtige das grundrechtlich geschützte Eigentum (Art. 14 I GG) und/oder die Gesundheit (Lärm, Art. 2 II GG) des Klägers, weil sie sich nachteilig auf die Nachbarschaft auswirke. Eine Gewerbeerlaubnis beeinträchtige die Wirtschaftsfreiheit (Art. 12 I GG bzw.[32] Art. 2 I GG) der bereits bestehenden Gewerbebetriebe, weil diese fortan mit zusätzlicher Konkurrenz zu kämpfen hätten. Eine Subvention beeinträchtige die Wettbewerbsfreiheit (Art. 12 I GG) des von ihr ausgeschlossenen Konkurrenten, weil der Subventionsempfänger Wettbewerbsvorteile erlange.

Derartigen Konstruktionen folgt das *BVerwG* nur in *engem* Rahmen.

190 Versucht man, das **case law des BVerwG** grundrechtsdogmatisch zu verorten, läßt sich unterscheiden:[33] Durch *Subventionierung* oder durch *berufslenkende* Maßnahmen greift der Staat in die Wettbewerbssituation ein. Zugunsten des Konkurrenten ist Art. 12 I GG in der klassischen *Abwehrfunktion* der Grundrechte einschlägig. Sie vermittelt dem Konkurrenten ohne weiteres ein subjektives Recht gegen den Staat.[34] Entsprechendes gilt etwa für Art. 6 I GG zugunsten der Ehefrau bei der Ausweisung eines Ausländers.[35] In den anderen Beispielsfällen ist es *nicht* der Staat, sondern der *Bauherr, Gastwirt* oder *sonstige Gewerbetreibende*, welcher den Kläger in seinem Grundeigentum, Gewerbebetrieb oder in seiner Gesundheit beeinträchtigt.[36] Der Gewerbetreibende oder der Bauherr *verfolgt* sein Vorhaben, soweit der Staat ihn nicht daran *hindert*. Wie das *BVerfG* insbesondere in seiner atomrechtlichen Rechtsprechung[37] herausgearbeitet hat, ist insoweit *nicht* die klassische *Abwehr*funktion der

---

[31] *BVerwG*, NVwZ 1999, 413.

[32] S. Rn. 524.

[33] Näheres zum Nachfolgenden bei *Schwerdtfeger*, NVwZ 1982, 5.

[34] *BVerwGE* 30, 191; 60, 154 (159); *BVerfGE* 82, 209 (223 f.); *BVerfG (Kammer)*, SGb 2005, 59.

[35] *BVerwGE* 42, 141; 102, 12 (15).

[36] Strittig, zusammenfassend zum Meinungsstand *Lübbe-Wolff*, Die Grundrechte als Eingriffsabwehrrechte 1988, S. 178 ff.; *Pietzcker*, Drittwirkung – Schutzpflicht – Eingriff, in: Festschrift für Dürig, 1990, S. 345; *T. Koch*, Der Grundrechtsschutz des Drittbetroffenen, 2000. Wie im Text nunmehr etwa auch *P. M. Huber*, Konkurrenzschutz im Verwaltungsrecht, 1991, S. 244 ff.; *BVerfG (Kammer)*, NJW 1998, 3264 (3265).

[37] *BVerfGE* 49, 137 (140 ff.); 53, 62 ff.; s. ferner *BVerfG (Kammer)*, NJW 1998, 3264 („Waldschäden").

Grundrechte, sondern die Frage erheblich, ob und inwieweit die Grundrechte dem Dritten einen Anspruch gegen den Staat gewähren, ihn vor Eingriffen des *Handelnden* zu *schützen*.[38] Erst wenn ein solcher grundrechtlicher *Schutz*anspruch im Einzelfall *bejaht* worden ist, liegt in der rechtswidrigen Genehmigung ein staatlicher „Eingriff" (in diesen Schutzanspruch).

Soweit das betroffene Grundrecht „Menschenwürdegehalt" hat, wird der Schutzanspruch durch **Art. 1 I 2 GG** vermittelt (s. Rn. 512). Im Rahmen von Art. 2 II GG gibt Art. 1 I 2 GG dem Betroffenen so einen Schutzanspruch gegen Gesundheitsgefährdungen. Allerdings können im Einzelfall, so bei Lärmimmissionen (Gaststätte), erhebliche Schwierigkeiten in der Feststellung bestehen, ob (schon) eine *Gesundheits*gefährdung vorliegt.[39]

Art. 12 I GG *konstituiert* den Wettbewerb. Daher kann Art. 12 I GG seiner Funktion nach[40] keine Entscheidung *gegen* Nachteile enthalten, die den Konkurrenten im Gefolge einer *Gewerbeerlaubnis* durch den Wettbewerb des Neuzugelassenen entstehen. Damit kann Art. 12 I GG *kein* subjektives Recht gegen eine Gewerbeerlaubnis vermitteln.[41] – Gegen *Baugenehmigungen* hat das *BVerwG* in älteren Entscheidungen grundrechtlichen Drittschutz aus **Art. 14 I 1 GG** zugestanden, wenn das Bauvorhaben „die vorgegebene Grundstückssituation *nachhaltig* verändert und dadurch den Nachbarn *schwer* und *unerträglich* trifft",[42] den „Grad einer *enteignungsrechtlich* beachtlichen Unzumutbarkeit erreicht".[43] Aber zwischenzeitlich haben sich die Vorstellungen zur dogmatischen Struktur des Art. 14 GG verändert (Rn. 536 ff.). Der *konkrete* Inhalt des Eigentums wird nicht unmittelbar durch Art. 14 I 1 GG fixiert, sondern gem. Art. 14 I 2 GG *konstitutiv* durch den *Gesetzgeber* bestimmt (Rn. 539). Demgemäß entscheidet der *Gesetzgeber,* inwieweit der Inhalt des Eigentums des Bauherrn über baurechtliche Vorschriften zum Schutz des Nachbarn beschränkt wird und inwieweit das Eigentum des Nachbarn korrespondierend mit einem subjektiven Recht angereichert wird.[44] So führt Art. 14 I 2 GG zurück zu den drittschützenden Normen des *einfachen* Baurechts. – Art. 2 I GG ist in seiner lückenschließenden Auffangfunktion[45] nur subjektives *Abwehr*recht, aber *keine* verfassungsrechtliche Entscheidung, welche einen Anspruch gegen den Staat auf *Schutz* gegen Dritte vermitteln könnte.[46]

4. Selbstverwaltungsrecht der Gemeinde

Die Gemeinden können sich eventuell auf ihr *Selbstverwaltungsrecht* **191** (vgl. Art. 28 II 1 GG) als Schutznorm berufen.[47]

---

[38] Zu grundrechtlichen Schutzansprüchen *allgemein* Rn. 510 ff.

[39] S. etwa *BVerwGE* 54, 211 (221 ff.); *BVerwG,* EuGRZ 1981, 225 („Fluglärm").

[40] S. dazu Rn. 525.

[41] *BVerwGE* 16, 187; 65, 167; *BVerwG,* NJW 1995, 2938 = JuS 1995, 1136 Nr. 9; *BVerfGE* 94, 327 (390); 97, 12 (31); *BVerfG (Kammer),* NVwZ 2002, 1232 = JuS 2003, 87 Nr. 4 (im Zusammenhang mit Art. 14 I GG). Umfassend zur Rechtsstellung des Konkurrenten bis in das Europäische Gemeinschaftsrecht hinein *R. Schmidt,* JuS 1999, 1107.

[42] *BVerwGE* 32, 173; 36, 249; *BVerwG,* DVBl 1970, 60 ff.; 1978, 614 (617).

[43] *BVerwG,* DVBl 1978, 614 (617). Der Enteignungsbegriff wird hier im Sinne des alltäglichen Sprachgebrauchs, *nicht* i.S. des Rechtsbegriffs aus Art. 14 III GG verwendet; Einzelheiten zur Abgrenzung in Rn. 337 ff., 548 ff.

[44] Eingehender dazu *Schwerdtfeger,* NVwZ 1983, 199 (200); jetzt auch *BVerwGE* 101, 364 (372 f.).

[45] Zu ihr Rn. 446.

[46] Näheres Rn. 490; s. auch *BVerwGE* 54, 211 (222).

[47] *BVerwG,* NVwZ-RR 2001, 326.

Beispiel: Die Baugenehmigungsbehörde hat unter Mißachtung der Festsetzungen eines Bebauungsplanes und damit unter Verstoß gegen § 30 BauGB dem Bauherrn B eine Baugenehmigung erteilt. Dieser Verstoß beeinträchtigt die Gemeinde in ihrem Recht zur Bauleitplanung aus § 2 I BauGB. Also kann die Gemeinde die Baugenehmigung anfechten.[48] Andererseits kann die Gemeinde ein Verkehrszeichen (= an die Autofahrer gerichteter VA),[49] durch welches ein besonders starker Verkehrsfluß in die Gemeinde gelenkt wird, nicht anfechten. Nach dem einschlägigen Gesetzesrecht ist die Regelung des Verkehrs *als solche* eine staatliche Aufgabe, keine Selbstverwaltungsangelegenheit der Gemeinde. Das Selbstverwaltungsrecht wird nur betroffen, wenn im *Gefolge* der Verkehrsregelung Probleme entstehen, welche die planerischen Selbstverwaltungsaufgaben der Gemeinde „in *konkreter* Weise ganz *erheblich* erschweren".[50]

II. Anfechtung einer Drittbegünstigung

192 **Ausgangsfälle: (1)** X ist ein Paß ausgestellt worden, weil er auswandern möchte. Nach erfolglosem Widerspruchsverfahren erhebt seine Ehefrau Klage gegen die Paßerteilung, (a) weil sich X seiner Unterhaltspflicht entziehen wolle und (b) weil X als engagierter „Systemkritiker" im Ausland gegen die Bundesrepublik hetzen werde.[51] Wie wird das Verwaltungsgericht entscheiden?

(2) In Abwandlung des *Ausgangsfalles* 2 aus Rn. 142 hat E die Baugenehmigung für das Sechsfamilienhaus *erhalten*, obgleich das Vorhaben die im Bebauungsplan festgesetzte Baulinie (§ 23 II BauNVO) nicht einhält; E ist eine Befreiung (§ 31 II BauGB) erteilt worden. Nachbar N ficht die Baugenehmigung an, weil die Nichteinhaltung der Baulinie sein Grundstück unnötigerweise in eine Schattenlage bringe. Hat der Widerspruch des N Erfolg?

1. Zulässigkeit von Rechtsbehelfen, mögliche Beeinträchtigung in einem subjektiven Recht (§ 42 II VwGO)

193 **(1)** *Gegen drittbegünstigende Verwaltungsakte* wendet sich der Benachteiligte mit dem **Widerspruch** und dann mit der **Anfechtungsklage.**[52]

(2) Die **Widerspruchsfrist,** auch die Jahresfrist aus §§ 70, 58 II VwGO, läuft nur, wenn der drittbegünstigende Verwaltungsakt dem Anfechtenden *amtlich* bekanntgegeben worden ist (§§ 57 I, 58 II 1, 70 I 1 VwGO; §§ 43, 41 VwVfG).[53] Bei Vorliegen eines **„nachbarlichen Gemeinschaftsverhältnisses"** kann es dem Anfechtenden jedoch entsprechend den Umständen des Einzelfalles nach Treu und Glauben versagt sein,

---

[48] Vgl. *BVerwG*, ZBR 1982, 43 (auch zu Eingriffen in die Planungshoheit durch andere Rechtsakte). S. ferner *BVerwG*, NVwZ 1992, 878 (Übergehen der gemeindlichen Mitwirkungsbefugnis nach § 36 I BauGB).

[49] S. Rn. 46.

[50] So zu allem *BVerwG*, DVBl 1984, 88. Zu den Rechten der Gemeinde gegenüber staatlicher *Fach*planung s. *Stuhler*, JuS 1999, 234. Zum *einfachgesetzlichen* Drittschutz der Gemeinde Klausurbesprechung bei *Jahn*, JuS 2002, 590; weitere Fälle in Rn. 201, Fn. 72.

[51] Insoweit war der Fall schon Gegenstand der Ausführungen in Rn. 142 ff.

[52] *BVerwGE* 22, 129 (131 f.) i. V. mit soeben Fn. 8.

[53] *BVerwGE* 44, 294.

sich auf das Fehlen der Bekanntgabe zu berufen, wenn er (von einer Baugenehmigung) „in anderer Weise sichere Kenntnis erlangt hat oder hätte erlangen müssen" (= verfahrensrechtliche Verwirkung).[54]

(3) Klagebefugnis. Nach § 42 II VwGO[55] ist Prozeßvoraussetzung der **194** Anfechtungsklage, daß der Kläger ein subjektives Recht (Rn. 185 ff.) „geltend macht".[56] Für das vorgeschaltete Widerspruchsverfahren gilt § 42 II VwGO entsprechend. Anders als bei der Anfechtung eines belastenden Verwaltungsaktes durch den Adressaten[57] steht **§ 42 II VwGO bei der „Drittanfechtung" im Zentrum.**

Rechtsdogmatisch ist zwischen dem subjektiven Recht und seiner Verletzung zu unterscheiden. Erst ein *rechtswidriges* Handeln führt zur *Rechtsverletzung.* Gemäß § 42 II VwGO muß der Kläger geltend machen, „durch den Verwaltungsakt in seinen Rechten verletzt zu sein". Nach der Funktion des § 42 II VwGO, die „Popularklage" auszuschließen, liegt die *Betonung* dabei auf dem subjektiven *Recht, nicht* auf der *Rechtsverletzung.* Die Rechtswidrigkeit des Verwaltungsakts *unterstellt,* muß der Kläger geltend machen, in seinen *Rechten* verletzt zu sein. Die Frage nach der Rechtswidrigkeit des Verwaltungsakts und damit nach einer *Rechtsverletzung* hat nichts mit dem Ausschluß einer Popularklage zu tun. *Diese* Frage ist daher erst Gegenstand der Ausführungen zur Begründetheit der Klage.[58]

Außer für die Zulässigkeit der Klage ist das subjektive Recht auch für **195** die Begründetheit der Klage relevant: Gem. § 113 I 1 VwGO ist der Klage stattzugeben, „soweit der Verwaltungsakt rechtswidrig *und* der Kläger dadurch in seinen *Rechten* verletzt ist". Wieweit die Existenz eines subjektiven Rechts „schon" im Rahmen der Zulässigkeit der Klage (§ 42 II VwGO) überprüft wird, bemißt sich nach der (ungenau[59] regelmäßig so bezeichneten) **„Möglichkeitstheorie" des Bundesverwaltungsgerichts.**[60] Die früher mit der Möglichkeitstheorie konkurrierende „Schlüssigkeitstheorie"[61] wird heute fast nicht mehr vertreten und sollte daher in der Fallbearbeitung keine Erwähnung finden.

Nach der Korrekturerfahrung besteht allerdings die Gefahr, daß die Überprüfungen nach der Möglichkeitstheorie der Sache nach in die Schlüssigkeitstheorie „abgleiten".[62] Deshalb sollte nach wie vor bekannt sein: Nach der *Schlüssigkeitstheorie* wird schon bei der Zulässigkeit der Klage auf der Grundlage der vom Kläger vorgetragenen

---

[54] *BVerwGE* 44, 294 (299 ff.); 78, 85 (88). Zur materiellrechtlichen Verwirkung s. insoweit *BVerwG,* NVwZ 1991, 1182. Einzelfälle bei *Troidl,* NVwZ 2004, 315.

[55] Grundfälle zu dieser „Klagebefugnis" bei *Hipp/Hufeld,* JuS 1998, 802, 898 mit Klarstellungen durch *Lampert,* JuS 1999, 1248.

[56] Gleiches gilt, wenn der Dritte gem. § 43 VwGO die Nichtigkeit eines begünstigenden Verwaltungsakts festgestellt haben möchte (= Nichtigkeitsklage, Rn. 55); s. *BVerwG,* NJW 1982, 2205; *BVerwG,* NVwZ 1991, 470; vgl. ferner *BVerwGE* 99, 64.

[57] S. insoweit Rn. 52.

[58] A. A. etwa *Schmitt Glaeser/Horn,* Verwaltungsprozeßrecht, Rn. 152; *Gurlit,* Die Verwaltung 1995, 449 (457 f.); *Hipp/Hufeld,* JuS 1998, 802 (806).

[59] Sogleich Rn. 196.

[60] S. etwa *BVerwGE* 82, 246 (249); 98, 118 (120).

[61] Vertreten besonders von *Ule,* Verwaltungsprozeßrecht, 9. Aufl. 1987, § 33 II.

[62] Theoretisch wenig „sattelfest" erliegen dieser Gefahr häufiger auch die Instanzgerichte.

Tatsachen bis in alle Einzelheiten hinein endgültig entschieden, ob der Kläger über ein subjektives Recht verfügt. Im Rahmen der Begründetheit der Klage wird nach der Schlüssigkeitstheorie nur noch untersucht, ob die vom Kläger vorgetragenen *Tatsachen*, aus denen sich das subjektive Recht ergibt, *stimmen* (Beweisstation). Weil in der Universitätsausbildung und im Referendarexamen regelmäßig unstreitige Sachverhalte ausgegeben werden, würde sich die Frage nach dem subjektiven Recht auf der Grundlage der Schlüssigkeitstheorie hier endgültig im Rahmen der Zulässigkeit der Klage (§ 42 II VwGO) entscheiden. Bei der Begründetheit der Klage ginge es *nur noch* um die Frage nach der Rechtswidrigkeit der Rechtsbeeinträchtigung als *Rechtsverletzung*.[63]

196 Nach der *Möglichkeitstheorie* reicht es für die Klagebefugnis aus, daß ein subjektives Recht vorliegen *kann*. Das ist nach einer häufig verwendeten Formulierung des *BVerwG*[64] nur dann *nicht* der Fall, „wenn offensichtlich und eindeutig nach keiner Betrachtungsweise die vom Kläger behaupteten Rechte bestehen oder ihm zustehen können".

Genaugenommen vertritt das BVerwG so nicht die „Möglichkeitstheorie", nach der die Möglichkeit *positiv bejaht* werden müßte, sondern eine **„Nicht-Unmöglichkeitstheorie"**, nach der es schon ausreicht, daß die Möglichkeit nicht *negativ absolut ausgeschlossen* werden kann.

Ob die subjektiven Rechte, um die es geht, *wirklich* bestehen, ist sowohl rechtlich als auch tatsächlich endgültig erst bei der Begründetheit der Klage zu entscheiden, *neben* der Frage nach der Rechtmäßigkeit, welche dort ohnehin zu behandeln ist.

Das subjektive Recht bestimmt sich nach wie vor nach der einschlägigen Schutznorm (Rn. 186). Also ist das **subjektive Recht nach der Möglichkeitstheorie geltend gemacht, wenn** auf der Grundlage der vom Kläger vorgetragenen Tatsachen für die Rechtmäßigkeitsprüfung (1) eine *Norm einschlägig* sein könnte, die (2) möglicherweise dem *Individualinteresse* des Klägers dient, wobei diese Sichtweise nur *nicht ausgeschlossen* zu sein braucht.

Im *Ausgangsfall 1* (Rn. 192) könnten nach dem Tatsachenvortrag der *E* für die Rechtmäßigkeitsprüfung (1) § 7 I Nr. 1 PaßG (Hetze gegen die Bundesrepublik) und § 7 I Nr. 5 PaßG (Unterhaltspflicht) *einschlägig sein.* (2) § 7 I Nr. 1 PaßG („erhebliche Belange der Bundesrepublik") dient aber *eindeutig* nicht dem *Individualinteresse* der *E.* Daß § 7 I Nr. 5 PaßG (Unterhaltspflicht) dem Individualinteresse des Unterhaltsberechtigten dient, ist demgegenüber nicht von vornherein unmöglich. Demgemäß hat *E* nur mit dem Sachvortrag der Unterhaltsgefährdung die Beeinträchtigung eines subjektiven Rechts geltend gemacht.

Im *Ausgangsfall 2* (Rn. 192) sind (1) die einschlägigen Normen, die vom Sachverhalt her für eine Überprüfung der Rechtmäßigkeit der Baugenehmigung in Betracht kommen, die Festsetzung der Baulinie im Bebauungsplan und wegen der Dispensmöglichkeit (s. zum Fall insoweit schon Rdr. 157) auch § 31 II BauGB. (2) Wegen der Gefahr des Schattenwurfes ist nicht ausgeschlossen, daß der Bebauungsplan die Baulinie auch im Individualinteresse des *N* festgelegt hat. Mit seiner Rücksichtnahme auf „nachbar-

---

[63] Darstellung des *Ausgangsfalles 1* nach der „Schlüssigkeitstheorie" in der 9. Aufl. dieses Buches, Rn. 191.

[64] *BVerwGE* 44, 1 (3); 96, 302 (305); 98, 118 (120); 104, 115 (118).

liche Interessen" ist § 31 II BauGB nach der Rspr. des *BVerwG* ohnehin nachbar-schützend.[65]

2. Begründetheit des Widerspruchs oder der Klage

(1) Rechtswidrigkeit des drittbegünstigenden Verwaltungsakts?   197
Die Rechtmäßigkeitsprüfung ist auf die Norm *beschränkt*, die sich bei der Prüfung der Klagebefugnis (§ 42 II VwGO) als möglicherweise drittschützend erwiesen hat (Fehlerquelle). Denn der Kläger kann von vornherein nur ein Recht darauf haben, daß die Behörde *diese* Norm einhält.

Im *Ausgangsfall 1* (Paßerteilung, Rn. 192) ist dementsprechend nur von Interesse, ob die Behörde gegen § 7 I Nr. 5 PaßG (Unterhaltspflicht) verstoßen hat, nicht aber, ob sie § 7 I Nr. 1 PaßG (erhebliche Belange der Bundesrepublik) übersehen hat und die Paßerteilung *deshalb* (objektiv) rechtswidrig ist. Entsprechend ist der Leser im *Ausgangsfall 2* nicht über das Vorliegen oder Nichtvorliegen der bauordnungsrechtlichen und bauplanungsrechtlichen Voraussetzungen einer Baugenehmigung zu belehren. Es geht *allein* um die Festsetzung der Baulinie im Bebauungsplan und um § 31 II BauGB. In den *Ausgangsfällen* verstößt die Paßerteilung gegen § 7 I Nr. 5 PaßG und die Baugenehmigung gegen die Baulinie im Bebauungsplan. Im *Ausgangsfall 2* soll des weiteren davon ausgegangen werden, daß die Voraussetzungen für eine Befreiung gem. § 31 II BauGB wegen der entstehenden Schattenlage nicht vorliegen (Entgegenstehen „nachbarlicher Interessen", § 31 II a. E.).

(2) Verletzung des subjektiven Rechts?   198
Hat die Behörde gegen die *möglicherweise* individualschützende Norm *verstoßen* (soeben (1)), muß abschließend untersucht werden, ob die Norm individualschützend *ist* und also eine *Rechts*verletzung *vorliegt* (häufiger Auslassungsfehler).

Im *Ausgangsfall 1* (Rn. 192) *dient* § 7 I Nr. 5 PaßG neben öffentlichen Interessen *auch* dem Individualinteresse der E. Denn die Regelung ist nicht auf Fälle beschränkt, in denen der Unterhaltsberechtigte öffentlicher Fürsorge anheimfallen könnte. Im *Ausgangsfall 2* hängt es von den Absichten des Satzungsgebers ab, ob die Baulinie dem Individualinteresse des N dient oder nicht (Rn. 187). Ist die Festsetzung der Baulinie nicht nachbarschützend, wird der Drittschutz *jedenfalls* durch § 31 II BauGB vermittelt (Einzelheiten in Rn. 187).

3. Einstweiliger Rechtsschutz und prozessuale Sonderkonstellationen

a) Wie die Anfechtung eines belastenden Verwaltungsakts hat auch die   199
Drittanfechtung im Grundsatz **aufschiebende Wirkung** (§ 80 I 2 VwGO). Demgemäß darf der Begünstigte von seiner Begünstigung vorerst keinen Gebrauch machen. Auf Antrag des Begünstigten kann die Behörde oder sonst das Gericht aber die „**sofortige Vollziehung**" an-

---

[65] S. Rn. 187.

ordnen (§ 80 a I Nr. 1, III VwGO) und den Suspensiveffekt so beseitigen.[66] Ist die **Anfechtungsklage in erster Instanz abgewiesen** worden, endet eine aufschiebende Wirkung nach Maßgabe von § 80 b I 1 VwGO. Macht der Begünstigte trotz des Suspensiveffektes einer Anfechtung von seiner Begünstigung Gebrauch, kann der Anfechtende bei der Behörde bzw. beim Gericht „**einstweilige Maßnahmen**" beantragen (§ 80 a I Nr. 2, III VwGO).[67]

Merke: Gemäß § 212 a I BauGB haben Widerspruch und Anfechtungsklage eines *Dritten* gegen eine *Baugenehmigung keine* aufschiebende Wirkung. Es obliegt dem Anfechtenden, die Anordnung der aufschiebenden Wirkung zu beantragen (§ 80 a I Nr. 2, II VwGO).[68]
Im *Ausgangsfall 1* (Rn. 192) suspendiert die Anfechtung der Ehefrau die Paßerteilung.
Im *Ausgangsfall 2* ist § 212 a I BauGB einschlägig, so daß keine aufschiebende Wirkung eingetreten ist.

200 b) Die vieldiskutierte **Verbandsklage** ist nur zulässig, wenn ein Gesetz sie zuläßt (§ 61 BundesnaturschutzG) oder wenn der Verband (ausnahmsweise einmal) in eigenen Rechten beeinträchtigt wird.[69]

201 c) **War** im Vorfeld der Anfechtungsklage bereits **der Widerspruch des Nachbarn erfolgreich, fällt die Initiative dem Genehmigungsempfänger** (Bauherrn) **zu.** Er erhebt *Anfechtungsklage* gegen den *Widerspruchsbescheid* (§ 79 I Nr. 2 VwGO), um die (im Widerspruchsbescheid aufgehobene) Genehmigung zurückzugewinnen; ein (erneutes) Widerspruchsverfahren ist nicht gefordert (§ 68 I 2 Nr. 2 VwGO). Der ergangene Widerspruchsbescheid ist *nur* rechtmäßig, wenn die Baugenehmigung gegen Vorschriften verstieß, die dem Widerspruchsführer (Nachbarn) ein *subjektives* Recht einräumten.[70] Außerdem muß der Widerspruch *fristgemäß* eingelegt worden sein.[71] Fehlt ein subjektives Recht des Widerspruchsführers (Nachbarn) oder hatte der Widerspruchsführer den Widerspruch nicht fristgemäß eingelegt, ist die Anfechtungsklage des Ge-

---

[66] Hierzu und zum Nachfolgenden umfassend *Brühl*, JuS 1995, 818 (819); *Wuttke*, JuS 2006, 876; Klausur bei *Ramsauer*, JuS 1991, 409.

[67] Auch dazu *Brühl*, aaO. Für die *beamtenrechtliche Konkurrentenklage* gelten gewisse Besonderheiten, s. *BVerwGE* 80, 127 i. V. mit *BVerfG (Kammerbeschluß)*, NJW 1990, 501 = JuS 1990, 756 Nr. 3; *Peter*, JuS 1993, 1042; *BGHZ* 129, 226 i. V. mit *Czybulka/Biermann*, JuS 1998, 601 (Schadensersatz bei voreiliger Stellenbesetzung).

[68] Erweist sich die aufschiebende Wirkung nach dem Ausgang des Hauptsacheverfahrens als unbegründet, hat der Bauherr keinen Schadensersatzanspruch entsprechend § 945 ZPO gegen den Nachbarn (auf dieser Linie jedenfalls *BGH*, NJW 1981, 349 = JuS 1981, 465 Nr. 14; *Eyermann* VwGO, § 123 Rn. 85 mit Überblick über den Streitstand).

[69] S. etwa *BVerwG*, NJW 1981, 362; *BVerwGE* 87, 63 = JuS 1991, 518 Nr. 13.

[70] S. *BVerwG*, NJW 1981, 67; *BVerwGE* 65, 313 (318); 95, 333 (335) = JuS 1995, 464 Nr. 14 (Klagerecht der Gemeinde gegen Aufhebung „ihres" Bescheides durch Bezirksregierung im Widerspruchsverfahren). Klausuren bei *Schwerdtfeger*, JuS 1981, 365; *Heckmann*, JuS 1999, 986.

[71] *BVerwG*, NVwZ 1983, 285.

nehmigungsempfängers selbst dann erfolgreich, wenn die Genehmigung rechtswidrig war und daher „an sich" keinen Bestand haben dürfte.[72]

Jetzt kommt zwar eine Rücknahme der Genehmigung nach § 48 VwVfG[73] *außerhalb des Widerspruchsverfahrens* in Betracht. Aber eine Ausdeutung des Widerspruchsbescheides in diese Richtung[74] ist nur möglich, wenn der Widerspruchsbescheid von der (für die Entscheidung nach § 48 VwVfG instanziell zuständigen) Ausgangsbehörde (§ 73 I 1, I 2 Nr. 2, 3 VwGO) erlassen worden ist oder die Widerspruchsbehörde (§ 73 I 2 Nr. 1 VwGO) für die Entscheidung nach § 48 VwVfG ausnahmsweise über ein „Selbsteintrittsrecht"[75] verfügte *und* (in beiden Fällen) hinreichend eindeutig ist, daß die Behörde *neben* der Widerspruchsentscheidung *auch* die Ermessensentscheidung nach § 48 VwVfG getroffen hat[76]. Außerdem ist vor Erhebung einer Anfechtungsklage gegen die Entscheidung nach § 48 VwVfG das Widerspruchsverfahren nach § 68 I 1 VwGO erforderlich.

III. Anspruch auf Drittbelastung

Ausgangsfälle: (1) Unter Mißachtung einer *nachbarschützenden* Baulinie im Bebauungsplan (§ 23 II BauNVO) errichtet *E* ein Wohnhaus. Abweichend von der ähnlichen Fallgestaltung in Rn. 192 ist das Bauvorhaben nach der einschlägigen Bauordnung *nicht* genehmigungsbedürftig, sondern bloß anzeigepflichtig.[77] Nachbar *N*, dessen Grundstück in eine Schattenlage gerät, bittet um Auskunft, ob und wie er die Mißachtung der Baulinie verhindern kann. **202**

(2) Geschäftsmann *G* verlangt von der zuständigen Behörde ein Einschreiten gegen Konkurrent *K*, der sein in der Nähe befindliches Geschäft unter Verstoß gegen § 3 LSchlG (*Sartorius* Nr. 805)[78] häufig zu lange geöffnet hält. Die Behörde und die Widerspruchsbehörde lehnen ein Einschreiten ab; *G* möge die Hilfe des Zivilgerichts in Anspruch nehmen. Kann *G* den bisher eingeschlagenen Weg weiterverfolgen und mit Erfolg vor dem Verwaltungsgericht klagen?[79]

1. Materiellrechtliche Fragen

Ansprüche der nachteilig Betroffenen gegen eine Behörde können nur bestehen, wenn die Behörde über eine Ermächtigungsgrundlage zum

---

[72] Entsprechend zu allem auf der Ebene einer Berufung *BVerwG*, NVwZ 1990, 857.

[73] Rn. 178 ff.

[74] Problem in den Klausuren bei *Schwerdtfeger* und *Heckmann*, soeben Fn. 72.

[75] S. Rn. 645.

[76] Zu diesem Erfordernis vgl. Rn. 88.

[77] Die Bauordnungen haben die bloßen Anzeigepflichten zunehmend ausgedehnt. Zum Drittschutz hierbei umfassend *Kruhl*, Nachbarschutz und Rechtssicherheit im baulichen Anzeigeverfahren, 1999; *Seidel*, NVwZ 2004, 139. Die gleiche Drittschutzproblematik besteht im „*vereinfachten Baugenehmigungsverfahren*" für *die* drittschützenden Normen, die wegen der Vereinfachung im Genehmigungsverfahren nicht überprüft worden sind; *BVerwG*, NVwZ 1998, 58.

[78] Weil die Gesetzgebungskompetenz des Bundes im Gefolge der Föderalismusreform weggefallen ist (s. Art. 74 I Nr. 11 GG n. F.), gilt das LSchlG nur in den Ländern fort, die den Ladenschluß nicht durch ein eigenes Gesetz geregelt haben (Art. 125 a I GG, Rn. 669).

[79] Leading case zum Drittschutz bei Verstößen gegen das LSchlG *BVerwGE* 65, 167.

Einschreiten verfügt. Die Ermächtigungsgrundlage räumt der Behörde **in der Regel** ein **Ermessen** ein. Daher geht es zumeist bloß um einen Anspruch des Benachteiligten auf fehlerfreie Ermessensausübung, *nicht* um einen Anspruch auf *Erlaß* des beantragten drittbelastenden Verwaltungsakts.

203   **(1) Anspruch auf fehlerfreie Ermessensausübung**

(a) Ermächtigungsgrundlage für die Behörde.

Im *Ausgangsfall 1* steht der Behörde eine Ermächtigung zur Verfügung, die sich in allen Bauordnungen findet: „Widersprechen bauliche Anlagen … oder Baumaßnahmen dem öffentlichen Baurecht oder ist dies zu besorgen, so kann die Bauaufsichtsbehörde nach pflichtgemäßem Ermessen die Maßnahmen anordnen, die zur Herstellung oder Sicherung rechtmäßiger Zustände erforderlich sind" (§ 89 NBauO).

Fehlt es an einer Spezialermächtigung, gestattet zumeist die ordnungsrechtliche Generalklausel (= Kontext Rn. 104 ff.) ein Einschreiten nach dem Ermessen der Behörde. Das gilt *stets,* wenn der Störer gegen Normen verstößt. Denn die Unversehrtheit der Rechtsordnung ist ein Schutzgut der öffentlichen Sicherheit.[80]

Weil eine Spezialermächtigung nicht ersichtlich ist, kann die Behörde im *Ausgangsfall 2* nach der ordnungsrechtlichen Generalklausel des einschlägigen Landesrechts gegen *K* vorgehen.

(b) Subjektives Recht.

204   Einen Anspruch auf eine fehlerfreie Ausübung des durch die Ermächtigungsgrundlage eingeräumten Ermessens hat der Benachteiligte, wenn die Ermächtigungsgrundlage nicht nur dem öffentlichen Interesse, sondern auch dem *Individualinteresse* des Benachteiligten dient (Schutznormtheorie, Rn. 186 ff.).

Die baurechtliche Ermächtigungsgrundlage zum Einschreiten gegen baurechtswidrige bauliche Anlagen oder Baumaßnahmen dürfte nachbarschützend sein, *soweit das Bauen* wie im *Ausgangsfall 1* gegen eine nachbarschützende Norm des materiellen Baurechts (nachbarschützende Baulinie) verstößt.[81] – Ist wie im *Ausgangsfall 2* die ordnungsrechtliche Generalklausel die einschlägige Ermächtigungsgrundlage, wird häufig losgelöst vom Sachverhalt *pauschal* erörtert, ob *die* Generalklausel den einzelnen nur im öffentlichen Interesse als Mitglied der Allgemeinheit schütze[82] oder gleichzeitig auch in seinem *Individual*interesse bestehe. Die Frage stellt sich indessen je danach in unterschiedlicher Weise, *welches* Schutzgut aus der ordnungsrechtlichen Generalklausel im *konkreten* Falle gefährdet ist.[83] Sind im Rahmen der öffentlichen Sicherheit[84] nur Einrichtungen oder Veranstaltungen des *Staates* betroffen, kann der Bürger von vornherein kein subjektives Recht auf fehlerfreie Ermessensbetätigung gegen die

---

[80] S. Rn. 111.

[81] So weitgehend die *Oberverwaltungsgerichte,* Nachw. in B*VerwG,* BayVBl. 1997, 23.

[82] Darauf deutet die klassische Umschreibung der polizeilichen Aufgaben in § 10 II 17 Pr.ALR (Wortlaut Rn. 113 in Fn. 22) hin.

[83] Auf dieser Linie B*VerwGE* 37, 112 (113 f.).

[84] Näheres zu den einschlägigen Schutzgütern Rn. 111.

Ordnungsbehörde haben. Soweit es um Gesundheit, Ehre, Freiheit und Vermögen als weitere Schutzgüter der öffentlichen Sicherheit geht, dürfte es darauf ankommen, ob für das jeweilige Schutzgut ein *grundrechtlicher* Schutzanspruch i.S. von soeben Rdrn. 190 in Anspruch genommen werden kann.[85] Geht es wie im *Ausgangsfall 2* um die Verletzung einer *Norm* als Schutzgut der öffentlichen Sicherheit, ist eine zweistufige Untersuchung angesagt. Auf der ersten Stufe wird ermittelt, ob die verletzte Norm (§ 3 LSchlG) im Individualinteresse des Antragstellers *(G)* besteht.[86] Ist das der Fall, muß auf der zweiten Stufe überlegt werden, ob die ordnungsrechtliche Generalklausel in ihrer Funktion, das Recht *durchzusetzen,* dem Verletzten ein *subjektives* Recht gegen die Behörde auf Wahrnehmung seiner Belange einräumt.[87] § 3 LSchlG dient „an sich" nur dem Schutz des Verkaufspersonals, *nicht* dem Konkurrentenschutz. Eine Erweiterung gilt aber, soweit sich Ladeninhaber *ohne* Verkaufspersonal den Ladenschlußzeiten widersetzen. Denn *diese* Geschäftsinhaber sind bloß zur Vermeidung von Wettbewerbsvorteilen in die Ladenschlußregelungen einbezogen worden.[88] Im *Ausgangsfall 2* ist die drittschützende Funktion des § 3 LSchlG damit nur einschlägig, wenn *K kein* Ladenpersonal einsetzt, um sich den Konkurrenzvorteil zu verschaffen. In diesem Fall wird maßgebend, ob die ordnungsrechtliche Generalklausel als Eingriffsermächtigung nach dem Willen des *Landesgesetz*gebers Individualschutz gegen die Verletzung individualschützender Normen des *Bundesrechts* (LSchlG) gewährt.

(c) Fehlerfreie Ermessensausübung.   **205**

Weil die Bauaufsichtsbehörde im *Ausgangsfall 1* (Rn. 202) über den Antrag des *N* auf Einschreiten gegen *E* noch nicht entschieden hat, ist der Anspruch auf ermessensfehlerfreie Entscheidung hier ohne weiteres gegeben.

Hat die Behörde bereits entschieden, besteht ein Anspruch auf (erneute) ermessensfehlerfreie Entscheidung nur, wenn die bisherige Ermessensentscheidung fehlerhaft war.[89]

Mit ihrem Hinweis auf die zivilrechtlichen Möglichkeiten (s. Rn. 208) haben die Behörden dem Anspruch des *G* im *Ausgangsfall 2* (Rn. 202) ermessensfehlerfrei Genüge getan. Eine Klage hätte keine Aussicht auf Erfolg.

(2) Anspruch auf Einschreiten?   **206**

In Literatur und Rechtsprechung wird diskutiert, ob das Ermessen der Behörde zum Einschreiten in Fällen des Drittschutzes stets oder vorzugsweise „auf Null" reduziert ist.[90] Eine derart *generelle* Reduzierung des Ermessens in Drittschutzfällen kommt nur in Betracht, **wenn** sie **gesetzlich angeordnet** ist. Fehlt es an einer gesetzlichen Anordnung, gelten die *allgemeinen* Voraussetzungen für eine **Ermessensreduzierung auf Null.**[91] Schon wegen der zivilrechtlichen Möglichkeiten des Benach-

---

[85] Zu weiteren Begründungsversuchen s. etwa den Überblick bei *Götz*, Allgem. Polizei- u. Ordnungsrecht, Rn. 91 ff.

[86] *BVerwG*, aaO.

[87] *BVerwG*, DVBl. 1968, 154 f.; *Bachof*, DVBl. 1961, 130.

[88] S. *BVerwGE* 65, 167 (171 ff.); *BVerfGE* 111, 10 (32 f.).

[89] S. Rn. 159.

[90] Einzelheiten zur Palette der verschiedenen Ansichten am Beispiel des Baurechts bei *Uechtritz*, NVwZ 1996, 640 (642 ff.); *Degenhart*, NJW 1996, 1433.

[91] Zu ihnen s. Rn. 161.

teiligten (Rn. 208)[92] kann eine Ermessensreduzierung auf Null nach den *allgemeinen* Grundsätzen in der Regel nicht angenommen werden.

In den *Ausgangsfällen* sind ein *gesetzlicher* Anspruch auf *Einschreiten* oder eine *gesetzlich* angeordnete Ermessensreduzierung nicht nachweisbar. Daß das Ermessen wegen der Besonderheiten des Einzelfalles auf Null reduziert sein könnte, ist in beiden Ausgangsfällen nicht ersichtlich. Z.B. im eingangs (Rn. 183) erwähnten „Munitionsfall" dürfte das Ermessen demgegenüber wegen der Lebensgefahr auf Null reduziert *sein*.[93]

2. Verfahrensrechtliches und Prozessuales

207 Wie in den Ausgangsfällen geschehen, muß die Drittbelastung bei der zuständigen Behörde *beantragt* werden. Wenn keine gesetzlichen Antragsfristen bestehen, kann der Antragsteller den Zeitpunkt seines Antrages selbst bestimmen. Auf der Linie der Rechtsprechung des Bundesverwaltungsgerichts zum „nachbarlichen Gemeinschaftsverhältnis" (Rn. 193) dürfte der Antragsberechtigte sein Recht zur Antragstellung aber im Zeitablauf verfahrensrechtlich verwirken können.

Bei Ablehnung des Antrages steht dem Antragsteller nach erfolglosem Widerspruchsverfahren die *Bescheidungsklage* oder die *Verpflichtungsklage*, bei Ausbleiben des Widerspruchsbescheides die *Untätigkeitsklage* zur Verfügung.[94] Zu § 42 II VwGO (Klagebefugnis) gilt das in Rn. 194 ff. Gesagte entsprechend: Die Klagebefugnis ist gegeben, wenn die *Möglichkeit* besteht, daß die in Betracht kommende Eingriffsermächtigung den Individualschutz des Klägers bezweckt (soeben Rn. 204). Ob die Behörde bei der Bescheidung des Antrages rechtswidrig gehandelt hat und ob die Eingriffsermächtigung *wirklich* individualschützend ist, entscheidet sich gemäß § 113 V 1 VwGO bei der „Begründetheit der Klage".

3. Anhang: Zivilrechtliches Vorgehen

208 Wie schon angedeutet wurde (Rn. 206), kann die Einhaltung drittschützender Normen auch von den Zivilgerichten erzwungen werden. Denn die **individualschützenden Normen des öffentlichen Rechts** sind „Schutzgesetze" i. S. von **§ 823 II BGB**.[95] Verletzt der Bauherr eine entsprechende Vorschrift schuldhaft, hat der geschützte Dritte einen Schadensersatzanspruch gegen den Bauherrn auf Naturalrestitution. Fehlt es am Verschulden, ist – auch vorbeugend – ein **„quasinegatorischer Abwehranspruch"** (**§ 1004 I 2 BGB analog**) gegeben.[96]

---

[92] Zu ihrer Relevanz als Ermessensgesichtspunkt s. etwa *BVerwG*, NVwZ 1998, 395 = JuS 1998, 665 Nr. 14.

[93] So *W. Martens*, JuS 1962, 251.

[94] Rn. 162 f.

[95] S. etwa *BGHZ* 40, 306; 66, 354; 122, 1 (3).

[96] Grundlegend dazu *BGHZ* 122, 1 = JuS 1993, 773 Nr. 6; *BGH*, NJW 1997, 521 = JuS 1997, 373 Nr. 8; s. auch etwa Palandt/*Bassenge*, BGB, § 903 Rn. 24; *Seidel*, NVwZ 2004, 139 (142).

In den *Ausgangsfällen* (Rn. 202) und in allen sonstigen Fällen, in denen auf der öffentlichrechtlichen „Schiene" nur ein Anspruch gegen die Behörde auf ermessensfehlerfreie Entscheidung besteht, ist die **zivilrechtliche Vorgehensweise „günstiger".** Denn der zivilrechtliche Anspruch geht ohne die Zwischenschaltung irgendeines Ermessens auf die *Beseitigung* der Baumaßnahme *(= Ausgangsfall 1)* bzw. auf das *Unterlassen* des Handelns *(= Ausgangsfall 2).*[97]

In allen Fällen, in denen die Möglichkeit zum zivilrechtlichen Vorgehen *weiter* greift als die bloß auf eine fehlerfreie Ermessensentscheidung gerichtete öffentlichrechtliche Vorgehensweise, drängt sich die Frage auf, ob der Anspruchsinhaber für seinen Antrag auf Drittbelastung ein „Antragsinteresse"[98] und für die spätere gerichtliche Auseinandersetzung ein „Rechtsschutzinteresse" hat. Soweit ersichtlich, ist diese Frage in der Literatur und Rechtsprechung bisher nicht pointiert behandelt worden.

§ 13. Belastende Rechtsakte[1] im besonderen Gewaltverhältnis

Ausgangsfälle: (1) Der Direktor eines Gymnasiums *(D)* teilt der Redaktion der Schü- 209 lerzeitung mit, die Zeitung sei ihm fortan vor dem Druck vorzulegen; Beiträge, in denen die Schule kritisiert werde, seien verboten. Nach erfolgloser Durchführung eines Widerspruchsverfahrens klagen die Redakteure vor dem Verwaltungsgericht. Wie wird das Gericht entscheiden?

(2) Der Stundenplan für die 6. Klasse eines Gymnasiums sieht an 4 Tagen der Woche Nachmittagsunterricht vor. Vormittags finden dann jeweils nur 3 Unterrichtsstunden statt. Auf Vorstellung der Eltern und einiger Lehrer erklärt der Direktor, weil nicht genügend Fachlehrer zur Verfügung ständen, könne nur so der Mathematikunterricht gewährleistet werden. Die Eltern und Lehrer fragen an, ob sie sich die Regelung gefallen lassen müssen.[2]

In *beiden Fällen* handelt es sich um *besondere Gewaltverhältnisse,* nämlich um Rechtsbeziehungen, in welchen die Betroffenen der Verwaltung enger als im allgemeinen Gewaltverhältnis gegenüberstehen.

Dabei geht es einerseits um das Verhältnis Schule – Schüler *(Schulverhältnis),* im *Ausgangsfall 2* zusätzlich aber auch um das Verhältnis Schule – Lehrer *(Beamtenverhältnis).*[3]

---

[97] Im *Ausgangsfall 2* kommt neben den im Text genannten Ansprüchen auch ein Anspruch nach § 1 UWG in Betracht, s. Rn. 807.

[98] Zu ihm Rn. 152.

[1] *Normen* im besonderen Gewaltverhältnis sind in Rn. 418ff. (dort Ausgangsfall 1) behandelt.

[2] Weiterer Schulfall (Disziplinarmaßnahmen gegen Schüler) bei *Kästner-Anke,* JuS 1996, 719.

[3] Zum Beamtenverhältnis s. auch *Schenke,* Fälle zum Beamtenrecht, 2. Aufl. 1990 (JuS-Schriftenreihe H. 95); *Stock,* JuS 1989, 654 (Bhagwan-Kleidung eines Lehrers); *BVerwG,* NVwZ 1994, 583 = JuS 1995, 455 Nr. 4 (Verpflichtung eines Lehrers zur Benutzung eines bestimmten Schulbuches).

210   Wegen ihrer Organisations- und Geschäftsleitungsgewalt kann die Exekutive ihren *internen* Bereich kraft *eigenen* Rechts und im Grundsatz
gerichtsfrei regeln.[4] Ursprünglich war man der Ansicht, der Bürger sei
im besonderen Gewaltverhältnis so weitgehend in die staatliche Hierar-
chie eingegliedert, daß er *ohne weiteres* diesem verwaltungs*internen*
Recht unterworfen und entsprechend in seinen Rechtsschutzmöglichkeiten beschränkt sei.[5] Dabei wurde der verwaltungsinterne Bereich
über die Unterscheidung zwischen „Grundverhältnis" und „*Betriebs-*
verhältnis"[6] oder danach identifiziert, ob der einzelne als „Person" oder
als weisungsunterworfenes *Glied der Verwaltung* betroffen war.[7] Spätestens seit dem Urteil des Bundesverfassungsgerichts zum Strafvollzug[8]
hat sich indessen die Erkenntnis durchgesetzt, daß der Bürger auch im
besonderen Gewaltverhältnis, also im „Betriebsverhältnis" und als
„Glied der Verwaltung", Träger seiner Grundrechte ist und der Verwaltung daher nicht anders gegenübersteht als im allgemeinen Gewaltverhältnis. Damit hat die Rechtsfigur des besonderen Gewaltverhältnisses
heute keine eigenständige Bedeutung mehr.[9] Allerdings gibt es **allge-**
meine Probleme des Prozeßrechts und des materiellen Rechts, die
gerade in besonderen Gewaltverhältnissen plastisch werden. Das ist
der Ansatz für die nachfolgenden Darstellungen, die der Anfänger in
ihren schwierigeren Passagen zunächst überspringen sollte.

I. Klageart

211   Für die *Klageart* muß untersucht werden, ob der angegriffene Rechtsakt
aus dem besonderen Gewaltverhältnis als Verwaltungsakt angesehen
werden kann (= Anfechtungsklage, § 42 I VwGO). **Wird das Vorliegen**
eines Verwaltungsakts verneint, ist die Klagemöglichkeit damit nicht
ausgeschlossen[10] **(Fehlerquelle).** Denn vor dem Hintergrunde des
Art. 19 IV GG eröffnet § 40 I VwGO den Verwaltungsrechtsweg für
alle öffentlichrechtlichen Streitigkeiten nichtverfassungsrechtlicher Art,
soweit *Rechte* des Klägers beeinträchtigt sind; die Anfechtung von Ver-

---

[4]   Vgl. Rn. 645 ff., 649 sowie etwa *BVerfGE* 8, 155 (167 f.); 40, 237 (250); 73, 280 (292);
80, 257 (263); *BVerwGE* 44, 351 (354); 83, 336 (338); 86, 166 (168); 86, 209 (210 f.);
90, 220 (221 ff.); *Ossenbühl,* in: Erichsen/*Ehlers,* Allg. VR, § 6 Rn. 33, 55.

[5]   Zur Entwicklung s. etwa *W. Martens,* ZBR 1970, 197 ff.; *Maurer,* Allg. VR, § 6
Rn. 17 ff., § 8 Rn. 26 ff.; *Bull,* Allg. VR, Rn. 275 ff.; *Schmidt-Aßmann,* in: Maunz/
Dürig, GG, Art. 19 IV Rn. 84 ff.

[6]   Grundlegend *Ule,* VVDStRL 15, 151 f.; *ders.,* Verwaltungsprozeßrecht, 9. Aufl.
1987, § 5 III i. V. mit Anh. V zu § 32.

[7]   *BVerwGE* 14, 84 (85 f.); *Wolff/Bachof* VR I, 9. Aufl. 1974, § 46 VII b.

[8]   *BVerfGE* 33, 1 (9, 11); ferner *BVerfGE* 40, 276 (283).

[9]   *Peine,* Allg. VR, Rn. 90, sowie die in Fn. 5 Zitierten.

[10]   So ausdrücklich *BVerwGE* 60, 144 (145, 149 ff.) – Umsetzung eines Beamten; 98,
334 (335 f.) = JuS 1997, 759 Nr. 12 – Änderung des Aufgabenbereichs eines Beamten.

waltungsakten (§ 42 VwGO) ist nur *eine* Klageart unter anderen, typenmäßig nicht abschließend festgelegten Klagen. Liegt kein Verwaltungsakt vor, kommen im besonderen Gewaltverhältnis nicht anders als im allgemeinen Gewaltverhältnis insbesondere eine *Leistungsklage,*[11] eine *Unterlassungsklage*[12] oder (subsidiär) eine *Feststellungsklage*[13] in Betracht.

Ein Verwaltungsakt ist eine Einzelfallregelung im besonderen Gewaltverhältnis nur, **212** wenn sie nach ihrem *objektiven Sinngehalt final* auf eine „unmittelbare Rechtswirkung nach außen *gerichtet* ist" (§ 35 S. 1 VwVfG, Rn. 47). Weil *D* die Pressefreiheit der Redakteure einschränken will, liegt im *Ausgangsfall 1* (Rn. 209) ein Verwaltungsakt vor (= Anfechtungsklage). Im *Ausgangsfall 2* fehlt demgegenüber die Außen*richtung.* Denn nach der *Finalität* handelt es sich beim Nachmittagsunterricht um eine „aufgabenorientierte" schulorganisatorische Binnenregelung, nicht um eine gegen die Schüler und Lehrer gerichtete „personenorientierte"[14] Maßnahme (= Leistungsklage auf Änderung des Stundenplanes).

II. Subjektives Recht des Betroffenen

Aufbaumäßig verteilt auf die Zulässigkeit (§ 42 II VwGO) und auf die **213** Begründetheit der Klage (dazu Rn. 194 ff.) muß in Zweifelsfällen ferner untersucht werden, ob der Kläger in einem *subjektiven Recht* beeinträchtigt ist; vor dem Hintergrund des Art. 19 IV GG hat das Bundesverwaltungsgericht das **Erfordernis eines subjektiven Rechts** über die Anfechtungsklage hinaus **auf die Leistungsklage,**[15] auf die **Unterlassungsklage** und auf die **Feststellungsklage**[16] erstreckt. Soweit dem Betroffenen nicht schon einfachgesetzlich ein subjektives Recht eingeräumt ist (Fürsorgepflicht des Dienstherrn für seine Beamten als Beispiel),[17] wird ein subjektives Recht zwar über die im besonderen Gewaltverhältnis geltenden **Grundrechte** vermittelt. Aber die Geltung der Grundrechte hat nach der Grundrechtsdogmatik Grenzen.

(1) Die Grundrechte schützen nicht vor bloßen Bagatellen, wie sie (etwa) im Schulalltag immer wieder vorkommen (Ermahnungen, Sonderunterricht zur Aufarbeitung von Lernrückständen, Veränderung der Sitzordnung in der Klasse, usw.).[18] (2) Ein thematisch betroffenes Grundrecht muß den Schutzzweck haben, Beeinträchtigungen *der vorliegenden Art* abzuwehren (Lehre vom funktionalen Schutzbereich der Grundrechte, Rn. 447). Demgemäß ist Art. 2 I GG zwar bei der Umsetzung eines Beamten

---

[11] *BVerwGE* 60, 144 (150); 75, 138 (139 f.); 98, 334 (335 f.). Zur Ableitung der Leistungsklage als solcher s. Rn. 225.
[12] *BVerwGE* 47, 194 – Sexualkundeunterricht.
[13] *BVerwGE* 47, 201 – 5-Tage-Woche in der Schule.
[14] Formulierungen nach *BVerwGE* 90, 220 (222).
[15] S. *BVerwGE* 36, 192 (199); st. Rspr.
[16] *BVerwGE* 41, 253 (259); 99, 64 (66); 111, 276 (279).
[17] Beamtenrechtliche Fallgestaltung in *BVerwGE* 36, 192 ff.; 41, 253 ff.; 60, 144 ff.; 98, 334 (337) = JuS 1997, 759 Nr. 12.
[18] Vgl. Rn. 447 bei Fn. 22; *Niehues,* Schul- und Prüfungsrecht, Bd. 1, 3. Aufl. 2000, Rn. 32, 637.

oder bei der Betrauung mit einem neuen Aufgabenkreis betroffen, nicht aber, wenn
der Beamte die Weisung erhält, eine Gesetzesbestimmung gegenüber den Bürgern in
bestimmter Weise auszulegen. **(3)** Grundrechte finden ihre Grenze in anderen Normen des Grundgesetzes (systematische Verfassungsinterpretation, Einheit der Verfassung, Rn. 478). So läßt sich über (2) hinaus mit einem Hinweis auf Art. 33 IV, V GG
auch (3) verfassungssystematisch begründen, daß der Beamte durch eine Weisung zur
Gesetzesauslegung nicht in seinem Grundrecht aus Art. 2 I GG betroffen wird. Für
die Schule läßt sich das Ergebnis von (1) ebenfalls verfassungssystematisch, über
Art. 7 I GG, herleiten.[19]

Im *Ausgangsfall 1* (Rn. 209) sind die Redakteure der Schülerzeitung in ihrem Grundrecht aus Art. 5 I 2, 3 GG *ohne weiteres* betroffen, so daß das subjektive Recht hier
unvermittelt bejaht werden kann. Im *Ausgangsfall 2* müßten die Gesichtspunkte (1),
(2) und (3) im einzelnen diskutiert werden, wobei hier im Ergebnis ein subjektives
Recht ebenfalls bejaht werden könnte, sowohl für die Schüler als auch für die Lehrer.

III. Ermächtigungsgrundlage und Vorbehalt des Gesetzes

214   Wie im allgemeinen Gewaltverhältnis (Rn. 59) bedürfen Rechtsakte auch
im besonderen Gewaltverhältnis einer Ermächtigungsgrundlage in einem Parlamentsgesetz, in einer Satzung oder nach Maßgabe von Art. 80
I GG in einer Rechtsverordnung **(Vorbehalt des Gesetzes)**. Nach dem
Urteil des Bundesverfassungsgerichts zum Strafvollzug ist es nicht mehr
möglich, aus dem Zweck eines besonderen Gewaltverhältnisses oder aus
dem „Anstaltszweck" eine Ermächtigungsgrundlage kraft Gewohnheits-
rechts abzuleiten;[20] das besondere Gewaltverhältnis ist eben kein eigenständiges Rechtsinstitut mehr.

Allerdings hat die Exekutive kraft ihrer **Organisations- und Geschäftsleitungsgewalt** die bereits erwähnte[21] *eigene* Regelungskompetenz. Vom
allgemeinen Gewaltverhältnis her ist geläufig, daß die an sich *interne*
Organisations- und Geschäftsleitungsgewalt Bindungen auch im *Außenverhältnis* zum Bürger bewirken kann.[22] Beispielsweise ist der Bürger mit Verfahrensregelungen konfrontiert;[23] er hat Zuständigkeiten,[24]
Öffnungszeiten von Behörden usw.[25] zu beachten, die ohne gesetzliche
Grundlage[26] festgelegt werden. Ein derartiges Nebenregime eigenständiger Verwaltungskompetenzen ist auch im besonderen Gewaltverhältnis
von Bedeutung, nicht prinzipiell anders, aber umfangreicher als im allgemeinen Gewaltverhältnis, weil die Verwaltungsinterna und die Belange des Bürgers hier besonders eng verflochten sind. Soweit ein betroffenes Grundrecht eine gesetzliche Grundlage nicht (wie z.B. Art. 5 II

---

[19] S. *Niehues*, Rn. 34.
[20] *BVerfGE* 33, 1 (10); 40, 276 (283).
[21] Rn. 210. Speziell zur schulischen Organisationsgewalt *BVerwG*, DÖV 1978, 842.
[22] S. *Ossenbühl*, in: Erichsen/*Ehlers*, Allg. VR, § 6 Rn. 42 ff.
[23] *BVerfGE* 8, 155 (167 f.); 40, 237 (250).
[24] *BVerfGE* 40, 237 (250); *BVerwGE* 83, 336 (338).
[25] Weitere Beispiele bei *Ossenbühl*, aaO., Rn. 42 ff.
[26] Dezidiert so *BVerfGE* 8, 155 (167 f.); 40, 237 (250).

GG) *ausdrücklich* fordert, können in bestimmten Fällen im Rahmen nur ganz allgemeiner gesetzlicher Vorgaben (*allgemeine* Aufgaben der Schulen nach den Schulgesetzen) auch Grundrechtsbeeinträchtigungen über die *eigene* exekutive Regelungskompetenz der Verwaltung gerechtfertigt werden (Beispiel: Einführung der Rechtschreibreform in den Schulunterricht[27]).

In welchen Fällen einerseits der Vorbehalt des Gesetzes einschlägig ist **215** und inwieweit im besonderen Gewaltverhältnis andererseits die Organisations- und Geschäftsleitungsgewalt ausreicht, entscheidet das Bundesverfassungsgericht nach seiner (heute umfassenderen[28]) „**Wesentlichkeitstheorie**".[29] Die *wesentlichen* Entscheidungen müssen in einem Parlamentsgesetz oder – soweit nicht ein *Totalvorbehalt* zugunsten des Parlaments gilt[30] – kraft parlamentsgesetzlicher Ermächtigung[31] in einer Rechtsverordnung enthalten sein.

Wann eine Entscheidung „wesentlich" und damit im vorliegenden **216** Problemzusammenhang dem Parlamentsgesetz oder einer Rechtsverordnung vorbehalten ist, muß **vom rechtsstaatlichen und demokratischen Ansatz des Gesetzesvorbehalts**[32] **her** beurteilt werden. Aus *rechtsstaatlicher* Sicht ist erheblich, ob die Entscheidung als „wesentlich für die Verwirklichung der *Grundrechte*" angesehen werden muß.[33] Aus *demokratischer* Sicht ergibt sich, daß die wesentlichen *politischen* Entscheidungen dem Parlamentsgesetz vorbehalten sind.[34]

Im *Ausgangsfall 1* (Pressefreiheit, Rn. 209) verlangt Art. 5 II *ausdrücklich* eine gesetz- **217** liche Ermächtigung. Zwar finden sich in den Schulgesetzen der Länder rechtliche Regelungen zu den Schülerzeitungen.[35] Aber die (mit Art. 5 I 3 GG unvereinbare) Möglichkeit zur Vorzensur ist in diesen Gesetzen nicht vorgesehen. Im Umkreis von *Ausgangsfall 2* enthält das Grundgesetz *keinen* ausdrücklichen Gesetzesvorbehalt. Weder aus rechtsstaatlicher noch aus demokratischer Sicht geht es um „Wesentliches". Daher findet der Nachmittagsunterricht hier in der Organisationsgewalt der Schule eine ausreichende Rechtsgrundlage. – Nach *BVerfGE* 47, 46ff. kann über die Einführung einer Sexualerziehung in den Schulen nur der Gesetzgeber entscheiden. Denn hier sind die Verwirklichung der Eltern- (Art. 6 II 1 GG) und Kindesgrundrechte (Art. 2 I GG) wesentlich betroffen. Ferner gilt der Vorbehalt des Gesetzes nach

---

[27] *BVerfGE* 98, 218 (252 ff.).

[28] Rn. 452.

[29] Die Ursprünge der Theorie liegen im gegenwärtigen Kontext; für das Schulverhältnis s. insoweit *BVerfGE* 41, 251 (259 f.); 45, 400 (417 ff.); 47, 46 (78 ff.); 58, 257 (268 ff.); 98, 218 (252) = JuS 1998, 1153 Nr. 1; *BVerwGE* 56, 146; *BVerwG*, NVwZ 1998, 859 = JuS 1999, 493 Nr. 3.

[30] Näheres Rn. 423.

[31] Näheres Rn. 419, 423.

[32] Zu diesen Ansätzen bereits Rn. 59.

[33] *BVerfGE* 47, 46 (79); 83, 130 (140); 98, 218 (251).

[34] *Jenseits* der Rechtsetzung bedeutet das allerdings *keinen* Gewalten*monismus* beim Parlament; *BVerfGE* 49, 89 (124 f.). Außerdem ist eine Entscheidung nicht schon deshalb politisch wesentlich, weil sie besonders umstritten ist; *BVerfGE* 68, 1 (186 f.); 98, 218 (252) = JuS 1998, 1153 Nr. 1 – Rechtschreibreform.

[35] Zu den Rechtsgrundlagen der Schülerpresse umfassend *Jarass*, DÖV 1983, 609.

BVerfGE 58, 257 (274) für die Nichtversetzung und für den Ausschluß aus der Schule (insoweit Fortsetzung in Rn. 418 ff.). Schwieriger ist die Einführung der Fünf-Tage-Woche in der Schule zu bewerten. *BVerwGE* 47, 201 hat im Prinzip die Organisationsgewalt für ausreichend befunden, die Fünf-Tage-Woche einzuführen. Die Fünf-Tage-Woche ist aber schulpolitisch von so zentraler Bedeutung, daß jedenfalls vom demokratischen Ansatz her eine parlamentsgesetzliche Ermächtigung gefordert ist.[36]

§ 14. Verwaltungsakte in speziellen Verwaltungsverfahren

218 Das VwVfG unterscheidet drei Arten von Verwaltungsverfahren: das nichtförmliche Verwaltungsverfahren (§§ 10 ff. VwVfG), das förmliche Verwaltungsverfahren (§§ 63 ff. VwVfG) und das Planfeststellungsverfahren (§§ 72 ff. VwVfG). In den bisherigen Ausführungen wurden fast ausschließlich materiellrechtliche Fragen behandelt, die sich unabhängig von der Art des Verwaltungsverfahrens stellen, in welchem der Verwaltungsakt ergeht. Soweit vorstehend Verfahrensvorschriften erwähnt wurden, bezogen sie sich meist auf das nichtförmliche Verwaltungsverfahren. Nachfolgend geht es um verfahrensrechtliche Besonderheiten des förmlichen Verwaltungsverfahrens (I.) und des Planfeststellungsverfahrens (II.) sowie um „große" Genehmigungsverfahren, in denen sich bestimmte Elemente aus dem Planfeststellungsverfahren wiederfinden (III.).

I. Das förmliche Verwaltungsverfahren

219 **Ausgangsfall:** Gestützt auf § 15 I GaststättenG hat die zuständige Behörde in Berlin die dem *G* erteilte Erlaubnis zum Betrieb eines Gaststättengewerbes zurückgenommen. Das Verwaltungsgericht weist die Anfechtungsklage des *G* ab, weil *G* es versäumt habe, vorher Widerspruch nach §§ 68 ff. VwGO einzulegen. Ist dem *G* zu raten, Antrag auf Zulassung der Berufung (§§ 124, 124 a VwGO) zu stellen, wenn er die Voraussetzungen des § 15 I GaststättenG nicht für gegeben hält? – Wegen der Widerspruchsproblematik muß der Bearbeiter in den Blick nehmen, daß die Behörde die Erlaubnis in einem förmlichen Verwaltungsverfahren zurückgenommen haben könnte.

Das förmliche Verwaltungsverfahren ist **justizförmig ausgestaltet.** Ähnlich wie in einem Gerichtsverfahren wird eine mündliche Verhandlung durchgeführt (§§ 67 ff. VwVfG); Zeugen und Sachverständige sind zur Aussage verpflichtet (§ 65 VwVfG). Das förmliche Verwaltungsverfahren findet statt, wenn es durch Rechtsvorschrift angeordnet ist (§ 63 I VwVfG). Es geht um Fälle, in welchen die behördliche Entscheidung hervorgehobene Bedeutung hat, vor allem den Bürger besonders intensiv trifft. Weil das Verfahren rechtsstaatlich optimal ausgestaltet ist, bedarf es vor der Erhebung einer verwaltungsgerichtlichen Klage *kei-*

---

[36] Entsprechende Regelung in § 2 II NRW SchulpflichtG.

ner Nachprüfung in einem Vorverfahren nach §§ 68 ff. VwGO (§ 70 VwVfG).[1]

Gem. § 1 der Berliner Verordnung über das förmliche Verwaltungsverfahren vom 14. 5. 1980 (Anl., Nr. 9) wurde die Erlaubnis zum Betrieb des Gaststättengewerbes im *Ausgangsfall* in einem förmlichen Verwaltungsverfahren zurückgenommen. Das *Berliner* VwVfG enthält aber keine Vorschrift, welche § 70 VwVfG (des Bundes) entspricht (s. § 4 Berl. VwVfG). Daher konnte *G nicht* klagen, ohne Widerspruch eingelegt zu haben.

II. Das Planfeststellungsverfahren

Ausgangsfall: *B* hat einen großen Bauernhof in der Marsch mit ausgedehnten Weide-   220
flächen für Milchvieh geerbt. Bei Antritt des Erbes erfährt *B,* daß wenige Tage zuvor gem. § 17 I 1 BundesfernstraßenG (*Sartorius* Nr. 932) der Plan für die neue Bundesautobahn „Marschenlinie" (= VA) festgestellt worden ist. Die Autobahn wird den Hof von zwei Dritteln seiner Weideflächen abschneiden und *B* zu Umwegen von 12 km je Strecke zwingen. *B* fragt an, ob er einen Tunnel durchsetzen kann.

Wie das förmliche Verwaltungsverfahren findet auch das Planfeststellungsverfahren nur statt, wenn es durch Rechtsvorschrift angeordnet ist (§ 72 I VwVfG). Das Planfeststellungsverfahren steht für **raumbedeutsame Planungen** zur Verfügung. Antragsteller kann ein Träger öffentlicher Verwaltung oder auch ein Privater sein. Es handelt sich um eine **gestaltende Tätigkeit,** bei welcher das Vorhaben mit kollidierenden öffentlichen Interessen und mit den privaten Interessen betroffener Bürger über **Abwägungen** zum Ausgleich gebracht werden muß[2] (Beispiele: § 17 BundesfernstraßenG, *Sartorius* Nr. 932; § 18 Allg. EisenbahnG, *Sartorius* Nr. 962; § 28 PersonenbeförderungsG, *Sartorius* Nr. 950 (Straßenbahnen); § 14 BundeswasserstraßenG, *Sartorius Nr. 971*; § 11 a EnergiewirtschaftsG, *Sartorius* Nr. 830 (bestimmte Energieleitungen); § 31 II KrW-/AbfallG, *Sartorius* Nr. 298 (Abfalldeponien); §§ 9 a III 1, 9 b AtomG, *Sartorius* Nr. 835 (Endlager)). In den Fachgesetzen finden sich häufig spezialgesetzliche Regelungen, welche den Vorschriften der §§ 72 ff. VwVfG ganz oder teilweise vorgehen (§ 17 BFStrG). §§ 72 ff. VwVfG haben dann nur subsidiäre Bedeutung.

Neben den **Planfeststellungen durch Verwaltungsakt** (= gegenwärtiger Kontext) sieht der Gesetzgeber auch Planfeststellungen **durch Rechtsverordnung** (Abflugstrecken gem. § 32 I 1 Nr. 1, III LuftverkehrsG i. V. mit § 27 a LuftVO[3]) oder **durch (kommunale) Satzungen (Bauleitplanung** nach §§ 1 ff. BauGB) vor; selbst Planfeststellungen durch Gesetz sind nicht ausgeschlossen.[4] Diese Variationen in der Rechtsform sind Ausdruck der Tatsache, daß „staatliche Planung weder eindeutig der Legislative noch eindeutig der Exekutive zugeordnet werden" kann.[5] Demgemäß gelten für Planfeststellun-

---

[1] Weitere Einzelheiten etwa bei *Wolff/Bachof/Stober,* VR 2. Bd., § 61.

[2] Dazu z. B. *BVerwGE* 111, 276 (281).

[3] *BVerwGE* 111, 276. Vertiefend *Schmidt-Preuß,* Fachplanung und subjektivrechtliche Konfliktschlichtung, FS Werner Hoppe, 2000, S. 1071.

[4] *BVerfGE* 95, 1 = JuS 1998, 364 Nr. 5 – „Eisenbahnsüdumfahrung Stendal".

[5] *BVerfGE* 95, 1 (16).

gen durch Verwaltungsakt, Rechtsverordnung und Satzung **weitgehend die gleichen Regeln.**[6] – Einzelheiten der Fachplanungen sind Gegenstand einschlägiger Schwerpunktbereiche. Als Bestandteil des „Allgemeinen Verwaltungsrechts" sollte auch der **Pflichtfachkandidat** aber die **Charakteristika von Planfeststellungsverfahren** kennen. Die Bauleitplanung durch kommunale Satzungen (Rn. 427 ff.) gehört *ohnehin* zum Pflichtfachbereich (Baurecht, Kommunalrecht).

1. „Äußeres" Verfahren

221 **Typisch** für Planfeststellungsverfahren nach Spezialgesetzen oder nach §§ 72 ff. VwVfG sind: die Ersetzung verschiedener (an sich nebeneinander erforderlicher) öffentlichrechtlicher Genehmigungen durch den *einen* Planfeststellungsbeschluß (Konzentrationsfunktion, vgl. § 75 I VwVfG); die verwaltungsinterne Abstimmung der beteiligten Repräsentanten öffentlicher Interessen (§ 73 II VwVfG); die frühzeitige und verfahrensbegleitende Beteiligung betroffener Privater in einem Anhörungsverfahren (§ 73 VwVfG); der Ausschluß von Einwendungen, die nicht fristgerecht erhoben worden sind (§ 73 IV 3 VwVfG, Präklusion); der Ausschluß privatrechtlicher Unterlassungsansprüche nach Unanfechtbarkeit des Planfeststellungsbeschlusses (§ 75 II VwVfG).[7]

Nach der Sachverhaltsschilderung des *Ausgangsfalles* (Rn. 220) ist denkbar, daß der Erblasser innerhalb der Einwendungsfrist *keine* Einwendungen erhoben hat. *Dann* könnte B als Rechtsnachfolger den Tunnel *von vornherein* in *keiner* Weise erzwingen. Denn gemäß § 17 IV 1 BFStrG wäre sein Anliegen nicht nur verfahrensrechtlich, sondern *auch materiellrechtlich*[8] präjudiziert.

2. Abwägung im „inneren" Verfahren

221a Weil Planung nach ihrem Wesen schöpferische Gestaltung ist (soeben Rn. 220), kann sie nicht über schlichte Subsumtionen bewältigt werden. Demgemäß kann der Gesetzgeber **planungsrechtliche Ermächtigungsgrundlagen nicht** im „Wenn-dann-Schema" **konditional** formulieren, wie es der Vorbehalt des Gesetzes bei belastenden Verwaltungsakten an sich fordert (Rn. 59). Dem Vorbehalt des Gesetzes wird auf andere Weise Genüge getan. Der Gesetzgeber steuert die Planung über Planungsziele und Planungsleitsätze **final,**[9] wie das für die Bauleitplanung katalogartig in § 1 V BauGB (lesen!) und für die Planung von Bundesfernstraßen über „immanente Pla-

---

[6] Nach *BVerwGE* 48, 56 (63) ist deshalb z. B. die zur Bauleitplanung entwickelte Rechtsprechung „auf die fernstraßenrechtliche Planung im Grundsatz ohne weiteres übertragbar".

[7] Weitere Einzelheiten bei *Wolff/Bachof/Stober,* VR 2. Bd., § 62; *Badura,* in: Erichsen/Ehlers, Allg. VR, § 39 Rn. 32 ff.

[8] S. *BVerwGE* 60, 297 (301); *BVerwG,* DVBl. 1997, 51; allgemein *Hill,* Das fehlerhafte Verfahren, 1986, 445 ff.; *Badura,* in: Erichsen/Ehlers, Allg. VR, §§ 37 Rn. 4, 39 Rn. 34; *Oexle,* Das Rechtsinstitut der materiellen Präklusion, 2001; zur verfassungsrechtlichen Zulässigkeit s. *BVerfGE* 61, 82 (109 ff.).

[9] Dazu und zu den Folgerungen im Text grundlegend *Hoppe,* DVBl. 1974, 641; *ders.,* DVBl. 1977, 136; *ders.,* in: Isensee/Kirchhof, HStR, Bd. III, § 71 Rn. 19; s. ferner *BVerfGE* 95, 1 (16).

nungsleitsätze"[10] in §§ 1 I, 3 I, 4, 5 IV, 10, 11, 12, 15 BFStrG geschieht. Gleichzeitig und vor allem gilt für jede Planung schon unmittelbar von Verfassungs wegen ein „*rechtsstaatliches Abwägungsgebot*",[11] welches das „innere" *Verfahren* des Planens im **Abwägungsvorgang**[12] sowie das **Abwägungsergebnis** rechtlich diszipliniert:

Der Planfeststellungsbeschluß ist rechtswidrig, wenn im inneren *Verfahren* der Planung keine Abwägung stattgefunden hat („Abwägungsdefizit") oder in die Abwägung nicht alle abwägungserheblichen öffentlichen und privaten Belange eingestellt worden sind („Einbeziehungsdefizit").[13] Der Planfeststellungsbeschluß ist ferner rechtswidrig, wenn das Abwägungs *ergebnis* gegen den Grundsatz der Verhältnismäßigkeit verstößt.[14] Allerdings sind **„Mängel bei der Abwägung"** nach den Fachgesetzen regelmäßig **„nur erheblich, wenn** sie offensichtlich sind" und möglicherweise[15] *konkret* (nicht bloß abstrakt)[16] „auf das Abwägungsergebnis von Einfluß gewesen sind" (§ 75 I a 1 VwVfG, § 17 VI c 1 BFStrG).

Abwägungserheblich sind bereits von Verfassungs wegen alle Grundrechtspositionen, in die der Planfeststellungsbeschluß eingreifen würde. Über die Grundrechtspositionen *hinaus* schreibt der *Gesetzgeber* in fast allen Fachgesetzen die Einbeziehung *aller* „privaten Belange" vor, die nach Lage der Dinge berührt werden,[17] soweit sie nicht bloß von geringem Gewicht sind oder keinen Vertrauensschutz in Anspruch nehmen können.[18]

Im *Ausgangsfall* (Rn. 220) *sind* die Belange des *B* abwägungserheblich. Ein relevanter Fehler im *Verfahren* der Abwägung läge vor, wenn *B* fristgerecht Einwendungen erhoben hatte, diese aber in Ergänzung des Sachverhalts in den Akten übersehen worden sind (Einbeziehungsdefizit). Das Abwägungs *ergebnis* („kein Tunnel") könnte gegen den Grundsatz der Verhältnismäßigkeit verstoßen, was hier offen bleiben mag.[19]

3. Prozessuales

Nach § 48 I 1 VwGO ist für den Rechtsschutz gegen Planfeststellungs-   **221 b** beschlüsse **zumeist schon in erster Instanz das Oberverwaltungsgericht** zuständig, so auch im Ausgangsfall (§ 48 I 1 VwGO). Ein Widerspruchsverfahren ist nicht vorgeschaltet (§§ 74 I, 70 VwVfG).

---

[10] *BVerwGE* 48, 56 (62 f.).

[11] *BVerwGE* 56, 110 (122); 111, 276 (280); *BVerwG*, NVwZ 2002, 1235 (1236).

[12] Insoweit geht es um einen Anwendungsfall des „Grundrechtsschutzes durch Verfahren", Rn. 441.

[13] Parallele zu den Fehlern im inneren Verfahren der Ermessensbetätigung, Rn. 91 ff. (mit weiteren Verfeinerungen).

[14] Zu allem s. *BVerwGE* 34, 301 (309); 48, 56 (63); 107, 1 (6 f.).

[15] Dazu Rn. 435.

[16] *BVerwGE* 100, 370 (379).

[17] Anschauungsfälle in *BVerwGE* 34, 301 (309); 48, 56 (63); 59, 87 (101); 107, 1 (6 f.). Ob diese Einbeziehung auch *unabhängig* von einer gesetzlichen Regelung schon nach dem „*rechtsstaatlichen* Abwägungsgebot" *allgemein* gilt, läßt *BVerwGE* 111, 276 (281) dahingestellt.

[18] Zu diesen und zu nur vereinzelt relevanten weiteren Einschränkungen s. *BVerwGE* 107, 215 (219); *BVerwG*, NVwZ 2000, 1413 (1414).

[19] Entsprechende Untersuchungen für einen Bebauungsplan aber in Rn. 438.

Das für die **Klagebefugnis (§ 42 II VwGO)** erforderliche subjektive Recht (Rn. 194 ff.) ist vorhanden, wenn eine öffentlichrechtliche Norm auch dem Individualinteresse des Klägers dient (Rn. 186 ff.). Soweit ein Fachgesetz private Belange für „abwägungserheblich" erklärt, *geschieht* das im privaten Interesse des Betroffen. Im *entsprechenden* Umfang hat der Betroffene *automatisch* ein subjektives „Recht auf Abwägung" seiner privaten Belange mit den kollidierenden[20] öffentlichen Interessen, das die Klagebefugnis vermittelt.[21]

Im *Ausgangsfall* (Rn. 220) ist die Klagebefugnis des *B* damit ohne weiteres gegeben.

Nach Maßgabe der jeweiligen fachgesetzlichen Regelung (§ 17 VI c 2 BFStrG), sonst nach § 75 I a 2 VwVfG geht die Beseitigung des Mangels der Aufhebung eines Planfeststellungsbeschlusses vor **(Primat der „Nachbesserung").** Kommt eine Nachbesserung in Betracht, ist keine Anfechtungsklage, sondern nur eine Klage auf *Feststellung* der Rechtswidrigkeit und der Nichtvollziehbarkeit des Planfeststellungsbeschlusses gegeben.[22]

Demgemäß kann *B* im *Ausgangsfall* (Rn. 220) bei einem Einbeziehungsdefizit bloß die Nachholung einer ordnungsgemäßen Abwägung mit offenem Ausgang und bei einem Verstoß gegen den Grundsatz der Verhältnismäßigkeit nur die Ergänzung der Planfeststellung um eine Tunnelregelung erreichen, nicht aber die Aufhebung des Planfeststellungsbeschlusses verlangen.

III. „Große" Genehmigungsverfahren

222 **Ausgangsfall:** Als *N* nach längerem Auslandsaufenthalt zurückkehrt, entdeckt er zu seinem Entsetzen auf dem Nachbargrundstück eine Anlage der Teer- und Benzolfabrikation. Bei der Baugenehmigungsbehörde erteilt ein Referendar dem *N* die telefonische Auskunft, eine förmliche Baugenehmigung sei in den Akten nicht zu finden. Ein Fachmann versichert *N*, die Anlage leide an einem Konstruktionsfehler, welcher bei unglücklicher Verkettung mehrerer Umstände zu unerträglichen Geruchsbelästigungen führen könne. Kann *N* gegen die Anlage vorgehen?

Im Ausgangsfall handelt es sich um eine „genehmigungsbedürftige Anlage" i.S. von § 4 I BImSchG (s. § 1 I i.V. mit Nr. 1.12 des Anhangs der 4. BImSchV, *Sartorius* Nr. 296 a) – eines der „großen" Genehmigungsverfahren **mit komplexer Problematik und typischerweise vielen Beteiligten.** Zu nennen ist ferner etwa die Genehmigung von Atomanlagen nach § 7 AtomG (*Sartorius* Nr. 835). In derartigen Genehmigungsverfahren geht es nicht wie bei Planfeststellungen um Gestaltungen und

---

[20] Öffentliche Belange, die *neben* den privaten Belangen des Klägers *verstärkend gegen* die Planung sprechen (Naturschutz als Beispiel), sind *nicht* zu berücksichtigen, *BVerwGE* 48, 56 (66); 67, 74 (78), anders nur im Vorfeld von Enteignungen („Wohl der Allgemeinheit" als Enteignungsvoraussetzung gem. Art. 14 III 1 GG), *VerwGE* 67, 74; 100, 238 (240); 104, 236 (238); *BVerwG*, NVwZ 2000, 560.

[21] Dazu *BVerwGE* 107, 215 (217 ff.); 111, 276 (281 f.).

[22] So *BVerwGE* 100, 370 (372).

Abwägungen, sondern wie bei jeder Genehmigung um die **Subsumtion** unter die gesetzlichen Genehmigungsvoraussetzungen (Rn. 142 ff.).[23] Die gesetzlichen **Verfahrensregelungen** in den einschlägigen Fachgesetzen **stimmen** aber **weitgehend mit den Regelungen für Planfeststellungsverfahren** (Rn. 221) **überein.** Außerdem sind „Vorbescheide" und „Teilgenehmigungen" typisch (§§ 8, 9 BImSchG, §§ 7 IV 3, 7a AtomG), so daß „große" Genehmigungsverfahren **häufig mehrstufig** ablaufen.[24]

Im *Ausgangsfall* ist davon auszugehen, daß eine Genehmigung nach dem BImSchG vorliegt. Diese Genehmigung schließt nach § 13 BImSchG andere Genehmigungen ein (Konzentrationswirkung), auch die Baugenehmigung. Gegen die Genehmigung nach dem BImSchG kann N nicht mehr vorgehen. Weil im Sachverhalt nichts Gegenteiliges mitgeteilt ist, kann nach der Lebenserfahrung davon ausgegangen werden, daß das in § 10 BImSchG vorgeschriebene Anhörungsverfahren stattgefunden hat, die zuständige Behörde das Vorhaben insbesondere auch in ihrem amtlichen Veröffentlichungsblatt und außerdem in örtlichen Tageszeitungen öffentlich bekanntgemacht hat. Weil N in diesem Anhörungsverfahren nicht fristgerecht Einwendungen gegen das Vorhaben erhoben hat, liegt wie schon in Rn. 221 auch jetzt ein Fall einer Präklusion vor (§ 10 III 3 BImSchG). Weil der von N gerügte Fehler an der Anlage von vornherein bestand und die Präklusion materiellrechtlich wirkt,[25] kann N insbesondere auch keine „nachträglichen Anordnungen" gem. § 17 BImSchG von der Behörde verlangen. Die Möglichkeiten des N, zivilrechtlich gegen die Anlage vorzugehen, sind durch § 14 BImSchG erheblich gemindert.[26]

---

[23] Dazu *BVerwGE* 107, 215 (222).

[24] Zum Regelungsgehalt der verschiedenen Stufen s. bereits Rn. 40 sowie im Zusammenhang mit atomrechtlichen Genehmigungsverfahren *BVerwGE* 72, 300; 78, 177; 80, 207; *S. Becker,* Die Bindungswirkung von VAen im Schnittpunkt von Handlungsformenlehre und materiellem öffentlichen Recht am Beispiel des gestuften Verfahrens im Atom- und Immissionsschutzrecht, 1997. Klausur zu einem immissionsschutzrechtlichen Vorbescheid bei *Leidinger,* JuS 2006, 816.

[25] Rn. 221.

[26] Anders bei Genehmigungen, welche im „vereinfachten Verfahren" nach § 19 BImSchG ergehen.

3. Teil. Ansprüche zwischen Bürger und Staat, besonders im Gleichordnungsverhältnis

§ 15. Vorbemerkungen

I. Öffentlichrechtliche und (verwaltungs-) privatrechtliche Ansprüche

223 Ansprüche des Bürgers gegen den Staat wurden bereits behandelt, soweit sie auf den Erlaß eines Verwaltungsakts gerichtet sind.[1] Nachfolgend geht es einerseits um alle sonstigen öffentlichrechtlichen Ansprüche im Über-Unterordnungsverhältnis. Öffentliche Hand und Bürger können sich andererseits aber auch auf *einer* Stufe gleichgeordnet gegenüberstehen. Insoweit kommen öffentlichrechtliche und privatrechtliche Ansprüche in Betracht.

224 Die privatrechtlichen Beziehungen fallen entweder in den Bereich des „Fiskalprivatrechts" oder in den des „Verwaltungsprivatrechts".[2] Von **Fiskalprivatrecht** spricht man, wenn die Verwaltung als Fiskus am Privatrechtsverkehr teilnimmt, um ihr Finanz- oder Verwaltungsvermögen (staatlicher Waldbesitz, städtische Brauerei, Rathaus, Büromaterial, Kraftfahrzeugpark) zu vermehren, zu veräußern oder zu erhalten. Die eigentlichen öffentlichen Aufgaben werden hier nur *mittelbar* gefördert, über die Bereitstellung der Güter oder über die erzielten Erträge. Im **Verwaltungsprivatrecht** werden durch die privatrechtliche Gestaltung *selbst unmittelbar* öffentliche Verwaltungszwecke verfolgt. Beispielsweise kann die öffentliche Verkehrs-, Wasser-, Gas- oder Stromversorgung (verwaltungs-)privatrechtlich ausgestaltet sein.

Fälle aus dem Verwaltungsprivatrecht sind in den nachfolgenden Ausführungen zu berücksichtigen, zumal die Behörde hier unstreitig den gleichen Bindungen unterliegt wie bei der Verwendung öffentlichrechtlicher Gestaltungsformen.[3] *Fiskalprivatrechtliche Fälle* werden zumeist als Zivilrechtsklausuren ausgegeben. Auch derartige Fälle können aber

---

[1] Rn. 142 ff., 202 ff.

[2] Näheres etwa bei *Wolff/Bachof/Stober*, VR Bd. 1, § 23 Rn. 18 ff., 29 ff.

[3] Zusammenfassend *BGHZ* 91, 84 (96), wonach die Bindungen auch bestehen, wenn die Verwaltungsaufgabe durch eine von der Verwaltung beherrschte Gesellschaft privaten Rechts mit eigener Rechtspersönlichkeit wahrgenommen wird; *BGHZ* 93, 372 (381); *BGH*, NVwZ 2007, 246 = JuS 2007, 581 Nr. 7; *BVerwG*, NVwZ 1991, 59 = JuS 1991, 339 Nr. 13. Allgemein *Ulrich Stelkens*, Verwaltungsprivatrecht, 2005. Speziell zur *Grundrechtsbindung* z.B. *BGHZ* 52, 325 (327); 93, 372 (381).

vom öffentlichen Recht her Probleme enthalten, insbesondere, wenn die strittige **Frage nach der Grundrechtsbindung der öffentlichen Hand im Fiskalprivatrecht**[4] relevant wird.

II. Prozessuales

Alle zivilrechtlichen Ansprüche werden vor den Zivilgerichten geltend **225** gemacht, auch wenn sie zum Bereich des Verwaltungsprivatrechts gehören. Die öffentlichrechtlichen Ansprüche führen zum *Verwaltungsgericht,* „soweit die Streitigkeiten nicht durch Bundesgesetz einem anderen Gericht ausdrücklich zugewiesen sind" (§ 40 I 1 VwGO). Zur Durchsetzung öffentlichrechtlicher Ansprüche im Gleichordnungsverhältnis haben Bürger oder Behörde stets die auf ein Handeln oder Unterlassen gerichtete **Leistungsklage**[5] zu erheben,[6] welche in §§ 42 f. VwGO nicht ausdrücklich mit aufgezählt, durch §§ 43 II, 111, 113 IV VwGO aber anerkannt ist. Ansprüche im Über-Unterordnungsverhältnis werden ebenfalls mit der Leistungsklage verfolgt, soweit nicht speziell die **Verpflichtungsklage (= spezielle Leistungsklage)** gegeben ist. Diese ist nur auf den Erlaß eines Verwaltungsakts gerichtet, nicht auf die Verurteilung zu einer sonstigen Amtshandlung.[7] Das *BVerwG* wendet **§ 42 II VwGO** auf die **Leistungsklage** entsprechend an.[8] In Eilfällen kommt eine *einstweilige Anordnung* nach § 123 VwGO in Betracht.[9] Hat sich das Leistungsbegehren *nach Rechtshängigkeit* erledigt, hält das *BVerwG* in Anlehnung an § 113 I 4 VwGO eine **Fortsetzungsfeststellungsklage** für möglich.[10]

III. Öffentlichrechtliche Analogien zum bürgerlichen Recht

Die nachfolgenden Darstellungen werden mehrmals öffentlichrechtliche **226** Rechtsinstitute und Ansprüche behandeln, welche in Parallele zu ent-

---

[4] Das *BVerfG* läßt diese Grundrechtsbindung für Art. 12 I GG offen, führt die *Willkürprüfung* aus Art. 3 I GG (Rn. 492) aber als Ausdruck „allgemeiner Gerechtigkeitsvorstellungen" durch; *BVerfGE* 116, 135 (151, 153) = JuS 2007, 166 Nr. 3 *(Sachs)*. In gleicher Richtung z.B. *Hesse* und *Pieroth/Schlink,* aaO. Als Wegbereiter *GmS-OGB*, in: *BVerwGE* 74, 368 (373) = *BGHZ* 97, 312 (317).

[5] Abtastung ihres umfassenden Anwendungsfeldes bei *Steiner,* JuS 1984, 853. Zur (evtl. *vorbeugenden) Unterlassungsklage* s. auch noch Rn. 288.

[6] Weil davon auszugehen ist, daß eine öffentlichrechtliche Körperschaft einem rechtskräftigen Urteil auch ohne Vollstreckungsdruck Folge leisten wird, kann nach dem *BVerwG* im Grundsatz auch eine bloße Feststellungsklage erhoben werden; *BVerwGE* 36, 179 (181 f.); 90, 112 (114); 111, 276 (279); *BVerwG,* NVwZ 2002, 1505 (1506). Wegen der Subsidiarität der Feststellungsklage (§ 43 II 1 VwGO) a. A. z. B. *Schmitt Glaeser/Horn,* Verwaltungsprozeßrecht, Rn. 337.

[7] *BVerwGE* 31, 301.

[8] *BVerwGE* 36, 192 (199); 41, 253 (256); st. Rspr.

[9] Fälle z.B. bei *Bruggen,* JuS 1996, 233; *Litzmann,* JuS 2001, 571. S. ansonsten Rn. 164.

[10] *BVerwGE* 100, 83 (89); 111, 306 (309) = JuS 2001, 514 Nr. 17.

sprechenden Vorschriften des BGB entwickelt worden sind.[11] Hierbei[12] kann es sich **erstens** um die **Anwendung allgemeiner Rechtsgrundsätze** handeln, *welche für unser gesamtes* Recht gelten.[13] Sie sind Bestandteil eines *ungeschriebenen allgemeinen Teils* des deutschen Rechts oder mitunter sogar *des* Rechts überhaupt. Im BGB haben sie nur speziellen *Ausdruck* gefunden. Genaugenommen werden im öffentlichen Recht *nicht analog* diese Vorschriften des BGB, sondern *unmittelbar* die allgemeinen Grundsätze des Rechts angewendet. Die eigentliche **Analogie** kommt **als Zweites** gesondert in Betracht: Sie setzt eine Lücke in den öffentlichrechtlichen Normen des Verwaltungsrechts voraus und ist nach den Grundsätzen analoger Rechtsanwendung[14] (nur) möglich, wenn der nicht geregelte verwaltungsrechtliche Tatbestand dem geregelten bürgerlichrechtlichen Tatbestand so ähnlich ist, daß eine rechtliche Gleichbehandlung der Fallgruppen gerechtfertigt erscheint.

§ 16. Erfüllungsansprüche

I. Rechte und Pflichten unmittelbar aus dem Gesetz

227   Hier ergeben sich keine typischen Sonderprobleme, welche eingehender darzustellen wären. Der Bearbeiter hat die einschlägigen gesetzlichen Bestimmungen aufzufinden, auszulegen und auf den Sachverhalt anzuwenden. Klausurerheblich können z.B. (als Wahlfachmaterie) die *Rechte und Pflichten des Beamten* werden, etwa Besoldungsansprüche oder seine Gehorsams- und Verschwiegenheitspflicht sowie seine Verpflichtung, dem Dienstherrn bei schuldhafter Pflichtverletzung Ersatz leisten zu müssen.[1] Jeder immatrikulierte Student hat einen Anspruch gegen den AStA seiner Hochschule, *allgemeinpolitische* Äußerungen zu unterlassen.[2] Entsprechendes gilt für die Mitglieder von Berufskammern.[3]

---

[11] Vertieft *de Wall*, Die Anwendbarkeit privatrechtlicher Vorschriften im Verwaltungsrecht, 1999.

[12] Zusammenfassend zum Nachfolgenden auch *H. Weber*, JuS 1970, 170; *Forsthoff*, Lehrbuch des Verwaltungsrechts, 10. Aufl. 1973, S. 162.

[13] Dazu ausführlicher *Wolff/Bachof/Stober*, VR Bd. 1, § 25 Rn. 2 ff.

[14] Eingehend zu ihnen *Larenz*, Methodenlehre der Rechtswissenschaft, 6. Aufl. 1991, S. 381 ff.; *Katja Hemke*, Methodik der Analogiebildung im öffentlichen Recht, 2006.

[1] § 78 BBG und die entsprechenden Regelungen in den Beamtengesetzen der Länder.

[2] Zusammenfassend *BVerwGE* 59, 231; *BVerwG*, NVwZ 2000, 323 = JuS 2000, 813 Nr. 6.

[3] *BVerwGE* 64, 298; 107, 169 (174 ff.) = JuS 1999, 305 Nr. 13; *BVerwG*, NVwZ-RR 2001, 93 = JuS 2001, 823 Nr. 16.

II. Erfüllungsansprüche kraft behördlicher Bewilligung (Zusage, „Zusicherung", Subventionsrecht)

Ausgangsfälle: (1) *A*, ein Angestellter bei einer Bundesbehörde, erhält die schriftliche **228** Zusage, zum Beamten ernannt zu werden, sobald in der Behörde eine hierfür geeignete Planstelle frei wird. Hat *A* einen Anspruch auf die Ernennung, obgleich er nach § 7 I Nr. 1 BBG als Ausländer nicht in ein Beamtenverhältnis berufen werden kann und das „dringende dienstliche Bedürfnis" für eine Ausnahme nach § 7 III BBG nicht besteht?[4]

(2) Nach den Richtlinien über die Vergabe von Darlehen zur Hilfe nach Überschwemmungsschäden wird in einem „Bewilligungsbescheid" zunächst darüber entschieden, ob der Antragsteller die beantragte Subvention erhält. Dann wird mit ihm der Darlehensvertrag geschlossen. *W* hat einen entsprechenden Bescheid erhalten. Die Behörde bietet ihm einen Darlehensvertrag zu 4% Zinsen an. *W* ist der Auffassung, das Darlehen stehe ihm zinslos zu. Was kann er unternehmen?[5]

(3) Filmproduzent *F* ist im Wege der „Projektfilmförderung" nach dem FilmförderungsG (BGBl I 1998, 2053) eine Subvention bewilligt worden. Nach dem Wortlaut des Bewilligungsbescheides ist sie ihm auszuzahlen, wenn die Dreharbeiten begonnen haben. Die Behörde zahlt trotzdem nicht. Denn *F* habe das Drehbuch so weitgehend verändert, daß es nach den Bewilligungsvoraussetzungen nicht mehr subventionswürdig sei. Wie ist die Rechtslage?[6]

Ebenso wie der Bürger die an ihn gerichteten Gebote eines belastenden Verwaltungsakts zu erfüllen hat, muß umgekehrt die Behörde Leistungen erbringen, welche sie dem Bürger in einem begünstigenden Verwaltungsakt bewilligt bzw. zugesagt hat.

1. In der Fallbearbeitung ist zunächst erheblich, ob ein entsprechender **229** **Verwaltungsakt als Anspruchsgrundlage** *vorliegt.*

Hierfür muß die Behörde das Versprechen mit *Bindungswillen* abgegeben und ihr Handeln nicht bloß in Aussicht gestellt haben (Auslegung entsprechend § 133 BGB[7]). Ist der Bindungswille wie in den *Ausgangsfällen* vorhanden, liegt ein Verwaltungsakt ohne weiteres vor. Die verbindliche *Regelung* als entscheidendes Begriffsmerkmal des Verwaltungsakts nach § 35 S. 1 VwVfG (Rn. 45) ist gegeben, weil die Behörde dem Adressaten jeweils *konstitutiv* einen Anspruch eingeräumt hat, im *Ausgangsfall 1* auf Erlaß eines Verwaltungsakts (Beamtenernennung), im *Ausgangsfall 2* auf Abschluß eines zivilrechtlichen Vertrages (Darlehensvertrag) und im *Ausgangsfall 3* auf ein tatsächliches Handeln (Zahlung). – Wegen der Existenz von § 35 S. 1 VwVfG hat der aus der Zeit vor Inkrafttreten des VwVfG überkommene und bis heute fortgesetzte **Streit um die Rechtsnatur der verbindlichen Zusage**[8] *(Ausgangsfall 1)* heute **keine Substanz** mehr. Vor Inkrafttreten des VwVfG war der Begriff des VA gesetzlich noch nicht festgeschrieben und damit

---

[4] Anderer Fall bei *Lars Diederichsen*, JuS 2006, 60.
[5] Fall bei *Schröder*, JuS 1969, 25. S. ferner *Böhm/Gaitanides*, Fälle, Nr. 23 (in Anlehnung an *BVerwGE* 13, 307); *BVerwG*, NJW 1979, 280.
[6] Fallanlehnung an *BGH*, NJW 1972, 210.
[7] *BVerwG*, NVwZ 1986, 1011, sowie Rn. 45.
[8] Z. B. *Maurer*, Allg. VR, § 9 Rn. 60 (Regelung erst durch den zugesagten VA); *Erichsen/Ehlers*, Allg. VR, § 12 Rn. 33 (schlichte verwaltungsrechtliche Willenserklärung); *Stelkens/Bonk/Sachs*, VwVfG, § 38 Rn. 12 (bloße Ermessensbindung für zukünftiges Verwaltungshandeln).

für Wissenschaft und Rechtsprechung *variabel. Heute* geht es nur noch um die *Subsumtion* unter die *Statik* des § 35 S. 1 VwVfG (= VA,[9] s. soeben).

230 **2. Der Verwaltungsakt** als Anspruchsgrundlage muß **wirksam** sein.

a) Für die Gültigkeit einer **Zusage, die den Erlaß eines anderen Verwaltungsakts** verspricht („**Zusicherung**" i.S. der Legaldefinition des § 38 I 1 VwVfG, *Ausgangsfall 1*), enthalten § 38 I 1 VwVfG (Schriftform), § 38 II VwVfG (entsprechende [10] Anwendung u.a. des § 44 VwVfG/Nichtigkeit und der §§ 48, 49 VwVfG/Rücknahme, Widerruf) und § 38 III VwVfG (keine Fortsetzung der Bindung nach entscheidungserheblicher Änderung der Sach- oder Rechtslage) eigenständige Regelungen, die mit § 38 I 1 und § 38 III VwVfG von den allgemeinen Vorschriften für die Gültigkeit von Verwaltungsakten abweichen.

Nur im *Ausgangsfall 1* geht es um eine „Zusicherung" i.S. von § 38 I 1 VwGO. Die Schriftform ist gewahrt.[11] Die Mißachtung von § 7 I Nr. 1 BBG führt nur zur Rechtswidrigkeit, schon wegen der „Aufweichung" des § 7 I Nr. 1 – Tatbestandes durch § 7 III BBG aber nicht zur Nichtigkeit der Zusicherung. Solange die Behörde die Zusicherung nicht nach § 38 II i.V. mit § 48 VwVfG zurücknimmt, *hat A* also einen Ernennungsanspruch.

Merke: Vorbescheid und Teilgenehmigung (Rn. 40) sind *nicht* die Zusicherung eines anderen VA i.S. von § 38 VwVfG, sondern **schon endgültige Teilregelungen einer Gesamtregelung,** die auf mehrere Einzelregelungen aufgeteilt ist.

231 Für **Zusagen** (= VAe, soeben Rn. 229), **die nicht speziell auf den Erlaß eines VA gerichtet sind** und den Sonderregeln des § 38 VwVfG daher nicht unterfallen (= *Ausgangsfälle 2, 3*), gelten die allgemeinen Regelungen des VwVfG über die Gültigkeit von Verwaltungsakten. Ob die Gerichte praeter legem etwa auf der Linie von § 38 III VwVfG Ausnahmen von der gesetzlichen Regel anerkennen dürfen,[12] mag dahinstehen.

232 **b)** Im *Grundsätzlichen* kann (im *Ausgangsfall 2*) die Frage auftauchen, ob und inwieweit die Bewilligung staatlicher *Leistungen* dem **Vorbehalt des Gesetzes** untersteht.[13]

Wiederum[14] geht es um die demokratische und um die rechtsstaatliche Komponente des Parlamentsvorbehalts. Im Anschluß an die **Rechtsprechung des Bundesverwaltungs-**

---

[9] Entsprechend *BVerwG*, NVwZ 1986, 1011 und NJW 1988, 662 (663).

[10] Mit der *(jedenfalls)* „entsprechenden" Anwendung der §§ 44, 48, 49 VwVfG hat der Gesetzgeber den seinerzeitigen Streit um die Rechtsnatur der Zusage ohne eigene Stellungnahme überspielen wollen; s. die Regierungsbegr. zum Gesetzentwurf, BT-Drs. 7/910, 59.

[11] Die besonderen Formerfordernisse des § 6 II BBG sind nicht einschlägig, weil sie nur der Rechtsklarheit in der Frage dienen, *wer* in welchem Amt (schon) Beamter *ist; BVerwGE* 26, 31 (35).

[12] So für Zusagen im Wehrdienst etwa *BVerwGE* 93, 320 (322), *BVerwG*, NVwZ-RR 2002, 47. Sauberer wäre der für VAe *vorgesehene* Weg über § 49 II 1 Nr. 3, 4 VwVfG.

[13] Problemüberblicke bei *Erichsen/Ehlers*, Allg. VR, § 15 Rn. 18; *Maurer*, Allg. VR, § 6 Rn. 13 ff.

[14] S. bereits Rn. 59.

gerichts[15] wird herkömmlich zwischen „normalen" (Subventions-)Leistungen und solchen (Subventions-)Leistungen unterschieden, die besondere Grundrechtsprobleme aufwerfen, etwa weil der Staat lenkend in die Wettbewerbssituation nicht subventionierter Konkurrenten eingreift. In der ersten Konstellation und damit im *Ausgangsfall 2* ist ausschließlich die demokratische Komponente einschlägig. Für sie reicht es im Grundsatz aus, daß die erforderlichen finanziellen Mittel im Haushaltsgesetz des Parlaments bereitgestellt sind.[16] Die Festlegung der Förderungskriterien im einzelnen kann der Richtliniengebung durch die Verwaltung überlassen bleiben.[17] Greift die Leistung hingegen (gewollt oder ungewollt) lenkend in die Wettbewerbssituation von Konkurrenten ein (Art. 12 I GG), führt die grundrechtlich-rechtsstaatliche Komponente dazu, daß der Vorbehalt des Gesetzes in gleicher Weise wie bei einem adressierten Grundrechtseingriff[18] gilt.

Stellt sich in der Fallbearbeitung heraus, daß eine *erforderliche* gesetzliche Grundlage *fehlt*, ist der Leistungsbescheid nur erst rechtswidrig, damit aber noch nicht nichtig (Fehlerquelle). Die im zweiten Schritt **erforderliche Prüfung nach § 44 I VwVfG** ergibt zumeist, daß der Leistungsbescheid trotz seiner Rechtswidrigkeit gültig ist und den Anspruch auf die versprochene Leistung also vermittelt.

3. Der Sachverhalt muß sich **unter die Bewilligung** als Anspruchsgrundlage **subsumieren** lassen.   **233**

Im *Ausgangsfall 3* (Rn. 228) ergibt wahrscheinlich die *Auslegung*, daß der Bewilligungsbescheid den Film nur mit dem früher vorgelegten Drehbuch subventionieren wollte. Nachdem das Drehbuch wesentlich verändert worden ist, entfällt mithin der Anspruch auf die Spielfilmprämie.[19]

4. Bei Subventionen[20] können die Zusammenhänge dadurch kompliziert sein, daß die Rechte und Pflichten der Beteiligten zweistufig geregelt sind (Zweistufentheorie),[21] nämlich einerseits durch die Bewilligung, anderer seits durch einen privatrechtlichen Vertrag (Darlehensvertrag, Bürgschaft usw.), der hinzutritt. Dann ist sorgfältig darauf zu achten, in *welchem* der beiden miteinander verkoppelten Rechtsakte der in Frage stehende Anspruch verankert ist.   **234**

Sollen die Zuwendungen im planmäßigen Ablauf der Rechtsbeziehungen nicht zurückgezahlt werden, ist das Subventionsverhältnis in der Regel einstufig.[22] Das gilt auch für den *Ausgangsfall 3* (Filmförderung).[23] Alle Rechte und Pflichten der Parteien ergeben sich dort also allein aus der öffentlichrechtlichen Bewilligung.[24] *F* hat im Ver-   **235**

---

[15] *BVerwGE* 48, 305 (308); 58, 45 (48); 90, 112 (126).

[16] *BVerwGE* 90, 112 (126).

[17] *BVerwGE* 58, 45; 90, 112 (126).

[18] Dazu Rn. 59, 411.

[19] Zur Erstattung nach Auszahlung s. Rn. 272 ff.

[20] Zusammenfassende Überblicke zum Subventionsrecht bei *Jarass,* JuS 1980, 115; *Frotscher,* JuS 1984, 692. Zur EG-Ebene vgl. Rn. 714 c, 714 g.

[21] Grundlegend *H. P. Ipsen,* DVBl 1956, 602 ff.; vgl. auch z. B. *Maurer,* Allg. VR, § 17 Rn. 11 ff.; *BVerwG,* NJW 2006, 536 = JuS 2006, 763 Nr. 16.

[22] *BGH,* NJW 1972, 212; vgl. auch *Ipsen,* DVBl 1956, 604.

[23] *BGH,* aaO.

[24] Beispiel für einstufige zivilvertragliche Gestaltung mit öffentlichrechtlicher Überlagerung i. S. von Rn. 224 in *BGH,* NVwZ 2007, 246 = JuS 2007, 581 Nr. 7.

waltungsrechtsweg auf Auszahlung der Prämie zu klagen. Im *Ausgangsfall 2* (Überschwemmungsschäden) ist das Subventionsverhältnis hingegen zweistufig. W muß zunächst aus der Bewilligung (= erste Stufe) auf Abschluß eines privatrechtlichen Darlehensvertrages klagen. Diese Klage ist im Verwaltungsrechtsweg zu erheben. Ob im Darlehensvertrag auf Zinsen zu verzichten ist, entscheidet sich danach, wie die Bewilligung ausgelegt wird. Wenn der zivilrechtliche Darlehensvertrag abgeschlossen ist (= zweite Stufe), wird *er* Rechtsgrund für die Auszahlung der Darlehenssumme und für die Zinszahlungen. Darlehenssumme oder Zinsen sind dann also vor dem Zivilgericht einzuklagen.[25]

III. Erfüllungsansprüche aus Vertrag[26]

236 Ausgangsfälle:[27] (1) Eine Gemeinde hat mit einem Unternehmen einen „Ansiedlungsvertrag" geschlossen. In ihm erklärt das Unternehmen seine Bereitschaft, in der Gemeinde eine Produktionsstätte zu errichten. Die Gemeinde verpflichtet sich u. a. zur kostenlosen Erschließung des Geländes und verzichtet auf Anliegerbeiträge. Das Gelände wird erschlossen. Nachdem das Unternehmen seine Pläne zwei Jahre lang offensichtlich nicht weiterverfolgt hat, verlangt die Gemeinde die Errichtung der Produktionsstätte als „Erfüllung" des Vertrages.[28] Würde sie vor einem Gericht Erfolg haben?

(2) *E* und *N* sind Eigentümer benachbarter Waldparzellen im Außenbereich (§ 35 BauGB). *E* ficht eine Baugenehmigung an, welche Nachbar *N* für ein Wohnhaus erhalten hat. Auf Initiative weiterer Nachbarn, welche ebenfalls feste Wohnhäuser errichten möchten, „vergleichen" sich die Baugenehmigungsbehörde und *E*. In einem Vertrag mit der Baugenehmigungsbehörde verpflichtet sich *E*, seine Anfechtungsklage zurückzunehmen. Im Gegenzuge verpflichtet sich die Behörde, *E* eine Bebauungsgenehmigung zu erteilen. Muß die Baugenehmigungsbehörde ihre vertragliche Verpflichtung erfüllen?[29]

1. Abgrenzungsprobleme beim Einstieg in die Lösung

237 Damit von vornherein die Weichen richtig gestellt werden, untersucht der Bearbeiter in den Vorüberlegungen vor der Niederschrift zweckmäßigerweise stets zuerst, ob ein Vertrag vorliegt (nachfolgend Rn. 238) und ob dieser öffentlichrechtlich oder privatrechtlich ist (nachfolgend Rn. 239).

---

[25] S. *BGHZ* 40, 206 ff.; *BVerwG, NJW* 2006, 536 = JuS 2006, 763 Nr. 16.

[26] Umfassend *Schlette*, Die Verwaltung als Vertragspartner, 2000. S. ferner etwa *Scherzberg*, Grundfragen des verwaltungsrechtlichen Vertrages, JuS 1992, 205; *Schimpf*, Der verwaltungsrechtliche Vertrag, 1982. – Zur Vertrags*gestaltung* in den verschiedensten Fällen s. *Grziwotz*, ab JuS 1998, 807 (in Fortsetzungen). – Zu Sonderproblemen beim *„Normsetzungsvertrag"* s. *BVerwG, NJW* 1980, 2538 i. V. m. *Papier*, JuS 1981, 498; *BVerwG, DÖV* 1981, 878.

[27] Beachte ferner die Fälle *BVerwGE* 81, 312 (kommunale Schülerbeförderung durch Bundesbahn); 84, 183 = JuS 1990, 1025 Nr. 14 (Ablösung von Erschließungsbeiträgen); 84, 236 = JuS 1991, 159 Nr. 12 (vertraglicher *Immissionsschutz*); *VGH München*, NVwZ 1999, 1008 i. V. mit *Kahl/Röder*, JuS 2001, 24 (städtebaulicher Vertrag gem. § 11 BauGB/„Einheimischenmodell").

[28] Zur schadensersatzrechtlichen Seite des Falles s. Rn. 298.

[29] Fall in Anlehnung an *BVerwGE* 49, 359.

In der Niederschrift selbst müssen diese Überlegungen dann natürlich sinnvoll motiviert sein: Beim *prozessualen* Aufbau kommt es im Rahmen einer Leistungsklage[30] für den Rechtsweg (§ 40 I VwGO: öffentlichrechtliche Streitigkeit?) darauf an, ob ein öffentlichrechtlicher oder privatrechtlicher Vertrag vorliegt. Wird die *materielle Rechtslage* dargestellt, spielt der Rechtscharakter der Beziehungen zwischen Bürger und Staat für die *Anspruchs*grundlage eine Rolle. *Vertragliche* Ansprüche kommen nur in Betracht, wenn ein Vertrag vorliegt. Je danach, ob der Vertrag privatrechtlich oder öffentlichrechtlich ist, finden die Vorschriften des BGB (im Rahmen des Verwaltungsprivatrechts allerdings eventuell durch Bindungen der Behörde modifiziert)[31] oder die Vorschriften des VwVfG über den öffentlichrechtlichen Vertrag Anwendung.

a) Vertrag?

Es muß sich um *rechtsgeschäftliche* Äußerungen beider Parteien mit **238** *Bindungswillen* handeln, nicht lediglich um unverbindliche Verabredungen oder Meinungsäußerungen. Der Vertrag darf nicht mit einem (mitwirkungsbedürftigen) *Verwaltungsakt* oder mit einer *Zusicherung* (§ 38 VwVfG) verwechselt werden.

In den *Ausgangsfällen* ist ein Vertrag gegeben. Es war also fehlerhaft, wenn einige Bearbeiter im *Ausgangsfall 2* § 38 VwVfG (Zusicherung der Baugenehmigung) heranzogen.

b) Öffentlichrechtlicher oder privatrechtlicher Vertrag?

Entscheidend für die Abgrenzung ist nach dem Wortlaut von § 54 **239** VwVfG und ständiger Rechtsprechung,[32] ob der vertraglich geregelte **Gegenstand** öffentlichrechtlicher oder privatrechtlicher Art ist. Wenn für den im Vertrag geregelten Sachverhalt eine gesetzliche Regelung besteht, ist deren öffentlichrechtlicher oder privatrechtlicher Charakter auch für die Natur des Vertrages maßgeblich. Fehlt eine solche gesetzliche Verortung, kann man auf die „**hypothetische Normenstruktur**" abstellen und fragen, ob eine gesetzliche Regelung, die dem Gegenstand des Vertrages entspricht, öffentlichrechtlicher oder privatrechtlicher Natur *wäre*.

Anliegerbeiträge werden öffentlichrechtlich erhoben. Deshalb ist der vertragliche **240** Verzicht auf sie im *Ausgangsfall 1* öffentlichrechtlich. Problematisch ist im *Ausgangsfall 1*, ob die Ansiedlungsklausel, welche als die eigentliche Anspruchsgrundlage in Betracht kommt, öffentlichrechtlich oder privatrechtlich ist. Für die Zulässigkeit des Rechtsweges ist auf den Charakter *der* Pflicht abzustellen, über die gestritten wird.[33] Grundsätzlich sind nach der Rechtsprechung **gemischte Verträge** denkbar (Beispiel: Vereinbarung über die Ablösung von Erschließungsbeiträgen im Grundstückskaufvertrag mit der Gemeinde).[34] Es ist aber Zurückhaltung angesagt. Denn *materiellrechtlich* kann ein *einheitlicher* Vertrag nur *einem* Rechtsstatut unterstehen, *entweder*

---

[30] Zum Einstieg über sie Rn. 225.

[31] Dazu Rn. 224.

[32] Zusammenfassend *GmS-OGB*, in: BVerwGE 74, 368 (370) = BGHZ 97, 312 (314); s. ferner etwa *BVerwGE* 92, 56 (58); 97, 331 (335).

[33] *BGHZ* 43, 34 (37).

[34] *BVerwGE* 84, 183 (186) = JuS 1990, 1025 Nr. 14.

dem VwVfG *oder* dem BGB. Demgemäß muß ein einheitliches Rechtsstatut gelten, wenn sich die Vertragsteile *gegenüberstehen*.[35] Weil die Geltung des *öffentlichen* Rechts unausweichlich ist, unterstehen damit *beide* Vertragsteile dem öffentlichrechtlichen Rechtsstatut.[36] In der Bejahung eines entsprechenden Zusammenhanges zwischen einzelnen Vertragsteilen ist die Rechtsprechung großzügig.[37] Demgemäß steht die Ansiedlungsklausel des *Ausgangsfalles 1* in so engem Zusammenhang mit der öffentlichrechtlichen Vereinbarung über die kostenlose Erschließung, daß der Vertrag *insgesamt* als öffentlichrechtlich angesehen werden muß. Im *Ausgangsfall 2* handelt es sich ebenfalls um einen öffentlichrechtlichen Vertrag.

c) Subordinationsrechtlicher oder koordinationsrechtlicher Vertrag?

241 Ein öffentlichrechtlicher Vertrag kann zwischen einem Träger öffentlicher Verwaltung und einem Privaten (= „subordinationsrechtlicher" Vertrag, § 54 S. 2 VwVfG) oder auch zwischen zwei (oder mehreren) Trägern öffentlicher Verwaltung (= „koordinationsrechtlicher" Vertrag) abgeschlossen werden. Soweit §§ 54 ff. VwVfG ihren Anwendungsbereich auf „Verträge im Sinne des § 54 Satz 2" beziehen, gelten sie alleine für „subordinationsrechtliche" Verträge. Für „koordinationsrechtliche" Verträge bleibt es insoweit bei den allgemeinen Grundsätzen eines ungeschriebenen Vertragsrechts. Staatsverträge und Verwaltungsabkommen zwischen den Ländern werden später in Rn. 697 ff. gesondert behandelt.

2. Wirksamkeit eines öffentlichrechtlichen Vertrages

242 Nach § 54 VwVfG „*kann* ein Rechtsverhältnis auf dem Gebiet des öffentlichen Rechts durch Vertrag begründet, geändert oder aufgehoben werden".[38] Tatbestandlich näher eingegrenzte Einzelermächtigungen sind in der Regel nicht erforderlich.[39] Falls eine Spezialermächtigung vorhanden ist (vgl. z.B. §§ 110, 124 I BauGB), muß sie aber natürlich herangezogen werden.

a) Zustandekommen des Vertrages

243 Das ordnungsmäßige Zustandekommen des Vertrages (Angebot und Annahme; Vertretungsbefugnis auf seiten der öffentlichrechtlichen Körperschaft, für Gemeinden z.B. in den Gemeindeordnungen geregelt) ist in der Klausur selten problematisch. Erheblich kann **insbesondere § 58 VwVfG** werden, wonach ein Vertrag in bestimmten Fällen erst wirksam

---

[35] *BGHZ* 43, 34 (37); *BGH*, DÖV 1972, 719; *BVerwG*, NJW 1980, 2538.

[36] *BVerwG*, NJW 1980, 2538; *Papier*, JuS 1981, 499. Insoweit kritisch *BVerwGE* 84, 183 (186).

[37] S. bes. *BVerwGE* 22, 138 ff.; *BGH*, JZ 1971, 652 ff.; *BVerwGE* 42, 331 (333); *BVerwG*, NJW 1976, 2360.

[38] Die gegenteilige, insbes. durch *O. Mayer* (AöR 3 (1888), 1 ff.) beeinflußte Lehre ist also positivrechtlich überwunden.

[39] *BVerwGE* 42, 331 (335).

wird, wenn ein Dritter oder eine andere Behörde zustimmt. Vorher ist der Vertrag schwebend unwirksam.

Im *Ausgangsfall 2* (Rn. 236) sind für die Bebauungsgenehmigungen *selbst* (§ 35 II BauGB) die landes*interne* Zustimmung der höheren Verwaltungsbehörde und das *externe* Einvernehmen mit der Gemeinde erforderlich (§ 36 I BauGB). § 58 II VwVfG dürfte diese Mitwirkungen *auch* als Wirksamkeitsvoraussetzungen des (nur erst vorliegenden) vertraglichen *Verpflichtungsgeschäftes* fordern, weil mit dem Verpflichtungsgeschäft eine eigenständige „Rechtsquelle" für das spätere Erfüllungsgeschäft entsteht.[40] Die Mitwirkungen können allerdings durch § 36 II 2 BauGB fingiert sein.

b) Zulässigkeit des Vertrages

§§ 54 ff. VwVfG regeln im einzelnen, wann ein öffentlichrechtlicher Ver- **244** trag *zulässig* ist, von der Verwaltung abgeschlossen werden darf.

Wie in der Fallbearbeitung immer wieder übersehen wird, ist ein unzulässiger Vertrag nicht automatisch nichtig. Die **Nichtigkeitsfrage** ist vielmehr in **§ 59 VwVfG gesondert geregelt** und daher in der Fallbearbeitung gesondert zu untersuchen (nachfolgend Rn. 254 ff.). Wenn die Voraussetzungen des § 59 VwVfG nicht vorliegen, sind fehlerhafte Vertragsbestimmungen gültig, allenfalls aufhebbar (dazu nachfolgend Rn. 256). Insoweit bestehen Parallelen zum Verwaltungsakt.[41]

Viele Fallbearbeitungen leiden darunter, daß sie pauschal nach der Zu- **245** lässigkeit *des* Vertrages fragen. Statt dessen sind **die einzelnen Vertragsbestimmungen** je für sich **getrennt** auf ihre Zulässigkeit (bzw. im Kontext nachfolgend Rn. 254 ff. auf ihre Gültigkeit) durchzumustern. Parallel zu § 139 BGB infiziert die Unzulässigkeit (bzw. Nichtigkeit) eines Vertragsteiles (nur) unter den Voraussetzungen des § 59 III VwVfG die anderen Vertragsteile und damit den ganzen Vertrag.

In den *Ausgangsfällen* (Rn. 236) ist also einerseits die Zulässigkeit der Vertragsteile zu untersuchen, welche die „Anspruchsgrundlage" für das Begehren sind (Ansiedlungspflicht des Unternehmens im *Ausgangsfall 1;* Verpflichtung der Behörde, die Bebauungsgenehmigung zu erteilen, im *Ausgangsfall 2).* Wegen § 59 III VwVfG muß andererseits aber auch untersucht werden, ob die Verpflichtung der Gemeinde zu kostenloser Erschließung mit dem Verzicht auf die Anliegerbeiträge *(Ausgangsfall 1)* und die Verpflichtung des E, die Anfechtungsklage zurückzunehmen *(Ausgangsfall 2),* rechtmäßig sind.

§§ 55 und 56 (auch § 59 II) VwVfG finden nur auf „**Verträge i.S. des** **246** **§ 54 S. 2 VwVfG**" Anwendung. Seinem Wortlaut nach scheint § 54 S. 2 VwVfG lediglich „Verfügungsverträge" zu betreffen, welche an die Stelle eines Verwaltungsakts treten, diesen ersetzen.

Im *Ausgangsfall 1* verfügt die Gemeinde mit ihrem Verzicht auf die Anliegerbeiträge. Im *Ausgangsfall 2* läge ein „Verfügungsvertrag" vor, wenn die Behörde die Bebauungsgenehmigung bereits im Vertrag selbst erteilt und dem *E* nicht nur *versprochen* hätte.

Im Anschluß an die Gesetzesmaterialien sind sich Literatur und Rechtsprechung jedoch weitgehend darüber einig, daß § 54 S. 2 VwVfG *alle*

---

[40] So *Knuth,* JuS 1986, 523 (524).
[41] Rn. 33 ff.

subordinationsrechtlichen Verträge und damit auch den „Verpflichtungsvertrag" des *Ausgangsfalles 2* erfassen soll.[42]

247 § 55 VwVfG betrifft *Vergleichsverträge*, § 56 VwVfG *Austauschverträge*. Nach der Korrekturerfahrung haben die Studenten immer wieder Schwierigkeiten, die **Systematik der §§ 54 ff.** VwVfG zu durchschauen und die Frage nach dem Vertragstypus von der Frage zu trennen, wann und inwieweit dieser Vertragstypus zulässig ist.

248 Ein **Vergleichsvertrag** liegt vor, der Anwendungsbereich des § 55 VwVfG ist also *eröffnet*, wenn die Vertragsparteien „eine bei verständiger Würdigung des Sachverhalts oder der Rechtslage bestehende Ungewißheit durch gegenseitiges Nachgeben beseitigt" haben (= *Begriff* des Vergleichs nach der Legaldefinition in § 55 VwVfG). Dieser Vertrag ist *zulässig* (= *rechtmäßig*), „wenn die Behörde den Abschluß des Vergleichs zur Beseitigung der Ungewißheit nach pflichtgemäßem Ermessen für zweckmäßig hält". Ein Ermessensfehler macht den Vergleich rechtswidrig (und im Kontext nachfolgend Rn. 254 ff. gem. § 59 II Nr. 3 VwVfG nichtig). Weil die Verfügung über eine *ungewisse* Rechtslage gerade das Wesen des Vergleichs ausmacht, ist es hingegen in der Regel unschädlich, wenn die Bestimmungen in einem Vergleichsvertrag, die das *gegenseitige Nachgeben* betreffen,[43] *inhaltlich* mit (an sich) zwingendem Recht unvereinbar sind.[44] Anderes gilt nur bei Verstoß gegen ein (aktives) gesetzliches *Verbot* (§ 59 I VwVfG i.V. mit § 134 BGB, Rn. 255).[45] Vergleicht man den Vergleichsvertrag mit dem „normalen" öffentlichrechtlichen Vertrag und läßt man § 134 BGB außer Betracht, kann man formulieren: Beim „normalen" Vertrag kommt es auf die Rechtmäßigkeit seines *Inhalts* (s. Rn. 250 ff.), beim Vergleich auf die rechtmäßige Ausübung des *Abschlußermessens* an.

Im *Ausgangsfall 2* (Rn. 236) würde die Bebauungsgenehmigung bei entsprechender Sachlage mit § 35 III 1 Nr. 7 BauGB („Splittersiedlung") unvereinbar sein. *Wenn* es sich *begrifflich* um einen Vergleich handelte, wäre diese Vertragsbestimmung trotzdem rechtmäßig, weil ein Fehler im Abschlußermessen nicht ersichtlich ist. Nach der Begriffsdefinition in § 55 VwVfG liegt indessen kein Vergleich vor. Denn die Behörde hat nicht *im Rahmen* der bestehenden Ungewißheit[46] (Zulässigkeit und Begründetheit der Nachbarklage) nachgegeben, sondern dem *E außerhalb* des Prozeßgegenstandes eine Leistung (Bebauungsgenehmigung) versprochen.[47]

249 Die Leistung der Behörde (Bebauungsgenehmigung) und die Leistung des *E* (Rücknahme der Klage) stehen *im Ausgangsfall 2* in einem **Austauschverhältnis i.S. des § 56 I 1 VwVfG**. Denn weit über den „gegenseitigen Vertrag" (§§ 320ff. BGB) hinausgehend wendet das *BVerwG* § 56 I 1 VwVfG auf *jeden* Austauschvertrag an, „zumindest entsprechend" selbst auf einen „*unvollständigen* (,hinkenden') Austauschvertrag, in dem die Leistung der Behörde Bedingung bzw. Geschäftsgrundlage für die vertraglich vereinbarte Gegenleistung des Bürgers ist."[48] Allerdings ist § 56 VwVfG nicht alleine anzuwenden, sondern in Kombination mit § 54 S. 1 VwVfG: Die Zulässigkeit der *Behörden*leistung (Bebauungsgenehmigung) beurteilt sich *ausschließlich* nach § 54 VwVfG (*im Ausgangsfall 2* mit der Entsprechung für die Nichtigkeitsfrage

---

[42] S. *BVerwG*, DÖV 1977, 206 sowie die Kommentare zu § 54 VwVfG.

[43] Zu dieser selbstverständlichen Beschränkung auf diesen *Teil* des evtl. umfänglicheren Vertrages s. *BVerwGE* 49, 359 (364).

[44] *BVerwGE* 14, 103; 17, 87 (93 f.); 49, 359 (364); 98, 58 (63).

[45] S. *BVerwGE* 98, 58 (63).

[46] Zu diesem Erfordernis s. *BVerwGE* 98, 58 (63).

[47] Ebenso *BVerwGE* 49, 359 (364).

[48] *BVerwGE* 96, 326 (330); 111, 162 (167).

in § 59 II Nr. 1 VwVfG). Die Leistung des *Bürgers (E)* unterliegt ebenfalls den Zulässigkeitsanforderungen des § 54 S. 1 VwVfG und *zusätzlich* den Anforderungen des § 56 VwVfG (mit der Nichtigkeitsentsprechung in § 59 II Nr. 4 VwVfG).

Gedankenfolge in der Fallbearbeitung

(1) Gem. § 54 S. 1 VwVfG ist ein öffentlichrechtlicher Vertrag zulässig, "soweit Rechtsvorschriften nicht entgegenstehen". Damit kann der Behörde einerseits das **Handeln in der Form des Vertrages** unmöglich sein, weil eine andere Handlungs*form* zwingend vorgeschrieben ist.   250

Soweit es sich *im Ausgangsfall 1* (Rn. 236) um Erschließungsbeiträge handelt, welche von §§ 127 ff. BauGB erfaßt sind, dürfte § 135 V BauGB einen *vertraglichen* Verzicht zulassen. Für die sonstigen Erschließungsbeiträge bestimmen die (Landes-)Kommunalabgabengesetze, daß der Kreis der Abgabepflichtigen *durch Satzung* des Gemeinde*parlaments* zu bestimmen ist, also nicht durch Vertrag festgelegt werden kann, solange nicht eine Satzung das gestattet.

Wie angedeutet wurde, erlaubt § 54 S. 2 VwVfG nunmehr vertragliche Regelungen *anstelle* eines *Verwaltungsakts*, wenn ein Gesetz an sich das Handeln in der Form eines Verwaltungsakts vorsieht, solange nicht erkennbar ist, daß der Gesetzgeber in einem Einzelfall (Beispiel Beamtenernennung) ausnahmsweise einmal nach wie vor *alleine* das Handeln durch Verwaltungsakt vorschreibt. Demgemäß hätte die Bebauungsgenehmigung *im Ausgangsfall 2* bereits im Vertrag selbst erteilt werden *können*.

(2) Andererseits[49] dürfen die Leistung des Staates und die Leistung des Bürgers wegen § 54 S. 1 VwVfG *inhaltlich* nicht gegen **zwingende Vorschriften des materiellen Rechts** verstoßen (Ausnahme: Vergleichsvertrag, Rn. 248). Denn die Anerkennung der vertraglichen Handlungsform für sich alleine eröffnet der Verwaltung nicht die Möglichkeit, vom materiellen Inhalt des Verwaltungsrechts abzuweichen. (Daher hat der öffentlichrechtliche Vertrag seine Hauptbedeutung im Bereich zulässiger Ermessensbetätigungen.)   251

Im Ausgangsfall 1 (Rn. 236) liegt ein Verstoß gegen zwingendes Recht vor, wenn eine Gemeindesatzung die Abgabenpflicht regelt und für das Unternehmen keine Ausnahmevorschrift enthält.[50] Für den *Ausgangsfall 2* wurde bereits angedeutet, daß die Bebauungsgenehmigung bei entsprechender Sachlage wegen § 35 III 1 Nr. 7 BauGB ("Splittersiedlung") nicht erteilt werden kann.

Die öffentlichrechtliche Körperschaft kann über vertragliche Gestaltungen insbesondere nicht ihrer Bindung an die Grundrechte ausweichen, da Art. 1 III GG "die vollziehende Gewalt" ohne Rücksicht auf die Form ihres Tätigwerdens bindet.[51]   252

(3) Soweit es im Austausch[52] um **die Leistungen des Bürgers** geht, müssen **zusätzlich** zu den Anforderungen des § 54 VwVfG die besonderen **Anforderungen des § 56 VwVfG** erfüllt sein. In der Regel ist hier be-   253

---

[49] Daß § 54 VwVfG nicht nur die Zulässigkeit der Vertrags*form*, sondern auch den *Inhalt* des Vertrages betrifft, wird durch *BVerwGE* 84, 236 (238) = JuS 1991, 159 Nr. 12 bestätigt.

[50] Vgl. *BVerwG*, NJW 1984, 2113.

[51] *Wolff/Bachof/Stober*, VR Bd. 1, § 23 Rn. 7.

[52] S. soeben Fn. 44.

sonders auf *unzulässige Koppelungen*[53] (§ 56 I S. 2 VwVfG a.E.) zu achten. Auch die *anderen* Anforderungen[54] des § 56 VwVfG sind aber sorgfältig zu beachten (= häufiger Auslassungsfehler).

In den *Ausgangsfällen* (Rn. 236) verstoßen die Leistungen von *U* (Ansiedlung) und *E* (Klagerücknahme) weder gegen § 54 noch gegen § 56 VwVfG. Im *Ausgangsfall 1* ist damit nur noch weiter zu verfolgen, ob ein rechtswidriger Abgabenverzicht nichtig wäre und die Nichtigkeit dieses Vertragsteiles über § 59 III VwVfG den in sich rechtmäßigen Vertragsteil „Ansiedlung" infizieren würde. Im *Ausgangsfall 2* ist entscheidend, ob die rechtswidrige Verpflichtung zur Erteilung der Bebauungsgenehmigung nichtig ist.

c) Eingeschränkte Nichtigkeitsgründe

254 Es wurde bereits ausgeführt, daß rechtswidrige Vertragsteile nur *nichtig* sind, wenn die Voraussetzungen des § 59 VwVfG vorliegen. Insoweit hat § 59 VwVfG mit der seinerzeit überkommenen[55] Ansicht gebrochen, rechtswidrige Vertragsteile seien (wie beim zivilrechtlichen Vertrag) in aller Regel *automatisch* nichtig. Allerdings wirft die Nichtigkeitsfrage nach § 59 VwVfG Probleme nur auf, soweit die *Behörde* rechtswidrige Leistungen versprochen oder erbracht hat. Vertragsteile, mit denen umgekehrt der *Bürger* unter Verstoß gegen § 56 VwVfG „über den Tisch gezogen worden ist", sind *nach wie vor stets* nichtig (§ 59 II Nr. 4 VwVfG).[56]

255 In den *Ausgangsfällen* (Rn. 236) beurteilt sich die Nichtigkeitsfrage für die rechtswidrigen Verpflichtungen der Träger öffentlicher Verwaltung (Abgabenverzicht im *Ausgangsfall 1*, Versprechen der Bebauungsgenehmigung im *Ausgangsfall 2*) nach § 59 II Nr. 1 VwVfG. Verwaltungsakte mit entsprechendem Inhalt, insbesondere auch die dem *Ausgangsfall 2* parallele Zusicherung nach § 38 VwVfG, wären trotz ihrer Rechtswidrigkeit gemäß § 44 VwVfG gültig. Also sind nach § 59 II Nr. 1 VwVfG auch die entsprechenden (rechtswidrigen) Vertragsteile gültig. – Über § 59 I VwVfG i.V. mit § 134 BGB (gesetzliches Verbot) läßt sich die Nichtigkeit in den *Ausgangsfällen* nicht begründen. Denn der Anwendungsbereich des § 134 BGB ist im Rahmen des § 59 I VwVfG auf „qualifizierte" Fälle der Rechtswidrigkeit, auf „Verbote" in einem engen Sinne, beschränkt.[57] Sonst wäre § 59 II VwVfG überflüssig. Verbotsgesetze in diesem engen Sinne dürften nur Vorschriften sein, welche sich dem Rechtsakt *aktiv* entgegenstellen, ihn nicht nur verbieten, sondern im Ergebnis *verhindern* wollen.[58] Gegen ein *solches* Verbotsgesetz wird in den *Ausgangsfällen* nicht verstoßen.

256 Soweit § 59 VwVfG „schlicht rechtswidrige" Verträge ohne die Nichtigkeitsfolge zuläßt (Rn. 254), sind gegen die Vorschrift **rechtsstaatliche Bedenken** erhoben worden,[59] aus der Sicht des rechtswidrig belasteten Bürgers wegen des Grundrechtsschutzes i.V. mit Art. 19 IV GG, aus der Sicht des Staates wegen des Gesetzmäßigkeitsprinzips in Art. 20 III GG. Denn anders als beim schlicht rechtswidrigen Verwaltungsakt

---

[53] Näheres zu ihnen in *BVerwGE* 42, 331 (336); 52, 183; 111, 162 (168 ff.).

[54] Sie gehen auf *BVerwGE* 42, 331 (342 ff.) zurück.

[55] Zu ihr zuletzt *BVerwGE* 49, 359 (361); *BVerwG*, NJW 1980, 2539.

[56] Klausurfall bei *Kleine Holthaus*, JuS 2005, 531.

[57] *BVerwGE* 98, 58 (63). Beispiel: *BVerwGE* 84, 183 (187 ff.) = JuS 1990, 1025 Nr. 14.

[58] So *Schimpf* (soeben Fn. 22), S. 287 ff. Auf gleicher Linie *Schlette* (Fn. 22), S. 553.

[59] Zuerst ausführlich von *Götz*, DÖV 1973, 298.

haben Bürger und Staat beim schlicht rechtswidrigen Vertrag nicht[60] die Möglichkeit der Anfechtung[61] oder der Rücknahme,[62] sieht man von der engen Kündigungsmöglichkeit des § 60 I 2 VwVfG ab. Aber als Gegengewichte zum Grundrechtsschutz und zum Gesetzmäßigkeitsprinzip sind auch die Rechtssicherheit und der Vertrauensschutz Elemente des Rechtsstaatsprinzips.[63] Deshalb wird die **Verfassungsmäßigkeit des § 59 VwVfG heute** im Ergebnis **fast allgemein bejaht.**[64] Bei diesem Befund braucht die Verfassungsfrage in der Fallbearbeitung nicht gestellt zu werden; eine Fall-Aufgabe verpflichtet den Bearbeiter nicht, „geklärte" Probleme neu „aufzuwärmen".

Selten können **Willensmängel** (§§ 119ff. BGB) eine Rolle spielen: Wegen Irrtums oder arglistiger Täuschung kann auch der öffentlichrechtliche Vertrag *ohne weiteres* angefochten werden (§ 62 VwVfG).   257

3. (Evtl.:) Auslegung des Vertrages

Im *Ausgangsfall 1* (Rn. 236) ergibt sich letztendlich[65] durch Vertrags*auslegung*, daß   258
das Unternehmen trotz der Gültigkeit der Ansiedlungsklausel keine Ansiedlungs*pflicht* trifft. Bei wirtschaftlicher Betrachtungsweise sollte wohl allein die Gemeinde Pflichten tragen; sie war an der Ansiedlung besonders interessiert. Die Ansiedlung ist zum Vertrags*inhalt* erhobene *causa* des Vertrags, also einerseits mehr als eine „unter" dem Vertrag stehende Geschäftsgrundlage,[66] andererseits aber keine Pflicht. Weil die causa weggefallen ist, könnte die Gemeinde wegen ihrer Erschließungskosten möglicherweise Bereicherungsansprüche geltend machen (§ 812 I 2 BGB).[67]

Spätestens beim öffentlichrechtlichen Vertrag zeigt sich übrigens: Ohne solide Kenntnisse im Zivilrecht läßt sich auch ein öffentlichrechtlicher Fall nicht angemessen bearbeiten.

IV. Ansprüche aus öffentlichrechtlicher Verwahrung

Ausgangsfälle: (1) *E* sucht eine kostenlose Bleibe für seinen Hund während der Ur-   259
laubszeit. Deshalb geht er ins städtische Tierheim und behauptet, der Hund sei ihm zugelaufen. Kann die Stadt von *E* die Fütterungskosten verlangen, nachdem sich der wahre Sachverhalt aufgeklärt hat?[68]

(2) Gleicher Fall wie in Rn. 39: Nachdem die Behörde dem *A* gemäß § 46 I FahrerlaubnisVO die Fahrerlaubnis entzogen hat, liefert *A* den Führerschein entsprechend seiner gesetzlichen Verpflichtung aus § 47 I FahrerlaubnisVO bei der Behörde ab. Das Gericht hebt die Entziehung der Fahrerlaubnis später auf. Kann *X* seinen erinne-

---

[60] Anders aber § 126 III LVerwG SchlH.
[61] Zum VA s. insoweit Rn. 52.
[62] Zum VA s. Rn. 178ff.
[63] *Schlette* (Fn. 22), S. 541.
[64] Umfassende Nachw. bei *Schlette*, S. 543.
[65] In einer „echten" Fallbearbeitung könnte es zweckmäßig sein, *sogleich am Anfang* auf das Auslegungsproblem einzugehen.
[66] Zum Unterschied s. insb. Soergel/*Teichmann*, BGB, 12. Aufl. 1990, § 242 Rn. 199; vgl. auch *U. Huber*, JuS 1972, 57.
[67] Einzelheiten bei *U. Huber*, JuS 1972, 64.
[68] Ähnlicher Fall bei *Wilke*, JuS 1966, 481.

rungsträchtigen Originalführerschein zurückverlangen, der ihm vor 40 Jahren ausge-
händigt worden ist, oder muß er sich mit der Ausstellung einer neuen Führerschein-
urkunde abfinden?[69]

Das Rechtsinstitut der öffentlichrechtlichen Verwahrung ist durch
§ 40 II 1 VwGO positivrechtlich anerkannt, aber nur in wenigen Bereichen[70] gesetzlich näher geregelt.

260   1. **Ein öffentlichrechtliches Verwahrungsverhältnis besteht, wenn**
eine Behörde[71] bewegliche Sachen zur Aufbewahrung für eine Privatperson kraft öffentlichen Rechts bewußt im Besitz hat.[72] Während das privatrechtliche Verwahrungsverhältnis auf Vertrag beruht (§ 688 BGB),
entsteht das öffentlichrechtliche Verwahrungsverhältnis beim Eintritt
dieses Tatbestandes automatisch.[73]

Beispiele: Beschlagnahmen, Sicherstellung von Sachen.[74] Im *Ausgangsfall 1* (Hundefall) liegt ein öffentlichrechtliches Verwahrungsverhältnis vor. Gemäß § 967 BGB
(öffentlichrechtliche Norm[75]) nimmt die Stadt *jeden* Gegenstand in Verwahrung, der
ihr als „Fundsache" übergeben wird. Sie verwahrt den Gegenstand für denjenigen, der
kraft bürgerlichen oder öffentlichen Rechts für ihn verantwortlich ist. Im *Ausgangsfall 2* hatte die Behörde den Führerschein jedenfalls so lange für *A* aufzubewahren, bis
über die Erlaubnisentziehung abschließend entschieden war.

261   2. In der Fallbearbeitung ist zunächst nach **positivrechtlichen Regelungen** zu forschen.[76] Finden sie sich nicht, liegt es nahe, aus den Vorschriften des BGB zum Verwahrungsvertrag auch für die öffentlichrechtliche
Verwahrung *Obhutspflichten, Ansprüche auf Aufwendungsersatz und
Rückgabeansprüche* abzuleiten. Bei dieser Analogie ist indessen Zurückhaltung geboten. Der Verwahrungsvertrag des BGB betrifft Fälle, in
welchen die Rechtsbeziehungen der Parteien unmittelbar durch die
Aufbewahrung selbst geprägt sind. Die öffentlichrechtliche Verwahrung
hat hingegen nur in Ausnahmefällen, etwa beim Fund oder bei der Hin-
terlegung, einen eigenständigen Ansatz. Sonst ist sie lediglich *Nebenfolge* in umfassenderen Rechtsbeziehungen, die *primär nicht* auf Aufbewahrung, sondern auf andere Zwecke (Beschlagnahme, Sicherstellung
usw.) gerichtet sind. Durch *diese* Zwecke wird der Inhalt des Verwah-
rungsverhältnisses geprägt. Je nach dem Kontext, in welchem das öffent-

---

[69] Weitere Fälle: *BGHZ* 4, 192 ff.; *BGH*, NJW 1990, 1230; *BVerwGE* 52, 247 (Geld-
verwahrung für Soldaten in der Waffenkammer); *Maurer*, JuS 1994, 1015. Allgemein
Büllesbach, Die öffentlichrechtliche Verwahrung, 1993; *Quaritsch*, Die öffentlichrechtliche Verwahrung, in: *Klaus Lüder*, Staat und Verwaltung, 1997, S. 169.

[70] Z.B. im Zusammenhang mit der polizeirechtlichen *Sicherstellung* in den Landesgesetzen über die öffentliche Sicherheit und Ordnung; s. ferner § 48 Bundesgrenz-
schutzG.

[71] Zum umgekehrten Fall (Verwahrung der Grundausstattung durch Reservisten der
Bundeswehr) s. *VG Arnsberg*, JuS 1975, 401 Nr. 13; *H. Müller*, JuS 1977, 232.

[72] Im gleichen Sinne z.B. *BGHZ* 34, 349 (354); *BGH*, NJW 1990, 1230.

[73] Vertieft dazu *Quaritsch*, aaO., S. 170 f.

[74] Soeben Fn. 65.

[75] S. *Wilke*, JuS 1966, 482.

[76] Soeben Fn. 65.

lichrechtliche Verwahrungsverhältnis im Einzelfall steht, können sich ganz unterschiedliche Lösungen ergeben. **Analogien zu §§ 688ff. BGB** kommen **nur teilweise** in Betracht.[77] Anders als beim zivilrechtlichen Verwahrungsvertrag kann es einheitliche Rechtsregeln für *die* öffentlich-rechtliche Verwahrung also nicht geben.

In den *Ausgangsfällen* treffen die Behörden die *Obhutspflichten,* den Hund bzw. den Führerschein ordnungsgemäß aufzubewahren. Im *Hundefall* vermittelt die öffentlich-rechtliche Verwahrung dem *E* auch einen Rückgabeanspruch. Umgekehrt kann die Behörde von *E* ihre *Aufwendungen* erstattet verlangen. Gleichzeitig hat sie Schadensersatzansprüche aus §§ 823 II BGB, 263 StGB (Betrug).[78] *A* hat hingegen wohl keinen *Anspruch auf Rückgabe des Führerscheins* aus dem Verwahrungsverhältnis, wie viele Bearbeiter des *Ausgangsfalles 2* annahmen. Anspruchsgrundlage ist insoweit vielmehr ein Folgenbeseitigungsanspruch, welcher nicht an die Tatsache der Verwahrung, sondern daran angeknüpft ist, daß die Entziehung der Fahrerlaubnis aufgehoben worden ist.[79] Besonders bei der Rückgabe wird somit entscheidend, ob eine öffentlichrechtliche Verwahrung nur Nebenfolge *anderer* Verwaltungszwecke ist.

3. Für vermögensrechtliche Ansprüche aus öffentlichrechtlicher Verwahrung ist gem. § 40 II 1 VwGO **der ordentliche Rechtsweg** gegeben, nach ständiger Rechtsprechung allerdings nicht, wenn die Behörde klagt.[80]   **262**

Im *Ausgangsfall 1* (Hundefall, Rn. 259) ist damit für den Anspruch der Stadt auf Aufwendungsersatz der Verwaltungsrechtsweg,[81] für den zivilrechtlichen Schadensersatzanspruch wegen Betruges aber der Zivilrechtsweg gegeben. Allerdings braucht die Stadt (nach ihrer Wahl) nur *entweder* das Verwaltungsgericht *oder* das Zivilgericht *anzurufen.* Denn wegen § 17 II 1 GVG (lesen!) entscheidet das angerufene Gericht „unter *allen* in Betracht kommenden rechtlichen Gesichtspunkten", das Verwaltungsgericht also auch über den zivilrechtlichen Schadensersatzanspruch und das Zivilgericht auch über den Aufwendungsersatz. Im *Ausgangsfall 2* (Führerschein, Rn. 259) ist ohne weiteres der ordentliche Rechtsweg gegeben (§ 40 II 1 VwGO).

V. Ansprüche aus Geschäftsführung ohne Auftrag

Ausgangsfälle: (1) Hundefall (soeben Rn. 259).   **263**

(2) *E* ist durch Polizeiverfügung aufgegeben worden, auf seinem Grundstück einen Baum zu beseitigen, welcher eine Gefahr für die öffentliche Sicherheit darstelle. Nachdem die Verfügung unanfechtbar geworden ist, läßt die Behörde den Baum im Wege der Ersatzvornahme fällen. Sie hatte aber vergessen, dem *E* die Vollstreckungsmaßnahme rechtzeitig anzudrohen. Die Vollstreckung war also rechtswidrig.[82] Trotzdem verlangt die Behörde von *E* die Kosten der Ersatzvornahme. Denn es sei ein Erfolg eingetreten, welchen *E* so oder so auf seine Kosten habe herbeiführen müssen. – Vollstreckungsrechtliche Ansprüche scheiden bei rechtswidriger Vollstreckung aus.

---

[77] Beispiele: *BVerwGE* 52, 247 (253); *BGH,* NJW 1990, 1230.

[78] Ansprüche aus GoA sind nicht gegeben; vgl. nachfolgend Rn. 268.

[79] Einzelheiten zum Folgenbeseitigungsanspruch anschließend Rn. 281 ff.; für die Sicherstellung gesetzlich geregelt, s. Fn. 65

[80] *BGHZ (GS)* 43, 227 f.; *BVerwGE* 18, 72 (78). Die tiefergehende Problematik ist dargestellt in *BVerwG,* DVBl 1971, 412 ff.

[81] So mit eingehender Begründung *Wilke,* soeben Fn. 63.

[82] Vgl. schon Rn. 131.

In beiden Ausgangsfällen kommen Ansprüche auf *Aufwendungsersatz* aus *GoA* in Betracht. Literatur und Rechtsprechung haben bisher nicht abschließend geklärt, inwieweit dieses Rechtsinstitut auf Sachverhalte Anwendung finden kann, welche vom öffentlichen Recht geprägt sind.[83] **Nachfolgend** werden **nur Ansprüche des Staates gegen den Bürger** aus GoA behandelt. Sie kommen in der Fallbearbeitung am häufigsten vor. Die meisten Gesichtspunkte sind aber auch verwertbar, wenn Ansprüche des Bürgers gegen den Staat[84] oder eines Verwaltungsträgers gegen einen anderen Verwaltungsträger[85] aus GoA zu erörtern sind.

1. Öffentlichrechtliche oder privatrechtliche GoA?

264 Vor allem für den *Rechtsweg* ist im Einzelfall zu entscheiden, ob eine *öffentlichrechtliche oder privatrechtliche* GoA in Betracht kommt. In der Rechtsprechung ist die **Abgrenzung nicht abschließend geklärt.**

Es finden sich Entscheidungen des *BVerwG* und des *BGH*, in denen auf die Rechtsnatur der vom *Geschäftsführer* ergriffenen Maßnahmen abgestellt wird.[86] So gesehen ginge es in beiden *Ausgangsfällen* um eine öffentlichrechtliche GoA. Andere Entscheidungen derselben Gerichte haben umgekehrt darauf abgestellt, welchen Charakter das Geschäft gehabt hätte, wenn es vom *Geschäftsherrn* vorgenommen worden wäre.[87] Insoweit geht es – wie im Abgrenzungsproblem beim *Vertrag*[88] – um den *Gegenstand* der Geschäftsführung.[89] Im *Ausgangsfall 1* (Hundefall) kommt jetzt eine privatrechtliche GoA in Betracht. Denn der Eigentümer hätte seinen Hund „privat" gefüttert. Weil E im *Ausgangsfall 2* einer öffentlichen Pflicht nicht nachkommt, steht dort auch jetzt noch eine öffentlichrechtliche GoA in Frage. – Wenn ein Träger öffentlicher Verwaltung „kraft Amtes" für einen Privaten tätig geworden ist, *müssen* (trotz teilweise gegenteiliger Rechtsprechung des BGH[90]) öffentlichrechtliche Rechtsbeziehungen vorliegen. Jedenfalls *deshalb* geht es auch im *Ausgangsfall 1* letztendlich um eine öffentlichrechtliche GoA.

---

[83] Überblick über den Meinungsstand bei *Erichsen/Ehlers*, Allg. VR, § 29 Rn. 8 ff. Vertiefend *Nedden*, Die GoA im Öffentlichen Recht, 1994; *Kischel*, Verw.Arch. 1999, 391 (sehr kritisch). „Grundfälle" bei *Bamberger*, JuS 1998, 706.

[84] Beispiele bei *Bamberger*, aaO: Anlieger bauen eine Straße aus, welche die *Gemeinde* zu unterhalten hat; *BGHZ* 63, 167: Schadensersatzanspruch des Brandgeschädigten wegen schlechter Arbeit der Feuerwehr (dazu noch nachfolgend Fn. 92); *BVerwGE* 80, 170: Herstellung eines verfallenen Uferdeckwerkes an der Weser durch Betreiber eines Tanklagers.

[85] Beispiele bei *H. H. Klein*, DVBl 1968, 167; *Bamberger*, aaO *BGHZ* 40, 28 ff. gewährt einer Gemeinde, deren Feuerwehr einen von der Bundesbahn durch Funkenflug verursachten Waldbrand gelöscht hatte, einen Anspruch auf Aufwendungsersatz gegen die (seinerzeit noch nicht private) Bundesbahn; s. ferner *BGH*, DÖV 1978, 688; *BVerwG*, NJW 1986, 2524; *BSG*, SGb 2000, 680.

[86] *BVerwG*, DVBl 1956, 375; *BGH*, NJW 1978, 1278.

[87] *BGHZ* 40, 28; 63, 167; 65, 354; 65, 384 (386); *BVerwGE* 80, 170.

[88] Soeben Rn. 239 ff.

[89] Insgesamt kritisch *Scherer*, NJW 1989, 2724 (2725).

[90] *BGHZ* 65, 354; 65, 384 (386).

2. Öffentlichrechtliche GoA

Hat man sich für eine privatrechtliche GoA entschieden, sind die Nor- **265**
men des BGB unmittelbar einschlägig.[91] Sonst kommt das Rechtsinstitut
einer öffentlichrechtlichen GoA in Betracht, welches in **Analogien zu
§§ 677ff. BGB** entwickelt worden ist.[92] Wenn eine öffentlichrechtliche
Körperschaft gehandelt hat, kann das sachliche Ergebnis von dieser Weichenstellung indessen nicht abhängen. Liegt eine privatrechtliche GoA
vor, handelt es sich nämlich in der Regel jedenfalls um *Verwaltungs*pri-
vatrecht mit den früher[93] angedeuteten Konsequenzen: Die Normen des
Zivilrechts sind **durch** die **Bindungen modifiziert,** welchen die Verwaltung in ihrem Verhältnis zum Bürger von Verfassungs wegen unterliegt.
Alle nachfolgend skizzierten Einschränkungen[94] gelten daher unabhängig von der (formalen) Zuordnung des Ansatzes zum öffentlichen oder
privaten Recht.

Das Rechtsinstitut der **GoA ermächtigt** den Geschäftsführer, sich in **266**
Fällen in fremde Angelegenheiten einzumischen, in denen er dazu „an
sich" weder beauftragt noch sonst berechtigt ist. *Nur wenn* er so ausnahmsweise einmal fremde Geschäfte betreiben *darf,* soll er die ihm entstehenden Aufwendungen erstattet bekommen.[95]

a) Es muß sich zunächst um ein objektiv oder subjektiv **fremdes Ge-** **267**
schäft handeln. Unschädlich ist es, wenn das Geschäft gleichzeitig als
eigenes betrieben wird.[96]

In den *Ausgangsfällen* nimmt die Behörde jedenfalls *auch* fremde Geschäfte wahr. Wie
häufig in den Fallbearbeitungen übersehen wird, reicht das fremde Geschäft alleine
aber noch nicht aus:

b) Die **GoA ist subsidiär.** Ist der Verwaltung die Geschäftsführung oh- **268**
nehin schon gestattet, kommen keine Ansprüche aus Geschäftsführung
ohne Auftrag in Betracht, sondern nur Ansprüche aus dem anderen Ge-
stattungsverhältnis. Dabei ist die gebräuchliche Formulierung „Geschäftsführung ohne Auftrag" zu eng und also irreführend. Nach dem
Wortlaut des § 677 BGB reicht neben dem Auftrag auch **jede sonstige**
„Berechtigung" gegenüber dem Geschäftsherrn aus, um Ansprüche aus
GoA auszuschließen.[97]

---

[91] S. insoweit *Heussler,* JuS 1991, 924. „Grundfälle" zur zivilrechtlichen GoA bei
Martinek/Theobald, ab JuS 1997, 612 (in Fortsetzungen).
[92] S. *BVerwGE* 80, 170 (172).
[93] Rn. 224.
[94] Besonders Rn. 269.
[95] Zu diesen Zusammenhängen besonders klar *Maurer,* JuS 1970, 562 ff.
[96] Einzelheiten z.B. bei Palandt/*Sprau,* BGB, § 677 Rn. 3 ff.
[97] Das ebnet *BGHZ* 63, 167 ein. Die dort zugestandenen Ansprüche (der Bürger gegen die Feuerwehr) lassen sich erst im Textzusammenhang nachfolgend Rn. 271
dogmatisch verankern. Problematisch auch *BGHZ* 65, 384 (387 ff.).

So liegt es im *Ausgangsfall 1* (Hundefall, Rn. 263/259).[98] Weil die Stadt durch § 967 BGB zur Verwahrung für *E ermächtigt* war, kann der Aufwendungsersatz dort nur aus dem Verwahrungsverhältnis,[99] nicht aber aus GoA hergeleitet werden. Im Fall der vollstreckungsrechtlich *unzulässigen* (!) *Ersatzvornahme (Ausgangsfall 2*, Rn. 263*)* handelte die Behörde hingegen *ohne* spezielle Berechtigung.

269 c) Nach §§ 677ff. BGB ist die GoA schließlich nur zulässig, wenn sie dem **wirklichen oder mutmaßlichen Willen des Geschäftsherrn** entspricht oder wenn ohne sie eine Pflicht des Geschäftsherrn nicht rechtzeitig erfüllt werden würde, deren Erfüllung im öffentlichen Interesse liegt.[100] Aber an die **Geschäftsführung der Verwaltung für den Bürger** müssen **weitergehende Anforderungen** gestellt werden. Die Verwaltung untersteht dem „Vorbehalt des Gesetzes" (s. Rn. 59). Man kann ihren Ermächtigungsrahmen nicht *blanco* dadurch erweitern, daß man die für die Abgrenzung *privater* Hilfsbereitschaft entwickelten Zulässigkeitsvoraussetzungen der zivilrechtlichen GoA analog auf die Fremdgeschäftsführung des Staates überträgt.[101]

270 Der *Ausgangsfall der Ersatzvornahme* (Rn. 263) löst sich bereits, weil nicht einmal die Voraussetzungen nach dem BGB erfüllt sind: Eventuell hätte *E* den Baum mit eigenen Mitteln billiger beseitigen können. Jedenfalls war er im Zweifel aber nicht bereit, rechtswidrige Vollstreckungsmaßnahmen zu dulden. Daher entsprach die Geschäftsführung der Behörde (Ersatzvornahme) nicht seinem „wirklichen oder mutmaßlichen Willen". Ein „öffentliches Interesse" an der *sofortigen* Beseitigung des Baumes (vgl. § 679 BGB) ist auch nicht ersichtlich. *So oder so* könnte die GoA die nach dem Vorbehalt des Gesetzes erforderliche *spezifische* Ermächtigung für die Kosten einer rechtswidrigen Ersatzvornahme nicht substituieren.

3. Analoge Heranziehung bloß der Rechtsfolgen einer GoA

271 Liegt keine Geschäftsführung *ohne* Auftrag, sondern eine **Geschäftsführung kraft besonderer Gestattung** vor (soeben Rn. 268), mag man bei *entsprechender Interessenlage* (!) die Rechts*folgen* der GoA analog berücksichtigen können,[102] etwa mit der Begründung: wenn schon eine Geschäftsführung *ohne* Auftrag einen Aufwendungsersatz im Gefolge haben könne, müßten erst recht die Aufwendungen einer spezialgesetzlich *gerechtfertigten* Fremdgeschäftsführung erstattet werden. Diesen Weg gehen einige Bundesländer in Vorschriften des Polizeirechts auch positivrechtlich. Nach § 42 II NWOBG, § 57 BadWürttPolG, § 41 II BbgOBG, § 75 III MVSOG und § 224 II SchlHLVwG kann die Polizei

---

[98] Ebenso *Wilke* (s. Fn. 63), JuS 1966, 483.
[99] Soeben Rn. 261.
[100] Bei der GoA des *Bürgers für den Staat* muß „ein öffentliches Interesse … gerade *daran* bestehen, daß die Aufgabe von dem *privaten* ‚Geschäftsführer' in der gegebenen Situation erfüllt" wird; Näheres in *BVerwGE* 80, 170 (173); *BVerwG*, NVwZ 1992, 672 = JuS 1992, 1067 Nr. 14.
[101] Ähnlich *Maurer*, JuS 1970, 563 f.; *ders.*, Allg. VR, § 29 Rn. 11; *Kischel*, Verw.Arch. 1999, 391 (398).
[102] In gleicher Richtung mit Beispielen *Maurer*, JuS 1970, 564 f.

vom Störer Ersatz „in entsprechender Anwendung der Vorschriften des BGB über die GoA" verlangen, wenn sie (berechtigterweise!) einen Nichtstörer in Anspruch genommen und entschädigt hat. Der Weg kommt aber nur bei rechtmäßigem Handeln der Behörde in Betracht und ist auch nur gangbar, wenn sich keine andere Anspruchsgrundlage für den Aufwendungsersatz findet.

Die *Ersatzvornahme* ist im *Ausgangsfall 2* (Rn. 263) rechtswidrig und hier also von vornherein auszuscheiden. Im *Ausgangsfall 1* (Hundefall, Rn. 263/259) liegt es näher, den Aufwendungsersatz nicht an die GoA, sondern wie geschehen an die Vorschriften des BGB über die Verwahrung anzulehnen.

§ 17. Ansprüche auf Rückabwicklung einer „Erfüllung"

I. Kodifizierte Bereicherungs- und Erstattungsansprüche

Ausgangsfälle: (1) Die 90jährige Witwe eines Bundesbeamten hat infolge eines Re-   272
chenfehlers 300 € zuviel erhalten, als erhöhte Versorgungsbezüge nachbezahlt wurden. Die Erhöhung war der *W* formularmäßig in dem monatlich übersandten „Stammblatt für Versorgungsbezüge" mitgeteilt worden. Der Staat verlangt nunmehr die überzahlten 300 € zurück, obgleich *W* sie für eine Kur verbraucht hat. *W* fragt um Rat.[1]

(2) Das Ruhegehalt des in den Ruhestand getretenen Bundesbeamten *B* ist durch Bescheid (vgl. § 49 I BeamtVG) auf monatlich 2500 € festgesetzt worden. *B* hat bereits das Ruhegehalt für fünf Monate bezogen, als die zuständige Pensionsstelle bei einer Überprüfung der Versorgungsbezüge zu dem richtigen Ergebnis kommt, daß *B* nur ein monatliches Ruhegehalt von 2400 € zusteht. Dem Bescheid war ersichtlich eine höhere Besoldungsgruppe zugrunde gelegt worden. Die zuständige Behörde erläßt nunmehr einen „berichtigten" Ruhegehalts-Bescheid und verlangt in dem Bescheid gleichzeitig die überzahlten 500 Euro zurück. Zu Recht?[2]

(3) Im Rahmen eines Förderungsprogramms zur regionalen Strukturverbesserung ist dem Unternehmen *U* ein Investitionszuschuß bewilligt und ausgezahlt worden, welcher nach dem Bewilligungsbescheid „für die Erweiterung des Produktionsbetriebes in *O* (II. Ausbaustufe)" zu verwenden war. *U* verwendet das Geld für die Erweiterung eines Produktionsbetriebes an anderer Stelle. Kann die zuständige Behörde den Investitionszuschuß zurückverlangen?[3]

In der Fallbearbeitung ist zunächst nach *geschriebenen* Regelungen über   273
die Rückabwicklung zu suchen. Nur wenn sie fehlen, ist der ungeschriebene Erstattungsanspruch (nachfolgend Rn. 280) heranzuziehen. Vor dem Hintergrund des Gesetzesvorbehalts (Rn. 452) sind *geschriebe-*

---

[1] Lösung in *BVerwGE* 32, 228; s. ferner die Klausurbesprechung bei *Weides,* JuS 1992, 52.

[2] Fallanlehnung an *BVerwGE* 8, 261; *BVerwG,* NJW 1988, 1927; *OVG Münster,* NVwZ 1988, 1037; s. ferner die Fallbesprechungen bei *Bethge/Detterbeck,* JuS 1991, 226; *Kment,* JuS 2004, 613.

[3] Fallanlehnung an *OVG Koblenz,* NJW 1981, 882. Weitere Fälle bei *Richter,* JuS 1991, 40; *von Hübbenet,* JuS 2004, 795.

ne Regelungen in der Regel *vorhanden*, wenn der **Staat** wie in den Aus-gangsfällen **Erstattung vom Bürger** verlangt.

Die geschriebenen Regelungen kann man in drei Gruppen zusammen-fassen. Die Vorschriften der ersten Gruppe nehmen *insgesamt* §§ 812 ff. BGB in Bezug und modifizieren nur bestimmte Einzelheiten (öffent-lichrechtlicher **Bereicherungsanspruch**). Zu dieser Gruppe von Vor-schriften gehören die klausurwichtigen Regelungen zur Rückforderung zuviel gezahlter Dienst- oder Versorgungsbezüge im Beamtenrecht (§§ 87 II BBG, 12 II BBesG und 52 II BeamtVG, *Sartorius* Nr. 160, 230, 155,[4] Ausgangsfälle 1 und 2). In der zweiten Gruppe bestimmen die Vor-schriften die *Voraussetzungen* einer Rückforderung *eigenständig* (öf-fentlichrechtlicher **Erstattungsanspruch**). Für den *Umfang* der Erstat-tung wird aber im Grundsatz auf das Bereicherungsrecht des BGB (= §§ 818 bis 820 BGB) verwiesen, so bei der ebenfalls klausurwichtigen Rückforderung von durch Verwaltungsakt gewährten Vorteilen, die nach dem VwVfG durch Verwaltungsakt gewährt worden sind (§ 49 a I, II VwVfG, Ausgangsfall 3). In der dritten Gruppe von Vorschriften be-stimmt der Gesetzgeber auch den *Umfang* des Erstattungsanspruchs *eigenständig*, *ohne* Bezugnahme auf das BGB (§ 50 SGB X als Beispiel).

Bereicherungs- oder Erstattungsansprüche kommen bei Leistungen aller Art in Betracht. Die nachfolgenden Darstellungen beschränken sich ex-emplarisch auf die Rückforderung von *Geld*leistungen. **Im einzelnen** müssen folgende in sich verschachtelte Aspekte voneinander getrennt werden:

1. Rückzahlungsbescheid oder „schlichte" Rückforderung?

274 Im Einstieg ist wichtig, ob die Behörde einen (nach den Vorschriften des Verwaltungsvollstreckungsrechts vollstreckbaren) Rückzahlungsbe-scheid als Zahlungs*gebot* (= VA in der Gestalt einer „Verfügung", Rn. 31) erlassen hat, den der *Betroffene* durch Widerspruch und Anfechtungskla-ge anfechten müßte, oder ob es sich um eine unverbindliche „schlichte" Zahlungsaufforderung handelt, welcher später eine Leistungsklage der *Behörde* vor dem Verwaltungsgericht folgen würde.

Für den Rechtscharakter eines Behördenhandelns ist der objektive Erklärungswert maßgebend.[5] Im *Ausgangsfall 1* handelt es sich lediglich um eine *unverbindliche* Zah-lungsaufforderung, im *Ausgangsfall 2* liegt eine *verbindliche Regelung* i.S. von § 35 Satz 1 VwVfG und damit ein Rückzahlungs*bescheid* vor. Im *Ausgangsfall 3* hat sich die Behörde gegenüber *U* noch nicht geäußert.

275 Wenn ein Rückzahlungsbescheid ergangen ist, muß die Behörde er-mächtigt sein, die Zahlung in der *Form* eines Verwaltungsakts und nicht bloß über eine Leistungsklage einfordern zu können.[6] Sonst ist der

---

[4] Entsprechende Vorschriften auch im Landesbeamtenrecht.
[5] *BVerwGE* 41, 305; s. auch bereits Rn. 49.
[6] Rn. 66.

Rückzahlungsbescheid *ohne Weiteres* rechtswidrig und bei einer Anfechtung aufzuheben.

Im *Ausgangsfall 2* ist keine ausdrückliche Ermächtigung vorhanden. Die Ermächtigung läßt sich aber *lückenfüllend* aus der *insgesamt* hoheitlichen Regelungsstruktur des Beamtenrechts ableiten.[7] Im *Ausgangsfall 3* folgt aus § 49a I 2 VwVfG, daß die Behörde einen Rückforderungs*bescheid* erlassen könnte.

2. Rückzahlungsanspruch dem Grunde nach

Für die Rechtmäßigkeit eines Rückzahlungsbescheides und für ein 276
schlichtes Rückzahlungsverlangen kommt es in gleicher Weise darauf an,
ob die Behörde einen schuldrechtlichen Anspruch auf Rückzahlung hat.
Soweit sich die Anspruchsvoraussetzungen wie in den Ausgangsfällen 1
und 2 **nach § 812 I BGB** bestimmen (s.o.), muß es sich um eine Vermögensverschiebung „ohne rechtlichen Grund" handeln. Hierfür kommt
erneut die Unterscheidung zwischen einem „schlichten" Verwaltungshandeln und einem Verwaltungsakt zum Tragen. Hat die Behörde seinerzeit schlicht gezahlt, fehlt der gesetzwidrigen Leistung der Rechtsgrund. Liegt der seinerzeitigen Zahlung ein noch gültiger Festsetzungs-,
Feststellungs- oder Zahlungsbescheid zu Grunde, ist das der rechtlicher
Grund für die Leistung.[8]

Im *Ausgangsfall 1* war das „Stammblatt für Versorgungsbezüge" seinerzeit *kein verbindlicher Bescheid* über die Erhöhung der Versorgungsbezüge.[9] Die Bezüge sind auf der Grundlage des Besoldungsrechts schlicht gezahlt worden. Im *Ausgangsfall 2* lag mit dem Ruhegehalts-Bescheid über monatlich 2500 Euro zwar ursprünglich ein Rechtsgrund für die Auszahlung in voller Höhe vor. Durch den berichtigten Bescheid über nur 2400 € ist dieser erste Bescheid aber in Höhe der vom Gesetz nicht abgedeckten 100 € zurückgenommen worden und damit als Rechtsgrund für die Überzahlung entfallen. Nach der versorgungsrechtlichen Gesetzeslage sind W und B ungerechtfertigt bereichert. – Im *Ausgangsfall 3* läge gemäß § 812 I 2 BGB schon *ohne* Widerruf des Bewilligungsbescheides eine ungerechtfertigte Bereicherung vor, wenn sich die Voraussetzungen der Rückzahlung auch hier nach § 812 I BGB bestimmen würden (Nichteintritt des mit der Leistung nach dem Bewilligungsbescheid bezweckten Erfolges, condictio causa data causa non secuta[10]). Aber nach dem Gesagten sind die Voraussetzungen für die Rückforderung hier in § 49a I 1 VwVfG ohne Anknüpfung an § 812 I BGB eigenständig bestimmt.

Legt das Gesetz die Voraussetzungen für einen Rückzahlungsanspruch 277
ohne Anknüpfung an § 812 I BGB fest, verlangt der jeweilige Gesetzeswortlaut bei Zahlungen, die auf Grund eines Verwaltungsakts geleistet worden sind, ebenfalls die Rücknahme oder den Widerruf des Verwaltungsakts (49a I 1 VwVfG, § 50 SGB X).

---

[7] S. Rn. 66.
[8] St. Rspr., vgl. z.B.: *BVerwGE* 8, 261; 19, 188; *BVerwG*, DVBl 1967, 489; *BVerwG* NJW 1988, 1927. Zur Regelungsfunktion des VA lies nochmals Rn. 33 ff.
[9] Zur Begr. s. *BVerwGE* 32, 228.
[10] Näheres bei Palandt/*Sprau*, BGB, § 812 Rn. 86 ff.

Im *Ausgangsfall 3* kann die Behörde die Rückzahlungsvoraussetzungen des § 49a I 1 VwVfG herbeiführen, indem sie den Bewilligungsbescheid wegen zweckwidriger Verwendung des Geldes nach § 49 III 1 Nr. 1 VwVfG widerruft.[11]

3. Anfechtungschancen bei Aufhebung eines der Leistung zugrundeliegenden Bescheides?

278 Die Rücknahme oder der Widerruf eines der seinerzeitigen Zahlung zugrundeliegenden Bescheides ist ein *gestaltender* VA (s. erneut Rn. 31), der nicht mit dem vollstreckbaren Zahlungs*gebot* als *verfügendem* VA i.S von soeben (1)) verwechselt werden darf *(Fehlerquelle)*. Sind Aufhebung und Rückzahlungsgebot wie zumeist in *einem* Bescheid enthalten (Ausgangsfall 2), handelt es sich um *einen* VA mit *zwei Regelungen.*

Der Bürger kann versuchen, die Rücknahme oder den Widerruf anzufechten und sich so den ursprünglichen Bescheid als Rechtsgrund für die Zahlung zu erhalten. Die Erfolgsaussichten einer Anfechtung beurteilen sich nach der Ermächtigungsgrundlage für die Aufhebung, in den Ausgangsfällen 2 und 3 nach § 48 bzw. § 49 VwVfG mit den schon früher dargestellten Grundsätzen über die Rücknahme rechtswidriger und den Widerruf rechtmäßiger Verwaltungsakte.[12]

Im *Ausgangsfall 2* hätte *B* keinen Erfolg, wenn er den berichtigten Ruhegehalts-Bescheid anfechten würde. Denn die Behörde hat den ursprünglichen Ruhegehalts-Bescheid *rechtmäßig* zurückgenommen. Im Zweifel hat *B* das Geld zwar im Vertrauen auf den Bestand des ersten (rechtswidrigen) Bescheids ausgegeben (§ 48 II 2 VwVfG). Es liegt also ein Vertrauens*tatbestand* vor. Sein Vertrauen ist aber nicht hinreichend schutzwürdig.[13] Denn auf der Linie der Rechtsprechung des *BVerwG*[14] hatte *B* die Pflicht, den ersten Pensionsfestsetzungsbescheid zu überprüfen. Dabei hat er dessen Fehlerhaftigkeit infolge grober Fahrlässigkeit nicht erkannt (§ 48 II 3 Nr. 3 VwVfG). Im *Ausgangsfall 3* könnte die Behörde einer Anfechtung durch *U* gelassen entgegensehen. Die zweckwidrige Verwendung der Investitionszulage erfüllt den Widerrufs-tatbestand des § 49 III 1 Nr, 1 VwVfG in *eindeutiger* Weise.

4. Umfang des Rückzahlungsanspruchs

279 Für den Umfang des Bereicherungs- oder Erstattungsanspruchs sind Stichworte wie Verzinsung, Mitherausgabe von Nutzungen, Wegfall der Bereicherung und Herausgabe von Ersatzleistungen relevant.

In den *Ausgangsfällen* geht es im Rahmen von §§ 818 bis 820 BGB um den Wegfall der Bereicherung nach § 818 III BGB. Nach den zitierten Vorschriften des Beamtenrechts bzw. nach § 49a II VwVfG kann sich ein Betroffener über §§ 819 I, 818 IV BGB hinaus auf den Wegfall der Bereicherung schon nicht mehr berufen, wenn er die Umstände des Mangels gekannt oder infolge *grober Fahrlässigkeit* nicht gekannt hat. – Im

---

[11] Rn. 177.
[12] Rn. 177 ff.
[13] Zu den Einzelheiten der Prüfung vgl. bereits Rn. 181 f.
[14] *BVerwGE* 8, 271.

Ausgangsfall 1 hat *W* den Mangel des rechtlichen Grundes weder gekannt noch war der Mangel so offensichtlich, daß *W* ihn als 90jährige Greisin hätte erkennen müssen (§ 52 II 2 BeamtVG). Damit braucht *W* die 300 € nicht zurückzuzahlen. – Im *Ausgangsfall 2* kann sich *B nicht* auf den Wegfall der Bereicherung berufen. Denn *B* hat den Mangel des rechtlichen Grundes (Fehler im ersten Ruhegehalts-Bescheid) infolge *grober* Fahrlässigkeit (§ 52 II 2 BeamtVG) nicht erkannt. Im *Ausgangsfall 3* entfällt § 818 III BGB ebenfalls, weil *U* die der Rückzahlung zugrundeliegenden Umstände (zweckwidrige Verwendung der Investitionszulage) *gekannt* haben dürfte (§ 49a II 2 VwVfG). Damit kann die Behörde von *B* und *U* die Rückzahlungen verlangen.

II. Ungeschriebene Erstattungsansprüche

Ausgangsfall:[15] Ärztin *X* hat ihre ärztliche Tätigkeit aufgegeben. Damit ist ihre **280** (Pflicht-)Mitgliedschaft in der Ärztekammer (= öffentlichrechtliche Körperschaft) erloschen. Weil *X* vergessen hat, einen „Dauerauftrag" zu widerrufen, überweist ihre Bank weiterhin die Mitgliedsbeiträge an die Kammer. Das Geld wird verbraucht. Später verlangt *X* es zurück.

Liegen keine geschriebenen Regelungen (Rn. 272ff.) vor, werden Leistungen ohne Rechtsgrund über den ungeschriebenen öffentlichrechtlichen Erstattungsanspruch[16] rückgängig gemacht. Auf diesen *ungeschriebenen* Erstattungsanspruch muß in der Regel zurückgegriffen werden, wenn wie im Ausgangsfall der **Bürger Erstattung** von einer öffentlichrechtlichen Körperschaft **verlangt**. Erstattungsansprüche *öffentlichrechtlicher Körperschaften* gegen einen Bürger sind zumeist kodifiziert (Rn. 272ff.). Bestehende Lücken werden aber auch hier über den ungeschriebenen Erstattungsanspruch geschlossen, so z.B. insgesamt für die **Rückabwicklung öffentlichrechtlicher Verträge**.[17]

Der ungeschriebene „allgemeine" Erstattungsanspruch beruht *nicht* auf einer Analogie zu §§ 812ff. BGB, ist vielmehr[18] als *eigenständiges Rechtsinstitut* „aus allgemeinen Grundsätzen des Verwaltungsrechts, insbesondere der Gesetzmäßigkeit der Verwaltung", abzuleiten und gegeben, „wenn die Gerechtigkeit einen Ausgleich der mit der Rechtslage nicht mehr übereinstimmenden Vermögenslage erfordert".[19]

Nach dem BVerwG entsprechen die **Anspruchsvoraussetzungen** den Voraussetzungen des zivilrechtlichen Bereicherungsanspruchs.[20] Demgemäß besteht auch der Erstattungsanspruch nicht, solange die Vermö-

---

[15] Vgl. *OVG Hamburg*, MDR 1968, 1036, i.V. mit *H. Weber*, JuS 1970, 169. Weitere Klausurfälle bei *Bethge/Rozek*, JuS 1995, 806; *Kleine Holthaus*, JuS 2005, 531.

[16] Umfassend zu ihm *Ossenbühl*, NVwZ 1991, 513; *Windthorst*, JuS 1996, 894. Rspr. in den nachfolgenden Fußnoten.

[17] *BVerwGE* 111, 162 (164, 173), wo der auch denkbare positivrechtliche Weg über § 62 VwVfG i.V. mit §§ 812ff. BGB nicht in Betracht gezogen ist.

[18] Zur Gegenüberstellung s. bereits Rn. 226.

[19] So *BVerwGE* 48, 279 (286); s. ferner *BVerwGE* 71, 85 (88); 80, 170 (177); 107, 299 (307).

[20] *BVerwGE* 71, 85 (88); 87, 169 (171); 100, 56 (59).

gensverschiebung durch einen gültigen Verwaltungsakt abgedeckt ist[21] (Rn. 278f.). In Parallele zu § 818 I BGB sind die gezogenen Nutzungen mit herauszugeben.[22] Andererseits findet der Gedanke des *§ 818 III BGB* (Wegfall der Bereicherung) *keine Anwendung.*[23] Zugunsten des erstattungspflichtigen *Bürgers* kommt statt dessen der verfassungskräftige Vertrauensschutz zum Tragen.[24]

Im *Ausgangsfall* hat X die Beiträge ohne einen Veranlagungs-VA „schlicht" gezahlt. Obgleich das Geld verbraucht ist (§ 818 III BGB), kann sie die Beiträge zurückverlangen.

III. Folgenbeseitigungsansprüche „klassischer" Art

281   **Ausgangsfälle: (1)** In Abwandlung des „Ärztekammerfalles" Rn. 280 war die Mitgliedschaft der Ärztin X strittig. Deshalb ist die Ärztin durch Beitrags*bescheid* zur Zahlung der Mitgliedsbeiträge herangezogen worden. Nach erfolglosem Widerspruchsverfahren ficht X den Beitragsbescheid vor dem Verwaltungsgericht an. Gleichzeitig beantragt X vor dem Verwaltungsgericht, die Ärztekammer zu verurteilen, ihr die Beiträge zurückzuzahlen.

(2) Die Gemeinde hat einen Obdachlosen in die Wohnung des W eingewiesen. O ist eingezogen. Auf eine Anfechtungsklage des W hebt das VG die Einweisungsverfügung auf, weil sie rechtswidrig sei. Kann W verlangen, daß die Gemeinde die Wohnung freimacht?[25]

„Ist der Verwaltungsakt schon vollzogen, so kann das Gericht" gem. § 113 I 2 VwGO im Rahmen einer erfolgreichen Anfechtungsklage „auf Antrag auch aussprechen, daß und wie die Verwaltungsbehörde die Vollziehung rückgängig zu machen hat". Das ist indessen eine (bloß) prozessuale Vorschrift, die *voraussetzt,* daß ein materiellrechtlicher Anspruch auf Rückgängigmachung besteht, diesen Anspruch aber nicht selbst gewährt.

Im *Ausgangsfall 1* macht X prozessual von § 113 I 2 VwGO Gebrauch. Materielle Anspruchsgrundlage ist der Erstattungsanspruch im Sinne von Rn. 280. Im *Ausgangsfall 2* läßt sich das Räumungsverlangen, das W prozessual gesehen auch schon im Rahmen seiner Anfechtungsklage hätte geltend machen können, *nicht* aus dem Erstattungsanspruch ableiten. Denn im Vollzug der Einweisungsverfügung ist nur dem O, nicht aber der Gemeinde der Besitz an der Wohnung zugewachsen. Es fehlt die erforderliche *unmittelbare* Vermögensverschiebung.

282   Hier wird der *Folgenbeseitigungsanspruch* in seiner *klassischen* Ausprägung einschlägig: Wer durch einen rechtswidrigen, aber aufgehobenen Verwaltungsakt belastet war, hat einen Anspruch auf Beseitigung der

---

[21] S. *BVerwGE* 99, 101 (103); 107, 304 (307).

[22] *BVerwGE* 71, 85 (93); 107, 299 (308, in der Regel ohne Zinsen).

[23] *BVerwGE* 71, 85 (98) unter Hinweis auf die Eigenständigkeit des Erstattungsanspruchs mit eigener Interessenbewertung.

[24] *BVerwGE* 71, 85 (90).

[25] *BGHZ* 130, 332 (334 ff.); *Rüfner,* JuS 1997, 309. Für Einzelheiten zur „Technik" des Freimachens (polizeirechtliche Räumungsverfügung gegen O) s. *VGH Mannheim,* NJW 1990, 2770; *Knemeyer,* JuS 1998, 696.

durch die Vollziehung/Erfüllung des Verwaltungsakts zu seinen Lasten eingetretenen Folgen. Das ist allgemein anerkannt und bedarf in der Fallbearbeitung keiner näheren Begründung.

In Literatur und Rechtsprechung hat die dogmatische Begründung gewechselt.[26] Zunächst war der „klassische" Folgenbeseitigungsanspruch unter Hinweis auf das Rechtsstaatsprinzip an die *Rechtswidrigkeit* des Verwaltungs*handelns* (*Erlaß* des rechtswidrigen Verwaltungsakts) „angehängt" worden. Heute ist der „klassische" Folgenbeseitigungsanspruch **unselbständiger Teil eines umfassenden allgemeinen Folgenbeseitigungsanspruchs,** der auf die Beseitigung rechtswidrig entstandener *Zustände* gerichtet ist und der anschließend in § 18 im einzelnen dargestellt wird.

Im *Ausgangsfall 2* ist der „klassische" Folgenbeseitigungsanspruch ohne weitere Probleme gegeben.[27] Im *Ausgangsfall 1* stellt sich die Frage nach dem Konkurrenzverhältnis zwischen dem Erstattungsanspruch und dem Folgenbeseitigungsanspruch, das offenbleiben mag.

§ 18. Abwehransprüche als Folgenbeseitigungs- oder Unterlassungsansprüche

Ausgangsfälle: (1) Beim Bau einer Straße ist eine Böschung so weitgehend abgetragen **283** worden, daß das Hanggrundstück des Klägers bei Regenfällen „abzusacken" droht. Nachdem der Kläger während der Bauarbeiten nichts unternommen hatte, verlangt er jetzt vor dem VG, die beklagte Stadt solle den früheren Zustand wiederherstellen.[1]

(2) *E* wehrt sich gegen den Lärm einer Feueralarmsirene, die auf dem Dach eines Feuerwehrgerätehauses gegenüber seinem Wohnhaus in einem Abstand von 15 m auf gleicher Höhe mit den Fenstern des Wohnzimmers, des Schlafzimmers und des Kinderzimmers angebracht ist. Hätte eine Klage vor dem VG Aussicht auf Erfolg?[2]

In beiden Fällen geht es um die **Abwehr eines faktischen Zustandes,** im *Ausgangsfall 1* um die *Beseitigung* einer in der *Vergangenheit* verwurzelten, aber andauernden Störung, im *Ausgangsfall 2* um das *Unterlassen zukünftiger* Störungen. Schadensersatzansprüche wegen Amtspflichtverletzung sind nicht einschlägig. Denn sie verpflichten die Behörden nicht zur Naturalrestitution durch ein Handeln *kraft Amtes* (Rn. 307), welches in den *Ausgangsfällen* verlangt wird (s. sogleich).

I. Privatrechtliche oder öffentlichrechtliche Rechtsbeziehungen

Sind die Rechtsbeziehungen privatrechtlich, kommen Beseitigungs- und Unterlas- **284** sungsansprüche nach §§ 12, 862, 1004 BGB in Betracht. Die Rechtsprechung sieht

---

[26] Überblick über die Entwicklung mit allen Nachw. in *BVerwGE* 69, 366 (368 ff.).
[27] BGHZ 130, 332; Rüfner, JuS 1997, 309.
[1] Ähnlicher Fall: *BVerwGE* 82, 24.
[2] *BVerwGE* 79, 254 = JuS 1989, 501 Nr. 14; *Kraft*, JuS 1990, 278. S. ferner z.B.: *BVerwGE* 68, 62 (liturgisches Glockengeläut).; 81, 197 (Sportplatzlärm); 90, 163 (Turmuhr); *BVerwG*, NJW 1994, 956 i.V. mit *Lorenz*, JuS 1995, 492 (Zeitschlagen der Kirchenglocken). – Fälle zum *Ehrenschutz*: *BVerwGE* 75, 354; *BVerwG*, NJW 1988, 2399; Klausuren bei *Brugger*, JuS 1996, 233; *Detterbeck*, JuS 2000, 574; *Will*, JuS 2004, 701.

diese Vorschriften als Ausdruck eines allgemeinen Rechtsgedankens, nach welchem (zivilrechtliche) Abwehransprüche gegen Eingriffe in *jedes* absolute Recht gegeben sind, auch wenn es in §§ 12, 862 und 1004 I BGB nicht genannt ist.[3] Die Ansprüche sind vor den Zivilgerichten geltend zu machen. Es handelt sich um eine Zivilrechtsklausur.

285   Ob die Rechtsbeziehungen öffentlichrechtlich oder privatrechtlich sind, läßt sich bei *Realakten* und bei *„schlichtem" Verwaltungshandeln* im Umkreis der Abwehransprüche häufig nur schwer entscheiden. Eindeutige hoheitliche Über-Unterordnungsverhältnisse im Sinne der „Subordinationstheorie"[4] fehlen. Der **Gemeinsame Senat der obersten Gerichtshöfe** des Bundes folgt der heutigen Lehre und **ergänzt die „Subordinationstheorie" durch die „Sonderrechtstheorie":**[5] Es kommt darauf an, „ob die Beteiligten zueinander in einem hoheitlichen Verhältnis der Über- und Unterordnung stehen und ob sich der Träger hoheitlicher Gewalt der besonderen, ihm zugeordneten Rechtssätze des öffentlichen Rechts bedient oder ob er sich den für jedermann geltenden zivilrechtlichen Regelungen unterstellt".[6] In diesem Sinne dient die Sonderrechtstheorie der *Identifizierung* von Über-Unterordnungsverhältnissen.

Im *Ausgangsfall 1* (Böschung) geht es um das „tatsächliche Schaffen" einer Straße, nach der Rechtsprechung des *BVerwG eine öffentlichrechtliche Tätigkeit der Stadt,*[7] offenbar kraft Sonderkompetenz. Im *Ausgangsfall 2* heult die Feueralarmsirene kraft der Sonderkompetenz der Verwaltung ebenfalls öffentlichrechtlich.

II. Begriffliches, Prozessuales und verfassungsrechtliche Fundierung

286   1. Soweit es um die fortbestehenden Folgen eines rechtswidrigen Eingriffs **aus der Vergangenheit** geht, spricht das *Bundesverwaltungsgericht* von einem „Folgenbeseitigungsanspruch"; den Anspruch zur Abwehr rechtswidrigen Verwaltungshandelns alleine **für die Zukunft** nennt das Bundesverwaltungsgericht „Unterlassungsanspruch"[8] (mitunter allerdings ebenfalls „Folgenbeseitigungsanspruch").

Im *Ausgangsfall 1* (Böschung) geht es um einen „Folgenbeseitigungsanspruch" auf Wiederherstellung des *früheren* Zustandes. Im *Ausgangsfall 2* (Feueralarmsirene) steht ein „Unterlassungsanspruch" gegen den *zukünftigen Betrieb* in Frage; ob die Feueralarmsirene seinerzeit rechtswidrig installiert worden war und bei einer Untersagung des zukünftigen Betriebs installiert bleibt oder abgebaut wird, interessiert *E* nicht.

---

[3] S. z. B. Palandt/*Bassenge*, BGB, § 1004 Rn. 2.

[4] Zu den verschiedenen Abgrenzungstheorien s. bereits Rn. 28.

[5] S. Rn. 28 mit den zentralen Fundstellen in Fn. 17.

[6] *GmS-OGB* in: BGHZ 102, 280 (283, 285); *GmS-OGB,* in: BVerwGE 74, 368 (370) = BGHZ 97, 312 (314).

[7] So konkludent schon *BVerwGE* 82, 24; dann ausdrücklich *BVerwGE* 94, 100 (104) = JuS 1994, 988 Nr. 13.

[8] So pointiert *BVerwGE* 82, 76 (95).

2. In der Regel wird der **Folgenbeseitigungsanspruch** über eine **Lei-** 287
stungsklage[9] auf aktives Handeln (Wiederherstellung des früheren Zustandes im *Ausgangsfall 1* und der **Unterlassungsanspruch** über eine
Unterlassungsklage = Unterfall der Leistungsklage, *Ausgangsfall 2*)
geltend gemacht.

Um eine Unterlassungsklage handelt es sich, wenn die Behörde – wie im *Ausgangsfall 2*
– mit dem Betrieb der Feueralarmsirene – bereits *aktuell* handelt. Will der Bürger ein Behördenhandeln abwehren, das er mit mehr oder minder großer Gewißheit erst in der
Zukunft erwartet, geht es um eine nur „vorbeugende Unterlassungsklage". Weil die
VwGO „an sich" auf einen nachträglichen Rechtsschutz ausgerichtet sei, fordert das
BVerwG für eine *vorbeugende* Unterlassungsklage ein *besonderes* Rechtsschutzinteresse.[10] Dieses „qualifizierte" Rechtsschutzinteresse hat der Bürger insbesondere, wenn
die Behörde bereits mit Vorbereitungshandlungen für ein alsbaldiges Handeln begonnen
hat.[11]

3. **Materiellrechtlich** haben der Folgenbeseitigungsanspruch und der Un- 288
terlassungsanspruch **die gleiche (verfassungsrechtliche) Grundlage.**[12]

Ursprünglich wurden die Ansprüche als öffentlichrechtliche Parallele zu den in
Rn. 284 vorgestellten zivilrechtlichen Ansprüchen aus §§ 12, 862 und 1004 I BGB
entwickelt. Hierbei sah man diese Vorschriften des BGB als Ausdruck eines hinter
ihnen stehenden allgemeinen Rechtsgrundsatzes, welcher über die in Rn. 284 angedeuteten Ausweitungen im Zivilrecht hinaus auch für das öffentliche Recht Geltung
habe.[13] Mittlerweile hat sich weitgehend die Erkenntnis durchgesetzt, daß der Abwehranspruch sowohl in seiner Gestalt als Folgenbeseitigungsanspruch als auch in
seiner Gestalt als Unterlassungsanspruch in der **Abwehrfunktion der Grundrechte**
wurzelt.[14] Wenn als Grundlage des Folgenbeseitigungsanspruchs mitunter[15] Art. 20
III GG (Grundsatz der Gesetzmäßigkeit der Verwaltung, Rechtsstaatsprinzip) genannt wird, ist das zu allgemein. In allen Fällen, in welchen Grundrechte betroffen
sind, ist die *Grundrechtsbindung* der Verwaltung als *Spezialausprägung* der Gesetzesbindung einschlägig.[16] Wenn kein „benanntes" Grundrecht in Betracht kommt, kann
jedenfalls Art. 2 I GG herangezogen werden.

Der Folgenbeseitigungsanspruch im *Ausgangsfall 1* (Böschung) und der Unterlassungsanspruch im *Ausgangsfall 2* (Feueralarmsirene) hat seine Grundlage jeweils in
Art. 14 I GG.

III. Abwehr als Folgenbeseitigungsanspruch

1. In den Einzelheiten ist der Folgenbeseitigungsanspruch zunehmend 289
durch Richterrecht geprägt worden, wobei mittlerweile „gewohnheits-

---

[9] Zur Ableitung aus der VwGO s. Rn. 225.

[10] S. *BVerwGE* 79, 254 (256).

[11] So zu allem *BVerwGE* 34, 69 (73); 40, 323 (326); 54, 211 (215 f.); 62, 342 (352); 71,
183 (188).

[12] *BVerwGE* 82, 76 (77 ff., 94 ff.).

[13] Grdl. *Bettermann*, DÖV 1955, 534.

[14] S. dazu zusammenfassend *BVerwGE* 82, 76 (77 f., 95) m. w. Nachw., auch etwa *Brugger*, JuS 1999, 625, der *im Rahmen* des grundrechtlichen Ansatzes für eine tatbestandliche *Präzisierung* auf die Analogie zu §§ 12, 862, 1004 I BGB zurückkommt.

[15] *BVerwGE* 69, 366 (370); 94, 100 (103).

[16] So auch *Schenke*, JuS 1990, 370 (372).

rechtliche Gesichtspunke überwiegen".[17] **Tatbestandlich** „muß **(1)** ein hoheitlicher Eingriff vorliegen, der **(2)** ein subjektives Recht des Betroffenen verletzt. Für den Betroffenen muß dadurch **(3)** ein rechtswidriger Zustand entstanden sein, der **(4)** andauert".[18]

Wegen (3) kann nicht nur ein ursprünglich rechtswidriger, sondern auch ein ursprünglich rechtmäßiger Eingriff den Folgenbeseitigungsanspruch auslösen, wenn der Zustand **rechtswidrig geworden** ist (Folgenbeseitigungsanspruch des Hauseigentümers auf „Herausnahme" eines im Gegensatz zu Rn. 281 *rechtmäßig* eingewiesenen Obdachlosen nach Ablauf der Einweisungszeit[19]). Andererseits liegen die Voraussetzungen des Folgenbeseitigungsanspruchs nicht (mehr) vor, wenn der ursprünglich rechtswidrige Zustand **nachträglich legalisiert** worden ist und also nicht mehr andauert.[20] – Im *Ausgangsfall 1* sind die Tatbestandsvoraussetzungen (1), (2), (3), (4) ohne weiteres erfüllt.

290 **2.** In seinem **Inhalt und Umfang** ist der Folgenbeseitigungsanspruch „auf die Wiederherstellung des Zustands gerichtet, der im Zeitpunkt des Eingriffs bestand",[21] soweit das von der subjektiven Rechtsstellung her geboten ist und nicht im Einzelfall ein „rechtsvernichtender" Ausschlußgrund (Rn. 292) vorliegt.[22] Dabei gilt der **Grundsatz der Naturalherstellung.**[23]

291 **3.** Nach der Rechtsprechung des *BVerwG* finden beim Folgenbeseitigungsanspruch **Gedanken aus § 254 BGB** (Mitverantwortung des Bürgers) Anwendung.[24]

Weil der Folgenbeseitigungsanspruch auf Naturalrestitution gerichtet ist (soeben Rn. 290) und eine teilweise Naturalrestitution häufig nicht möglich ist, ging es im Rahmen von § 254 BGB in der früheren Rechtsprechung des *BVerwG* um ein „Alles-oder-Nichts". Beim (bloß) überwiegenden Verschulden des Bürgers entfiel der Folgenbeseitigungsanspruch total.

Seit *BVerwGE* 82, 24 wandelt sich der Anspruch auf Herstellung eines (unteilbaren) Zustandes bei einer zu berücksichtigenden Mitverantwortung des Bürgers „in entsprechender Anwendung des § 251 I BGB" in einen Anspruch auf **Zahlung eines Ausgleichsbetrages in Geld** durch die Behörde, dessen Höhe sich nach dem Grad der Mitverursachung richtet.[25]

Weil der Kläger dem Abtragen der Böschung im *Ausgangsfall 1* „tatenlos" zugesehen hat, trifft ihn eine Mitverantwortung, die gemäß § 254 II BGB sowohl den Anspruch

---

[17] *BVerwGE* 94, 100 (103). Detailliertes Prüfungsschema bei *Bumke*, JuS 2005, 22.

[18] So *BVerwGE* 94, 100 (104), aber ohne die Klammerzusätze; s. auch schon etwa *BVerwGE* 82, 76 (95).

[19] *BGHZ* 130, 332 (335); *Rüfner*, JuS 1997, 309.

[20] *BVerwGE* 94, 100 (108).

[21] *BVerwGE* 69, 366 (370 f.); 80, 178 (179); 82, 76 (95).

[22] So zu allem (mit genauem *Prüfungs*schema) *BVerwGE* 94, 100 = JuS 1994, 988 Nr. 13; vertiefend etwa *Pietzko*, Der materiellrechtliche Folgenbeseitigungsanspruch, 1994.

[23] So *BVerwGE* 69, 366 (371).

[24] *BVerwG*, DÖV 1971, 859; *BVerwGE* 82, 24 (26). Kritisch z. B. *Schenke*, JuS 1990, 370 mit dem zutreffenden Hinweis, daß grundrechtliche Ansprüche wegen des „Vorbehalts des Gesetzes" (Rn. 452) nur durch *Gesetz* eingeschränkt werden können.

[25] Auch hierzu kritisch *Schenke*, JuS 1990, 370.

auf Wiederherstellung des früheren Zustandes als auch die Zahlung eines Ausgleichsbetrages ausschließt (Primat des primären Rechtsschutzes, Rn. 302 a, 353).

4. „Rechtsvernichtende" Ausschlußgründe liegen insbesondere vor,[26] **292**
wenn eine Legalisierung „zeitlich *unmittelbar* bevorsteht" (= Einwand
unzulässiger Rechtsausübung) oder wenn der Behörde die Wiederherstellung des früheren Zustandes rechtlich unmöglich ist. Dem Einwand,
die Wiederherstellung sei der Behörde nicht zumutbar, steht das
BVerwG hingegen skeptisch gegenüber.[27] Bei Unmöglichkeit oder bei
einer anzuerkennenden Unzumutbarkeit müßte die erwähnte Lösung
über § 251 I BGB möglich sein.[28]

5. Zur Abrundung beachte: Wegen seines Ansatzes bei der *Abwehrfunk-* **292a**
tion der Grundrechte kann der Folgenbeseitigungsanspruch **nicht** in der
Gestalt eines auch diskutierten **„Folgenentschädigungsanspruchs"** [29]
auf Schadensausgleich gerichtet sein.[30]

Beispielsfall: Aufgrund eines rechtmäßigen Bescheides zum Außenwirtschaftsrecht
hat *X* bei der Behörde ein zinsloses Bardepot von 20 Mio. Euro anlegen müssen. Wegen einer Gesetzesänderung ist dann die Verpflichtung des *X* zur Unterhaltung des
Bardepots erloschen. Die Behörde zahlt die 20 Mio. Euro zügig zurück. Bis zum
Empfang des Geldes laufen aber noch die Kreditzinsen weiter, die *X* bei seinem Kre-
ditgeber zahlen muß, um die durch das Depot gebundenen Barmittel zu finanzieren.
X verlangt, daß ihm die Behörde die Kreditzinsen für die Zeit ab Gesetzesänderung
erstattet.[31] – Der Bardepotbescheid war zwar auf die Bereitstellung des Bardepots,
aber nicht darauf gerichtet, daß *X* zur Finanzierung des Bardepots einen *Kredit* aufnehmen solle. Deshalb fallen die Zwischenkreditzinsen *als solche* in die Rubrik der
Folgen*entschädigung*.[32] Allerdings ist der Bardepotbescheid auf die *zinslose* Bereitstellung des Geldes gerichtet. Selbst wenn *X* keinen Kredit aufgenommen hätte, könnte er nach Erledigung des Bardepotbescheides Folgenbeseitigung für die weitere *zinslose* Bereitstellung des Geldes (in Höhe der marktüblichen Zinsen) verlangen.

IV. Abwehr als Unterlassungsanspruch

Der ebenfalls grundrechtlich[33] fundierte Anspruch auf Unterlassen[34] **293**
künftigen Verwaltungshandelns ist nur **gegeben, wenn** das Verwal-

---

[26] Zusammenfassend *BVerwGE* 94, 100 = JuS 1994, 988 Nr. 13.

[27] S. *BVerwGE* 94, 100 (114).

[28] So andeutungsweise *BVerwGE* 94, 100 (117) – „Folgenbeseitigungsentschädigungs-
anspruch". Anwendung des Gedankens (§ 251 II 1 BGB) durch *VGH München*,
NVwZ 1999, 1237; kritisch *Erbguth*, JuS 2000, 336.

[29] Nicht zu verwechseln mit dem „Folgen*beseitigungs*entschädigungsanspruch" aus
soeben Fn. 28.

[30] Pointiert gegen den Folgenentschädigungsanspruch *BVerwGE* 69, 366 (371);
BVerwG, NVwZ 2001, 685.

[31] *BVerwGE* 69, 366.

[32] Im Ergebnis ebenso nach grundlegenden dogmatischen Überlegungen *BVerwGE*
69, 366 (371 ff.) – lesen!

[33] *BVerwGE* 44, 235 (243); 71, 183 (189, 199); 75, 109; 82, 76 (78, 95).

[34] Zusammenfassend zum Unterlassungsanspruch etwa *Ramsauer*, JuS 1995, 299; *Sproll*,
JuS 1996, 313; *Engler*, Der öffentlichrechtliche Immissionsabwehranspruch, 1995.

tungshandeln (Betreiben der Feueralarmsirene im Ausgangsfall 2) (1) *rechtswidrig* ist, den Bürger in seinem Grundrecht *verletzt*. (2) Die Rechtswidrigkeit fehlt, wenn oder soweit den Bürger eine *Duldungspflicht* trifft (= Parallele zu § 1004 II BGB).

Duldungspflichten lassen sich nicht „freischwebend" mit der „Gemeinwichtigkeit" des behördlichen Handelns begründen. Weil der Abwehranspruch grundrechtlich fundiert ist, „greift" vielmehr der „Vorbehalt des Gesetzes" (Rn. 452). Der Abwehranspruch kann nur entfallen, wenn das Verwaltungshandeln eine **gesetzliche Grundlage** hat.[35]

294   Wie im *Ausgangsfall 2* (oder beim Sportplatzlärm) geht es häufig um **Immissionen**, die durch staatliche oder kommunale Einrichtungen verursacht werden. In der Regel handelt es sich um „Anlagen" i. S. des (weiten) Anlagenbegriffs des BImSchG (§ 2 I Nr. 1, § 3 V BImSchG). Zu Recht bestimmt das *BVerwG* deshalb „das Maß dessen, was an Immissionen zu dulden ist, ... auch in bezug auf öffentliche Einrichtungen" nach dem BImSchG.[36] Im *Ausgangsfall 2* ist demgemäß das BImSchG die gesetzliche Grundlage für eine Duldungspflicht des *E*.

295   Wenn die Normen des BImSchG durch eine öffentliche Einrichtung nicht eingehalten werden, kann der Bürger die Immissionen abwehren. Anderes gilt allerdings, wenn eine spezielle gesetzliche Grundlage vorhanden ist, die dem Bürger Immissionen auch jenseits des BImSchG zumutet. Im *Ausgangsfall 2* würde *E* die Sirene nach dem einschlägigen Landesfeuerwehrgesetz letztendlich trotz einer Grenzwertüberschreitung zu dulden haben, wenn keine Standortalternative vorhanden wäre.

296   In derart **außerordentlichen Fällen** gesteht das *BVerwG* dem Bürger in Anwendung eines (angeblich existierenden) „allgemeinen Rechtssatzes" einen Anspruch auf einen (nur) **zweckgebundenen Geldausgleich** für Maßnahmen des passiven Schutzes (Schallschutzfenster) zu.[37] Die Wertminderung für das *Grundstück* des *E* würde im *Ausgangsfall 2 daneben* über einen Entschädigungsanspruch wegen enteignenden Eingriffs auszugleichen sein.[38]

§ 19. Schadensersatzansprüche[1]

I. Haftung aus Vertragsverletzung

1. Zivilrechtlicher Vertrag

297   Falls es um die Verletzung eines *zivilrechtlichen* Vertrages geht, finden die Normen des BGB unmittelbare Anwendung: § 280 BGB als Grund-

---

[35] So pointiert *BVerwGE* 71, 183 (198) – Transparenzlisten. S. ferner *BVerwGE* 75, 109 (116); 82, 76 (79 f.).

[36] *BVerwGE* 79, 254 (259) – Feueralarmsirene; 81, 197 (200) – Sportplatzlärm; *Kraft*, JuS 1990, 278; alle auch zu Einzelheiten in der Anwendung des BImSchG.

[37] So *BVerwGE* 79, 254 (262). Konsequenter wäre es wohl, auch hier den Weg über § 251 I BGB (Rn. 291, 292) zu gehen.

[38] S. Rn. 356.

[1] Zu ihrer wesensmäßigen Abgrenzung von (an den Handlungs*erfolg*) angeknüpften Entschädigungsansprüchen s. Rn. 327 ff.

norm für einen Schadensersatz; § 280 III i. V. mit §§ 281, 282, 283 BGB
für einen Schadensersatz statt der Leistung;[2] § 280 II i. V. mit § 286 BGB
für den Verzögerungsschaden bei einem Verzug; § 276 BGB für das Verschulden und sonstige Aspekte des Vertretenmüssens.

2. Öffentlichrechtlicher Vertrag

Für die Verletzung *öffentlichrechtlicher* Verträge[3] gelten gem. § 62 **298**
VwVfG die angedeuteten **Vorschriften des BGB entsprechend.**

Im *Ausgangsfall 1* zu den vertraglichen Erfüllungsansprüchen (Rn. 236, *Ansiedlungs-
vertrag*) kommt für die Gemeinde auch ein Vorgehen nach § 62 VwVfG i. V. mit § 281
I 1 BGB (Fristsetzung) in Betracht: Nach Ablauf der Frist würde die Gemeinde ge-
mäß § 280 I BGB Schadensersatz wegen Nichterfüllung des Ansiedlungsvertrages
(Gewerbesteuerausfall usw.) verlangen können, *wenn* eine Ansiedlungspflicht des
Unternehmens bestände. Sie besteht nach dem Gesagten[4] aber eben nicht.

Schadensersatzansprüche aus der Verletzung eines öffentlichrechtlichen **299**
Vertrages können **neben** deliktischen Schadensersatzansprüchen aus
Amtspflichtverletzung (§ 839 BGB/Art. 34 GG, nachfolgend Rn. 304 ff.)
gegeben sein, nach dem BGH allerdings nicht, wenn sich die Amtspflicht
bloß aus der Vertragspflicht ergibt.[5] Anders als die zivilrechtliche Deliktshaftung aus § 823 I BGB ist die öffentlichrechtliche Deliktshaftung nicht
auf die Verletzung „absoluter Rechte" beschränkt. Sie umfaßt auch einen
„allgemeinen" Vermögensschaden.

Gemäß § 40 I, II 1 VwGO werden Schadensersatzansprüche aus öffentlichrechtlichem Vertrag im **Verwaltungsrechtsweg,** alle sonstigen Schadensersatzansprüche aus der Verletzung öffentlichrechtlicher Pflichten
und mit ihnen auch Amtshaftungsansprüche (§ 839 BGB/Art. 34 GG)
im **ordentlichen Rechtsweg** geltend gemacht. Im Konkurrenzfall kann
der vertragliche Schadensersatzanspruch *zusammen* mit dem Amtshaftungsanspruch im ordentlichen Rechtsweg „eingeklagt" werden (**§ 17 II
1 GVG,** Rn. 262). Wegen § 17 II 2 GVG/Art. 34 S. 3 GG ist der umgekehrte Weg (Geltendmachung *beider* Ansprüche im Verwaltungsrechtsweg) hingegen nicht gangbar.

3. Culpa in contrahendo im öffentlichen Recht

Als allgemeiner Grundsatz des deutschen Rechts (Rn. 226) ist der **300**
Rechtsgedanke einer Haftung für Verschulden beim Vertragsschluß

---

[2] Für Leistungshindernisse schon bei Vertragsschluß gilt § 311 a II BGB.
[3] Zum Zustandekommen und zur Wirksamkeit öffentlichrechtlicher Verträge sowie
    zu ihrer Abgrenzung von zivilrechtlichen Verträgen s. bereits Rn. 236 ff.
[4] Rn. 258.
[5] *BGHZ* 87, 9 (16 ff.).

(*culpa in contrahendo*, §§ 311 II, 241 II, 280 I BGB) auch im öffentlichen Recht anwendbar.[6]

II. Schadensersatz bei der Verletzung sonstiger öffentlichrechtlicher Sonderpflichten

301 Im Zivilrecht führt nicht nur eine schuldhafte *Vertrags*verletzung, sondern auch die schuldhafte Verletzung *nichtvertraglicher* schuldrechtlicher Verpflichtungen zu Schadensersatzansprüchen (§§ 280 ff. BGB). Während im Bereich der **Deliktshaftung** (§§ 823 ff. BGB) für die **Verletzung allgemeiner Verhaltenspflichten** gehaftet wird, die dem einzelnen *jedermann* gegenüber obliegen, geht es hier um die Verletzung *besonderer Verhaltenspflichten*, die sich aus einem konkreten, zwischen Schädiger und Geschädigtem bestehenden *Rechtsverhältnis* (nichtvertraglicher Art) ergeben. Ganz ähnlich[7] wird auch bei Verletzung *öffentlichrechtlicher* Verhaltenspflichten nichtvertraglicher Art auf Schadensersatzgehaftet, wenn die verletzten Pflichten über die allgemeinen Amtspflichten hinausgehen, welche schon durch den später (nachfolgend Rn. 304 ff.) zu behandelnden deliktischen Schadensersatzanspruch erfaßt sind. Es muß ein **„besonders enges Verhältnis des einzelnen zum Staat oder zur Verwaltung"** mit dem Merkmal einer *„gesteigerten* Rechts- und Pflichtenstellung"* im Sinne einer „schuldrechtsähnlichen Beziehung" bestehen.[8] Diese Schadensersatzansprüche sind dann **neben dem deliktischen Amtshaftungsanspruch** gegeben.[9] Wegen einer Verschuldensvermutung wie nach § 280 I 2 BGB sind sie für den Bürger günstiger als der Amtshaftungsanspruch.[10] Vor allem findet auf sie auch § 839 I 2 BGB keine Anwendung.[11]

302 Schadensersatzansprüche aus der Verletzung öffentlichrechtlicher Sonderpflichten werden z.B. ausgelöst, wenn der Dienstherr die beamtenrechtliche (oder soldatenrechtliche) Fürsorgepflicht[12] oder eine sonstige Pflicht aus dem öffentlichrechtlichen Dienstverhältnis[13] verletzt, etwa bei einer Beförderung die Auswahlkriterien des Art. 33 II GG (Rn. 495 f.) mißachtet.[14] Solche Schadensersatzansprüche kommen

---

[6] *Wolff/Bachof/Stober*, VR Bd. 2, § 55 Rn. 44; *BGHZ* 71, 386; 76, 343; *BGH*, NJW 1990, 1042 (1045). Klausur bei *Kleine Holthaus*, JuS 2005, 531. – Gemäß § 40 II 1 VwGO ist *insoweit* in der Regel der Zivilrechtsweg gegeben; *BGH*, DVBl. 1986, 409; *BGH*, NJW 1990, 1042 (1045); *BVerwG*, NJW 2002, 2894 = JuS 2003, 201 Nr. 14.

[7] S.z.B. *BGHZ* 21, 214 (218); *BGH*, NJW 1977, 197; grundlegend *T. Meysen*, Die Haftung aus Verwaltungsrechtsverhältnis, 2000; Überblick bei *Windthorst*, JuS 1996, 605.

[8] So zusammenfassend *BGHZ* 135, 341 (344 ff.).

[9] Rn. 328.

[10] *BVerwGE* 13, 17 (23 f.); *BGH*, DVBl 1978, 108.

[11] *BGH*, NJW 1975, 207.

[12] *BVerwGE* 13, 17; 52, 247; 112, 308 (310); st. Rspr.

[13] *BVerwGE* 112, 308 (312).

[14] *BVerwGE* 80, 123 = JuS 1990, 758 Nr. 4; 107, 29 (31) = JuS 1999, 716 Nr. 16.

ferner in Betracht bei Zusagen der öffentlichen Hand,[15] bei der öffentlichrechtlichen Verwahrung,[16] bei der öffentlichrechtlichen GoA[17] oder im öffentlichrechtlichen Benutzungsverhältnis,[18] solange sie dort nicht im zulässigen Rahmen[19] durch Ortssatzung ausgeschlossen worden sind. Verlangt hingegen ein Strafgefangener wegen zu schlechter gesundheitlicher Betreuung Schadensersatz, ist nur der Anspruch aus Amtspflichtverletzung einschlägig; es fehlt an einer *gesteigerten* Fürsorgepflicht.[20]

Beachtlich ist das Rechtsinstitut des **mitwirkenden Verschuldens** (§ 254 BGB). Im Zusammenhang mit diesem Rechtsinstitut gilt nach dem *BVerwG* „der in § 839 III BGB enthaltene" und mit „§ 254 II 1 BGB nahe verwandte" **Rechtsgedanke eines „grundsätzlichen Vorrechts des primären Rechtsschutzes".**[21] Demgemäß darf es der Anspruchsteller nicht „vorsätzlich oder fahrlässig unterlassen haben, den Schaden durch Gebrauch eines Rechtsmittels gegen das nunmehr als rechtswidrig beanstandete staatliche Verhalten abzuwenden".   302 a

Nach § 40 II 1 VwGO ist der *ordentliche* **Rechtsweg** gegeben. Lediglich Schadensersatzansprüche aus der Verletzung *beamtenrechtlicher* (und soldatenrechtlicher) *Pflichten* sind gemäß §§ 126 BRRG, 172 BBG im *Verwaltungsrechtsweg* geltend zu machen. In der Konkurrenz mit einem Amtshaftungsanspruch kann insoweit aber wieder (wie in Rn. 299) § 17 II GVG einschlägig sein.   303

III. Deliktshaftung der öffentlichen Hand als Amtshaftung

Ausgangsfälle:[22] **(1)** Ein Bautrupp der Bundeswehr verlegt vor dem Geschäftshaus des *G* ein Haupt-Nachrichtenkabel („NATO-Kabel"). Durch einen Bagger wird das Fundament des Hauses beschädigt. Während der Bauarbeiten geht der Geschäftsumsatz vorübergehend zurück. Die Bauarbeiten ziehen sich über die an sich vorgesehenen 3 Wochen hinaus auf 4 Wochen in die Länge, weil im entscheidenden Augenblick das zu verlegende Kabel fehlt. Welche Ansprüche hat *G* gegen die Bundesrepublik? (Soweit Entschädigungsansprüche in Betracht kommen, wird der Fall erst in Rn. 342 ff. abgeschlossen.)   304

(2) Die Baugenehmigungsbehörde *(Landkreis)* hat *E* in Übereinstimmung mit dem einschlägigen Bebauungsplan der *Gemeinde* (= Satzung, § 10 BauGB) die Genehmi-

---

[15] Klausur bei *Lars Diederichsen,* JuS 2006, 60 (c.i.c., §§ 280 I, 241 II, 311 II Nr. 3 BGB analog).

[16] Dazu *BGH,* JuS 1974, 191 Nr. 11; *OLG Schleswig,* NVwZ 2000, 234.

[17] *BGH,* NJW 1975, 207 = JuS 1975, 248 Nr. 1, i.V. m. vorne Rn. 263 ff.

[18] *BGHZ* 54, 299; 61, 7; *BGH,* DVBl 1978, 108; *BGH,* NJW 1984, 615; *BGHZ* 109, 8 (9). Klausurfall bei *Udsching/Bogs,* JuS 1978, 619.

[19] Zu ihm s. *BGHZ* 61, 7; *Schwarze,* JuS 1974, 640.

[20] So *BGHZ* 21, 214 (220), aber problematisch, zumal der Strafvollzug herkömmlich als „besonderes Gewaltverhältnis" angesehen wird.

[21] Hierzu und zum Nachfolgenden *BVerwGE* 107, 29 (31 f.) = JuS 1999, 716 Nr. 16. Zur entsprechenden Sicht des *BGH* beim enteignungsgleichen Eingriff s. Rn. 353.

[22] Als Fallbesprechungen s. ferner etwa *Böhm/Gaitanides,* Fälle, Nrn. 27, 28; *Carl/Klos,* JuS 1991, 143; *Maurer,* JuS 1994, 1015 f.; *Bethge/Rozek,* JuS 1995, 806; *Cremer,* JuS 1996, 143; *ders.,* JuS 1996, 333; *Detterbeck,* JuS 2000, 574; *Volkmann,* JuS 2001, 888; *Detterbeck,* JuS 2003, 1003; *Lars Diederichsen,* JuS 2006, 60.

gung für die Errichtung eines viergeschossigen Terrassenhauses mit 59 Wohnungen erteilt, das bis auf 6 m an das kleine Einfamilienhaus-Grundstück des *N* heranreichen soll. *N* erhebt unverzüglich Normenkontrollklage (§ 47 I Nr. 1 VwGO) gegen den Bebauungsplan.[23] Das *OVG* erklärt den Bebauungsplan für nichtig (§ 47 V 2 VwGO). In diesem Zeitpunkt ist das Terrassenhaus aber bereits fertiggestellt. Nunmehr verlangt *N* Schadensersatz für den Wertverlust seines Grundstücks vom *Landkreis*.[24] (Zu Schadensersatzansprüchen gegen die *Gemeinde* s. Rn. 320.)

Die Deliktshaftung der öffentlichen Hand war durch das **Staatshaftungsgesetz (StHG) vom 26. Juni 1981**[25] neu geregelt worden. Das *Bundesverfassungsgericht* hat das StHG aber für **nichtig** erklärt, weil dem Bund die Gesetzgebungskompetenz fehlte.[26] Damit ist es bei der „alten" Rechtslage geblieben, wie sie nachfolgend dargestellt ist. Allerdings tritt in den meisten ostdeutschen Bundesländern in Konkurrenz zur verschuldensabhängigen (bundesrechtlichen) Amtshaftung eine verschuldensunabhängige Haftung nach dem Staatshaftungsgesetz der DDR in der Fassung des Einigungsvertrages (mit der Qualität von Landesrecht) hinzu (Näheres in Rn. 358). Das StHG-DDR hat Ähnlichkeiten mit dem StHG von 1981.[27]

Wegen der Fortgeltung des StHG-DDR hat die wiedervereinigungsbedingte Grundgesetzänderung 1994 dem Bund die konkurrierende Gesetzgebungskompetenz für „die Staatshaftung" zugestanden (Art. 74 I Nr. 25 GG). Wann der Bundestag ein (neues) bundeseinheitliches StHG erlassen wird, ist offen.[28]

Vom Klausurbearbeiter wird nicht verlangt, daß ihm das recht komplizierte System der Amtshaftung bis in alle Verästelungen hinein gegenwärtig ist.[29] Die nachfolgenden Markierungen sollten ihm aber geläufig sein.

1. Öffentlichrechtliches oder privatrechtliches Handeln?

305 Je danach, ob die Behörde/der Beamte öffentlichrechtlich oder privatrechtlich gehandelt hat, sind z. T. **verschiedene Normen** einschlägig.

Im Rahmen dieser Weichenstellung ist beliebtes Klausurthema die alte Streitfrage, ob die **Straßenunterhaltungspflicht** im Verhältnis zum Bürger, der mit seinem Auto verunglückt, öffentlichrechtlich (h. L.) oder privatrechtlich ist.[30] Nach der Rechtspre-

---

[23] Näheres zu einer derartigen Normenkontrolle in Rn. 394.

[24] Fallanlehnung an *BGHZ* 86, 356.

[25] BGBl. I S. 553.

[26] *BVerfGE* 61, 149.

[27] Zum StHG von 1981 s. die 6. Aufl. dieses Buches, Rn. 361 ff., sowie etwa *Papier*, NJW 1981, 2321; *Bonk*, DVBl. 1981, 801.

[28] Zu einigen Vorarbeiten s. *Maurer*, Allg. VR, § 25 Rn. 6.

[29] Eingehende Darstellungen z. B. bei *Ossenbühl*, Staatshaftungsrecht S. 6 ff.; *Maurer*, Allg. VR, § 27; *Detterbeck/Windthorst/Sproll*, Staatshaftungsrecht, § 9 Rn. 1 ff. Überblick bei *Durner*, Grundfälle zum Staatshaftungsrecht, JuS 2005, 793, 900.

[30] S. dazu *Ossenbühl*, Staatshaftungsrecht, S. 31 ff.; Klausurproblem bei *Cremer*, JuS 1996, 143 (144 f.).

chung des *BGH*[31] ist das öffentlichrechtliche Haftungssystem nur einschlägig, wenn die Behörde durch einen nach außen erkennbaren Organisationsakt deutlich gemacht hat, daß sie der Verkehrssicherungspflicht[32] im Rahmen hoheitlicher Verwaltung genügen will, oder wenn der Gesetzgeber diese Pflicht im Einzelfall als eine öffentlichrechtliche Aufgabe ausgestaltet hat. – Die **Teilnahme am allgemeinen Straßenverkehr** (**„Dienstfahrt"**) ist nur dann öffentlichrechtlich, wenn sie mit der Erfüllung einer hoheitlichen Aufgabe in einem so engen äußeren und inneren Zusammenhang steht, daß sie selbst als Bestandteil der Aufgabenerfüllung erscheint.[33]

Im *Ausgangsfall 1* erscheint die Bautätigkeit als öffentlichrechtliches Handeln, weil hinter ihr die öffentlichrechtliche Sonderkompetenz der Bundeswehr steht.[34] Vielleicht kann man statt dessen aber auch auf die Bautätigkeit *als solche* abstellen und das Handeln des Bautrupps damit als privatrechtlich ansehen. Demgemäß wird der Ausgangsfall nachfolgend alternativ sowohl für das öffentlichrechtliche Haftungssystem als auch für das privatrechtliche Haftungssystem dargestellt. – Im *Ausgangsfall 2* hat der Landkreis als Baugenehmigungsbehörde eindeutig öffentlichrechtlich gehandelt.

2. Haftungssystem bei öffentlichrechtlichem Tätigwerden

Im *öffentlichrechtlichen Bereich* baut das Haftungssystem auf der Schadensersatzpflicht des *Beamten* wegen Amtspflichtverletzung aus **§ 839 BGB** (= **lex specialis** gegenüber allen anderen in Betracht kommenden Tatbeständen einer Deliktshaftung)[35] auf, leitet die Ersatzpflicht aber gleichzeitig auf die hinter dem Beamten stehende öffentlichrechtliche Körperschaft ab (**Art. 34 GG**).[36] Im Verhältnis zum geschädigten Dritten haftet also *nur* die öffentlichrechtliche Körperschaft, nicht der Beamte. (Bei Vorsatz oder grober Fahrlässigkeit kann die Körperschaft lediglich im *Innenverhältnis* Rückgriff beim Beamten nehmen, vgl. Art. 34 S. 2 GG i. V. mit § 78 BBG[37]). Falls dem Beamten nur Fahrlässigkeit zur Last fällt, ist die Amtshaftung aus § 839 BGB/Art. 34 GG subsidiär; sie tritt nur ein, „wenn der Verletzte nicht auf andere Weise Ersatz zu erlangen vermag" (§ 839 I 2 BGB). Sobald noch andere Ansprüche in Betracht kommen, ist die Amtshaftung aufbaumäßig daher am besten zuletzt zu behandeln. Für den Amtshaftungsanspruch ist der **Zivilrechtsweg** gegeben (vgl. Art. 34 S. 3 GG, § 40 II 1 VwGO).

306

[31] *BGHZ* 60, 54; *BGH*, NJW 1979, 2043; 1981, 2120; zusammenfassend *Rinne*, NJW 1996, 3303; *BGH*, NVwZ-RR 1997, 709; *BGH*, NVwZ-RR 1998, 334; *BGH*, NVwZ 2000, 1209 (1210).

[32] Zur Abgrenzung von der Verkehrsregelungspflicht s. *Ossenbühl*, aaO., S. 30 f.; *BGH*, NVwZ 2000, 1209.

[33] Zusammenfassend so *Ossenbühl*, S. 34 mit allen Nachw.; s. auch z. B. *BGH*, NVwZ 1983, 763; *BGH*, NJW 1991, 1171 (Inanspruchnahme von Sonderrechten nach StVO).

[34] Entsprechend *BGH*, LM Art. 34 GG Nr. 66 für das Fernmeldewesen der seinerzeit staatlichen Post.

[35] Falsch ist es insbesondere, § 823 BGB zu prüfen.

[36] *BGHZ* 151, 198 (200). Ausnahmen gelten z. B. für „*Gebührenbeamte"*; Überblick bei *Ossenbühl*, Staatshaftungsrecht, S. 96 ff.

[37] Klausurfälle bei *Schenke*, JuS 1979, 886; *Weides*, JuS 1987, 477.

Die Darstellung des Amtshaftungsanspruchs kann sich etwa an der nachstehenden Gedankenfolge ausrichten. Dabei sollte sich der Bearbeiter wieder plastische Vorstellungen zu jedem Schemapunkt verschaffen.[38] Die Amtshaftung bei „normativem" („legislativem") Unrecht wird später gesondert behandelt (Rn. 320). Das gleiche gilt für den Gemeinschaftsrechtlichen Staatshaftungsanpruch, der kraft EG-Rechts gegen deutsche Körperschaften gegeben sein kann, wenn deutsche Legislativorgane, Behörden oder Gerichte Gemeinschaftsrecht nicht beachtet haben (Rn. 719).

307 (1) Anspruchsgrundlage für die Amtshaftung

Kurzer Hinweis auf das angedeutete Zusammenspiel zwischen § 839 BGB und Art. 34 GG.

(2) Voraussetzungen des § 839 BGB

(a) Schaden

Die Bearbeiter weisen in geeigneten Fällen zumeist zutreffend darauf hin, daß der Amtshaftungsanspruch nur auf Geldersatz, *nicht* auf Naturalrestitution *durch die Vornahme einer Amtshandlung* gerichtet ist. Häufig verschweigen sie dabei aber die erforderliche Begründung:[39] Die Amtshaftung knüpft an die *private* Haftung des Beamten an. Der Beamte kann nur *die* Restitutionen leisten, welche ihm *selbst* als *Privatmann* möglich sind (Geldersatz). Amtshandlungen nimmt er aber *kraft Amtes* als *Organ* des Staates vor, nicht als Privatmann. *Deshalb*[40] ist z.B. bei einer „amtlichen Beleidigung" kein Amtshaftungsanspruch auf Rücknahme der Beleidigung, sondern nur ein entsprechender *unmittelbar gegen den Staat gerichteter* Abwehr-/Folgenbeseitigungsanspruch (Rn. 286ff., 289ff.) gegeben.

In vielen Fällen läßt sich die Amtshaftung bereits beim Schaden kurz abtun.[41] Ist das nicht der Fall,[42] kann man den „Schaden" auch als letzten Gliederungspunkt bringen.

Im *Ausgangsfall 1* (Rn. 304) kann G nicht die *Wiederherstellung* des Fundaments als *Naturalrestitution* (§ 249 I BGB), sondern nur Geldersatz (§ 249 II BGB) verlangen.

Im *Ausgangsfall 2* (Rn. 304) geht es ohnehin nur um Geldersatz für den Wertverlust des Grundstücks.

308 (b) Beamter

Je danach, ob § 839 BGB im Zusammenhang mit zivilrechtlichem (dazu Näheres unter Rn. 317) oder öffentlichrechtlichem Tätigwerden einschlägig wird, gelten unterschiedliche Beamtenbegriffe. Für die zivilrechtliche Haftung aus § 839 BGB ist „Beamter" nur der Beamte im „statusrechtlichen" Sinne (Urkunde: „Unter Berufung in das Beamten-

---

[38] Etwa anhand einer der in Fn. 28 genannten Darstellungen.

[39] Lies *BGHZ (GS)* 34, 99 (105).

[40] *BGH*, aaO.

[41] Beachte auch: Der geltend gemachte Schaden muß in den *Schutzbereich* der konkreten Amtspflicht fallen; *BGHZ* 121, 65 (66f.) = JuS 1993, 780 Nr. 14.

[42] Extremes Beispiel *BGHZ* 143, 362 (365) – Einwand rechtmäßigen Alternativverhaltens.

verhältnis …", vgl. § 6 II 1 BBG). Im öffentlichrechtlichen Bereich ist „Beamter" *jede* mit der Ausübung öffentlicher Gewalt betraute Person, im *Ausgangsfall 1* also auch der Baggerführer als *Arbeiter.* Insoweit hat Art. 34 GG den § 839 BGB konkludent geändert. Unter bestimmten Voraussetzungen können selbst der „private Verwaltungshelfer" und ähnlich Beteiligte als Beamte im haftungsrechtlichen Sinne gelten.[43]

(c) Amtspflicht

Daß die Mitglieder des Bautrupps im *Ausgangsfall 1* die Amtspflicht hatten, das Funda- **309** ment und die Umsatzinteressen der anliegenden Gewerbetreibenden zu schonen, ist evident.

Nicht abschließend geklärt ist,[44] wonach sich die Amtspflicht bestimmt, wenn dem Beamten verwaltungsintern eine **bindende Weisung** erteilt worden ist. Teilweise wird die Pflicht der *Behörde* zugrundegelegt, im *Außenverhältnis* zum Bürger rechtmäßig handeln zu müssen. Aber: Weil für den Beamten nach Maßgabe des § 38 II BRRG im Hierarchieprinzip (Rn. 645) die interne Bindung vorgeht und weil die Amtshaftung an die Handlungsmöglichkeiten des *Beamten* anknüpft (soeben Rn. 307), dürfte im Konfliktfall die verwaltungsinterne Bindung maßgebend sein.[45] Entsprechendes gilt, wenn das Gesetz der Behörde das Handeln nur mit der (internen) Zustimmung einer anderen Behörde gestattet.[46] In diesen Fällen wird die Haftung durch die Amtspflicht des weisungs*gebenden* bzw. des nicht zustimmenden Beamten zu Lasten *der* Körperschaft vermittelt, der *er* angehört.[47]

Auf der gleichen Linie würde im *Ausgangsfall 2* (Rn. 304) die (gegenwärtig untersuch- **310** te) Haftung des *Kreises* entfallen, wenn der zuständige Beamte der Baugenehmigungsbehörde (Kreis) verpflichtet gewesen wäre, seiner Entscheidung über die Baugenehmigung *ohne* eigene Überprüfungs- und Verwerfungskompetenz[48] ohne weiteres den Bebauungsplan der Gemeinde zugrunde zu legen. Jetzt ginge es *ausschließlich* um die Haftung der *Gemeinde* wegen des „normativen" Unrechts (Rn. 320) beim Erlaß des Bebauungsplans. Für die weiteren Überlegungen soll allerdings davon ausgegangen werden, daß der zuständige Beamte der Baugenehmigungsbehörde über eine Überprüfungs- und „Verwerfungskompetenz" *verfügte.*[49] Den nichtigen Bebauungs-

---

[43] Zusammenfassend *BGHZ* 121, 161 (164); 161, 6 (10) = JuS 2006, 570 Nr. 13.

[44] Vgl. *Papier,* MünchKomm., BGB, § 839 Rn. 205.

[45] *BGH,* NJW 1977, 713; *BGH,* VersR 1986, 372 (373); *Maurer,* Allg. VR, § 26 Rn. 17.

[46] *BGH,* VersR 1986, 373 (373).

[47] Vorstehende Fußnote sowie *BGHZ* 63, 319 (324).

[48] Zu dieser Problematik zusammenfassend *Pietzcker,* Inzidentverwerfung rechtswidriger untergesetzlicher Rechtsnormen durch die Verwaltung, DVBl. 1986, 806 (808); *Engel,* NVwZ 2000, 1258; *G. F. Herr,* Behördliche Verwerfung von Bebauungsplänen, 2003. Zum Problem der exekutiven Verwerfungskompetenz bei *Gesetzen* s. Rn. 606, 656.

[49] Entsprechend *Pietzcker,* aaO; *OVG Lüneburg,* NVwZ 2000, 1061; Prämisse in *BGHZ* 86, 356 (366). Heute ist weitgehend anerkannt, daß jedenfalls eine *Überprüfungskompetenz* besteht und der Gemeinde Hinweise auf die Nichtigkeit gegeben werden müssen, damit sie die erforderlichen Konsequenzen ziehen kann, wobei die

plan mußte der Beamte damit unberücksichtigt lassen und statt dessen überprüfen, ob das Vorhaben nach § 34 BauGB (Zulässigkeit von Vorhaben innerhalb der im Zusammenhang bebauten Ortsteile) oder nach § 35 BauGB (Bauen im Außenbereich) genehmigt werden durfte.

(d) Verletzung der Amtspflicht

311 Im *Ausgangsfall 1* (Rn. 304) waren die Beschädigung des Fundaments und die Bauarbeiten in der 4. Woche (mit dem entsprechenden Umsatzrückgang) rechtswidrig und damit amtspflichtwidrig. In der *ohnehin* erforderlichen Zeit der ersten drei Wochen waren die Kabelarbeiten rechtmäßig. Im *Ausgangsfall 2* dürfte das Terrassenhaus im Rahmen von § 34 BauGB oder von § 35 BauGB schon wegen der großen Baumasse unzulässig und die Erteilung der Baugenehmigung also eine Amtspflichtverletzung sein.

312 (e) Amtspflicht „gegenüber einem Dritten"

Weil § 839 BGB für den Bereich der Amtshaftung das Recht der unerlaubten Handlungen aus §§ 823 ff. BGB in sich aufnimmt, verletzt ein Beamter eine „ihm einem *Dritten*[50] gegenüber obliegende Amtspflicht" jedenfalls dann, wenn er Dritte in einer Weise schädigt, welche ohne die Existenz des § 839 BGB tatbestandlich einer der Vorschriften der §§ 823 ff. BGB unterfallen würde.[51]

Die Beschädigung des Fundaments stellt im *Ausgangsfall 1* eine Eigentumsverletzung i.S. von § 823 I BGB dar. Daher verletzt der Bautrupp insoweit unproblematisch eine Amtspflicht gegenüber G. Im Zusammenhang mit den Umsatzeinbußen wird erheblich, daß der „eingerichtete und ausgeübte Gewerbebetrieb" als Schutzgut i.S. von § 823 I BGB anerkannt ist. Zwar ist der *Umsatz* in seiner konkreten Höhe kein Bestandteil des eingerichteten und ausgeübten Gewerbebetriebes. *Bestandteil* des Gewerbebetriebes ist aber der „Kontakt zur Straße". Indem der Bautrupp diesen Kontakt erschwert, greift er in den Gewerbebetrieb ein. (Der Umsatz ist [maßgebliches] Indiz für den Wert der entzogenen Substanz [Kontakt zur Straße][52].) Im *Ausgangsfall 2* liegt kein Eigentumseingriff i.S. von § 823 I BGB vor, weil die Substanz des Grundstückseigentums unverändert geblieben ist (= bloß *allgemeine* Vermögensminderung, die § 823 I BGB nicht erfaßt[53]).

Außerhalb der absoluten Rechte (§ 823 I BGB) ist eine Amtspflicht „drittbezogen", wenn ihr **„Schutzzweck"** nicht *nur* dahin geht, Schäden von *den* Bürgern als undifferenzierter *Allgemeinheit* abzuhalten, sondern auch dem Schutz des Geschädigten als *Individuum* dient.[54] Hierfür

---

Frage nach einer (auch) *Verwerfungskompetenz* offenbleibt; *BVerwGE* 75, 142 (146); *BGH*, ZfBR 1991, 77; *Engel*, aaO.

[50] „Dritter" ist ein geschädigter *Bürger*, eine **andere öffentlichrechtliche Körperschaft nur**, wenn der Beamte dieser Körperschaft „in einer Weise gegenübertritt, wie sie für das Verhältnis zwischen ihm … und dem Staatsbürger … charakteristisch ist" (keine „gleichsinnigen" Interessen zwischen der schädigenden und der geschädigten Körperschaft, sondern „einander widerstreitende Interessen"); st. Rspr., s. z.B. *BGHZ* 116, 312 (316); 148, 139 (150); 153, 198 (201) – alle mit *Fallbeispielen*.

[51] *BGHZ* 69, 128 (138).

[52] So *BGHZ* 57, 359 (361, 369) m. w. Nachw.

[53] Palandt/*Thomas*, BGB, § 823 Rn. 8.

[54] S. etwa *BGHZ* 86, 356 (366); 106, 323 (331 f.); 146, 365 (368); 162, 49 (55 ff.); *Detterbeck*, JuS 2002, 127.

stützt sich der *BGH*[55] im wesentlichen auf die Grundsätze, die das *BVerwG* im Zusammenhang mit der Drittanfechtung von Verwaltungsakten (s. Rn. 186 ff.) herausgearbeitet hat.

Im *Ausgangsfall 2* ist die „Drittbezogenheit" der verletzten Amtspflicht damit die gleiche Frage gestellt, wie wenn N die Baugenehmigung mit einer „Nachbarklage" vor dem *Verwaltungsgericht* angefochten hätte. Entscheidend ist, ob einer der Fälle vorliegt, in welchen das „an sich" nur objektivrechtliche „Gebot der Rücksichtnahme" im Rahmen der §§ 34, 35 BauGB dem Nachbarn Individualschutz vermittelt (zu Einzelheiten s. Rn. 187).

(f) Verschulden   313

Soweit es im Rahmen von § 839 BGB um den Tatbestand einer unerlaubten Handlung i.S. von §§ 823 ff. BGB geht, kann die Verschuldensfrage in der Fallbearbeitung in der bei unerlaubten Handlungen „gewohnten Art" angegangen werden.

Während im *Ausgangsfall 1* (Rn. 304) das Fundament durch Verschulden des Baggerführers beschädigt worden sein wird, ist die Verschuldensfrage in der Bauverzögerung nicht eindeutig entscheidbar. Würde der zuständige Sachbearbeiter in der Bundeswehrverwaltung versäumt haben, das Kabel rechtzeitig zu bestellen, wäre *sein* Verschulden relevant. Hätte die Lieferfirma die Lieferung schuldhaft verzögert, könnte *dieses* Verschulden weder den Mitgliedern des Bautrupps noch dem Sachbearbeiter in der Bundeswehrverwaltung zugerechnet werden; die Haftung für „Verrichtungsgehilfen" (§ 831 BGB) ist in der lex specialis des § 839 BGB nicht enthalten. Schließlich kommt „höhere Gewalt" in Betracht.

Besteht die Amtspflichtverletzung in einer **falschen Gesetzesauslegung oder Rechtsanwendung**, wird das Verschulden des Beamten in der Fallbearbeitung zumeist (fälschlich) ohne weiteres bejaht. Nach der Rechtsprechung des *BGH* ist „eine objektiv unrichtige Gesetzesauslegung oder Rechtsanwendung ... *dann* vorwerfbar, wenn sie gegen den klaren, bestimmten und eindeutigen Wortlaut der Vorschrift verstößt oder wenn die Zweifelsfragen durch die höchstrichterliche Rechtsprechung geklärt sind; dagegen fehlt es am Verschulden in der Regel, wenn die objektiv unrichtige Rechtsanwendung eine Vorschrift betrifft, deren Inhalt – bezogen auf den zur Entscheidung stehenden Einzelfall – zweifelhaft sein kann und noch nicht durch eine höchstrichterliche Rechtsprechung klargestellt ist und die Auslegung dieser Vorschrift noch vertretbar erscheint".[56] Insgesamt ist der „Maßstab des pflichtgetreuen Durchschnittsbeamten" zugrunde zu legen; jeder staatliche Amtsträger muß die zur Führung seines Amtes notwendigen Rechts- und Verwaltungskenntnisse besitzen oder sich verschaffen.[57]

Im *Ausgangsfall 2* (Rn. 304) hat der Beamte die für die Baugenehmigung *maßgebenden* Vorschriften des § 34 oder § 35 BauGB nicht geprüft, weil ein Bebauungsplan vorlag und der Beamte seine (positive) Entscheidung deshalb von der (in sich richtigen) Subsumtion unter den Bebauungsplan abhängig machte, wie es § 30 BauGB vor-

---

[55] S. etwa *BGHZ* 86, 356 (366 i. V. mit 360 ff.); 92, 34 (52).
[56] *BGH*, NVwZ 1989, 287.
[57] *BGH*, NVwZ-RR 1996, 65.

sieht. Daß der Beamte die (später vom OVG festgestellte) Nichtigkeit und damit Unanwendbarkeit des Bebauungsplans nicht erkannte, kann ihm nach den zitierten Verschuldensgrundsätzen des *BGH* möglicherweise[58] *nicht* vorgeworfen werden.

Bei fehlendem Verschulden oder bei **Unsicherheiten in der Verschuldensfrage** tritt in der Fallbearbeitung der Entschädigungsanspruch aus „enteignungsgleichem Eingriff" ins Zentrum, über welchen der *BGH* das Verschuldenserfordernis der Amtshaftung bei rechtswidrigen *Eigentums*eingriffen partiell überspielt; s. Rn. 345.

314   **(g) Bei fahrlässigem Handeln: keine andere Ersatzmöglichkeit des Geschädigten (§ 839 I 2 BGB)**[59]

Ist die andere Ersatzmöglichkeit gegen die öffentliche Hand gerichtet, gilt § 839 I 2 BGB nicht, weil dann die mit § 839 I 2 BGB, Art. 34 GG bezweckte finanzielle Entlastung des Staates ohnehin nicht erreicht würde.[60] (Soweit der Amtshaftungsanspruch *besteht*, kommt der Entschädigungsanspruch aus „enteignungsgleichem Eingriff" somit *zusätzlich* in Betracht.)

315   **(h) § 839 III BGB**

Der Geschädigte darf es nicht schuldhaft unterlassen haben, den Schaden durch *Gebrauch eines Rechtsmittels* abzuwenden.[61]

Im *Ausgangsfall 2* scheitert das Schadensersatzbegehren des *N* spätestens hier. Die Normenkontrollklage war als solche nicht geeignet, das Bauen zu verhindern. *N* hätte die dem *E* erteilte Baugenehmigung mit der Behauptung, der Bebauungsplan sei nichtig, anfechten müssen (s. Rn. 186, 194).

(i) Mitverursachung (§ 254 BGB)

316   **(3) Überleitung der Haftung auf die öffentliche Hand**

Nach dem Wortlaut von **Art. 34 S. 1 GG** wird die Haftung des Beamten „grundsätzlich" auf „die Körperschaft" übergeleitet, „in deren Dienst er steht" (= „Anstellungstheorie"). Aber nach dem juristischen Sprachgebrauch läßt ein (bloßer) *Grundsatz* auch Ausnahmen zu. Demgemäß hat der BGH[62] eine Formel entwickelt, die neben dem Grundsatz auch die Ausnahmen erfaßt: „Für Amtspflichtverletzungen eines Beamten haftet gem. Art. 34 GG diejenige Körperschaft, die dem Amtsträger die *Aufgaben*, bei deren Wahrnehmung die Amtspflichtverletzung vorgekommen ist, „anvertraut hat" („Anvertrauenstheorie"). In den meisten Fäl-

---

[58] S. etwa die vergleichbare Fallgestaltung in *BGH*, NVwZ 1998, 1329.

[59] *Ausnahmen* von diesem „Verweisungsprivileg" des Staates: Verkehrsunfälle bei Teilnahme am *allgemeinen* Straßenverkehr (*BGHZ* 68, 21 i. V. mit *Lässig*, JuS 1978, 679; 85, 225), soweit nicht Sonderrechte nach § 35 I StVO in Anspruch genommen werden (*BGHZ* 85, 225); Verkehrssicherungspflicht (*BGHZ* 75, 134); Versicherungsrechtliche Ansprüche kraft Eigenleistung des Geschädigten (*BGHZ* 79, 26, 35; 85, 230); zusammenfassend *Lörler*, JuS 1990, 544. Zum „Spruchrichterprivileg" des § 839 II BGB Klausur bei *Lässig*, JuS 1977, 249.

[60] *BGHZ (GS)* 13, 88 (101). S. ferner etwa *BGHZ* 75, 134 (136 ff.); 123, 102 (104 f.); *BGH*, NVwZ 2000, 1209 (1210).

[61] Klausurbeispiel nachfolgend Rn. 332; s. ferner etwa *BGHZ* 113, 17.

[62] NJW 1970, 750; später z. B. *BGHZ* 99, 326 (330); 161, 224 (231).

len *ist* es – wie in den *Ausgangsfällen* – die Anstellungskörperschaft, welche dem Beamten seine Aufgaben anvertraut. Etwa wenn ein *Landes*beamter an einen *Landkreis* als nichtstaatliche öffentlichrechtliche Körperschaft abgeordnet ist, fallen Anstellungskörperschaft und Aufgabenübertragung aber auseinander.

3. Haftungssystem bei zivilrechtlichem Tätigwerden

Bei *zivilrechtlichem Tätigwerden* ist **Art. 34 GG nicht anwendbar,**[63] 317 nach h.M. auch dann nicht, wenn die Behörde Aufgaben, welche ihrer Natur nach hoheitlich sind, lediglich in privatrechtlicher *Form* (Verwaltungsprivatrecht)[64] wahrnimmt.[65] Hier ist der Bedienstete also *nicht von vornherein* von *eigener* Haftung freigestellt. Es kommen Ansprüche sowohl gegen den Beamten selbst als auch gegen die hinter ihm stehende öffentlichrechtliche Körperschaft in Betracht.

Wenn man die Kabelverlegung im *Ausgangsfall 1* – *anders* als *bisher* angenommen wurde – als *privatrechtliche* Tätigkeit ansieht, kann G hier also Ansprüche *sowohl* gegen die Bediensteten *als auch* gegen die Bundesrepublik haben.

a) § 839 BGB ist (als lex specialis) bei *privatrechtlichem* Handeln An- 318 spruchsgrundlage nur gegen **Beamte im statusrechtlichen Sinne.**[66] Alle **anderen Bediensteten** haften nach den allgemeinen Vorschriften über die Deliktshaftung, insbesondere nach **§ 823 BGB.**

Im *Ausgangsfall 1* (Rn. 304) haftet der Baggerführer (Arbeiter) für die Beschädigung des Fundaments also nach § 823 I BGB. Sollte das Fehlen der Kabel auf einem Verschulden des zuständigen Sachbearbeiters in der Bundeswehrverwaltung beruhen, käme es darauf an, ob dieser Beamter im statusrechtlichen Sinne oder Angestellter wäre. Gem. § 823 I BGB würde der Sachbearbeiter als *Angestellter* nur für die Verletzung „absoluter Rechte" haften. Der Umsatz als solcher ist kein absolutes Recht. Damit müßte sorgfältig erörtert werden, ob der Sachbearbeiter (adäquat-kausal) in den „eingerichteten und ausgeübten Gewerbebetrieb" des G als „absolutes Recht" i.S. von § 823 I BGB eingegriffen hat (was letztendlich wohl bejaht werden könnte).[67] § 839 BGB schützt demgegenüber auch vor einem *allgemeinen* Vermögensschaden und damit vor dem Umsatzverlust. Wäre der Sachbearbeiter *Beamter,* würde die Anspruchsgrundlage des § 839 BGB also *ohne weiteres* einschlägig sein.

b) Die **öffentlichrechtliche Körperschaft** haftet über **§§ 89, 31 BGB** 319 **oder** nach **§ 831 BGB,** je danach, ob der handelnde Bedienstete „verfassungsmäßig berufener Vertreter"[68] der öffentlichrechtlichen Körper-

---

[63] S. etwa *BGHZ* 147, 381 (392).

[64] Vgl. Rn. 223 f.

[65] S. *Maurer,* Allg.VR, § 26 Rn. 56. Den Vorschlag des *vorlegenden Senats,* Art. 34 GG jedenfalls insoweit anzuwenden (BGHZ 34, 99 (101)), hat der *Gemeinsame Senat* in BGHZ 34, 99 (109) dahingestellt gelassen. Für die Anwendung des Art. 34 GG u. a. *Ossenbühl,* Staatshaftungsrecht, S. 27 f.

[66] Soeben Rn. 308 sowie z.B. *Ossenbühl,* S. 14.

[67] Einzelbegr. in Rn. 312.

[68] Instruktive Fälle (Bürgermeister) insoweit: *BGH,* NJW 1980, 115; *BGHZ* 147, 381 (393). – Nach der Rspr. ist der Begriff des „verfassungsmäßig berufenen Vertreters" verhältnismäßig weit auszulegen, s. *Palandt,* BGB, § 89 Rn. 4.

schaft oder nur ihr „Verrichtungsgehilfe" ist. Als „andere Ersatzmöglichkeit" (§ 839 I 2 BGB) kann diese Haftung der öffentlichrechtlichen Körperschaft die Inanspruchnahme des *Beamten* (§ 839 BGB) ausschließen.[69] *Andere* Bedienstete (§ 823 BGB) können *stets* neben der öffentlichrechtlichen Körperschaft herangezogen werden.

Im *Ausgangsfall 1* sind sowohl der Baggerführer wie auch der Sachbearbeiter nur „Verrichtungsgehilfen" (§ 831 BGB) der Bundesrepublik (Bundeswehr). Gem. § 831 BGB haftet die Bundesrepublik *nur,* wenn ihr der „Entlastungsbeweis" nicht gelingt. In *diesem* Fall würde der Sachbearbeiter als *Beamter* günstiger dastehen: Als Beamter würde er gem. § 839 I 2 BGB von seiner Haftung frei, als Angestellter aber – ebenso wie der Baggerführer – *nicht.*

4. Amtshaftung bei normativem Unrecht

320 **Ausgangsfälle: (1)** Wegen der Explosion der Wohnungsmieten führt der Bundesgesetzgeber ein System der Mietpreisbindung ein. Ein Jahr nach Inkrafttreten erklärt das Bundesverfassungsgericht das Gesetz für nichtig, weil es zu rigoros sei, um vor Art. 14 I GG in seiner Verbindung mit dem Grundsatz der Verhältnismäßigkeit Bestand haben zu können. Hauseigentümer *H* fragt an, ob er wegen seiner Mietausfälle von der Bundesrepublik Schadensersatz erhalten könne.

(2) „Terrassenhaus-Fall" aus Rn. 304. Weil das Vorgehen gegen den Landkreis als Baugenehmigungsbehörde keinen Erfolg verspricht (s. Rn. 307 ff.), macht *N* nunmehr Amtshaftungsansprüche gegen die *Gemeinde* geltend, die den nichtigen Bebauungsplan erlassen hat.[70]

In beiden Fällen geht es um das Problem der Amtshaftung bei normativem Unrecht, wie es sich beim Erlaß von Gesetzen, Satzungen, Rechtsverordnungen und Verwaltungsvorschriften[71] stellen kann.

Zu *Entschädigungsansprüchen* wegen „enteignungsgleichen Eingriffs" bei normativem Unrecht s. Rn. 355 ff.

321 **a)** Wegen des weiten Beamtenbegriffs in § 839 I BGB bei *öffentlichrechtlichem* Tätigwerden sind die Bundestagsabgeordneten (*Ausgangsfall 1*), die gewählten Mitglieder des Gemeinderates als satzungsgebendem Organ der Gemeinde (*Ausgangsfall 2*), der Minister als Verordnungsgeber usw. „Beamte" im haftungsrechtlichen Sinne.[72]

In den *Ausgangsfällen* haben die Bundestagsabgeordneten und die Mitglieder des Gemeinderates, die der rechtswidrigen Norm jeweils ihre Zustimmung gegeben haben, ihre Amtspflichten *verletzt.* Die Indemnität der Bundestagsabgeordneten (Art. 46 I GG) kommt nicht zum Zuge, weil es nicht um die persönliche Haftung der Abgeordneten geht (Haftungsüberleitung auf die BRep. nach Art. 34 GG).

322 **b)** Indessen **fehlt** es beim normativen Unrecht zumeist an einer **Amtspflicht,** die den normgebenden „Beamten" **„gegenüber einem Dritten",**

---

[69] S. etwa *BGHZ* 147, 381 (393).

[70] Weiterer Fall zur rechtswidrigen Bauleitplanung bei *Battis/Preschel,* JuS 1996, 43.

[71] S. insoweit *BGHZ* 91, 243 (249 f.); 102, 350 (368).

[72] Vgl. etwa *BGHZ* 84, 292 (298); 92, 34 (51); 106, 323 (330); 109, 380 (388).

also gegenüber dem Geschädigten als *Individuum* (Rn. 312), obliegt. Denn Gesetze, Verordnungen und Satzungen „enthalten durchweg *generelle* und abstrakte Regelungen, und dementsprechend nimmt der Gesetzgeber in der Regel ausschließlich Aufgaben gegenüber der Allgemeinheit wahr, denen die Richtung auf *bestimmte* Personen oder Personalkreise mangelt".[73]

Das gilt im *Ausgangsfall 1, auch wenn* das Gesetz ein subjektives Recht des *H* (Art. 14 I GG) verletzt. Die Bundestagsabgeordneten hatten den Grundrechtsschutz *der* Hauseigentümer als *Allgemeinheit*, nicht das *individuelle* Grundrecht der *konkreten* Einzelperson *H* zu berücksichtigen.

Ausnahmsweise kann eine „**Individualisierung der Rechtsadressa-** **323** **ten**"[74] bei „Maßnahme- oder Einzelfallgesetzen"[75] und „ähnlich"[76] **beim Bebauungsplan**[77] gegeben sein.

Im *Ausgangsfall 2* hatte der Gemeinderat bei seiner Abwägung nach § 1 VII BauGB in der unmittelbaren Nachbarschaft von Terrassenhaus und Einfamilienhaus-Grundstück zugunsten des *N* das „Gebot der Rücksichtnahme" zu beachten.[78] Wegen der räumlichen Enge und wegen der erdrückenden Baumasse des Terrassenhauses ist *N* derart „*handgreiflich*" und „*schwerwiegend*" betroffen, daß das (an sich objektiv-rechtliche) „Gebot der Rücksichtnahme" dem *N* gegenüber dem Gemeinderat nach den Grundsätzen in Rn. 187 (ausnahmsweise) *Individual*schutz vermittelt.[79]

c) *Wird* durch normatives Unrecht eine drittbezogene Amtspflicht ver- **324** letzt, hat der Geschädigte Amtshaftungsansprüche selbstverständlich *nur*, wenn auch alle weiteren Voraussetzungen des § 839 BGB (Rn. 308 ff.) vorliegen.

Im *Ausgangsfall 2* scheitern Schadensersatzansprüche des *N* auch jetzt *jedenfalls* wieder daran, daß *N* es schuldhaft versäumt hat, den Schaden durch Anfechtung der Baugenehmigung abzuwenden (s. Rn. 315).

IV. Gefährdungshaftung der öffentlichen Hand, Versagen technischer Einrichtungen

Ausgangsfall:[80] Eine Ampelanlage ist defekt und zeigt nach allen Seiten („feindli- **325** ches") Grün. Als Folge davon stoßen zwei Autos zusammen. Autobesitzer *A* verlangt

---

[73] *BGHZ* 56, 40 (46); 102, 350 (367 f.).
[74] Ausdruck z. B. in *BGHZ* 91, 243 (250); s. ferner *BGHZ* 84, 292 (300); 106, 323 (331 f.).
[75] *BGHZ* 56, 40 (46); 87, 321 (335).
[76] *BGHZ* 84, 292 (300); 106, 323 (331 f.).
[77] So im Anschluß an *BGHZ* 84, 292 (298 f.) grundlegend *BGHZ* 92, 34 (51 f.). S. ferner etwa *BGHZ* 106, 323 (332); 108, 224 (227); 109, 380 (385); 142, 259 (264).
[78] *BGHZ* 92, 34 (51 f.).
[79] Zur Frage, inwieweit den Gemeinderat eine *drittgerichtete* Amtspflicht trifft, in der Bauleitplanung keine Wohnbebauung auf *Altlasten-Grundstücken* zuzulassen, s. etwa *BGHZ* 106, 323 (332); 108, 224 (226); 109, 380 (389 ff.). Entsprechend zu Immissionsbelastungen *BGHZ* 110, 1 (8 ff.).
[80] *BGHZ* 54, 332; 99, 249.

von der Verkehrsbehörde Schadensersatz. Trifft einen Beamten der Behörde ein Verschulden, sind Amtshaftungsansprüche gegeben (Rn. 304 ff.).[81] Nachfolgend sei davon ausgegangen, daß kein Verschulden nachzuweisen ist.

Es handelt sich um einen klassischen Fall besonderer Gefährdung durch hoheitliches Handeln. *Forsthoff*[82] hat einst vorgeschlagen, Schäden, welche aus solchen besonderen Gefahrenlagen entstehen, über eine öffentlichrechtliche Gefährdungshaftung zu regulieren. Er hat aber wenig Gefolgschaft gefunden. Nach Ansicht des *BGH* ist es die Aufgabe des *Gesetzgebers*, die öffentlichrechtliche Gefährdungshaftung einzuführen. Dem dürfe die Rechtsprechung nicht vorgreifen.[83] Nur bei besonderer gesetzlicher Regelung trifft den Staat damit eine Gefährdungshaftung. Klausurwichtig ist etwa § 7 StVG.

326   Eine Gefährdungshaftung für das „Versagen technischer Einrichtungen", welche das StHG eingeführt hatte, ist mit der Nichtigerklärung des StHG durch das *BVerfG*[84] wieder entfallen. – Im *Ausgangsfall* hat A nach allem keinen Anspruch aus einer Gefährdungshaftung. (Nach der Rspr. des *BGH*[85] wird beim „feindlichen Grün" einer Ampelanlage Entschädigung über den ordnungsrechtlichen Ausgleichsanspruch (z.B. § 39 I lit. b NW OBG, Rn. 333) und in Ländern ohne die ordnungsrechtliche Anspruchsgrundlage über den enteignungsgleichen Eingriff (Rn. 352) gewährt.)

§ 20. Entschädigungsansprüche

I. Dogmatische Abgrenzung zum Schadensersatz und Rechtscharakter

327   Die bisher behandelten **Schadensersatzansprüche** folgen aus der Pflichtwidrigkeit = **Rechtswidrigkeit des staatlichen Handelns**. **Entschädigungsansprüche** knüpfen an den **Erfolg staatlichen Handelns** an.[1] Entschädigungsansprüche werden gewährt, um ein Handlungs*ergebnis* auszugleichen, welches der Rechtsordnung als unbillig erscheint. Bereits gem. § 75 Einl. ALR war „der Staat denjenigen, welcher seine besonderen Rechte und Vorteile dem Wohl des gemeinen Wesens aufzuopfern genötigt wird, zu entschädigen gehalten". Eine Ausprägung dieses Grundsatzes ist Art. 14 III GG, wonach eine Enteignung nur durch Gesetz oder aufgrund eines Gesetzes erfolgen darf, das Art und Ausmaß der Entschädigung regelt. Die Entschädigung ist indessen nicht auf Fälle einer Aufopferung oder Enteignung beschränkt. Der Gesetzgeber ist nicht gehindert, auch in anderen Fällen Entschädigung zu gewähren.

---

[81] Entsprechende Parallelfälle: *BGH*, NJW 1971, 2220; *BGH*, NJW 1972, 1268.

[82] Lehrbuch des Verwaltungsrechts, 10. Aufl. 1973, § 19.

[83] *BGHZ* 54, 332.

[84] Vgl. Rn. 304.

[85] *BGHZ* 99, 249; *Ossenbühl*, JuS 1988, 193.

[1] Entsprechende Gegenüberstellung ansatzweise in *BVerfGE* 45, 297 (345).

Weil Entschädigungsansprüche an den unbilligen Handlungs*erfolg* an- **328** knüpfen, tritt die Frage nach der Rechtmäßigkeit oder Rechtswidrigkeit staatlichen *Handelns* zurück.[2] Wenn etwa §§ 60 ff. InfektionsschutzG den Impfschaden als tragisches *Ergebnis* des Impfens entschädigen, so kann die staatliche Leistung nicht davon abhängen, ob die Impf*handlung* rechtmäßig oder – weil erkennbar besondere Risikofaktoren vorlagen, die sich im Schaden dann auch verwirklichten – rechtswidrig war. Die Rechtswidrigkeit des *Handelns* kann vielmehr nur *zusätzlich auch* zu einem *Schadensersatz*anspruch führen. Demgemäß **konkurrieren** Schadensersatz- und Entschädigungsansprüche miteinander,[3] soweit im Einzelfall ihre Einzelvoraussetzungen erfüllt sind.

Weil es nur um einen Billigkeitsausgleich geht, kann die Entschädigung **329** wertmäßig hinter dem Schadensersatz*zurückbleiben,[4] ohne weiteres aber auch günstiger als ein Schadensersatzanspruch ausgestaltet werden. Den **Wesensunterschied zwischen Schadensersatz und Entschädigung** im öffentlichen Recht sollte schon der Anfänger beachten, insbesondere auch in seiner Diktion.

II. Spezialgesetzlich geregelte Entschädigungsansprüche

Die meisten Entschädigungsansprüche sind spezialgesetzlich geregelt. Zu **330** nennen sind zunächst die gesetzlichen Entschädigungsregelungen für **klassische Enteignungen und Aufopferungen** (z. B. §§ 85 ff., 93 ff. Bau GB, §§ 60 ff. InfektionsschutzG), aber auch die in der Fallbearbeitung häufig übersehenen Regelungen, in welchen die Rechtsprechung des *BGH* zum enteignungsgleichen und enteignenden Eingriff (Rn. 343 ff.) für manche fallrelevante Konstellation kodifiziert worden ist (s. etwa § 8 a IV, V BFStrG, § 42 BImSchG). Verbreitet hat der Gesetzgeber insoweit sog. „salvatorische Klauseln" geschaffen, nach denen Entschädigung zu zahlen ist, „soweit Maßnahmen" aufgrund des jeweiligen Gesetzes „enteignende Wirkung haben".[5] Ob eine Maßnahme „enteignende Wirkung" hat, bestimmt sich dabei nach den Kriterien, die der BGH in seiner Rechtsprechung zum „enteignenden Eingriff" (Rn. 351) entwickelt hat.[6,7]

---

[2] Grundlegend *BGHZ (GS)* 6, 270 (290); 13, 395 (397) zum „enteignungsgleichen Eingriff".

[3] *BGHZ (GS)* 13, 88 (101); 136, 182 (184); 146, 365 (371); § 63 II InfektionsschutzG. Vgl. auch Rn. 314.

[4] *BVerfGE* 24, 367 (421); 46, 268 (285); *BGHZ* 136, 182 (185).

[5] Zur verfassungsrechtlichen Problematik derartiger Klauseln (Art. 14 I 1 GG) s. Rn. 555.

[6] S. *BGHZ* 99, 24 (31); 105, 15 (17); 133, 271 (276); *BVerwGE* 94, 1 (11) = JuS 1994, 532 Nr. 10.

[7] Ansprüche aus „salvatorischen Klauseln" wurden nach *BVerwGE* 94, 1 im Verwaltungsrechtsweg, nach *BGHZ* 128, 204 = JuS 1996, 466 Nr. 13 im Zivilrechtsweg geltend gemacht. § 40 II 1 2. Halbsatz VwGO beendet diese Divergenz nunmehr zugunsten des Verwaltungsrechtsweges.

331 In den neuen Bundesländern sind die gewohnheitsrechtlichen Entschädigungsansprüche wegen „enteignungsgleichen Eingriffs" durch das nach
dem Einigungsvertrag fortgeltende **StHG-DDR** verdrängt (s. Rn. 359)
und *so* spezialgesetzlich geregelt.

332 Wichtig für die Fallbearbeitung ist der Entschädigungsanspruch/*„Ausgleichsanspruch"*, welcher dem **Nichtstörer** in allen Gesetzen zum Schutz
der öffentlichen Sicherheit und Ordnung (vorstehend Rn. 104 ff., 122)
zugesprochen ist. Als Nichtstörer im Sinne der einschlägigen Vorschriften
sieht der BGH dabei auch den **„Anscheinsstörer"** (Rn. 117) an.[8]

Klausurbeispiel:[9] Weil einer neuerbauten Schule durch Bäume auf dem Nachbargrundstück Licht und Luft entzogen werden, ist dem Nachbarn *N* aufgegeben worden, die Bäume zu fällen.[10] *N* ficht die Verfügung nicht an, kommt ihr aber auch nicht
nach. Schließlich fällt das städtische Forstpersonal die Bäume. Kann *N* Entschädigung
verlangen? – Als letzter Verursacher war der Erbauer der Schule polizeipflichtig,
nicht *N*.[11] *N* ist also als Nichtstörer in Anspruch genommen worden. Je danach, ob
die im einschlägigen Gesetz über die öffentliche Sicherheit und Ordnung aufgestellten
Voraussetzungen für die Inanspruchnahme eines Nichtstörers vorlagen oder nicht,
war die Polizeiverfügung gegen ihn rechtmäßig oder rechtswidrig. Im letzten Falle ist
der (deliktische) Amtshaftungsanspruch (§ 839 BGB/Art. 34 GG) zu prüfen. Dieser
kommt im Ergebnis aber nicht zum Zuge, weil *N* es schuldhaft unterlassen hat, den
Schaden durch Gebrauch eines Rechtsmittels abzuwenden (§ 839 III BGB). So oder
so kann *N* indessen den eingangs bezeichneten Entschädigungsanspruch des Nichtstörers haben. Dieser Anspruch knüpft in einigen Bundesländern allein daran an, daß
der Nichtstörer *gültig* in Anspruch genommen worden ist. Weil auch eine rechtswidrige Verfügung, welche unangefochten bleibt, gültig ist, muß *N* der Entschädigungsanspruch ohne weiteres auch zugesprochen werden, wenn er an sich nicht als Nichtstörer hätte herangezogen werden dürfen. Die einschlägigen Gesetze anderer
Bundesländer (z. B. § 59 I ASOG Berlin, § 56 I Brem. PolG, § 80 I NdsSOG) beziehen die Entschädigungsansprüche des Nichtstörers und unbeteiligter Dritter („Querschläger") ausdrücklich auf *rechtmäßige* Maßnahmen und erstrecken diese Ansprüche
nur in einer *Zusatznorm* auch auf rechtswidrige Maßnahmen. Auch damit ist der Entschädigungsanspruch im Klausurbeispiel dann aber gegeben.[12] Allerdings schlägt die
Nichteinlegung eines Rechtsmittels *hier* über die „mitwirkende Verursachung" (vgl.
§ 60 V ASOG Berlin, § 81 V NdsSOG) zu Buche.

333 Das leitet über zu einem Entschädigungsanspruch, welcher in der Fallbearbeitung häufig übersehen wird, zum **allgemeinen ordnungsrechtlichen Ausgleichsanspruch**[13] mit seinem **breiten Anwendungsfeld**.

Klausurbeispiele: Rechtswidrige Inanspruchnahme durch eine Ordnungsbehörde
oder durch die Polizei; rechtswidrige Ablehnung einer Baugenehmigung;[14] rechtswid-

---

[8] *BGHZ* 117, 303 (307 f.) = JuS 1993, 259 Nr. 13; 126, 279 (283); *Schoch,* JuS 1993,
724; *BGH,* NJW 1996, 3151 = JuS 1997, 663 Nr. 16; *BGHZ* 136, 172 (174).
[9] Weiterer Fall bei *Volkmann,* JuS 2001, 888.
[10] Ähnlich insoweit *PrOVGE* 39, 396 ff.
[11] So *PrOVG,* aaO; s. auch schon Rn. 121 ff.
[12] Vgl. zum Fall auch noch Rn. 787.
[13] Zum Ausgleichsanspruch anstelle eines Folgenbeseitigungs- oder Unterlassungsan-
spruchs s. bereits Rn. 291, 296.
[14] *BGHZ* 72, 273; 82, 361; 84, 292.

rige Erteilung einer Baugenehmigung zu Lasten des Nachbarn;[15] „feindliches Grün" einer Ampelanlage.[16]

Die einschlägigen Gesetze vieler Bundesländer enthalten für derartige Fälle einen *allgemeinen* Entschädigungs- bzw. „Ausgleichsanspruch" bei *jeder* „*rechtswidrigen Maßnahme*" im Bereich der öffentlichen Sicherheit und Ordnung (vgl. z. B. § 39 I lit. b NW OBG; § 59 II ASOG Berlin; § 56 I Brem. PolG; § 80 I 2 NdsSOG; § 68 I RhldPfPOG),[17] wobei die einschlägigen Gesetzesbestimmungen außerhalb ihres „eigentlichen" Anwendungsbereichs zumeist *ergänzend* auch auf landesrechtliche und bundesrechtliche Spezialregelungen zur Gefahrenabwehr anzuwenden sind (§ 3 I 2 NdsSOG).[18] Bei allem ist der Begriff der „Maßnahme" weit zu verstehen;[19] die erwähnte rechtswidrige Inanspruchnahme des Nichtstörers ist nur *eine* „Maßnahme" unter vielen anderen denkbaren Maßnahmen (s. die Klausurbeispiele). Allerdings muß die Norm, gegen die die rechtswidrige Maßnahme verstößt, dem *Individualschutz* des Geschädigten und nicht nur dem Schutz von Allgemeininteressen dienen.[20] Der Schaden muß vom Schutzzweck abgedeckt sein.[21] Schließlich nehmen die genannten Entschädigungsgrundlagen § 254 BGB in Bezug.

Im Anschluß an Ausgangsfall 2 für die Amtshaftung (Rn. 304): Nachbar *N* verlangt wegen der Wertminderung seines Grundstücks vom Landkreis, der die rechtswidrige Baugenehmigung für das Terrassenhaus erteilt hatte, nunmehr gem. § 3 I 2 NdsSOG (= erweiterter Anwendungsbereich des NdsSOG) i. V. mit § 80 I 2 NdsSOG einen „angemessenen Ausgleich". Wie bei der Amtshaftung (s. Rn. 312) ist auch jetzt erheblich, ob das mit der Baugenehmigung verletzte „Gebot der Rücksichtnahme" dem *N* Individualschutz vermittelt. Wie bei der Amtshaftung (Rn. 315) führt die Tatsache, dass *N* die Baugenehmigung nicht angefochten hat, zum Anspruchsverlust, jetzt im Rahmen von § 81 V 3 NdsSOG i. V. mit § 254 II BGB (Primat des primären Rechtsschutzes, Rn. 302a, 353).

Der polizei- und ordnungsrechtliche Anspruch verdrängt den richterrechtlichen Anspruch aus „enteignungsgleichem Eingriff" (Rn. 342),[22] welchen die Bearbeiter in den Klausurbeispielen zumeist ohne weiteres zugrunde legen. Während der Anspruch aus enteignungsgleichem Eingriff in dreißig Jahren verjähren würde, verjährt der polizei- und ordnungsrechtliche Anspruch nach den einschlägigen Gesetzesbestimmungen in drei Jahren.

---

[15] *BGHZ* 86, 356.

[16] *BGHZ* 99, 249; s. insoweit auch schon Rn. 325.

[17] Näheres bei *Kasten*, JuS 1986, 450.

[18] Dazu schon Rn. 96.

[19] So jedenfalls für § 39 I lit b NW OBG *BGHZ* 72, 273 (275); 84, 292 (294); 99, 249 (251); 117, 83 (85, *mit Katalog*). Legaldefinition etwa in § 2 Nr. 3 NdsSOG.

[20] *BGHZ* 86, 356 (361); 109, 380 (393).

[21] *BGHZ* 123, 191 (198) = JuS 1994, 263 Nr. 15. Zur *parallelen Situation bei der Amtshaftung* s. Rn. 307, Fn. 40.

[22] *BGHZ* 72, 273; 99, 249 (255).

334 Wichtig sind des weiteren Entschädigungsregelungen, welche bestimmte Aufopferungstatbestände (z.B. Verletzungen bei der Hilfeleistung in Unglücksfällen, bei der Verfolgung von Straftätern, beim Blutspenden) im Rahmen der gesetzlichen Unfallversicherung abwickeln (sog. „**unechte" Unfallversicherung, § 2 I Nrn. 8 ff. SGB VII**).[23] Auch diese Spezialregelungen werden in der Fallbearbeitung oft übersehen oder nicht hinreichend in ihren Konsequenzen beachtet.

Beispiel:[24] Bauer *B* nahm auf die Bitte des Polizeibeamten *P* an der Verfolgung eines Messerstechers teil und wurde dabei durch einen Messerstich verletzt. Hat *B* Entschädigungsansprüche gegen den Staat? – Die Bearbeiter erörterten den (allgemeinen) Aufopferungsanspruch (s. nachfolgend Rn. 336 ff.), deliktische Ansprüche aus Amtspflichtverletzung des *P* und Ansprüche wegen einer Inanspruchnahme des *B* als Nichtstörer. Diese Ansprüche des *B* gegen das Land seien im ordentlichen Rechtsweg geltend zu machen. Bei allem sahen die Bearbeiter nicht, daß *B* bei seiner Hilfeleistung gem. § 2 I Nr. 13 c SGB VII in der gesetzlichen Unfallversicherung versichert war und also nach dem SGB VII einen Anspruch auf Heilbehandlung usw. (vgl. § 26 I SGB VII), auch auf Ersatz von Sachschäden (§ 13 SGB VII), gegen die Unfallkasse des Landes hat (§§ 128 I Nr. 7, 116 SGB VII). Dieser Anspruch ist eine Spezialausprägung des allgemeinen Aufopferungsanspruchs. Zur näheren Umgrenzung und Abwicklung des Aufopferungsanspruchs bedient sich der Gesetzgeber in den genannten Fällen des eingespielten Verwaltungssystems der gesetzlichen Unfallversicherung, in welchem die Beschäftigten der Länder bei Arbeitsunfällen Ansprüche gegen die (aus Steuermitteln finanzierten) Unfallkassen[25] der Länder (§§ 128 I Nr. 1, 116 SGB VII) haben. Neben den Regelungen des SGB VII als leges speciales kommt der allgemeine Aufopferungsanspruch im angedeuteten Rahmen nicht mehr in Betracht. Alle anderen genannten Ansprüche sind gem. § 116 SGB X[26] im Zeitpunkt ihres Entstehens kraft Gesetzes auf die Unfallkasse des Landes übergegangen. Der insoweit einzig verbleibende Anspruch des *B* nach dem SGB VII ist gem. § 51 SGG vor den *Sozialgerichten* geltend zu machen. Im ordentlichen Rechtsweg verbleibt dem *B* lediglich ein (vom SGB VII nicht erfaßter und daher auf die Unfallkasse auch nicht übergegangener) Anspruch auf Schmerzensgeld gem. § 253 II BGB, wenn der deliktische Schadensersatztatbestand der Amtshaftung erfüllt ist.

335 Ferner können **Entschädigungsansprüche** im Anschluß an den **Widerruf eines rechtmäßigen begünstigenden Verwaltungsakts** (§ 49 VI VwVfG) oder **Ausgleichsansprüche** wegen der **Rücknahme eines rechtswidrigen Verwaltungsakts** (§ 48 III VwVfG) erheblich werden.[27] Zu erwähnen ist schließlich das „*Gesetz über die Entschädigung für Strafverfolgungsmaßnahmen*" (*Schönfelder* Nr. 93).

---

[23] Nicht jeder der in § 2 I Nrn. 8 ff. SGB VII erfaßten Tatbestände ist Ausprägung des Aufopferungsgedankens. Der Versicherungsschutz für Kindergartenkinder, Schüler und Studierende ist etwa Ausdruck sozialstaatlicher Fürsorge (*BGHZ* 46, 327 (331)).

[24] Vgl. *RG*, JW 1914, 676 Nr. 4; s. zum Fall auch noch Rn. 803.

[25] Insoweit bestehen Unterschiede zur gewerblichen Wirtschaft, deren Beschäftigte auf Kosten der Arbeitgeber bei den (ebenfalls öffentlichrechtlichen) Berufsgenossenschaften versichert sind.

[26] Zu ihm *BGHZ* 135, 170 = JuS 1998, 88 Nr. 15.

[27] S. Rn. 174 ff.

III. Aufopferungsansprüche bei Eingriffen in nichtvermögenswerte Rechtsgüter

Der Aufopferungsanspruch ist *gewohnheitsrechtlich* im Anschluß an 336 §§ 74, 75 Einl. ALR (Wortlaut in Rn. 327) entwickelt worden.[28] Nach der früheren Rechtsprechung des *BGH*[29] betraf der Aufopferungsanspruch nur (noch) nichtvermögenswerte Rechtsgüter wie Leben, Gesundheit und Freiheit. Sobald Eigentum i.S. des Art. 14 GG in Frage stand, kamen mit dem „enteignenden" und „enteignungsgleichen" Eingriff (Rn. 342ff.) specialiter *Enteignungs*gesichtspunkte in Betracht. Mittlerweile leitet der *BGH* Entschädigungsansprüche aus enteignendem und enteignungsgleichem Eingriff ebenfalls aus dem *allgemeinen* gewohnheitsrechtlichen Aufopferungsgedanken her (Rn. 342). Diese Ansprüche bleiben aber terminologisch und in bestimmten Einzelheiten verselbständigt und werden deshalb erst in Rn. 342ff. behandelt.

Ausgangsfälle: (1) Polizist *P* schießt hinter einem flüchtenden Verbrecher her. Durch einen Querschläger wird der unbeteiligte *X* verletzt. Er verlangt Entschädigung.
(2) Ein schulpflichtiges Kind verletzt sich beim Turnunterricht so erheblich, daß ein Arm steif bleibt. Die Turnlehrerin trifft kein Verschulden. Hat *K* einen Entschädigungsanspruch gegen den Staat?[30]

Die Gedankenfolge läßt sich in ihren wichtigsten Punkten so systemati- 337 sieren:[31]

(1) Spezialgesetzliche Regelung?

Sie ist im *Ausgangsfall 2* inzwischen[32] dadurch gegeben, daß § 2 I Nr. 8b SGB VII die Schüler in die gesetzliche Unfallversicherung einbezieht (vgl. soeben Rn. 334). *Ausgangsfall 1* ist in den meisten Gesetzen zum Schutz der öffentlichen Sicherheit und Ordnung geregelt (s. etwa § 59 I Nr. 2 ASOG Berlin, Art. 70 II BayPAG; soeben Rn. 332). Die nachfolgenden Ausführungen zu *Ausgangsfall 1* gelten also nur für Länder, in welchen entsprechende Bestimmungen fehlen.

(2) Sonst: Kurze theoretische Skizzierung des *allgemeinen* gewohnheitsrechtlichen Aufopferungsanspruchs.

(3) Nichtvermögenswertes Rechtsgut

(4) Opfer 338

Im *Ausgangsfall 1* fehlt es an einem Opfer, falls die von *X* erlittenen Nachteile (außerhalb von soeben 1.) durch bestimmungsgemäße Leistungen der *allgemeinen* Sozialver-

---

[28] S. grundlegend *BGHZ* 9, 85ff. sowie etwa *BGHZ* 13, 88; 17, 172; 20, 61; 23, 157; 29, 95; 56, 57; 60, 302; 65, 196. Zusammenfassend zur „Aufopferung" *Kunig*, Jura 1992, 554; *Schmitt-Kammler*, JuS 1995, 473.
[29] Seit *BGHZ (GS)* 6, 270ff.; 23, 157 (161).
[30] *BGHZ* 46, 327.
[31] Zur Erläuterung und Vertiefung s. *Ossenbühl*, Staatshaftungsrecht, S. 131ff.
[32] *BGHZ* 46, 327 (Fn. 29) ist heute also positivrechtlich überholt.

sicherung (gesetzliche Krankenversicherung) ausgeglichen werden.[33] Diesen Gesichtspunkt müßte man in einer Hausarbeit erörtern.

339 (5) Sonderopfer

Das Opfer muß über das hinausgehen, was das Gesetz allen Menschen abfordert oder was zum allgemeinen Risiko des sozialen Lebens gehört.[34] Diese Voraussetzung liegt im *Ausgangsfall 1* vor.

340 (6) Gewollter und gezielter Eingriff oder unmittelbare Auswirkung[35] einer rechtmäßigen oder rechtswidrigen hoheitlichen Maßnahme.

Unmittelbarkeit liegt vor, wenn sich – wie im *Ausgangsfall 1* – eine besondere Gefahr verwirklicht, die in der hoheitlichen Maßnahme angelegt ist.[36] Es genügt z.B. auch, wenn ein „freiwilliges" Handeln „psychologisch abgefordert" wird.[37]

341 (7) Mitverursachung durch den Geschädigten

Nach der Rechtsprechung des *BGH*[38] sind die Grundsätze des § 254 BGB auf den gewohnheitsrechtlichen Aufopferungsanspruch analog anwendbar.

IV. Aufopferungsansprüche aus enteignendem und enteignungsgleichem Eingriff

342 Ausgangsfälle:[39] (1) Gleicher Fall wie Rn. 304: Im Gefolge von Kabelarbeiten der Bundeswehr geht der Geschäftsumsatz des *G* vorübergehend zurück. Die Bauarbeiten ziehen sich über die an sich vorgesehenen 3 Wochen hinaus auf 4 Wochen in die Länge, weil im entscheidenden Augenblick das zu verlegende Kabel fehlt. Hat *G* Entschädigungsansprüche gegen die Bundesrepublik? (Zur amtshaftungsrechtlichen Seite des Falles s. bereits Rn. 304 ff.)

(2) Durch Enteignungsbeschluß wird das Grundstück des *E* mit einer Dienstbarkeit belastet, aufgrund derer eine Gondelbahn-AG einen Tragemast errichten darf. Der Beschluß läßt sich nicht auf eine gültige Ermächtigungsgrundlage stützen.[40] *E* hat den Beschluß nicht angefochten und verlangt jetzt eine Entschädigung. Zu Recht?

1. Die Rechtsprechung des BGH in ihrem Grundansatz

Ist einem Bürger durch öffentlichrechtliches Handeln der Exekutive *unmittelbar* ein **Sonderopfer an Eigentum** entstanden, kommen Entschädi-

---

[33] Lies *BGHZ* 20, 81; 45, 58 (77 ff.).
[34] *BGHZ* 46, 327 (Fn. 28) für *Ausgangsfall 2;* 65, 196 (206).
[35] S. *BGHZ* 37, 44 (47).
[36] Vgl. Rn. 352.
[37] *BGHZ* 31, 187; für Impfschäden heute durch § 60 I 1 Nr. 1 InfektionsschutzG ersetzt.
[38] *BGHZ* 45, 290.
[39] Weitere Fälle bei *Cremer,* JuS 1996, 143; *Detterbeck,* JuS 2000, 574; *Detterbeck,* JuS 2003, 1003; *Fischer,* JuS 2005, 52.
[40] Fallanlehnung an *BVerfGE* 56, 249 (270) – Dürkheimer Gondelbahn.

gungsansprüche aus „enteignendem" oder „enteignungsgleichem" Eingriff in Betracht.[41] Diese *richterrechtlichen* Entschädigungsansprüche hatte der *BGH* ursprünglich mit Blick auf Art. 14 III GG entwickelt.[42] Heute leitet der BGH die Entschädigungsansprüche wegen „enteignenden" und „enteignungsgleichen" Eingriffs aus dem im Anschluß an §§ 74, 75 Einl. ALR gewohnheitsrechtlich fortgeltenden *allgemeinen* Aufopferungsgedanken (Rn. 336) ab;[43] das Gericht besteht nicht mehr darauf, daß *sein* Enteignungsbegriff mit dem *Rechtsbegriff* der Enteignung i.S. des Art. 14 III GG identisch sei.[44] Demgemäß wird dem richterrechtlichen Entschädigungsinstitut nicht der Boden entzogen, wenn spätere Ausführungen zum *verfassungsrechtlichen* Enteignungsbegriff (Rn. 346, 538ff., 545ff.) zur Folge haben, daß der „enteignende" und der „enteignungsgleiche" Eingriff des *BGH* keine Enteignungen im Rechtssinne des Art. 14 III GG sind. Unsere Rechtsordnung enthält **zwei verschiedene Enteignungsbegriffe,** den **verfassungsrechtlichen Enteignungsbegriff des Art. 14 III GG** und den (in „salvatorischen Klauseln" teilweise auch kodifizierten[45]) **entschädigungsrechtlichen Enteignungsbegriff des BGH.** Beide Enteignungsbegriffe müssen in der Fallbearbeitung strikt auseinandergehalten werden.

a) Entschädigungsansprüche wegen **enteignenden Eingriffs** gewährt der **343** *BGH* im Grundansatz,[46] wenn ein **rechtmäßiges Verwaltungshandeln** eine (faktische) enteignende (Neben-)Wirkung unmittelbar im Gefolge hat.

Beispiele aus der Rspr. des BGH (heute teilweise spezialgesetzlich aufgegriffen und **344** teilweise dogmatisch nicht mehr „stimmig"[47]): Schaden am Fahrzeug nach Heranziehung zu Hand- und Spanndiensten;[48] Straßenlärm;[49] Abschneiden oder Erschweren von Zufahrten durch Straßenänderung;[50] Gewerbeschädigungen durch langdauernden Straßenbau[51] oder U-Bahn-Bau;[52] Brandschäden durch Übungsschießen;[53] Hausschäden durch Grundwassersenkung;[54] Beschädigung von Häusern durch Schützen-

---

[41] Überblicke bei *Ossenbühl,* Staatshaftungsrecht, S. 214ff., 269ff.; *Maurer,* Allg. VR, § 27 Rn. 87ff., 117; *Rüfner,* in: Erichsen/Ehlers, Allg. VR, § 48 Rn. 55ff.

[42] Näheres zur Entwicklung in der 5. Aufl. dieses Buches, S. 122ff. sowie bei *Ossenbühl,* Staatshaftungsrecht, S. 214ff.

[43] So *BGHZ* 90, 17 (29ff.) = JuS 1984, 477 Nr. 3 u. 136, 182 (186) m.w. Nachw. (für den enteignungsgleichen Eingriff); 91, 20 (27f.) = JuS 1984, 714 Nr. 1 (für den enteignenden Eingriff).

[44] Dazu zusammenfassend *Kreft,* BGB-RGRK 12. Aufl. (1989), Vorb. § 839 Rn. 16, 17.

[45] S. Rn. 330.

[46] Zu dogmatischen Eingrenzungen s. Rn. 347.

[47] S. Rn. 347.

[48] *BGHZ* 28, 310.

[49] *BGHZ* 64, 220 (230); *BGH,* NJW 1977, 894; *BGHZ* 54, 384 (389).

[50] *BGHZ* 48, 65ff.

[51] *BGHZ* 23, 157.

[52] *BGHZ* 57, 359.

[53] *BGHZ* 37, 44ff.

[54] *BGHZ* 57, 370 (375).

panzer;[55] Saatschäden durch Möwen wegen Mülldeponie;[56] Überflutung im Gefolge von Hochwasserschutzanlagen;[57] Immissionen hoheitlicher Anlagen.[58]

Im *Ausgangsfall 1* scheinen die Umsatzeinbußen in den *ersten* 3 Wochen auf *rechtmäßigem* Handeln zu beruhen. *Insoweit* kommen also Entschädigungsansprüche aus „enteignendem" Eingriff in Betracht.

345 **b)** Entschädigungsansprüche wegen „enteignungsgleichen" Eingriffs gewährt der *BGH,* wenn der „enteignende" Handlungserfolg auf **rechtswidrigem Handeln** der Exekutive beruht.[59] Weil der *BGH* insoweit nur von einem „enteignungs*gleichen*" Eingriff spricht, zählt er die Rechtmäßigkeit des Verwaltungshandelns offenbar zu seinem Enteignungs*begriff.* In *BGHZ* 32, 208 (212); 58, 124 (127) hat der *BGH* klargestellt, daß das erforderliche **„Sonderopfer"** bereits aus der **Rechtswidrigkeit** des Handelns folgt; im Normalfall wird der Bürger mit einem Eigentumsopfer, das auf einem rechtswidrigen Verwaltungshandeln beruht, eben nicht belastet.

Entschädigungsansprüche aus „enteignungsgleichem" Eingriff kommen im *Ausgangsfall 2* sowie im *Ausgangsfall 1* in Betracht, soweit es um die Umsatzeinbußen für die *vierte* Woche geht, in welcher das Handeln der Bundeswehr rechtswidrig war.

Weil der „enteignungsgleiche Eingriff" alleine an die *Rechtswidrigkeit* anknüpft und kein Verschulden voraussetzt, **überspielt** er für seinen Anwendungsbereich das **Verschuldenserfordernis der Amtshaftung.**

Weil die Verschuldensfrage unklar ist (s. Rn. 313), erweist sich der „enteignungsgleiche" Eingriff im *Ausgangsfall 1* als die entscheidende Anspruchsgrundlage für die vierte Woche.

Wenn Verschulden *vorliegt,* können der Amtshaftungsanspruch und der Entschädigungsanspruch wegen „enteignungsgleichen" Eingriffs in Idealkonkurrenz *gleichzeitig* gegeben sein.[60]

2. Einzelkonturen nach der heutigen Rechtsprechung von BVerfG und BGH

a) Ausgrenzung von Enteignungen im Rechtssinne des Art. 14 III GG

346 Bei Eingriffen, die begrifflich *Enteignungen im Rechtssinne des Art. 14 III GG* sind,[61] kommen Aufopferungsansprüche wegen „enteignenden" oder „enteignungsgleichen" Eingriffs nach der heutigen Rechtsprechung des

---

[55] *BGH,* NJW 1964, 104.
[56] *BGH,* NJW 1980, 770.
[57] *BGH,* DVBl 1981, 924.
[58] *BGHZ* 91, 20; zum Zusammenspiel mit dem öffentlichrechtlichen Abwehranspruch s. Rn. 293.
[59] Grundlegend *BGHZ (GS)* 6, 270 ff. Entsprechendes gilt erst recht bei *schuldhaft* rechtswidrigem Handeln, *BGHZ* 7, 296; 13, 88 (92).
[60] S. schon Rn. 328.
[61] Dazu Rn. 548 f.

BVerfG und des BGH nicht mehr in Betracht.[62] Denn nach dem Wortlaut von Art. 14 III 4 GG und im systematischen Zusammenspiel von Art. 14 III 2 und Art. 14 III 4 GG ist die Zuständigkeit der ordentlichen Gerichte auf die *Höhe* einer vom *Gesetzgeber spezifisch* vorzusehenden Enteignungsentschädigung begrenzt. Diese Regelung des Grundgesetzes würde unterlaufen, wenn die Zivilgerichte über den *unspezifischen allgemeinen* Aufopferungsanspruch nach §§ 74, 75 Einl. ALR auch bei Enteignungen im Rechtssinne des Art. 14 III GG Entschädigung wegen enteignenden oder enteignungsgleichen Eingriffs gewähren könnten.

Im *Ausgangsfall 2* (Gondelbahn, Rn. 342) *ist* die zwangsweise Bestellung der Grunddienstbarkeit begrifflich eine (rechtswidrige) Enteignung i.S. von Art. 14 III GG, so daß ein Aufopferungsanspruch wegen (rechtswidrigen) enteignungsgleichen Eingriffs hier von vornherein entfällt. *E* hätte die ermächtigungslose Enteignung nicht zu dulden brauchen und also Anfechtungsklage erheben sollen, kann aber nicht statt dessen „liquidieren".[63] Im *Ausgangsfall 1* (Kabelarbeiten, Rn. 342) ist die Beeinträchtigung des Umsatzes *kein* finaler Zugriff der Behörde auf das Eigentum des G und deshalb[64] *keine* Enteignung im Rechtssinne des Art. 14 III GG. *Hier* steht Art. 14 III GG den Aufopferungsansprüchen wegen enteignenden und enteignungsgleichen Eingriffs also nicht entgegen.

b) Anwendungsfeld des enteignenden Eingriffs

Das Anwendungsfeld des Aufopferungsanspruchs wegen eines (*recht-*   347
mäßigen) *enteignenden Eingriffs* ist im Gefolge der heutigen Rechtsprechung des BVerfG und des BGH auf „*atypische und unvorhergesehe-ne*"[65] Nachteile begrenzt. Typische und vorhersehbare Nachteile kann die Exekutive dem Eigentümer alleine über eine gesetzliche Ermächtigung auferlegen. Eine Ermächtigung zu „enteignenden" Eigentumsbeeinträchtigungen im Sinne der Begriffsbildung des BGH (Rn. 342) kann der Gesetzgeber aber nur schaffen, wenn er *selbst* eine Entschädigung vorsieht, so (nur) in zulässigen Ausnahmefällen kompensatorisch im Rahmen von Art. 14 I 2 GG als „ausgleichspflichtige Inhaltsbestimmung", sonst im Rahmen einer Enteignungsermächtigung nach Art. 14 III GG.[66] Ein enteignender Eingriff auf der Grundlage einer rechtmäßigen Ermächtigungsgrundlage führt so notwendig zu einem spezialgesetzlichen Entschädigungsanspruch im Sinne von Rn. 330. Ohne gesetzliche Grundlage können typische und vorhersehbare Nachteile heute nur noch zu Aufopferungsansprüchen wegen eines (rechtswidrigen) enteignungsgleichen Eingriffs führen.[67]

---

[62] *BVerfGE* 58, 300 (318f., 324) – „Naßauskiesung"; *BGHZ* 91, 20 (26) zum enteignenden Eingriff; 90, 17 (31) zum enteignungsgleichen Eingriff.

[63] Vgl. *BVerfGE* 58, 300 (324).

[64] S.Rn. 548.

[65] Formulierung etwa in *BGHZ* 91, 20 (26); 99, 24 (27); 100, 136 (144); 102, 350 (361); s. ferner etwa *M. Jaschinski*, Der Fortbestand des Anspruchs aus enteignendem Eingriff, 1997, S. 221.

[66] *BVerfGE* 100, 226 (243ff.) – „Denkmalschutz". Näheres später in Rn. 553ff.

[67] *BGHZ* 100, 136 (144f.).

Weil typisch und vorhersehbar, scheiden demgemäß folgende Beispielsfälle in Rn. 344 für Aufopferungsansprüche aus enteignendem Eingriff aus: Straßenänderungen mit dem Abschneiden oder der Erschwerung von Zufahrten, langdauernde Straßen- oder U-Bahn-Bauarbeiten mit gravierenden Umsatzeinbußen für Gewerbetreibende, Übungsschießen der Bundeswehr mit Brandschäden. Weil wohl untypisch und unvorhergesehen, bleiben andererseits folgende Beispielsfälle für Aufopferungsansprüche aus einem enteignenden Eingriff bestehen: Hausschäden durch Grundwasserabsenkung, Saatschäden durch Möwen wegen Mülldeponie, Überflutungen im Gefolge von Hochwasserschutzanlagen. – Im *Ausgangsfall 1* dürften signifikante Umsatzeinbußen im Gefolge *bloßer Kabel*arbeiten ebenfalls untypisch und unvorhergesehen sein, so daß Aufopferungsansprüche wegen enteignenden Eingriffs für die (rechtmäßigen) ersten 3 Wochen auch hier möglich bleiben.

c) Anwendungsfeld des enteignungsgleichen Eingriffs

348 Das Anwendungsfeld des Aufopferungsanspruchs wegen eines (*rechtswidrigen*) *enteignungsgleichen Eingriffs* ist auf *originäres* exekutives Unrecht beschränkt. Exekutives Handeln, dessen Rechtswidrigkeit sich im Vollzug eines rechtswidrigen Gesetzes erschöpft, löst den Aufopferungsanspruch nicht aus. Insoweit schlägt durch, daß nach der heutigen Rechtsprechung des BGH Aufopferungsansprüche wegen enteignungsgleichen Eingriffs bei legislativem Unrecht nicht gegeben sind (zu diesem Kontext erst Rn. 355).

Im *Ausgangsfall 1* geht es in der (rechtswidrigen) 4. Woche um ein originäres Unrecht der Exekutive und damit nach wie vor um einen Aufopferungsanspruch wegen enteignungsgleichen Eingriffs.

3. Systematische Gedankenfolge

349 Vor diesem Hintergrund können Entschädigungsansprüche wegen „enteignenden" und „enteignungsgleichen" Eingriffs in der Fallbearbeitung wie folgt „durchdacht" werden.

(1) **Spezialgesetzliche Entschädigungsregelung** i.S. von vorstehend Rn. 330? – Ansonsten:

(2) **Nachteil an Eigentum?**

Der BGH legt im wesentlichen den verfassungsrechtlichen Eigentumsbegriff (Art. 14 I 1 GG) zugrunde, wie er in Rn. 543 dargestellt wird. Geschützt sind nur konkrete Vergegenständlichungen des Eigentums, nicht das Vermögen als solches.[68] Wegen der „objektbezogenen" Gewährleistungsfunktion des Art. 14 I 1 GG müssen subjektive Rechte beeinträchtigt sein, nicht bloße Interessen, Chancen, Hoffnungen und Erwartungen.[69]

---

[68] *BGH,* NJW 1983, 215.

[69] So *BGHZ* 132, 181 (186f.) in der Abgrenzung zum Bereich des Art. 12 I GG; *BVerfG (Kammer),* NVwZ 1998, 271 (272). S. ferner etwa *BGHZ* 98, 341 (351); 92, 34 (46); 34, 188 (190); *BGH,* NJW 1980, 387.

Den „eingerichteten und ausgeübten Gewerbebetrieb" sieht der *BGH* nur als geschützt an, „wenn in die den Betrieb darstellende Sach- und Rechtsgesamtheit *als solche*, in den *Betrieb* als wirtschaftlichen *Organismus* eingegriffen und damit das ungestörte Funktionieren dieses *Organismus* unterbunden oder beeinträchtigt" wird.[70] Kein Eingriff in den Gewerbebetrieb liegt z. B. vor, wenn Schutzzölle herabgesetzt werden,[71] wenn die gesetzlichen Bestimmungen über die Ausrüstung von Kraftfahrzeugen geändert werden,[72] wenn in der Elbmündung ein Leitdamm errichtet wird, der Krabbenfischer zu Umwegen zwingt,[73] usw. In diesen Fällen sind das rechtliche oder tatsächliche Umfeld, in welchem die gewerbliche Betätigung erfolgt, schon nicht *Bestandteil* des Gewerbebetriebes. Weil die hoheitlichen Einwirkungen auf den Gewerbebetrieb *unmittelbar* sein müssen (nachfolgend Rn. 352), reicht es hier auch nicht aus, wenn der Gewerbebetrieb im weiteren Verlauf der Kausalkette seine Existenzfähigkeit verliert. Entscheidend ist, daß die *unmittelbar* betroffene Position, z. B. der bisherige Weg zu den Fanggründen, nicht zum eingerichteten und ausgeübten Gewerbebetrieb gehört. Anderes kann gelten, wenn ein besonderer *Vertrauenstatbestand* begründet worden ist.[74]

Im *Ausgangsfall 1* ist der **Umsatz** in seiner konkreten *Höhe* **kein** Bestandteil des eingerichteten und ausgeübten Gewerbebetriebes, sondern lediglich Gewinn*chance*. *Bestandteil* des Gewerbebetriebes ist aber der „Kontakt zur Straße". Indem die Bundeswehr diesen Kontakt erschwerte, hat sie in den Gewerbebetrieb eingegriffen. (Der Umsatz ist (maßgebliches) Indiz für den Wert der entzogenen Substanz (Kontakt zur Straße)).[75]

(3) Enteignung im Rechtssinne des Art. 14 III GG als Ausschlußtatbestand? 350

Ausgangsfall 2 scheidet hier aus (Rn. 346).

(4) Weichenstellung zum enteignenden oder enteignungsgleichen Eingriff (Rn. 342 ff., 347) mit dem Ausschlußtatbestand „legislatives Unrecht" (Rn. 348 (und 355 f.)).

Nach dem Gesagten geht es im *Ausgangsfall 1* in den ersten 3 Wochen um einen enteignenden (Rn. 347) und in der 4. Woche um einen enteignungsgleichen Eingriff (Rn. 348).

(5) Sonderopfer wegen rechtswidriger Eigentumsbeeinträchtigung (enteignungsgleicher Eingriff)?

Bei *rechtswidrigem* Verwaltungshandeln liegt nach dem Gesagten[76] – wie im *Ausgangsfall 1* hinsichtlich der vierten Woche – *ohne weiteres* das erforderliche Sonderopfer vor (= „enteignungsgleicher" Eingriff).

---

[70] So grundlegend *BGH*, NJW 1990, 3260 (3262), entschädigungsrechtlich gebilligt von *BVerfG (Kammerbeschluß)*, NJW 1992, 36 (37).
[71] *BGHZ* 45, 83 („Knäckebrot").
[72] *BGH*, NJW 1968, 293.
[73] *BGH*, NJW 1966, 1120.
[74] *BGHZ* 45, 83 („Knäckebrot"); 78, 41 (45); *BGH*, NJW 1980, 2700; NJW 1983, 215; NJW 1990, 3260 (3262). S. ferner Rn. 357 bei Fn. 99.
[75] S. zu allem *BGHZ* 57, 359 (361, 369) m. w. Nachw., s. schon Rn. 312; zum Substanzeingriff bei vorübergehender Beeinträchtigung der Nutzung eines Hauses s. *BGHZ* 91, 20 (30).
[76] Rn. 345.

351 **(6) Sonderopfer als faktische Folge rechtmäßigen Handelns (enteignender Eingriff)?**

Wie sich am *Ausgangsfall 1* für die ersten drei Wochen zeigt, läßt sich bei rechtmäßigem Handeln nicht ohne weiteres entscheiden, ob dem nachteilig Betroffenen ein *Sonderopfer* am Eigentum zugemutet wird: Stellt die dreiwöchige Umsatzeinbuße ein *Sonderopfer* dar *oder* wird sie *potentiell* in *gleicher* Weise *jedem* Geschäftsinhaber abverlangt? – Verbaler Ausgangspunkt des *BGH* ist wie stets bei der „Sonderopfertheorie" auch hier: „Der Verstoß gegen den Gleichheitsgrundsatz kennzeichnet die Enteignung."[77] Für die Feststellung einer ungleichen Belastung müssen Personengruppen verglichen werden, welche sich in einer grundsätzlich gleichen Situation befinden.[78] *Wie* aber die Vergleichsgruppen gebildet werden, läßt sich *nicht* nach dem Gleichheitsgrundsatz und damit auch nicht nach der „Sonderopfertheorie" entscheiden. Daher hat der *BGH* seine „**Sonderopfertheorie**" **modifiziert**.[79] Anhaltspunkte gibt dem *BGH* die „Situationsgebundenheit", in der das Eigentum steht[80] (= Angewiesenheit auf den Kontakt zur Straße im *Ausgangsfall 1*). Wegen Art. 14 II GG kann z. B. ein Grundstück mit einer besonderen „Pflichtigkeit" belastet sein, welche andere Grundstücke nicht trifft und so etwa Naturschutzmaßnahmen gestattet.[81] Die entscheidende Frage, wann eine besondere Situationsgebundenheit zu einer solchen Pflichtigkeit führt, beurteilt der *BGH wertend*[82] nach Kriterien,[83] welche sich unter die Oberbegriffe „Zumutbarkeit" oder „Verhältnismäßigkeit" fassen lassen.[84] Soweit die „Sonderopfertheorie" keine eindeutigen Ergebnisse bringt, hat der *BGH* sie also durch die „Zumutbarkeitstheorie" ergänzt.

Im *Ausgangsfall 1* dürfte es für G noch zumutbar sein, wenn der „Kontakt zur Straße" als Bestandteil seines Gewerbebetriebes für (nur) 3 Wochen aus zwingenden öffentlichen Gründen erschwert wird. Hinsichtlich der *ersten* 3 Wochen scheiden also Entschädigungsansprüche (aus enteignendem Eingriff) aus. Hinsichtlich der verbleibenden vierten Woche (= rechtswidriges Sonderopfer i. S. eines „enteignungsgleichen" Eingriffs) folgt die Frage:

352 **(7) Gewollter und gezielter Eingriff oder unmittelbare Auswirkung?**

Das „Sonderopfer" (soeben Rn. 350 oder Rn. 351) muß nach der Rechtsprechung des *BGH* sowohl beim „enteignenden" als auch beim „ent-

---

[77] *BGHZ (GS)* 6, 270 ff.

[78] *BGHZ* 22, 1; 23, 30.

[79] Grdl. *BGHZ* 23, 30; *BGH, LM* Art. 14 GG Nr. 60 („Buchendom"); *BGH, LM* Art. 14 (Cb) GG Nr. 5; *BGH,* NJW 1973, 623; *BGHZ* 72, 211; 121, 328 (336).

[80] Gleiche Argumentationsfigur auch in *BVerwGE* 94, 1 (4); *BVerfGE* 100, 226 (242).

[81] S. Fn. 79.

[82] So ausdrücklich *BGH,* DVBl 1981, 925; *BGHZ* 90, 4 (15); 121, 328 (336); 133, 271 (276).

[83] Zusammenfassung in *BGHZ* 90, 17, 24; 121, 328 (336).

[84] *BGHZ* 102, 350 (361): „Schwelle des enteignungsrechtlich Zumutbaren"; 105, 15 (21): „Opferschwelle"; 121, 328 (332) und 133, 271 (276): „unverhältnismäßig oder im Verhältnis zu anderen ungleich und damit unzumutbar".

eignungsgleichen" Eingriff gezielt abverlangt oder *unmittelbare* Auswirkung einer hoheitlichen Maßnahme sein.[85] Dabei wird das Kriterium der Unmittelbarkeit heute nicht mehr in einem formellen Sinne verstanden. „Nötig ist ein innerer Zusammenhang, d. h. es muß sich eine besondere Gefahr verwirklichen, die bereits in der hoheitlichen Maßnahme selbst angelegt ist."[86] Demgemäß sieht der BGH etwa das „feindliche Grün" von Ampelanlagen (Rn. 325) mittlerweile als unmittelbare Ursache für einen Autozusammenstoß an,[87] nachdem er die Unmittelbarkeit im Zusammenhang mit der Amtshaftung zunächst abgelehnt hatte.[88]

Im *Ausgangsfall 1* ist die Unmittelbarkeit gegeben. – Merke: Ein **Unterlassen** sieht der *BGH* nur als Eigentumseingriff an, wenn es „qualifiziert" ist, dem Bürger etwa eine Baugenehmigung vorenthält, auf die er einen Anspruch hat.[89]

(8) Mitverursachung des Geschädigten?   353

Nach der Rechtsprechung des *BGH* ist bei der Bemessung der Entschädigung in sinngemäßer Anwendung des § 254 II BGB eine Mitverursachung durch den Betroffenen jedenfalls insoweit zu berücksichtigen, als er die Folgen des Eingriffs nicht abgewendet oder gemindert hat.[90] Hat der durch einen (rechtswidrigen) enteignungsgleichen Eingriff Geschädigte den Verwaltungsrechtsweg schuldhaft nicht beschritten, entfällt in der Regel der Entschädigungsanspruch.[91]

Im *Ausgangsfall 1* ist kein Mitverschulden des *G* ersichtlich, der Entschädigungsanspruch wegen „enteignungsgleichen" Eingriffs hinsichtlich der vierten Woche also begründet.

(9) Anspruchsgegner   354

Entschädigungspflichtig ist der „Begünstigte", nämlich „der Hoheitsträger, dessen Aufgaben wahrgenommen wurden oder dem die Vorteile des Eingriffs zugeflossen sind".[92]

Im *Ausgangsfall 1* ist die Bundesrepublik ohne weiteres die Adressatin des Anspruchs.

4. Enteignungsgleicher Eingriff bei normativem Unrecht?

a) Legislatives Unrecht

Schon um keinen Flächenbrand für die Staatsfinanzen zu entfachen, ge   355
währt der BGH Aufopferungsansprüche wegen eines (rechtswidrigen)

---

[85] S. z. B. *BGHZ* 37, 44 (47); *BGH,* NJW 1984, 2516, sowie soeben Fn. 43–52.
[86] So *BGHZ* 131, 157 (166).
[87] *BGHZ* 99, 249 (254).
[88] *BGHZ* 54, 332 (338).
[89] Zu Einzelheiten s. *BGHZ* 32, 208 (211); 56, 40 (42); 58, 124; 65, 182 (189); 102, 350 (364).
[90] So *BGHZ* 56, 57 (64 ff.).
[91] *BGHZ* 90, 17 (31 ff.); 110, 12 (14 f.); 113, 17 (23); 114, 285 (297). Zur parallelen Sicht des *BVerwG* s. Rn. 302 a.
[92] So *BGHZ* 134, 316 (321 ff.) = JuS 1997, 760 Nr. 13, mit dem Hinweis, daß beide Alternativen *gleichzeitig* erfüllt sein können, womit dann *zwei* Anspruchsgegner vorhanden sind.

enteignungsgleichen Eingriffs nicht bei *„legislativem Unrecht"* in *Parlamentsgesetzen* und nach dem bereits Gesagten (Rn. 348) auch nicht bei exekutivem Handeln, dessen Rechtswidrigkeit sich im Vollzug eines rechtswidrigen Gesetzes erschöpft.[93] Dogmatisch gesehen fehlt es beim legislativen Unrecht an dem für einen Aufopferungsanspruch aus enteignungsgleichem Eingriff erforderlichen (Rn. 339) Sonderopfer; anders als der rechtswidrige Einzelakt (Rn. 345, 350) trifft die rechtswidrige Norm *alle* Adressaten *gleich.*

Demgemäß haben die Hauseigentümer bei einer Art. 14 I GG-widrigen Mietpreisbindung (= *Ausgangsfall 1* zur Amtshaftung bei „legislativem Unrecht", Rn. 320) *auch* keinen Entschädigungsanspruch aus „enteignungsgleichem" Eingriff.

b) Sonstiges normatives Unrecht

356 Bei rechtswidriger *untergesetzlicher* Normsetzung gesteht der *BGH* Entschädigungsansprüche zu.[94] Das mag allenfalls angemessen sein, solange sich die Norm nur an einen engen Kreis Betroffener richtet (rechtswidriger Bebauungsplan als Beispiel). Geht es um eine unübersehbare Vielzahl Betroffener, sind auch beim untergesetzlichen normativen Unrecht die Argumente „kein Flächenbrand für die Staatsfinanzen" und „kein Sonderopfer" einschlägig.[95]

Im *Ausgangsfall 2* zur Amtshaftung bei „normativem Unrecht" (rechtswidriger Bebauungsplan „Terrassenhaus", Rn. 320) ist der Anspruch aus „enteignungsgleichem" Eingriff zwar im Prinzip denkbar. Der Anspruch scheitert in concreto aber daran, daß *N* den Schaden nicht rechtzeitig abgewendet hat (§ 254 II BGB, soeben Rn. 353).

V. Plangewährleistungsansprüche?[96]

357 **„Gefrierfleischfall" des Reichsgerichts:**[97] Nach dem Ersten Weltkrieg war es zur Versorgung der Bevölkerung dringend geboten, Gefrierfleisch einzuführen. Die Importeure waren aber nicht bereit, die dafür erforderlichen Kühlhäuser zu bauen. Sie befürchteten, alte Einfuhrbeschränkungen könnten wieder in Kraft gesetzt werden, bevor sich die Kühlhäuser amortisiert hätten. Daraufhin wurde durch Verordnung der Reichsregierung bestimmt, die bestehenden Einfuhrerleichterungen blieben mindestens für zehn Jahre bestehen. Nachdem jetzt die Kühlhäuser gebaut waren, wurde die Verordnung nach einiger Zeit aufgehoben. Statt dessen wurde die Einfuhr zum Schutze der deutschen Erzeuger so weitgehend beschränkt, daß die Kühlhäuser leer standen. Das *RG* lehnte Entschädigungsansprüche der Importeure ab. Wie wäre heute zu entscheiden?

---

[93] Grundlegend *BGHZ* 100, 136 (145); ferner *BGHZ* 102, 350 (359, 367); *BGH,* NJW 1990, 3260 (3261).

[94] So pointiert *BGH,* NJW 1990, 3260 (3261) im Anschluß an *BGHZ* 100, 136 (147); *BGHZ* 111, 349 (352 f.).

[95] In gleicher Richtung *Ossenbühl,* Staatshaftungsrecht, S. 235 f.

[96] Umfassender Überblick zur „Planungsgewährleistung" bei *Ossenbühl,* Staatshaftungsrecht, S. 378 ff.

[97] *RGZ* 139, 177 ff.

Hier ist eines der zentralen Probleme moderner Staatstätigkeit angesprochen. Der Sozialstaat muß umfassend planen, wenn er seinen Aufgaben der Daseins- und Wachstumsvorsorge gerecht werden will. Insbesondere bei der Wirtschaftslenkung wird der Plan oft nicht vollzogen
über imperative Maßnahmen des staatlichen Eingriffs in den Individual-
bereich. Durch Subventionen, Steuervorteile usw. oder lediglich durch
die Bereitstellung von Daten über zukünftige Entwicklungsmöglichkei-
ten werden der Wirtschaft vielmehr Anreize gegeben, sich freiwillig so
zu verhalten, wie es nach der jeweiligen staatlichen Planung erwünscht
ist. Im Vertrauen auf die Richtigkeit und Beständigkeit des staatlichen
Plans, aber durchaus um *eigene* Erwerbschancen wahrzunehmen, treffen
die Unternehmen plankonforme Dispositionen. Die entscheidende Frage ist, ob der Staat für die Schäden aufkommen muß, welche entstehen,
wenn der Plan verändert oder aufgehoben[98] wird. Es sind die verschiedensten Versuche gemacht worden, das *enttäuschte Vertrauen* durch
Entschädigungsansprüche zu kompensieren.[99] Zumeist wird die Problematik über den „enteignenden" oder „enteignungsgleichen Eingriff"
gelöst:[100] Wenn – wie im Gefrierfleischfall – *durch besondere Umstände*
(!) ein Vertrauenstatbestand geschaffen worden sei, müsse das betätigte
Vertrauen als eigentumsrechtlich relevanter Bestandteil des eingerichteten und ausgeübten Gewerbebetriebes im Sinne des Art. 14 GG angesehen werden, in welchen unmittelbar eingegriffen werde. Diese „Verding-
lichung" des Vertrauens ist nicht unproblematisch.[101] Deshalb ist in der
Literatur andererseits auch versucht worden, aus dem rechtsstaatlichen
Gedanken des Vertrauensschutzes losgelöst von Art. 14 GG einen *eigenständigen* Plangewährleistungsanspruch zu entwickeln.[102] Inzwischen
hat der *BGH* aber mehrmals bekräftigt, ein **allgemeiner Plangewährleistungsanspruch** sei **nicht anzuerkennen.**[103] Eine positivrechtliche
Anerkennung eines Plangewährleistungsanspruchs findet sich z.B. in
§ 39 BauGB.[104]

Im *Gefrierfleischfall* geht es aus heutiger Sicht um „normatives" Unrecht. Der Verordnungsgeber hätte das (wohl) durch Art. 14 I 1 GG geschützte Vertrauen der Importeure nach dem Grundsatz der Verhältnismäßigkeit im Rahmen von Art. 14 I 2
GG allenfalls nur über eine Entschädigungsregelung übergehen können (Rn. 347,
554 f.). Bei rechtswidriger *untergesetzlicher* Normgebung gesteht der *BGH* nach dem

---

[98] Beides ist in der Regel möglich. Zum Rückwirkungsproblem vgl. Rn. 415.
[99] Überblick bei *Ossenbühl*, Staatshaftungsrecht, S. 378 ff.
[100] So insb. auch *BGHZ* 45, 87 f. („Knäckebrot"); 78, 41 (45); *BGH*, NJW 1983, 215;
ferner Rn. 349.
[101] Allgemein zum Verhältnis von Vertrauensschutz und Eigentumsgarantie *BVerfGE*
45, 142 (168).
[102] Vgl. *Egerer*, Plangewährleistungsansprüche, 1971; *Oldiges*, Grundlagen eines Plan-
gewährleistungsrechts, 1970.
[103] *BGHZ* 84, 292 (297); 109, 380 (391).
[104] Nach *BGHZ* 84, 392 (395); 109, 380 (391), nicht anwendbar auf Vertrauensschä-
den, welche entstehen, wenn sich nachträglich die *Unwirksamkeit* eines Bebauungsplans herausstellt.

Gesagten (Rn. 356) einen Entschädigungsanspruch aus „enteignungsgleichem" Eingriff zu, was nach dem ebenfalls Gesagten (aaO.) aus heutiger Sicht aber dogmatisch anfechtbar ist.

§ 21. Staatshaftung in den neuen Bundesländern

358 In **Brandenburg, Mecklenburg-Vorpommern und Thüringen** werden die vorstehend skizzierten Schadensersatz- (§ 19) und Entschädigungsansprüche (§ 20) bis auf weiteres durch das Staatshaftungsgesetz der DDR (*Schönfelder II* Nr. 65) ergänzt und überlagert. Nach dem Einigungsvertrag gilt das StHG-DDR als *Landesrecht* fort. Die genannten Länder haben das StHG-DDR in der Fassung des Einigungsvertrages *materiellrechtlich* unverändert gelassen.[1] In **Sachsen-Anhalt** ist an die Stelle des StHG-DDR das „Gesetz zur Regelung von Entschädigungsansprüchen"[2] getreten, das bloß noch den enteignungsgleichen Eingriff (Rn. 342, 345, 348, 350) kodifiziert. **Berlin und Sachsen** haben das StHG-DDR zwischenzeitlich aufgehoben.

I. Inhalt des StHG-DDR

Der Grundhaftungstatbestand des **§ 1 I StHG-DDR** lautet in seiner durch den Einigungsvertrag veränderten Fassung:

„Für Schäden, die einer natürlichen oder juristischen Person hinsichtlich des Vermögens oder ihrer Rechte durch Mitarbeiter oder Beauftragte staatlicher oder kommunaler Organe in Ausübung staatlicher Tätigkeit rechtswidrig zugefügt werden, haftet das jeweilige staatliche oder kommunale Organ."

Im Ansatz handelt es sich um eine **umfassende verschuldensunabhängige Haftung,** die in ihrer Rigorosität über das hinausgeht, was als Reform des Staatshaftungsrechts in den „alten" Bundesländern (StHG 1981, vgl. Rn. 304) bisher konsensfähig war.[3] Bei der Anwendung des StHG-DDR ergeben sich erhebliche Auslegungsprobleme. Denn der rechtliche Kontext, in den das StHG-DDR eingebettet war, ist entfallen. Für alle Einzelfragen der Auslegung muß auf das Schrifttum[4] und auf die entstehende Rechtsprechung[5] verwiesen werden. Aus der Einbettung in die neue Rechtsordnung entstehen neue systematische Zusammen-

---

[1] Fallbesprechung bei *Battis/Preschel,* JuS 1996, 43.

[2] Gesetzessammlung S-A Nr. 60, *Schönfelder II* Nr. 65 d.

[3] S. dazu etwa *Christoph,* NVwZ 1991, 536.

[4] Grundlegend vor allem *Ossenbühl,* Das Staatshaftungsrecht in den neuen Bundesländern, NJW 1991, 1201; *ders.,* Staatshaftungsrecht, S. 457 ff. S. ferner *Herbst-Lühmann,* Die Staatshaftungsgesetze der neuen Länder, Kommentar, 1997; *Maurer,* Allg. VR, § 29 Rn. 39 ff.

[5] *BGHZ* 127, 57; *BGH,* Neue Justiz 1995, 481; 1997, 90; *BGHZ* 143, 18.

hänge, die systemfremden Ausuferungen des Haftungstatbestandes entgegenwirken können.[6]
Die **Einzelüberprüfung** kann sich an folgendem Gedankengang ausrichten:

(1) Handeln eines „Mitarbeiters oder Beauftragten staatlicher oder kommunaler Organe".
(2) „Staatliche Tätigkeit als[7] Öffentlichrechtliches Handeln".
(3) Rechtswidriges Handeln.
(4) Eingriff in subjektives Recht.
(5) Kausaler Schaden.
(6) Kein schuldhaftes Versäumen von Rechtsmitteln oder sonstiger zumutbarer Möglichkeiten zur Schadensabwendung oder -minderung (§ 2 StHG-DDR).
(7) Keine andere Ersatzmöglichkeit des Geschädigten (§ 3 III StHG-DDR).
(8) Einjährige Verjährungsfrist (§ 4 I StHG-DDR).
(9) Schadensersatz nach Maßgabe von § 3 I StHG-DDR.

II. Konkurrenzen

Wegen der *einjährigen* Verjährungsfrist in § 4 StHG-DDR ist wichtig: 359
Der *landesrechtliche* Staatshaftungsanspruch nach dem StHG-DDR besteht **neben dem bundesrechtlichen Amtshaftungsanspruch** gem.
§ 839 BGB/Art. 34 GG.[8] Hingegen sind die ungeschriebenen **Aufopferungsansprüche wegen** (rechtswidrigen) **enteignungsgleichen Eingriffs** (Rn. 342ff.) neben dem geschriebenen DDR-StHG **nicht gegeben;** wie das StHG-DDR fiel bei Inkrafttreten des Einigungsvertrages auch der ungeschriebene Aufopferungsanspruch in die Landeskompetenz der neuen Bundesländer.[9] Die **Aufopferungsansprüche wegen enteignenden Eingriffs** (Rn. 342ff.) knüpfen – anders als das StHG-DDR – an *rechtmäßiges* Staatshandeln an und bleiben daher vom StHG-DDR **unberührt.**

---

[6] Näheres bei *Ossenbühl,* aaO.
[7] Entsprechend (konkludent) für die kommunale Selbstverwaltung *BGHZ* 166, 22.
[8] Hierzu und zum Nachfolgenden ebenso *Ossenbühl,* NJW 1991, 1201 (1207); *ders.,* Staatshaftungsrecht, S. 486ff. Für die Amtshaftung a.A. *Maurer,* Allg. VR, § 29 Rn. 46.
[9] *BVerfGE* 61, 149 (203).

4. Teil. Das Recht der öffentlichen Einrichtungen

§ 22. Allgemeines

360 Besondere Problemlagen entstehen, wenn Träger öffentlicher Verwaltung dem Bürger öffentliche Einrichtungen zur Benutzung zur Verfügung stellen. Dabei sind **folgende Organisationsformen** zu unterscheiden:

- Öffentlichrechtliche *Körperschaften* mit (definitionsgemäß)[1] mitgliedschaftlicher Organisation (z. B. die staatlichen Universitäten, soweit nicht mittlerweile Stiftungen);
- öffentlichrechtliche *Anstalten* als (im Gegensatz zur Körperschaft) *nicht* mitgliedschaftlich organisierte Zusammenfassungen von persönlichen und sächlichen Mitteln *mit eigener Rechtspersönlichkeit* (öffentlichrechtliche Rundfunkanstalten als Beispiel);
- öffentlichrechtliche *Anstalten ohne eigene Rechtspersönlichkeit* („unselbständige" Anstalten, staatliche Schulen als Beispiel), die auf der kommunalen Ebene (kommunale Krankenhäuser, Bäder, Bibliotheken, Schlachthöfe) entweder als voll in die Verwaltung eingegliederte „Regiebetriebe" oder als verselbständigte „Eigenbetriebe"[2] in Erscheinung treten;
- juristische Personen des *Privatrechts* (AG, GmbH), deren Gesellschaftsanteile sich in der Hand eines Trägers öffentlichrechtlicher Verwaltung befinden und die auf der kommunalen Ebene (Straßenbahn AG, Stadthallen-GmbH) „Eigen*gesellschaften*" genannt werden;
- öffentliche Sachen im Gemeingebrauch (Straßen, Wasserzüge);
- öffentliche Sachen im Verwaltungsgebrauch (Rathaus).

All diesen Einrichtungen ist gemeinsam, daß sie **einem öffentlichen Zweck gewidmet** sind.[3] Hierdurch unterscheiden sie sich von den Sachen des Finanzvermögens (städtische Brauerei, Ratskeller, staatliche Forsten), welche nicht unmittelbar, sondern lediglich über ihre Erträge Verwaltungszwecke fördern und weitgehend ohne öffentlichrechtliche Überlagerungen dem **(„Fiskal"-)Privatrecht** unterstehen.[4] Das Recht der öffentlichen Einrichtungen ist etwa von *Papier* und von *Pappermann/Löhr/ Andriske* umfassend dargestellt worden.[5] Nachfolgend kann nur ein Einstieg in die *wichtigsten* Fallkonstellationen vermittelt werden.

---

[1] Näheres zur öffentlichrechtlichen Anstalt und zu ihrer Abgrenzung von der Körperschaft bei *Wolff/Bachof/Stober,* VR Bd. 3, § 88 Rn. 1 ff.

[2] Zur Abgrenzung dieser beiden Rechtsformen s. *Schmidt-Jortzig,* Kommunalrecht, Rn. 672 ff.; *v. Mutius,* Kommunalrecht, Rn. 500 ff.

[3] Dazu *P. Axer,* Die Widmung als Schlüsselbegriff des Rechts der öffentlichen Sachen, 1994.

[4] S. Rn. 223 ff.

[5] *Papier,* Recht der öffentlichen Sachen, 3. Aufl. 1997; *Pappermann/Löhr/Andriske,* Recht der öffentlichen Sachen, 1987 (JuS-Schriftenreihe 96); s. ferner *Häde,* JuS 1993, 113 (Kurzübersicht).

§ 23. Anstaltsrecht

Ausgangsfall: Eine „Bürgerinitiative" hatte zu einer gut besuchten Veranstaltung in   **361**
der Stadthalle eingeladen und dabei starke, mit falschen Unterstellungen und Verleumdungen gewürzte Kritik an den Vorstellungen der Stadtverwaltung zur Bauleitplanung geübt. Daraufhin faßte der Rat der Stadt den Beschluß, die Stadthalle und
andere stadteigene Räume nicht mehr für Veranstaltungen zur Verfügung zu stellen, in
welchen die Arbeit der Stadtverwaltung böswillig herabgesetzt werde. Unter Berufung auf diesen Beschluß wird der Bürgerinitiative die Stadthalle verweigert, als sie sie
nach einem halben Jahr erneut benutzen möchte. Wie ist die Rechtslage?[1]

Anders als die Benutzung öffentlicher Sachen im Rahmen des *Gemein-*   **362**
gebrauchs (nachfolgend Rn. 374 ff.) bedarf die Benutzung öffentlicher
Anstalten einer *Zulassung* im *Einzelfall*. Nachfolgend wird nur dieser
Problemkreis der Zulassung behandelt. *Nachdem* der Bürger zur Benutzung zugelassen worden ist, befindet er sich im **Sonderrechtsverhält-
nis**[2] der Anstalt. Problemkonstellationen, welche sich *jetzt* ergeben,
sind an anderer Stelle im Kontext mit dem besonderen Gewaltverhältnis
dargestellt (Rn. 209 ff.).

I. Anspruch auf Zulassung zur Benutzung

1. Anspruchsgrundlage

Wie schon erwähnt wurde,[3] enthalten alle **Gemeindeordnungen** die   **363**
Bestimmung: „Die Bewohner der Gemeinde sind im Rahmen der bestehenden Vorschriften berechtigt, die öffentlichen Einrichtungen der Gemeinde zu benutzen." Wenn es sich um eine kommunale Anstalt handelt
und ein Einwohner der Gemeinde die Benutzung erstrebt, ist *diese* Vorschrift als Anspruchsgrundlage zu prüfen.[4]

Das gilt auch im *Ausgangsfall*. Schwierigkeiten entstehen, wenn die Stadthalle nicht als
„Regiebetrieb" oder „Eigenbetrieb" und damit nicht durch die Stadt als Rechtsperson-
lichkeit (= unselbständige Anstalt), sondern als privatrechtliche GmbH mit eigener
Rechtspersönlichkeit betrieben wird.[5] In der Literatur wird angenommen, auch in diesem Falle sei Anspruchsgegner die Gemeinde. Die Gemeinde sei jetzt verpflichtet, dem
Bürger über ihre zivilrechtlichen Einflußnahmemöglichkeiten auf die GmbH die Benutzung zu *verschaffen*.[6] Der zitierte Wortlaut des Benutzungsanspruchs hindert indessen

---

[1] Weitere „Stadthallenfälle" (Benutzung durch politische Parteien) nachfolgend in
Rn. 578, in *BVerwGE* 32, 333 sowie bei *Gornig/Jahn*, JuS 1992, 857. „Kranken-
hausfall" in Rn. 795; „Schleusenfälle" in *BVerwGE* 32, 299; 39, 235.

[2] Differenzierend *Wolff/Bachof/Stober*, VR Bd. 3, § 88 Rn. 84 ff.

[3] Rn. 147.

[4] Zum Anspruch im Rahmen eines Anschluß- und Benutzungs*zwangs* informativ
z. B. *BVerwGE* 123, 159 = JuS 2006, 274 Nr. 12 *(Waldhoff).*

[5] Zu diesen verschiedenen Organisationsmöglichkeiten schon soeben Rn. 360.

[6] *Papier,* Recht der öffentlichen Sachen, S. 30; *Pappermann/Löhr/Andriske*, S. 142
m. w. Nachw.

nicht, auch die GmbH *unmittelbar* als Anspruchsgegner anzusehen.[7] Das *BVerwG* läßt dem Benutzer wohl die Wahl zwischen beiden Ansätzen.[8] Aber das alles kann für den *Ausgangsfall* dahinstehen. Der Beschluß des Stadtrates dürfte deutlich machen, daß die Stadthalle als unselbständige Anstalt unmittelbar durch die Gemeinde betrieben wird.

364 Für nicht-kommunale Anstalten kann sich der Benutzungsanspruch aus **anderen spezialgesetzlichen Regelungen** ergeben. Hat die Anstalt ein Monopol, folgt jedenfalls daraus ein Kontrahierungszwang.[9] Hingegen ist *Vorsicht* geboten, wenn **Grundrechte als Anspruchsgrundlage** für einen Zulassungsanspruch herangezogen werden sollen. Gestützt auf *Freiheitsgrundrechte* kann ein solcher Anspruch erst nach sorgfältigen Auseinandersetzungen mit dem Problemkreis „grundrechtliche Ansprüche auf Teilhabe und staatliche Leistung" (Rn. 510ff.) bejaht werden. Der *Gleichheitsgrundsatz* verlangt die gleiche Handhabung in gleichen Fällen und kommt daher bei einschlägiger Sachlage als Anspruchsgrundlage in Betracht.[10] **Art. 21 GG und § 5 ParteienG** eröffnen Benutzungsansprüche nicht wegen des Freiheitsstatus der Partei, sondern nur zur Wahrung der Chancengleichheit, wenn *anderen* Parteien die Benutzung eingeräumt ist.[11]

2. Anstaltszweck (Widmungszweck)

365 Jede Anstalt ist einem *eingegrenzten* Zweck *gewidmet.*[12] Ein Benutzungsanspruch nach soeben Rn. 363f. kann also nur gegeben sein, wenn sich die vorgesehene Benutzung im Rahmen des Anstaltszweckes hält.[13] Ist der Widmungszweck nicht schriftlich fixiert, ergibt er sich aus der Nutzungspraxis.[14]

3. Sonderbenutzung

366 Ob eine öffentliche Anstalt von anderen Personen als von den „Destinatären" der Widmung benutzt wird, entscheidet der Anstaltsträger nach seinem Ermessen. Solange der Sonderbenutzung keine Norm zugrunde liegt, die zumindest *auch* im Individualinteresse des Antragstellers be-

---

[7] So zutreffend *Ossenbühl*, DVBl 1973, 293 f.; zur vollen Bindung der Eigengesellschaften an das öffentliche Recht s. Rn. 224, 360.

[8] So andeutungsweise *BVerwG*, NVwZ 1991, 59 = JuS 1991, 338 Nr. 13; zu prozessualen Einengungen über das Rechtsschutzinteresse s. Rn. 373.

[9] Palandt/*Heinrichs*, BGB, Einf. v. § 145 Rn. 8.

[10] S. dazu Rn. 517ff.

[11] *BVerwGE* 32, 333 (336); *BVerwG*, NJW 1991, 938 = JuS 1991, 771 Nr. 3. Näheres *insoweit* in Rn. 578.

[12] Dazu *BVerwGE* 32, 333 (337); *Axer*, NVwZ 1996, 114.

[13] *BVerwGE* 39, 235 (237); *BVerfG (Kammer)*, NdsVBl. 2007, 165 (im Zusammenhang mit § 5 I ParteienG).

[14] Ständige Rspr. der OVGe, s. z.B. *Nieders. OVG*, NdsVBl. 2007, 166 (167) m. w. Nachw.

steht und ihm also ein subjektives Recht einräumt, hat der Antragsteller dabei *keinen* Anspruch auf fehlerfreie Ermessensausübung. [15] *Nicht-*Destinatären kommen insoweit auch die Grundrechte nicht zugute, soweit nicht ausnahmsweise einmal der Gleichheitsgrundsatz eine Gleichbehandlung gebietet. [16]

Der Sachverhalt des *Ausgangsfalles* (Rn. 361) läßt den Widmungszweck der Stadthalle **367** nicht abschließend erkennen. *Sicherlich* ist die Halle dem Zweck gewidmet, Veranstaltungen *für* die Bürger als Destinatäre stattfinden zu lassen („panem et circenses"). In diesem Rahmen wird die Halle an die Veranstalter von kulturellen Ereignissen (Theater, Konzert, Jazz, Zirkus, Eisrevue), Sportereignissen (Sechstagerennen, Springreiten) usw. vermietet. Derartige Veranstalter sind aber *keine* Destinatäre der Widmung und damit Sonderbenutzer. Für den *Ausgangsfall* ist entscheidend, ob die Mitglieder der Bürgerinitiative die gleiche Rechtsstellung wie die anderen Veranstalter haben oder ob die Halle den Bürgern über den *Besucher*status hinaus zusätzlich auch für *Eigenbenutzungen* zu *von ihnen* bestimmten Zwecken (Sportveranstaltungen, Konzerte, Karneval in der *Eigenregie* einschlägiger örtlicher Vereine, Versammlungen usw.) gewidmet ist. Im ersten Fall hätten die Mitglieder der Bürgerinitiative keinen Benutzungsanspruch, als Sonderbenutzer nicht einmal einen Anspruch auf fehlerfreie Ermessensausübung. Im zweiten Fall ist der Benutzungsanspruch nach der Gemeindeordnung einschlägig, allerdings nur im Rahmen der nachfolgenden Eingrenzungen.

II. Grenzen des Zulassungsanspruchs

1. Rechtliche Grenzen

Ein Zulassungsanspruch kann nur „im Rahmen der bestehenden Vor- **368** schriften" gegeben sein (so ausdrücklich die zitierten Gesetzesbestimmungen über den kommunalrechtlichen Benutzungsanspruch).

a) Eine derartige Vorschrift ist zunächst die für die Anstalt bestehende **369** **Benutzungsordnung.**

Im *Ausgangsfall* könnte der Beschluß des Stadtrates Teil der Benutzungsordnung geworden sein. Zu untersuchen ist einerseits, ob der („schlichte") Beschluß *formal gesehen* den Anforderungen genügt, welche an eine Benutzungsordnung zu stellen sind. Vermutlich ist nach den einschlägigen Vorschriften des Kommunalverfassungsrechts eine kommunale *Satzung* erforderlich. Andererseits ist zu überprüfen, ob der Ratsbeschluß materiellrechtlich fehlerfrei ist. Benutzungseinschränkungen haben die grundsätzliche Entscheidung des Gesetzgebers für den Benutzungs*anspruch* im Auge zu behalten und sind also im Lichte der Bedeutung dieser Grundsatzentscheidung zu beurteilen. Außerdem ist Art. 5 I GG zu beachten. Vor diesem Hintergrund kann die Benutzung sicherlich nicht eingeschränkt werden, um mißliebige Kritik abzublocken. Soweit es um die Abwehr strafbarer Handlungen (Verleumdungen) geht, würde die Benutzungsordnung im *Ausgangsfall* materiellrechtlich unbedenklich sein, *wenn* sie formell gültig zustande gekommen wäre.

b) Ergänzend zur Benutzungsordnung können auch **sonstige Rechts- 370 vorschriften** den (grundsätzlichen) Zulassungsanspruch einschränken.

---

[15] *BVerwGE* 39, 235 (237); Parallele zum Drittschutz in Rn. 185 ff., 204.
[16] Fallgestaltung z. B. in *BVerwGE* 31, 368 (370).

Im *Ausgangsfall* kann die Zulassung abgelehnt werden, weil Behörden nicht verpflichtet sind, strafbaren Handlungen (Verleumdungen) und damit[17] **Gefahren für die öffentliche Sicherheit** Vorschub zu leisten; die Gemeinde ist Ordnungsbehörde i.S. der Gesetze über die öffentliche Sicherheit und Ordnung. Wegen des Grundsatzes der Verhältnismäßigkeit kann die Zulassung allerdings nur versagt werden, wenn erneute Verleumdungen mit hinreichender Wahrscheinlichkeit zu erwarten sind.

2. Faktische Grenzen

371 Ein Zulassungsanspruch besteht nicht, solange die Kapazität der Anstalt bereits erschöpft ist. Bei drohender **Kapazitätserschöpfung** hat die Anstalt ein Auswahlermessen. Hierfür ist die zeitliche Reihenfolge der Zulassungsanträge nur *ein* Auswahlaspekt unter anderen, nicht notwendig *das* Auswahlkriterium. Beispielsweise können dringliche Fälle (Schwerkranke für die Krankenhausaufnahme, Examenskandidaten für die Bibliotheksbenutzung) bevorzugt werden. In extremen Situationen können allenfalls die Grundrechte auf eine Kapazitätserweiterung drängen.[18]

III. Zulassungsakt

372 Literatur und Rechtsprechung[19] nennen zumeist drei Möglichkeiten der Zulassung: den **Verwaltungsakt,** den **öffentlichrechtlichen Vertrag** oder (wie im Subventionsrecht[20]) ein **zweistufiges Verfahren,** nämlich einen Verwaltungsakt als Entscheidung über das „Ob" der Zulassung und einen privatrechtlichen Vertrag zum „Wie" der Benutzung.[21] Der Träger der Anstalt hat die Wahl, welche dieser Möglichkeiten er in der Benutzungsordnung vorsieht.[22] Zusätzlich dürfte er noch die vierte Möglichkeit haben, die Zulassung **rein privatrechtlich,** *alleine* durch den Abschluß eines privatrechtlichen Vertrages zu regeln. Denn dem öffentlichrechtlichen Zulassungsanspruch korrespondiert nicht *notwendig* ein Verwaltungsakt der Zulassung, wie von der h.M. angenommen wird. Der materiellrechtliche Zulassungsanspruch kann in jeder geeigneten Weise und damit auch (einstufig) durch den (unmittelbaren) Abschluß eines privatrechtlichen Benutzungsvertrages eingelöst werden.[23]

---

[17] Rn. 111, 126.
[18] Zu diesem Ansatz Näheres in Rn. 510 ff., 518 ff.
[19] S. *Papier,* Recht der öffentlichen Sachen, S. 29, 30.
[20] Rn. 234.
[21] Umfassend zur Entstehung (und Beendigung) der auf Nutzung gerichteten verwaltungsrechtlichen Schuldverhältnisse *Gries/Willebrand,* JuS 1990, 103, 193.
[22] Bemühen um eine rechtliche Disziplinierung der Wahlmöglichkeit bei *v. Danwitz,* JuS 1995, 1.
[23] Auf gleicher Linie *Ossenbühl,* DVBl 1973, 291 f.

In concreto ist der Zulassungsanspruch auf *den* Zulassungsakt gerichtet, welchen die *Benutzungsordnung* jeweils vorsieht.

Wie die Zulassung im *Ausgangsfall* (Rn. 361) erfolgt, läßt der Sachverhalt nicht abschließend erkennen. Naheliegend wäre der „schlichte" Abschluß eines zivilrechtlichen Benutzungsvertrages.

IV. Prozessuales

In welchem **Rechtsweg** der Zulassungsanspruch zu verfolgen ist, richtet   373
sich danach, wie die Benutzungsordnung den Zulassungsanspruch rechtlich eingebettet hat. Erfolgt die Zulassung durch Verwaltungsakt oder durch öffentlichrechtlichen Vertrag, ist der Verwaltungsrechtsweg gegeben. Bei ausschließlich zivilrechtlicher Ausgestaltung der Zulassung ist der Zivilrechtsweg einschlägig, wobei die Anspruchsgrundlage für den Abschluß des (verwaltungs-)privatrechtlichen Benutzungsvertrages der *öffentlichrechtliche* Benutzungsanspruch[24] (etwa nach der Gemeindeordnung) ist.[25]

Wird die Anstalt als privatrechtliche Rechtsperson (GmbH) betrieben, kommt sowohl eine Klage gegen die Gemeinde vor dem Verwaltungsgericht auf Verschaffung der Benutzung als auch eine Klage vor dem Zivilgericht auf Abschluß des privatrechtlichen Benutzungsvertrages in Betracht.[26] Allerdings dürfte dem Kläger für die „Verschaffungs-Klage" vor dem Verwaltungsgericht das Rechtsschutzinteresse fehlen, wenn er seinen Zulassungsanspruch vor dem Zivilgericht *unmittelbar* gegen die Anstalt (GmbH) durchsetzen kann.

§ 24. Öffentliche Sachen

I. Öffentliche Sachen im Gemeingebrauch[1]

Ausgangsfall: *K* möchte in der Innenkurve der Ortsdurchfahrt einer nur noch wenig   374
befahrenen Bundesfernstraße auf dem Bürgersteig vor seiner Konditorei Tische und Stühle aufstellen und über ihnen ein Schutzdach errichten, welches in der Hauswand verankert werden soll. Muß *K* Genehmigungen einholen? Hat er einen Anspruch? Muß er für die Benutzung des Bürgersteiges bezahlen?

---

[24] *GmS-OGB*, in: BGHZ 102, 280 (284), betont ausdrücklich, daß der öffentlichrechtliche oder privatrechtliche Charakter einer Anspruchsgrundlage nicht automatisch den Verwaltungs- oder Zivilrechtsweg begründet, sondern daß die „Natur des Rechtsverhältnisses" (aaO, 283) entscheidend ist.

[25] Auf dieser Linie *BVerwG*, NVwZ 1991, 59 = JuS 1991, 338 Nr. 13.

[26] S. *BVerwG*, NVwZ 1991, 59 = JuS 1991, 338 Nr. 13.

[1] Gesamtdarstellungen z.B. bei *v. Danwitz*, Straßen- und Verkehrsrecht, in: Schmidt-Aßmann, Bes. VR, 8. Abschn.; *Papier*, Recht der öffentlichen Sachen, 3. Aufl. 1997; *Pappermann/Löhr/Andriske*, Recht der öffentlichen Sachen, 1987. Speziell zum Straßenrecht besonders *Steiner*, Bes. VR, V.

1. Das materiellrechtliche Rechtsgeflecht

Den richtigen Einstieg findet der Bearbeiter oft nur, wenn er klar unterscheidet:

a) Privatrechtliches Eigentum

375   Auch öffentliche Sachen im Gemeingebrauch stehen im Eigentum des BGB. Nur vereinzelt, vor allem in Hamburg, gibt es „öffentliches Eigentum".[2] Das privatrechtliche Eigentum ist überlagert und beschränkt durch die öffentlichrechtliche Zweckbestimmung der Sache.[3] Sie entsteht durch „Widmung",[4] eine „Allgemeinverfügung" im Sinne von § 35 S. 2 VwVfG in der Gestalt des „dinglichen" Verwaltungsakts. Im Gefolge der **Widmung** hat der Eigentümer alle Einwirkungen auf die Sache unentgeltlich zu **dulden,** welche das öffentliche Recht ihm zumutet. Das gilt auch für alle „außerordentlichen" straßenrechtlichen Nutzungen, wie sie nachfolgend angesprochen werden (Arg. § 2 VII BFStrG). Nur Einwirkungen jenseits dieses Bereiches kann der Eigentümer gemäß § 1004 I BGB abwehren.[5]

Für den *Ausgangsfall* scheidet damit eine privatrechtliche Genehmigung aus.

b) Öffentlichrechtliche Sachherrschaft

376   Die öffentlichen Sachen unterstehen einer öffentlichrechtlichen „Sachherrschaft". Sie sind dem **„Gemeingebrauch"** gewidmet. Im Anschluß an den Akt der Widmung ist permanent die Verwaltungsaufgabe gestellt, den widmungsmäßigen Gebrauch der Sache aufrechtzuerhalten, also den Gemeingebrauch zu gewährleisten. Im Straßenrecht kann der Gemeingebrauch besonders durch **Sondernutzungen** beeinträchtigt werden. Zur Sondernutzung ist dann eine *öffentlichrechtliche* **Sondernutzungserlaubnis**[6] erforderlich (vgl. etwa § 8 I, X BFStrG). Es können öffentlichrechtliche **Sondernutzungsgebühren** erhoben werden (vgl. § 8 III BFStrG[7]).

---

[2]   Einzelheiten bei *Wittig,* DVBl 1969, 680; *Wolff/Bachof/Stober,* VR Bd. 2, § 77 Rn. 9 ff. Vgl. ferner *BVerwGE* 27, 131; *BVerfGE* 24, 367; 42, 20.

[3]   Vgl. *BGHZ* 9, 373 (383); 21, 319 (327); *Papier,* in: Erichsen/Ehlers, Allg. VR, § 45 Rn. 5.

[4]   Eingehend zu ihr (und zur *Einziehung*) *Wolff/Bachof/Stober,* VR Bd. 2, § 76; *Pappermann/Löhr/Andriske,* S. 66 f.; *P. Axer,* Die Widmung als Schlüsselbegriff des Rechts der öffentlichen Sachen, 1994.

[5]   *BGHZ* 60, 365 (370), i. V. mit *Ohlhausen,* NJW 1973, 2062.

[6]   Für sie gelten die Ausführungen vorne in § 9 (Rn. 142 ff.) zum begünstigenden VA; s. ferner *Fehling,* Gemeingebrauch und Sondernutzung im System des Allg. VR, JuS 2003, 246.

[7]   Rechtsgrundlage ist aber nicht unmittelbar diese Vorschrift, sondern erst eine Gebührenordnung, zu deren Erlaß sie ermächtigt.

„Sondernutzung" ist die Benutzung einer öffentlichen Sache „über den   377
Gemeingebrauch hinaus" (§ 8 I 1 BFStrG und die Straßengesetze der
Länder). Damit ist im Einzelfall eine Subsumtion unter die Begriffs-
merkmale des Gemeingebrauchs angesagt, wie sie § 7 I BFStrG *(lesen!)*
und in der Regel gleichlautend die Straßengesetze der Länder festlegen
(Subsumtionsbeispiele in Rn. 384, 385).

Weil die Straße im *Ausgangsfall* vorwiegend zu anderen Zwecken als zu denen des   378
Verkehrs benutzt werden soll, liegt gemäß § 7 I 3 BFStrG kein Gemeingebrauch vor,
so daß die Sondernutzungserlaubnis auf der Tagesordnung erscheint. Das gilt sowohl
für die Tische und Stühle als auch für das Schutzdach im „Luftraum" als Bestandteil
der Straße (§ 1 IV Nr. 2 BFStrG).

c) Unterhaltungspflicht

Die öffentlichen Sachen im Gemeingebrauch müssen unterhalten werden.   379
Wegen der öffentlichen Zweckbestimmung obliegt diese Unterhaltung
nicht dem privaten Eigentümer (soeben Rn. 375), sondern der öffentlichen
Hand. Diese Verwaltungsaufgabe wird im Straßenrecht regelmäßig (etwas
verkürzt) als **„Straßenbaulast"** bezeichnet (vgl. § 3 I BFStrG mit Definition).

Von der Straßenbaulast her könnten sich im *Ausgangsfall* Probleme für die Reinigung
des Bürgersteiges ergeben, und das nicht nur wegen der Tische und Stühle, sondern
bei entsprechender Höhe der Reinigungsfahrzeuge auch wegen des Schutzdaches.
Auch insoweit stellt sich die Genehmigungsfrage.

d) Verkehrspolizeiliche Gesichtspunkte

Weiter können verkehrspolizeiliche Gesichtspunkte erheblich werden.   380
Sie dürfen nicht mit den wegerechtlichen Gesichtspunkten verwechselt
werden, welche soeben unter Rn. 376 erläutert wurden.[8] Dort ging es
um den ungestörten Gemeingebrauch als solchen. Hier geht es um *polizeiliche Gefahren,* welche auf der Straße beim ungestörten Gemeingebrauch oder *zusätzlich* dann entstehen, wenn der Gemeingebrauch *selbst*
auch schon (durch Sondernutzung) beeinträchtigt ist.

Im *Ausgangsfall* verstößt das Aufstellen der *Tische und Stühle* zu Lasten der Fußgän-
ger gegen Verbote nach § 32 StVO („Verkehrshindernisse") und § 33 I Nr. 2 StVO
(„Anbieten von Waren und Leistungen aller Art auf der Straße"). Damit ist *K* auf eine
Ausnahmegenehmigung nach § 46 I 1 Nrn. 8, 9 StVO angewiesen.

e) Sonstige öffentlichrechtliche Gesichtspunkte

Schließlich können rechtliche Gesichtspunkte hereinspielen, welche *kei-*   381
nen typischen Bezug zum öffentlichen Sachenrecht haben.

Im *Ausgangsfall* benötigt *K* für das Schutzdach eventuell eine *Baugenehmigung.* Auch
gewerberechtliche Überlegungen könnten in Betracht kommen.

---

[8] Zum Verhältnis „Straßenrecht und Straßenverkehrsrecht" umfassend *Steiner,* Bes.
VR, V. Rn. 159ff.; s. ferner *OVG Münster,* NJW 2005, 3162 = JuS 2006, 277 Nr. 14 –
motorisierte Reklameflächen. Speziell für das Verhältnis zwischen *Bundes*verkehrsrecht und *Landes*wegerecht s. *BVerfGE* 67, 299 (321) – „Laternengarage".

2. Verfahrenstechnische Vereinfachungen

382 Viele Fallösungen zum öffentlichen Sachenrecht sind durch das Mißverständnis belastet, die Sondernutzungserlaubnis (Rn. 378), die straßenverkehrsrechtliche Genehmigung (Rn. 380) und eventuell auch noch eine straßenbaulastbezogene Genehmigung (Rn. 379) würden je eigenständig in gesonderten Genehmigungsverfahren erteilt. Stets ist **nur eine Genehmigung** einzuholen, die Sondernutzungserlaubnis (§ 8 I 2, 3 BFStrG) oder – bei einer Genehmigungspflicht *auch* nach der StVO – *statt dessen* (§ 8 VI BFStrG) die straßenverkehrsrechtliche Genehmigung nach § 46 StVO. Ähnlich wie bei der Planfeststellung[9] hat das *einschlägige* Genehmigungsverfahren eine **Konzentrationsfunktion,** über welche die jeweils anderen Genehmigungsaspekte in die *eine* (externe) Behördenentscheidung mit einfließen. Soweit die Genehmigungsbehörde für die anderen Genehmigungsaspekte sachlich nicht zuständig ist, hat sie die fachlich zuständige Behörde *intern* zu beteiligen (§ 8 I 3 und § 8 VI 2, 3 BFStrG).

Im *Ausgangsfall* (Rn. 374) erfordert das *Schutzdach* eine Sondernutzungserlaubnis gemäß § 8 I 1 BFStrG, welche nach § 8 I 2 BFStrG von der Gemeinde erteilt wird. Für die Probleme der Straßenbaulast (Behinderung von Reinigungsfahrzeugen durch das Schutzdach), die wegen der Konzentrationsfunktion in die Entscheidung über die Sondernutzungserlaubnis mit einfließen, ist die Gemeinde nach § 5 III BFStrG *selbst mit* zuständig. Das Aufstellen der *Tische und Stühle* erfordert nach dem Gesagten eine straßenverkehrsrechtliche Genehmigung. Nach § 8 VI 2, 3 BFStrG beteiligt die Straßenverkehrsbehörde die für die Sondernutzungserlaubnis „an sich" zuständige Gemeinde *intern*, und das mit *allen* für die Sondernutzungserlaubnis relevanten Aspekten, also auch für das durch Tische und Stühle verursachte Straßenbaulastproblem der Straßenreinigung.

Mängel in der *internen* Mitwirkung kann der Antragsteller nur in einem Rechtsschutzverfahren gegen die *extern* zuständige Genehmigungsbehörde rügen (Rn. 47).

3. Anspruch auf eine Erlaubnis?

383 Weil die angesprochenen Erlaubnisse im Ermessen der jeweils zuständigen Behörde stehen, geht es in der Regel nur um einen Anspruch des Antragstellers auf eine fehlerfreie Ermessensausübung. Anders als bei der Sonderbenutzung im Anstaltsrecht (Rn. 366) macht das für einen Anspruch erforderliche subjektive Recht *jetzt* keine Probleme. Denn im gegenwärtigen Kontext *existieren* Normen (zur Sondernutzung § 8 I BFStrG, ansonsten § 46 StVO), die *selbstverständlich* das Individualinteresse des Antragstellers verfolgen. Ob eine „Ermessensreduzierung auf Null" vorliegt, die dem Antragsteller einen Anspruch auf die Erlaubnis *selbst* vermitteln würde, beurteilt sich nach den Kriterien in Rn. 161.

---

[9] Rn. 221.

Im *Ausgangsfall* könnte die Behörde das Straßenreinigungsproblem zwar über eine Auflage gemäß § 36 II Nr. 4 VwVfG in den Griff nehmen (Reinigungspflicht für *K*). Aber der Gegensatz zwischen den gewerblichen Interessen des *K* und den Nutzungsinteressen der Passanten im Rahmen des Gemeingebrauchs verbleibt *ohne* eine „Ermessensreduzierung auf Null" in der Abwägungszuständigkeit der Behörde.

4. „Anliegernutzung" und „Kommunikativer Verkehr" als fallträchtige Problemlagen

a) Eine **„Anliegernutzung"** muß genauso unter die gesetzlichen Vor- **384** schriften subsumiert werden wie jede andere Nutzung. Das gilt im Ansatz auch für Nutzungsformen, die mit der Frage nach einem *„gesteigerten Gemeingebrauch* des Anliegers"[10] diskutiert werden (KfZ-Zufahrten über Gehwege, Baugerüste, Außenauslagen von Geschäften). Die überkommene[11] Ableitung „gesteigerter" Gemeingebrauchsrechte des Anliegers *unmittelbar* aus Art. 14 I 1 GG ist nach dem heutigen Stand der Art. 14 GG – Dogmatik (Bestimmung des (Anlieger-)Eigentums „durch Gesetz", Art. 14 I 2 GG)[12] nicht mehr möglich.[13] Die Straßengesetze greifen den Anliegergebrauch nur partiell auf (s. z.B. § 8 a BFStrG). Jenseits dieser Vorschriften ist von der *allgemeinen* gesetzlichen Definition des Gemeingebrauchs (§ 7 I BFStrG) auszugehen. Damit können StVO-widrige Nutzungen ohne Verkehrscharakter (Baugerüste), auch geschäftliche Nutzungen (Auslagen), *von vornherein* kein Gemeingebrauch sein (§ 7 I 1, 3 BFStrG). Was als „Verkehr" eingeordnet werden kann, ist definitionsgemäß Gemeingebrauch nur dann, wenn der Widmungszweck der Straße diese Nutzung umfaßt. Die damit erforderliche *Auslegung* des dinglichen Verwaltungsakts der Widmung ist *u.a.* den Grundsätzen der „verfassungskonformen Auslegung" verpflichtet und kann in engen Grenzen von hierher Art. 14 I 1 GG Geltung verschaffen (KfZ-Zufahrten über Gehwege als *widmungsgemäßer* Gebrauch[14]). Ansonsten haben die Anliegergrundrechte (Art. 14 I 1 GG, auch Art. 12 I GG) Bedeutung erst auf der zweiten Ebene der Untersuchung, beim *Ermessen* für eine Sondernutzungserlaubnis. Der Grundrechtsbezug verstärkt das *Gewicht* der Anliegerinteressen bei der Ermessensausübung, was zu einer „Ermessensreduzierung auf Null" führen *kann* (Baugerüst), aber nicht führen muß (Tische und Stühle im *Ausgangsfall* Rn. 374).

b) Methodisch auf der gleichen Linie wie die „Anliegernutzung" kann der **385** **„Kommunikative Verkehr"**[15] (Handzettel, Plakatgestelle und Informa-

---

[10] *BVerwGE* 54, 1 (2); 64, 202 (204); 94, 196 (198); *Zuleeg*, Fälle, Nr. 9.
[11] Zur Rspr. soeben Fn. 9, zur Literatur z.B. *Papier*, Recht der öffentlichen Sachen, S. 88.
[12] Dazu Rn. 539.
[13] *BVerwG*, NVwZ 1999, 1341.
[14] *BVerwGE* 94, 136 (159).
[15] Ausdruck in *BVerwGE* 84, 71 (73).

tionsstände mit politischen oder religiösen Anliegen;[16] „Straßenkunst" wie Musikdarbietungen, Pflastermalerei oder Schauspielerei;[17] „subkulturelle" Gemeinschaftsbetätigungen wie „Trinkgelage" auf der Straße) mit seinen grundrechtlichen Verstrickungen (Art. 2 I, 4, 5 I, 5 III, 21 GG) bearbeitet werden. Wiederum geht es um die einschlägigen Gesetzesregelungen und nicht um die unvermittelte Anwendung der Grundrechte. Was sich selbst bei weiter Auslegung des Verkehrsbegriffs nicht als StVO-gemäßer „Verkehr" einordnen läßt (Informationsstände, Plakatgestelle), ist *von vornherein* kein Gemeingebrauch, sondern Sondernutzung.[18] Ansonsten hängt es von der Auslegung des Verkehrsbegriffs im konkret einschlägigen[19] Straßengesetz und *zusätzlich* (wiederum) vom Inhalt der konkreten Widmung ab, ob die Nutzung noch als Gemeingebrauch angesehen werden kann. Bei grundrechtskonformer Auslegung läßt sich allerdings als *Grundregel* formulieren: Kommunikative Betätigungen, welche Straßenpassanten so gut wie gar nicht beeinträchtigen (Flugblätter, Pflastermalerei mit Kreide), sind Gemeingebrauch, intensivere Formen der persönlichen Einwirkung auf Straßenpassanten aber Sondernutzung.[20] Bei der Sondernutzungserlaubnis nimmt das *BVerwG* eine „Ermessensreduzierung auf Null" an, wenn der Antragsteller auf die Kommunikationsmöglichkeit dringlich angewiesen ist (Plakatständer der politischen Parteien im Wahlkampf)[21] oder wenn die ebenfalls grundrechtlich geschützten *anderen* Straßenbenutzer nicht „ernstlich" beeinträchtigt werden.[22]

II. Öffentliche Sachen im Verwaltungsgebrauch, Hausverbot

386 **Ausgangsfälle:** (1) *X* spricht an jedem zweiten Tage im Rathaus vor, um sich nach dem Stand seines Baugenehmigungsverfahrens zu erkundigen. Jedes Mal, wenn er erfährt, daß der Bauantrag noch nicht abschließend bearbeitet sei, beschimpft er die anwesenden Beamten als faul und unfähig. (2) *Y* ist Vertreter für Büromaterialien und verhält sich ebenso wie *X*, seitdem er von der Beschaffungsstelle keine Aufträge mehr erhält. (3) Die „Clochards" *C* und (4) *Z* pflegen das Rathaus aufzusuchen, wenn sie ihren Morgentrunk hinter sich gebracht haben. *C* schläft dann in der Eingangshalle friedlich seinen Rausch aus. *Z* eilt durch alle Gänge, klopft an die Türen und pöbelt die Beamten an. Die Gemeinde fragt an, ob sie den genannten Personen das Betreten des Rathauses verbieten kann. Vor welchem Gericht könnten sich die Betroffenen wehren?[23]

---

[16] Politische Zwecke: *BVerwGE* 56, 24; 56, 56; 56, 63; *BVerfG (Kammer)*, NVwZ 1992, 53 = JuS 1993, 155 Nr. 1. Religiöse Zwecke: *BVerwG*, NJW 1997, 406; 1997, 408.

[17] *BVerwGE* 74, 71 = JuS 1991, 597 Nr. 1; *Steinberg/Hartung*, JuS 1990, 795.

[18] *BVerwGE* 56, 63 (65).

[19] *BVerwG*, NJW 1997, 406 (407).

[20] Vgl. *BVerwG*, NJW 1997, 406 (407).

[21] *BVerwGE* 56, 56 (59).

[22] *BVerwGE* 84, 71 (78); *BVerwG*, NJW 1997, 406 (407).

[23] Vergleichbare Fälle in *BVerwGE* 35, 103, sowie bei *Böhm/Gaitanides*, Fälle, Nr. 25; *Zilkens*, JuS 2003, 165.

Öffentliche Sachen im Verwaltungsgebrauch (Dienstgebäude, Fuhrpark, Ausrüstung und Waffen der Streitkräfte und der Polizei)[24] dienen der Nutzung durch die *Verwaltung*[25] für die jeweils einschlägigen *Verwaltungsaufgaben*. Wie die *Ausgangsfälle* zeigen, können Dienstgebäude aber trotzdem der Öffentlichkeit zugänglich sein. Daraus ergibt sich vor allem das **Problem eines Hausverbotes.**

In der Literatur und Rechtsprechung besteht Einigkeit, daß Hausverbote **387** im Prinzip möglich sind. Umstritten sind aber die Abgrenzung zwischen einem öffentlichrechtlichen und einem privatrechtlichen Hausverbot sowie der exakte Nachweis einer hinreichenden Ermächtigungsgrundlage für ein öffentlichrechtliches Hausverbot als (begriffsnotwendig) Verwaltungsakt.[26] Hierzu einige **Pointierungen** (*kein* Aufbauschema):

(1) Einschlägiges Normenregime.   **388**

In Fällen, in denen die im Gebäude ausgeübte Verwaltungsfunktion nicht berührt wird (*Ausgangsfall 3*), ist ohne weiteres das private Hausrecht nach §§ 862, 1004 BGB einschlägig. Wird die Verwaltungsfunktion betroffen (*Ausgangsfälle 1, 2, 4*), ist nach der wohl herrschenden Meinung[27] wie im Straßenrecht (Rn. 375) widmungsbedingt ein ausschließlich öffentlichrechtliches Rechtsstatut einschlägig. Aber diese Sicht ist problematisch. Denn es fehlt an einer *gesetzlichen* Widmungsregelung wie im Straßenrecht,[28] die Art. 14 I 2 GG fordern würde.[29] Eine Lösung auf der „sicheren" Seite des Art. 14 I 2 GG kommt zu einer *ausschließlich* öffentlichrechtlichen Betrachtung *nur* in Fällen, für welche das VwVfG dem Bürger ein *Recht auf persönliche Vorsprache* bei der Behörde eingeräumt hat (*Ausgangsfall 1*). Das VwVfG schließt es offensichtlich aus, die Ausübung des Vorspracherechts gleichsam „auf kaltem Wege" über das allgemeine private Hausrecht unmöglich zu machen. Demgemäß kann das Vorspracherecht nur über öffentlichrechtliche Normen einer funktionsbezogenen Störerabwehr in seine Schranken verwiesen werden (zur Ermächtigungsgrundlage s. Rn. 389). Soweit ein Bürger die Verwaltungsfunktion *außerhalb* eines Vorspracherechts stört (*Ausgangsfälle 2, 4*), sind demgegenüber keine Normen im Sinne des Art. 14 I 2 GG ersichtlich, welche ein eigentumsrechtliches Vorgehen ausschließen. Jetzt kann die Behörde *wählen*, ob sie öffentlichrechtlich zum Schutz der Verwaltungsfunktion tätig wird (Rn. 389) oder ob sie

---

[24] Allgemein *Papier*, Recht der öffentlichen Sachen, S. 34; *Pappermann/Löhr/Andriske*, Recht der öffentlichen Sachen, S. 161 ff.; alle mit weiteren Nachweisen.

[25] Beispielsweise hat der Benutzer einer öffentlichen Bibliothek keinen Anspruch auf Benutzung eines Kopierers im Vorzimmer des Bibliotheksdirektors (Fall bei *Pappermann/Löhr/Andriske*, S. 161).

[26] Überblicke bei den in Fn. 23 Genannten.

[27] Für alle Einzelnachweise s. Fn. 23.

[28] *Manssen*, JuS 1992, 745 (746 f.) unter Hinweis auf *BVerwG*, NJW 1980, 2538, und *Papier*, JuS 1981, 498 (502).

[29] Rn. 539; die pauschale Duldungspflicht nach § 1004 II BGB reicht insoweit nicht aus.

den Störer „schlicht" über das private Hausrecht aus dem Gebäude weist.[30]

389   **(2) Ermächtigungsgrundlage für ein öffentlichrechtliches Einschreiten.**

Wie stets im öffentlichen Recht geht die speziellere Ermächtigungsgrundlage einer allgemeineren Ermächtigungsnorm vor. Spezialermächtigungen finden sich z. B. für Parlamentsgebäude in Art. 40 II 1 GG und in den Verfassungen der Länder mit der Verleihung des Hausrechts an den Parlamentspräsidenten. Die Schulgesetze der Länder ermächtigen die Schulleiter zur Ausübung des öffentlichrechtlichen Hausrechts in den Schulen. Aus § 68 III VwVfG läßt sich der allgemeine Grundsatz ableiten, daß der Leiter des Verfahrens störende Beteiligte von der mündlichen Teilnahme am Verfahren ausschließen kann *(Ausgangsfall 1)*. Ist das Verwaltungsverfahrensrecht nicht einschlägig *(Ausgangsfälle 2, 4)*, kommt die polizei- und ordnungsrechtliche *Generalklausel* (Rn. 109ff.) in Betracht. Störungen der Verwaltungsfunktion sind Störungen der öffentlichen Sicherheit (Rn. 111), und das unabhängig davon, ob die Verwaltungsfunktion im Außenverhältnis zum Bürger öffentlichrechtlich *(Ausgangsfall 4)* oder zivilrechtlich *(Ausgangsfall 2)* wahrgenommen wird. Soweit die gestörte Behörde nach dem einschlägigen Landesgesetz über die öffentliche Sicherheit und Ordnung selbst Ordnungsbehörde ist *(Gemeinde in den Ausgangsfällen 2, 4)*, kann sie nach der polizei- und ordnungsrechtlichen Generalklausel vorgehen. Nur wenn die gestörte Behörde insoweit *keine* Zuständigkeit besitzt, wird das in der Literatur zumeist alleine genannte[31] vorkonstitutionelle [32] Gewohnheitsrecht als lex generalis einschlägig („Anstaltspolizei" mit der Fortentwicklung zu einer „innerbehördlichen Gefahrenabwehr"[33]).[34]

390   **(3) Rechtscharakter eines ergangenen Hausverbotes** (VA oder zivilrechtliche Willenserklärung) als Weichenstellung für den *Rechtsweg* und als Bezugspunkt für die materiellrechtliche Rechtmäßigkeitsprüfung.

Entscheidend ist *nicht*, wie die Behörde (nach soeben (1)) hätte handeln *müssen*, sondern wie sie (in vielleicht rechtswidriger Form) gehandelt

---

[30] Weil die Behörde auch bei zivilrechtlicher Verwaltungstätigkeit ihre Verwaltungsfunktion wahrnimmt (Auftragsvergabe im *Ausgangsfall 2*), ist es zu kurz gegriffen, wenn *BVerwGE* 35, 103 das Hausrecht in derartigen Fällen *ohne weiteres* privatrechtlich einordnet.

[31] Z. B. bei *Papier*, Recht der öffentlichen Sachen, S. 36; *Pappermann/Löhr/Andriske*, aaO., S. 164.

[32] Nach der Rspr. des *BVerfG* ist Gewohnheitsrecht trotz des Vorbehalts des Gesetzes (nur) *insoweit* hinreichend; *BVerfGE* 60, 215 (229).

[33] Dazu *Drews/Wacke/Vogel/Martens*, Gefahrenabwehr, S. 35; *Forsthoff*, VR, 10. Aufl. 1973, S. 55, 129.

[34] Andere Ermächtigungskonstruktionen in Lit. und Rspr. (vgl. Fn. 23) über Stichworte wie „öffentliche Einrichtung", „öffentliche Sachherrschaft", „Annex zum Dienstbetrieb" können den verfassungsrechtlichen Anforderungen an eine Ermächtigungsgrundlage nicht genügen.

hat (Fehlerquelle). Hierfür ist der *objektive Erklärungswert* (Rn. 49) des Verbotes maßgebend (Vorhandensein einer Begründung nach den Anforderungen von § 39 I VwVfG und/oder einer Rechtsmittelbelehrung = VA, Fehlen beider = zivilrechtliche Willenserklärung, soweit keine gegenläufigen Indizien). Erst wenn der objektive Erklärungswert nicht hinreichend deutlich ist, kann man (als Auslegungsgrundsatz) annehmen, die Behörde habe die ihr rechtlich (nur) mögliche Rechtsform gewählt (VA im *Ausgangsfall 1*, zivilrechtliche Willenserklärung im *Ausgangsfall 3*). Stand der Behörde sowohl die öffentlichrechtliche als auch die zivilrechtliche Vorgehensweise zur Verfügung *(Ausgangsfälle 2, 4)*, hat sie im Zweifel die für sie „einfachere" Möglichkeit des im Ansatz nicht einmal begründungsbedürftigen zivilrechtlichen Verbotes gewählt.

5. Teil. Die Gültigkeit von Normen

§ 25. Prozessuales und typische Falleinkleidungen

I. Inzidente Normprüfung

391 Oft wird die Gültigkeit einer Norm nur incidenter erheblich, etwa dann, wenn die Norm Ermächtigungsgrundlage für einen Verwaltungsakt ist: Ein Verwaltungsakt ohne gültige Ermächtigungsgrundlage ist rechtswidrig.[1]

392 Jedes Gericht hat sich ein eigenes abschließendes Urteil über die Gültigkeit der Norm zu bilden, auf welche es für die Entscheidung ankommt. Hält das Gericht die Norm für gültig, wendet es sie ohne weiteres an. Dabei ist das Gericht auch befugt, das Gesetz verfassungskonform auszulegen.[2] Hält das Gericht ein *Gesetz im formellen* Sinne (Parlamentsgesetz)[3] für *verfassungswidrig*, kann es wegen **Art. 100 I GG**[4] *nicht* von sich aus von der Normanwendung *absehen*; insoweit fehlt ihm die eigene „Verwerfungskompetenz". Das Gericht hat das Verfahren vielmehr auszusetzen und die Entscheidung des *BVerfG*, vereinzelt auch die Entscheidung eines Landesverfassungsgerichts, einzuholen (= konkrete Normenkontrolle).[5] Das *BVerfG* hat insoweit ein *Verwerfungsmonopol.* Falls in der Fallbearbeitung die Entscheidung eines Gerichts vorzubereiten ist, muß der Bearbeiter also eventuell einen *Vorlagebeschluß an das BVerfG* vorschlagen. Art. 100 I GG greift aber nur ein, wenn die anstehende Entscheidung *ausschlaggebend* von der Verfassungswidrigkeit der Norm abhängt.[6] Muß einer Anfechtungsklage ohnehin schon stattgegeben werden, weil der Sachverhalt sich nicht unter die Ermächtigungsgrundlage subsumieren läßt, darf das Gericht keinen Vorlagebeschluß auf seine Ansicht stützen, die Ermächtigungsgrundlage sei im übrigen auch verfassungswidrig. Dieser prozessuale Zusammenhang drängt darauf, die Frage nach der Verfassungswidrigkeit einer Ermächtigungsgrundlage erst am Schluß aller Überlegungen aufzuwerfen.

---

[1] Zum Zusammenhang s. bereits Rn. 59 ff., 81 ff.

[2] *BVerfGE* 70, 134 (136); zur verfassungskonformen Auslegung s. Rn. 83.

[3] Im Unterschied zu einem Gesetz im (bloß) *materiellen* Sinne (Rechtsverordnung, Satzung), auf welches Art. 100 GG keine Anwendung findet; *BVerfGE* 1, 184 (189 ff.); 114, 303 (310) = JuS 2006, 263 Nr. 5 *(Sachs);* st. Rspr. Für Gesetze aus der Zeit *vor Inkrafttreten des GG, auch für DDR-Gesetze (BVerfGE* 97, 117 (122) = JuS 1999, 602 Nr. 4), gilt Art. 100 I GG nur, wenn der *nachkonstitutionelle* Gesetzgeber die Gesetzesbestimmung „in seinen Willen aufgenommen" hat; dazu (mit Kriterien) *BVerfGE* 2, 124 (128 ff.); 11, 126 (129); *BVerfG (Kammer),* NJW 1998, 3557 = JuS 1999, 812 Nr. 2. – Beim *vorläufigen Rechtsschutz* ist die Bindung der Fachgerichte an Art. 100 I GG gelockert, s. *BVerfGE* 86, 382 (389).

[4] Einzelheiten bei *Pestalozza,* Verfassungsprozeßrecht, § 13.

[5] Zu den Voraussetzungen für die *erneute* Vorlage einer vom BVerfG bereits entschiedenen Frage s. *BVerfG (Kammer),* NJW 1999, 2581.

[6] *BVerfGE* 42, 42 (49); 47, 146 (151); 79, 245 (248) = JuS 1990, 140 Nr. 4; weitere Einzelheiten bei *Robbers,* JuS 1994, 397 (399).

II. Normenkontrollverfahren kraft subjektiven Rechts

1. Gegen Parlamentsgesetze

Nach Maßgabe von § 47 VwGO kann dem *Bürger* ein Normenkon- **393** trollverfahren *unmittelbar* gegen eine Norm vor dem Oberverwaltungsgericht zur Verfügung stehen. Aber § 47 VwGO gilt *nicht*[7] für Gesetze im *formellen* Sinne (*Parlamentsgesetze*). Soweit kein Ansatz für eine inzidente Normprüfung gegeben ist, kommt gegen Gesetze im formellen Sinne nur der „außerordentliche Rechtsbehelf"[8] einer **Verfassungsbeschwerde** (Art. 93 I Nr. 4a GG i. V. mit §§ 13 Nr. 8a, 90ff. BVerfGG) mit sehr engen Verfahrensvoraussetzungen (Rn. 499ff.) in Betracht.

Obgleich der *außerordentliche* Rechtsbehelf der Verfassungsbeschwerde die Rechtsschutzgarantie des Art. 19 IV GG nicht einlöst,[9] ist die Rechtsschutzlücke unbedenklich. Denn nach der Rechtsprechung des *BVerfG* findet Art. 19 IV GG auf Gesetze im formellen Sinne keine Anwendung.[10]

2. Gegen untergesetzliche Normen

a) Gegen „im Range *unter* dem *Landes*gesetz stehende Rechtsvorschrif- **394** ten" (Rechtsverordnungen, Satzungen)[11] kann der Bürger *in den Ländern* durch ein Normenkontrollverfahren vor dem OVG gemäß § 47 **VwGO** vorgehen, welche von der Möglichkeit des § 47 I Nr. 2 VwGO Gebrauch gemacht haben.[12] Gegen „Satzungen, die nach den Vorschriften des BauGB erlassen worden sind" *(= Bebauungspläne)*, bzw. gegen entsprechende „Rechtsverordnungen auf Grund des § 246 II BauGB"

---

[7] Ausnahme in Fn. 10.
[8] *BVerfGE* 49, 252 (258).
[9] *BVerfGE* 1, 332 (344); 79, 365 (367); *BVerfG (Kammer)*, NVwZ 1998, 169 (170); mit Art. 93 I Nr. 4a GG steht die Verfassungsbeschwerde rechtssystematisch *neben* Art. 19 IV GG.
[10] *BVerfGE* 24, 33 (49ff.); 24, 367 (401); 45, 297 (334).
[11] Zum Streit um den Begriff der Rechtsvorschrift im Sinne von § 47 I Nr. 2 VwGO ausführlich *Ziekow*, in: Sodan/Ziekow, VwGO, § 47 Rn. 89ff. Nach *BVerwGE* 75, 109 (118) sind *Verwaltungsvorschriften* keine Rechtsvorschriften i.S. von § 47 I Nr. 2 VwGO; Ausnahme bei gesetzlich angeordneter unmittelbarer Rechtswirkung nach außen, *BVerwG*, NVwZ 1994, 1213. Nach *BVerwGE* 117, 313 (319) kann die Änderung einer Rechtsverordnung durch ein formelles Gesetz als Rechtsvorschrift gemäß § 47 I Nr. 2 VwGO angesehen werden, wenn das Gesetz nach dem Willen des Gesetzgebers materiell nur den Rang einer Rechtsverordnung haben soll.
[12] Maßgebend ist das Ausführungsgesetz zur VwGO des jeweiligen Bundeslandes. *Allgemein* zu § 47 VwGO *Kintz*, JuS 2000, 1099. Klausuren bei *Jahn*, JuS 2001, 485; *dems.*, JuS 1999, 1004 *(einstweilige Anordnung gemäß § 47 VI VwGO).*

(= Stadtstaaten) ist die Normenkontrollklage gem. § 47 I Nr. 1 VwGO *in allen Bundesländern* gegeben.[13]

Gegen einen *Bebauungsplan* kann der Antragsteller nach Maßgabe von § 47 II a BauGB nur Einwendungen erheben, welche er bereits im Rahmen der öffentlichen Auslegung (§ 3 II BauGB, nachfolgend Nr. 433) geltend gemacht hat (Präklusion).

In *Parallele zu § 42 II VwGO*[14] ist antragsbefugt nur eine „Person, die geltend macht, durch die Rechtsvorschrift oder deren Anwendung *in ihren* **Rechten** verletzt zu sein oder in absehbarer Zeit verletzt zu werden" (§ 47 II 1 VwGO).[15] Bei Bebauungsplänen ist in seinen Rechten betroffen, wer sich auf einen abwägungserheblichen privaten Belang (§ 1 VII BauGB, Rn. 432) berufen kann, soweit dieser für die Gemeinde erkennbar war.[16]

b) Gegen **untergesetzliche Normen, die § 47 I VwGO nicht unterfallen** (Rechtsverordnungen und Satzungen auf *Bundesebene*) oder für die der Landesgesetzgeber von § 47 I Nr. 2 VwGO *keinen* Gebrauch gemacht hat, muß der Bürger *ebenfalls* eine Rechtsschutzmöglichkeit haben. Denn mit der Rechtsprechung des *BVerwG*[17] und des *BVerfG*[18] ist davon auszugehen, daß die Rechtsschutzgarantie des **Art. 19 IV GG** gilt, wenn eine *untergesetzliche* Norm einen Bürger in seinen subjektiven Rechten beeinträchtigt. In Fällen, in denen der Betroffene über eine bloß inzidente Normprüfung (soeben Rn. 391 f.) keinen hinreichend effektiven Rechtsschutz zu erlangen vermag,[19] garantiert Art. 19 IV GG damit den Rechtsschutz *unmittelbar* gegen die untergesetzliche Norm.

Vor diesem Hintergrund erkennt *BVerwGE* 111, 276 (278 ff.)[20] mittlerweile eine auf § 43 VwGO gestützte **Nichtigkeitsfeststellungsklage** unmittelbar gegen untergesetzliche Normen an,[21] wenn die Voraussetzungen des § 42 II VwGO (Art. 19 IV GG) vorliegen.[22] Mit § 47 I VwGO hat der Gesetzgeber eine solche Lösung nicht „verbaut".[23] Bei § 47 I VwGO löst die subjektivrechtliche Komponente (§ 47 II 1 VwGO) ein

---

[13] *Beispiel* in Rn. 304; Klausurgrundlagen bei *Dürr,* JuS 2007, 521; Klausuren bei *Kohl,* JuS 1994, 513; *Huster/Gaul,* JuS 1994, 580; *Odendahl,* JuS 1996, 819. Auf *Flächennutzungspläne* (§ 5 BauGB) findet § 47 I VwGO keine Anwendung, s. *BVerwG,* NVwZ 1991, 262 = JuS 1991, 611 Nr. 15.

[14] *BVerwGE* 107, 215 (217 f.); 114, 301 (303) (Gemeinden); kritisch etwa *Schütz,* NVwZ 1999, 929; *Schmidt-Preuß,* DVBl. 1999, 103.

[15] Zu § 42 II VwGO s. Rn. 185 ff., 194 ff., 221 b.

[16] *BVerwG,* NVwZ 2004, 1120 = JuS 2005, 88 Nr. 13.

[17] *BVerwGE* 80, 355 (361) mit ausführlicher Begründung; 111, 276 (278 f.).

[18] *BVerfGE* 115, 81 (92 ff.) = JuS 2006, 1014 Nr. 1 *(Sachs).*

[19] Zu dieser Einschränkung s. *BVerfGE* 115, 81 (93).

[20] = JuS 2001, 406 Nr. 16.

[21] Damit ist der Weg über „verkappte" Normenkontrollklagen (Feststellungsklage auf Nichtbestehen eines individuellen Status oder einer individuellen Verpflichtung mit der inzidenten Frage nach der Gültigkeit der zugrundeliegenden Norm), auf den die Rspr. zunächst ausgewichen war (*BVerwG,* NJW 1983, 2208; *BVerwGE* 51, 104 (106)), obsolet geworden.

[22] Zur *allgemeinen* Anwendung von § 42 II VwGO auf Feststellungsklagen s. schon Rn. 213.

[23] *BVerwGE* 111, 276 (278) = JuS 2001, 406 Nr. 16.

„*objektives* Rechtsbeanstandungsverfahren"[24] mit Rechtskraftwirkung *inter omnes* (§ 47 V 2 VwGO) aus. Die Nichtigkeitsfeststellungsklage nach § 43 VwGO ist auf ihren subjektivrechtlichen Ansatz (§ 42 II VwGO) *beschränkt* und führt bloß zur Rechtskraft *inter partes* (§ 121 VwGO).

Im Vorfeld der Nichtigkeitsfeststellungsklage läßt das *BVerwG* die **vorbeugende Unterlassungsklage** vor dem Verwaltungsgericht gegen die Fortführung eines eingeleiteten Normsetzungsverfahrens zu.[25] Über eine Feststellungsklage kann außerdem ein **Anspruch auf Normerlaß oder auf Normergänzung** geltend gemacht werden.[26]

III. Abstrakte Normenkontrolle

Die *Bundesregierung, eine Landesregierung oder ein Drittel der Mitglie-* **395** *der des Bundestages* können in bestimmten Fällen die sogenannte abstrakte Normenkontrolle vor dem **BVerfG** beantragen (Art. 93 I Nr. 2 GG i.V. mit §§ 13 Nr. 6, 76 ff. BVerfGG).[27] – *Im Anwendungsfeld von* § 47 I *VwGO* (Rn. 394) kann nach Maßgabe von § 47 II 1 VwGO *jede Behörde* gegen *untergesetzliche* Normen ein Normenkontrollverfahren vor dem **Oberverwaltungsgericht** einleiten.

IV. Normprüfung aus sonstigen Anlässen

Mitunter interessieren sich nach der Fallgestaltung *Beteiligte* an einem **396** Normsetzungsverfahren für die Rechtmäßigkeit einer *geplanten* Norm, weil ihnen gerade diese Funktion zukommt oder weil sie jedenfalls am Erlaß rechtswidriger Normen nicht mitwirken möchten (Genehmigung von Rechtsverordnungen und Satzungen durch die Aufsichtsbehörde; Prüfungsrecht des Bundespräsidenten vor der Ausfertigung und Verkündung von Bundesgesetzen[28]). Oft verzichtet der Aufgabensteller schließlich auch ganz auf jede nähere Einkleidung und fragt unvermittelt, ob eine bestimmte bereits erlassene Norm gültig sei oder eine geplante Norm gesetzt werden dürfe.

---

[24] S. *Kopp/Schenke*, VwGO, § 47 Rn. 3; *BVerwG*, NVwZ 1990, 157 (158 f.). Deshalb kann das Normenkontrollgericht eine Norm auch aus Gründen für unwirksam erklären, welche die privaten Belange des Antragstellers *nicht* berühren; *BVerwG*, NVwZ 2001, 431 (432).

[25] *BVerwGE* 40, 323 (325 ff.); 54, 211 (214 ff.).

[26] *BVerwGE* 80, 355; *BVerwG*, NVwZ 1990, 162 i.V. mit *Robbers*, JuS 1990, 978; *BVerwG*, NVwZ 2002, 1505 = JuS 2003, 505 Nr. 11 i.V. mit *Köller/Haller*, JuS 2004, 189.

[27] Zu Einzelheiten s. *BVerfGE* 96, 133 (137 f.) = JuS 1998, 755 Nr. 4, sowie *Pestalozza*, Verfassungsprozeßrecht, § 8; *Robbers*, JuS 1994, 397. Klausurfälle bei *A. Weber*, JuS 1978, 554; *Maurer*, JuS 1983, 45; *Dörries*, JuS 1984, 382; *Erdemir*, JuS 1995, L 84; *Kube*, JuS 2000, L 91; *Reimer*, JuS 2004, 44; *Maierhöfer*, JuS 2004, 598.

[28] Einzelheiten später in Rn. 657 ff.

§ 26. Generell wichtige Einzelaspekte der Normprüfung

I. Bindungswirkung der Entscheidungen des BVerfG

397 Im Laufe der Jahre hat das *BVerfG* eine Fülle von Rechtsnormen verfassungsrechtlich überprüft. In Hausarbeiten darf nicht erneut untersucht werden, was von der Bindungswirkung dieser Entscheidungen des BVerfG nach § 31 I BVerfGG erfaßt ist.[1] Besondere Vorsicht ist insoweit geboten, wenn die Aufgabe einer Entscheidung des *BVerfG* nachgebildet ist. Eine erneute Entscheidung des BVerfG kommt nur in Betracht, „wenn tatsächliche oder rechtliche Veränderungen eingetreten sind, die die Grundlage der früheren Entscheidung berühren und deren Überprüfung nahelegen".[2]

II. Rechtsnatur der Norm

398 Vor jeder Einzelprüfung muß sich der Bearbeiter Klarheit über die Rechtsnatur der Norm verschaffen. Denn die Gültigkeitsvoraussetzungen von Verfassungsänderung, Gesetz, Verordnung und Satzung unterscheiden sich in mancher Einzelheit.

399 Erhebliche Fehler entstehen selbst noch in Examensarbeiten, weil die Worte „Verordnung" und „Satzung" synonym gebraucht und damit in der Sache gleichgesetzt werden. Eine **Verordnung** ist *staatliches Recht,* welches von der *Exekutive* kraft gesetzlicher *Ermächtigung* erlassen wird. Die **Satzung** hingegen[3] ist *nichtstaatliches Recht einer nichtstaatlichen öffentlichrechtlichen Körperschaft* (Gemeinde, Universität usw.)[4] in *Selbstverwaltungs*angelegenheiten. Diese eigene Rechtssetzungsgewalt (Autonomie) ist vom Staate *verliehen.* Eine Satzung wird von der *Legislative* der nichtstaatlichen Körperschaft erlassen, nicht von seiner Exekutive (also z.B. vom Stadtrat, nicht von der Stadtverwaltung). Von der Selbstverwaltung ist die *Auftragsverwaltung* zu unterscheiden. In ihrem Bereich setzt die nichtstaatliche Körperschaft Recht im Auftrag des *Staates.* Verwirrung entsteht leicht dadurch, daß innerhalb der Körperschaft auch insoweit zumeist die Legislative tätig wird und daß diese Rechtsakte z.T. ebenfalls „Satzungen" genannt werden.[5]

---

[1] Vertiefend zu § 31 I BVerfGG (und zur Gesetzeskraft nach § 31 II BVerfGG) *Pestalozza,* Verfassungsprozeßrecht, S. 319ff., 328ff.; s. ferner etwa *Schnapp/Henkenrötter,* JuS 1994, 121. *BVerfGE* 40, 88 = JuS 1975, 659 Nr. 4, erstreckt die Bindungswirkung auf die *verfassungskonforme* Auslegung *einfachen* Gesetzesrechts durch das *BVerfG.* Nach *BVerfGE* 77, 84 (103) hindert die Bindungswirkung nicht den *Gesetzgeber,* inhaltsgleiche Neuregelungen zu beschließen.

[2] So *BVerfGE* 87, 341 (346); zusammenfassend *BVerwGE* 107, 169 (171) = JuS 1999, 305 Nr. 13.

[3] Zur Gegenüberstellung s. etwa *Wolff/Bachof/Stober,* VR Bd. 1, § 25 Rn. 50; *BVerwGE* 12, 322 (325).

[4] Zu diesen *außerhalb* der staatlichen Organisation stehenden öffentlichrechtlichen Körperschaften s. Rn. 637ff.

[5] S. etwa § 6 I NdsGO.

Gesetz und exekutive Rechtsverordnung vermischen sich, wenn der Gesetzgeber im Rahmen einer Gesetzesänderung gleichzeitig auch den Inhalt einer Rechtsverordnung verändert, wie das häufig geschieht. Nach dem *BVerfG*[6] hat eine solche Gesetzesbestimmung einen *Doppelcharakter*. *Formal* ist sie Gesetz, so daß sie den Regelungen des GG zum Gesetzgebungsverfahren (Rn. 407 ff.) unterliegt. *Materiell* ist die Gesetzesbestimmung das, was sie nach dem Gesetzeswortlaut nur sein will: ein Bestandteil der Rechtsverordnung. Demgemäß ist der Gesetzgeber an die sachlichen Grenzen der Verordnungsermächtigung (Art. 80 I GG, Rn. 419) gebunden. Gestützt auf die Verordnungsermächtigung darf die Exekutive das gesetzliche Implantat in der Rechtsverordnung ändern. Wie jede Bestimmung einer Rechtsverordnung (Rn. 392, 393) darf ein Gericht das gesetzliche Implantat verwerfen, ohne an Art. 100 I GG gebunden zu sein.

III. Verfassungskonforme Auslegung

Eine Norm verstößt nur dann gegen höherrangiges Recht, wenn sie nicht dem höherrangigen Recht *konform ausgelegt* werden kann.[7]   **400**

IV. Nichtigkeit rechtswidriger Normen (?)

Im Grundsatz gilt: Die **inhaltliche Unvereinbarkeit** einer Norm mit höherrangigem Recht einschließlich der inhaltlichen Überschreitung von Kompetenzbegrenzungen führt zur Nichtigkeit und damit zur Unanwendbarkeit einer Norm.[8] Ein **Verfahrensfehler** führt nur dann zur Nichtigkeit einer Norm, wenn er *evident* ist.[9] Insbesondere aus Gründen der Rechtssicherheit kann *spezialgesetzlich*[10] angeordnet sein, daß „an sich" relevante Fehler vorübergehend oder endgültig unerheblich sind.[11]   **401**

Nach §§ 31 II 2, 79 I BVerfGG und § 35 BVerfGG kann sich das *BVerfG* darauf beschränken, eine Norm bloß für unvereinbar mit dem Grundgesetz zu erklären, und eventuell zugleich die **vorübergehende Weitergeltung der Norm** anordnen.[12]   **402**

---

[6] *BVerfGE* 114, 196 (234 ff.) mit abweichender Meinung der *Richterin Osterloh* und des *Richters Gerhardt* (250 ff.) = JuS 2006, 175 Nr. 6; 114, 303 (310 ff.) = JuS 2006, 263 Nr. 5.

[7] Näheres bereits in Rn. 83.

[8] *BVerfGE* 31, 47 (53); 34, 9 (25); 91, 148 (175); *BVerwG*, DÖV 1995, 469; *BSG*, MedR 2000, 51.

[9] *BVerfG*, aaO.

[10] Zum Erfordernis einer *gesetzlichen* Grundlage s. *BVerwG* und *BSG*, aaO, sowie *C. Hartman*, DVBl. 1997, 1265 (1266).

[11] Beispiele in Rn. 408 (3.), 435, 436.

[12] *BVerfGE* 87, 153 (177); 91, 186 (207); 99, 202 (215) = JuS 1999, 1223 Nr. 2; 109, 190 (235, 244) = JuS 2004, 531 Nr. 6 *(Sachs)* mit Sondervotum der Bundesverfassungsrichter/in *Broß, Osterloh* und *Gerhardt* zu den Voraussetzungen für eine Weitergeltungsanordnung. Wird die Weitergeltung nicht angeordnet, hat die Unvereinbarkeitserklärung „regelmäßig die Wirkung, daß Gericht und Verwaltung die beanstandeten Normen regelmäßig nicht mehr anwenden dürfen, sondern in anhängigen Verfahren die Neuregelung des Gesetzes abwarten müssen"; *BVerfGE* 87, 114 (136) = JuS 1994, 347 Nr. 3. Zum Ganzen auch *Blüggel*, Unvereinbarkeitserklärung statt Normenkassation durch das BVerfG, 1998.

(1) Eine bloße Unvereinbarkeitserklärung ist angezeigt, wenn der Gesetzgeber mehrere Möglichkeiten hat, den verfassungswidrigen Zustand zu beseitigen.[13] **(2)** *Gleichheitswidrige Begünstigungen* bleiben kraft Weitergeltungsanordnung vorübergehend bis zur Neuregelung durch den Gesetzgeber aufrechterhalten, wenn die Nichtigerklärung gesetzestechnisch nicht möglich ist, dem Anliegen des Beschwerdeführers nicht entsprechen würde[14] oder einen Eingriff in die Gestaltungsfreiheit des Gesetzgebers enthielte.[15] **(3)** Die vorübergehende Weitergeltung wird angeordnet, wenn durch die Nichtigerklärung ein *rechtliches Chaos*[16] oder ein Zustand herbeigeführt würde, der mit der Verfassung noch weniger vereinbar wäre als der gegenwärtige.[17] Gilt es so, überkommenes Recht der Verfassung anzupassen, pflegt das *Bundesverfassungsgericht* dem Gesetzgeber **Karenzzeiten** einzuräumen.[18] Nach Ablauf der Karenzzeit kann die Anpassung den Gerichten zufallen.[19] **(4)** *Vereinzelt* trifft das *Bundesverfassungsgericht von vornherein* auch *selbst* **Zwischenregelungen.**[20]

403   Bei der **Teilnichtigkeit** von Gesetzen und anderen Rechtsvorschriften sind die Gedanken des § 139 BGB heranzuziehen.[21] Nach der Rechtsprechung des *Bundesverwaltungsgerichts* führt die Ungültigkeit eines Teils einer Norm „dann nicht zu ihrer Gesamtnichtigkeit, wenn die Restbestimmung auch ohne den nichtigen Teil sinnvoll bleibt (Grundsatz der Teilbarkeit) *und* mit Sicherheit anzunehmen ist, daß sie auch ohne diesen erlassen worden wäre (Grundsatz des mutmaßlichen Willens des Normgebers)".[22]

§ 27. Die wichtigsten Gültigkeitsvoraussetzungen einer Verfassungsänderung

404   **Ausgangsfall:**[1] Im sog. Ermächtigungsgesetz v. 24. 3. 1933 hieß es: „Reichsgesetze können außer in dem in der Reichsverfassung vorgesehenen Verfahren auch durch die Reichsregierung beschlossen werden."[2] Würde ein solches Ermächtigungsgesetz noch unter dem GG ergehen können? – Das Ermächtigungsgesetz würde die Verteilung der Gesetzgebungszuständigkeiten nach dem GG ändern und wäre deshalb als Verfassungsänderung an folgenden Gültigkeitsanforderungen zu messen:

---

[13] *BVerfGE* 87, 153 (178) m. Nachw. S. ferner *BVerfGE* 85, 226 (237); 87, 114 (150); 88, 5 (17); 96, 260 (264); 99, 202 (216); 101, 397 (409) = JuS 2000, 1018 Nr. 3.

[14] Beispielsfall Rn. 794.

[15] So *BVerfGE* 22, 349; 31, 1 (7f.); 32, 372f.; 33, 105; 37, 260f.; 82, 126 (154f.) = JuS 1991, 150 Nr. 1; st. Rspr. Beispielsfall Rn. 794.

[16] *BVerwGE*, 21, 1 (39ff.) = JuS 1967, 136 Nr. 1 (Umsatzsteuer).

[17] *BVerfGE* 83, 130 (154) = JuS 1992, 349 Nr. 1; 87, 153 (177).

[18] S. *BVerfG* in den vorstehenden Fußnoten. Musterbeispiel: Art. 117 GG.

[19] *BVerfGE* 82, 126 (155) = JuS 1991, 150 Nr. 1.

[20] S.z.B. *BVerfGE* 101, 397 (410) = JuS 2000, 1018 Nr. 3.

[21] Vgl. *BVerwGE* 82, 225 (230); *BVerwG*, NVwZ 1994, 272.

[22] *BVerwG*, NVwZ 1990, 159 (160) = JuS 1990, 504 Nr. 10; *BVerwGE* 82, 225 (230). Speziell zur *Teilnichtigkeit von Bebauungsplänen* s. *BVerwG*, NVwZ 1992, 567 = JuS 1992, 1068 Nr. 15; *BVerwG*, NVwZ 1994, 271; *BVerwG*, NVwZ 1994, 684.

[1] Fallbesprechung bei *W. Martens/Guthardt-Schulz*, JuS 1971, 197. Weitere Fälle bei *Stock*, JuS 1975, 451 (Abschaffung der Verfassungsbeschwerde); *Maurer*, JuS 1983, 45; *Adolf*, JuS 1985, 399; *Berg/Dragunski*, JuS 1995, 238 (u. a. Wahlpflicht).

[2] Ausführlich zum Ermächtigungsgesetz *Wadle*, JuS 1983, 170.

I. Verfahren der Verfassungsänderung

Insbesondere[3] ist erforderlich: 405

1. Zustimmung von zwei Dritteln der Mitglieder des Bundestages und zwei Dritteln der Stimmen des Bundesrates (Art. 79 II GG).
2. Änderung oder Ergänzung des Verfassungs*textes* (Art. 79 I 1 GG).

II. Änderungsfestes Minimum

Gem. **Art. 79 III GG** ist eine Verfassungsänderung nichtig, „durch   406
welche die Gliederung des Bundes in Länder, die grundsätzliche Mitwirkung der Länder bei der Gesetzgebung oder die in Art. 1 und 20 GG
niedergelegten Grundsätze berührt werden".

Dem liegt die **verfassungstheoretische Unterscheidung zwischen „Verfassungsgeber" und „Verfassungsgesetzgeber"** zugrunde. Der Verfassungsgeber hat den Gesetzgeber nur ermächtigt, die Verfassung zu *ändern*, nicht aber, die Verfassung zu
vernichten, durch Veränderung der *tragenden* Verfassungsprinzipien eine *neue* Verfassung zu schaffen. Dazu ist gemäß Art. 146 GG nur die verfassungsgebende Gewalt
des *Volkes* in der Lage.[4]

Die Verfassungsänderung des *Ausgangsfalls* würde die grundsätzliche Mitwirkung der
Länder bei der Gesetzgebung, das Gewaltenteilungsprinzip (Art. 20 II 2 GG) sowie
das demokratische Prinzip (Art. 20 I GG) mißachten. Sie wäre daher unzulässig.[5] –
Das „Abhörurteil" des *BVerfG* und das Urteil des BVerfG zum „Großen Lauschan-
griff" interpretieren die rechtsstaatlichen Elemente des Art. 79 III GG restriktiv.[6]
Zum föderalen Prinzip in Art. 79 III GG s. *BVerfGE* 34, 9. Nach *BVerfGE* 84, 90
(121) sind die Verbürgungen der Grundrechte „insoweit einer Einschränkung entzogen, als sie zur Aufrechterhaltung einer dem Art. 1 I und II GG entsprechenden Ordnung unverzichtbar sind".[7]

---

[3] Die nachfolgend unter Rn. 408 ff. skizzierten weiteren Erfordernisse des Gesetzgebungsverfahrens gelten hier auch schon.

[4] Vgl. dazu etwa *Hesse*, Verfassungsrecht, Rn. 700 ff.; *Stern*, JuS 1985, 329; *BVerfGE*
84, 90 (120); allgemein *Böckenförde*, Die verfassungsgebende Gewalt des Volkes,
1986.

[5] Ausführlich *W. Martens/Guthardt-Schulz*, aaO. Art. 79 III GG kann allerdings nur
solange normative Kraft entfalten, wie die am Verfassungsleben beteiligten Kräfte in
hinreichender Breite einen aktuellen „Willen zur Verfassung" haben (zu ihm *Hesse*,
Verfassungsrecht, Rn. 44). Hätte bereits die WV eine Bestimmung wie Art. 79 III
GG enthalten, wäre der Weg zum Nationalsozialismus trotzdem nicht aufgehalten
worden. Vor diesem Hintergrund führt eine systematische Brücke von Art. 79 III
GG zu Art. 9 II, 18, 21 II GG und den anderen Vorschriften des Grundgesetzes
zum Schutz gegen seine Feinde.

[6] *BVerfGE* 30, 1 (24 ff.); 109, 279 (310) = JuS 2004, 522 Nr. 4 *(Sachs)* – „eng auszulegende Ausnahmevorschrift".

[7] Vertiefend zu Art. 79 III GG insgesamt *Hain*, Die Grundsätze des GG, 1999.
Einzelkriterien zu Art. 1 I, II GG in *BVerfGE* 109, 279 (311) = JuS 2004, 522
Nr. 4.

§ 28. Die wichtigsten Gültigkeitsvoraussetzungen eines Gesetzes

I. Verbandsmäßige Kompetenz des Gesetzgebers (Art. 70 ff. GG)

407   Entscheidend ist, ob der *Bundes*gesetzgeber oder der *Landes*gesetzgeber zuständig ist. Klausurprobleme, welche hier auftauchen, werden später (Rn. 663 ff.) im Zusammenhang mit der föderalen Ordnung des GG dargestellt.

II. Gesetzgebungsverfahren für Bundesgesetze (Art. 76 ff. GG)[1]

408   1. Gesetzesinitiative (Art. 76 I GG).

2. „Erster Durchgang" im BRat bei Gesetzesinitiative der BReg (Art. 76 II GG).

3. Behandlung im BTag gemäß GeschO BTag (1. Lesung, Ausschußberatungen, 2. und 3. Lesung).

Beachte: 1., 2. und 3. sind keine Voraussetzungen für die Gültigkeit eines erlassenen Gesetzes (vgl. Art. 78 GG).[2]

4. Gesetzesbeschluß (Art. 77 I 1 GG) mit der erforderlichen Mehrheit.

5. Befassung des BRates (Art. 77 I 2 GG).

6. Evtl. Vermittlungsverfahren mit erneuter Beschlußfassung des BTages bei Änderungsvorschlag des Vermittlungsausschusses (Art. 77 II GG).[3]

7. Beschluß des BRates in der Unterscheidung zwischen „zustimmungsbedürftigen Gesetzen" und bloßen „Einspruchsgesetzen" (Art. 77 IIa, III GG, Näheres in Rn. 671).

8. Zurückweisung eines evtl. Einspruchs durch den BTag mit der erforderlichen Mehrheit bei „Einspruchsgesetzen" (Art. 77 IV GG; bei „Zustimmungsgesetzen" kann der BTag eine Verweigerung der Zustimmung durch den BRat *nicht* ausräumen).

9. Ausfertigung und Verkündung des Gesetzes durch den Bundespräsidenten (Art. 82 I GG).

In der Regel lassen sich alle erforderlichen Einzelheiten ohne weiteres aus der Verfassung ablesen. Eine zentrale Anknüpfung im Gesetzgebungsverfahren haben daher allenfalls Klausuren, welche ein sauberes

---

[1]   Detailliert dazu *Püttner/Kretschmer*, § 32.
[2]   *BVerfGE* 29, 221 (234).
[3]   Zu Grenzen der Vorschlagsmöglichkeiten des Vermittlungsausschusses s. *BVerfGE* 72, 175 (187 ff.). Klausuren bei *Büge/Pauly*, JuS 1987, 643; *Kube*, JuS 2000, L 91.

Arbeiten abverlangen[4] oder alsbald zu Verfassungs*lücken* führen. Wie auch sonst in derartigen Fällen wird vom Bearbeiter jetzt zumeist eher **Verständnis** als detaillierte Kenntnis verlangt.

Beispiel: Über Art. 81 GG (Gesetzgebungsnotstand) ist auf Initiative der Bundesre- **409** gierung mit Zustimmung des Bundesrates gegen den Willen des Bundestages ein Gesetz ergangen, für welches die Zustimmung des Bundesrates im Normalfall nicht erforderlich gewesen wäre. Einen Monat nach Verkündung im Bundesgesetzblatt hebt der Bundestag das Gesetz mit Zustimmung der Bundesregierung wieder auf. Der Bundesrat fragt an, ob er so „übergangen" werden dürfe. – Fast alle Bearbeiter hielten die Zustimmung des Bundesrates für erforderlich, weil er auch beim Erlaß des Gesetzes mitgewirkt habe.[5] Indessen: Art. 81 GG betrifft einen Konflikt zwischen Bundestag und Bundesregierung. Deshalb liegt es nahe, den Bundesrat als „Ersatzgesetzgeber" anzusehen, welcher *nur* an die Stelle des Bundestages tritt, wenn dieser sich gegen ein Vorhaben der Bundesregierung sperrt. Nach dem Sachverhalt haben sich Bundesregierung und Bundestag aber geeinigt.

Die bisher skizzierten Anforderungen betrafen den *äußeren* Gang des **410** Gesetzgebungsverfahrens. Es finden sich Gerichtsentscheidungen, welche rechtliche Anforderungen auch an das *innere* Gesetzgebungsverfahren, an die **Methodik der Entscheidungsfindung,** stellen:[6] Der Gesetzgeber hat das einschlägige Entscheidungsmaterial, die Daten der Entscheidungsfindung, umfassend heranzuziehen, aufzubereiten und gegeneinander abzuwägen. Vorhandene Defizite können zur Nichtigkeit des Gesetzes führen.[7] Mutatis mutandis bestehen Parallelen zu den „inneren" Ermessensfehlern.[8] Wie bei ihnen kann der Student in der Fallbearbeitung ohne weiteres davon ausgehen, daß die Methodik der Entscheidungs*findung* in Ordnung war, solange der Sachverhalt nicht Anhaltspunkte für das Gegenteil erkennen läßt.[9]

III. Bestimmtheitsgebot

Das verfassungsrechtliche Bestimmtheitsgebot folgt aus dem in Rn. 59 **411** vorgestellten „**Vorbehalt des Gesetzes**".[10] Denn der Vorbehalt des Gesetzes liefe leer, wenn sich der Normgeber mit Leerformeln begnügen

---

[4] Fälle bei *Rüfner/v. Unruh/Borchert/Muckel,* Öffentliches Recht I (Nr. 10); *Adolf,* JuS 1985, 399.

[5] So auch ohne weiteres *H. Schneider,* VVDStRL 8, 47.

[6] *BVerwGE* 34, 293 (301 ff.) (im Kontext nachfolgend Rn. 427 ff.); *VerfGH NW,* DVBl 1976, 391; NJW 1976, 2209; *BVerfGE* 50, 50 (51) (alle zu Neugliederungsgesetzen); *BVerfGE* 39, 210 (226); 50, 290 (334); 106, 62 (150 ff.); 111, 226 (255) (alle zu Prognosen, hinreichende Ermittlung der Prognosegrundlagen).

[7] Umfassend *Schwerdtfeger,* Optimale Methodik der Gesetzgebung als Verfassungspflicht, FS H. P. Ipsen, 1977, S. 173 ff.; dagegen *Schlaich,* VVDStRL 39 (1981), S. 108 ff.; *Merten,* in: Hill, Zustand und Perspektiven der Gesetzgebung, 1989, S. 81 ff.

[8] Zu ihnen Rn. 91 ff.

[9] Beispiel Rn. 427 (Ausgangsfall 2).

[10] S. dazu *BVerfGE* 41, 251 (266); 48, 210 (221 f.); 49, 89 (129); 56, 1 (13); 58, 257 (278); 101, 1 (34).

und die *eigentliche* inhaltliche Entscheidung der Exekutive überlassen könnte. Das Bestimmtheitsgebot gilt **unterschiedlich strikt** je danach, ob das Gesetz *selbst* Rechte und Pflichten der Bürger festlegt bzw. Eingriffsermächtigungen für die Verwaltung schafft *oder* ob das Gesetz „bloß" zum Erlaß einer Rechtsverordnung (nachfolgend Rn. 418 ff.) oder einer Satzung (Rn. 427 ff.) ermächtigt, die ihrerseits erst das Verhältnis zum Bürger normativ regelt und dann *ihrerseits* erst den *strikten* Anforderungen unterworfen ist.[11]

Normen, die selbst das Verhältnis des Bürgers zum Staat regeln (ansonsten s. Rn. 423, 431), „müssen so gefaßt sein, daß der Betroffene seine Normunterworfenheit und die Rechtslage so konkret erkennen kann, daß er sein Verhalten danach auszurichten vermag". Als Ausdruck der „Wesentlichkeitstheorie" des BVerfG[12] erhöhen sich die Anforderungen an die Bestimmtheit „mit der Intensität, mit der auf der Grundlage der betreffenden Regelung in grundrechtlich geschützte Bereiche eingegriffen werden kann."[13] „Dies hat jedoch nicht zur Folge, daß die Norm dann überhaupt keine Auslegungsprobleme aufwerfen darf. Dem Bestimmtheitserfordernis ist vielmehr genügt, wenn diese mit herkömmlichen juristischen Methoden bewältigt werden können".[14] Bei allem hängt der Grad der jeweils zu fordernden Bestimmtheit mit von der Eigenart des geregelten Sachverhalts, insbesondere auch davon ab, in welchem Umfang der zu regelnde Sachbereich einer genaueren begrifflichen Umschreibung überhaupt zugänglich ist.[15] (Wie in Rn. 82 dargestellt worden ist, hat das *Bundesverfassungsgericht* auf dieser Linie selbst die ganz unbestimmte ausländerrechtliche Formulierung „sonstige erhebliche Belange der Bundesrepublik" noch durchgehen lassen).

IV. Inhaltliche Vereinbarkeit des Gesetzes mit höherrangigem Recht

412 1. Normen sind (auch) inhaltlich am Grundgesetz zu messen. Problematisch kann insbesondere sein, ob eine Norm inhaltlich gegen *Grundrechte* verstößt. Die Grundrechtsprüfung wird in den Rn. 439 ff. gesondert dargestellt.

2. Bundesrecht bricht Landesrecht (Art. 31 GG).[16]

3. Landesgesetze müssen außerdem mit der Landesverfassung übereinstimmen. Hierbei ist die Landesverfassung auch dann heranzuziehen, wenn sie inhaltsgleich dem GG entspricht.[17]

---

[11] Näheres zu diesen unterschiedlichen Ansätzen des Bestimmtheitsgebotes bei *Schwerdtfeger,* Weiterbildungsnormen der Ärztekammern auf dem rechtlichen Prüfstand, 1989, S. 26 ff.

[12] Zu ihrer übergreifenden Funktion s. Rn. 452.

[13] *BVerfGE* 83, 130 (145); 90, 1 (16 f.). S. ferner etwa *BVerfGE* 17, 67 (82); 21, 73 (79, 82); 45, 400 (420); 58, 257 (278); 62, 169 (183).

[14] *BVerfG,* aaO.

[15] Entsprechend z. B. *BVerfGE* 48, 210 (222); 49, 89 (133); 56, 1 (12 f.); 76, 1 (75).

[16] Beispiel: *BVerfGE* 33, 265. Auf das Verhältnis GG – Landes*verfassungs*recht ist *nicht* Art. 31, sondern Art. 28 I GG anzuwenden; so *BVerfGE* 36, 342 (360); *Krause,* JuS 1975, 160.

[17] *BVerfGE* 36, 342 (360). Zur Kompetenzabgrenzung zwischen *BVerfG* und den *Verfassungsgerichten der Länder* in solchen Fällen s. *Krause,* JuS 1975, 160.

V. Sonderaspekte

1. Rückwirkung von Gesetzen

Mitunter muß untersucht werden, ob eine *rückwirkende* Norm zulässig 413
ist.

Ausgangsfall:[18] Nach dem MitbErgG wurde eine „Holding-Gesellschaft" aus der paritätischen Mitbestimmung in der Montanindustrie entlassen, wenn der Montanumsatz in *zwei* aufeinanderfolgenden Geschäftsjahren unter 50% gelegen hatte. Ein solches zweites Geschäftsjahr war bei der Rheinstahl-AG mit dem 31. 12. 1966 abgelaufen. Durch Gesetz vom 27. 4. 1967 wurde die Zweijahresfrist ab 31. 12. 1966 durch eine Fünfjahresfrist ersetzt. So verblieb Rheinstahl für weitere drei Jahre im Geltungsbereich der paritätischen Mitbestimmung. War diese „lex Rheinstahl" verfassungsgemäß?

Ein *absolutes* Rückwirkungsverbot gilt nur für Strafgesetze (Art. 103 II GG). Bei allen anderen Rückwirkungen ist von *Fall zu Fall* zu entscheiden, ob ihnen das Grundgesetz entgegensteht. Insoweit geht es einerseits um die allgemeinen Grundsätze der *Rechtssicherheit* und insbesondere des **Vertrauensschutzes** als Elemente des *Rechtsstaatsprinzips*[19] (**Untersuchungsgegenstand (1)** in einer „sauberen" Fallbearbeitung). Andererseits steht der **Grundrechtsschutz** (Rn. 445 ff.) in Frage (**Untersuchungsgegenstand (2)**). Denn die Rückwirkung kann Rechtspositionen entwerten, über welche die Betroffenen ihre grundrechtlichen Freiheiten „ins Werk gesetzt" haben.[20]

Das *Bundesverfassungsgericht*[21] unterscheidet begrifflich zwischen „ech- 414
ten" und „unechten" **Rückwirkungen**, die beiden Senate des BVerfG belegen die Begriffe aber mit unterschiedlichen Inhalten:

Der **1. Senat** orientiert sich am *sachlichen* Anwendungsbereich der Norm.[22] „Eine echte Rückwirkung ist gegeben, wenn ein Gesetz nachträglich ändernd in *abgewickelte*, der Vergangenheit angehörende Tatbestände eingreift". „Eine unechte Rückwirkung liegt vor, wenn ein Gesetz auf gegenwärtige, noch *nicht abgeschlossene* Rechtsbeziehungen für die Zukunft einwirkt und damit zugleich die betroffene Rechtsposition nachträglich beeinträchtigt." Der **2. Senat** des BVerfG stellt demgegenüber auf den *zeitlichen* Anwendungsbereich der Norm ab.[23] Eine „echte" Rückwirkung liegt nur dann vor, „wenn der Beginn ihres zeitlichen Anwendungsbereichs

---

[18] *BVerfGE* 25, 371. Weitere Fälle bei *Wernsmann*, JuS 1999, 1177 u. 2000, 39; *Fischer*, JuS 2001, 861.

[19] S. etwa *BVerfGE* 72, 200 (242); 101, 239 (262).

[20] Dazu besonders *BVerfGE* 72, 200 (242); 97, 67 (79) = JuS 1998, 1156 Nr. 2; 105, 17 (37).

[21] Der 2. Senat erst seit *BVerfGE* 105, 17 (36 f.).

[22] Dazu und zum Nachfolgenden etwa *BVerfGE* 68, 287 (306); 72, 175 (196); 79, 29 (45 f.); 89, 48 (66); 95, 64 (86); 101, 239 (262 f.); 103, 392 (403).

[23] Hierzu und zum Nachfolgenden *BVerfGE* 105, 17 (36 ff.); 109, 133 (181) = JuS 2004, 527 Nr. 5; 114, 258 (300).

normativ auf einen Zeitpunkt festgelegt ist, der vor dem Zeitpunkt liegt, zu dem die Norm rechtlich existent, d. h. gültig geworden ist". Wenn eine Norm für die Zukunft auf Sachverhalte anwendbar ist, welche vor der Verkündung der Norm im Gesetzblatt „ins Werk gesetzt" worden sind, geht es für den 2. Senat um eine „tatbestandliche Rückanknüpfung" als „unechte Rückwirkung".

Beachte: Für eine Fallösung reicht es in der Regel aus, wenn der Bearbeiter auf die Divergenzen in der Rechtsprechung des BVerfG kurz hinweist und seiner Darstellung dann ohne weiteres die Definitionen (des 2. Senats?) zugrunde legt, die er für sinnvoll hält.

Weil die Rheinstahl AG bereits mit Ablauf des 31. 12. 1966 materiell aus der paritätischen Mitbestimmung entlassen war und das Gesetz vom 24. 4. 1967 rückwirkend ab 1. 1. 1967 galt, liegt im *Ausgangsfall* (Rn. 413) in der Sicht beider Senate des BVerfG eine " „echte" Rückwirkung vor. – Im *Gefrierfleischfall,* der bereits Gegenstand früherer Überlegungen war (Rn. 357), handelt es sich demgegenüber nach der Sicht beider Senate um eine „unechte Rückwirkung".

415 Eine „**echte Rückwirkung**" in der einen oder anderen Begriffsbestimmung ist bereits nach dem *Rechtsstaatsprinzip* (Untersuchungsgegenstand (1)) **im Grundsatz unzulässig.**[24] Zulässig ist eine „echte Rückwirkung" vor dem Rechtsstaatsprinzip nur, wenn kein Vertrauenstatbestand gegeben ist,[25] wenn die Bürger mit einer Rechtsänderung rechnen mußten, wenn das bisherige Recht unklar, verworren oder verfassungswidrig war oder wenn die Rückwirkung durch *zwingende,* dem Gebot der Rechtssicherheit *übergeordnete* Gründe des gemeinen Wohles gerechtfertigt ist. Ist die Rückwirkung schon nach dem Rechtsstaatsprinzip eindeutig unzulässig, kann zur Entlastung der Darstellungen eine Grundrechtsprüfung (Untersuchungsgegenstand (2)) entfallen. Andererseits ist die Grundrechtsprüfung gleichsam als „Nagelprobe" gefordert, wenn das Rechtsstaatsprinzip der Rückwirkung nicht entgegensteht.[26]

Im *Ausgangsfall* fehlt bereits ein *Vertrauenstatbestand,* welcher von zentraler Bedeutung für jeden Vertrauensschutz ist[27] und daher sowohl im Untersuchungsfeld (1) als auch im Untersuchungsfeld (2) vorhanden sein muß. Die Aktionäre haben keine besonderen *Dispositionen* getroffen, aus welchen ihnen jetzt rückwirkend Nachteile entstehen. Alleine die *Freude* der Aktionäre, fortan mehr Einfluß im Aufsichtsrat haben zu können, reicht insoweit nicht aus.[28]

416 Die „**unechte Rückwirkung**" ist im Grundsatz zulässig.[29] Allerdings gilt der **Grundsatz der Verhältnismäßigkeit,** und das sowohl beim Vertrauensschutz im Rahmen des Rechtsstaatsprinzips (Untersuchungsgegenstand (1)) als auch beim grundrechtlichen Ansatz (Untersuchungsgegenstand (2)).

---

[24] Hierzu und zum Nachfolgenden *BVerfGE* 95, 64 (86 f.); 101, 239 (263 f.) – *1. Senat; BVerfGE* 105, 17 (36 ff.); 109, 133 (181); 114, 258 (300) – *2. Senat.*

[25] *BVerfGE* 97, 67 (80); s. auch bei Fn. 27.

[26] *BVerfGE* 72, 200 (258); 97, 67 (80).

[27] Näheres bereits in Rn. 181. Gleiche Sachlage etwa in *BVerfGE* 48, 416.

[28] Auf gleicher Linie für den Ausgangsfall *BVerfGE* 25, 371 (406).

[29] Hierzu und zum Nachfolgenden s. etwa *BVerfGE* 95, 64 (86); 101, 239 (263) – *1. Senat; BVerfGE* 105, 17 (36 ff.); 109, 133 (181); 114, 258 (300) – *2. Senat.*

Wie stets beim Grundsatz der Verhältnismäßigkeit[30] geht es auch in den vorliegenden Problemzusammenhängen[31] zunächst um die Eignung und um die Notwendigkeit der Maßnahme (= Rückwirkung) für das gesetzgeberische Ziel. Insoweit führt die Untersuchung für die Untersuchungsgegenstände (1) und (2) notwendig zu gleichen Ergebnissen. Unterschiedliche Untersuchungsergebnisse sind dann aber beim Grundsatz der Verhältnismäßigkeit im engeren Sinne (offensichtliche Fehlgewichtung des Gesetzgebers bei der Rechtsgüterabwägung) möglich. Denn im Rahmen des Rechtsstaatsprinzips (Untersuchungsgegenstand (1)) fließt auf seiten der Bürger alleine der Aspekt der Rechtssicherheit (Vertrauensschutz) in die Abwägung ein. In der Grundrechtsprüfung (Untersuchungsgegenstand (2)) verbindet sich die Tatsache, daß das Grundrecht in der Vergangenheit bereits „ins Werk gesetzt" war (= unechte Rückwirkung), mit der *wie* für die Zukunft so auch für die Vergangenheit normierten Grundrechtsbelastung *als solcher*. Diese Kumulation kann beim grundrechtlichen Ansatz (Untersuchungsgegenstand (2)) einen Verstoß gegen den Grundsatz der Verhältnismäßigkeit ergeben, der sich beim allgemeinen rechtsstaatlichen Ansatz (Untersuchungsgegenstand (1)) nicht feststellen läßt. In dieser Sicht ist es gerechtfertigt, wenn der 1. Senat das Problem der „unechten" Rückwirkung „vorrangig" bei den Grundrechten sieht.[32]

Anders als im *Ausgangsfall* ist im *Gefrierfleischfall* (Rn. 357) ein Vertrauenstatbestand vorhanden. Im Vertrauen auf die zehnjährige Einfuhrerleichterung haben die Importeure die Kühlhäuser gebaut.[33] Im Rahmen des Rechtsstaatsprinzips (Untersuchungsgegenstand (1)) gestattet es der Schutz der deutschen Erzeuger gleichwohl, die Einfuhrerleichterungen vorzeitig zu beenden. Aber bei der Grundrechtsprüfung (Untersuchungsgegenstand (2)) erweist sich die vorzeitige Beendigung (wohl) als Verstoß gegen den Grundsatz der Verhältnismäßigkeit, der allenfalls über eine Entschädigungsregelung ausgeräumt werden könnte.[34]

2. Art. 19 I GG (Einzelfallgesetz, Zitiergebot)

Einzelfallgesetze sind nach dem Grundgesetz (ebenso wie „Maßnahme- **417** gesetze") *nicht schlechthin,* sondern lediglich nach Maßgabe des Art. 19 I 1 GG unzulässig.[35] Nach seinem Wortlaut gilt Art. 19 I GG nur für *Grundrechte,* und zudem nur für *solche* Grundrechte, die „durch Gesetz oder auf Grund eines Gesetzes *eingeschränkt* werden" können, also unter einem „*Eingriffsvorbehalt*" stehen.[36] Auch das „*Zitiergebot*" des Art. 19 I 2 GG gilt nur für derartige Grundrechts*einschränkungen*.[37]

Die „lex Rheinstahl" (Rn. 413) ist zwar in ihrer Rückwirkung ein Einzelfallgesetz. Die in Betracht kommenden Grundrechte (Art. 14 I 1, Art. 12 I GG) unterstehen aber nicht dem *spezifischen* Eingriffsvorbehalt i.S. des Art. 19 I 1 GG. Damit ist die „lex Rheinstahl" kein *unzulässiges* Einzelfallgesetz.[38]

---

[30] S.Rn. 97f., 463ff.
[31] Insoweit besonders *BVerfGE* 95, 64 (86); 101, 239 (263).
[32] *BVerfGE* 72, 200 (242); 97, 67 (79).
[33] Zum Vertrauensschutz bei zeitlich befristeten Gesetzen s. auch *BVerfGE* 30, 392.
[34] Näheres dazu in Rn. 357.
[35] So *BVerfGE* 25, 371 (398).
[36] Hierzu und zur Abgrenzung von anderen Vorbehalten mit allen Nachw. Rn. 449.
[37] S.Rn. 449.
[38] So *BVerfGE* 25, 371 (398).

§ 29. Die wichtigsten Gültigkeitsvoraussetzungen einer Rechtsverordnung

418 Die nachfolgenden Ausführungen zur Gültigkeit einer Rechtsverordnung stehen teilweise in Parallele zu den früheren Ausführungen über die Rechtmäßigkeit eines Verwaltungsakts, weil hier wie dort eine *gesetzliche Ermächtigung* Voraussetzung für das Tätigwerden der *Exekutive* ist.[1]

Ausgangsfälle: (1) Das Schulverwaltungsgesetz des Landes X erklärt es zur Aufgabe der (vom Kultusminister zu erlassenden) Schulordnung (= Rechtsverordnung), die Voraussetzungen der Versetzung und des Ausschlusses von der Schule zu regeln. Der seit langem „schwache" Schüler S wird zweimal in der gleichen Jahrgangsstufe nicht versetzt und beim zweiten Mal entsprechend der SchulO vom weiteren Besuch der Schule ausgeschlossen. Die Nichtversetzung beruhte in beiden Fällen darauf, daß nach der SchulO *auch* die „mangelhafte" Note im Fach Sport zum Nachteil des S zu berücksichtigen war. Haben die Nichtversetzung und der Ausschluß von der Schule in der SchulO eine gültige Ermächtigungsgrundlage?[2]

(2) Eine „Verordnung zur Aufrechterhaltung der öffentlichen Ordnung in der Umgebung des Waldfriedhofs XY" verbietet „auf Grund der §§ 1, 27 und 29 NW-OBG" im Umkreis von 150 m um den Friedhof jedes Verhalten, das die Ruhe stört, und jede Erwerbstätigkeit. So soll dem Touristenrummel entgegengewirkt werden, welcher seit der Beisetzung eines Prominenten vor dem Friedhof herrscht. Ist die Verordnung gültig?[3]

419 **Art. 80 I 1 GG** und entsprechende Vorschriften der Landesverfassungen gestatten dem Gesetzgeber, exekutive Instanzen zum Erlaß von Rechtsverordnungen zu ermächtigen. Allerdings muß der Gesetzgeber im ermächtigenden Gesetz „Inhalt, Zweck und Ausmaß der erteilten Ermächtigung" bestimmen (vgl. Art. 80 I 2 GG) und also die *tragenden* Entscheidungen selbst treffen, hinreichende Vorgaben machen. Gesetzesvertretende Verordnungen sind unmöglich. Nur die Entscheidung über die Einzelausgestaltung, die Detailregelung, kann der Gesetzgeber an die Exekutive delegieren. Für **landesrechtliche Verordnungsermächtigungen** enthalten die meisten Landesverfassungen Vorschriften, die Art. 80 I 2 GG entsprechen. Wegen des Homogenitätsgebots in Art. 28 I GG müssen die landesrechtlichen Verordnungsermächtigungen sonst jedenfalls die im Grundgesetz vorgenommene Verteilung der Gewichte zwischen Legislative und Exekutive beachten.[4] Was das im ein-

---

[1] Vgl. zum Gesetzesvorbehalt insoweit Rn. 59 ff., 448 ff.
[2] Teilweise Fallanlehnung an *BVerfGE* 58, 257. Weitere Klausurfälle bei *Detterbeck*, JuS 1991, 670; *Mußgnug*, JuS 1993, 291.
[3] Fall bei *Pappermann*, JuS 1968, 575. Weitere Fälle bei *Geis/Burbaum*, JuS 2001, L 92 (SperrbezirksVO); *Reimer*, JuS 2004, 44 (StVZO); *Maierhöfer*, JuS 2004, 598 (atomrechtliche VO); S. ferner etwa *BVerwG*, NVwZ 1995, 487 = JuS 1995, 832 Nr. 4 (SperrzeitVO); *BVerfGE* 101, 1 = JuS 2000, 398 Nr. 6 (HennenhaltungsVO).
[4] Näheres zum Vorhergehenden in *BVerfGE* 34, 52.

zelnen bedeutet, entscheidet das *BVerfG* in enger Anlehnung an Art. 80 I 2 GG.[5]

Weil Art. 80 I 2 GG sicherstellt, daß die tragenden Entscheidungen vom Parlament getroffen werden, ist Art. 80 I GG weniger *Ausnahme* vom Vorbehalt des Gesetzes als vielmehr dessen *Ausprägung*.[6] Demgemäß koppelt Art. 80 I 1 GG den Entscheidungs-*spielraum* des Verordnungsgebers möglichst eng an das Parlament zurück. Ermächtigt wird die *Spitze* der Exekutive (Bundesregierung, Bundesminister, Landesregierungen), welche dem Parlament im parlamentarischen Regierungssystem *unmittelbar* verantwortlich ist. In den Ländern, in welchen – wie im *Ausgangsfall 2* – Rechtsverordnungen von nur regionaler Bedeutung erforderlich werden können, läßt sich dieses Prinzip allerdings nicht durchhalten. Nach § 29 NW-OBG werden Verordnungen zum Schutz der öffentlichen Sicherheit oder Ordnung (= *Ausgangsfall 2*) von den Ordnungsbehörden erlassen.

I. Einschlägige Ermächtigungsgrundlage

Die einschlägige Ermächtigungsgrundlage ist in der Verordnung ge-   420
nannt. Denn nach dem Grundgesetz (Art. 80 I 3 GG) und nach fast allen Landesverfassungen gilt insoweit ein **Zitiergebot**. Verletzt der Verordnungsgeber das Zitiergebot, ist die Verordnung nichtig.[7]

Teilt die Klausuraufgabe den Wortlaut der Verordnung wie in den *Ausgangsfällen* ausführlich genug mit, hat der Bearbeiter seine Untersuchung also darauf zu beschränken, ob die *angegebene* Rechtsgrundlage die Verordnung trägt. Ist die Rechtsgrundlage in der Aufgabe hingegen nicht mitgeteilt, bleibt dem Bearbeiter nichts anderes übrig, als *alle* (ernsthaft) in Betracht kommenden Ermächtigungsgrundlagen durchzumustern. Er kann dann nach der Lebenserfahrung davon ausgehen, daß die *einschlägige* Rechtsgrundlage in der Verordnung zitiert ist oder zitiert werden wird, falls die Verordnung noch nicht erlassen ist.

II. Formelle Voraussetzungen für den Erlaß der Verordnung[8]

1. Zuständigkeit   421
2. Ordnungsmäßiges Normsetzungsverfahren, insbesondere

– Normsetzungsakt
– Gesetzlich vorgesehene Mitwirkung anderer Stellen[9]
– Ausfertigung und Verkündung[10]

---

[5] S. *BVerfGE* 55, 207; 58, 257 (277).
[6] So *BVerfGE* 49, 89 (127).
[7] *BVerfGE* 101, 1 (41) = JuS 2000, 398 Nr. 6.
[8] Zu allen Einzelheiten s. z. B.: *Wolff/Bachof/Stober*, VR Bd. 1, § 28 Rn. 2 ff.; *Maurer*, Allg. VR, § 13 Rn. 9 ff.; *Trips*, Das Verfahren der exekutiven Rechtsetzung, 2006.
[9] Zur komplexen Frage, welche Rechtsfolge es hat, wenn eine gesetzlich vorgesehene Anhörung von *Verbänden* oder anderen Privaten unterblieben ist, s. *BVerwGE* 59, 48; *Trips*, aaO, S. 266 ff.; zum Problem *parlamentarischer Mitwirkungsvorbehalte* s. etwa *J. Schmidt*, Die Beteiligung des BTages beim Erlaß von RechtsVOen, 2000.
[10] Für Rechtsverordnungen des Bundes s. das Gesetz über die Verkündung von Rechtsverordnungen (*Sartorius* Nr. 70). Die Länder haben entsprechende Gesetze erlassen.

3. Gesetzlich vorgesehene Anforderungen an den Verordnungstext, z. B.

- Angabe der Ermächtigungsgrundlage (Zitiergebot, soeben Rn. 420)
- Festlegung des örtlichen Geltungsbereiches
- Kennzeichnung der erlassenden Stelle.

Auch bei der Rechtsverordnung liegen die eigentlichen *Klausurprobleme selten im Formellen.* Formelle Fragen sind daher nur knapp zu behandeln. Falls der Sachverhalt keine näheren Angaben enthält, ist ohne weiteres davon auszugehen, daß die formellen Erfordernisse erfüllt sind.[11]

III. Subsumtion unter die Ermächtigungsgrundlage

422 Im *Ausgangsfall 1* (Rn. 418) macht die Subsumtion der SchulO unter das Schulverwaltungsgesetz keine Schwierigkeiten. – Wie auch im *Ausgangsfall 2* sind in der Klausur am häufigsten **Polizeiverordnungen** zu überprüfen.[12] Dann gelten die von der Polizei*verfügung* her bekannten Grundsätze des Polizeirechts (Rn. 108ff.). Im *Ausgangsfall 2* geht es so um eine Gefahr für die *öffentlichen Ordnung* (Rn. 111). Aber während die Polizeiverfügung nur „konkrete" Gefahren abwehrt, kann eine Polizeiverordnung auch zur Abwehr „**abstrakter**" **Gefahren** für die öffentliche Sicherheit oder Ordnung ergehen (Rn. 119). Der Begriff „*abstrakte Gefahr*" korrespondiert mit der Tatsache, daß eine Polizeiverordnung als Norm generell-abstrakte Regelungen trifft. Eine abstrakte Gefahr liegt vor, wenn in einer unbestimmten Anzahl von Fällen gleicher oder ähnlicher Art die gleichen typischen Gefahren bestehen.[13] Im *Ausgangsfall 2* würden die Mißstände vor dem Friedhof nicht beseitigt, wenn man den *im Augenblick* tätigen Gewerbetreibenden die Erwerbstätigkeit vor dem Friedhof durch Polizei*verfügung* untersagte. An die Stelle der vertriebenen Händler würden andere Händler treten. Mit Blick in die Zukunft geht es daher um eine *unbestimmte* Zahl von Störungsfällen im Sinne einer abstrakten Gefahr, gegen welche die Behörde *sinnvoll* nur mit dem normativen, generell-abstrakten Verbot einer Verordnung einschreiten kann. Für die Ruhestörungen durch den Touristenrummel gilt das ebenso.

IV. Gültigkeit der gesetzlichen Ermächtigung

1. Art. 80 I 2 GG

423 Gültigkeitsprobleme ergeben sich zumeist aus Art. 80 I 2 GG. Denn die gesetzliche Verordnungsermächtigung muß nach „Inhalt, Zweck und Ausmaß" *hinreichend*[14] bestimmt sein. Ob das der Fall ist, beurteilt das Bundesverfassungsgericht *einerseits* nach den *Besonderheiten des jeweiligen Regelungsgegenstandes.*[15] „Geringere Anforderungen sind vor allem

---

[11] Vgl. Rn. 814.
[12] Weitere Klausurbeispiele bei *Geis/Burbaum,* JuS 2001, L 92; *Kube,* JuS 1999, 176; *Evers/Schwerdtfeger,* JuS 1964, 281. Allgemein *Hamann,* Die Gefahrenabwehrverordnung, NVwZ 1994, 669.
[13] Näheres zur abstrakten Gefahr und ihrer Abgrenzung zur konkreten Gefahr bei *Vogel,* in: Drews/Wacke/Vogel/Martens, S. 495ff.; *Götz,* Allg. Polizei- und Ordnungsrecht, Rn. 145f.; *BVerwG,* NJW 1970, 1892.
[14] „Nicht so genau wie irgend möglich"; *BVerfGE* 113, 167 (269).
[15] *BVerfGE* 58, 257 (277f.); 76, 1 (75); 113, 167 (269).

bei vielgestaltigen Sachverhalten zu stellen oder wenn zu erwarten ist, daß sich die tatsächlichen Verhältnisse alsbald ändern werden."[16] Wie stets beim Vorbehalt des Gesetzes[17] stellt das *BVerfG* andererseits und insbesondere aber auch auf die *Intensität* ab, mit der die Regelung, zu der das Gesetz ermächtigt, in *Grundrechte* eingreifen kann. „Greift die Regelung erheblich in die Rechtsstellung des Betroffenen ein, so müssen höhere Anforderungen an den Bestimmtheitsgrad der Ermächtigung gestellt werden, als wenn es sich um einen Regelungsbereich handelt, der die Grundrechtsausübung weniger tangiert."[18] Auf dieser gleitenden Skala *kann* die Intensität der Grundrechtsbeeinträchtigung gebieten, daß der Gesetzgeber auch Einzelheiten *abschließend selbst* zu entscheiden hat (*„Totalvorbehalt"*).[19] „Was der parlamentarischen Willensbildung vorbehalten ist und was durch gesetzliche Ermächtigung dem Verordnungsgeber übertragen werden darf", bestimmt das *BVerfG* dabei nach seiner für den Vorbehalt des Gesetzes entwickelten [20] **Wesentlichkeitstheorie** (Rn. 452).[21] Weil es um die *„Intensität"* geht, „mit welcher *Grundrechte* der Regelungsadressaten betroffen werden",[22] rückt hier die *rechtsstaatlich-grundrechtliche* Seite[23] der „Wesentlichkeitstheorie" ins Zentrum. (Dem auch „demokratischen" Ansatz der „Wesentlichkeitstheorie" [24] würden die *prinzipiellen* Festlegungen, welche dem Gesetzgeber gemäß Art. 80 I 2 GG ohnehin obliegen, *stets* genügen.)

Im *Ausgangsfall 1* (Rn. 418) stellt der zwangsweise *Ausschluß* aus der Schule eine für den weiteren Berufs- und Lebensweg des betroffenen Schülers sehr einschneidende Maßnahme dar. Demgemäß verlangt das *BVerfG*[25], daß der Gesetzgeber die wesentlichen Bestimmungen über die zwangsweise Schulentlassung, nämlich die rechtlichen Voraussetzungen, die Zuständigkeiten und die Verfahrensgrundsätze, *selbst* regelt. Weil im Schulverwaltungs*gesetz* entsprechende *Detail*regelungen *fehlen, hat der Ausschluß* aus der Schule keine gültige Rechtsgrundlage. Die *Nichtversetzung* sieht das *BVerfG* demgegenüber als „erheblich weniger einschneidende Maßnahme" an. Deshalb reicht es dem *BVerfG* hier aus, daß die Verordnungsermächtigung lediglich den Begriff „Versetzung" enthält, mit dem das Leistungsprinzip und das Erreichen des jeweiligen Ausbildungszieles verbunden sei. Die *Einzelvoraussetzungen* der Versetzung konnte der Gesetzgeber der normativen Regelung durch den Kultusminister überlassen.[26] – Im *Ausgangsfall 2* (Rn. 418) ist der Begriff der „öffentlichen Ordnung"

[16] *BVerfGE* 58, 257 (278); s. ferner z.B. *BVerfGE* 79, 174 (195); 80, 1 (22).

[17] Vgl. Rn. 214 f., 411.

[18] So *BVerfGE* 58, 257 (278); 80, 1 (20 f.); 113, 167 (269).

[19] Hierzu und zum Nachfolgenden grundlegend *BVerfGE* 58, 257 (274 ff.); s. ferner etwa *Busch*, Das Verhältnis des Art. 80 I 2 GG zum Gesetzes- und Parlamentsvorbehalt, 1992.

[20] S. insoweit Rn. 216.

[21] S. etwa *BVerfGE* 58, 257 (274); 80, 124 (132); 101, 1 (33 f.).

[22] *BVerfGE* 58, 257 (274).

[23] Zu ihr Rn. 216.

[24] Rn. 216.

[25] *BVerfGE* 58, 257 (275) = JuS 1983, 315 Nr. 11.

[26] *BVerfGE* 58, 257 (278); vgl. auch etwa *BVerwG*, NVwZ 1998, 859 = JuS 1999, 493 Nr. 3.

in § 29 NW-OBG durch die Konturen hinreichend bestimmt, die ihm Lehre und Rechtsprechung zum Allgemeinen Polizeirecht gegeben haben.[27]

2. Allgemeine Gültigkeitsvoraussetzungen eines Gesetzes

424 Daneben muß das ermächtigende Gesetz den *allgemeinen* Gültigkeitsvoraussetzungen genügen, denen *jedes* Gesetz unterliegt. Wenn dazu Anlaß besteht, muß der Bearbeiter so (aufbaumäßig vorangestellt) etwa die föderale Gesetzgebungskompetenz (Rn. 663 ff.) überprüfen. Auch ist denkbar, daß das Gesetz *inhaltlich* gegen Grundrechte verstößt (Rn. 412, 439 ff.).

Daß das Schulverwaltungs*gesetz* im *Ausgangsfall 1* Einschränkungs*möglichkeiten* für die Versetzung vorsieht, ist unproblematisch. Die problematische Einbeziehung der Note für das Fach Sport beruht auf der Entscheidung des *Kultusministers* im Kontext nachfolgend Rn. 425 (= scharf trennen!). Im *Ausgangsfall 2* ist allenfalls problematisch, ob das Grundgesetz es gestattet, die Exekutive zum Schutz der öffentlichen *Ordnung* zu ermächtigen, wie es in der polizeilichen Generalklausel häufig geschieht.[28]

V. Gestaltungsfreiheit des Verordnungsgebers in den Grenzen höherrangigen Rechts

425 Liegen die rechtlichen Voraussetzungen für die Verordnung vor, wird die Gestaltungsfreihei*t* des Verordnungsgebers einschlägig.[29] Die Gestaltungsfreiheit übt der Verordnungsgeber kraft Delegation an Stelle des Gesetzgebers im *normativen* Bereich aus. Das ist qualitativ etwas anderes als die in Rn. 84 ff. behandelte Ausübung von Verwaltungsermessen bei der Einzelfallentscheidung.[30] Demgemäß ist es mißverständlich, wenn man die Verordnungsgebung den Ermessensgrenzen aus Rn. 90 ff. unterstellt. Die Gestaltungsfreiheit des Verordnungsgebers unterliegt den gleichen Bindungen wie die Gestaltungsfreiheit des *Gesetzgebers*, nur eine Stufe „tiefer". Während die Gestaltungsfreiheit des Gesetzgebers ihre Grenzen bloß im materiellen Verfassungsrecht findet (soeben Rn. 412), hat die Gestaltungsfreiheit des Verordnungsgebers eine *zusätzliche Grenze* im einfachen Gesetzesrecht.

Im *Ausgangsfall 1* (Rn. 418) ist die *verfassungsrechtliche* Bindung entscheidend. Die Einbeziehung der Note für das Fach Sport in die Versetzungsvoraussetzungen dürfte sachwidrig sein und deshalb einen Verstoß gegen Art. 12 I 1 GG und Art. 3 I GG („Chancengleichheit") darstellen. Denn die Leistungsbewertung im Fach Sport hängt

---

[27] Vgl. *BVerfGE* 54, 143 (144); Rn. 110 Fn. 14.

[28] Vgl. bereits den Literaturhinweis zum Problem in Rn. 111 Fn. 17.

[29] Grundlegend *v. Danwitz*, Die Gestaltungsfreiheit des Verordnungsgebers, Zur Kontrolldichte verordnungsgeberischer Entscheidungen, 1989; s. auch *Christian Weitzel*, Justitiabilität des Rechtsetzungsermessens, 1998; *Johannes Saurer*, Die Funktionen der Rechtsverordnung, 2005.

[30] Hierzu *v. Danwitz*, aaO, S. 33 ff.

offenbar wesentlich mit von der körperlichen Konstitution und körperlichen Leistungsfähigkeit (Sprungweite beim Weitsprung, Geschwindigkeit in den Laufdisziplinen) ab, welche mit dem (*auch* und insbesondere) *berufs*qualifizierenden Abschluß der Schule nichts zu tun haben. – In *Ausgangsfall 2* ist die *einfachgesetzliche* Festschreibung des Grundsatzes der Verhältnismäßigkeit in § 15 NW OBG einschlägig. Möglicherweise war der weite Umkreis von 150 m *nicht notwendig*, um die Zwecke der Verordnung zu erreichen.

Soweit das ermächtigende Gesetz **Abwägungsdirektiven** formuliert, darf das „innere" Normsetzungsverfahren[31] nicht fehlerhaft gewesen sein (keine Einbeziehungs- und Abwägungsdefizite).[32] **426**

§ 30. Die wichtigsten Gültigkeitsvoraussetzungen einer Satzung

Ausgangsfälle: (1) Die „Kanalisationssatzung" einer Gemeinde enthält einen Anschluß- und Benutzungszwang für bebaute Grundstücke und bestimmt u.a.: „Als Benutzungsgebühr für die Abwasserbeseitigung hat jeder angeschlossene Gewerbetreibende monatlich 5 Euro, jeder sonstige Hauseigentümer 1 Euro pro laufendem Meter Straßenfront zu zahlen." Ist diese Bestimmung wirksam?[1] **427**
(2) In der Stadt *G* sind fast nur montanabhängige Arbeitsplätze vorhanden. Ein Unternehmer der Glasindustrie bekundet sein Interesse, in *G* ein Glaswerk mit 2000 Arbeitsplätzen zu errichten. Alle Verantwortlichen der Stadt, auch alle Mitglieder des Stadtrates lassen spontan ihre Absicht erkennen, das Vorhaben des *U* in jeder Beziehung zu fördern, komme was da wolle. Als einzig geeigneter Standort für das Werk kommt die „Feldmark" in Betracht. Diese ist hufeisenförmig von Wohnstraßen umgeben, in deren Rücken sich bereits Industrie befindet. Die Stadt *G* erläßt einen Bebauungsplan (= Satzung, § 10 I BauGB), welcher nunmehr auch die Feldmark als Industriegebiet ausweist. Ist dieser Bebauungsplan gültig?[2]

I. Gesetzliche Verleihung der Satzungsautonomie

Merke (Fehlerquelle): Wegen der eingangs (Rn. 398 f.) geschilderten Unterschiede zwischen Verordnung und Satzung findet **Art. 80 GG** auf Satzungen keine Anwendung.[3] Die strengen Anforderungen des Art. 80 I 2 GG erklären sich daraus, daß der **428**

---

[31] Zu ihm Rn. 410, 432 f.
[32] *BVerwGE* 125, 384 (386) = JuS 2006, 1140 Nr. 11 *(Waldhoff)*.
[1] Fall bei *Knemeyer*, JuS 1967, 366; s. ferner *BVerfGE* 97, 332 i.V. mit *Sachs/Windthorst*, JuS 1999, 857 (Staffelung von Kindergartengebühren). Andere Fälle z.B. bei *Jahn*, JuS 2001, 485 i.V. mit *BVerwGE* 110, 265 (kommunale Kampfhundesteuer); *Hartmannsberger*, JuS 2006, 614 (Anschluß- und Benutzungszwang); *Tettinger*, Bes.VR/1, 6. Aufl. 2001, Rn. 144 (Abfallgebühr). – Einführung in die kommunale Rechtsetzung am Beispiel von Benutzungssatzungen bei *Becker-Sichert*, JuS 2000, 144 (in Fortsetzungen).
[2] Ähnlich der „Gelsenkirchener Floatglasfall", *BVerwGE* 45, 309. Weitere Fälle bei *Kahl*, JA 2005, 280; *Gornig/Jahn*, JuS 1995, 618; *Ibler*, Öffentliches Baurecht, 2006, 8. Fall.
[3] S. *BVerwGE* 6, 247 (249 ff.); 45 (284); *BVerwG*, NVwZ 1989, 1175; *BVerfGE* 12, 319 (325); 33, 125 (157); 97, 332 (343).

vom Volke gewählte staatliche Gesetzgeber in Abweichung vom Gewaltenteilungsprinzip der staatlichen Exekutive Normsetzungsbefugnisse überläßt. Bei der Verleihung der Satzungsautonomie tritt der Gesetzgeber einen Teil staatlicher Befugnisse an
einen nichtstaatlichen öffentlichrechtlichen Verband ab, welcher diese Befugnisse
dann seinerseits durch ein vom Verbandsvolk gewähltes Legislativorgan (Gemeinderat
in den Ausgangsfällen) wahrnimmt.

429 Weil Art. 80 I 2 GG nicht gilt, ist es im Grundsatz zulässig, daß die Gemeindeordnungen (Landesgesetze) den Gemeinden ihre Satzungsautonomie *generell* verleihen,[4] in Formulierungen wie: „Die Gemeinden können ihre Angelegenheiten durch Satzung regeln, soweit Gesetze nichts
anderes bestimmen" (§ 7 I 1 NWGO). Allerdings sind in der Fallbearbeitung zumeist *speziellere* gesetzliche Verleihungen mit teilweise detaillierten Voraussetzungen einschlägig. Das ist die Folge der **Wesentlichkeitstheorie** (Rn. 216, 423), die nach der Rspr. des BVerfG auch für
die Verleihung von Satzungsautonomie gilt („Facharztbeschluß" des
BVerfG[5]).

430 Im *Ausgangsfall 1* kommt als Verleihung bei einer Fallansiedlung in Niedersachen § 8
Nr. 1 NGO in Betracht, wonach „die Gemeinden ... durch Satzung insbesondere die
Benutzung ... ihrer öffentlichen Einrichtungen regeln und *Gebühren* für die Benutzung festsetzen" können. In den Gemeindeordnungen der anderen Bundesländer
finden sich zumeist entsprechende Regelungen. Sonst sind die Kommunalabgabengesetze der Länder einschlägig. – Im *Ausgangsfall 2* ist der Gemeinde die Satzungsautonomie durch § 10 I BauGB verliehen.[6]

II. Normsetzungsverfahren

431 ### 1. „Äußeres" Verfahren

Zunächst müssen die Gesetzesvorschriften zum *äußeren* Ablauf des Sat-
zungsgebungsverfahrens eingehalten sein.

Zu nennen sind u. a.: Evtl. Beteiligung der Öffentlichkeit und Beteiligung anderer
Behörden (§§ 3, 4 BauGB); erforderliche Mehrheit beim Satzungsbeschluß; evtl. hinreichende Begründung der Satzung (§ 9 VIII, § 10 IV BauGB); Mitwirkung, evtl. Genehmigung der Aufsichtsbehörde; richtige Verkündung (§ 10 III BauGB).

Wie bei anderen Rechtsakten[7] hat allerdings nicht jeder Verstoß gegen
eine solche Verfahrensvorschrift Auswirkungen auf die Wirksamkeit der
Satzung (s. etwa die Sortierungen in § 214 I, II BauGB).

---

[4] Art. 28 II GG *garantiert* den Gemeinden die Satzungsautonomie, verleiht diese
  aber nicht selbst.

[5] *BVerfGE* 33, 125 (157); später s. z. B. *BVerfGE* 101, 312 (322) = JuS 2000, 599
  Nr. 2.

[6] Zur Vereinbarkeit mit der Wesentlichkeitstheorie des BVerfG wegen der im Text
  nachfolgenden Anforderungen des BauGB an die Methodik der Entscheidungsfindung s. bereits Rn. 221a.

[7] Rn. 71, 408.

2. „Inneres" Verfahren, Abwägungsgebot in der Bauleitplanung   432

Sodann muß die (innere) *Methodik der Entscheidungsfindung* den rechtlichen Anforderungen genügt haben. Das gilt eventuell auch für Gesetze[8] und Rechtsverordnungen,[9] hat bei der Satzung aber für *Bebauungspläne* besondere Relevanz, mit dem planerischen[10] Abwägungsgebot nach § 1 VII BauGB.

Für den *Ausgangsfall 2* schrieben § 1 V, VI BauGB, § 1a BauGB und § 50 BImSchG   433
vor, welche Belange (u. a. soziale Bedürfnisse, Wohnbedürfnisse und Umweltaspekte) gemäß § 2 III BauGB im Verfahren der Planung *(1)* als „Abwägungsmaterial" ermittelt und zunächst je für sich bewertet werden mußten (Sachverhaltsanalyse), sodann *(2)* in den Entscheidungsprozeß einzubeziehen waren und *(3)* schließlich gemäß § 1 VII BauGB *gegeneinander* abgewogen werden mußten.[11] Es läßt sich nicht entscheiden, ob im *Ausgangsfall 2* schon ein (1) **Analysedefizit** (§ 2 III i. V. mit § 214 I 1 Nr. 1 BauGB) und/oder ein (2) **Einbeziehungsdefizit** (§ 1 VII i. V. mit § 214 III 2 zweiter Halbsatz BauGB) vorliegt. Jedenfalls ist ein (3) **Abwägungsdefizit** (§ 214 III 2 zweiter Halbsatz BauGB) gegeben, in der Gestalt einer Abwägungssperre: Weil nach dem Sachverhalt bei allen Beteiligten von vornherein feststand, daß das Glaswerk gebaut werden sollte, wurde das Für und Wider nicht *echt* gegeneinander abgewogen.[12] – Der im ersten Eindruck verwirrende § 214 III 2 *erster* Halbsatz BauGB ist für das *Ergebnis* einer Fallbearbeitung ohne Relevanz. Eingefügt durch dass EuroparechtsanpassungsG Bau (2004) beendet diese Vorschrift bloß die überkommene Verortung des Analyseerfordernisses (1) im Abwägungsgebot, weil §§ 2 III, 214 I 1 Nr. 1 BauGB die Sachverhaltsanalyse im Gefolge einer EG-Richtlinie (Rn. 713) nunmehr als *eigenständiges* Verfahrensgebot ansehen.[13]

Wie auch sonst bei Planfeststellungen[14] sind in der Bauleitplanung alle   434
beschriebenen Defizite nach den gleichlautenden Maßgaben von § 214 I 1 Nr. 1 und § 214 III 2 zweiter Halbsatz BauGB nur **„erheblich"**, wenn sie „offensichtlich" und möglicherweise[15] „auf das Abwägungsergebnis von Einfluß gewesen" sind.[16] Das gilt gerade auch, wenn der *Inhalt* der *fertigen* Satzung (im Textzusammenhang nachfolgend Rn. 438) *materiell nicht* gegen höherrangiges Recht verstößt.

Im *Ausgangsfall 2* (Rn. 427) *ist* das Abwägungsdefizit im Sinne von § 214 III 2 zweiter Halbsatz BauGB erheblich.

---

[8] Rn. 410.

[9] Rn. 426.

[10] Rn. 221a.

[11] *BVerwGE* 34, 301 (309); 45, 309 (314f.); 48, 56 (63); 107, 1 (6f.); *BGHZ* 66, 322. Vertiefende Darstellung der Abwägungsstationen z.B. bei *Brohm*, Öffentliches Baurecht, 4. Aufl. 2006, § 13 Rn. 13ff.

[12] *BVerwGE* 45, 309 (321f.).

[13] Vgl. Begr. der BReg. zum Gesetzentwurf, BT-Drucks. 15/2250, S. 62.

[14] Rn. 221b.

[15] *BVerwGE* 64, 33 (38f.).

[16] Zur Auslegung von § 214 III 2 BauGB insoweit grundlegend *BVerwGE* 64, 33 (36, 38); für „Feinheiten" der Auslegung s. *Schwerdtfeger*, JuS 1983, 270; *BVerwG*, NVwZ 1998, 956 (959).

435 3. Rügefristen

Nach § 215 I BauGB wird die Verletzung bestimmter Verfahrens- oder
Formvorschriften bei der Aufstellung von Bebauungsplänen, auch ein
Mangel beim Abwägungsvorgang (§ 214 I 1 Nr. 1 und § 214 III 2 zweiter Halbsatz BauGB), „unbeachtlich", „wenn sie nicht innerhalb von
zwei Jahren … schriftlich gegenüber der Gemeinde … geltend gemacht
worden sind". In einigen Gemeindeordnungen finden sich entsprechende Vorschriften für *alle* kommunalen Satzungen (s. z.B. § 6 IV NGO).

436 4. Nachbesserung

Wiederum wie bei anderen Planfeststellungen[17] besteht auch in der Bauleitplanung die Möglichkeit zur Nachbesserung. Gemäß § 214 IV
BauGB kann ein Bebauungsplan „durch ein ergänzendes Verfahren zur
Behebung von Fehlern auch rückwirkend in Kraft gesetzt werden." Bei
ordnungsgemäßem Ablauf (Rn. 433) ist der sachliche Ausgang des Nach-
besserungsverfahrens offen.

III. Materielle Gültigkeitsvoraussetzungen der Satzung

1. Subsumtion unter die Verleihung

437 Die Satzung darf den Rahmen der verliehenen Autonomie nicht verlassen.

Im *Ausgangsfall 1* verleiht § 8 Nr. 1 NGO (Wortlaut in Rn. 430) der Gemeinde nur
eine *Gebühren*autonomie. Eine *Gebühren*satzung dürfte nicht erlassen worden sein.
Denn eine Gebühr ist die Gegenleistung für eine individuelle Inanspruchnahme der
Verwaltung, im Ausgangsfall 1 also für die Menge der vom einzelnen Grundstück
abgeleiteten Abwässer. Diese Menge hängt von der Größe des Bauwerks, von der
konkreten Nutzung, von der Zahl der Beschäftigen bzw. Bewohner, von der Größe
der versiegelten Flächen und dergleichen ab, nicht aber von den Frontmetern zur
Straße. Ob die „Benutzungsgebühr" als *Beitrag* (= Gegenleistung für einen *potentiel-
len* Vorteil, der nicht in Anspruch genommen zu werden braucht) oder gar als örtliche
Steuer (vgl. Rn. 689) gedeutet werden könnte,[18] ist für die Lösung ohne Interesse. Die
Erhebung *derartiger* Abgaben ist in § 8 Nr. 1 NVO nicht vorgesehen.

2. Kein Verstoß gegen höherrangiges Recht

438 Die Satzung darf nicht gegen ein Gesetz oder gegen Verfassungsrecht
verstoßen.

---

[17] Rn. 221 a.
[18] Zu den Abgrenzungen s. *BVerfGE* 113, 128 (148); *Wolff/Bachof/Stober,* VR Bd. 1,
§ 42 Rn. 18 ff.

Würde man im *Ausgangsfall 1* gegen das Gesagte eine Gebühr bejahen, verstieße die Satzung gegen das abgabenrechtliche *Äquivalenzprinzip*, nach welchem Gebühren (und Beiträge) in einem angemessenen Verhältnis zum Wert des einzelnen Vorteils stehen müssen.[19] Denn es ist evident, daß z. B. der Eigentümer eines Einfamilienhaus-Eckgrundstücks mit vielen Frontmetern zu zwei Straßen hin gegenüber dem Eigentümer eines Mehrfamilienhaus-Grundstücks mit nur kurzer Straßenfront übermäßig hohe Gebühren zu zahlen hätte.[20] – Im *Ausgangsfall 2* enthalten § 1 V, VI BauGB und § 1 a BauGB keine klaren Prioritäten, welchen Belangen und Gesichtspunkten im Konfliktsfall für das **Abwägungsergebnis** der Vorzug zu geben ist. Damit obliegt es in der Regel der Gemeinde, die Prioritäten im Rahmen ihrer Planungsautonomie selbst zu setzen.[21] Ein Verstoß der fertigen Satzung gegen das höherrangige Recht in § 1 V, VI, § 1 a BauGB kommt daher in der Regel nicht in Betracht. Der Gerechtigkeitsmaßstab in § 1 VII BauGB verbietet lediglich extrem einseitige Lösungen, deren Ungerechtigkeit auch verfassungskräftig aus dem Grundsatz der Verhältnismäßigkeit folgt („**Abwägungsdisproportionalität**").[22] Im *Ausgangsfall 2*, wo § 50 BImSchG ergänzend hinzutritt, mag man annehmen können, die Wohnbedürfnisse kämen in ganz unvertretbarer Weise zu kurz.[23] Selbst bei einem ordnungsgemäßen Abwägungsvorgang würde *hier* der *Inhalt des fertigen* Bebauungsplanes gegen § 1 V, VI BauGB, § 50 BImSchG verstoßen, so daß der Bebauungsplan *auch* aus *diesem* Grunde unwirksam ist.

---

[19] *Wolff/Bachof/Stober*, VR Bd. 1, § 42 Rn. 20, 24; für Beiträge ferner *BVerwGE* 92, 24 (26).

[20] Gebührenfall mit Problemen nach Art. 2 I GG und Art. 3 I GG in *BVerfGE* 97, 332.

[21] *BVerwGE* 45, 309 (326). Das gilt auch im Anwendungsfeld der Staatszielbestimmung des Art. 20a GG (natürliche Lebensgrundlagen), s. *BVerwG*, NVwZ-RR 2003, 171 = JuS 2003, 506 Nr. 12.

[22] Zu Verstößen gegen Art. 14 I 1 GG s. z. B. *BVerwG*, NVwZ 2002, 1506; *BVerwGE* 116, 144.

[23] *BVerwGE* 45, 302 (327 ff.).

6. Teil. Grundrechtsprüfung

§ 31. Allgemeines

439 Nach den bisherigen Ausführungen kann eine **Grundrechtsprüfung** insbesondere **aus folgenden Gründen** erforderlich werden: Eine *Norm* ist nichtig, wenn sie gegen Grundrechte verstößt.[1] Ein *Verwaltungsakt* ist rechtswidrig, wenn die Ermächtigungsgrundlage (Norm) wegen Verstoßes (des Normgebers) gegen ein Grundrecht nichtig ist[2] oder wenn die Verwaltung bei der Ausübung eines ihr vom Gesetzgeber eingeräumten Ermessens Grundrechte nicht beachtet hat.[3] Die Grundrechtsprüfung sauber zu beherrschen, ist für die Fallbearbeitung besonders wichtig.

440 Entgegen der Praxis vieler Bearbeiter ist eine Grundrechtsprüfung in die Niederschrift allerdings nur aufzunehmen, **wenn Grundrechtsverstöße ernsthaft in Betracht kommen.** Auch dann sollte sich der Bearbeiter aber hüten, die Aufgabe voreilig als „Grundrechtsklausur" anzusehen. Sonst versperrt er sich die Sicht auf andere Probleme, welche auch einschlägig sein könnten.

Beispiel: Darf ein Polizist den Hausflur von Mietshäusern betreten, um zu kontrollieren, ob eine PolizeiVO eingehalten wird, welche unter Androhung von Bußgeld Beleuchtungspflichten statuiert? – Einige Bearbeiter dieser Examensklausur untersuchten *ausschließlich,* ob der Polizist Art. 13 GG verletzte.[4] Sie übersahen dabei den ganzen *verwaltungsrechtlichen* Unterbau des Art. 13 GG, der für den Beispielsfall bereits früher[5] dargestellt wurde. Ohne das „schwere Geschütz" des Verfassungsrechts zu bemühen, mußte man zunächst nach einer verwaltungsrechtlichen Ermächtigungsgrundlage für den „Eingriff" des Polizisten in die Sphäre der Bewohner fragen. Eine Ermächtigungsgrundlage war nämlich so oder so erforderlich, insbesondere auch dann, wenn der Hausflur nicht grundrechtlich geschützte Wohnung im Sinne des Art. 13 GG sein sollte. An Art. 13 GG war das Ergebnis nur zu *überprüfen, falls* sich eine *verwaltungsrechtliche* Ermächtigung fand.

441 **Präsente Detailkenntnisse** werden in der Klausur lediglich zu den *allgemeinen Lehren* der Grundrechte und zu den *wichtigsten* Einzelgrundrechten verlangt. Gestützt auf die wichtigsten Leitentscheidungen des *BVerfG* und auf die h. L. werden nachfolgend die für die Fallbearbeitung besonders bedeutsamen Teile der „allgemeinen Lehren" und einige häufig relevante Einzelgrundrechte angesprochen, die grundrechtsdogmatisch eine Son-

---

[1] Vgl. Rn. 412 ff., 425, 437 f.
[2] Vgl. Rn. 81 ff.
[3] Vgl. Rn. 94 ff.
[4] Zur Reichweite des Art. 13 GG über Arbeits-, Betriebs- und Geschäftsräume bis zum „umfriedeten Besitztum", das aus eigenem Entschluß der Öffentlichkeit zugänglich gemacht worden ist, s. *BVerfGE* 32, 54 (68 ff., 70 ff.); 97, 228.
[5] Rn. 126.

derstellung haben.[6] Die Grundrechtsgeltung unter Privaten („Drittwirkung") wird erst im Sachzusammenhang der Rn. 558 ff. aufgegriffen. Für
alles übrige und zur Kritik an der Rechtsprechung des *BVerfG* muß auf die
Lehrbücher und Kommentare zum Grundgesetz sowie auf Spezialabhandlungen verwiesen werden. Auf die Relevanz des materiellrechtlichen
Grundrechtsschutzes für die Ausgestaltung von Verwaltungsverfahren
(*„ Grundrechtsschutz durch Verfahren"*, *„prozeduraler Grundrechtsschutz ")*[7] wird an einschlägigen Stellen des Buches gesondert hingewiesen.[8]

Die **Grundrechtsinterpretation**[9] wird beeinflußt durch die (liberal-   **442**
rechtsstaatliche, institutionelle oder demokratisch-funktionale) Grundrechtstheorie, welcher der Interpret jeweils anhängt. Mit diesem Problem
sollte sich der Student beizeiten vertraut machen.[10] Allgemein formuliert
das *BVerfG:* „In Zweifelsfällen ist diejenige Auslegung zu wählen, welche
die juristische Wirkungskraft der Grundrechtsnorm am stärksten entfaltet."[11]

Die Grundrechte gelten für natürliche Personen[12] und – „soweit sie ihrem   **443**
Wesen nach auf diese anwendbar sind" (Art. 19 III GG) – auch für **inländi-
sche juristische Personen.** – Nach der überkommenen Rechtsprechung

---

[6] Zu den anderen Einzelgrundrechten s. etwa die Reihe „Grundfälle" in der JuS, so
Neureither zu Art. 4 GG, JuS 2006, 1067, JuS 2007, 20; *Kober* zu Art. 5 III GG, JuS
2006, 593, 695; *Franz/Günther*, JuS 2007, 626, 716 zu Art. 6 GG; *Lembke* zu Art. 8
GG, JuS 2005, 984, 1081; *Günther* zu Art. 9 GG, JuS 2006, 787, 873; *Wißmann* zu
Art. 13 GG, JuS 2007, 324, 426.

[7] Zusammenfassend *BVerfGE* 53, 30 (62 ff., 69 ff.) – Atomkraftwerk Mülheim-Kärlich;
s. ferner etwa *BVerfGE* 52, 380 – juristische Staatsprüfung; 65, 1 (49 ff.) – Volkszählung; 73, 280 (296); 84, 34 (45 f.); 90, 60 (96). Nach *BVerfGE* 90, 60 (96) ist „prozeduraler Grundrechtsschutz ... insbesondere dort geboten, wo die Grundrechte ihre materielle Schutzfunktion nicht hinlänglich erfüllen können. Das ist etwa der Fall, wenn
ein Grundrecht keine materiellen Maßstäbe für bestimmte grundrechtsrelevante staatliche Maßnahmen zu liefern vermag und folglich auch die Ergebniskontrolle am Maßstab des Grundrechts ausfällt. Ferner kommt es dazu, wenn eine Ergebniskontrolle an
materiellen Maßstäben zwar noch denkbar ist, aber erst zu einem Zeitpunkt stattfinden kann, in dem etwa Grundrechtsverletzungen nicht mehr korrigierbar sind."

[8] S. Rn. 71, 221 a.

[9] Zu den *Methoden der Verfassungsinterpretation* allgemein *Böckenförde*, NJW 1976,
2090; zur „Interpretation der Grundrechte in der Rspr. des BVerfG" *Ossenbühl*,
NJW 1976, 2100.

[10] Anhand der Ausführungen von *Böckenförde*, NJW 1974, 1529; vgl. auch *Liesegang*,
JuS 1976, 420; *Frotscher*, JuS 1994, L 65. Zur praktischen Bedeutung dieser Frage
s. Rn. 490, 510 ff.

[11] *BVerfGE* 51, 97 (110).

[12] Zum Grundrechtsschutz für **Minderjährige** s. W. *Roth*, Die Grundrechte Minder-
jähriger im Spannungsfeld selbständiger Grundrechtsausübung, elterlicher Erzie-
hungsrechte und staatlicher Grundrechtsbindung, 2003. – Zur Grundrechtsgeltung
für **Ausländer** s. *Schwerdtfeger*, Gutachten A zum 53. Deutschen Juristentag, 1980,
A26 ff., 116 ff.; *Weides*, JuS 1986, 530 (zusammenfassend) sowie etwa *BVerfGE* 76, 1
(41 f.) – Familiennachzug; 78, 179 (196) u. 104, 337 (346) – berufliche Betätigung;
80, 315 – Asyl. Fall zum *Petitionsrecht* (Art. 17 GG) bei *Slupik/Spohler*, JuS 1992,
410; *BVerfG (Kammerbeschluß)*, NJW 1992, 3033; *Krings*, JuS 2004, 474.

des *BVerfG*[13] können sich **juristische Personen des öffentlichen Rechts** aber nicht auf Grundrechte berufen, „weil der unmittelbare Bezug zum Menschen fehlt". Das gilt auch für das Fiskalvermögen.[14] Möglicherweise modifizierend stellt das *BVerfG* in anderen Entscheidungen „namentlich auf die Funktion ab, in der eine juristische Person des öffentlichen Rechts von dem beanstandeten Akt der öffentlichen Gewalt betroffen wird. Besteht diese Funktion in der Wahrnehmung gesetzlich zugewiesener und geregelter öffentlicher Aufgaben, so ist die juristische Person zumindest insoweit nicht grundrechtsfähig."[15] Für juristische Personen des Privatrechts, die sich mehrheitlich in der Hand öffentlichrechtlicher Körperschaften befinden („gemischtwirtschaftliche Unternehmen"), entfällt der Grundrechtsschutz, soweit sie „öffentliche Aufgaben der Daseinsvorsorge" wahrnehmen.[16]

Anerkannt ist, daß allen öffentlichrechtlichen Körperschaften die sogenannten Verfahrensgrundrechte (z.B. Art. 101 I 2, 103 I GG) zur Seite stehen.[17] Grundrechtsschutz besteht ferner für juristische Personen des öffentlichen Rechts, die – wie die Universitäten hinsichtlich Art. 5 III GG und die Rundfunkanstalten hinsichtlich Art. 5 I GG oder die Kirchen – unmittelbar dem Lebensbereich der Bürger zugeordnet sind, der durch das Grundrecht geschützt wird.[18]

444 Die nachfolgende Darstellung folgt der dogmatischen **Unterscheidung zwischen Freiheitsgrundrechten** (Rn. 446 ff.) **und Gleichheitsgrundrechten** (Rn. 491 ff.). Die Freiheitsgrundrechte wehren Eingriffe der öffentlichen Hand ab, um dem Bürger eine Freiheitssphäre eigener Entscheidung und Betätigung zu erhalten. Entscheidend ist die Intensität des Eingriffs (Einzelheiten in Rn. 454 ff., 465 ff.). Die Gleichheitsgrundrechte sollen dem Bürger keinen Freiheitsraum erhalten. Sie sollen vielmehr verhindern, daß ein Bürger oder eine Gruppe von Bürgern *im Vergleich zu anderen* Bürgern *ungleich* behandelt wird. Es kommt nicht auf die Intensität des Eingriffs, sondern darauf an, wie *andere* in gleicher Situation behandelt werden oder behandelt worden sind (Einzelheiten in Rn. 491 ff.). Wie im einzelnen darzustellen sein wird, basiert das System der Freiheitsgrundrechte auf Art. 2 I GG, das System der Gleichheitsgrundrechte auf Art. 3 I GG.

445 Bei allem wird die grundrechtliche **Überprüfung von Gesetzen** in den Vordergrund gestellt. Für die **Ermessensverwaltung**[19] gelten die Aus-

---

[13] Zusammenfassend *BVerfGE* 45, 63 (78 f.); 61, 82 (100 ff.); 68, 193 (205); 113, 167 (227); ausführlich *BVerfG (Kammer)*, NZS 2005, 139 = JuS 2005, 261, Nr. 1.

[14] *BVerfGE* 61, 82 (100 ff.) (Gemeinde/Art. 14 GG).

[15] *BVerfGE* 68, 193 (208); 70, 1 (15); 75, 192 (196 f.).

[16] *BVerfG (Kammerbeschluß)*, NJW 1990, 1783 = JuS 1990, 755 Nr. 2; *Kühne*, JZ 1990, 335; *Zimmermann*, JuS 1991, 294.

[17] *BVerfGE* 21, 362 (373); 45, 63 (79); 61, 82 (104); *BVerfG (Kammerbeschluß)*, NJW 1990, 1783 = JuS 1990, 755 Nr. 2.

[18] S. etwa *BVerfGE* 15, 256 (262) – Universität; 31, 314 (322); 59, 231 (254 f.); 90, 60 (87) – alle Rundfunk; 30, 112 (119 f.); 70, 138 (160 f.) – Religionsgemeinschaften.

[19] Vgl. Rn. 439 i. V. mit Rn. 95 ff.

führungen aber weitgehend entsprechend. Bei der Überprüfung von Gesetzen ist zu beachten, daß dem Gesetzgeber eine **Generalisierungs-, Pauschalierungs- und Typisierungskompetenz**[20] zukommt.

In einer *Examensklausur* hatten die Bearbeiter für einen Zeitschriftenverlag *(Z)* ein Rechtsgutachten über die Verfassungsmäßigkeit eines gesetzlichen Werbeverbotes für Tabakerzeugnisse zu erstatten. Z war in seiner wirtschaftlichen Existenz davon abhängig, daß ein bestimmtes Tabakunternehmen ständig ganzseitige Werbeanzeigen schaltete. Viele Bearbeiter stellten sowohl im Rahmen der Freiheitsgrundrechte (Art. 12 I, Art. 5 I 2 und Art. 14 I 1 GG) als auch im Rahmen des Gleichheitsgrundsatzes (Art. 3 I GG) auf die dem Z drohende Existenzvernichtung ab. Diese Vorgehensweise war in der Korrektur zu beanstanden. Denn Z befand sich in einer ganz atypischen wirtschaftlichen Sondersituation. „Normalerweise" kommt ein Zeitschriftenverlag nicht in Existenznöte, wenn er bloß die Tabakindustrie als Werbekunden verliert.

Weil ein Gesetz *generell-abstrakt* formuliert wird und nach Maßgabe seines Anwendungsbereichs *allgemein* gilt, *kann* sich der Gesetzgeber nicht auf die verschiedensten atypischen Sondersituationen einstellen. Für die verfassungsrechtliche Beurteilung ist deshalb „nicht die Interessenlage des einzelnen (= Z) maßgebend; vielmehr ist eine **generalisierende Betrachtungsweise** geboten, die auf den betreffenden Wirtschaftszweig insgesamt abstellt. Die Möglichkeit, daß eine gesetzliche Maßnahme im Einzelfall (bei Z) zur Existenzgefährdung oder gar -vernichtung von Betrieben führen könnte, rechtfertigt es noch nicht, sie unter dem Gesichtspunkt der Unzumutbarkeit von Verfassungs wegen zu beanstanden".[21] Von Sonderfällen abgesehen[22] muß der Gesetzgeber erst auf typische Problemlagen bei *Gruppen* von Grundrechtsträgern Rücksicht nehmen.

In der *Examensklausur* wäre das gesetzliche Werbeverbot so *nicht* nach der Situation des Z, sondern aus der Sicht „*der*" Zeitschriftenverlage, bei *anderer* Fragestellung auch etwa aus der Sicht „der" privaten Rundfunk- und Fernsehanstalten, „der" Kino-Unternehmen und „der" Sportvereine (Trikot- und Bandenwerbung) zu untersuchen gewesen. Und über den Ausgangsfall hinaus sollte bei der grundrechtlichen Überprüfung von Gesetzen *nie* auf namentlich benannte *individuelle* Personen *(X oder Y)*, sondern *stets* auf **abstrakte Personengruppen** („Personen *wie* X oder *Y*") abgestellt werden.

§ 32. Verstöße gegen Freiheitsgrundrechte (Abwehrfunktion)

Ausgangsfall:[1] Würde ein Bundesgesetz gegen Grundrechte verstoßen, welches in **446** einer Zeit des Facharbeitermangels unter Strafandrohung jegliche „Ausreise" aus dem

---

[20] S. etwa *BVerfGE* 113, 167 (236) m.w. Nachw.; Voraussetzungen und Grenzen z.B. in *BVerfGE* 103, 310 (319); 106, 166 (179).

[21] So *BVerfGE* 70, 1 (30) m.w. Nachw. für die Freiheitsgrundrechte; im Wortlaut ähnlich *BVerfGE* 96, 1 (6); 101, 297 (309) für den Gleichheitsgrundsatz.

[22] Zu Freiheitsgrundrechten s. insoweit etwa *BVerfGE* 89, 214 (232); zu Art. 3 I GG s.z.B. *BVerfGE* 100, 138 (174); *BVerfG (Kammer)*, NVwZ 1995, 989 (990) – Billigkeitserlaß von Steuerschulden.

[1] Vgl. u.a. auch die Fallbesprechungen bei *Grote/Kraus*, Fälle zu den Grundrechten, 2. Aufl. 2001 (JuS-Schriftenreihe 135), sowie bei *Bethge/Rozek*, JuS 1994, 774; *Fi-*

strukturschwachen Bundesland X in andere Bundesländer und ins Ausland verböte, um alle Facharbeiter im Lande X zu halten?

I. Einschlägiges Grundrecht

1. Thematischer Schutzbereich

Gegen adressierte, **unmittelbare Eingriffe** des Staats besteht **lückenloser Grundrechtsschutz**, unabhängig davon,[2] ob der Eingriff durch Rechtsakt oder „schlichthoheitlich" durch faktisches Handeln erfolgt. Zunächst ist nach einem *„benannten" Grundrecht* als lex specialis zu suchen (saubere Grundrecht*sauslegung* und Sachverhalts*subsumtion*). Ist kein „benanntes" Grundrecht einschlägig, wird nach der ständigen Rechtsprechung des Bundesverfassungsgerichts als lex generalis das **„Auffanggrundrecht" des Art. 2 I GG** (allgemeine Handlungsfreiheit) erheblich.[3]

Mit diesem lückenschließenden Ansatz bei der „allgemeinen Handlungsfreiheit in einem umfassenden Sinne" hat sich das *Bundesverfassungsgericht* bei Art. 2 I GG sowohl gegen die „Persönlichkeitskerntheorie" als auch gegen den Schutz nur eines begrenzten Bereichs der Persönlichkeitsentfaltung[4] zugunsten eines „jedermann kann alles tun, was anderen nicht schadet"[5] entschieden. Dabei löst das Bundesverfassungsgericht *das allgemeine* Persönlichkeitsrecht mehr und mehr auch im Rahmen von Art. 2 I GG in „benannte" *einzelne* Persönlichkeitsrechte auf.[6]

Im *Ausgangsfall* ist die Freizügigkeit *innerhalb* des Bundesgebiets durch Art. 11 GG erfaßt. Die Ausreise ins *Ausland* ist als „Ausreisefreiheit" durch Art. 2 I GG garantiert.[7] Bürger, welche speziell zum Zweck der Arbeitsaufnahme in andere Bundesländer reisen wollen, könnten zusätzlich oder statt dessen durch Art. 12 I GG (freie Wahl des Arbeitsplatzes) geschützt sein.[8] Für die Arbeitgeber in den anderen Bundesländern, denen die dringend benötigten Fachkräfte vorenthalten werden, sowie für überregional tätige Arbeitsvermittler kommt ebenfalls Art. 12 I GG in Betracht.

---

scher, JuS 1998, L 85; *Enders,* JuS 2000, 883; *Jean d'Heur/Cremer,* JuS 2000, 991; *Kahl,* JuS 2000, 1090; *Korte,* JuS 2003, 444; *Reimer,* JuS 2004, 44; *Kahl,* JuS 2004, 894; *Bellardita/Neureither,* JuS 2005, 1000; *Kramer,* JuS 2007, 35; *Hatje/Terhechte,* JuS 2007, 51; *Detterbeck/Will* JuS 2007, 153; *Groh,* JuS 2007, 538. Fälle zu Art. 12 I GG in Rn. 523, zu Art. 14 GG in Rn. 536.

[2] S. etwa *BVerwGE* 90, 112 (121).

[3] Grundlegend *BVerfGE* 6, 32 („Elfes-Urteil"); 80, 137 (153 f.) = JuS 1990, 317 Nr. 1 („Reiten im Walde"). Zusammenfassend zu Art. 2 I GG etwa *Degenhart,* JuS 1990, 161; *Kube,* JuS 2003, 111.

[4] Richtung der abweichenden Meinung von *Bundesverfassungsrichter Grimm* in *BVerfGE* 80, 137 (64).

[5] So die Entwurffassung des Art. 2 I GG, s. *BVerfGE* 6, 32 (39).

[6] Beispiele: „Recht auf informationelle Selbstbestimmung" (*BVerfGE* 65, 1 – Volkszählung; 115, 166 (183) – gespeicherte Daten); „Recht am eigenen Bild" und „Schutz der Privatsphäre" (*BVerfGE* 101, 361 (380, 382) = JuS 2000, 912 Nr. 4 – Caroline von Monaco).

[7] *BVerfGE* 6, 32 ff.

[8] Zur Darstellung insoweit s. Rn. 802.

Beachte (Fehlerquelle): Falls die *Thematik* eines benannten Grundrechts als lex specialis (Art. 11 GG hinsichtlich der internen Freizügigkeit im Bundesgebiet) einschlägig ist, darf Art. 2 I GG (hinsichtlich der *internen* Freizügigkeit) nicht mehr geprüft werden. (Die *daneben* nach Art. 2 I GG geschützte Ausreise ins *Ausland* ist ein *zweiter* *Sachverhalt*). Insbesondere darf ein Verstoß gegen Art. 2 I GG auch dann nicht in Erwägung gezogen werden, wenn der Eingriff vor dem einschlägigen benannten Grundrecht (Art. 11 GG) *zulässig* ist.

2. Persönlicher Schutzbereich

Die Frage nach dem persönlichen Schutzbereich eines Grundrechts wird **447** insbesondere relevant bei Grundrechten, welche nur für Deutsche gelten, beim Grundrechtsschutz für juristische Personen des Privatrechts (Art. 19 III GG) und wenn juristische Personen des öffentlichen Rechts versuchen, für sich Grundrechte in Anspruch zu nehmen (Einzelheiten zu allem schon in Rn. 443).

Im *Ausgangsfall* schützen Art. 11 I und Art. 12 I GG ausschließlich deutsche Staatsangehörige.

3. Funktionaler Schutzbereich, Eingriff

Ob der Schutzbereich eines bestimmten Grundrechts einschlägig ist, **448** ergibt sich bei adressierten, unmittelbaren Eingriffen alleine aus der im Grundrecht angesprochenen Thematik („thematischer Schutzbereich", s. soeben 1.). Aber ein Grundrecht kann auch **mittelbar-faktisch, indirekt** beeinträchtigt werden[9], so als Folge eines anderen Eingriffs gegen den Adressaten (Führerscheinentzug mit Folgen für die Berufsausübung, „Folgenbeeinträchtigung"[10]) oder im Gefolge eines staatlichen Handelns gegenüber einem dritten Adressaten (Auswirkungen des an die potentiellen Arbeitnehmer gerichteten Ausreiseverbots auf Arbeitgeber in anderen Bundesländern und auf überregional tätige Arbeitsvermittler im Ausgangsfall, „Drittbeeinträchtigungen"). Bei mittelbaren, indirekten Beeinträchtigungen wird zusätzlich erheblich, ob die *Funktion* des thematisch an sich einschlägigen Grundrechts nach ihrem Schutzzweck[11] dahin geht, auch Beeinträchtigungen *derartiger* Qualität abzuwehren (Lehre vom „funktionalen Schutzbereich" der Grundrechte).[12] Jedes Grundrecht will nur vor *bestimmten, spezifischen* Gefahrensituationen schützen, nicht aber *allgemeine (Lebens-)Risiken* abwehren, die wie auf anderes kausal *auch* auf den Themenbereich eines Grundrechts „durchschlagen".[13]

---

[9] S. z. B. *BVerfGE* 113, 63 (76).

[10] Definitionen nach *Ramsauer*, VerwArch. Nr. 72 (1981), S. 89.

[11] *BVerwGE* 71, 183 (192); *BVerwG*, DVBl. 1994, 478 (479); *Ramsauer*, aaO, S. 91, 99; *Sachs*, JuS 1995, 303 (305); *Maurer*, Staatsrecht I, § 9 Rn. 47.

[12] Grundlegend *Ramsauer*, Die faktischen Beeinträchtigungen des Eigentums, 1980; *ders.*, VerwArch. Nr. 72 (1981), S. 89.

[13] Dazu *Ramsauer*, VerwArch. Nr. 72 (1981), S. 89 (100, 103). In der Sache auf der gleichen Linie *BVerfGE* 76, 1 (42) – aufenthaltsrechtliche Beschränkungen für auslän-

Zur Diktion: Es ist gleichgültig, ob man das Problem der mittelbaren Grundrechtsbe einträchtigung unter der (wissenschaftlich zutreffenden) Gliederungsüberschrift „Funktionaler Schutzbereich" oder – wie in der Ausbildungsliteratur weitgehend üblich – unter der (begrifflich zu eingeengten) Gliederungsüberschrift „**Eingriff**" behandelt. Denn *in der Sache* geht es so oder so um den funktionalen Schutzbereich des Grundrechts. Ein Grundrecht*seingriff* liegt nur vor, wenn das Grundrecht nach seiner Funktion gerade auch gegen eine Beeinträchtigung der jeweils vorliegenden Art schützt. Sonst geht der Eingriff grundrechtlich „ins Leere".

Viele Fälle zum funktionalen Schutzbereich finden ihre Lösung über zwei einigermaßen eindeutige und **generalisierbare Eckpunkte**. Einerseits ist der funktionale Schutzbereich eines Grundrechts regelmäßig *betroffen*, wenn das anders adressierte staatliche Handeln lenkend auch auf die mittelbare Grundrechtsbeeinträchtigung *zielt;*[14] im *Ausgangsfall* zielt das arbeitsmarktlenkende Gesetz auch auf die Arbeitgeber in den anderen Bundesländern, weil es die Arbeitgeber im Bundesland X auf ihre Kosten bevorzugen will. Andererseits ist der funktionale Schutzbereich eines Grundrechts *nicht einschlägig*, wenn keinerlei sachliche Nähe zum Grundrecht besteht; eine Gefängnisstrafe kann nicht an Art. 14 GG gemessen werden, bloß weil der Strafgefangene sein Auto nicht benutzen kann.[15] **Probleme** machen Fälle, die *zwischen* den eindeutigen Polen angesiedelt sind. Weil es um den Schutzzweck des *konkreten* Grundrechts geht, läßt sich der funktionale Schutzbereich jetzt nur grundrechts*individuell* bestimmen.[16] Für Art. 12 I GG hat das BVerfG insoweit mit seiner Formel von der „objektiv berufsregelnden Tendenz" subsumtionsfähige Kriterien entwickelt (Einzelheiten in Rn. 525); im *Ausgangsfall* hat das Gesetz für die überregional tätigen Arbeitsvermittler keine „objektiv berufsregelnde Tendenz", es verändert bloß eine marktwirtschaftliche Rahmenbedingung des Gewerbes.[17] Bei den son-

---

dische Verlobte mit faktischen Auswirkungen auf die Eheschließung in der BRep. ohne spezifischen Bezug zu Art. 6 I GG; 95, 267 (302 f.). – Altschuldenregelung für DDR-Vermögen ohne spezifischen Bezug zu Art. 12 I GG; 98, 218 (258 f.). – Rechtschreibreform ohne spezifischen Grundrechtsbezug für die Schulbuchverlage; *BVerfGE* 105, 252 (265 ff.) = JuS 2003, 190 Nr. 4 – marktbezogene Informationen des Staates (zu glykolhaltigen Weinen) als Prägung bloß der marktwirtschaftlichen Rahmenbedingungen des Art. 12 I GG; *BVerfGE* 105, 279 (295) = JuS 2003, 186 Nr. 2 – neutrale Informationen über religiöse Gemeinschaft ohne Relevanz für den Schutzbereich des Art. 4 I GG; *BVerfGE* 106, 275 (298 ff.) = JuS 2003, 622 Nr. 16 – marktrelevante Veränderungen im Verhältnis der gesetzlichen Krankenkassen zu den Versicherten als bloßer Reflex für die Arzneimittelhersteller (Arzneimittel-Festbeträge); *BVerfGE* 116, 202 (217 ff.) = JuS 2007, 575 Nr. 4 – hoheitliche Allgemeinverbindlicherklärung von Tarifverträgen ohne spezifischen Art. 9 III GG-Bezug.

[14] S. etwa *BVerwGE* 71, 183 (193 f.); 75, 109 (115); 87, 37 (42 f.); 90, 112 (120); *Di Fabio*, JuS 1997, 1 (5).

[15] Dieses und weitere Beispiele bei *Ramsauer,* VerwArch. Nr. 72 (1981), S. 89 (105). S. ferner die Beispiele soeben in Fn. 13 sowie später in Rn. 525 mit Fn. 12.

[16] Für Zurückhaltung beim Auffanggrundrecht der allgemeinen Handlungsfreiheit nach Art. 2 I GG *Di Fabio*, in: Maunz/Dürig, GG, Art. 2 I Rn. 49.

[17] Entsprechend die Linie des *BVerfG* soeben in Fn. 13.

stigen Grundrechten ist der Bearbeiter auf sich allein gestellt, zumal höchstrichterliche Rechtsprechung insoweit allenfalls punktuell, im Sinne eines case law, existiert.[18] Angesagt ist eine eigenständige ad-hoc-Argumentation, die sich nach Vorschlägen in der Lehre[19] an den (*nicht* exakt *subsumtionsfähigen* bloßen) **Topoi**[20] „sachliche Nähe zum Grundrecht", „Länge der Kausalkette", „Intensität der Grundrechtsbeeinträchtigung",[21] „Voraussehbarkeit und Inkaufnahme durch den Gesetzgeber"[22] ausrichten kann.

II. (Geschriebener) Gesetzesvorbehalt

Wird ein Grundrecht nachteilig *betroffen* (soeben Rn. 446 ff.), ist es damit nicht automatisch auch *verletzt* (häufiger Anfängerfehler). Die meisten Grundrechte unterstehen vielmehr einem (ausdrücklichen) Gesetzesvorbehalt, welcher es dem Gesetzgeber gestattet, die Rechtsposition des Grundrechtsträgers unter bestimmten Voraussetzungen nach seinem gesetzgeberischen Ermessen und seinen Wertungen zu beeinträchtigen.   **449**

Unter Berücksichtigung ihres Wortlauts und der Rechtsprechung des *BVerfG*[23] lassen sich die Gesetzesvorbehalte unterteilen in „Eingriffsvorbehalte", „Schrankenvorbehalte", „Ausgestaltungsvorbehalte" und „Regelungsvorbehalte". Praktische Relevanz hat diese Unterscheidung lediglich für das *Zitiergebot* des Art. 19 I 2 GG und für das Verbot des *Einzelfallgesetzes* nach Art. 19 I 1 GG; beide gelten nur für Grundrecht*seingriffe*.[24] *Materiellrechtlich* gesehen können alle Vorbehalte die Grundrechtsträger *im Ergebnis gleichwertig* beeinträchtigen: Über den *Eingriffsvorbehalt* (Beispiel: Art. 8 II GG) „beschränkt" der Gesetzgeber die grundrechtliche Betätigung, indem er in den Bereich des Grundrechts gleichsam eingreift. Ein Grundrecht, welches unter einem *Schrankenvorbehalt* steht, deckt *von vornherein*[25] nur Grundrechtsbetätigungen im Rahmen bestimmter gesetzlicher Bestimmungen, so Art. 5 I GG nur Meinungsäußerungen in den Schranken der „allgemeinen"[26] Gesetze (Art. 5 II GG).

---

[18] S. die nachfolgenden Fußnoten; zu Art. 9 III GG s. *BVerfGE* 100, 271 (283) = JuS 2000, 291.

[19] *Ramsauer*, VerwArch. Nr. 72 (1981), S. 89 (99 ff.); dogmatisch weniger prononciert auch etwa *Discher*, JuS 1993, 463 (465 f.); *Windthorst*, Verfassungsrecht I, 1994, § 8 Rn. 45 ff.; anderes Lösungsmodell z. B. bei *Sachs*, JuS 1995, 303 (304 f.), der alleine an die Kausalität anknüpfen will.

[20] Griechisch für „allgemeine Gesichtspunkte"; umfassend zu topischen Ansätzen in der Argumentation *Larenz*, Methodenlehre der Rechtswissenschaft, 3. Aufl. 1975, S. 138 ff.

[21] Unbeachtliche Bagatellen etwa: Gelegentliche Werbebeilage zu (früher öffentlich-rechtlichen) Postgiroauszügen, *BVerwGE* 82, 29 (30); Autobahnstaus durch Polizeikontrollen, *Pieroth/Schlink*, Grundrechte Staatsrecht II, Rn. 249.

[22] In der *Kombination* mit einer besonderen Intensität als entscheidend angesehen in *BVerwGE* 87, 37 (43); 90, 112 (121) = JuS 1993, 245 Nr. 1.

[23] S. die nachfolgenden Fußnoten sowie *Hesse*, Verfassungsrecht, Rn. 303 ff.; *Sachs*, Die Gesetzesvorbehalte der Grundrechte, JuS 1995, 693.

[24] *BVerfGE* 24, 367 (396); 25, 371 (399); 64, 72 (79); 83, 130 (154) = JuS 1992, 249 Nr. 1; *Selk*, JuS 1992, 816. Beispiel in Rn. 417.

[25] *BVerfGE* 28, 282 (289).

[26] S. Rn. 451.

Beim *Erlaß* der „allgemeinen" Gesetze disponiert der Gesetzgeber *in der Sache* nicht anders über Belange des Grundrechtsträgers als im Rahmen eines Eingriffsvorbehalts. Nicht alle Grundrechte sind wie die Meinungsfreiheit oder die Versammlungsfreiheit „natürliche" Freiheiten, welche der Grundrechtsträger ohne weiteres gebrauchen kann. Manche Grundrechte, etwa die Eigentumsgarantie, kann der Grundrechtsträger erst verwirklichen, wenn der Gesetzgeber den Grundrechtsbereich rechtlich *ausgestaltet*, z.B. Rechtsregeln über Inhalt und Gebrauch des Eigentums bereitgestellt hat (Art. 14 I 2 GG). Diese Rechtsregeln werden, gleichsam von innen aus dem Grundrecht heraus, über den *Ausgestaltungsvorbehalt* geschaffen. Hier wird der Gesetzgeber eher als Freund denn als Feind des Grundrechts tätig.[27] Gerade das Beispiel des Art. 14 GG zeigt indessen, daß auch Ausgestaltungen für den einzelnen Grundrechtsträger nachteilig sein können. Der *Regelungsvorbehalt* (Beispiele nach der Rspr. des BVerfG:[28] Art. 12 I 2, Art. 4 III 2 GG) steht offenbar in der Nähe des Ausgestaltungsvorbehalts und soll die Grenzen des Grundrechts ebenfalls von innen her bestimmen.[29] Am Beispiel der Berufsfreiheit zeigt sich, daß Regelungen, welche auf einen Regelungsvorbehalt gestützt sind (Prüfungen als Voraussetzungen für die Berufstätigkeit), die Möglichkeiten zur Grundrechtsbetätigung behindern können. Bei dieser Sachlage wendet das BVerfG die nachfolgend darzustellenden Maßstäbe der Grundrechtsprüfung auf alle Typen des Gesetzesvorbehalts in gleicher Weise an. Das rechtfertigt es, die dogmatischen Unterteilungen nachfolgend zu übergehen und den Eingriffsvorbehalt in den Vordergrund zu stellen.

450 Der Gesetzesvorbehalt kann generell sein (**einfacher Gesetzesvorbehalt**) oder von vornherein nur für bestimmte Materien und/oder nur unter bestimmten Voraussetzungen bestehen (**qualifizierter Gesetzesvorbehalt**).

Siehe einerseits die Versammlungsfreiheit: „Für Versammlungen unter freiem Himmel kann dieses Recht *durch* Gesetz oder *auf Grund eines Gesetzes* beschränkt werden" (Art. 8 II GG = einfacher Gesetzesvorbehalt). Vgl. andererseits die Freizügigkeit: „Dieses Recht darf nur durch Gesetz oder auf Grund eines Gesetzes und *nur für die Fälle eingeschränkt werden, in denen* eine ausreichende Lebensgrundlage nicht vorhanden ist und der Allgemeinheit daraus besondere Lasten entstehen würden oder in denen es zur Abwehr einer drohenden Gefahr für den Bestand oder die freiheitliche demokratische Grundordnung des Bundes oder eines Landes, zur Bekämpfung von Seuchengefahr, Naturkatastrophen oder besonders schweren Unglücksfällen, zum Schutze der Jugend vor Verwahrlosung oder um strafbaren Handlungen vorzubeugen, erforderlich ist" (Art. 11 II GG = qualifizierter Gesetzesvorbehalt).

451 Das Recht auf freie Entfaltung der Persönlichkeit (Art. 2 I GG) besteht nur, soweit der Grundrechtsträger „nicht die Rechte anderer verletzt und nicht gegen die verfassungsmäßige Ordnung oder das Sittengesetz verstößt". *Merke besonders:* „Verfassungsmäßige Ordnung in diesem Sinne ist die verfassungsmäßige Rechtsordnung, d.h. die Gesamtheit der Normen, die formell und materiell der Verfassung gemäß sind."[30] Damit untersteht **Art. 2 I GG** einem **einfachen Gesetzesvorbehalt,** ebenso wie etwa Art. 8 II GG. Daß die einschränkenden Normen formell und materiell der Verfassung gemäß sein müssen, ist für *jeden* Gesetzesvorbehalt ohnehin selbstverständlich: Auch ein unter einem Gesetzesvorbehalt stehendes Grundrecht kann natürlich nur durch

---

[27] *Hesse,* Verfassungsrecht, Rn. 304 ff. Ungeschriebener Ausgestaltungsvorbehalt in Rn. 477.
[28] *BVerfGE* 7, 377 (404); 13, 97 (122); 28, 243 (259).
[29] *BVerfGE* 7, 377 (404).
[30] So *BVerfGE* 6, 32 (Ls. 3); st. Rspr.

ein Gesetz eingeschränkt werden, welches seinerseits gültig ist, also nicht „formell" oder „materiell" gegen Normen der Verfassung *außerhalb* des Grundrechts verstößt. – Die Meinungsfreiheit und die Pressefreiheit finden gem. Art. 5 II GG „ihre Schranken in den Vorschriften der *allgemeinen* Gesetze" und unterstehen damit einem qualifizierten Gesetzesvorbehalt. Denn allgemein i. S. von **Art. 5 II GG** sind nur „Gesetze, die sich nicht gegen das Grundrecht an sich oder gegen die Äußerung einer bestimmten Meinung richten", die vielmehr „dem Schutz eines schlechthin, ohne Rücksicht auf eine bestimmte Meinung, zu schützenden Rechtsguts dienen".[31]

Im einzelnen sind in der Fallbearbeitung folgende Punkte zu beachten:

1. Gesetz im formellen Sinne

Formal gesehen muß der Grundrechtseingriff „durch Gesetz" bzw. „auf **452** Grund eines Gesetzes" erfolgt sein. Nach der Rechtsprechung des *BVerfG*[32] ist Gesetz in diesem Sinne das *Parlaments*gesetz der *staatlichen* Gesetzgebungsorgane (Bundestag, Landtage der Länder = *Gesetz im formellen Sinne*). Durch Rechtsverordnung der staatlichen Exekutive oder Satzung einer nichtstaatlichen Selbstverwaltungskörperschaft (= Gesetze im [nur] *materiellen* Sinne) kann in Grundrechte eingegriffen werden, wenn ein staatliches Parlamentsgesetz dazu ermächtigt.[33] Für die Ermächtigung zum Erlaß einer *Rechtsverordnung* stellt Art. 80 GG dabei enge Zulässigkeitsvoraussetzungen auf.[34] *Satzungsautonomie* kann der staatliche Gesetzgeber an Selbstverwaltungskörperschaften (Gemeinde, Universität, Ärztekammer) ohne Bindung an Art. 80 GG verleihen, soweit die Satzungsgewalt innerhalb der Körperschaft wiederum von einem *gewählten Legislativ*organ wahrgenommen wird (Gemeindeparlament, Vertreterversammlung).[35] Übergreifend[36] gilt zusätzlich die „Wesentlichkeitstheorie" des BVerfG. Nach ihr sind um so höhere Anforderungen an die *Bestimmtheit* eines Gesetzes zu stellen, je intensiver Grundrechte betroffen werden.[37]

---

[31] *BVerfGE* 113, 63 (78); st. Rspr. seit *BVerfGE* 7, 198 (209). Daß die allgemeinen Gesetze nach *BVerfGE* 7, 198 (208 ff.) „im Lichte der Bedeutung des Grundrechts der Meinungsfreiheit" gesehen werden müssen und die Meinungsfreiheit daher nicht beliebig weit einschränken können, hat *keinen* dogmatischen Ansatz bei der *Allgemeinheit* des Gesetzes, also bei der *geschriebenen* Qualifizierung des Gesetzesvorbehalts in Art. 5 II GG (= Fehlerquelle), sondern ist eine *ungeschriebene* Qualifizierung im Kontext der Textausführungen unter Rn. 454, welche vom *BVerfG* (aaO) erstmalig im Rahmen von Art. 5 II GG angewendet worden ist, heute aber bei *jedem* Gesetzesvorbehalt mitgelesen werden muß.

[32] Seit *BVerfGE* 33, 1 ff. Zum Zusammenhang mit dem „Vorbehalt des Gesetzes" s. Rn. 59.

[33] *BVerfGE* 54, 143 (144).

[34] S. Rn. 419, 423.

[35] Dazu bereits Rn. 428 ff.

[36] Vgl. *BVerfGE* 83, 130 (152); 101, 1 (34).

[37] Für Gesetze, die zum Erlaß einer Rechtsverordnung oder Satzung ermächtigen, s. insoweit Rn. 423, 429, für Gesetze mit der Ermächtigung zu einem Einzeleingriff s. insoweit Rn. 411.

Im *Ausgangsfall* (Rn. 446) erfolgt der Grundrechtseingriff durch ein inhaltlich hinreichend bestimmtes *Gesetz*.

2. Gültigkeit des Gesetzes

453 Das Gesetz darf nicht gegen Verfassungsbestimmungen *außerhalb* der Grundrechte verstoßen. Insbesondere muß die Verteilung der Gesetzgebungskompetenzen nach Art. 70 ff. GG eingehalten sein (s. insoweit Rn. 663 ff.).

Im *Ausgangsfall* mag die Kompetenz des Bundesgesetzgebers aus Art. 73 I Nr. 3 GG hergeleitet werden können.

3. Geschriebene Qualifizierungen des Gesetzesvorbehalts

454 Liegt ein Gesetz vor, muß untersucht werden, ob dieses Gesetz gültig ist, nämlich tatbestandlich die Voraussetzungen erfüllt sind, unter welchen das Grundgesetz die gesetzliche Einschränkung des Grundrechts nur zuläßt. Der Sachverhalt ist also unter den Gesetzesvorbehalt zu subsumieren.

Weil die Arbeitsmarktlage in Art. 11 II GG nicht genannt ist, deckt der Gesetzesvorbehalt die Beschränkung der Freizügigkeit innerhalb des Bundesgebietes im *Ausgangsfall* nicht ab. Die *interne* Ausreisesperre verstößt also gegen Art. 11 GG. *Insoweit* erweist sich das Gesetz bereits hier als nichtig. Der Gesetzesvorbehalt des Art. 2 I GG, der die Ausreise ins Ausland schützt, enthält keine einschränkenden Voraussetzungen und läßt das gesetzliche Verbot daher *nominell* zu, aber:

4. Ungeschriebene Qualifizierungen des Gesetzesvorbehalts

455 Kein Gesetzesvorbehalt läßt ein Grundrecht leerlaufen; gem. Art. 1 III GG binden die Grundrechte gerade auch den Gesetzgeber. Daher ist jede gesetzliche Grundrechtseinschränkung im Lichte der besonderen Bedeutung des Grundrechts zu sehen.[38] Es findet eine Wechselwirkung in dem Sinne statt, daß das Grundrecht zwar über einen Gesetzesvorbehalt durch Gesetz eingeschränkt werden darf, dieses Gesetz aber seinerseits die wertsetzende[39] Bedeutung des Grundrechts berücksichtigen muß. Daraus[40] leitet das *BVerfG* in st. Rspr. die nachfolgend dargestellten *ungeschriebenen Qualifizierungen* ab, welche bei jedem Gesetzes-

---

[38] Hierzu und zum Folgenden lies *BVerfGE* 7, 198 (208 ff.). – Spätere Entscheidungen (z. B. *BVerfGE* 13, 230 (235); 17, 306 (313 f.); 20, 150 (155); 29, 221 (235 ff.)) haben die zunächst nur zu Art. 5 GG entwickelten Grundsätze (Fn. 31) auf Art. 2 I GG erstreckt. Mittlerweile gelten sie für alle Grundrechte; zusammenfassend z. B. *BVerfGE* 67, 157 (172 ff.).

[39] Dazu Rn. 484 ff.

[40] S. *BVerfGE* 67, 157 (172 f.).

vorbehalt[41] mitzulesen sind[42]: Der Eingriff muß geeignet, notwendig und verhältnismäßig sein, um das gesetzgeberische Ziel zu fördern.

a) Gemeinwohlziel

aa) Als Bezugspunkt für alle Einzelprüfungen sollte als Erstes das ge- **456** setzgeberische Ziel klar herausgearbeitet werden (= **isolierte Zielbetrachtung**). Selbstverständlich kann der Gesetzgeber auch mehre Ziele gleichzeitig verfolgen. Die gesetzgeberischen Ziele werden über die herkömmlichen Methoden der Gesetzesauslegung ermittelt.[43]

Im *Ausgangsfall* (Rn. 446) ist das Ziel, die Facharbeiter im Lande zu halten, im Sach- **457** verhalt ausdrücklich angegeben und daher nicht zu übersehen.

bb) In der Regel ist es nicht erforderlich, daß der Klausurbearbeiter das **458** Ziel als solches überprüft. Zwar muß das Ziel auf das „**Gemeinwohl**", auf „**öffentliche Interessen**" gerichtet sein.[44] Aber die gesetzgeberischen Ziele liegen *automatisch* im öffentlichen Interesse.[45] Denn es hängt von politischen Wertungen ab, was der einzelne für das Interesse der Allgemeinheit hält und was nicht. In der Demokratie des Grundgesetzes bestimmt das Volk durch seinen Repräsentanten, den Gesetzgeber, welche politischen Wertungen Geltung erlangen sollen und welche politischen Ziele so verwirklicht werden.[46]

Dementsprechend kann der Gesetzgeber im „Interesse der Allgemeinheit" nicht nur **459** Ziele verfolgen, über deren Gemeinwohlrelevanz allgemein Einverständnis besteht (Volksgesundheit), sondern auch Ziele, welche wie im *Ausgangsfall* politisch umstritten sein mögen. Dann kommt es nicht auf die persönliche Wertung des Fallbearbeiters an, sondern dieser ist der Entscheidung des Gesetzgebers unterworfen.[47]

Ein gesetzgeberisches Ziel liegt nur dann *nicht* im öffentlichen Interesse, **460** wenn es mit vorrangigen Gemeinwohlentscheidungen des *Grundgesetzes* unvereinbar ist (Beispiele: Art. 26 (Verbot des Angriffskrieges),

---

[41] Auch die vom *BVerfG* im „Apothekenurteil" zu Art. 12 I GG entwickelte „Dreistufentheorie" (Rn. 534) ist Erscheinung dieser Grundsätze (deutlich etwa *BVerfGE* 46, 120 (138); Einzelheiten in Rn. 535).

[42] Besonders klare Aufzählung und Anwendung z. B. in *BVerfGE* 30, 292 (316 ff.); 67, 157 (173 ff.); 77, 84 (106 ff.). S. auch *Michael*, JuS 2001, 148. Grundfälle zur Verhältnismäßigkeit bei *Michael*, JuS 2001, 654, 764.

[43] Dazu *Wernsmann*, NVwZ 2000, 1360, in der Auseinandersetzung mit *BVerfG* (Kammer), NJW 1998, 1776, wo das Gericht das gesetzgeberische Ziel ausgetauscht hat.

[44] S. z. B. *BVerfGE* 4, 7 (Ls. 2); 18, 315 (327); 20, 150 (157); 21, 245 (249); 30, 292 (316); 37, 1 (18); st. Rspr.

[45] Das dürfte heute kaum noch bestritten werden können. Einzelheiten und weiterführende Hinweise etwa bei *W. Martens*, Öffentlich als Rechtsbegriff, 1969, S. 185 ff., 189; *Uerpmann*, Das öffentliche Interesse, 2000.

[46] Zum „Gestaltungsspielraum" des Gesetzgebers insoweit s. etwa *BVerfGE* 77, 308 (332); 101, 331 (347).

[47] *BVerfGE* 13, 97 (107) (großer Befähigungsnachweis im Handwerk, Mittelstandsschutz).

Art. 97 I (Unabhängigkeit der Richter), Art. 102 GG (Abschaffung der Todesstrafe)). Derartige Fallkonstellationen spielen in einer Klausur regelmäßig keine Rolle.

461 cc) Bei der *Entscheidung* zugunsten des Zieles darf der Gesetzgeber nicht von unzutreffenden tatsächlichen Gegebenheiten ausgegangen sein.[48] Ansonsten verfügt der Gesetzgeber über einen **Diagnose- und Prognosespielraum**.[49]

462 Für das **Ausmaß** dieser „Einschätzungsprärogative" sind maßgebend „insbesondere die Eigenart des in Rede stehenden Sachbereichs, die Möglichkeit, sich ein hinreichend sicheres, empirisch abgestütztes Urteil zu bilden, sowie die Bedeutung der betroffenen Rechtsgüter".[50] In diesem Rahmen hat der Gesetzgeber seine Prärogative nur überschritten, „wenn seine Erwägungen so offensichtlich fehlsam sind, daß sie vernünftigerweise keine Grundlage für gesetzgeberische Maßnahmen abgeben können".[51]

b) Geeignetes und notwendiges Mittel

463 Das *Mittel*, welches der Gesetzgeber einsetzt, muß (1) *geeignet* (tauglich) und (2) *notwendig* sein, um das gesetzgeberische Ziel zu fördern (= **Ziel-Mittel-Relation**). Bereits früher (Rn. 97) wurde der Inhalt dieser Begriffe näher erläutert. „Notwendig" meint *nicht* die *politische* Angemessenheit, sondern enthält ausschließlich das „Übermaßverbot": Es darf kein *milderes* Mittel geben, welches den *gleichen* Erfolg bringen würde. Bei sauberer Prüfung lösen sich hier die meisten Fälle.

Für sich allein (die Freizügigkeit *im* Bundesgebiet kann nach Rn. 454 nicht beschränkt werden) ist das Verbot der Ausreise ins Ausland im *Ausgangsfall* (Rn. 446) ohne Wirkung auf die Arbeitsmarktsituation im Bundeslande X und damit *ungeeignet,*[52] so daß das Gesetz auch insoweit und damit insgesamt verfassungswidrig ist.

464 Auch bei der Beurteilung des Mittels hat der Gesetzgeber den soeben (Rn. 461 f.) umschriebenen Beurteilungsspielraum, die **Einschätzungsprärogative**.[53] Ein Verfassungsverstoß liegt erst vor, wenn die vom Gesetzgeber gewählte Maßnahme „schlechthin ungeeignet" oder „eindeutig" nicht erforderlich ist.[54]

c) Keine Disproportionalität

465 Schließlich darf das Ziel (Rechtsgut), welches unter Ausnutzung des Gesetzesvorbehalts gefördert wird, in seiner Wertigkeit nicht außer Ver-

---

[48] Beispiel: *BVerfGE* 36, 47 (59 ff.). S. ferner *BVerfGE* 39, 210 (226); 50, 290 (334); 106, 62 (150 ff.); 111, 226 (255).

[49] *BVerfGE* 50, 290 (332 ff., 334); 65, 1 (55); 77, 84 (106); 83, 130 (141); 90, 145 (173); 104, 337 (348); 106, 62 (150 ff.); 111, 226 (255). Umfassend *Schwerdtfeger,* Festschrift für H. P. Ipsen, 1977, S. 173 (178 ff., 181); *Horn,* Experimentelle Gesetzgebung unter dem GG, 1989; *Marius Raabe,* Grundrechte und Erkenntnis, 1998.

[50] *BVerfGE* 83, 130 (141).

[51] *BVerfGE* 77, 84 (106).

[52] Beispielsfall für mangelnde Eignung auch etwa in *BVerfGE* 55, 159 (165).

[53] *BVerfGE* 77, 84 (106); 90, 145 (173); 99, 341 (352 f.) = JuS 2000, 288 Nr. 2.

[54] *BVerfGE* 99, 341 (353).

hältnis zur Intensität des Eingriffs in das grundrechtlich geschützte Rechtsgut stehen (= **Ziel-Ergebnis-Relation, Verhältnismäßigkeit im engeren Sinne**). Ob das gesetzgeberische Ziel im rechten Verhältnis zum Grundrechtseingriff steht, ist eine Frage der *Wertung*, in welcher die aufeinandertreffenden Gesichtspunkte und Rechtsgüter gewichtet und gegeneinander abgewogen werden. Die Korrekturerfahrung lehrt, daß die Bearbeiter diese Wertung in der Regel *selbst* vornehmen und also eine *originär eigene* Abwägungsentscheidung treffen.

Klausurbeispiel: Der Bundestag hat ein „Gesetz zur Erhöhung der Sicherheit im Straßenverkehr (StraßenverkehrssicherheitsG – StVSG)" erlassen, das u. a. ein allgemeines Fahrverbot für Krafträder (Motorräder) enthält, wobei Übergangsvorschriften eine moderate Überführung in die neue Rechtslage garantieren. Im Rahmen von Art. 2 I GG („Freiheit des KFZ-Verkehrs") erörterten die Bearbeiter beim Grundsatz der Verhältnismäßigkeit, ob das Fahrverbot „angemessen" sei. Der *eine Teil* der Bearbeiter hielt das Verbot für angemessen. Denn Leib und Leben seien in der Werteordnung des GG das höchste Gut. Bei Motorradunfällen seien die Todesrate und die Rate schwerer Verletzungen dramatisch höher als bei KFZ-Unfällen ohne Motorradbeteiligung, mit entsprechend höheren finanziellen Schäden für die Sozialversicherungsträger und für die betroffenen Familien. Auf der anderen Seite werde Art. 2 I GG nicht zentral betroffen. Für finanziell schlecht gestellte Verkehrsteilnehmer, die sich kein Auto leisten könnten, stehe der gut ausgebaute öffentliche Nahverkehr zur Verfügung. Der *andere Teil* der Bearbeiter kam zum gegenteiligen Ergebnis: Das Motorrad sei seit über 100 Jahren ein verbreitetes Fortbewegungsmittel. Über die reine Fortbewegung hinaus vermittle das Motorradfahren ein besonderes Freiheitsgefühl mit Fan-Charakter. Jeder Motorradfahrer wisse, daß er sich einer erhöhten Verkehrsgefahr aussetze. Es sei nicht die Aufgabe des Staates, ihn insoweit zu bevormunden. Allen finanziellen Folgen könne der Staat statt durch das Verbot über die Einführung einer Pflichtversicherung für Eigenschäden begegnen.

Derartige Abwägungen sind ungeleiteter Aktionismus. Die entscheidende *Vorfrage* ist, *wer* für die bewertende Abwägung *zuständig* ist. Nach dem Vorbehalt des Gesetzes unterfällt die Abwägung originär der **Zuständigkeit des demokratischen Gesetzgebers**,[55] nicht der Zuständigkeit des Gerichts und damit auch nicht der Zuständigkeit des Klausurbearbeiters; der Klausurbearbeiter ist kein Bundestagsabgeordneter. Der Richter und der Klausurbearbeiter sind an die Abwägung des Gesetzgebers gebunden. Sie haben die Abwägung auf weit zurückgezogener Linie nur auf die **Einhaltung** letzter *Grenzen* zu *überprüfen* (zur parallelen Situation beim Verwaltungsermessen s. Rn. 99).

Wie das *BVerfG* in älteren Urteilen formuliert, darf der Richter den Entscheidungen des Gesetzgebers die Anerkennung nur versagen, „wenn sie **466** *offensichtlich* fehlsam sind oder der Wertordnung des Grundgesetzes widersprechen".[56] In seiner heutigen Rechtsprechung[57] stellt das *BVerfG*

---

[55] *BVerfGE* 33, 125 (159); 97, 169 (176); *Hesse,* Verfassungsrecht, Rn. 320.
[56] *BVerfGE* 24, 367 (406); 50, 50 (51); auch schon *BVerfGE* 13, 97 (105, 107); kritisch z. B. *Bettermann,* Grenzen der Grundrechte, 2. Aufl. (1976), S. 24 f.
[57] S. etwa *BVerfGE* 30, 292 (316); 61, 291 (312); 68, 155 (171); 68, 272 (282); 76, 196 (207); 95, 173 (183); 97, 228 (260 f.); st. Rspr. Krit. etwa *Gusseck,* Die Zumutbar-

darauf ab, ob „bei der Gesamtabwägung zwischen der Schwere des Eingriffs und dem Gewicht sowie der Dringlichkeit der ihn rechtfertigenden Gründe die Grenze der Zumutbarkeit" für den Grundrechtsträger „noch gewahrt ist". Indem sich das *BVerfG* auf die Untersuchung *beschränkt*, ob „die **Grenze der Zumutbarkeit** *noch* gewahrt" ist, hält das Gericht in der Sache an seiner ursprünglichen Linie fest, die Entscheidung des Gesetzgebers nur bei „offensichtlich fehlsamer" Wertung zu korrigieren. Das ist der Maßstab auch für den Klausurbearbeiter.

Im *Beispielsfall* hätten die Bearbeiter zunächst auf die Verteilung der Abwägungszuständigkeiten hinweisen müssen und dann nicht positiv nach der „Angemessenheit", sondern mit dem BVerfG[58] *negativ* nach einer „*Un*angemessenheit" des Motorradfahrverbotes fragen sollen. Von hierher hätten die beschriebenen Aspekte in der Gesamtabwägung ergeben, daß für die Motorradfahrer die (bloße) *Grenze* der Zumutbarkeit *nicht* überschritten ist.

467 Eine grundrechtsbezogene „**Angemessenheitprüfung**" mit einer eigenen wertenden Abwägung des Bearbeiters ist allerdings angesagt, **wenn** es – anders als im *Beispielsfall* – um die Auslegung und einzelfallbezogene Anwendung von **unbestimmten Gesetzesbegriffen** und gesetzlichen Generalklauseln im Grundrechtsbereich geht. Denn im Rahmen des nach dem Bestimmtheitsgebot Zulässigen (Rn. 411) hat der Gesetzgeber *hier* die vom Grundrecht her veranlaßte Abwägung nicht abschließend selbst vorgenommen. Jetzt *fällt es* in die Zuständigkeit der Fachgerichte (Verwaltungsgerichte,[59] Zivilgerichte[60]) als ebenfalls grundrechtsgebundene Staatsorgane (Art. 1 III GG), mit der Gesetzesauslegung und -anwendung die fehlende Entscheidung des Gesetzgebers in einer *eigenen* wertenden Abwägung[61] einzelfallbezogen zu substituieren.[62] In einer entsprechenden Rolle befindet sich der Bearbeiter. Eine grundrechtliche Überprüfungssituation auf zurückgezogener Linie entsteht bei der Gesetzesauslegung und -anwendung *jetzt* erst, wenn das *BVerfG* (etwa im Rahmen einer Urteilsverfassungsbeschwerde) zu untersuchen hat, ob das für die Abwägung *originär* zuständige *Fachgericht* gegen das Grundrecht *verstoßen* hat.[63]

---

keit – ein Beurteilungsmaßstab?, 1972; *Ossenbühl*, FG zum 10jährigen Jubiläum der Gesellschaft für Rechtspolitik, 1984, S. 315. S. schließlich *Albrecht*, Zumutbarkeit als Verfassungsmaßstab, 1995.

[58] *BVerfGE* 97, 169 (176); 97, 228 (260); 99, 202 (213).

[59] Beispiel *BVerfG (Kammer)*, NVwZ 2000, 909 = JuS 2001, 180 Nr. 2.

[60] Dazu im Zusammenhang mit der „Drittwirkung" der Grundrechte Rn. 564, 569f.

[61] *BVerfGE* 97, 391 (401) = JuS 1999, 289 Nr. 1. S. ferner Rn. 564, 569. Im Textzusammenhang aussagekräftig etwa die Formulierung in *BVerfGE* 34, 269 (287): „Die Aufgabe der Rechtsprechung kann es insbesondere erfordern, Wertvorstellungen, die der verfassungsmäßigen Rechtsordnung immanent . . . sind, in einem Akt des *bewertenden* Erkennens, *dem auch willenhafte Elemente nicht fehlen*, ans Licht zu bringen und in Entscheidungen zu realisieren."

[62] Zu dieser Substitution bei unbestimmten Gesetzesbegriffen s. schon Rn. 77.

[63] Einzelheiten mit den insoweit geltenden Kriterien in Rn. 570.

5. Art. 19 II GG (Wesensgehaltsgarantie)

Die **Funktion des Art.** 19 II GG wird deutlich vor dem Hintergrunde der Weimarer **468** Verfassung. Die Grundrechte der WV liefen gegenüber dem Gesetzgeber weitgehend leer. Obgleich die Grundrechte des GG nach dem klaren Wortlaut des Art. 1 III GG auch den Gesetzgeber binden, konnte es der Verfassungsgeber aus sachlichen Gründen nicht vermeiden, viele Grundrechte einem Gesetzesvorbehalt zu unterstellen und damit wiederum der Disposition des Gesetzgebers zu überantworten. Art. 19 II GG soll offenbar verhindern, daß die Grundrechte im Verhältnis zum Gesetzgeber erneut „leerlaufen". Wann ein Grundrecht „in seinem Wesensgehalt angetastet" wird, läßt sich mit den Mitteln überkommener Gesetzesexegese indessen so wenig eindeutig bestimmen, daß Art. 19 II GG *selbst* keine hinreichend exakten Aussagen enthält, wann ein gesetzlicher Grundrechtseingriff im Einzelfall noch zulässig oder schon unzulässig ist. Er gibt vielmehr nur die *Richtung* an, *daß* der Rechtsanwender ein Leerlaufen der Grundrechte zu verhindern habe. Damit oblag es der Wissenschaft und der Rechtsprechung, vor allem der Rechtsprechung des *BVerfG*, geeignete Methoden und Einzelkriterien zu entwickeln, welche dem Anliegen des Art. 19 II GG genügen. Das hat das *BVerfG* in der soeben unter Rn. 454 ff. skizzierten Weise getan. So gesehen ist die Intention des Art. 19 II GG bereits durch die Ausführungen soeben unter Rn. 454 ff. in wesentlichem Maße erfüllt.[64]

Ob Art. 19 II GG eine noch über die bisherigen Überlegungen unter **469** Rn. 454 ff. hinausgehende Bedeutung hat, ist nicht abschließend geklärt,[65] trotz der **zentralen Bedeutung für die Grundrechts*theorie*** bei der Lösung eines praktischen Falles aber auch nur selten ausschlaggebend. Einerseits steht die Ansicht im Raum,[66] jedes Grundrecht habe einen von innen her zu entwickelnden „absoluten Wesenskern"; man müsse daher vom Bestehen einer *starren* Grenze ausgehen, hinter der jeder gesetzliche Eingriff *ohne Rücksicht auf die Wichtigkeit des Rechtsguts* unzulässig werde, welches mit ihm zur Geltung gebracht werden solle. An dieser Grenze würden dann auch die nach Rn. 454 ff. noch zulässigen Maßnahmen verfassungswidrig werden.

Für den Menschenwürdegehalt in Art. 2 I GG folgt das *BVerfG*[67] diesem Ansatz: Bei *besonders schweren* Straftaten mag es im Rahmen von soeben Rn. 454 ff. dem Grundsatz der Verhältnismäßigkeit entsprechen können, wenn *heimliche* Tonbandaufnahmen im Strafverfahren gegen den Beschuldigten verwendet werden. Nach *BVerfGE* 34, 238 (245) ist die Verwendung solcher Tonbandaufnahmen aber evtl. gem. Art. 19 II GG *absolut* unzulässig: „Selbst überwiegende Interessen der Allgemeinheit können einen Eingriff in den absolut geschützten Kernbereich privater Lebensgestaltung nicht rechtfertigen; eine Abwägung nach Maßgabe des Verhältnismäßigkeitsgrundsatzes findet nicht statt."

Andererseits wird angenommen, die Bedeutung des Art. 19 II GG er- **470** schöpfe sich in den Ausführungen nach soeben Rn. 454 ff. Der Wesensgehalt sei gerade in der unter Rn. 463 ff. beschriebenen Weise aus der

---

[64] S. dazu insb. *Häberle,* Die Wesensgehaltsgarantie des Art. 19 II GG, 3. Aufl. (1983); *Hesse,* Verfassungsrecht, Rn. 332 ff.

[65] Übersicht bei *Häberle,* aaO, S. 1.

[66] S. bes. *v. Mangoldt/Klein,* GG, Art. 19 Anm. V 4 d; vgl. ferner nachfolgend Rn. 488.

[67] *BVerfGE* 6, 32 (41); 34, 238 (245); 80, 367 (373) = JuS 1990, 576 Nr. 1.

Wechselwirkung zwischen Grundrecht und Rechtsgut zu bestimmen, welches durch den Eingriff zur Geltung gebracht werden solle. Dann bestände *keine* starre Grenze. Trotzdem würde absoluter Schutz gewährt.[68]

471 Mehr zufällig als bewußt pflegen die Fallbearbeiter zumeist von der zuerst genannten absoluten Theorie auszugehen und unter dem Einfluß *subjektiver* Wertungen dann nur in *einem Satz zu behaupten*, das Wesen des Grundrechts sei beeinträchtigt oder nicht beeinträchtigt. Überzeugender kann man auf dem Boden der zuletzt genannten relativen Theorie argumentieren. Welche Theorie „richtig" ist, läßt sich in einer Klausur oder Hausarbeit nicht eigenständig begründen. Immer sollte der Bearbeiter die in Rn. 454 ff. dargestellten Möglichkeiten zur Begründung einer Verfassungswidrigkeit aber voll ausschöpfen, bevor er sich auf Erörterungen über den Wesensgehalt einläßt.

III. Ungeschriebene Grundrechtsbegrenzungen

472 **Neue Ausgangsfälle: (1)** *X* erklärt am 15. 1. seinen „sofortigen" Austritt aus einem Tennisclub, weil der Verein Mitglieder aufgenommen hat, mit welchen *X* nicht im selben Club sein möchte. Der Vorstand schreibt an *X*, entsprechend § 39 II BGB bestimme die Vereinssatzung, daß der Austritt erst zum Jahresende wirksam werde. Wie verträgt sich § 39 II BGB mit der „negativen"[69] Vereinigungsfreiheit des Art. 9 I GG?[70]

(2) Nach den Vorschriften des Soldaten- und des Wehrpflichtgesetzes können Soldaten, die ihre Anerkennung als Kriegsdienstverweigerer beantragt haben, bis zur rechtskräftigen Entscheidung über diesen Antrag noch zum Dienst mit der Waffe herangezogen werden. Ist das mit Art. 4 III GG vereinbar?[71]

(3) Eine Bürgerinitiative hat nach langem Suchen einen Gastwirt gefunden, welcher für eine Versammlung seinen sonst unbenutzten Tanzsaal zur Verfügung stellen will. Im letzten Augenblick untersagt die zuständige Behörde die Benutzung des Saales aus baupolizeilichen Gründen, weil Einsturzgefahr bestehe. Kann sich die Bürgerinitiative auf Art. 8 I GG berufen?

473 Hier geht es um Fallkonstellationen, in welchen den Grundrechten ihrem Wortlaut nach **kein Gesetzesvorbehalt** beigegeben ist oder in welchen ein beigefügter Gesetzesvorbehalt den einschlägigen Sachzusammenhang nicht erfaßt.

Im *Ausgangsfall 3* (Art. 8 I GG) fehlt (für Versammlungen in geschlossenen Räumen) jeder Gesetzesvorbehalt. Im *Ausgangsfall 1* (Art. 9 I GG) sind die Fallkonstellationen des Art. 9 II GG nicht einschlägig. Für *Ausgangsfall 2* (Art. 4 III GG) führt *BVerfGE* 28, 243 (259) aus, die Regelungsbefugnis des Art. 4 III 2 GG befähige den Gesetzgeber nicht, den Aussagegehalt des Art. 4 III GG einzuschränken. Lege man ausschließ-

---

[68] Bes. deutlich so *Hesse*, Verfassungsrecht, Rn. 332, im Anschluß an *Häberle*, aaO, S. 234 ff. Die Rspr. des *BVerfG* ist uneinheitlich, s. etwa *BVerfGE* 58, 300 (348) einerseits, 61, 82 (213) andererseits.

[69] *BVerfGE* 10, 89 (102).

[70] Parallelfall zu Art. 9 III GG: *BGH*, WM 1980, 1363.

[71] *BVerfGE* 28, 243; umfassend zu Verfassungsfragen der Kriegsdienstverweigerung *BVerfGE* 48, 127; 69, 1; 78, 391; 80, 354. – Fallbesprechungen mit dogmatisch vergleichbarer Problemkonstellation bei *Kunig/Meirowitz*, JuS 1984, 288 (Kunstfreiheit); *Kahl*, JuS 1995, 904 (Glaubensfreiheit).

lich den Wortlaut des Art. 4 III GG zugrunde,[72] sei der Kriegsdienstverweigerer mit der Kundgabe seiner Gewissensentscheidung sogleich vom Dienst mit der Waffe befreit.

Die Ausgangsfälle zeigen, daß in derartigen Fällen *ungeschriebene* Grund-   **474** rechtsbegrenzungen in Betracht kommen müssen. Literatur und Rechtsprechung konfrontieren den Studenten mit verschiedenen Konstruktionen, wie solche Begrenzungen zu gewinnen seien.[73]

Nur eine Ansicht, welche manche Fallbearbeitungen immer noch diskutieren, wird   **475** heute nicht mehr vertreten und vom *BVerfG* ausdrücklich abgelehnt.[74] Nach dieser Ansicht unterlagen *alle* Grundrechte *jedenfalls* den Schranken des „Soweit-Satzes" in Art. 2 I GG. Seinerzeit wurde der Begriff der „verfassungsmäßigen Ordnung" im „Soweit-Satz" ganz eng ausgelegt. Dem *„einfachen"* Gesetzesvorbehalt, den das *BVerfG* mittlerweile im Begriff der „verfassungsmäßigen Ordnung" angelegt sieht (Rn. 451), können Grundrechte *ohne* Gesetzesvorbehalt *von vornherein* nicht unterstehen.

Grundlage aller Theorie muß die Erkenntnis sein, daß sich **ungeschrie-**   **476** **bene Grundrechtsbegrenzungen nur aus der Verfassung,**[75] nicht aus vorrechtlichen Wertungen des Bearbeiters gewinnen lassen. Mit diesem Ansatz kann man unterscheiden:

1. Grundrechtsinterne Ausgestaltungsbefugnis des Gesetzgebers

Im Zusammenhang mit dem erwähnten[76] *ausdrücklichen* Ausgestaltungs-   **477** vorbehalt wurde bereits deutlich, daß bestimmte Grundrechte von innen heraus rechtlicher Organisation bedürfen, um verwirklicht werden zu können. Zu ihnen gehört die Vereinigungsfreiheit im Ausgangsfall 1, auch etwa die Koalitionsfreiheit des Art. 9 III GG oder die Rundfunkfreiheit des Art. 5 I 2 GG. Es entspricht dem Wesen dieser Grundrechte, daß der Gesetzgeber die Ausgestaltungskompetenz auch dann hat, wenn sie ihm nicht ausdrücklich verliehen worden ist.[77] Soweit die Ausgestaltung dem Grundrechtsträger Nachteile bringt, gelten für sie die am Eingriffsdenken orientierten verfassungsrechtlichen Maßstäbe, welche soeben in Rn. 448 ff. für den geschriebenen Ausgestaltungsvorbehalt dargestellt worden sind.

Wendet man diese Maßstäbe der Grundrechtsprüfung auf den *Ausgangsfall 1* an, gerät im Rahmen des Grundsatzes der Verhältnismäßigkeit[78] das Interesse des *X*, den Ver-

---

[72] Modifizierungen später in Rn. 478.

[73] Überblicke und Kritik z. B. bei *Böckenförde/Greiffenhagen*, JuS 1966, 363; *v. Pollern*, JuS 1977, 644; *Schnapp*, JuS 1978, 732; *Sachs*, JuS 1995, 984.

[74] *BVerfGE* 30, 173 (192); 32, 98 (107).

[75] *BVerfGE* 30, 173 (193); 32, 98 (108); 92, 22 (41) = JuS 1996, 68 Nr. 3; 93, 1 (21) = JuS 1996, 258 Nr. 2 (Kruzifix).

[76] Rn. 449.

[77] *Hesse*, Verfassungsrecht, Rn. 303; *BVerfGE* 50, 290 (354;); *BVerfG (Kammer)*, NJW 2001, 2617 (zu Art. 9 I GG); 57, 299 (320) (zur Rundfunkfreiheit); 84, 212 (228); 88, 103 (115); 92, 26 (41) = JuS 1996, 68 Nr. 3 i. V. mit *Erbguth*, JuS 1996, 18; 93, 352 (359) = JuS 1996, 931 Nr. 1; 94, 268 (284 f.) (alle zur Koalitionsfreiheit).

[78] Kontext Rn. 465.

ein sogleich zu verlassen, mit den organisatorischen Anforderungen der Vereinsfreiheit in Konflikt. Vereine lassen sich sinnvoll nur organisieren, wenn ein Mitglied nicht kommen und gehen kann, wie es will. Wägt man beide Belange gegeneinander ab, ist es nicht offensichtlich fehlsam, wenn § 39 II BGB im *Ausgangsfall 1* zuläßt, daß die Wirksamkeit der Kündigung um fast ein Jahr hinausgeschoben ist. Ein Hinausschieben um drei Jahre würde demgegenüber gegen den Grundsatz der Verhältnismäßigkeit verstoßen.[79]

2. (Externe) verfassungsimmanente Grundrechtsschranken

478 Im „Außenverhältnis" finden Grundrechte ohne Gesetzesvorbehalt ihre Grenze in anderen Normen der Verfassung, mit welchen sie kollidieren (systematische Verfassungsinterpretation, Aspekt der Einheit der Verfassung).[80] Häufig besteht ein Konflikt mit den Grundrechten anderer Grundrechtsträger: Die Teilnehmer an einer Prozession dürfen auch unter Berufung auf Art. 4 GG nicht die durch Art. 14 I GG geschützten Vorgärten von Straßenanliegern zertrampeln.[81] Aber auch andere Normen der Verfassung können Begrenzungen ergeben:[82] Indem das Grundgesetz besondere Gewaltverhältnisse (Gefängnis, Schule usw.) anerkennt, gestattet es dem Gesetzgeber,[83] gewisse für das Funktionieren der Einrichtungen unabdingbar notwendige Grundrechtsgrenzen auch ohne Gesetzesvorbehalt festzulegen.

Im *Ausgangsfall 2* (Rn. 472) kollidiert Art. 4 III GG mit der Entscheidung des Grundgesetzes für die militärische Verteidigung (Art. 12 a I, 73 Nr. 1, 87 a I 1 GG). Denn die Funktionstüchtigkeit der Bundeswehr kann beeinträchtigt werden, wenn Soldaten unter Berufung auf Art. 4 III GG „ab sofort" eigenmächtig den Dienst mit der Waffe verweigern dürfen.

479 *Entscheidend* ist, ob sich ein verfassungskräftiger Gegenaspekt in der konkreten Problemkonstellation zu Lasten des Grundrechts *durchsetzen* kann. Das beurteilt sich nach dem **Grundsatz der Verhältnismäßigkeit.** Demgemäß braucht das Grundrecht von vornherein nicht zurückzutreten, wenn die ergriffene Maßnahme nicht geeignet oder nicht notwendig ist (es gibt ein milderes Mittel), um der anderen Verfassungsnorm gleich

---

[79] Entsprechend für Art. 9 III GG *BGH*, WM 1980, 1363.

[80] *BVerfGE* 28, 243 (Ls. 2), 261; 83, 130 (139) = JuS 1992, 249 Nr. 1; 84, 212 (228); *Hesse,* Verfassungsrecht, Rn. 312 mit Rn. 71; *M. Winkler,* Kollisionen verfassungsrechtlicher Schutznormen, 2000.

[81] Entsprechend für das Verhältnis von Art. 5 GG zu Art. 14 GG *BVerfG,* NJW 1984, 1293, zu Art. 1 I GG *BVerfGE* 75, 369 (380); 102, 347 (366 f.); 107, 275 (283 ff.) = JuS 2003, 1224 Nr. 7. Die Grundrechte treffen hier übrigens nicht als *subjektive Abwehrrechte gegen den Staat* aufeinander, sondern als Bestandteil der *objektiven* Rechtsordnung, Näheres in Rn. 484 ff.; allgemein *Bethge,* Zur Problematik von Grundrechtskollisionen, 1977.

[82] S. etwa *BVerfGE* 77, 170 (221) = JuS 1989, 318 Nr. 1; 81, 278 (293) = JuS 1991, 687 Nr. 3; zur (umstrittenen) Frage, ob insoweit auch *Kompetenzregelungen* relevant werden können, s. *Selk,* JuS 1990, 895.

[83] Zur Frage, ob insoweit ein *Parlamentsgesetz* erforderlich ist, s. Rn. 215 ff.

wirksam Geltung zu verschaffen.[84] Sonst geht es um den Grundsatz der Verhältnismäßigkeit im engeren Sinne, aber mit einer Besonderheit: Der Gesetzgeber muß die kollidierenden Verfassungswerte nach Möglichkeit zu einem Ausgleich bringen und so eine **„praktische Konkordanz"** herstellen, die beide Verfassungswerte optimal zur Geltung bringt.[85] Erst wenn diese Möglichkeit – wie allerdings fast in der Regel und auch im Ausgangsfall 2 – nicht gegeben ist, wird in der Rechtsgüterabwägung entschieden, welcher der beiden kollidierenden Verfassungswerte sich durchsetzt.[86] Wie beim Gesetzesvorbehalt[87] ist für die Rechtsgüterabwägung – und in ihrem Vorfeld auch schon für die Herstellung praktischer Konkordanz – im Grundansatz[88] originär der **Gesetzgeber zuständig.**[89] Die Gerichte und mit ihnen ein Klausurbearbeiter haben die gesetzgeberische Entscheidung wiederum bloß nach dem Kriterium einer *Un*verhältnismäßigkeit/*Dis*proportionalität/*Un*angemessenheit im Hinblick auf eine *offensichtliche Fehl*gewichtung zu *überprüfen.*

Diese Parallele zum Gesetzesvorbehalt besteht, obgleich **Gesetzesvorbehalt und** **480** **verfassungsimmanente Grundrechtsschranke** in ihrem grundrechtsdogmatischen Ansatz durchaus **verschieden** sind: Über den Gesetzesvorbehalt greift der Gesetzgeber nach seiner politisch-wertenden Entscheidung in den grundrechtlich geschützten Bereich *ein.* Innerhalb der skizzierten Grenzen steht das Grundrecht also zu seiner Disposition. Bei verfassungsimmanenten Grundrechtsschranken sind Grundrechts-*eingriffe* unzulässig. Idealtypisch gesehen geht es nur darum, eine *vorhandene* Grenzlinie zwischen zwei Verfassungspositionen *festzustellen.* Aber die jeweilige Grenzlinie ist fließend. Sie kann nicht exakt ausgemacht werden. *Klar erkennbar* ist nur ein verfassungsrechtliches „Kräfteparallelogramm",[90] nicht aber eine Konfliktentscheidung unmittelbar durch die Verfassung selbst. Vor diesem Hintergrund ist die „Feststellung" der Grenzlinie eine politisch-wertende Entscheidung, die nach dem Demokratieprinzip des Grundgesetzes notwendig einer demokratisch legitimierten Entscheidungsinstanz (= Gesetzgeber im gegenwärtigen Kontext) übertragen sein muß.[91]

Allerdings kann sich die bloße Überprüfungszuständigkeit des Gerichts **481** bei verfassungsimmanenten Grundrechtsschranken bis hin zu einer **ge-setzesvertretenden Grenzfeststellung** verdichten. Kriterien für entsprechende Verdichtungen sind nach der Rechtsprechung des BVerfG[92] einerseits die Intensität der Grundrechtsbeeinträchtigung und andererseits eine besondere Bedeutung des betroffenen Grundrechts.

Im *Ausgangsfall 2* (Rn. 472) müßte der Bearbeiter die Wertung des Gesetzgebers pro Bundeswehr akzeptieren (Rn. 479). Denn *offensichtlich* fehlgewichtet ist diese Wer-

---

[84] *BVerfGE* 49, 24 (58).

[85] Dazu besonders *Hesse,* Verfassungsrecht, Rn. 317–319; *BVerfGE* 83, 130 (143); 93, 1 (21 ff.).

[86] Vgl. *BVerfGE* 35, 202 (225).

[87] Rn. 465 ff.

[88] Zu Ausnahmen s. Rn. 481 sowie Rn. 564, 569 f.

[89] S. z. B. *BVerfGE* 49, 24 (64); 93, 1 (22); 94, 268 (284 f.).

[90] *Lerche,* in: Isensee/Kirchhof, Handbuch des Staatsrechts, Bd. V, S. 790.

[91] Dazu besonders *BVerfGE* 83, 130 (142); 93, 1 (22); *BVerwGE* 109, 29 (38).

[92] S. dazu *BVerfGE* 81, 278 (289 f.), sowie etwa *BVerfGE* 66, 116 (131); 83, 130 (145).

tung nicht. Zu einer *eigenständigen* Wertung kann der Bearbeiter nur kommen, wenn er im Sinne des zuletzt Gesagten (Rn. 481) zuvor eine besondere Intensität der Grundrechtsbeeinträchtigung oder eine besondere Bedeutung des Grundrechts auf Kriegsdienstverweigerung bejaht hat. Das dürfte für *Friedens*zeiten kaum möglich sein. – Das *BVerfG* hat pro Bundeswehr entschieden.

3. Ungeschriebene Grundrechtsbegrenzungen durch die „allgemeinen" Gesetze

482 Es gibt Fälle, in welchen der unter Rn. 478 ff. skizzierte und durch die Rechtsprechung des *BVerfG* gesicherte Ansatz nicht hinreicht, um die externe Begrenzung eines Grundrechts, dem ein einschlägiger ausdrücklicher Gesetzesvorbehalt fehlt, zu erörtern.

So sind im *Ausgangsfall 3* (Rn. 472) keine Normen des *Grundgesetzes* ersichtlich, welche die Versammlungsfreiheit *der* Teilnehmer begrenzen könnten, die die baulichen Gefahren in Kauf nehmen möchten.

483 In derartigen Fällen und so auch im *Ausgangsfall 3* ist zumeist schon problematisch, ob der *funktionale Schutzbereich* des herangezogenen Grundrechts eröffnet ist (= Kontext Rn. 448). Nimmt man das im Einzelfall an, mag sich für das Schrankenproblem die Ansicht[93] fruchtbar machen lassen, alle Grundrechte fänden ihre Schranke jedenfalls in den Vorschriften der *„allgemeinen"* Gesetze; der Schrankenvorbehalt des Art. 5 II GG[94] sei also bei Grundrechten ohne Gesetzesvorbehalt mitzulesen. Dabei sind *„allgemeine"* Gesetze alle Vorschriften, welche sich nicht *spezifisch* gegen die einschlägige grundrechtliche Betätigung richten, diese vielmehr nur den gleichen Pflichten unterstellen wie beliebige andere Betätigungen auch.[95] Ein solcher Schrankenvorbehalt würde die Grundrechte ohne Gesetzesvorbehalt nicht voll zur Disposition der allgemeinen Gesetze stellen. Wie bei Art. 5 II GG[96] müßte die Verfassungsmäßigkeit des allgemeinen Gesetzes vielmehr im Lichte der Bedeutung des einschlägigen Grundrechts beurteilt werden. Damit wären die gleichen Maßstäbe der Grundrechtsprüfung anzuwenden, welche für den *geschriebenen* Gesetzesvorbehalt unter Rn. 448 ff. dargestellt worden sind.

Im *Ausgangsfall 3* sind die Vorschriften des Baupolizeirechts „allgemeine" Gesetze. Wenn ihnen die Behörde wegen der besonderen Gefährdung (Einsturzgefahr) den Vorrang vor der Versammlungsfreiheit des Art. 8 I GG eingeräumt hat, liegt keine offensichtliche Fehlgewichtung und damit im Rahmen der Grundrechtsprüfung nach Rn. 448 ff. kein Verstoß gegen den Grundsatz der Verhältnismäßigkeit vor.

---

[93] *Lerche*, Verfassungsrechtliche Zentralfragen des Arbeitskampfes, 1968, S. 35 f.; *Scholz*, Koalitionsfreiheit als Verfassungsproblem, 1971, S. 335 ff.; *BAG GS* 20, 175 (225); alle für Art. 9 III GG.
[94] S. Rn. 449.
[95] S. Rn. 451.
[96] S. Rn. 451.

IV. Objektivrechtliche Verstärkungen des Grundrechtsschutzes

In allen vorstehenden Überlegungen wurde der Grundrechtseingriff nur **484** erst unter *rechtsstaatlichen* Aspekten an seiner *Intensität* für den *individuellen* Grundrechtsträger gemessen. In Fortführung der Lehre von den *institutionellen Garantien*[97] ist heute anerkannt,[98] daß **viele Grundrechte Doppelcharakter** haben, neben subjektiven Rechten des Grundrechtsträgers auch ordnungspolitische „Wert"-Entscheidungen objektiven Rechts enthalten.

So schützt etwa Art. 5 I GG einerseits die Meinungsfreiheit des *individuellen* Grund- **485** rechtsträgers in *dessen eigenem* Interesse, damit *er* seine Persönlichkeit voll entfalten kann (= Grundrecht im eigentlichen Wortsinn). Andererseits ist Art. 5 I GG Ausdruck einer wertenden Entscheidung des GG zugunsten der Meinungsfreiheit *als solcher* (objektivrechtliche Seite), weil sie die politische Demokratie konstituiert.[99] Art. 14 GG enthält neben dem rechtsstaatlichen Schutz des Einzeleigentums in der Hand des konkreten Grundrechtsträgers eine Institutsgarantie des Privateigentums.[100]

Mit der institutionellen, objektivrechtlichen Betrachtung soll in vielen **486** Fällen, z.B. bei Art. 14 GG, der individuelle Freiheitsschutz „umhegt" werden;[101] die objektivrechtliche Seite dient insoweit der Verstärkung[102] des eigentlichen Grundrechtsschutzes, indem sie den notwendigen Freiraum für grundrechtliche Betätigungen schafft. Damit stehen die beiden Seiten des Grundrechts in so enger Wechselbeziehung miteinander, daß der Grundrechtsträger nach st. Rspr. des *BVerfG hier*[103] auch die Verletzung des objektiven Rechts rügen kann.[104]

1. Für die Praxis der Grundrechtsprüfung fließt die objektivrechtliche **487** Seite in erster Linie[105] in die Darstellungen zum **Grundsatz der Verhältnismäßigkeit** ein.[106]

Beispiel:[107] Das Straßenreinigungsgesetz eines Landes verbietet das Verteilen von Handzetteln mit (a) gewerblicher Werbung und (b) politischem Inhalt, solange nicht

---

[97] Insbes. *C. Schmitt*, Freiheitsrechte und institutionelle Garantien der (Weimarer) Reichsverfassung, abgedr. in: *ders.*, Verfassungsrechtliche Aufsätze, 1958, S. 140 ff.

[98] *BVerfGE* 7, 198 (205); 35, 79 (114); zusammenfassend zur Rspr. des *BVerfG Jarass*, AÖR 110 (1985), 363; *E. W. Böckenförde*, Grundrechte als Grundsatznormen, Der Staat 29 (1990), S. 1 ff.; *Hesse*, Verfassungsrecht, Rn. 279; *Gostomzyk*, JuS 2004, 949.

[99] *BVerfGE* 5, 85 (205); 7, 198 (208); 25, 256 (265).

[100] *BVerfGE* 24, 367 (389); 31, 229 (240); *Hesse*, Verfassungsrecht, Rn. 442; *Papier*, in: Maunz/Dürig, Art. 14 Rn. 11 ff.; s. schließlich nachfolgend Rn. 539.

[101] *C. Schmitt*, aaO, S. 169.

[102] *BVerfGE* 35, 79 (114); 50, 290 (337); 115, 320 (358).

[103] S. etwa *BVerfGE* 76, 1 (49 f.).

[104] Die scharfe Scheidung von objektivem und subjektivem Recht von Rn. 185 wird damit nicht hinfällig.

[105] Zur Bedeutung der objektivrechtlichen Seite für das Thema „Grundrechte auf Leistung und Teilhabe" Rn. 513 ff.

[106] Dazu Rn. 465 ff., 478 ff.

[107] In Anlehnung an *BVerwGE* 56, 24.

sichergestellt ist (Unbedenklichkeitsbescheinigung), daß der Verteiler die von den Passanten weggeworfenen Zettel später auf seine Kosten beseitigt. Bei der gewerblichen Werbung wird Art. 5 I GG eher an der Peripherie betroffen. (Anderes mag für Art. 12 I GG gelten.) Es verstößt daher nicht gegen den Grundsatz der Verhältnismäßigkeit und also nicht gegen Art. 5 I GG, wenn das Straßenreinigungsgesetz als „allgemeines" Gesetz i.S. von Art. 5 II GG insoweit der Sauberkeit der Straße den Vorrang gibt. Beim politischen Flugblatt ist auf Seiten des Art. 5 I GG neben der Einschränkung der *individuellen* Meinungsfreiheit des Grundrechtsträgers *zusätzlich auch* die angedeutete objektivrechtliche Bedeutung der Meinungsfreiheit für das Demokratieprinzip in die Waagschale zu legen. *Deshalb* ist es *hier* mit der Wertordnung des Grundgesetzes unvereinbar,[108] daß das Straßenreinigungsgesetz Art. 5 I GG zugunsten der Sauberkeit der Straße zurücktreten läßt.[109]

488 2. Verbreitet wird die objektivrechtliche Seite des Grundrechtsschutzes sodann mit der Wesensgehaltsgarantie des **Art. 19 II GG**, verstanden im Sinne der skizzierten[110] Theorie vom absoluten Wesenskern, gleichgesetzt.

Das gilt besonders für die Eigentumsgarantie, wo der *Intensität* des *individuellen* Betroffenseins mitunter weit weniger Aufmerksamkeit gewidmet wird als der Frage, ob das Wesen *des Eigentumsinstituts* verletzt ist. Typisches Beispiel war die Diskussion um die Verfassungsmäßigkeit der paritätischen Mitbestimmung der Arbeitnehmer in Großunternehmen.[111]

489 3. Entscheidungen auf die objektivrechtliche Seite eines Grundrechts und damit (in der Formulierung des *BVerfG*) auf *Wertentscheidungen* zu stützen, ist *häufig problematisch*.[112] Der Urteilende läuft Gefahr, *seine* ordnungspolitischen Vorstellungen als die des Grundgesetzes auszugeben. Deshalb ist jedenfalls **besonders zu beachten:**

490 Das Grundrecht braucht nicht stets in der *ganzen Weite* seiner Auslegung, die es in seiner rechtsstaatlichen Funktion als subjektives Abwehrrecht erfahren hat, auch Ausdruck einer ordnungspolitischen Wertentscheidung des Verfassungsgebers zu sein.[113] So hat es etwa seinen guten Sinn, Art. 2 I GG in seiner Abwehrfunktion als allgemeine Handlungsfreiheit i.S. von „Jeder kann tun und lassen was er will" zu interpretieren.[114] Damit wird dem Bürger *lückenloser Rechtsschutz* gegen jeden unmittelbaren staatlichen Eingriff eröffnet, weil er jetzt stets in „Rechten" i.S. des Art. 19 IV GG beeinträchtigt ist.[115] Insoweit ist Art. 2 I GG eminenter Ausdruck des *Rechtsstaatsprinzips* als Rechtswert. Es ist aber undenkbar, daß Art. 2 I GG gleichzeitig auch ein Bekenntnis zum „Jeder kann tun und lassen was er will" als *Rechtsgut* und damit zu einem objektiven Ordnungsprinzip enthält. Denn das würde das Chaos bedeuten. Daher bekennt sich Art. 2 I GG objektivrechtlich nur zum Schutz der *engeren Persönlichkeits*sphäre („Persönlichkeitskerntheorie").[116] – Institutionelle Garan-

---

[108] Zu diesem Kriterium s. Rn. 466.

[109] Entsprechend *BVerwG*, aaO.

[110] Rn. 468 ff.

[111] Näheres bei *Schwerdtfeger*, Zur Verfassungsmäßigkeit der paritätischen Mitbestimmung, 1978, S. 76 ff.

[112] S. *Böckenförde*, NJW 1974, 1533 f.

[113] Für den Bereich von Art. 14 I 2 GG vgl. insoweit *BVerfG (Kammer)*, NJW 1998, 3264 (3265), i.V.m. *Schwerdtfeger*, NVwZ 1982, 5 (8).

[114] S. Rn. 446.

[115] Näheres in Rn. 211, 503.

[116] Zu *diesem* Element des Art. 2 I GG Näheres in Rn. 446.

tien stehen in einem *bestimmten* Zusammenhang und können nicht unbesehen in einen anderen Kontext hinein übertragen werden. Das war in den Verfassungsbeschwerden gegen das Mitbestimmungsgesetz 1976 geschehen. Ihr zentraler Ansatz war eine *wirtschafts*ordnungspolitische Ausdeutung der institutionellen Garantie des Eigentums (und anderer Grundrechte). Die Beschwerdeführer sahen in ihr die verfassungskräftige Garantie des Privateigentums als *Grundpfeiler* der *Wirtschafts*ordnung und versuchten von diesem Ausgangspunkt aus die Verfassungswidrigkeit des Mitbestimmungsgesetzes 1976 zu begründen. Das Mitbestimmungsurteil des *BVerfG*[117] hat diese *wirtschafts*ordnungspolitische Ausdeutung der Grundrechte ausdrücklich verworfen und ausgeführt: „Nach ihrer Geschichte und ihrem heutigen Inhalt sind die Grundrechte in erster Linie individuelle Rechte ... Die Funktion der Grundrechte als objektive Prinzipien besteht in der prinzipiellen Verstärkung ihrer Geltungskraft, hat jedoch ihre Wurzel in dieser primären Bedeutung. Sie läßt sich deshalb nicht von dem eigentlichen Kern lösen und zu einem Gefüge objektiver Normen verselbständigen, in dem der ursprüngliche und bleibende Sinn der Grundrechte zurücktritt."[118] Art. 9 III GG garantiert nach der Rechtsprechung des *BVerfG* das überkommene Arbeitskampf- und Tarifvertragssystem.[119] Es würde sich im Gefolge der paritätischen Mitbestimmung tendenziell verändern. Deshalb wird in der Literatur angenommen, die paritätische Mitbestimmung verstoße gegen Art. 9 III GG. Dabei wird aber übersehen: Die objektivrechtliche Garantie des überkommenen Arbeitskampf- und Tarifvertragssystems ist *im Rahmen* der überkommenen Unternehmensverfassung, also *akzessorisch* zu dieser entwickelt worden. In der Literatur schlägt sie unbesehen in eine Garantie dieser Unternehmensverfassung selbst um. Das entspricht nicht dem Sinn des Art. 9 III GG. Denn er ist der *jeweiligen* Unternehmensverfassung akzessorisch.[120] – Wegen des Prinzips der *Einheit der Verfassung*[121] kann ein Grundrecht keine objektivrechtlichen Festlegungen enthalten, welche mit anderen Verfassungsentscheidungen unvereinbar wären. Auch aus diesem Grunde war die beschriebene Argumentation der Verfassungsbeschwerden gegen das Mitbestimmungsgesetz 1976 anfechtbar, Art. 14 I GG enthalte eine Verfassungsentscheidung zugunsten des Privateigentums als konstituierenden Elements unserer *Wirtschaftsordnung*. Aus dem Wortlaut des Art. 15 GG ergibt sich, daß eine solche Entscheidung für „Produktionsmittel" nicht bestehen kann. Denn dem Gesetzgeber steht es frei, „Produktionsmittel" „in Gemeineigentum oder in andere Formen der Gemeinwirtschaft" zu überführen. „Gemeineigentum" kann nach Art. 15 GG also genausogut objektives Ordnungselement der Wirtschaftsordnung sein wie „Privateigentum". Die Entscheidung hat der Gesetzgeber zu treffen. Das Entschädigungsjunktim als Zulässigkeitsvoraussetzung der *Überführung* in Gemeineigentum erklärt sich ausschließlich rechtsstaatlich-*individualrechtlich* aus der Rechtsstellung des Eigentümers; es dient *seinem* Schutz. Das Grundgesetz hat aber das Gemeineigentum als *auf Dauer angelegtes Ordnungsprinzip* nicht deshalb für weniger *geeignet* oder „*wertvoll*" gehalten als das Privateigentum, weil bei seiner *Einführung* individuelle Eigentumsrechte beseitigt werden müßten.[122]

---

[117] *BVerfGE* 50, 290 = JuS 1979, 897 Nr. 1; vorher *Schwerdtfeger*, aaO, S. 76 ff.

[118] *BVerfGE* 50, 290 (337). Mit dieser Absage an eine wirtschaftsordnungspolitische Ausdeutung der Grundrechte reicht die Bedeutung des Mitbestimmungsurteils weit über seinen Entscheidungsgegenstand hinaus.

[119] Einzelheiten und Näheres zum Nachfolgenden bei *Schwerdtfeger*, aaO, S. 98 ff.

[120] Im Mitbestimmungsurteil (*BVerfGE* 50, 290 (366 ff.)) wählt das *BVerfG* einen anderen Ansatz, um die Vereinbarkeit des (unterparitätischen) Mitbestimmungsgesetzes 1976 mit Art. 9 III GG zu begründen.

[121] Zu ihm oben Rn. 478.

[122] *Schwerdtfeger*, aaO, S. 83 ff.

§ 33. Verstöße gegen Gleichheitsgrundrechte

I. Allgemeiner Gleichheitsgrundsatz (Art. 3 I GG)

491 Verstöße gegen den Gleichheitsgrundsatz (Art. 3 I GG) werden **oft unzulänglich untersucht**, weil die Bearbeiter die hierfür maßgeblichen Kriterien nicht beherrschen, wie sie das *Bundesverfassungsgericht* ausgeformt hat.[1] Die nachfolgenden Ausführungen konzentrieren sich auf die **Ungleichbehandlung von vermeintlich Gleichem** – die in der Fallbearbeitung häufigste Gleichheitsproblematik. Für die **Gleichbehandlung von vermeintlich Ungleichem**, die Art. 3 I GG ebenfalls erfaßt, gelten die nachfolgenden Ausführungen jeweils mit „umgekehrtem Vorzeichen".

Ausgangsfall: § 6 RabattG verbot den Warenhäusern die Gewährung von Barzahlungsnachlässen, während Einzelhändler und Supermärkte Rabattmarken ausgeben und so die Kunden (über die Rabattbücher) an sich binden konnten. Verstieß die Benachteiligung der Warenhäuser gegen Art. 3 I GG?[2]

1. Dogmatisches

Wegen des grundsätzlichen Unterschiedes von Freiheits- und Gleichheitsgrundrechten (Rn. 444) können die Probleme des Art. 3 I GG nicht mit dogmatischen Vorstellungen aus der Grundrechtsprüfung bei Freiheitsgrundrechten bewältigt werden. Insbesondere untersteht Art. 3 I GG keinem Gesetzesvorbehalt. Vielmehr gilt ohne jede Einschränkungsmöglichkeit: „Wesentlich Gleiches ist gleich und wesentlich Ungleiches ungleich zu behandeln."[3] Damit ist *ausschließlich* über die *Tatbestandsmäßigkeit* zu entscheiden und also nur zu untersuchen, ob wesentlich gleiche oder wesentlich ungleiche Sachverhalte vorliegen. Die Konsequenz (Verstoß gegen Art. 3 I G oder Vereinbarkeit mit dem Gleichheitsgrundsatz) ergibt sich dann *automatisch.* Anders als bei den Freiheitsgrundrechten ermittelt das BVerfG die Tatbestandsmäßigkeit im Rahmen von Art. 3 I GG nicht begrifflich, sondern *methodisch*.

492 **a)** Im Hintergrund steht für das BVerfG eine **Elementelehre.**[4] Nie sind zwei Sachverhalte in jeder Beziehung völlig gleich; sonst wären sie iden-

---

[1] Überblicke etwa bei *Söllner,* Die Bedeutung des Gleichheitsgrundsatzes in der Rspr. des BVerfG, 1994; *Sachs,* JuS 1997, 124; *Jarass,* NJW 1997, 2545.

[2] *BVerfGE* 21, 292; anschaulich auch etwa *BVerfGE* 82, 126 = JuS 1991, 150 Nr. 1 (kürzere Kündigungsfristen für Arbeiter als für Angestellte); weitere Fälle bei *Grote/Kraus,* Fälle zu den Grundrechten, 2. Aufl. 2001 (JuS-Schriftenreihe Bd. 135).

[3] *BVerfGE* 49, 148 (165); 98, 365 (385).

[4] S. etwa *BVerfGE* 3, 225 (240); 6, 273 (280); 9, 338 (349); 12, 341 (348); 83, 395 (401); 84, 348 (359); 102, 254 (299). Nicht in allen Entscheidungen des *BVerfG* zu Art. 3 I GG wird dieser dogmatische Einstieg sichtbar gemacht.

tisch. Sie sind nur in bestimmten Elementen gleich, in anderen Elementen ungleich. Daß gleiche Elemente vorhanden sind (Warendistribution an den Endverbraucher im Ausgangsfall), macht die Sachverhalte vergleichbar und ruft Art. 3 I GG *auf den Plan*. Ob die gleichen Elemente aber *maßgebend* dafür sind, die Vergleichssachverhalte als wesentlich gleich anzusehen und im Recht damit gleich zu behandeln, oder ob auch auf die ungleichen Elemente (Größe, Umfang des Warensortiments, Wirtschaftskraft usw.) abgestellt werden kann, läßt sich aus Art. 3 I GG *nicht* ablesen, hängt vielmehr von Wertungen ab. Diese Wertungen obliegen im Grundansatz dem (demokratischen) *Gesetzgeber* oder – im Rahmen der *Ermessens*verwaltung – der Exekutive. Die so jeweils zuständige staatliche Instanz hat zu entscheiden, ob sie die gleichen Elemente als prägend ansieht und die Sachverhalte deshalb gleich behandelt, oder ob sie die ungleichen Elemente ausschlaggebend sein läßt und die Sachverhalte also ungleich behandelt.

b) Aber Art. 3 I GG setzt der Entscheidung des Gesetzgebers bzw. der Ermessensverwaltung *Grenzen*. „Bezogen auf den jeweils in Rede stehenden Sachbereich und seine Eigenart" muß der Gesetzgeber „einen *vernünftigen, einleuchtenden Grund*" dafür haben, daß er gerade auf die ungleichen Elemente entscheidend abstellt.[5] Es muß also ein **„Legitimationszusammenhang"**[6] **zwischen den ungleichen Elementen und der ungleichen Regelung** vorhanden sein. *Sonst* werden die Vergleichssachverhalte automatisch durch die gleichen Elemente geprägt, womit die Ungleichbehandlung *dann* willkürlich ist und gegen den Gleichheitsgrundsatz *verstößt*.

Im Vergleich zu den *Einzelhändlern* ließ sich im *Ausgangsfall* „ein vernünftiger, einleuchtender Grund" finden, um zu Lasten der Warenhäuser auf ungleiche Elemente, insbesondere auf die unterschiedliche Wirtschaftskraft, abstellen zu können. Denn den Einzelhändlern wurde es in ihrer Konkurrenz mit den wirtschaftlich stärkeren Warenhäusern leichter gemacht, sich (über Rabattmarken) einen festen Kundenstamm zu erhalten (= Mittelstandsschutz). Hingegen bestand *kein* Sachgrund, die Warenhäuser im Vergleich zu den *Supermärkten* zu benachteiligen. Insoweit bestehen Unterschiede *nicht* in der Wirtschaftskraft, sondern nur etwa im Umfang des Warensortiments. Vom größeren Warensortiment der Warenhäuser her ist kein sachlicher „Legitimationszusammenhang" ersichtlich, über den sich die Benachteiligung der Warenhäuser gegenüber den Supermärkten bei der Ausgabe von Rabattmarken rechtfertigen lassen könnte. *Insoweit* war § 6 RabattG verfassungswidrig.[7]

c) Allerdings ist ein Gesetz (§ 6 RabattG) vor dem Gleichheitsgrundsatz **493** **noch nicht verfassungsgemäß, soweit** (im Vergleich zu den Einzel-

---

5 Häufige Formulierung des *BVerfG*, etwa in *BVerfGE* 83, 89 (107 f.). Ähnlich z. B. *BVerfGE* 101, 275 (291); 102, 254 (299); 105, 73 (110); 106, 201 (206) – Ungleichbehandlung von vermeintlich Gleichem; 72, 141 (152); 86, 81 (87) – Gleichbehandlung von vermeintlich Ungleichem. Nähere Konkretisierungen etwa in *BVerfGE* 71, 39 (57 ff.).

6 *BVerfGE* 82, 126 (148).

7 Zu allen Einzelheiten s. *BVerfGE* 21, 292. Weiteres Beispiel für das Fehlen einer sachlichen Rechtfertigung: *BVerfGE* 101, 151 (156 ff.).

händlern) **ein „Legitimitätszusammenhang"** besteht. Denn seit einer Entscheidung aus dem Jahre 1980[8] reicht dem Bundesverfassungsgericht nicht mehr unbesehen *jeder* Sachgrund aus, der eine „Legitimationsbrücke" von den unterschiedlichen Elementen zur ungleichen Behandlung herstellt und die Entscheidung des Gesetzgebers nur nicht als „*willkürlich*" erscheinen läßt. Vielmehr betont das BVerfG die Notwendigkeit einer **Gewichtung nach dem Grundsatz der Verhältnismäßigkeit.**[9] Demgemäß müssen „*Unterschiede* von *solcher Art* und *solchem Gewicht* bestehen, daß sie die ungleiche Behandlung rechtfertigen können".[10] In der Abwägung zwischen der Grundrechtsbeeinträchtigung und dem gesetzgeberischen Ziel (Grundsatz der Verhältnismäßigkeit im engeren Sinne[11]) müssen „*Ungleich*behandlung und rechtfertigender Grund in einem angemessenen Verhältnis zueinander stehen".[12]

In den Einzelheiten hat das Bundesverfassungsgericht seinen Umgang mit dem Grundsatz der Verhältnismäßigkeit bei Art. 3 I GG bis in letzte Verästelungen hinein ausziseliert. In einer *Hausarbeit* kann deshalb eine eingehendere Rechtsprechungsanalyse erforderlich werden.[13] Für eine *Klausur* reicht als **Groborientierung:**

Wertungsaspekte für die Gewichtung ergeben sich nicht nur aus Art. 3 I GG selbst, sondern ergänzend auch aus anderen Grundrechten[14] und Verfassungsnormen.[15] Aus Art. 3 I GG heraus unterscheidet das Bundesverfassungsgericht zwischen „personenbezogenen" (Warenhäuser und Einzelhändler im Ausgangsfall) und „sachbezogenen" bzw. „verhaltensbezogenen" Ungleichbehandlungen (unterschiedliche Mehrwertsteuersätze für vermeintlich „gleiche" Produkte, die alle von den gleichen Unternehmern vertrieben werden). Wegen des Wortlauts von Art. 3 I GG („alle Menschen") und vor dem Hintergrund der Wertungsmethodik in Art. 3 II 1, III GG ist der Gleichheitsgrundsatz „um so strikter, je mehr eine Regelung den Einzelnen als Person betrifft, und um so offener für gesetzgeberische Gestaltungen, je mehr allgemeine, für rechtliche Einwirkungen zugängliche Lebensverhältnisse" bloß sachverhaltsbezogen oder verhaltensbezogen geregelt werden.[16] Je nach Regelungsgegenstand und Differenzierungsmerkmalen ergeben sich so „unterschiedliche Grenzen für den Gesetzgeber, die vom bloßen Willkürverbot bis zu einer strengen Bindung an Verhältnismäßigkeitserfordernisse reichen".[17] – Die Gewichtung aus Art. 3 I GG heraus spielt auch

---

[8] *BVerfGE* 55, 72 (88). Weil seit 1980 ein Vierteljahrhundert vergangen ist, sollte heute nicht mehr von einer „*neuen Formel*" des *BVerfG* gesprochen werden.

[9] So Bundesverfassungsrichter *Katzenstein, BVerfGE* 74, 9 (30).

[10] Ständige Formulierung seit *BVerfGE* 55, 72 (88), s. etwa *BVerfGE* 99, 341 (355 f.) = JuS 2000, 288 Nr. 2; 107, 205 (213 f.); 112, 368 (401).

[11] Vgl. Rn. 465.

[12] Zusatz in *BVerfGE* 82, 126 (146) = JuS 1991, 150 Nr. 1; 99, 165 (178); 106, 166 (177).

[13] Systematisches Konzept hierfür bei *Jarass*, NJW 1997, 2545; ferner etwa *Sachs*, JuS 1997, 124.

[14] Betont in *BVerfGE* 62, 256 (274); 82, 126 (146) = JuS 1991, 150 Nr. 1; 91, 346 (363). Beispiele später in Rn. 518 f. sowie in *BVerfGE* 36, 330; 37, 342 (353 f.); 60, 123 (134); 62, 256 (274); 65, 104 (113); 79, 212 (218); 89, 69 (89).

[15] *BVerfGE* 45, 388 (Sozialstaatsprinzip).

[16] *BVerfGE* 96, 1 (6); 99, 88 (94); 101, 151 (155); 101, 297 (309).

[17] *BVerfGE* 88, 87 (96 f.); 92, 26 (51 f.) = JuS 1996, 68 Nr. 3; 116, 135 (160 f.).

bei der „**Systemkonsequenz**"[18] eine Rolle: Die Gründe für eine *isolierte* Durchbrechung eines vom Gesetzgeber gewählten Ordnungsprinzips müssen nicht bloß eine sachliche Rechtfertigung haben[19] (= Rn. 492), sondern „in ihrem Gewicht der Intensität der Abweichung von der zu Grunde gelegten Ordnung entsprechen."[20]

Beachte besonders (erhebliche Fehlerquelle): Das Gewicht der *Unterschiede* zwischen den Vergleichstatbeständen (Gewicht der unterschiedlichen Wirtschaftskraft von Warenhäusern und Einzelhändlern im Ausgangsfall) ist etwas *anderes* als das Gewicht des *Eingriffs* (in die wirtschaftliche Dispositionsfreiheit der Warenhäuser) bei der Verhältnismäßigkeitsprüfung im Rahmen eines Freiheitsgrundrechts (Art. 12 I GG). Je *weniger* gewichtig die *Unterschiede* in den Vergleichselementen sind und je mehr sich die Vergleichssachverhalte daher annähern,[21] um so gewichtiger muß das gesetzgeberische Ziel sein, um eine Ungleichbehandlung *gleichwohl* rechtfertigen zu können.

Im *Ausgangsfall* mit seiner personenbezogenen Ungleichbehandlung bestehen zwischen Warenhäusern und Einzelhändlern *große* und gewichtige Unterschiede in der Wirtschaftskraft, so daß der legitimierende Grund für die Ungleichbehandlung nicht besonders gewichtig zu sein brauchte. Damit *konnte* der Gedanke des Mittelstandsschutzes die ungleiche Behandlung der Warenhäuser gegenüber den Einzelhändlern vor Art. 3 I GG rechtfertigen, ohne daß die Ungleichbehandlung der Warenhäuser offensichtlich fehlsam (Rn. 465) war.

d) Merke zusätzlich: Dem Gleichheitsgebot untersteht nur der **jeweilige** Hoheitsträger in *seinem* **Kompetenzbereich**[22] (nur selten relevant). Eine „**Gleichheit im Unrecht**" gibt es in der Regel nicht.[23] Der Gleichheitsgrundsatz taugt also nicht, das Gesetz über ein rechtswidriges Verwaltungshandeln „auszuhebeln".

2. Gleichheitsprüfung in der Fallbearbeitung 494

(1) *Ansatz*

– Rechtliche Ungleichbehandlung von vermeintlich Gleichem.
– Rechtliche Ungleichbehandlung von vermeintlich Gleichem (selten, die nachfolgende Gedankenführung gilt reziprok).

(2) *Elementelehre*

– Kurze Skizzierung der *Rechtsprechung des BVerfG*.
– *Zusammenstellung* der gleichen und ungleichen Elemente.

---

[18] *BVerfGE* 93, 121 (136); 99, 88 (95); 101, 151 (155). Beispiel in Rn. 612. Zum Problem allgemein *Peine*, Systemgerechtigkeit, 1985.
[19] S. insoweit *BVerfGE* 104, 74 (87).
[20] *BVerfGE* 59, 36 (49). S. auch z. B. *BVerfGE* 66, 214 (223); 102, 64 (91).
[21] Beispiel für eine solche Gewichtsprüfung in *BVerfGE* 98, 49 (63 ff.).
[22] *BVerfGE* 21, 54 (68); 42, 20 (27); 76, 1 (73); 79, 127 (158).
[23] *BVerwGE* 5, 1 (8); 34, 278. Ausnahmekonstellation: *VGH Mannheim*, DVBl. 1972, 186 m. Anm. *Götz; Randelzhofer,* JZ 1973, 536; *Berg,* JuS 1980, 418.

(3) *Willkürprüfung*

– Sachlicher Grund für die Anknüpfung an eines der ungleichen Elemente als Legitimitätsbrücke?

(4) *Gewichtung des Sachgrundes* nach dem Grundsatz der Verhältnismäßigkeit

– Verhältnis zwischen Sachgrund und Gewicht der Unterschiede als *maßgebende* Relation.
– Wertungsprärogative des Gesetzgebers bzw. der Ermessensverwaltung.
– *Offensichtliche* Fehlgewichtung?

(5) *Ergebnis*

– Bei willkürlicher (3) oder fehlgewichteter (4) Anknüpfung an die ungleichen Elemente rechtliche Ungleichbehandlung von wesentlich gleichen Sachverhalten als Verstoß gegen Art. 3 I GG.
– Andernfalls kein Verstoß gegen Art. 3 I GG.

Beachte: In der **Ausbildungsliteratur** wird zunehmend ein Gliederungspunkt (2) „Rechtlich *relevante Ungleichbehandlung*" empfohlen.[24] Über diesen Gliederungspunkt sollen *von vornherein* Fallkonstellationen aussortiert werden, die nicht vergleichbar sind. Maßstab ist die Frage, ob sich für die nach (1) rechtlich unterschiedlich behandelten Personen, Personengruppen oder Sachverhalte als Bezugspunkt ein „*gemeinsamer Oberbegriff*" finden läßt. Diese Vorgehensweise ist aus drei Gründen verfehlt. Das *BVerfG* geht den *begrifflichen* Umweg über einen „gemeinsamen Oberbegriff" *nicht*, sondern knüpft in der dargestellten Weise gleichsam *pur* an *tatsächliche* Unterschiede an, eben an die unterschiedlichen Elemente. Aus Gründen der Logik läßt sich für zwei Sachverhalte, die auch nur *ein* gleiches Element aufweisen, *stets* ein gemeinsamer Oberbegriff benennen. So gesehen ist die Frage nach einem gemeinsamen Oberbegriff nur ein unnötiger Umweg für die Ausscheidung von Sachverhalten, die *keinerlei* Gemeinsamkeit haben und für die deshalb kein Bearbeiter eine Prüfung von Art. 3 I GG ernsthaft in Betracht ziehen würde; die Beispielsfälle, welche die Ausbildungsliteratur nennt, liegen in *diesem* Bereich.. Ansätze, die für eine Prüfung von vornherein eindeutig ausscheiden, werden in einer Fallbearbeitung *schlicht weggelassen*. Keines der herkömmlichen Schemata aus beliebigen Bereichen enthält *hierfür* einen Schemapunkt. Für ein Schema zu Art. 3 I GG sollte nichts anderes gelten. Und schließlich lehrt die *Korrekturerfahrung*, daß die Frage nach einem gemeinsamen Oberbegriff mit erheblichen *Gefahren* verbunden ist. Denn die begriffliche Phantasie der Bearbeiter stößt an Grenzen. Infolgedessen werden immer wieder Sachverhalte als von vornherein „nicht vergleichbar" deklariert und damit einer Gleichheitsprüfung *entzogen*, für die auf der Linie des BVerfG eine detaillierte Art. 3 I GG-Prüfung erforderlich *ist*.

II. Spezielle Gleichheitsregelungen

495   Neben Art. 3 I GG finden sich im Grundgesetz *Spezialausprägungen* des Gleichheitsgrundsatzes. Sie alle engen die angedeuteten Auswahlmöglichkeiten des Gesetzgebers zwischen den gleichen und ungleichen Vergleichselementen ein, im einzelnen in unterschiedlicher Dichte. Gegenpol zu Art. 3 I GG ist insoweit die **egalitäre Wahlrechtsgleichheit.** Während

---

[24] *Ausgangspunkt* für diese Entwicklung sind offenbar die Darstellungen bei *Pieroth/Schlink*, Grundrechte, Rn. 431 ff.

Art. 3 I GG im Prinzip die Anknüpfung an *jedes* der verschiedenen gleichen und ungleichen Vergleichselemente gestattet, erklärt Art. 38 I 1, II GG ausschließlich *ein* Element für wesentlich: die deutsche Staatsbürgerschaft.[25] Alle Unterschiede in Besitz, Bildung, politischem Interesse, Intelligenz usw. sind also bereits *von Verfassungs wegen* ausgeschieden.[26] Die anderen Spezialausprägungen des Gleichheitssatzes liegen auf der Skala *zwischen* den beiden Gegenpolen. **Art. 3 III 1 GG**[27] verbietet nur (in einem **Negativkatalog**), *entscheidend* gerade an die in ihm genannten Ungleichheiten anzuknüpfen. Soweit auf *andere* Ungleichheiten abgestellt wird, welche *daneben* bestehen, kann die Ungleichbehandlung rechtmäßig sein:[28] Trotz Art. 3 III 1 GG („Geschlecht") gibt es Mutterschutz nur für die Frau.[29] **Art. 33 II GG** verengt für den Zugang zum öffentlichen Dienst die Vergleichskriterien zu einer „**Positivliste**"[30] (Eignung, Befähigung und fachliche Leistung). Unterschiede zwischen den Bewerbern dürfen nur berücksichtigt werden, soweit sie im Bereich dieser Positivliste angesiedelt sind.

Beispiel:[31] Ein Assessor mit „preußischem" Examen bewirbt sich um Einstellung in **496** den bayerischen Ziviljustizdienst. Er wird abgelehnt, weil grundsätzlich nur Bewerber eingestellt würden, welche in Bayern ihr Examen gemacht hätten. Ist diese Begründung mit **Art. 33 II GG** vereinbar? – Solange sich ein hinreichend gewichtiger sachlicher Grund dafür finden läßt, kann eine Ungleichbehandlung im Rahmen des Art. 3 I GG an *alle* Ungleichheiten angeknüpft werden. Falls Art. 3 I GG einschlägig *wäre*, würde damit möglicherweise das ungleiche Element „Examensort" erheblich werden können (Schaffung eines Anreizes, in Bayern Examen zu machen; Verwaltungserleichterung, weil aus der genaueren Kenntnis der Maßstäbe die eigene bayerische Examensbenotung am aussagekräftigsten ist). Statt dessen ist aber die lex specialis des Art. 33 II GG heranzuziehen. Es ist also ausschließlich auf Unterschiede innerhalb der Positivliste „Eignung, Befähigung und fachliche Leistung" abzustellen. Zur Befähigung und fachlichen Leistung hat der Examensort von vornherein keine Verbindung. Aber auch über die Eignung sagt er nichts aus: Im Bereich des *Zivil*rechts sind Spezialkenntnisse, welche nur in der bayerischen Ausbildung vermittelt würden, nicht erforderlich. Also ist die angeführte Begründung verfassungswidrig.

---

[25] Die lex-specialis-Funktion des Art. 38 I 1 GG schließt einen überlagernden Rückgriff auf Art. 3 I GG aus; so *BVerfGE* 99, 1 (10) = JuS 2000, 79 Nr. 3; *Tietje*, JuS 1999, 957.

[26] S. *BVerfGE* 41, 399 (413) *(formale* Gleichheit); 40, 296 (317).

[27] *BVerfGE* 23; 98 (106 f.); 31, 1; 48, 327; 52, 369 (374) (Hausarbeitstag); 84, 9 (Ehenamen).

[28] S. z. B. *BVerfGE* 3, 225; 5, 9 (12); 5, 17 (21); 6, 389 (422).

[29] Zur Erläuterung s. Rn. 496a. Für **Behinderte** (Art. 3 III 2 GG) gelten eigenständige Grundsätze, *BVerfGE* 96, 288 (301): Nur Benachteiligungen sind verboten, Bevorzugungen aber erlaubt. Eine rechtliche Schlechterstellung ist alleine möglich, wenn behinderungsbezogene Besonderheiten das zwingend erfordern; *BVerfGE* 99, 341 (356) = JuS 2000, 288 Nr. 2 – Testamentserrichtung; *BVerfG (Kammer)*, NJW 2004, 2150 = JuS 2004, 818 Nr. 5 – kein Schöffenamt für Blinde wegen Unmittelbarkeit der Hauptverhandlung.

[30] *BVerwGE* 81, 22 (24).

[31] In Anlehnung an *BVerwGE* 68, 109. Weiterer Klausurfall bei *Hellermann/Sievers*, JuS 2002, 998 (Richterwahl).

Sind Eignung, Befähigung und fachliche Leistung zweier Beamter im wesentlichen *gleich* zu beurteilen, können das *Lebensalter* und das *Dienstalter* über die praktische Erfahrung als *Eignungsaspekte* Berücksichtigung finden,[32] wegen Art. 33 III GG aber nicht *Religionszugehörigkeiten*.[33] – Zum Verhältnis Art. 33 II/Art. 12 I GG s. Rn. 526, zur Ablehnung „*radikaler*" Bewerber s. Rn. 572.

III. Insbesondere: Gleichberechtigung von Mann und Frau

496 a **Ausgangsfälle: (1)** Das FeuerschutzG des Landes X sieht eine Feuerwehrdienstpflicht vor, der jeder *männliche* Gemeindeeinwohner vom vollendeten 18. bis zum vollendeten 60. Lebensjahr untersteht. Ist dieses Gesetz verfassungsgemäß?[34]

(2) § 8 S. 1 BundesgleichstellungsG (BGBl. 2001 I S. 3234) bestimmt für die Bundesverwaltung: „Sind Frauen in einzelnen Bereichen unterrepräsentiert, hat die Dienststelle sie bei der Vergabe von Ausbildungsplätzen, Einstellung, Anstellung und beruflichem Aufstieg bei Vorliegen von gleicher Eignung, Befähigung und fachlicher Leistung (Qualifikation) bevorzugt zu berücksichtigen, sofern nicht in der Person eines Mitbewerbers liegende Gründe überwiegen." Ist diese Regelung mit dem Gleichheitsgrundsatz vereinbar?[35]

Läßt man den öffentlichen Dienst (= *Ausgangsfall 2*) zunächst außer Betracht, ist die maßgebliche *Einstiegsnorm* in Gleichberechtigungsfragen nach der neueren Rechtsprechung des Bundesverfassungsgerichts **Art. 3 III 1 GG** als lex specialis,[36] *nicht* mehr Art. 3 II 1 GG.[37] „An das Geschlecht anknüpfende differenzierende Regelungen sind mit Art. 3 III GG nur vereinbar, soweit sie zur Lösung von Problemen, die *ihrer Natur nach* nur *entweder* bei Männern *oder* bei Frauen auftreten können, zwingend erforderlich sind."[38]

Im *Ausgangsfall 1* beruht das Gesetz auf der Annahme, daß Frauen wegen ihrer körperlichen Konstitution für den Feuerwehrdienst nicht geeignet seien. Diese Annahme trifft für den heutigen Feuerwehrdienst mit seiner technischen Aufrüstung nicht mehr zu.[39] Also verstößt die Differenzierung nach dem Geschlecht gegen Art. 3 III 1 GG.

496 b Als Erweiterung zu Art. 3 III 1 GG stellt **Art. 3 II 2 GG im Sinne eines sozialen Grundrechts bzw. als Staatszielbestimmung**[40] ein Gleichstellungsgebot zugunsten der Frauen auf, das sich nicht auf die *rechtliche* Gleichberechtigung beschränkt, sondern „auf die gesellschaftliche Wirklichkeit erstreckt".[41] Soweit Art. 3 III 1 GG (auch) die Männer vor

---

[32] *BVerwGE* 80, 123 = JuS 1990, 758 Nr. 4.

[33] *BVerwGE* 81, 22 = JuS 1989, 753 Nr. 1.

[34] S. zum Fall *BVerfGE* 92, 91 = JuS 1995, 736 Nr. 2.

[35] Weiterer Klausurfall etwa bei *Lietzmann*, JuS 2001, 571.

[36] Grundlegend insoweit *BVerfGE* 92, 91 (109) = JuS 1995, 736 Nr. 2.

[37] So noch *BVerfGE* 74, 163 (179), wo aber die Identität der Prüfungsmaßstäbe nach Art. 3 II 1 und Art. 3 III 1 betont ist.

[38] So (ohne die Hervorhebungen) *BVerfGE* 92, 91 (109); vgl. auch schon *BVerfGE* 85, 191 (207) – Nachtarbeitsverbot für Arbeiterinnen.

[39] So *BVerfGE* 92, 91 (109ff.).

[40] Dazu Rn. 597 a.

[41] *BVerfGE* 92, 91 (109), vorher schon *BVerfGE* 85, 191 (207). Klausur bei *Müller-Franken*, JuS 2005, 723.

rechtlicher Diskriminierung schützt, **kollidiert Art. 3 III 1 GG mit Art. 3 II 2 GG.** „Im Wege einer Abwägung mit kollidierendem Verfassungsrecht" sieht das BVerfG „den Gesetzgeber berechtigt, faktische Nachteile, die typischerweise Frauen treffen, durch begünstigende Regelungen auszugleichen",[42] auch wenn diese Begünstigungen alleine für Frauen gelten. Wie bei kollidierenden Verfassungsnormen üblich (Rn. 478 ff.), vollzieht sich die Abwägung nach dem Grundsatz der Verhältnismäßigkeit.

Im *Ausgangsfall 1* ist schon der *Tatbestand* des Art. 3 II 2 GG nicht einschlägig. Denn es ist nicht ersichtlich, daß mit der Beschränkung der Feuerwehrdienstpflicht auf Männer faktische, typischerweise Frauen treffende Nachteile (aus anderen Lebensbereichen) durch eine Frauen *begünstigende* Regelung ausgeglichen werden sollen.[43] Z.B. für eine die Frauen begünstigende Regelung des Rentenrechts hat das BVerfG die Legitimation durch Art. 3 II GG hingegen anerkannt.[44]

Für den öffentlichen Dienst *(Ausgangsfall 2)* ist Art. 33 II GG als lex **497** specialis (Rn. 495) die maßgebliche Einstiegsnorm. Wie zu Art. 3 III 1 GG dürfte **Art. 3 II 2 GG Kollisionsnorm auch zu Art. 33 II GG** sein und den Gesetzgeber daher *auch* ermächtigen, die „Positivliste" des Art. 33 II GG für den gleichen Zugang zum öffentlichen Dienst zu modifizieren.

Im *Ausgangsfall 2* wäre es wohl unverhältnismäßig, wenn die weibliche Bewerberin bei gleicher Qualifikation *automatisch* bevorzugt würde.[45] Zu entscheiden ist, ob die „Öffnungsklausel" im „Sofern-Satz" des Gesetzestextes eine andere Beurteilung gestattet.[46]

§ 34. Prozessuales zum Grundrechtsschutz

I. Geltendmachung von Grundrechtsverletzungen im „normalen" Rechtsweg

Grundrechtsverletzungen werden wie alle anderen Rechtsverletzungen **498** in *dem* Rechtsmittelverfahren gerügt, welches gegen die staatliche Maßnahme nach den herkömmlichen Grundsätzen jeweils zulässig ist. Ist ein Verwaltungsakt ergangen, muß der Verstoß gegen ein Grundrecht also im Widerspruchsverfahren und anschließend mit einer Klage vor dem

---

[42] So *BVerfGE* 92, 91 (109); 74, 163 (180); 85, 191 (207); entsprechend ferner *BVerwG*, NVwZ 2003, 92 = JuS 2003, 411 Nr. 15.
[43] *BVerfGE* 92, 91 (112).
[44] *BVerfGE* 74, 163 (179 f.) – vorzeitiges Altersruhegeld.
[45] *OVG-Rspr.*, JuS 1996, 837 Nr. 2; für das EG-Diskriminierungsverbot *EuGH*, NJW 1995, 3109 = JuS 1996, 350 Nr. 1.
[46] In der GG-Rspr. offen, durch *EuGH*, NJW 1997, 3429 = JuS 1998, 522 Nr. 1 so zugelassen.

Verwaltungsgericht geltend gemacht werden. Das Verwaltungsgericht prüft, ob die *normative* Ermächtigungsgrundlage des Verwaltungsaktes gegen das Grundrecht verstößt oder ob die *Behörde* mit ihrer *Ermessens*betätigung gegen das Grundrecht verstoßen hat.[1] Nimmt das Verwaltungsgericht an, die Ermessensbetätigung oder eine *untergesetzliche* ermächtigende Norm verstoße gegen das Grundrecht, ist es in der Lage, daraus unmittelbar selbst die Konsequenzen für den Ausgang des Rechtsstreits zu ziehen. Verstößt nach Ansicht des Verwaltungsgerichts eine *parlamentsgesetzliche* Ermächtigungsgrundlage gegen das Grundrecht, muß das Gericht das Verfahren aussetzen und gem. **Art. 100 I GG** die Entscheidung des Bundesverfassungsgerichts einholen.[2]

II. Verfassungsbeschwerde als außerordentlicher Rechtsbehelf

499 Die auf die Verletzung von Grundrechten gestützte *Verfassungsbeschwerde* (Art. 93 I Nr. 4a GG i. V. mit §§ 90 ff. BVerfGG[3]) ist ein außerordentlicher Rechtsbehelf,[4] welcher nur unter ganz engen Voraussetzungen zur Verfügung steht und **nur äußerst selten** zum **Erfolg** führt.[5] Als „Urteilsverfassungsbeschwerde" kommt die Verfassungsbeschwerde *nach* Erschöpfung des Rechtsweges gegen das letztinstanzliche Urteil in Betracht. Aber auch Verfassungsbeschwerden gegen andere Rechtsakte sind möglich.

Nach der Korrekturerfahrung werden Verfassungsbeschwerden zumeist im „üblichen" Klageschema (Zulässigkeit und Begründetheit der Verfassungsbeschwerde) abgehandelt und als erfolgversprechend angesehen, wenn sich die zulässige Verfassungsbeschwerde als begründet erwiesen hat. Obgleich auch in Fallbesprechungen der Ausbildungsliteratur weitgehend so verfahren wird, ist das zu kurz gegriffen. Als außerordentlicher Rechtsbehelf bedarf auch eine zulässige Verfassungsbeschwerde noch der *Annahme* durch das Bundesverfassungsgericht (§§ 93 a ff. BVerfGG). Die rechtlichen Kriterien für eine Annahme sind so eng gefaßt (§ 93 a II BVerfGG, Rn. 508), daß das Bundesverfassungsgericht auch über eine zulässige Verfassungsbeschwerde nur selten in der Sache selbst entscheidet. **Solange ein Gutachten zum „Nadelöhr" des Annahmeverfahrens keine Stellung bezogen hat, darf es einer Verfassungsbeschwerde keine Erfolgsaussichten bescheinigen.**

---

[1] Zu diesen Ansätzen für einen Grundrechtsverstoß s. bereits Rn. 439 ff.

[2] Dazu bereits Rn. 392.

[3] **Zu landesrechtlichen Verfassungsbeschwerden** s. *Pestalozza*, Verfassungsprozeßrecht, §§ 22 ff.; zur Überprüfungskompetenz der Landesverfassungsgerichte nur bei „Inhaltsgleichheit" eines Landesgrundrechts mit einem Grundrecht des GG (Art. 142 GG) und zum eventuellen Vorgehen von einfachem Bundesrecht (Art. 31 GG) s. *BVerfGE* 96, 231 (242 ff.) = JuS 1998, 753 Nr. 2; 96, 345 (364 ff.) = JuS 1999, 75 Nr. 1; *Klein/Haratsch*, JuS 2000, 209; *Enders*, JuS 2001, 462. – Zur „*Kommunalverfassungsbeschwerde*" (Art. 93 I Nr. 4 b GG) s. später Rn. 740.

[4] *BVerfGE* 51, 130 (139); 107, 395 (413) (*Plenum* des BVerfG).

[5] Von den im Jahr 1999 abschließend bearbeiteten Verfassungsbeschwerden (5036) sind 98,12 % bereits im Stadium der Vorprüfung nach §§ 93 a ff. BVerfGG gescheitert; *BVerfG*, Jahresstatistik 1999, S. 12.

III. Zulässigkeit einer Verfassungsbeschwerde

Ausgangsfall:[6] Ein Landesgesetz statuiert bestimmte Unterlassungspflichten. Die **500**
zuständige Ordnungsbehörde ist der Auffassung, X halte sich nicht an sie. Weil der
Gesetzesverstoß als Störung der öffentlichen Sicherheit anzusehen sei,[7] gebietet die
Ordnungsbehörde dem X auf der Grundlage der polizei- und ordnungsrechtlichen
Generalklausel durch Verfügung, das Gesetz nunmehr einzuhalten. Gleichzeitig droht
die Behörde X ein Zwangsgeld an. X hält das Gesetz für nichtig, weil nur eine *Bundeskompetenz* (1) bestehe, die Materie zu regeln. Außerdem trägt X vor, die Ordnungsbehörde habe den Sachverhalt *falsch subsumiert* (2); er verstoße gar nicht gegen
das Gesetz. Unter Berufung auf Art. 2 I GG erhebt X Verfassungsbeschwerde (a)
gegen die ordnungbehördliche Verfügung und (b) gegen das Gesetz. Wie wird das
BVerfG entscheiden?

1. Die Verfassungsbeschwerde[8] ist **gegen jeden Akt öffentlicher Gewalt** **501**
möglich (vgl. § 90 I BVerfGG), grundsätzlich auch gegen Normen.[9]

Mithin kommt im *Ausgangsfall* sowohl die Verfassungsbeschwerde (a) als auch die
Verfassungsbeschwerde (b) in Betracht.

2. Es muß eine **Grundrechtsbeeinträchtigung** oder die *Beeinträchti-* **502**
gung eines der in Art. 93 I Nr. 4a GG, § 90 I BVerfGG genannten
„grundrechtsgleichen" Rechte geltend gemacht werden; parallel zu § 42
II VwGO (Rn. 195 f.) muß die Beeinträchtigung nach der hinreichend
substantiierten Darlegung des Beschwerdeführers (dazu Rn. 507) möglich erscheinen (**Möglichkeitstheorie**).[10] Auf andere Verfassungsverstöße und auf die Verletzung von Rechtsnormen, welche keinen Verfassungsrang haben, kann die Verfassungsbeschwerde nicht gestützt
werden. Trotzdem können andere Verfassungsverstöße im Rahmen von
Grundrechtsbeeinträchtigungen mittelbar Bedeutung gewinnen.

Im *Ausgangsfall* begründet die fehlende Landeskompetenz (1) eine Verletzung des **503**
Art. 2 I GG. Denn wie jedes andere Grundrecht kann auch Art. 2 I GG nur durch ein
gültiges Gesetz eingeschränkt werden, nicht durch ein (aus Gründen außerhalb des
Art. 2 I GG) verfassungswidriges Gesetz.[11] Mit der Rüge einer Grundrechtsverletzung als „Hebel" können dem *BVerfG* damit auch andere Verfassungsverstöße unter-

---

[6] Teilweise ähnlicher Fall bei *Zuleeg,* JuS 1971, 250 ff. S. ferner die Fallerörterungen
bei *Stock,* JuS 1989, 654; *Frotscher/Thormann,* JuS 1995, L 20; *Berg/Wilmsmeyer,*
JuS 1995, L 60; *Pechstein,* JuS 1996, L 4; *Arndt,* JuS 1996, L 12; *ders.,* JuS 1996, L 28;
Szczekalla, JuS 1996, 625; *Jeand'Heur/Jorcyk,* JuS 1997, 728; *Kahl,* JuS 2000, 1090;
Seiler, JuS 2002, 156; *Frotscher/Kramer,* JuS 2002, 861; *Jochum,* JuS 2003, 370; *Detterbeck/Will,* JuS 2007, 153.

[7] Vgl. dazu Rn. 62.

[8] Ausführliche Darstellungen etwa bei *Pestalozza,* Verfassungsprozeßrecht, § 14;
Schlaich/Korioth, Das Bundesverfassungsgericht, 5. Aufl. 2001, Rn. 186 ff.; *Robbers,*
JuS 1993, 739, 1022.

[9] Ganz deutlich z.B. § 95 III BVerfGG.

[10] S. etwa *BVerfGE* 64, 367 (375); 81, 347 (355); 89, 155 (171); 94, 49 (84). Zu gleichwohl offenen Einzelfragen s. *Hartmann,* JuS 2003, 897.

[11] S. Rn. 451.

breitet werden.[12] Materiellrechtlich kann parallel dazu auch die *falsche Auslegung* einfachen Gesetzesrechts bzw. die *fehlerhafte Subsumtion* unter gültige Gesetze (2) eine Grundrechtsverletzung darstellen. Denn Art. 2 I GG ist durch das Gesetz nur *soweit* eingeschränkt, wie das Gesetz reicht. Trotzdem ist eine *hierauf* gestützte Verfassungsbeschwerde im Grundsatz nicht zulässig. Das *BVerfG* ist keine Superrevisionsinstanz.[13]

Wenn alle sonstigen Zulässigkeitsvoraussetzungen der Verfassungsbeschwerde vorliegen, kann das *BVerfG* so bei einer **Urteilsverfassungsbeschwerde** im Regelfall nur untersuchen, ob eine Maßnahme **mit der Auslegung, welche das einfache Gesetzesrecht in den Vorinstanzen erfahren hat,** Grundrechten widerspricht. Diese *Auslegung selbst* überprüft das *BVerfG* nur darauf, „ob die angegriffene Entscheidung Auslegungsfehler erkennen läßt, die auf einer grundsätzlich unrichtigen Auffassung von der Bedeutung eines Grundrechts, insbesondere vom Umfang seines Schutzbereichs beruhen und die in ihrer Bedeutung für den konkreten Rechtsfall von einigem Gewicht sind".[14]

504 **3.** Nach ständiger Rechtsprechung des *BVerfG*[15] ist insbesondere[16] die **Verfassungsbeschwerde gegen eine Norm** nur zulässig, wenn die Norm den beschwerdeführenden Grundrechtsträger **selbst, gegenwärtig**[17] **und unmittelbar**[18] trifft.

Hierbei handelt es sich um *ungeschriebene Begriffe des Verfassungsprozeßrechts,*[19] welche im Lichte der Funktion der Verfassungsbeschwerde als außerordentlichem Rechtsbehelf[20] zu erfassen sind. Das Erfordernis der *Unmittelbarkeit* hatte das *BVerfG* ursprünglich mit der Subsidiarität der Verfassungsbeschwerde (§ 90 II 1 BVerfGG) in Zusammenhang gebracht (Rechtsweg gegen den Vollziehungsakt).[21] Heute steht die **Unmittelbarkeit selbständig neben der Subsidiarität**[22] (zu ihr erst nachfolgend Rn. 505). Dementsprechend ist das Kriterium des Vollzugsaktes nur noch „*Anzeichen*" für ein denkbares Fehlen der unmittelbaren Grundrechtsbetroffenheit durch die Norm".[23]

Im *Ausgangsfall (a)* (Verfassungsbeschwerde gegen die ordnungsbehördliche Verfügung) sind die vorgenannten Zulässigkeitsvoraussetzungen einer Verfassungsbe-

---

[12] St. Rspr. ab *BVerfGE* 6, 32 (41). *BVerfGE* 65, 297 (303) = JuS 1984, 554 Nr. 1 stellt klar, daß die Einschränkungen nachfolgend bei Fn. 13, 14 hier (natürlich) nicht einschlägig sind. Zur Überprüfung der Gesetzgebungskompetenz und des Art. 31 GG im Rahmen einer Verfassungsbeschwerde zusammenfassend *BVerfGE* 80, 137 (153).

[13] Z. B. *BVerfGE* 18, 85 (92 f.); 30, 173 (196 f.); 32, 311 (316); st. Rspr.

[14] *BVerfGE* 53, 30 (61) m. w. Nachw.; 89, 214 (230); st. Rspr. Näheres in Rn. 570.

[15] Seit *BVerfGE* 1, 97 (101). Zusammenfassend etwa *BVerfGE* 60, 360 (369); 70, 35 (50); 71, 305 (334); 97, 157 (164) = JuS 1999, 77 Nr. 2.

[16] Zur Verfassungsbeschwerde gegen eine Gerichtsentscheidung s. insoweit *BVerfGE* 53, 30 (48).

[17] S. besonders *BVerfGE* 60, 360 (371) – „**aktuelles**", nicht bloß „**virtuelles**" **Betroffensein**.

[18] Einzelheiten z. B. in *BVerfGE* 68, 319 (325); 71, 305 (334 f.); 79, 174 (187 f.); 90, 128 (136).

[19] *BVerfGE* 70, 35 (51).

[20] Dazu auch schon Rn. 499.

[21] *BVerfGE* 1, 97 (103); 29, 83 (94).

[22] *BVerfGE* 55, 244 (247); 60, 360 (369); 68, 319 (325); 69, 122 (125); 70, 35 (53); 71, 305 (335 f.); 90, 128 (136).

[23] *BVerfGE* 70, 35 (51); 71, 305 (335); 90, 128 (136).

schwerde ganz unproblematisch gegeben; sie sollten in der Niederschrift unerörtert bleiben. Im *Ausgangsfall (b)* (Verfassungsbeschwerde schon gegen das Gesetz) ist *X* gegenwärtig und insbesondere auch unmittelbar betroffen, weil ihn die Unterlassungs*pflichten* ab sofort *bereits von Gesetzes wegen* treffen.

4. Subsidiarität der Verfassungsbeschwerde. 505

a) Gem. § 90 II 1 BVerfGG muß zunächst der **Rechtsweg erschöpft** sein, der gegen den angegriffenen Rechtsakt als solchen gegeben ist.[24]

Im *Ausgangsfall* kann *X* die ordnungsbehördliche Verfügung im Verwaltungsrechtsweg anfechten. Die Verfassungsbeschwerde gegen die Verfügung (a) ist also unzulässig. – Unmittelbar gegen das Landesgesetz selbst (b) kann *X* hingegen nicht anderweitig vorgehen.[25] Die in § 47 VwGO vorgesehene Normenkontrolle vor dem Verwaltungsgericht betrifft nur Rechtsnormen, welche im Range *unter* einem Landesgesetz stehen.

b) Wird die Verfassungsbeschwerde unmittelbar gegen eine Norm gerichtet und ist unmittelbar gegen die Norm kein anderer Rechtsweg gegeben, ist die Verfassungsbeschwerde trotzdem unzulässig, wenn der Beschwerdeführer „in *zumutbarer* Weise einen *wirkungsvollen Rechtsschutz* zunächst durch Anrufung der Fachgerichte"[26] erlangen kann. 506

Das folgt aus dem Wortlaut des § 90 II 1 BVerfGG. Denn § 90 II 1 fragt nicht in ausschließlich formaler Betrachtung, ob gegen den *konkret angegriffenen* Rechtsakt ein anderer Rechtsweg gegeben sei. Vielmehr spricht § 90 II 1 BVerfGG allgemeiner von dem gegen die „Verletzung" zulässigen Rechtsweg. Entscheidend ist damit, ob *irgendeine* prozessuale Möglichkeit besteht, die Verletzung abzuwenden, ob der Betroffene auch ohne die Verfassungsbeschwerde also *materiell ausreichenden* Rechtsschutz erhalten kann.

Allgemein verlangt das Subsidiaritätsprinzip, daß der Grundrechtsträger vor einer Verfassungsbeschwerde **alle irgend denkbaren Rechtsschutzmöglichkeiten** ausschöpft, soweit das für ihn zumutbar ist.[27] Wo die Grenze der Zumutbarkeit *im Einzelfall* verläuft, entscheidet das *BVerfG* über eine *Abwägung* zwischen den Interessen des Beschwerdeführers an einer sofortigen Verfassungsbeschwerde, eventuell einschlägigen „Drittinteressen" und (insbesondere) *den* Gesichtspunkten, die

---

[24] Von einem Rechtsbehelf muß „grundsätzlich" selbst dann Gebrauch gemacht werden, wenn dessen Statthaftigkeit zweifelhaft ist; *BVerfG (Kammer),* NJW 2002, 3387 unter Bezugnahme auf *BVerfGE* 91, 93 (106). Zur Frage, wann ein Verfahren des *vorläufigen Rechtsschutzes* insoweit *ausreicht,* s. etwa *BVerfGE* 51, 130 (138); 58, 257 (263 f.); 77, 381 (400 f.); 79, 69 (73 f.); 79, 275 (278 f. – *zusammenfassend*); 80, 40 (45); 93, 1 (12). Im Verhältnis zur *Landesverfassungsbeschwerde* ist die Verfassungsbeschwerde vor dem BVerfG *nicht* subsidiär, § 90 III BVerfGG i. V. mit *BVerfG (Kammerbeschluß),* NJW 1996, 1464 = JuS 1996, 841 Nr. 5.

[25] Näheres Rn. 393 ff.

[26] *BVerfGE* 71, 305 (336); s. ferner *BVerfGE* 68, 319 (325); 72, 39 (43); 74, 102 (113 f.); 77, 84 (100); 77, 381 (401); 86, 382 (388); 107, 395 (414) (*Plenum* des BVerfG).

[27] S. etwa *BVerfGE* 92, 245 (256, 260), sowie die Zusammenstellung unveröffentlichter *BVerfG-Kammerbeschlüsse* bei *Kreuder,* NJW 2001, 1243 (1244 f.).

„hinter" der *Subsidiarität* stehen:[28] über das Subsidiaritätsprinzip soll dem BVerfG in tatsächlicher Hinsicht (umfassende Sachverhaltsaufklärung) und rechtlich „die *Fallanschauung der Fachgerichte* vermittelt" werden[29] und damit zugleich die *„funktionsgerechte Aufgabenverteilung zwischen BVerfG und Fachgerichten"*[30] gewahrt bleiben.[31]

Im *Ausgangsfall (b)* ist es *X* ohne weiteres zuzumuten, lediglich die ordnungsbehördliche Verfügung anzufechten und zunächst in diesem Verfahren mit klären zu lassen, ob das Gesetz ihm wirksam Unterlassungspflichten auferlegt oder nicht: Ist das Gericht der Auffassung, das Gesetz sei nichtig, weil keine *Landes*kompetenz gegeben sei, kommt die Frage wegen der Vorlagepflicht nach Art. 100 I GG ohnehin zum Bundesverfassungsgericht.[32] Halten die Instanzgerichte das Gesetz für gültig, kann *X* gegen die ordnungsbehördliche Verfügung und gegen das letztinstanzliche Urteil nach Erschöpfung des Rechtsweges mit der Begründung Verfassungsbeschwerde erheben, das Landesgesetz verstoße gegen die Kompetenzvorschriften des GG und könne daher keine Rechtsgrundlage für den ordnungsbehördlichen Eingriff in sein Grundrecht aus Art. 2 I GG sein. – Würde es sich im Ausgangsfall um eine straf- oder bußgeldbewehrte Norm handeln, wäre es dem *X* im Abwägungsergebnis *nicht* zuzumuten, zunächst eine Zuwiderhandlung zu begehen, um sein Grundrecht vorab durch die Anfechtung eines Strafentscheids zu verteidigen.[33]

c) In **Abweichung vom Subsidiaritätsprinzip** kann das *BVerfG* nach § 90 II 2 BVerfGG vor Erschöpfung des Rechtsweges entscheiden, wenn die Verfassungsbeschwerde von *allgemeiner Bedeutung* ist.[34] Aber das BVerfG wägt auch insoweit mit dem Sinn des Subsidiaritätsprinzips ab.[35] Für den *schweren und unabwendbaren Nachteil* beim Beschwerdeführer, auf den sich § 90 II 2 BVerfGG ebenfalls bezieht, gilt schon die Zumutbarkeitsabwägung nach soeben b).

5. Rechtsschutzbedürfnis

507   Insbesondere wegen des Subsidiaritätsprinzips und wegen der Dauer des Verfassungsbeschwerdeverfahrens ist das mit der Verfassungsbeschwerde verfolgte Begehren häufig durch Zeitablauf erledigt, wenn das *BVerfG* entscheidet. Ob das Rechtsschutzinteresse gleichwohl fortbesteht, beurteilt das BVerfG unterschiedlich.[36] Das BVerfG befasst sich mit der Sache *jedenfalls* noch, wenn der Beschwerdeführer ein *Fortset-*

---

[28] *BVerfGE* 71, 305 (336); *BVerfG (Kammer)*, NVwZ 1998, 1286 (1287), sowie z.B. *BVerfG (Kammer)*, NJW 2002, 2772 (2773).

[29] *BVerfGE* 65, 1 (38).

[30] *BVerfGE* 74, 69 (75); 107, 395 (414) (*Plenum* des BVerfG).

[31] Zusammenfassend etwa *BVerfGE* 68, 376 (380).

[32] Vgl. Rn. 498.

[33] S. *BVerfGE* 20, 283 (290); 46, 246 (256); 81, 70 (82) = JuS 1990, 838 Nr. 1; 97, 157 (165) = JuS 1999, 77 Nr. 2.

[34] So geschehen z.B. in *BVerfGE* 84, 90 (116).

[35] S. *BVerfGE* 86, 382 (388); *H. Weber*, JuS 1995, 114.

[36] Zusammenfassend dazu und zum Nachfolgenden *BVerfG (Kammer)*, NJW 2002, 3691.

zungsfeststellungsinteresse analog § 113 I 4 VwGO (vgl. Rn. 54) hat.[37] Auch ohne Fortsetzungsfeststellungsinteresse besteht des Rechtsschutzbedürfnis in Fällen besonders tiefgreifender und folgenschwerer Grundrechtsverstöße fort.[38]

6. Zu den **Fristen** der Verfassungsbeschwerde s. § 93 BVerfGG. Gemäß §§ 23 I 2, 92, 93 I 1 BVerfGG muß die Verfassungsbeschwerde **innerhalb der Beschwerdefrist hinreichend begründet** werden. Nach der Rechtsprechung des *BVerfG* treffen den Beschwerdeführer insoweit **erhebliche Substantiierungs- und Darlegungslasten,** vor allem, wenn er anwaltlich vertreten ist.[39]

7. Nach § 32 BVerfGG kann das Bundesverfassungsgericht eine **einstweilige Anordnung** treffen.[40]

IV. Annahmeverfahren

Gemäß § 93 a I BVerfGG bedarf die Verfassungsbeschwerde der Annahme zur Entscheidung. Nach Maßgabe von § 93 b BVerfGG entscheidet über die Annahme in der Regel nicht der mit acht Bundesverfassungsrichtern besetzte zuständige Senat des Gerichts, sondern eine mit drei Senatsmitgliedern besetzte Kammer des Senats. Die Ablehnung der Annahme bedarf keiner Begründung[41] und ist unanfechtbar (§ 93 d I 2, 3 BVerfGG). Nach der Rechtsprechung des *BVerfG* ist Voraussetzung für die Annahme jedenfalls, daß die Verfassungsbeschwerde hinreichende Erfolgsaussichten hat.[42] Schon deshalb nimmt das *BVerfG* unzulässige Verfassungsbeschwerden nicht zur Entscheidung an.[43] Aber nach dem Gesagten (Rn. 499) werden auch *zulässige* Verfassungsbeschwerden nur unter den engen **Voraussetzungen von § 93 a II a)** oder **§ 93 a II b)** BVerfGG zur Entscheidung angenommen.

508

Die „grundsätzliche verfassungsrechtliche Bedeutung" *(§ 93 a II a) BVerfGG)* setzt voraus, daß „über die Beantwortung der verfassungsrechtlichen Frage ernsthafte Zweifel bestehen". „An ihrer Klärung muß ein über den Einzelfall hinausgehendes Interesse bestehen". – „Zur Durchsetzung der in § 90 I genannten Rechte" ist die Annahme „angezeigt" *(§ 93 a II b) BVerfGG),* „wenn die geltend gemachte Verlet-

---

[37] *BVerfGE* 79, 275 (280).

[38] *BVerfGE* 74, 163 (172 f.); 76, 1 (38 f.); 81, 138 (140 f.).

[39] S. etwa den Überblick bei *Kreuder,* NJW 2001, 1243 (1246 ff.).

[40] Zu den Einzelvoraussetzungen s. z. B. *BVerfGE* 64, 67 = JuS 1993, 713 Nr. 3; 63, 254; 66, 39; 90, 277 (283); 91, 328 (332); 92, 126 (129); 93, 181 (186 f.); 111, 147 (152 f.) = JuS 2004, 1095. Umfassender Überblick bei *Robbers,* JuS 1994, 1031. Klausur bei *Butzer,* JuS 1994, 1045.

[41] Im Jahre 1999 wurde 3552 von 4941 Nichtannahmebeschlüssen (= 72%) keine Begründung beigegeben; *BVerfG* Jahresstatistik 1999, S. 34, 42.

[42] *BVerfGE* 90, 22 (26).

[43] S. etwa *BVerfG (Kammer),* NVwZ 1998, 1286 = JuS 1999, 817 Nr. 7; NJW 2001, 1482 (1483).

zung von Grundrechten oder grundrechtsgleichen Rechten besonderes Gewicht hat oder den Beschwerdeführer in existentieller Weise betrifft".[44]

Nach diesen Maßstäben **muß in der Fallbearbeitung sorgfältig untersucht werden,** ob die zu bearbeitende Verfassungsbeschwerde als annahmefähig angesehen werden kann (= fast regelmäßiger Auslassungsfehler).

V. Begründetheit der Verfassungsbeschwerde

509 Manche Bearbeitungen werden fehlerhaft, weil sie den in Rn. 502 f. abgesteckten **Rahmen einer zulässigen Verfassungsbeschwerde** verlassen und sich in Ausführungen verlieren, welche nur für eine „Superrevisionsinstanz" Bedeutung hätten.

Im *Ausgangsfall* (Rn. 500) dürfte im Rahmen der Verfassungsbeschwerde gegen die ordnungsbehördliche Verfügung nach Erschöpfung des Rechtswegs und bei Vorliegen der Annahmevoraussetzungen so nicht geprüft werden, ob *X* gegen das Gesetz verstoßen hat, die Vorinstanzen also richtig subsumiert haben.[45]

§ 35. Grundrechtliche Ansprüche auf Schutz, Teilhabe und staatliche Leistung?

510 **Ausgangsfälle: (1)** Die private Ersatzschule *P* muß in absehbarer Zeit ihren Unterricht einstellen, weil sie einen ihrer Gesellschafter hat auszahlen müssen und daher keine liquiden Mittel mehr hat, anstehende Erhöhungen der Personalkosten aufzufangen. Unter Berufung auf Art. 7 IV 1 GG verlangt sie vom Staat eine Erhöhung der Subventionen, welche sie erhält. Zu Recht?[1]

(2) Obgleich zu erwarten ist, daß der Numerus clausus an den Hochschulen signifikant verschärft werden muß, wollen die Bundesländer die Zahl der Studienplätze nicht ausweiten. Denn wegen des Rückganges der Geburten sei sonst zu befürchten, daß die neu geschaffenen Kapazitäten in späteren Jahren nicht mehr hinreichend genutzt werden könnten. Ist dieses Verhalten der Länder mit dem Recht der Abiturienten vereinbar, ihre Ausbildungsstätte frei zu wählen (Art. 12 I GG)?[2]

(3) Nach § 90a HGB kann sich ein Handelsvertreter in seinem Vertrag mit dem Unternehmer verpflichten, nach dem Ausscheiden für längstens zwei Jahre bestimmte Wettbewerbshandlungen zu unterlassen. Zum Ausgleich gesteht § 90a HGB dem Handelsvertreter dann einen Entschädigungsanspruch zu. Unter der Geltung von § 90a HGB *alter Fassung* konnte der Unternehmer mit seinem Handelsvertreter eine Wettbewerbsabrede *ohne Entschädigungsausgleich* für Fälle vereinbaren, in denen der „Unternehmer das Vertragsverhältnis aus wichtigem Grund wegen schuldhaften Verhaltens des Handelsvertreters" gekündigt hatte. War § 90a HGB a. F. insoweit mit dem Grundrecht der Handelsvertreter aus Art. 12 I GG vereinbar?[3]

---

[44] So mit detaillierten Konkretisierungen *BVerfGE* 90, 22 (25 f.); s. ferner etwa *BVerfG (Kammer)*, NJW 1999, 3480.

[45] Vgl. oben Rn. 503.

[1] Ähnliche Fälle: *BVerwGE* 23, 347; 27, 360. Parallelfälle zu Art. 5 III GG: *BVerwG*, NJW 1980, 718; *VGH Mannheim*, NJW 2004, 624 = JuS 2004, 549 *(Hufen)*.

[2] Einschlägig die N. c.-Urteile, *BVerfGE* 33, 303; 43, 291; s. ferner etwa *BVerfGE* 66, 155 (179); 85, 36 (54, 56 ff.).

[3] *BVerfGE* 81, 242 = JuS 1990, 930 Nr. 2; *Hermes*, NJW 1990, 1764. Vergleichbare Probleme in *BVerfG (Kammer)*, NJW 2006, 596 = JuS 2006, 648 Nr. 6 *(Hufen)*.

Hier geht es um Fälle, in welchen die Grundrechte in ihrer klassischen   511
liberalstaatlichen Funktion als *Abwehr*rechte gegen staatliche *Eingriffe*
unergiebig sind.

Im Zusammenhang mit den *Ausgangsfällen 1 und 2* würde Art. 7 IV GG insoweit
nur besagen, daß der Staat die privaten Ersatzschulen nicht durch *Eingriffe* beseitigen dürfte, und Art. 12 I GG, daß der Staat den Zugang zu *vorhandenen* Ausbildungsplätzen nicht einschränken könnte, solange dort *freie* Studienplätze bereitste-
hen. Im *Ausgangsfall 3* entspricht die Möglichkeit zu einer Wettbewerbsabrede ohne
Entschädigungsausgleich der privatrechtlichen Vertragsautonomie gleichsam in ihrem
„Urzustand". Hier ist es der *Unternehmer,* der unter Ausnutzung seiner „Überle-
genheit" in den Vertragsverhandlungen in die Berufsfreiheit des Handelsvertreters
eingreift, nicht aber der Gesetzgeber als Adressat der *Abwehrfunktion* der Grundrechte.

Entscheidend ist in allen Fällen, ob die Grundrechte über ihre Abwehrfunktion hinaus auch Ansprüche auf staatliches *Handeln* und/oder auf
Teilhabe an staatlichen Leistungen der Daseinsvorsorge sowie auf *Schutz*
(gegen die überlegene Verhandlungsposition des Unternehmers im Ausgangsfall 3)[4] vermitteln, welche das dem Grundrechtsträger aus *eigener*
Kraft Mögliche *abstützen, erhalten* (Ausgangsfälle 1, 3) oder *erweitern*
(Ausgangsfall 2). Diese Frage ist in der Grundrechtstheorie nach wie vor
umstritten.[5] **In der Rechtsprechung des BVerfG**[6] **finden sich entsprechende Ansätze.** Wiederum ist zwischen Freiheits- (nachfolgend
Rn. 512ff.) und Gleichheitsgrundrechten (nachfolgend Rn. 517ff.) zu
unterscheiden. Etwa vorhandene Ansprüche finden regelmäßig in den
Grundrechten anderer Grundrechtsträger oder darin ihre Grenze, daß der
Staat mit seinen knappen finanziellen Mitteln auch andere Staatsaufgaben
zu erledigen hat (nachfolgend Rn. 520ff.).

I. Ansprüche aus Freiheitsgrundrechten

1. Schutzanspruch aus Art. 1 I 2 GG

Nach der positivrechtlichen Regelung in Art. 1 I 2 GG muß der Staat   512
jedenfalls „zum Schutz der Menschenwürde" handeln. Das gilt im Rah-

---

[4] Zum Schutzanspruch gegen Drittgenehmigungen (Baugenehmigung) s. insoweit
bereits Rn. 190.
[5] Repräsentativ schon die Referate von *W. Martens* (zurückhaltend) und *Häberle* (für
„grundrechtssichernde Geltungsfortbildung") in Verbindung mit der anschließenden
Diskussion auf der Staatsrechtslehrertagung 1971, VVDStRL 30, 7ff. S. ferner beson-
ders auch den Überblick bei *Böckenförde,* NJW 1974, 1535ff. Anspruchstypologie als
Ergebnis einer Rechtsprechungsanalyse bei *Breuer,* FG 25 Jahre BVerwG, 1978,
S. 89ff. Später z. B. *Pietzcker,* Drittwirkung – Schutzpflicht – Eingriff, FS Dürig, 1990,
S. 345; *Pietrzak,* JuS 1994, 748; *Schnapp/Kaltenborn,* JuS 2000, 938 (939); *P. Unruh,*
Zur Dogmatik der grundrechtlichen Schutzpflichten, 1996; *Krings,* Grund und
Grenzen grundrechtlicher Schutzansprüche, 2003.
[6] S. die nachfolgenden Fußnoten.

men aller Grundrechte, *soweit* sie Ausdruck der Menschenwürde i.S. des Art. 1 I GG sind.[7]

Entsprechend haben die Urteile des *BVerfG* zu § 218 StGB[8] aus Art. 2 II GG i.V. mit Art. 1 I GG die Verpflichtung des Gesetzgebers hergeleitet, das ungeborene Kind zu schützen. Hinzu treten weitere Urteile zum Lebens- und Gesundheitsschutz nach Art. 2 II GG i.V. mit Art. 1 I GG.[9] Im Rahmen von Art. 2 I GG wird die „engere" Persönlichkeitssphäre vom Schutzanspruch aus Art. 1 I 2 GG erfaßt.[10] Das Betreiben einer privaten Ersatzschule *(Ausgangsfall 1)*, eine Hochschulausbildung *(Ausgangsfall 2)* und ein Entschädigungsausgleich bei Wettbewerbsabreden *(Ausgangsfall 3)* sind hingegen keine Essentials der Menschenwürde im Sinne von Art. 1 I GG.

2. Konstruktion über die objektivrechtliche Seite der Grundrechte

513 Wird Art. 1 I GG nicht angewendet, konstruiert das *BVerfG* in Einzelfällen[11] Teilhabe- und Leistungsansprüche, auch Schutzansprüche,[12] über die schon früher skizzierte[13] objektivrechtliche Seite der Grundrechte: Wenn das Grundgesetz die Existenz bestimmter grundrechtlich genannter Handlungen und Rechtsgüter als ordnungspolitisch erwünscht und wertvoll erkannt hat, so müssen die staatlichen Organe im Rahmen ihrer Zuständigkeit dafür sorgen, daß diese Existenz möglich ist.

Wegen der angedeuteten[14] konstitutiven Bedeutung als Meinungsfreiheit für das Funktionieren der Demokratie kann der Staat so z.B. verpflichtet sein, Gefahren abzuwehren, die einem freien Pressewesen aus der Bildung von Meinungsmonopolen erwachsen.[15] Sieht man in Art. 7 IV 1 GG eine Entscheidung objektiven Rechts zugunsten der privaten Ersatzschule als Alternative zur staatlichen Schule,[16] kommt im *Ausgangsfall 1* die Verpflichtung des Staates in Betracht, private Ersatzschulen gegen eine Existenzgefährdung abzusichern. Sieht man in Art. 12 I GG eine objektivrechtliche Verfassungsentscheidung zugunsten einer optimalen Ausbildung, muß der Staat

---

[7] Zum Zusammenspiel des Art. 1 mit den anderen Grundrechten s. *Herdegen,* in: Maunz/Dürig, GG, Art. 1 I Rn. 23.

[8] *BVerfGE* 39, 1 (Ls. 1); 88, 203 = JuS 1994, 69 Nr. 1 (Ls. 1).

[9] *BVerfGE* 46, 160 (164) – „Schleyer-Entführung"; 49, 24 (53); 79, 174 (201) – „Lärmschutz"; 115, 320 (346f.) – Schutz durch Rasterfahndung; *BVerwGE* 109, 28 (38) i.V. mit *Brüning,* JuS 2000, 955 – „Sommersmog". Klausuren bei *Haltern/Viellechner,* JuS 2002, 1197 – „embryonale Stammzellen"; *Maierhöfer,* JuS 2004, 598 – Grenzwerte für Immissionen.

[10] S. insoweit z.B. *BVerfGE* 73, 118 (201); 97, 125 (146); 99, 185 (195).

[11] Noch tastend *BVerfGE* 33, 303 (329ff., 333) (N. c.-Urteil). Klar dann *BVerfGE* 35, 79 (114ff.) (Hochschulurteil); 39, 1 (41); 49, 89 (141f.); 87, 1 (35) = JuS 1992, 973 Nr. 16 (Kindererziehungszeiten in der Rentenversicherung).

[12] S. *BVerfGE* 49, 89 (140ff.); 53, 30 (57ff.) zu atomrechtlichen Genehmigungsverfahren; 81, 242 (256) u. 92, 26 (46) = JuS 1996, 68 Nr. 3 zu Art. 12 I GG; 89, 214 (231ff.); 141, 1 (33f.) zu Art. 2 I GG; 114, 1 (37); *BVerfG (Kammer),* NJW 1998, 3261 (3265) = JuS 1999, 406 Nr. 14 zu Art. 14 I GG.

[13] Rn. 484ff.

[14] Rn. 485.

[15] *BVerfGE* 20, 162 (176).

[16] So *BVerfGE* 27, 195 (201); 75, 40 (61); 90, 107 (114) = JuS 1995, 1129 Nr. 2; 112, 74 (83) = JuS 2005, 1029 Nr. 3.

diese Entscheidung in die Verfassungswirklichkeit umsetzen und im *Ausgangsfall 2* daran denken, ausreichende Ausbildungskapazitäten zu schaffen.[17] Nach *BVerfGE* 81, 242 (254, 260) hat Art. 12 I 1 GG eine objektivrechtliche Seite, aus der den Gesetzgeber im *Ausgangsfall 3* eine Schutzpflicht zugunsten der Handelsvertreter traf.

Auch hier kann der Einstieg über die objektive Ordnung indessen wieder mit dem Problem belastet sein,[18] daß dem Einfluß subjektiver Wertungen des Verfassungsinterpreten Tür und Tor geöffnet sind.   514

So fragt sich im *Ausgangsfall 1* etwa, wie die objektivrechtliche Entscheidung zugunsten der privaten Ersatzschule im *einzelnen* aussieht. Liegt eine institutionelle Garantie vor, kann den Staat von vornherein keine Verpflichtung zur spezifischen Unterstützung einer einzelnen Schule treffen, solange nicht das Gros aller privaten Ersatzschulen und erst damit die Institution als solche in der Existenz bedroht wird.[19] Ist hingegen der *überkommene Bestand* an privaten Ersatzschulen garantiert, kommt eine Subventionsverpflichtung in Betracht, ist aber von der Frage abhängig, welche finanzielle *Eigen*kraft Art. 7 IV GG dem Träger einer *privaten* (!) Ersatzschule abverlangt.[20]

Wie stets, wenn es um **Wertungen** geht,[21] ist auch jetzt die **staatliche Kompetenzordnung** zu beachten. Auf dieser Linie entscheidet die Verwaltung (Ausgangsfälle 1, 2) kraft ihres Ermessens oder der Gesetzgeber (Ausgangsfall 3) kraft seiner Wertungszuständigkeit, was die objektive Grundrechtsordnung im einzelnen gebietet. Grundrechts*widrig* ist die Entscheidung erst dann, wenn sie die Grundrechtsordnung *evident* mißachtet.[22]

Besteht eine (objektivrechtliche) Verpflichtung des Staats (= „Verfassungsauftrag") zum Handeln, ist weiterhin problematisch, ob dem ein **(klagbares) subjektives Recht** des einzelnen Grundrechtsträgers auf Teilhabe oder Leistung korrespondiert. Anders als bei der Abwehrfunktion der Grundrechte gegen staatliche Eingriffe[23] hält das *BVerfG* eine solche Entsprechung hier wohl nicht für vorgegeben, von Fall zu Fall aber für möglich.[24]   515

3. Sozialstaatliche Neuinterpretation der Grundrechte

Schließlich besteht die Möglichkeit, die Grundrechte (ohne den Umweg über ihre objektivrechtliche Seite) *sozialstaatlich (neu)* zu interpretieren.   516

---

[17] In seiner Zurückhaltung (soeben Fn. 11) läßt das *BVerfG* diese Frage im N.c.-Urt. dahingestellt (*BVerfGE* 33, 303 (333)).

[18] S. zum Problem schon Rn. 489 ff.

[19] So *BVerwGE* 79, 154 (158); *BVerfGE* 75, 40 (67); 90, 107 (117); 112, 74 (84) = JuS 2005, 1029 Nr. 3.

[20] Einzelheiten in *BVerwGE* 27, 360 (365 f.), in der Sache aber von *BVerwGE* 79, 154 aufgegeben.

[21] S. Rn. 99, 465, 569 f.

[22] S. *BVerfG (Kammer)*, NJW 1998, 3264 (3265) = JuS 1999, 406 Nr. 14.

[23] S. insoweit Rn. 486.

[24] So in *BVerfGE* 33, 303 (332 f.); 35, 79 (116); 43, 291 (314); 99, 185 (195).

In diesem Sinne sind die Grundrechte nicht (nur) liberalstaatliche *(rechtliche)* Ausgrenzungen, sondern *reale* Freiheitsgewährleistungen. Die faktischen Voraussetzungen realer Freiheitsbetätigungen sind heute weitgehend nicht mehr gegeben, wenn der Sozialstaat sie nicht durch seine Sozialleistungen und Maßnahmen der Daseinsvorsorge ersetzt. Dem entspricht ein grundrechtlicher Anspruch auf diese Leistungen, im *Ausgangsfall 2* also (im Rahmen von nachfolgend Rn. 520ff.) auf Ausweitung der Hochschulkapazitäten.[25] Daß auch hier wieder ein Einfallstor für subjektive Wertvorstellungen des Verfassungsinterpreten besteht, liegt auf der Hand.

II. Ansprüche aus dem Gleichheitsgrundsatz

517 Ansprüche auf Leistung und Teilhabe können im Gleichheitsgrundsatz (Art. 3 I GG) ihren Ansatzfinden, wenn dem Grundrechtsträger eine Leistung oder Teilhabe vorenthalten wird, welche der Staat *anderen* Bürgern gewährt.

Im *Ausgangsfall 2* (Rn. 510)[26] kommt dementsprechend eine Verpflichtung der Länder, die Kapazitäten zu erweitern, auch deshalb in Betracht, weil die abgewiesenen Studienbewerber gegenüber den Inhabern der Studienplätze gleichheitswidrig diskriminiert sein könnten.

518 Trotz bestehender Gleichheiten gestattet es der Gleichheitsgrundsatz indessen, auf gleichzeitig bestehende Ungleichheiten abzustellen, wenn dafür ein sachlich einleuchtender Grund von hinreichendem Gewicht vorhanden ist.[27] Schon deshalb scheitert in den meisten Fällen ein Gleichheitsanspruch auf Leistung und Teilhabe.

Im *Ausgangsfall 2* haben zwar alle Studienbewerber die *Hochschulreife* (= gleiches Element). Der Notendurchschnitt der Abiturzeugnisse ist aber ungleich. Daher ist man auch im *Ausgangsfall* zunächst geneigt anzunehmen, unter Gleichheitsgesichtspunkten sei es *nicht* sachwidrig, wenn Studienkapazitäten nur für die Abiturienten mit gutem Notendurchschnitt zur Verfügung gestellt würden.

519 Aber auf bestehende Unterschiede darf insoweit nicht abgestellt werden, als sie nach Wertungen des GG irrelevant sind.[28] Solche Wertungen finden sich gerade in der objektivrechtlichen Seite der Freiheitsgrundrechte. An sie ist daher typischerweise auch die Argumentation im Rahmen der Gleichheitsprüfung entscheidend rückgekoppelt.[29]

---

[25] Andeutungen in dieser Richtung in *BVerfGE* 33, 303 (331f.). Grdl. *Häberle,* VVDStRL 30, 69ff. Krit. *W. Martens,* VVDStRL 30, 28ff.; *Böckenförde,* NJW 1974, 1535ff., 1538.

[26] Weitere Beispiele Rn. 794; *BVerwGE* 55, 349.

[27] S. Rn. 491ff.

[28] Vgl. Rn. 493.

[29] Exemplarisch *BVerfGE* 87, 1 (36f.) = JuS 1992, 973 Nr. 16 – Kindererziehungszeiten in der Rentenversicherung/Art. 6 I GG.

Zum *Ausgangsfall 2* besagt die in Art. 12 I GG enthaltene objektivrechtliche Entscheidung, daß *jeder,* der zum Hochschulstudium in der Lage ist (Abitur = Hochschul*reife*), studieren kann (in den Grenzen von nachfolgend Rn. 520 ff.). Das Abhängigmachen der Kapazitäten von der Abitur*note* würde gegen diese (Wert-)Entscheidung verstoßen. Damit prägt ausschließlich die Hochschulreife (= *gleiches* Element) die Vergleichstatbestände: Auch Art. 3 I GG drängt auf eine Ausweitung der Kapazität.[30]

III. Anspruchsschranken

Bei allen in Rn. 512 ff. und 517 ff. angedeuteten Ansätzen ist die Ver-   520
pflichtung des Staates zur Gewährung von Teilhabe oder Leistung indessen nicht *absolut.* Denn auch jetzt finden die Grundrechte **über den Gesetzesvorbehalt und** vor allem **in anderen Normen der Verfassung** ihre Schranken.

Der verfassungskräftige Schutzanspruch des ungeborenen Kindes gegen Abtreibung findet seine Schranke im Grundrecht der Mutter auf freie Entfaltung ihrer Persönlichkeit.[31] In den *Ausgangsfällen 1 und 2* (Rn. 510) stößt die Verpflichtung des Staates, für die Erhaltung von privaten Ersatzschulen zu sorgen und dem n. c. entgegenzuwirken, auf die Pflicht, mit den knappen staatlichen Finanzmitteln auch alle anderen Staatsaufgaben wahrnehmen zu müssen.[32] Im *Ausgangsfall 3* kollidiert der Schutzanspruch der Handelsvertreter mit der grundrechtlichen Position der Unternehmer.[33]

Es bestehen also **Zielkonflikte.** Wie sie zu lösen sind, entscheiden   521
grundsätzlich wiederum (s. Rn. 514) die dafür *zuständigen* staatlichen Instanzen nach *ihrer* politischen Wertung, *nicht* das *BVerfG* und auch nicht der Fallbearbeiter.[34]

Wegen der Zielkonflikte kann ein Grundrechtsanspruch auf Teilhabe,   522
Leistung oder Schutz in der Regel nur bewirken, daß die staatlichen Organe ihn in ihre Überlegungen mit *einzubeziehen* haben. Er lenkt also die *Methodik* der Entscheidungs*findung.*[35] Lediglich in Extremfällen ist der Staat verpflichtet, dem Grundrechtsanspruch gegenüber kollidierenden Aspekten im Entscheidungs*ergebnis* den Vorzug zu geben, so bei Verstößen gegen den **Grundsatz der Verhältnismäßigkeit** zu Lasten anderer Grundrechtsträger.[36]

---

[30] *BVerfGE* 33, 303 (331); 43, 291 (345) ziehen Art. 3 I GG nur heran, um den Anspruch des Abiturienten auf Teilhabe an *vorhandenen, aber nicht ausgeschöpften Kapazitäten* zu begründen.

[31] *BVerfGE* 39, 1 (42); 88, 203 (254) = JuS 1994, 69 Nr. 1.

[32] *BVerfGE* 33, 303 (335); 75, 40 (68); 90, 107 (116); 112, 74 (84 f.) = JuS 2005, 1029 Nr. 3.

[33] *BVerfGE* 81, 242 (255, 261).

[34] *BVerfGE* 27, 253 (283); 33, 303 (333 f.); 39, 44; 46, 160 (164); 81, 242 (255, 261) = JuS 1990, 930 Nr. 2; 83, 130 (142); 87, 1 (35 f.) = JuS 1992, 973 Nr. 16; 96, 330 (340) = JuS 1998, 653 Nr. 1 – „Ausbildungsförderung"; 112, 74 (84 f.) = JuS 2005, 1029 Nr. 3 – Ersatzschulen; *BVerwGE* 109, 29 (38) – „Sommersmog".

[35] Näheres zu einer solchen Konstellation in Rn. 434.

[36] Dazu etwa *BVerfGE* 115, 320 (358 f.); Einzelheiten zur Überprüfung in Rn. 463 ff., 479 ff.

Die unterschiedlichen Darlegungen der Mehrheit und der überstimmten Minderheit des *1. Senats* des *BVerfG* in den § 218-Urteilen[37] zeigen, wie schwierig die Beurteilung sein kann, ob ein solcher Extremfall vorliegt oder nicht. Im *Ausgangsfall 1* ist kein (absoluter) Subventionsanspruch gegeben, solange die privaten Ersatzschulen nicht auf breiter Front in existenzgefährdende Schwierigkeiten geraten.[38] Im *Ausgangsfall 2* lassen die Länder den N. c. wohl so einseitig unberücksichtigt, daß sie gegen Art. 12 I GG und Art. 3 I GG verstoßen. Im *Ausgangsfall 3* ist die vollständige und undifferenzierte Verweigerung eines Entschädigungsausgleichs für die Wettbewerbsabrede bei einem Vertragsbruch des Handelsvertreters „nicht erforderlich, um wettbewerbsrechtlichen Nachteilen des kündigenden Unternehmers zu begegnen"[39] und den grundrechtlichen Schutzanspruch der Handelsvertreter also einzuschränken. Deshalb verstieß § 90 a HGB a. F. gegen diesen Schutzanspruch.

§ 36. Besonderheiten bei wichtigen Einzelgrundrechten[1]

I. Art. 12 I GG

523 **Ausgangsfälle:**[2] (1) Für den Straßenbau wird ein Geschäftsgrundstück enteignet. Geschäftsinhaber *E* fühlt sich zu alt, um sein Geschäft (mit Hilfe der Enteignungsentschädigung) an anderer Stelle neu aufbauen zu können. Er befürchtet den „Pensionärstod". Kann *E* die Enteignung unter Berufung auf Art. 12 I GG mit Erfolg anfechten?

(2) Gemäß §§ 1 I, 6, 7, 45 III HandwO kann ein zulassungspflichtiges Handwerk wie das Klempnerhandwerk *selbständig* nur betreiben, wer (von Ausnahmen abgesehen) eine *Meister*prüfung abgelegt und in ihr auch betriebswirtschaftliche und kaufmännische Kenntnisse nachgewiesen hat. Klempnergeselle *G* möchte einen eigenen Betrieb eröffnen, scheitert in der Meisterprüfung aber an den betriebswirtschaftlichen und kaufmännischen Prüfungsanforderungen. Ist die HandwO in diesen Anforderungen mit Art. 12 I GG vereinbar?[3]

1. Schutzbereich des Art. 12 I GG

524 **a)** „Unter **Beruf** ist jede auf Erwerb gerichtete Tätigkeit zu verstehen, die auf Dauer angelegt ist und der Schaffung und Aufrechterhaltung einer Lebensgrundlage dient."[4] Dabei gehört zur Berufsfreiheit „nicht nur die berufliche Praxis selbst, sondern auch jede Tätigkeit, die mit der Berufsfreiheit zusammenhängt und dieser dient".[5] Ob die Berufsfreiheit

---

[37] *BVerfGE* 39, 1, 44 ff. einerseits, 73 ff. andererseits; *BVerfGE* 88, 203, 254 ff. einerseits, 338 ff. andererseits.

[38] *BVerfGE* 75, 40 (68); 112, 74 (84).

[39] *BVerfGE* 81, 242 (263).

[1] Zu ihrer Auswahl und zu den anderen Einzelgrundrechten s. bereits Rn. 441.

[2] Weitere Fälle bei: *Jeand'Heur/Jorcyk,* JuS 1997, 729; *Calliess/Kallmayer,* JuS 1999, 785; *Frotscher,* JuS 2000, L 21; *Seiler,* JuS 2002, 156. – Umfassend zu Art. 12 I GG *Kimms,* JuS 2001, 664; *Nolte/Tams,* JuS 2006, 31, 131, 218.

[3] Ähnlicher Fall inzwischen auch bei *Fröhlinger,* JuS 1983, 704.

[4] *BVerfGE* 102, 197 (212); st. Rspr.

[5] *BVerfGE* 94, 372 (389) = JuS 1997, 651 Nr. 3 (Außendarstellung, geschäftliche und berufliche Werbung). Ob *rechtswidriges* berufliches Tun von Art. 12 I GG erfaßt

thematisch einschlägig ist, läßt sich deshalb in der Regel eindeutig entscheiden, so auch in den Ausgangsfällen.

Merke: Das *BVerfG*[6] hat den im Gesetzeswortlaut *personalen* Ansatz des Art. 12 I GG (*Berufs*freiheit) zu der *allgemeinen,* auch *juristischen* Personen zugänglichen (vgl. Art. 19 III GG) „Freiheit, eine Erwerbszwecken dienende Tätigkeit, insbesondere ein Gewerbe zu betreiben", fortentwickelt. Damit ist die in der Fallbearbeitung häufig relevante „**Wirtschaftsfreiheit**" *heute* in der lex specialis des Art. 12 I GG angesiedelt, nicht mehr in der lex generalis des Art. 2 I GG, wie die Literatur und das *BVerwG* ursprünglich angenommen hatten.[7] Auf Art. 2 I GG darf daher nur noch zurückgegriffen werden, wenn Art. 12 I GG tatbestandlich nicht einschlägig ist[8] (*gelegentliches* wirtschaftliches Handeln als Beispiel).

b) In seinem **funktionalen Schutzbereich**[9] kommt Art. 12 I GG „in   **525** aller Regel als Maßstabsnorm nur für solche Bestimmungen in Betracht, die sich gerade auf die berufliche Betätigung beziehen und diese unmittelbar zum Gegenstand haben".[10] *Zusätzlich* sind an Art. 12 I GG nach seinem Schutzzweck aber auch Vorschriften zu messen, welche „infolge ihrer Gestaltung in einem engen Zusammenhang mit der Ausübung eines Berufs stehen und – objektiv – eine berufsregelnde Tendenz deutlich erkennen lassen".[11]

Im *Ausgangsfall 1* haben die einschlägigen Enteignungsnormen keinen irgendwie berufsregelnden Charakter. Es geht *ausschließlich* um die Inanspruchnahme des *Grundstücks*. Der (funktionale) Schutzbereich des Art. 12 I GG ist dem E also nicht eröffnet.[12] (Ebensowenig eröffnet das Stichwort „Pensionärstod" dem E den funktionalen Schutzbereich des Art. 2 II GG.) – Im *Ausgangsfall 2* ist Art. 12 I GG auch funktional gesehen ohne weiteres einschlägig.

Merke: Bei unternehmerischer wirtschaftlicher Betätigung tritt neben Art. 12 I GG   **526** regelmäßig auch Art. 14 I GG ins Blickfeld. Nach *BVerfGE* 30, 335 gibt es in der **Konkurrenz zwischen Art. 12 I GG und Art. 14 I GG** Fälle, in welchen vom funktionalen

---

wird, läßt *BVerfGE* 98, 265 (297) = JuS 1999, 908 Nr. 1 (Schwangerschaftsabbruch) im Grundsatz offen.

[6] *BVerfGE* 21, 261 (266); 22, 380 (383); 30, 292 (312); 50, 290 (363); 97, 228 (253); 102, 197 (213).

[7] S. etwa *BVerwGE* 60, 154 (158); 65, 167 (174); offengelassen in *BVerwGE* 71, 183 (189); differenzierend *Friehe,* JuS 1981, 868.

[8] Methodik in *BVerfGE* 98, 218 (258 f.).

[9] Zu ihm s. bereits Rn. 447.

[10] *BVerfGE* 13, 181 (185).

[11] So *BVerfGE* 13, 181 (185 f.); 22, 380 (383); 37, 1 (17); 46, 120 (137 f.). S. ferner z. B. *BVerfGE* 75, 108 (153 f.); 82, 209 (233 f.); 95, 267 (302); 97, 228 (254); 98, 218 (258); *BVerwGE* 65, 167 (173); 87, 37 (42) = JuS 1992, 84 Nr. 12.

[12] Vergleichbare Konstellationen in *BVerfGE* 10, 354 (362 f.); 15, 235 (239); 21, 73 (85); 52, 42 (53). – Art. 12 I GG schützt seiner Funktion nach ferner nicht gegen: staatliche Konzessionierung eines neuen Konkurrenten (*BVerwGE* 10, 122 (123); 65, 167 (173); *BVerfGE* 34, 252 (256)); Hinzutreten des Staates als Konkurrent (*BVerwGE* 39, 329 (336 f.); *BVerfGE* 24, 236 (251)); Rechtschreibreform mit Belastungen für Schulbuchverlage (*BVerfGE* 98, 218 258 f.)); marktbezogene Informationen des Staates (*BVerfGE* 105, 252 (265 ff.) mit Eingrenzungen); Arzneimittel-Festbeträge in der gesetzlichen Krankenversicherung mit Marktauswirkungen für die Arzneimittelhersteller (*BVerfGE* 106, 275 (298 ff.). – S. schließlich auch schon Rn. 447.

Schutzbereich her *nur* Art. 12 I GG oder *nur* Art. 14 GG Anwendung findet: „Greift ein Akt der öffentlichen Gewalt eher in die Freiheit der ... Erwerbs- und Leistungstätigkeit ein, so ist der Schutzbereich des Art. 12 I GG berührt; begrenzt er mehr die Innehabung oder Verwendung vorhandener Vermögensgüter, so kommt der Schutz des Art. 14 GG in Betracht." In der Praxis läßt das *BVerfG* die Einzelabgrenzung aber regelmäßig dahinstehen,[13] sobald beide Ansätze zum gleichen Ergebnis führen. Wenn die Aufgabe hinreichend andere Schwierigkeiten enthält, an welchen der Bearbeiter seine juristischen Fähigkeiten erweisen kann, darf man in der Fallbearbeitung ebenso verfahren.[14]

Der **Zugang zum öffentlichen Dienst** wird durch die **lex specialis des Art. 33 II GG** vermittelt,[15] wobei der Zugang nur insoweit offensteht, als die öffentlichrechtliche Körperschaft kraft ihrer Organisationsgewalt Stellen zur Verfügung stellt.[16] Auf den Zugang zu einem „*staatlich* gebundenen Beruf" (z. B. zum Notariat) findet Art. 12 I GG zwar Anwendung, aber auch nur nach Maßgabe der staatlichen Organisationsgewalt und in Anlehnung an die für den öffentlichen Dienst geltenden Grundsätze.[17]

2. Berufswahl oder Berufsausübung?

527   Nach dem Wortlaut von Art. 12 I 2 GG steht die Berufs*ausübung* unter einem Gesetzesvorbehalt, die Berufs*wahl* aber nicht. Daher muß in der Fallbearbeitung zunächst bestimmt werden, ob die öffentliche Hand in die Berufs*wahl* eingreift oder „nur" die Berufs*ausübung* regelt.

Im *Ausgangsfall 2* nahm ein Teil der Bearbeiter an, die HandwO regele in den zitierten Bestimmungen die Berufs*ausübung*. Denn das Handwerk eines Klempners könne G auch ohne die Meisterprüfung – wie bisher im Angestelltenverhältnis – ausüben. Ein anderer Teil der Bearbeiter sah die Berufs*wahl*möglichkeit eingeschränkt, weil G schließlich habe selbständig werden wollen. Diese Begründungen hingen in der Luft, weil sie ihre *Prämissen* nicht offenlegten und diskutierten, wie es in einer *wissenschaftlichen* Fallbearbeitung erforderlich ist:

528   **Entscheidend** für die Abgrenzung zwischen Berufswahl und Berufsausübung ist der **Berufsbegriff.**

Ist „Beruf" die Tätigkeit als *Handwerker,* wird in der Tat nur die Berufsausübung betroffen. Sind selbständiger und unselbständiger Handwerker *verschiedene* Berufe, greift die HandwO mit den genannten Prüfungsvoraussetzungen in die Freiheit der Berufswahl ein.

Der Beruf bestimmt sich zunächst nach den „traditionellen oder sogar rechtlich fixierten Berufsbildern". **Auch untypische Betätigungen**[18] können aber ein eigenständiger Beruf sein, soweit sie nicht „nach der allgemeinen Verkehrsanschauung entsprechend einer natürlichen Betrachtung" (noch) als Ausübung eines *typischen* Berufs erscheinen.[19]

---

[13] S. dazu insbes. *BVerfGE* 50, 290 (361 f.).

[14] S. Rn. 826 ff.

[15] Zu Art. 33 II s. Rn. 495; Fälle in Rn. 496, 572.

[16] *BVerfGE* 7, 377 (398).

[17] *BVerfGE* 73, 280 (292 f., 295); 80, 257 (263, 265); 110, 304 (321) = JuS 2004, 815 Nr. 4.

[18] Grundlegend *BVerfGE* 7, 377 (397); 13, 97 (106); 16, 147 (163 f.). Zu Einzelanforderungen s. etwa *BVerfGE* 77, 84 (105).

[19] Zu dieser Einschränkung s. *BVerfGE* 16, 147 (164); 48, 376 (388).

Im *Ausgangsfall 2* ist die selbständige Ausübung des Handwerks „nach der geschichtlich gewordenen Struktur des Handwerksstandes" „in der Verkehrsanschauung ein *eigenständiger* Beruf"[20] (= Eingriff in die Berufs*wahl*freiheit).

3. Regelung der Berufsausübung

a) Weil die Berufsausübung gem. Art. 12 I 2 GG „durch Gesetz oder auf   **529**
Grund eines Gesetzes" geregelt wird, ist entsprechend den Ausführungen
in Rn. 452 ein Parlamentsgesetz erforderlich („Parlamentsvorbehalt").

b) Materiellrechtlich gesehen beurteilt sich nach den in Rn. 448ff. darge-   **530**
stellten Grundsätzen („Grundrechte mit Gesetzesvorbehalt") über den
Grundsatz der Verhältnismäßigkeit[21] (Rn. 454ff.), ob die Berufsausübung verfassungsgemäß geregelt worden ist (s. auch noch nachfolgend
Rn. 535).

Ein Eingehen auf die „Dreistufentheorie" (nachfolgend Rn. 534) ist in diesem Rahmen an sich nicht notwendig, in der praktischen Rechtsanwendung allerdings häufiger anzutreffen.

4. Eingriff in die Berufswahl und Wirkungsweise der „Dreistufentheorie"

Weil die – im *Ausgangsfall 2* einschlägige – Berufs*wahl*freiheit nach dem Wortlaut von   **531**
Art. 12 I GG *nicht* unter einem Gesetzesvorbehalt steht, würden sich gesetzliche Einschränkungen an sich nur über die in Rn. 472ff. dargestellten Grundsätze („ungeschriebene Grundrechtsbegrenzungen") „konstruieren" lassen. Das Bundesverfassungsgericht geht aber einen anderen Weg:

Im „Apothekenurteil"[22] zieht das Bundesverfassungsgericht die Freiheit   **532**
der Berufs*wahl* (Art. 12 I 1 GG) und die Freiheit der Berufs*ausübung*
(Art. 12 I 2 GG) zu einem **einheitlichen Grundrecht der „Berufsfrei-**
heit" zusammen und unterstellt dieses Grundrecht *insgesamt* dem Gesetzesvorbehalt des Art. 12 I 2 GG (= *erster* Bedeutungskomplex des „Apothekenurteils").

Damit würden an sich auch Eingriffe in die Berufswahl unmittelbar nach den in   **533**
Rn. 448ff. dargestellten Grundsätzen („Grundrechte mit Gesetzesvorbehalt") geprüft
werden können. Im *Ausgangsfall 2* käme es „schlicht" darauf an, ob der (intensive)
Eingriff in die Freiheit der Berufswahl vor dem „Grundsatz der Verhältnismäßigkeit"
(im weiteren Sinne) gerechtfertigt werden kann, ob nämlich hinreichend gewichtige
Gründe für den Eingriff vorliegen („Proportionalität") und ob der Eingriff geeignet
und erforderlich (= kein milderes Mittel) ist, um diese Gründe zu fördern.

Seit dem „Apothekenurteil"[23] prüft das Bundesverfassungsgericht den   **534**
Verhältnismäßigkeitsgrundsatz im Rahmen von Art. 12 I GG indessen in

---

[20] Vgl. *BVerfGE* 13, 97 (105).
[21] S. z. B. *BVerfGE* 94, 372 (390ff.) = JuS 1997, 651 Nr. 3.
[22] *BVerfGE* 7, 377 = *Weber* II, Art. 12 Nr. 1 (lesen!).
[23] Neuere Entscheidungen z. B. *BVerfGE* 70, 1 (28); 75, 246 (267); 76, 171 (191); 77, 84 (105).

besonderem Gewande:[24] über die „**Dreistufentheorie**" (= *zweiter* Bedeutungskomplex des Apothekenurteils). Nach der Dreistufen-theorie[25] ist (1) die Berufs*ausübung* schon beschränkbar, „soweit vernünftige Erwägungen des Gemeinwohls es zweckmäßig erscheinen lassen" (= Kontext soeben Rn. 530). Die (2) Freiheit der Berufs*wahl* ist durch *subjektive* Zulassungsvoraussetzungen einschränkbar „zum Schutz besonders wichtiger (,überragender') Gemeinwohlgüter". (3) Einschränkungen der Berufs*wahl* durch *objektive* Zulassungsbedingungen sind nur möglich, wenn „nachweisbare oder höchstwahrscheinliche schwere Gefahren für ein überragend wichtiges Gemeinschaftsgut diesen Eingriff legitimieren können". Insoweit geht es um die „Proportionalität" des Grundrechtseingriffs in der Rechtsgüterabwägung. Aber auch die Frage nach einem „milderen Mittel" wird im „Apothekenurteil" in die „Dreistufentheorie" integriert. Eine Regelung auf der intensiveren Eingriffsstufe ist nur zulässig, wenn sich auf der vorhergehenden Stufe keine gleich wirksame Regelung treffen läßt.[26]

Die **Korrekturerfahrung** lehrt, daß sich die Klausurbearbeiter die „Dreistufentheorie" zumeist *nur* mit den *vorstehend* dargestellten Aussagen des *BVerfG* eingeprägt haben. Je danach, ob die Bearbeiter im *Ausgangsfall 2* einen Eingriff in die Berufs*wahl* oder in die Berufs*ausübung* angenommen hatten (dazu soeben Rn. 527), stellten sie darauf ab, ob „besonders wichtige Gemeinwohlgüter" (Berufswahl, subjektive Zulassungsvoraussetzung) oder ob „einfache" Gründe des Gemeinwohls (Berufsausübung) die genannten Prüfungsvoraussetzungen der HandwO rechtfertigen konnten. Unabhängig von der Frage, ob *begrifflich* gesehen die Berufswahl oder die Berufsausübung eingeschränkt wird, ist die materielle *Intensität* der Grundrechtsbetroffenheit indessen gleich: Es handelt sich um einen *besonders* intensiven Eingriff in die Möglichkeiten zum beruflichen Fortkommen. Nach den *allgemeinen* Grundrechtslehren (Rn. 462 ff.) bilden die Zulässigkeitsvoraussetzungen für Grundrechtseingriffe nach dem Grundsatz der Verhältnismäßigkeit eine *gleitende Linie:* Je intensiver der Grundrechtseingriff ist, um so gewichtiger und dringlicher müssen die ihn rechtfertigenden Gemeinwohlgründe sein. Nach diesen Lehren wäre der besonders intensive Eingriff in die Berufsfreiheit im *Ausgangsfall 2* nur zulässig, wenn er durch wichtige Gemeinwohlgüter legitimiert werden könnte. In der angedeuteten Art, wie *Ausgangsfall 2* bearbeitet worden ist, würde die „Dreistufentheorie" von den allgemeinen Grundrechtslehren *abweichen*. Für die Zulässigkeit des Grundrechtseingriffs bestände keine steigende Linie, sondern eine Stufung mit abrupten Übergängen: Was begrifflich als Berufsausübung eingeordnet wird, wäre aus „einfachen" Erwägungen des Gemeinwohls zulässig, auch wenn der Grundrechtseingriff besonders intensiv ist; erst wenn begrifflich ein Eingriff in die Berufs*wahl* vorliegt, wären die angedeuteten hohen Anforderungen an den Grundrechtseingriff zu stellen – „Begriffsjurisprudenz" par excellence. Eine genauere Analyse ergibt, daß das *BVerfG* auch im Rahmen der „Dreistufentheorie" die „gleitende Linie" praktiziert.[27]

535　Die „**Dreistufentheorie**" ist für das *BVerfG* nur eine Art **grobkörnige** „**Vorsortierung**" mit *prinzipiellen* Aussagen. In einem zweiten Schritt

---

[24] S. dazu schon Rn. 455.

[25] *BVerfGE* 7, 377 (405 ff.). Kritisch zu ihr *J. Ipsen,* JuS 1990, 634.

[26] *BVerfGE* 7, 377 (408).

[27] Vereinzelt hat es deshalb das *BVerfG* dahingestellt gelassen (und lassen können), ob ein Eingriff in die Berufswahl oder in die Berufsausübung vorliegt; *BVerfGE* 33, 125 (161).

wendet das *BVerfG* auf jeder Stufe strikt den Grundsatz der Verhältnismäßigkeit an.[28] Je nach der Intensität der Grundrechtsbetroffenheit hebt
das *BVerfG* innerhalb der einzelnen Stufe die Anforderungen an das
Gewicht und die Dringlichkeit der eingriffslegitimierenden öffentlichen
Interessen gleitend an. **Am Ende der jeweils unteren Stufe gehen die
Anforderungen gleitend in die Anforderungen über, welche nach der
„Dreistufentheorie" für die höhere Stufe zu stellen sind.** Gleichzeitig
stellt das *BVerfG* auch die Frage nach dem „milderen Mittel" (zusätzlich) *innerhalb* der einzelnen Stufen. Das alles gilt ohnehin für die Stufe
der Berufs*ausübung* (s. insoweit schon soeben Rn. 530), aber auch für
die Stufen der Berufs*wahl*.[29]

Wenn man im *Ausgangsfall 2* (fälschlich) einen Eingriff (bloß) in die Berufs*ausübung*
annimmt, kommt dieser Eingriff wegen der Intensität seiner Auswirkungen auf die
berufliche Fortentwicklung des Handwerkers einem Eingriff in die Freiheit der Berufswahl jedenfalls *nahe*.[30] Deshalb sind an seine Zulässigkeit so oder so die gleichen
Anforderungen zu stellen wie bei dem (vorliegenden) Eingriff in die Freiheit der Berufs*wahl*. Weil die Prüfungsanforderungen auf die persönliche Qualifikation des Be-
rufsanwärters abstellen, geht es um *subjektive* Zulassungsvoraussetzungen für die
Berufswahl. Nach dem *BVerfG*[31] dient die Meisterprüfung dem Schutz des Handwerks
als *Berufsstand* mit spezifischen Funktionen im Wirtschaftsleben und mit seiner geschlossenen Stellung im sozialen Gefüge (Mittelstand). Von hierher kann man die Erhaltung des selbständigen Handwerks als ein „besonders wichtiges Gemeinschaftsgut"
ansehen, mit der Folge, daß die Meisterprüfung auch auf die geforderten betriebswirtschaftlichen und kaufmännischen Kenntnisse erstreckt werden darf.

II. Art. 14 GG

Ausgangsfälle:[32] (1) *K* betrieb auf seinem Grundstück seit 1936 eine Kiesbaggerei bis   **536**
in den Grundwasserbereich hinein („Naßauskiesung"). Die Befugnis, in die Grund-
wasserbereiche einzudringen, stand ihm nach dem Preußischen Wassergesetz von
1913 ohne weiteres zu. Nach § 1 a III WHG 1960/1976 (jetzt § 1 a IV WHG, *Sartorius*
Nr. 845) „berechtigt das Grundeigentum nicht" mehr zum Eindringen in das Grundwasser. Viel- mehr ist eine Erlaubnis erforderlich, die um „gewährenden"
Ermessen der zuständigen Behörde erteilt wird (vgl. §§ 2 I, 3 I Nr. 6 WHG). Die
Übergangsvorschrift des § 17 WHG garantierte allerdings, daß *K* die Kiesbaggerei
17 Jahre über das Inkrafttreten des WHG hinaus fortsetzen konnte. War das WHG
insoweit mit Art. 14 GG vereinbar?[33]

---

[28] So andeutungsweise schon das „Apothekenurteil" *BVerfGE* 7, 377 (405 f.) und dann
   deutlich *BVerfGE* 30, 292 (315 ff.); 68, 272 (282); 71, 162 (173); 72, 26 (31); 76, 196
   (207); 77, 84 (107); 81, 70 (89); 81, 156 (188); st. Rspr.

[29] S. schon *BVerfGE* 7, 377 (405); ferner *BVerfGE* 87, 287 (316) = JuS 1993, 769 Nr. 2;
   102, 197 (213 ff.).

[30] Argumentationsfigur in *BVerfGE* 25, 1 (12); 30, 292 (313); 33, 125 (161); 77, 84
   (106).

[31] *BVerfGE* 13, 97 (118) – „Großer Befähigungsnachweis", bestätigt in: *BVerfG*, Gew-
   Arch 2000, 240 (241); *BVerwGE* 113, 70 (72).

[32] Weitere Klausuren bei *Gornig/Jahn*, JuS 1995, 618; *Calliess/Kallmayer*, JuS 1999,
   785; *Fischer*, JuS 2005, 52. „Grundfälle zu Art. 14 GG" bei *Jochum/Durner*, JuS
   2005, 220, 320, 412.

[33] *BVerfGE* 58, 300 = JuS 1982, 852 Nr. 1; *Schwerdtfeger*, JuS 1983, 104.

(2) Ein baudenkmalwürdiges Gebäude wird durch Verwaltungsakt unter Denkmalschutz gestellt. Wegen der baurechtlichen Einschränkungen, die damit kraft Gesetzes verbunden sind, hat Eigentümer E keine realistische Möglichkeit mehr, das Grundstück wirtschaftlich zu nutzen. Das DenkmalschutzG des einschlägigen Bundeslandes enthält eine sogenannte „salvatorische Klausel", nach welcher das Land eine „angemessene Entschädigung" zu leisten hat, „wenn die bisher rechtmäßige Nutzung eines Grundstücks nicht mehr fortgesetzt werden kann und hierdurch die wirtschaftliche Nutzbarkeit insgesamt erheblich beschränkt wird." Muß sich E auf diese Entschädigungsmöglichkeit einlassen oder kann er sich mit Erfolg gegen die Unterschutzstellung wehren?[34]

537   Art. 14 GG ist **das wohl „schwierigste" Grundrecht** (und sollte deshalb vom Anfänger zunächst übergangen werden). Die dogmatische Struktur des Art. 14 GG ist erst verhältnismäßig spät durch das Bundesverfassungsgericht entfaltet worden.[35] Dabei hat das Bundesverfassungsgericht mit den bis dahin herrschenden Vorstellungen gebrochen.

Befangen in **Vorstellungen aus der Weimarer Zeit** (Art. 153 WRV)[36] versuchte man ursprünglich, den Eigentums*schutz* über den *Enteignungs*begriff zu vermitteln. Deshalb war stereotype Frage, ob ein Eigentumseingriff *noch* (entschädigungslose) „Inhaltsbestimmung" im Sinne von Art. 14 I 2 oder *schon* (entschädigungspflichtige, der Junktim-Klausel unterworfene) „Enteignung" i.S. von Art. 14 III GG sei. Damit die Abgrenzung methodisch abgesichert getroffen werden konnte, wurden in Literatur und Rechtsprechung verschiedene – weitgehend ebenfalls aus der Weimarer Zeit überkommene – **Enteignungstheorien** angeboten (Einzelakttheorie des *RG*, Zumutbarkeits-/Schweretheorie des *BVerwG*, modifizierte „Sonderopfertheorie" des *BGH*, „Privatnützigkeitstheorie", „Schutzwürdigkeitstheorie", „Substanzminderungstheorie"). Entsprechend hatten die Gerichte die Entscheidung auch in den *Ausgangsfällen* über die zweipolige Fragestellung „Inhaltsbestimmung oder schon Enteignung" gesucht.[37] Das *BVerfG* wendet sich gegen diese Fragestellung und stellt die Dogmatik des Art. 14 GG insgesamt auf neue Grundlagen.[38] Das *BVerwG* und der *BGH* sind dem gefolgt.[39]

538   Eigentums*schutz* wird durch die Eigentums*garantie* des Art. 14 I 1 GG und *nicht* über den Enteignungsbegriff des Art. 14 III GG vermittelt. Art. 14 III GG *ermächtigt* den Gesetzgeber zu Eigentumseingriffen. **„Inhaltsbestimmung (Art. 14 I 2 GG), Legalenteignung und Administrativenteignung sind jeweils eigenständige Rechtsinstitute"** zur Regelung von Eigentumsfragen, „die das Grundgesetz deutlich voneinander absetzt".[40]

---

[34] Fallanlehnung an *BVerfGE* 100, 226 = JuS 2000, 399 Nr. 7; *Kulpmann*, JuS 2000, 646.

[35] Zentrale Bedeutung hat die dem *Ausgangsfall 1* zugrundeliegende „Naßauskiesungsentscheidung", Fn. 32 (lesen!).

[36] Zu ihnen und zu dem *anderen* Ansatz des Art. 14 GG Näheres bei *Schwerdtfeger*, Die dogmatische Struktur der Eigentumsgarantie, 1983, 7 ff.

[37] Zum *Ausgangsfall 1* s. insoweit *BGH*, NJW 1978, 2290.

[38] Nachfolgend im Text gestraffte Zusammenfassung der Analyse von *Schwerdtfeger*, JuS 1983, 104; s. ferner etwa *Battis*, Natur und Recht 1983, 102 (103 ff.); *Sproll*, JuS 1995, 1080.

[39] *BVerwGE* 84, 361 (365 ff.); *BGHZ* 99, 24 (28 f.).

[40] *BVerfGE*, 58, 300 (331).

Im einzelnen: Eigentum ist eine Schöpfung der Rechtsordnung. Sein *Einzel*inhalt ist **539** nicht unmittelbar durch Art. 14 I 1 GG fixiert, sondern wird gem. Art. 14 I 2 GG (mit Richtung in die Zukunft) *konstitutiv* durch den (einfachen) Gesetzgeber bestimmt.[41] Das geschieht entsprechend dem Gesetzesbegriff *generell-abstrakt*. In diesem Rahmen enthält Art. 14 I 1 GG zwei verschiedene Gewährleistungen. Als *„Institutsgarantie"* verpflichtet Art. 14 I 1 GG den Gesetzgeber i. S. einer Verfassungsdirektive *objektivrechtlich*-institutionell,[42] den Eigentumsinhalt nach bestimmten Strukturprinzipien auszugestalten.[43] Als *subjektivrechtliche* Bestandsgarantie schützt Art. 14 I 1 GG das *konkrete* Eigentum in der Hand eines *konkreten* Eigentümers. Eine *Enteignung* kann nur vorliegen, wenn in *bestandsgeschütztes* Eigentum eingegriffen wird. Aber nicht jeder Eingriff in bestandsgeschütztes Eigentum ist eine „Enteignung", welche auf Art. 14 III GG gestützt werden müßte. In *seinem* Einzugsbereich ermächtigt auch Art. 14 I 2 GG zu Eingriffen in bestandsgeschütztes Eigentum.[44]

Wie sich am *Ausgangsfall 1* (Rn. 536) für Länder zeigt, in welchen die Regelung des **540** WHG kraft *vorkonstitutionellen* Landesrechts schon immer galt, gibt es Gesetze, welche trotz eigentumsnachteiliger Regelungen *nicht* in die Bestandsgarantie eingreifen.[45] Denn ein Recht, das Grundwasser in Anspruch zu nehmen, gehörte in diesen Ländern noch *nie* zum „Bestand" des (konkreten) Grundeigentums. Insoweit ist *allein* erheblich, ob die Regelung des WHG mit der objektivrechtlich-institutionellen „Sollstruktur" des Eigentums, also mit der „Institutsgarantie" des Art. 14 I 1 GG, übereinstimmt oder ob diese Sollstruktur verlangt, daß die Inanspruchnahme des Grundwassers dem Grundstückseigentum „zugeschlagen" wird (Einzelheiten nachfolgend in Rn. 552). Für den ehemals Preußischen Rechtskreis ist *diese* Frage natürlich *ebenfalls* gestellt. Für *diesen* Rechtskreis muß aber *zusätzlich* geprüft werden, ob das WHG durch seine *Neu*regelung *auch* in *bestandsgeschütztes* Eigentum (des *K*) eingreift und *insoweit* zulässig ist (Einzelheiten insoweit in Rn. 553 ff.).

Aufgabe der nachfolgenden Darstellung ist es, diese Grundsätze des **541** *BVerfG* in ein **„Denkschema"** umzusetzen, mit dessen Hilfe Art. 14 GG in der Fallbearbeitung hinreichend „sauber" geprüft werden kann. Wie alle früheren Ausführungen zur Grundrechtsprüfung konzentrieren sich die nachfolgenden Darstellungen dabei auf die Verfassungsmäßigkeit eigentumsregelnder *Gesetze*.

Im *Ausgangsfall 1* geht es in der Sache *ausschließlich* um diesen Ansatz. Im *Ausgangs*- **542** *fall 2* hat es der Gesetzgeber der *Exekutive* überlassen, nach ihrem *Ermessen* im *Einzelfall* zu entscheiden, ob *sie* die eigentumsnachteiligen Maßnahmen ergreift. In derartigen Fällen muß *zunächst* untersucht werden, ob die rechtlichen Voraussetzungen der Ermächtigungsgrundlage im DenkmalschutzG erfüllt sind (= Subsumtion) und ob die Behörde ermessensfehlerfrei von der gesetzlichen Ermächtigung Gebrauch gemacht hat. Auch im *Ausgangsfall 2* stellt sich anschließend aber die nachfol-

---

[41] *BVerfGE* 58, 300 (334 f.); *BVerwGE* 106, 228 (234) = JuS 1998, 851 Nr. 12. Demgemäß kann z. B. der vielerörterte *baurechtliche Bestandsschutz* nicht unmittelbar aus Art. 14 I 1 GG hergeleitet, sondern nur nach der *Gesetzes*lage beurteilt werden; *BVerfG (Kammer)*, NVwZ 2001, 424; 2005, 203 = JuS 2005, 477 Nr. 12; *BVerwGE* 106, 228 (233). Gleiches gilt für den „gesteigerten" straßenrechtlichen Anliegergebrauch, s. Rn. 384.

[42] Näheres zur objektivrechtlich-institutionellen Seite der Grundrechte *allgemein* bereits in Rn. 484 ff., 513 ff.; speziell zu Art. 14 I 1 GG s. Rn. 485.

[43] Einzelheiten in Rn. 552.

[44] S. etwa *BVerfGE* 72, 9 (22 ff.); 83, 201 (212) = JuS 1991, 1058 Nr. 5.

[45] Weitere Beispielsfälle: *BVerfGE* 52, 1 (28); 58, 137 (144); 97, 228 (264 f.).

gend erörterte Frage, ob die gesetzliche Ermächtigung mit Art. 14 I 1 GG vereinbar ist.

1. Art. 14 GG als einschlägiges Grundrecht

543 a) Als „Eigentum" i. S. von Art. 14 I 1 GG werden herkömmlich neben dem Sacheigentum andere dingliche Rechte, schuldrechtliche Ansprüche, geldwerte Forderungen („Geldeigentum"[46]) und sonstige vermögenswerte Rechte angesehen,[47] nicht aber das Vermögen als solches,[48] „das selber kein Recht, sondern den Inbegriff aller geldwerten Güter einer Person darstellt".[49] Allerdings mißt das BVerfG Steuereingriffe an Art. 14 I 1 GG, weil Steuern an den „Hinzuerwerb" von konkreten Einkommen (Arbeitseinkommen, Zinsen) als vermögenswerte Rechtspositionen anknüpfen.[50] Die Garantie des Erbrechts in Art. 14 I 1 GG bezieht sich insgesamt auf das Vermögen als solches.[51] Ob Eigentum vorliegt, bestimmt das BVerfG in Einzelfällen über sorgfältige Untersuchungen.[52] Wesentliche Gesichtspunkte sind u. a. die eigene Arbeitsleistung und der eigene Vermögensaufwand[53] sowie die Funktionsgleichheit eines subjektiven Rechts mit überkommenen Vergegenständlichungen des Eigentums in der Existenzsicherung.[54] Vor allem nach diesen Kriterien beurteilt sich auch, inwieweit Rechtspositionen als Eigentum anzusehen sind, welche auf öffentlichem Recht beruhen.[55]

544 Ob der „eingerichtete und ausgeübte Gewerbebetrieb" als Eigentum im Sinne von Art. 14 I 1 GG angesehen werden kann, hat das BVerfG immer wieder dahingestellt gelassen.[56] Aber: Nach BVerfGE 58, 300 (353) könnte der Schutz eines „eingerichteten und ausgeübten Gewerbebetriebes" jedenfalls „nicht weiter gehen als der Schutz, den seine wirtschaftliche Grundlage genießt". Nach BVerfGE 77, 84 (118) würde der Schutz des Gewerbebetriebes „nicht bloße Umsatz- und Gewinnchancen und tatsächliche Gegebenheiten umfassen wie die bestehenden Geschäftsverbindungen, den er-

---

[46] BVerfGE 97, 350 (370 f.) = JuS 1999, 705 Nr. 6.

[47] S. z. B. BVerfGE 68, 193 (222); 83, 201 (208 f.); 112, 93 (107) = JuS 2005, 454 Nr. 1 *(Sachs)*. Zum Besitzrecht des Mieters als Eigentum s. BVerfGE 89, 1 (5) = JuS 1993, 961 Nr. 2; BVerfG (Kammer), NJW 2000, 2658 (2659) = JuS 2000, 1220 Nr. 4.

[48] BVerfGE 65, 196 (206); 77, 84 (118); 95, 267 (300); st. Rspr.

[49] BVerfGE 95, 267 (300) mit der Ausnahme „erdrosselnder" Geldleistungspflichten.

[50] BVerfGE 87, 153 (169) = JuS 1993, 782 Nr. 15; 93, 121 (137 f.) = JuS 1996, 656 Nr. 12 *(Vermögensteuer)*; 115, 97 (110 ff.) = JuS 2006, 661 Nr. 1 *(Einkommen- und Gewerbesteuer)*.

[51] BVerfGE 93, 165 (172 ff.) = JuS 1996, 656 Nr. 12 *(Erbschaftsteuer)*.

[52] S. z. B. BVerfGE 42, 263 (292 f.) – Contergan; 53, 257 (289 ff.) – Rentenanwartschaften.

[53] BVerfGE 53, 257 (291) m. w. Nachw.

[54] BVerfGE 53, 257 (290).

[55] S. die vorhergehenden Fußnoten sowie etwa BVerfGE 48, 403 (412); 69, 272; 70, 101 (Rentenanwartschaften); 72, 175 (193 ff.) (kein Eigentumsschutz für einseitige staatliche Zinsvergünstigungen).

[56] S. etwa BVerfGE 51, 193 (221); 68, 193 (223); 77, 84 (118); 87, 363 (394); BVerfGE 105, 252 (278); BVerfG (Kammer), NVwZ 2002, 1232 = JuS 2003, 87 Nr. 4.

worbenen Kundenstamm und die Marktstellung". „Bei Licht besehen" ist damit für einen Schutz des Gewerbebetriebes *als solchen*, der über den Schutz *ohnehin* geschützter Bestandteile hinausführen würde, keine sachliche Substanz mehr vorhanden.[57]

b) Bei nicht zielgerichteten, mittelbaren Eigentumsbeeinträchtigungen **545** kann im Einzelfall zweifelhaft sein, ob der **funktionale Schutzbereich**[58] des Art. 14 I GG eröffnet ist.[59] Nach der Korrekturerfahrung wird die Heranziehung des Art. 14 GG insoweit regelmäßig davon abhängig gemacht, ob ein „**Eingriff**" in die *Bestandsgarantie* des Art. 14 I 1 GG vorliegt. Das ist **zu kurz gegriffen**, denn nach dem Gesagten (Rn. 539, 540) steuert Art. 14 I 1 GG den Gesetzgeber auch *objektivrechtlich-institutionell*, und *das unabhängig* von einem Eingriff, mit Richtung *in die Zukunft*. Deshalb sollte man besser von einer für Art. 14 I 1 GG „relevanten Regelung" sprechen.

In den *Ausgangsfällen* ist Art. 14 I 1 GG *ohne weiteres* einschlägig.

2. Inhaltsbestimmung oder Enteignung?

Weil die Inhaltsbestimmung (Art. 14 I 2 GG) und die Enteignung **546** (Art. 14 III 1 GG) eine je eigenständige Qualität haben („**Trennungstheorie**" des BVerfG), kann eine Inhaltsbestimmung *nur* auf Art. 14 I 2 GG gestützt werden. Eine vor Art. 14 I 2 GG verfassungswidrige Inhaltsbestimmung *bleibt* eine Inhaltsbestimmung und schlägt auch dann nicht in eine Enteignung um, wenn sie das Eigentum total entwertet[60] (Beispiel: Kostenintensive Beseitigungspflicht für „Altlasten"[61]). Umgekehrt ist eine Enteignung an die besonderen Voraussetzungen des Art. 14 III GG gebunden, auch wenn sie nur wenig intensiv in bestandsgeschütztes Eigentum eingreift (Grunddienstbarkeit für Leitungsmasten über einem brachliegenden wertlosen Grundstück).

In der Abgrenzung zwischen Inhaltsbestimmung und Enteignung geht es um eine **547** *Legalenteignung*, wenn das Gesetz – wie im *Ausgangsfall 1* – unmittelbar anwendbar ist. Enthält das Gesetz – wie im *Ausgangsfall 2* – nur eine Ermächtigung für die Exekutive, ist die Frage nach einer *Administrativenteignung* gestellt.[62]

Die **Abgrenzung** zwischen Inhaltsbestimmung und Enteignung macht **548** in aller Regel keine Schwierigkeiten, wenn sich der Bearbeiter auf den *grundsätzlichen* Unterschied zwischen Inhaltsbestimmung und Enteig-

---

[57] Dazu grundlegend *R. Schmidt*, Eigentumsschutz für Gewerbebetriebe als Begrenzung umweltrechtlicher Standardverschärfungen?, 2001, S. 96 ff.
[58] Vgl. Rn. 447.
[59] Einzelheiten dazu bei *Ramsauer*, Die faktischen Beeinträchtigungen des Eigentums, 1980. Für die Abgrenzung zum funktionalen Schutzbereich des Art. 12 I GG s. Rn. 526.
[60] *BVerfGE* 52, 1 (27 f.); 58, 300 (320); 79, 174 (192); 100, 226 (240); 102, 1 (16 f.).
[61] *BVerfGE* 102, 1 (16 f.).
[62] *BVerfGE* 52, 1 (27); 58, 300 (330 f.); 100, 226 (240).

nung[63] beschränkt und *zu ihm* plastische Vorstellungen hat. Auf Fein-
steuerungen zum Enteignungsbegriff (Rn. 550) kommt es nach der Korrekturerfahrung nur selten an.

Ausgangspunkt ist stets die Zielrichtung (Finalität) des Gesetzes.[64]
Die **Inhaltsbestimmung** „ist auf die Normierung objektivrechtlicher
Vorschriften gerichtet, die den Inhalt des Eigentumsrechts vom Inkrafttreten des Gesetzes an *für die Zukunft* in *allgemeiner* Form bestimmen".[65] Demgemäß versteht das GG „unter Inhaltsbestimmung die *generelle und abstrakte* Festlegung von Rechten und Pflichten durch den
Gesetzgeber."[66] Eine **Enteignung i. S. des Art. 14 III GG** setzt die Inhaltsbestimmung nach Art. 14 I 2 GG voraus.[67] Denn die Enteignung
„zielt darauf ab, entgegenstehende Rechtspositionen zu *überwinden*",[68]
die nach Art. 14 I 2 GG bestimmte Eigentumsordnung wird punktuell
durchbrochen. Demgemäß ist die Enteignung etwas *Außerordentliches*.
Der Staat erscheint als deus ex machina. Im Sinne dieser Charakterisie-
rungen ist finales „*Wesensmerkmal* der Enteignung der staatliche **Zugriff auf das Eigentum des Einzelnen",[69] auf „konkrete subjektive Eigentumspositionen".[70]

549   **Bereits nach diesen Grundcharakterisierungen erweisen sich so gut
wie alle Fallgestaltungen, bei denen früher die Einordnung als Enteignung diskutiert worden ist, heute als Inhaltsbestimmungen.**

Insbesondere auch in den *Ausgangsfällen* (Rn. 536) geht es so um Inhaltsbestimmungen. Daß die zukunftsgerichtete Neubestimmung des Eigentumsinhalts im *Ausgangsfall 1* im ehemals preußischen Rechtskreis die bisherigen Grundwasserbefugnisse
abschafft, ist in seiner Finalität *nicht* im Sinne eines Zugriffs auf die punktuelle
Durchbrechung der Eigentumsordnung gerichtet, sondern auf eine (generell-
abstrakte) Umgestaltung derselben.[71] Im *Ausgangsfall 2* ist der Inhalt der Eigentü-
merbefugnisse für Baudenkmale durch das Denkmalschutzrecht als besonderes Eigen-
tumsstatut in allgemeiner Form festgelegt. Der Verwaltungsakt der Unterschutzstellung ist final darauf gerichtet, das *allgemeine* Rechtsstatut für Baudenkmale konkret
in Kraft zu setzen, und bezweckt ebenfalls nicht, die allgemeine Eigentumsordnung
als Zugriff nur auf das konkrete Baudenkmal punktuell zu durchbrechen.[72] – Auf der

---

[63] Besonders erhellend insoweit *Rozek*, Die Unterscheidung von Eigentumsbindung
und Enteignung, 1998, passim.

[64] S. etwa („gerichtet auf ...") *BVerfGE* 72, 66 (76); 100, 226 (240); 102, 1 (15); 112, 93
(109) = JuS 2005, 454 Nr. 1.

[65] So *BVerfGE* 72, 66 (76) – Hervorhebungen hier und nachfolgend nicht im Original;
s. ferner etwa *BVerfGE* 52, 1 (27); 58, 137 (144 f.); 58, 300 (330); 102, 1 (16).

[66] *BVerfGE* 72, 66 (76), 102, 1 (17); ständige Formulierung.

[67] Vertiefend hierzu und zum Nachfolgenden *Rozek*, aaO, S. 212 ff., 276 f.

[68] *BVerfGE* 70, 191 (200); *BVerwGE* 94, 1 (5).

[69] So *BVerfGE* 79, 174 (191); s. auch etwa *BVerfGE* 74, 264 (280); 100, 226 (239 f.);
102, 1 (15 f.).

[70] Mit Bezug auf den Eigentums*entzug* als „Kehrseite" des Zugriffs entsprechend
BVerfGE 70, 191 (199 f.); 71, 137 (143); 72, 66 (76); 100, 226 (239 f.); 102, 1 (15 f.).

[71] So allgemein zur gesetzlichen Neugestaltung von Eigentumsinhalten *Rozek*, aaO,
S. 230 i. V. mit *BVerfGE* 83, 201 (211).

[72] *Rozek*, aaO, S. 234; *BVerfGE* 100, 226 (240).

gleichen Linie ist etwa auch die Inanspruchnahme des Zustandsstörers bei der Gefahrenabwehr (Rn. 121) Ausdruck einer Inhaltsbestimmung des Eigentums[73] und selbst bei einer Eigentumsvernichtung (Tötung seuchenverdächtiger Tiere) keine Enteignung.[74]

Nur in den seltenen Fällen, in denen ein (1) *Zugriff* im beschriebenen 550 Sinne *vorliegt,* besteht Anlaß, die weiteren Merkmale einer Enteignung durchzumustern: „Die Enteignung ist auf die (2) *vollständige oder teilweise Entziehung* konkreter subjektiver Eigentumspositionen i. S. des Art. 14 I 1 GG" gerichtet.[75] (3) Sie ist „beschränkt auf solche Fälle, in denen *Güter hoheitlich beschafft* werden, mit denen ein *konkretes,* der Erfüllung öffentlicher Aufgaben dienendes Vorhaben durchgeführt werden soll."[76]

Zugriffe (1) und Eigentumsentziehungen (2), aber keine Enteignungen sind etwa die strafrechtliche *Konfiskation* der „instrumenta sceleris,"[77] die *Zwangsversteigerung* von Eigentum im privaten Interesse,[78] die *Baulandumlegung* als Ausgleich privater Interessen[79] und auch jeder andere Ausgleich privater Interessen.[80] Es fehlt jeweils die Güterbeschaffung für ein konkretes Verwaltungsprojekt (3).

Für eine Enteignung verbleibt im wesentlichen das **Umfeld der „klassi-** 551 **schen Enteignung",** bei welcher der Staat ein Grundstück oder bewegliches Vermögen durch Rechtsakt mit der Übertragung dinglicher Rechte (Eigentum, Bestellung einer Grunddienstbarkeit) in Anspruch nimmt, weil er es positiv für einen Verwaltungszweck einsetzen oder zur Verfügung stellen will[81] (Straßenbau, Eisenbahnbau, Leitungsmasten). Weil die *Entziehung* des Eigentums ausreicht (2) und also die Übertragung des Eigentums nicht gefordert ist,[82] sind Art. 14 III GG-Tatbestände allerdings auch jenseits der „klassischen Enteignung" denkbar.

3. Verfassungsmäßigkeit einer Inhaltsbestimmung nach Art. 14 I 2 GG

a) In der Zukunftsrichtung: Vereinbarkeit des Gesetzes mit der objek- 552 tivrechtlich-institutionellen **Sollstruktur des Eigentums gemäß Art. 14 I 1 und Art. 14 II GG.**

---

[73] *BVerfGE* 102, 12 (16 f.) – Altlasten.

[74] *BVerfGE* 20, 351 (359).

[75] *BVerfGE* 70, 191 (199 f.); 71, 137 (143); 72, 66 (76); 100, 226 (239 f.); 102, 1 (15 f.); 112, 93 (109) = JuS 2005, 454 Nr. 1.

[76] *BVerfGE* 104, 1 (10) = JuS 2002, 201 Nr. 16; 112, 93 (109) = JuS 2005, 454 Nr. 1.

[77] *BVerfGE* 22, 387 (422); 110, 1 (24) = JuS 2004, 1092 Nr. 1.

[78] *BVerfGE* 20, 351 (359).

[79] *BVerfGE* 104, 1 (10) = JuS 2002, 201 Nr. 16.

[80] *BVerfGE* 112, 93 (109) = JuS 2005, 454 Nr. 1.

[81] S. etwa *BVerfGE* 20, 351 (359); 38, 175 (179 f.); 42, 265 (299); Bundesverfassungsrichter *Böhmer, BVerfGE* 56, 249 (271 f.).

[82] Ausdrücklich so *BVerfGE* 83, 201 (211).

Von der Eigentumsseite her verpflichtet Art. 14 I 1 GG den Gesetzgeber, das Eigentum dem zuständigen Berechtigten rechtlich *zuzuordnen*[83] und *„privatnützig"* so auszugestalten, daß es in der Hand des Rechtsträgers „als Grundlage privater Initiative und im eigenverantwortlichen privaten Interesse von Nutzen sein" kann;[84] der Eigentümer muß die *„grundsätzliche Verfügungsbefugnis"* über den Eigentumsgegenstand erhalten.[85] Als Gegengewicht enthält ebenfalls Art. 14 II GG eine „verbindliche Richtschnur", eine „Leitlinie" für den inhaltsbestimmenden Gesetzgeber,[86] wenn auch inhaltlich nicht konkretisiert und daher auf wesentlich abstrakterer Ebene als Art. 14 I 1 GG. Beide normativen Elemente des Sozialmodells stehen in einem „dialektischen Verhältnis".[87] Der Gesetzgeber muß beiden Elementen „in *gleicher* Weise Rechnung tragen" und sie „in ein *ausgewogenes* Verhältnis bringen".[88] Hierbei hat der Gesetzgeber einen „relativ weiten Gestaltungsbereich".[89] Ob der Gesetzgeber die Grenze seiner Gestaltungsfreiheit überschritten hat, beurteilt das *BVerfG* im Rahmen von Art. 14 I 2 GG[90] nach den gleichen Grundsätzen, nach welchen es stets entscheidet, wenn kollidierende Verfassungsgüter zum Ausgleich zu bringen sind:[91] nach dem Grundsatz der Verhältnismäßigkeit.[92]

Im *Ausgangsfall 1* (Rn. 536) ist es *nicht* fehlgewichtet i.S. eines *Verstoßes* gegen den Grundsatz der Verhältnismäßigkeit, wenn das WHG den Grundstückseigentümern die privatnützige Verfügungsbefugnis über das Grundwasser vorenthält; die Allgemeinheit ist darauf angewiesen, daß eine angemessene Qualität des Grundwassers gesichert bleibt. Objektivrechtlich-institutionell gesehen ist es *auch* im *Ausgangsfall 2* nicht unverhältnismäßig, daß die Nutzung *des* Grundeigentums im Interesse des Denkmalschutzes eingeschränkt wird. Die eigentlichen *Probleme* liegen in *beiden* Ausgangsfällen bei der *subjektivrechtlichen* Bestandsgarantie (nachfolgend b)). – Beispiel für einen *Verstoß* gegen die genannten objektivrechtlich-institutionellen Verfassungsdirektiven: *BVerfGE* 52, 1 (32 ff.) – Kleingarten.

553 **b) Im Gegenwartsbezug:** Vereinbarkeit der Umgestaltung mit der **Bestandsgarantie des Art. 14 I 1 GG.**

Gegenüber dem umgestaltenden Gesetzgeber schützt Art. 14 I 1 GG den Bestand des Eigentums in *der* Gestalt, welche ihm die inhaltsbestimmenden Gesetze bisher (konstitutiv) gegeben haben. Ob und wie der Gesetzgeber in diesen Bestand über Art. 14 I 2 GG durch eine Um-

---

[83] *BVerfGE* 42, 263 (293, 299).
[84] *BVerfGE* 52, 1 (31); 58, 300 (345).
[85] Wie Fn. 84.
[86] *BVerfGE* 25, 112 (117); 37, 132 (140); 115, 97 (113).
[87] *BVerfGE* 37, 132 (140).
[88] *BVerfGE* 25, 112 (118); 52, 1 (29); 100, 226 (241); 102, 1 (17); 115, 97 (114); *BVerwGE* 106, 228 (235) = JuS 1998, 851 Nr. 12.
[89] *BVerfGE* 42, 263 (294).
[90] Insoweit etwa *BVerfGE* 52, 1 (29); 55, 249 (258); 58, 137 (148); 100, 226 (240 f.); 102, 1 (16 f.).
[91] Für verfassungsimmanente Grundrechtsschranken s. insoweit bei Rn. 478 f.
[92] *BVerfGE* 115, 97 (114).

konstituierung eingreifen darf, beurteilt sich nach den allgemeinen Grundrechtslehren (Rn. 454ff.), insbesondere wiederum nach dem Grundsatz der Verhältnismäßigkeit.[93]

Im *Ausgangsfall 1* (Rn. 536) macht der Grundsatz der Verhältnismäßigkeit Probleme, weil den Grundstückseigentümern im ehemals preußischen Rechtskreis die aktuell in Anspruch genommene Grundstücksbefugnis der Naßauskiesung total entzogen wird.[94] Im *Ausgangsfall 2* wird die Rechtsposition des Betroffenen unter Verstoß gegen den Grundsatz der Verhältnismäßigkeit so weitgehend eingeschränkt, daß sie „den Namen Eigentum nicht mehr verdient".[95]

Steht der Grundsatz der Verhältnismäßigkeit entgegen, kann der **554** Gesetzgeber die Verhältnismäßigkeit **ausnahmsweise** über „**Ausgleichsregelungen**" wie *Übergangsvorschriften* (häufig erforderlich), Ausnahme- und Befreiungsvorschriften oder sonstige Vorkehrungen herstellen.[96]

Im *Ausgangsfall 1* sieht das BVerfG den Eingriff in die Bestandsgarantie so wegen der 17jährigen Übergangsvorschrift des § 17 WHG noch als verfassungsmäßig an.[97]

Ausgangsfall 2 steht für viele Gesetze, in denen der Gesetzgeber einen **555** Ausgleich über „**salvatorische Entschädigungsklauseln**" sucht.[98] Weil Art. 14 I 1 GG eine *Bestands*garantie und nicht bloß eine *Wert*garantie ist, hält das BVerfG derart „**ausgleichspflichtige Inhaltsbestimmungen**"[99] in der Einengung überkommener Vorstellungen[100] nur noch als **ultima ratio**[101] für möglich.[102]

Im *Ausgangsfall 2* ist das DenkmalschutzG demgemäß *trotz* der „salvatorischen Entschädigungsklausel" verfassungswidrig, soweit und solange es für derartige Fälle keine Lockerungsmöglichkeiten vorsieht.[103] Strebt der Gesetzgeber auch hier den „*vollen*" Denkmalschutz an, kommt alleine der Weg über eine Enteignungsermächtigung nach Art. 14 III 2 GG in Betracht.[104]

---

[93] Vgl. *BVerfGE* 112, 93 (109ff.) = JuS 2005, 454 Nr. 1.

[94] Nach *BVerfGE* 83, 201 (212f.) ist das „in Art. 14 III GG zum Ausdruck kommende Gewicht des Eigentumsschutzes zu beachten", wenn „sich der Eingriff für den Betroffenen *wie* eine (Teil- oder Voll-)Enteignung *auswirkt*, ohne im Rechtssinne eine Enteignung zu sein; auf gleicher Linie *BVerfGE* 102, 1 (23); *BVerfG (Kammer)*, NVwZ 2002, 1365; *BVerwGE* 94, 1 (5ff.).

[95] *BVerfGE* 100, 226 (243).

[96] Dazu und zu den Einzelvoraussetzungen grundlegend *BVerfGE* 100, 226 (244ff.).

[97] *BVerfGE* 58, 300 (348ff.).

[98] Zu derartigen Klauseln als Anspruchsgrundlagen s. schon Rn. 330.

[99] Ausdruck z.B. in *BGHZ* 100, 136 (144); 102, 350 (359); *BGH*, NVwZ 1996, 930.

[100] Zu ihnen im Anschluß an *BVerfGE* 58, 137 (145, 147, 149f.) etwa *BVerwGE* 84, 361 (367ff.); 94, 1 (5); *BGHZ* 121, 328 (332); 123, 242 (245); 126, 379 (382); 128, 204 (205); 133, 271 (274).

[101] *Külpmann*, JuS 2000, 646 (650).

[102] *BVerfGE* 100, 226 (245); Klausur bei *Fischer*, JuS 2005, 52.

[103] Lösung auf der Linie von *BVerfGE* 100, 226 (244ff., 247).

[104] S. *BVerfGE* 100, 226 (243).

4. Verfassungsmäßigkeit einer Enteignung i. S. des Art. 14 III GG

556 Geht es in der Abgrenzung zwischen Inhaltsbestimmung und Enteignung (soeben 2.) begrifflich (ausnahmsweise[105]) um eine Enteignung, muß das Gesetz, das die Exekutive ermächtigt, den besonders strikten Einzelanforderungen des Art. 14 III GG genügen, insbesondere den Tatbestand der rechtlich zugelassenen Enteignung *selbst* bestimmen[106] und Art und Ausmaß der Entschädigung *selbst* regeln („Junktim-Klausel" des Art. 14 III 2 GG).

Im *Ausgangsfall 2* kann man die Regelungen des DenkmalschutzG *aktuell nicht* als Enteignungsermächtigung deuten. Denn mit der bloß „*salvatorischen* Entschädigungsklausel" hat der Gesetzgeber den Tatbestand einer rechtlich zugelassenen Enteignung nicht *selbst* bestimmt.[107]

557 Merke: **Eine Legalenteignung ist nur in seltenen Ausnahmefällen zulässig.** Wegen des Grundsatzes der Verhältnismäßigkeit und damit der Eigentümer besseren Rechtsschutz erhält, kann der Gesetzgeber „normalerweise" nur die Exekutive zu einer Administrativenteignung ermächtigen.[108]

---

[105] Dazu Rn. 549, 551.

[106] *BVerfGE* 74, 264 (286 ff.); *BVerwGE* 84, 361 (364 f.).

[107] Vgl. *BVerwGE* 84, 361 (364 f.); *Pietzcker*, JuS 1991, 369.

[108] Näheres in *BVerfGE* 24, 367 (398 ff.); 45, 297 (331 ff.); 59, 1 (22).

7. Teil. Streitigkeiten zwischen Privaten mit öffentlichrechtlicher Überlagerung

Ausgangsfälle: (1) *K* hat von *V* ein „schlüsselfertiges" Haus zum Festpreis gekauft 558 und übereignet erhalten. Später verlangt die Gemeinde von *K* „als Eigentümer" die in einer Gemeindesatzung vorgesehene einmalige Anschlußgebühr für den Anschluß an die Kanalisation. *K* zahlt und verklagt *V* auf Erstattung des Betrages. Dieser wendet u. a. ein, die Gemeinde habe die Anschlußgebühr aus bestimmten Gründen gar nicht verlangen dürfen.

(2) Autor *A*, der sich schon mehrfach sehr kritisch mit der Art der Berichterstattung in der Tageszeitung T auseinandergesetzt hat, läßt sich unter falschem Namen beim *T-Verlag* als Redakteur anstellen. Unter dem Titel „Tatsachenmanipulation bei der T" veröffentlicht *A* sodann im Selbstverlag ein Buch, in dem er Diskussionen aus den Redaktionskonferenzen wörtlich wiedergibt. a) Kann der *T-Verlag* dem *A* den Vertrieb des Buches gerichtlich untersagen lassen? b) Würde eine Verfassungsbeschwerde Aussicht auf Erfolg haben, wenn das letztinstanzliche Gericht das Rechtsschutzersuchen des *T-Verlages* ablehnen sollte?[1]

§ 37. Zivilrechtliche Einkleidung

Wie in jeder zivilrechtlichen Klausur ist auch hier zunächst nach der 559 *privatrechtlichen* Anspruchsgrundlage zu suchen. Erst über sie findet man den öffentlichrechtlichen Einstieg. Ist der Fall ausdrücklich als öffentlichrechtliche Arbeit ausgegeben worden, haben die Schwerpunkte der Bearbeitung im Zweifel auf den öffentlichrechtlichen Fragen zu liegen. Das wird häufig nicht beachtet. Andererseits mindert es den Wert auch einer öffentlichrechtlichen Arbeit, wenn die zivilrechtlichen Ansätze fehlerhaft oder unsauber dargestellt sind.

Im *Ausgangsfall 1* (Examenshausarbeit) war es wie in einer „reinen" Zivilrechtsarbeit 560 nötig, zunächst sauber die Anspruchsgrundlagen darzustellen: Durch Vertragsauslegung zu gewinnender vertraglicher Erstattungsanspruch (§§ 311 I, 241 BGB)? Nicht erfüllter (vertraglicher) Freistellungsanspruch, welcher sich jetzt gemäß §§ 280 I, III, 281 I, II BGB in einen Schadensersatzanspruch wandelt? Rechtsmängelhaftung gemäß §§ 435, 437 Nr. 3 BGB (= Schadensersatz, weil das Haus „schlüsselfertig" und damit frei von Abgaben verkauft war)? Erst im Rahmen dieser Anspruchsgrundlagen wird erheblich, ob ein öffentlichrechtlicher Anspruch der Gemeinde bestanden hatte.

Im *Ausgangsfall 2* geht es erstens um einen *vertraglichen* Unterlassungsanspruch des 561 *T-Verlages* „unter dem Gesichtspunkt von (nachwirkenden) Treuepflichten" des *A*.[2] Im Zusammenhang mit der Treuepflicht ist zu erörtern, daß sowohl der *T-Verlag* als auch *A* Träger von Grundrechten (Art. 5 I GG) sind. Ein zweiter Einstieg führt über

---

[1] Fallanlehnung an *BGHZ* 80, 25 i. V. mit *BVerfGE* 66, 116 (Springer/Wallraff).
[2] *BGHZ* 80, 25 (28).

den (deliktischen) Schutz des „eingerichteten und ausgeübten Gewerbebetriebes", den der BGH als „sonstiges Recht" im Sinne von § 823 I BGB ansieht und der deshalb in Analogie zu § 1004 I BGB durch den „quasinegatorischen Unterlassungsanspruch" geschützt ist.[3] Dabei wendet der BGH §§ 823 I, 1004 BGB auf den eingerichteten und ausgeübten Gewerbebetrieb zur „lückenausfüllenden Ergänzung" und damit bloß im Sinne eines „offenen" Haftungstatbestandes an, „dessen Inhalt und Grenzen sich erst aus einer Interessen- und Güterabwägung mit der im Einzelfall konkret kollidierenden Interessensphäre anderer ergeben".[4] Hier ist die Frage gestellt, ob und wie die Grundrechtspositionen der Beteiligten für die Abwägung im Rahmen des zivilrechtlichen Haftungstatbestandes relevant sind. Auf der gleichen Linie geht es drittens um einen Unterlassungsanspruch des *T-Verlages* aus § 1004 I BGB analog i. V. mit § 826 BGB mit dem ebenfalls „offenen" Tatbestand einer Sittenwidrigkeit.

Die Einzelfälle, in denen privatrechtliche Streitigkeiten öffentlichrechtlich überlagert sind, lassen sich nicht systematisieren. Anderes gilt allerdings für *privatrechtliche Fälle mit Grundrechtsbezug*, wie sie durch den *Ausgangsfall 2* repräsentiert sind.

§ 38. Sonderproblem „Drittwirkung der Grundrechte"

562   Mit dem *Ausgangsfall 2* (Rn. 558, 561) ist die Frage nach einer „Drittwirkung" der Grundrechte angesprochen.[1] **Die nachfolgenden Ausführungen ergänzen die Darstellungen zur Grundrechtsprüfung im 6. Teil des Werkes.**

I. Stand der Dogmatik

563   Die Grundrechte vermitteln dem Bürger subjektive Rechte gegen den Staat und alle anderen öffentlichrechtlichen Körperschaften, abgesehen von Art. 9 III 2 GG aber nicht gegen andere Privatpersonen. Demgemäß sind die **Grundrechte „staatsgerichtet", nicht „dritt-gerichtet".**[2] Nach der Rechtsprechung des Bundesverfassungsgerichts kann die Staatsrichtung der Grundrechte aber *mittelbar* eine *Drittwirkung* auf den Privatrechtsverkehr im Gefolge haben. **Der Weg führt über die unbestimm**

---

[3]   Dazu und zu Variationen in der Diktion zusammenfassend Palandt/*Bassenge*, BGB § 1004 Rn. 2; s. auch schon Rn. 284.

[4]   *BGHZ* 80, 25, (27); 138, 311 (318).

[1]   Zusammenfassend und vertiefend etwa *Stern*, Das Staatsrecht der Bundesrepublik Deutschland, Bd. III/1, 1988, S. 1509; *Rüfner*, in: Isensee/Kirchhof, Handbuch des Staatsrechts, Bd. V, 1992, S. 550 ff.; *Hesse*, Verfassungsrecht, Rn. 351 ff.; *Guckelberger*, JuS 2003, 1151. – Fallbesprechungen bei *Fehling*, JuS 1996, 431 (Recht am eigenen Bild gegen Kunst- u. Meinungsfreiheit); *Lang*, JuS 1998, L 20 (arbeitsrechtliche Abmahnung); *Stock/Achelpöhler*, JuS 1998, 245 (Parabolantenne); *Manssen/Pielemeier*, JuS 1999, L 93 (Vorgehen eines Rechtsanwalts gegen rechtsberatende Sendung einer privaten Rundfunkanstalt).

[2]   *BVerfGE* 66, 116 (135).

ten Gesetzesbegriffe,[3] über die Generalklauseln[4] und über die „offenen" Normen des Zivilrechts,[5] wie sie im *Ausgangsfall 2* im Zusammenhang mit § 1004 BGB analog skizziert worden sind.

Dogmatischer **Ausgangspunkt ist die Grundrechtsbindung des Gesetz-** 564
gebers. Auch der Zivilgesetzgeber ist an die Grundrechte gebunden. An sich ist es die Aufgabe des *Gesetzgebers,* unter Beachtung *seiner* Grundrechtsbindung mit privatrechtlichen Normen über kollidierende Privatinteressen nach seinen Wertungen zu entscheiden und so *durch Gesetz* grundrechtliche Drittwirkungen zu erzeugen. Das Problem liegt darin, daß sich der Gesetzgeber trotz des Bestimmtheitsgebotes unbestimmter Gesetzesbegriffe, Generalklauseln und „offener" Normen bedienen darf und die wertende Konfliktentscheidung so nicht punktgenau *selbst* trifft.[6] Hier fällt es in die **Zuständigkeit der Zivilgerichte** als ebenfalls grundrechtsgebundene Staatsorgane (Art. 1 III GG), mit der Gesetzesauslegung und -anwendung die **fehlende Entscheidung des Gesetzgebers zu substituieren** (Rn. 467) und unter „interpretationsleitender" Berücksichtigung *ihrer* Grundrechtsbindung abwägend und wertend zu einer Entscheidung zu kommen, die dann Drittwirkung hat.[7]

Auch bei Fragen der **Vertragsauslegung,** die mit dem *Ausgangsfall 2* (Rn. 558) ebenfalls 565
angesprochen sind (nachwirkende vertragliche Treuepflicht?), geht es *in der Sache* um eine grundrechtsgeleitete *Gesetz*auslegung und -anwendung. Weil die Vertragspartner als Privatpersonen nicht an die Grundrechte gebunden sind, können sie in den Grenzen der §§ 134, 138 BGB zwar „grundrechtswidrige" Verträge schließen.[8] Deshalb muß bei der Vertragsauslegung *zunächst* erkundet werden, ob sich ein entsprechender Wille der Parteien mit hinreichender Deutlichkeit feststellen läßt. Ist das nicht der Fall, „greifen" aber die *gesetzlichen* Vorschriften der §§ 133, 157, 242 BGB, deren Generalklauseln dann *ihrerseits* grundrechtsgeleitet ausgelegt und angewendet werden müssen.[9]

Für den **Anspruchsteller** geht es in der Regel nicht um die klassische 566
Abwehrfunktion, sondern um die **Schutzfunktion der Grundrechte,** wie sie den Bürgern für die „Menschenwürde-Grundrechte" über das subjektivrechtliche Schutzgebot des Art. 1 I 2 GG (Rn. 512)[10] und sonst

---

[3] *BVerfGE* 97, 125 (153) – „angemessener Umfang" der presserechtlichen Gegendarstellung; 101, 361 (391) = JuS 2000, 912 Nr. 4 – „Berechtigtes Interesse" in § 23 II KUG.

[4] § 1004 II BGB: *BVerfGE* 7, 230. § 823 II BGB i. V. mit § 193 StGB: *BVerfGE* 114, 339 (347) = JuS 2006, 639 Nr. 3. §§ 133, 157 BGB: *BVerfGE* 73, 261 (269). §§ 138, 242 BGB: *BVerfGE* 81, 242 (256); 89, 214 (232); 90, 27 (33); *BVerfG (Kammer),* NJW 2000, 2658 = JuS 2000, 1220 Nr. 4.

[5] *BVerfGE* 66, 116 (138); s. ferner *BVerfGE* 97, 391 (403); 99, 185 (196).

[6] S. zum Problemzusammenhang auch schon Rn. 467.

[7] *BVerfGE* 7, 198 (207); 81, 242 (256); 99, 185 (196); 101, 361 (388) = JuS 2000, 912 Nr. 4; 114, 339 (348) = JuS 2006, 639 Nr. 3.

[8] Dazu *Hesse,* Verfassungsrecht, Rn. 356.

[9] Dazu *BVerfGE* 73, 261 (269); 90, 27 (33); 93, 352 (361); *BVerfG (Kammer),* NJW 2000, 2658 = JuS 2000, 1220 Nr. 4. Beispiel: *BGHZ* 151, 389 (392 ff.).

[10] Im Zusammenhang mit der „Drittwirkung" s. insoweit etwa *BVerfGE* 99, 185 (194 f.); 114, 339 (346 f.).

über die objektivrechtliche Seite der Grundrechte (Rn. 513 ff.)[11] mit dem in ihr enthaltenen Schutzauftrag (Rn. 513)[12] zugute kommt.

Am **Beispiel** des Ausgangsfalles 2 (Rn. 558, 561): Die Abwehrfunktion des Art. 5 I 2 GG scheidet aus, weil es nicht der Staat, sondern die Privatperson A ist, die in die Redaktionsarbeit des *T-Verlages* eingedrungen ist und die Ergebnisse dieses Eindringens veröffentlicht.[13] *Schutz* gegen A durch das Zivilgericht in Substitution für den Gesetzgeber kann der *T-Verlag* als *juristische* Person zwar nicht über den Schutz der *Menschen*würde nach Art. 1 I 2 GG, aber über die objektivrechtliche Seite des Art. 5 I 2 GG[14] erlangen.

Beim **Anspruchsgegner** *ist* andererseits die **Abwehrfunktion der Grundrechte** angesprochen. Denn wie der Gesetzgeber[15] greift bei Rechtsgüterkollisionen auch der Richter in die Grundrechte der *anderen* Seite (Art. 5 I GG des A im *Ausgangsfall 2*) ein, wenn er dem Schutzbegehren der *einen* Seite *(T-Verlag)* nachgibt.

II. Gedankenführung in der Fallbearbeitung

567   1. Die Darstellung eines „Drittwirkungsfalles" beginnt naturgemäß mit seiner **zivilrechtlichen Einkleidung** und zweckmäßigerweise mit einem kurzen (!) Hinweis auf den grundrechtsdogmatischen Ansatz, wie beides für den *Ausgangsfall 2* in Rn. 561 schon angedeutet worden ist.

568   2. Dann sind **die einschlägigen Grundrechte im einzelnen** herauszuarbeiten.

Im *Ausgangsfall 2* (Rn. 558) geht es auf seiten des *T-Verlages* um den Kern der Pressefreiheit des Art. 5 I 2 GG. Denn die „Vertraulichkeit der Redaktionsarbeit" ist eine der „notwendigen Bedingungen der Funktion einer freien Presse".[16] Auf seiten des A schützen weder Art. 5 I 1 GG noch Art. 5 I 2 GG die *Beschaffung* der Information durch *Erschleichen*. Gleichwohl ist die *Verbreitung* der beschafften Information (wie jeder rechtswidrig erlangten Information) in den Schutzbereich des Art. 5 I GG einzubeziehen, wobei der Unrechtsgehalt der Beschaffung allerdings das Gewicht des Grundrechtsschutzes erheblich mindert.[17]

569   3. **Kollidierende Grundrechtspositionen** sind „fallbezogen"[18] nach dem **Grundsatz der Verhältnismäßigkeit** gegeneinander abzuwägen. Seltener geht es dabei um die „Zweck-Mittel-Relation" mit der Eignung und der Notwendigkeit (Rn. 463) einer Einschränkung der Grundrechtsposition des Anspruchstellers. Im Zentrum steht regelmäßig der Grundsatz

---

[11] Für die Drittwirkung seit dem „Lüth-Urteil" *BVerfGE* 7, 198 (205 ff.) st. Rspr., s. etwa *BVerfGE* 66, 116 (135); 73, 261 (269); 81, 242 (256); 97, 125 (145); 101, 361 (388) = JuS 2000, 912 Nr. 4.

[12] Im Zusammenhang mit der Drittwirkung s. etwa *BVerfGE* 81, 242 (256).

[13] *BVerfGE* 66, 116 (135); gleiche Grundsituation wie in Rn. 190 bei Fn. 36.

[14] Erläuterung zu ihr in Rn. 485.

[15] Dazu *BVerfGE* 81, 242 (255).

[16] *BVerfGE* 66, 116 (134) mit eingehender Erläuterung.

[17] Zur Erläuterung s. auch insoweit *BVerfGE* 66, 116 (137 f.).

[18] *BVerfGE* 90, 27 (33).

der Verhältnismäßigkeit im engeren Sinne (Rn. 465 ff.). Anders als bei
der bloßen *Überprüfung* von Gesetzen (Rn. 466, 479) ist das Zivilgericht
und mit ihm der Klausurbearbeiter insoweit nicht auf das Kriterium
einer *offensichtlichen Fehl*gewichtung beschränkt. Weil das **Zivilgericht**
die fehlende Abwägung des Gesetzgebers substitutiert (Rn. 564), hat es
vielmehr *originär* die gleiche „volle" **Wertungszuständigkeit** wie nach
Rn. 467 der Gesetzgeber.[19]

Das gilt im *Ausgangsfall 2* (Rn. 558) für die Fallvariante *a)* (gerichtliche Untersagung
der Buchveröffentlichung). Weil die Pressefreiheit des *T-Verlages* mit dem Redak-
tionsgeheimnis im Kern betroffen wird und die Art. 5 I GG-Position des *A* wegen der
Art der Informationsbeschaffung „schwächebehaftet" ist, kann der Bearbeiter in der
Fallvariante *a)* nach *seiner* Wertung die Ansicht darlegen, die Grundrechtsposition des
T-Verlages setze sich in der Abwägung durch. Dieses Abwägungsergebnis ist auch
dann noch möglich, wenn man die Grundrechtsposition des *A* über eine Sachverhalts-
ergänzung verstärkt und etwa annimmt, in den Redaktionskonferenzen seien gra-
vierende journalistische Manipulationen sichtbar geworden, an denen die Öffentlichkeit ein erhebliches Interesse hat.[20] *Jedenfalls* bei dieser Sachverhalts*ergänzung* kann
der Bearbeiter im Rahmen der Abwägungszuständigkeit des Zivilgerichts aber auch
zum gegenteiligen Ergebnis kommen, wenn er nach seinen verfassungsrechtlichen
Wertungen eine besondere Gewichtung der Belange der Öffentlichkeit für angemessen hält.

III. Eingeschränkte Überprüfungskompetenz des Bundesverfassungsgerichts

Die **Abwägungssituation ändert sich**, wenn im Rahmen einer Urteils-   570
verfassungsbeschwerde das *BVerfG* mit den Grundrechtsfragen befaßt
wird (*Ausgangsfall 2* Fallgestaltung *b)*). Wie bei der Frage nach der Verfassungsmäßigkeit eines Gesetzes geht es für das *BVerfG* auch jetzt bloß
um die rechtliche *Überprüfung* der Abwägungsentscheidung durch das
für die Abwägung originär zuständige Zivilgericht. Vergleichbar mit der
Überprüfung von Gesetzen (Rn. 466, 479) kann das Bundesverfassungsgericht jetzt *nicht seine* Grundrechtsabwägung an die Stelle der Abwägung des Gerichts setzen. Vielmehr greift das *BVerfG* nur bei einer
*offensichtlichen Fehl*gewichtung ein. Demgemäß liegt ein **Grundrechtsverstoß**, „der zur Beanstandung der angegriffenen Entscheidungen
führt, … nur dann vor, (1) wenn *übersehen* worden ist, daß bei Auslegung und Anwendung der verfassungsmäßigen Vorschriften des Privatrechts Grundrechte zu beachten waren; (2) wenn der Schutzbereich der
zu beachtenden Grundrecht *unrichtig oder unvollkommen bestimmt*
(3) oder ihr *Gewicht unrichtig* eingeschätzt worden ist, so daß darunter
die Abwägung der beiderseitigen Rechtspositionen im Rahmen der privatrechtlichen Regelung leidet, und die Entscheidung (des Zivilgerichts)

---

[19] S. *BVerfGE* 97, 391 (401) = JuS 1999, 289 Nr. 1, sowie – weniger ausführlich –
BVerfGE 90, 27 (33); 99, 185 (196); *BVerfG (Kammer)*, NJW 1997, 386 (387).
[20] Zu dieser Variation s. *BVerfGE* 66, 116 (140 ff.).

auf diesem Fehler beruht".[21] Allerdings verstärkt das *BVerfG* seine
Überprüfung, „je nachhaltiger … eine zivilgerichtliche Entscheidung
grundrechtsgeschützte Voraussetzungen freiheitlicher Existenz und Betätigung verkürzt".[22] „In Fällen höchster Eingriffsintensität" hält sich
das *BVerfG* für befugt, die vom Zivilgericht „vorgenommene Wertung
durch seine eigene zu ersetzen".[23]

Auf dieser Linie würde das *BVerfG* die letztinstanzliche Gerichtsentscheidung im
Ausgangsfall 2 b) aufheben und zur erneuten Abwägung an das Zivilgericht zurück-
verweisen, wenn das Zivilgericht die Informationsbeschaffung durch das „Einschlei-
chen" des *A* etwa bloß als formale Inkorrektheit statt als schweren Verstoß gegen den
Kern der Pressefreiheit des *T-Verlages* einordnen und die Klage des *T-Verlages* deshalb abweisen würde.[24]

---

[21] So (ohne die Klammerzusätze und Hervorhebungen) *BVerfGE* 101, 361 (388);
s. ferner etwa: *BVerfGE* 95, 28 (37); 97, 391 (401); *BVerfG (Kammer),* NJW 2000,
2658 (2659).

[22] So *BVerfGE* 66, 116 (131); s. ferner *BVerfGE* 81, 278 (289); 83, 130 (145); sowie
Rn. 481.

[23] *BVerfGE* 42, 143 (149).

[24] Aufhebungsgrund in *BVerfGE* 66, 166 (142 f.).

8. Teil. Recht der politischen Parteien

§ 39. Verfassungsrechtlicher Grundstatus

Gemäß Art. 21 I GG wirken die Parteien bei der politischen Willensbil- **571** dung des Volkes mit. Nach der Rechtsprechung des *BVerfG*[1] gehören sie damit *nicht* zu den *Staats*organen. „Sie sind vielmehr frei gebildete, im *gesellschaftlich-politischen* Bereich wurzelnde Gruppen", welche dazu berufen sind, „in den Bereich der institutionalisierten Staatlichkeit hineinzuwirken", aber „selbst nicht zu diesem Bereich gehören". Dementsprechend sind die Parteien (nichtrechtsfähige) Vereine des *bürgerlichen* Rechts.[2] Wegen ihrer besonderen Funktionen (vgl. Art. 21 I GG) haben sie aber einen verfassungsrechtlichen Status, welcher bewirkt, daß sie sowohl in ihrem Verhältnis zum *Staat* (nachfolgend Rn. 572 ff.) als auch *intern* in ihrem Verhältnis zu den Mitgliedern (nachfolgend Rn. 584 ff.) weitgehend nach anderen Grundsätzen zu beurteilen sind als Vereinigungen des bürgerlichen Rechts.

§ 40. Rechtsstellung der Parteien in ihrem Verhältnis zum Staat

I. Freiheitsstatus, Parteienprivileg

Ausgangsfall:[1] Junglehrer *J* ist die Ernennung zum Beamten auf Lebenszeit verwei- **572** gert worden, weil er nicht „die Gewähr dafür biete, daß er jederzeit für die freiheitliche demokratische Grundordnung im Sinnedes GG eintrete" (die Beamtengesetze der Länder stimmen in dieser Einstellungsvoraussetzung mit § 7 I Nr. 2 BBG überein). *J* sei nämlich führendes Mitglied der „Liga zur Förderung der Demokratie in der Bundesrepublik", welche verfassungswidrige Ziele verfolge. *J* hält die Abweisung für rechtswidrig. Wie ihm sei auch vielen anderen Mitgliedern der Liga der Eintritt in den Staatsdienst verweigert worden. Das habe der Liga erheblich geschadet und sei ein Verstoß gegen Art. 21 II 2 GG, wonach „über die Frage der Verfassungswidrigkeit" einer Partei das *BVerfG* entscheide. Ist dieses Vorbringen relevant?

---

[1] Grundlegend *BVerfGE* 20, 56 (100 f.). S. ferner etwa *Hesse*, Verfassungsrecht, Rn. 166 ff.; *Maurer*, JuS 1991, 881; *ders.*, JuS 1992, 296. Zusammenfassend zur **Parteienfinanzierung** und zu *Parteispenden* §§ 18 ff. ParteienG im Anschluß an *BVerfGE* 52, 63; 73, 1; 73, 40; 85, 264; 111, 382 = JuS 2005, 167 Nr. 3; zu den Voraussetzungen für die staatliche Förderung *parteinaher Stiftungen* s. *BVerfGE* 73, 1.

[2] *BGH*, NJW 1974, 195; *BGHZ* 79, 265 (Namensschutz); 101, 193.

[1] In Anlehnung an *BVerfGE* 39, 334; *BVerwG*, NJW 1975, 1135. Zu neueren „Radikalenfällen" s. *BVerwG*, JuS 2002, 508 Nr. 15.

573 Beim „Einstieg" in den Fall kann davon ausgegangen werden, daß § 7 I Nr. 2 BBG verfassungsgemäß ist: Solange es nicht lediglich um Ausbildungsverhältnisse[2] im öffentlichen Dienst geht, ist Maßstabsnorm nicht Art. 12 I GG, sondern Art. 33 II GG als lex specialis für die Übernahme in das Beamtenverhältnis.[3] Im Rahmen des Art. 33 II GG geht es um die „Eignung". Was unter „Eignung" im einzelnen zu verstehen ist, wird durch Art. 33 V GG konkretisiert: Es entspricht den dort genannten „hergebrachten Grundsätzen des Berufsbeamtentums", daß der Beamte die Voraussetzungen erfüllen *muß*, welche § 7 I Nr. 2 BBG formuliert.[4] Die Probleme des *Ausgangsfalles* liegen in der *Sonderfrage, ob daraus* auf eine mangelnde Eignung i. S. des § 7 I Nr. 2 BBG geschlossen werden darf, daß der Bewerber einer Vereinigung angehört bzw. sich in ihr betätigt, welche bisher *nicht verboten* worden ist.

574 1. Wegen ihrer besonderen Funktionen ist die **politische Partei** gegenüber anderen Vereinigungen privilegiert: Gem. **Art. 21 II 2 GG** kann sie nur als verboten behandelt werden, wenn das *BVerfG (konstitutiv)* ihre (in Art. 21 II 1 GG näher definierte) Verfassungswidrigkeit *festgestellt* hat.[5] **Andere Vereinigungen,** „deren Zwecke oder deren Tätigkeit … sich gegen die verfassungsmäßige Ordnung richten …", können demgegenüber gem. **Art. 9 II GG** *ohne weiteres* als verboten behandelt werden.[6] Das Vorgehen gegen sie ist lediglich *durch einfaches Gesetzesrecht* erschwert; gem. § 3 I VereinsG ist zuvor (deklaratorisch) ein *exekutives* Verbot durch die dafür zuständige Verbotsbehörde (§ 3 II VereinsG) erforderlich.[7]

Im *Ausgangsfall* ist damit zunächst zu untersuchen, ob die Liga als *Partei* i. S. des Art. 21 GG angesehen werden kann. Nur dann könnte der verfassungsgebotene[8] Inhalt des § 7 I Nr. 2 BBG vom Parteienprivileg her *verfassungsimmanent* eingeschränkt sein, solange das *Bundesverfassungsgericht* die Verfassungswidrigkeit der Liga nicht festgestellt hat. Der *einfachgesetzliche* Verbotsvorbehalt des § 3 I VereinsG hätte demgegenüber nicht die Kraft, die *verfassungsgebotene* Einstellungsvoraussetzung des § 7 I Nr. 2 BBG zu modifizieren.

575 2. Nach der Rechtsprechung des *BVerfG*[9] ist der **Parteibegriff** in Art. 21 GG identisch mit der Definition, welche § 2 ParteienG (lesen!) von der politischen Partei gibt.

Im *Ausgangsfall* könnten vor allem folgende Begriffsmerkmale problematisch sein: Bundes- oder *wenigstens Landesebene* als Bereich der politischen Betätigung („Rathausparteien" und kommunale Wählervereinigungen sind *keine* Parteien i. S. des Art. 21 GG);[10] Wille, für den Bundestag oder einen Landtag *zu kandidieren;* nach zeitlichen

[2] Sie sind Gegenstand der Entscheidungen des *BVerfG* u. des *BVerwG* in Fn. 1.
[3] S. Rn. 526.
[4] So *BVerfGE* 39, 334.
[5] Einzelheiten zum Feststellungsverfahren (§§ 43 ff. BVerfGG) bei *Pestalozza, Verfassungsprozeßrecht,* § 4.
[6] S. *BVerfGE* 80, 244 (253 f.) = JuS 1990, 320 Nr. 4.
[7] Fälle: *Berg/Dragunski,* JuS 1995, 238; *BVerwGE* 55, 171 (175); 80, 299 („Hell's Angels").
[8] Wie bei Fn. 4.
[9] *BVerfGE* 3, 383 (403); 47, 198 (222); 74, 44 (50); 79, 379 (384) = JuS 1990, 228 Nr. 4; 91, 262 u. 276 = JuS 1996, 167 Nr. 3 (auch zum Parteibegriff im Gründungsstadium einer politischen Gruppierung).
[10] Fallbesprechung bei *Lorenz/Burgi,* JuS 1990, 822 mit Darstellung des Streitstandes.

Vorstellungen und Gesamtbild der tatsächlichen Verhältnisse (u. a. Festigkeit der Organisation, Mitgliederzahl) ausreichende Gewähr für die *Ernsthaftigkeit dieser Zielsetzungen*. Für die weiteren Überlegungen mag – obgleich unwahrscheinlich – zugunsten des *J* davon ausgegangen werden, *daß* die Liga politische Partei im angedeuteten Sinne ist.

3. Das **Entscheidungsmonopol des BVerfG** schließt *jedes* administrative   576
Einschreiten gegen die Aktivitäten einer politischen Partei aus,[11] soweit
sie sich allgemein erlaubter Mittel bedient.[12] Demgemäß verbietet das Parteienprivileg des Art. 21 II GG auch, *rechtlich* gegen *Mitglieder einer politischen Partei* einzuschreiten, soweit sie die Parteiziele verfolgen.[13]

Hierauf stützt *J* im *Ausgangsfall* seine Argumentation. Das *Extremisten-Urteil* des   577
BVerfG löst den Konflikt zwischen Art. 21 II und Art. 33 II, V GG indessen zugunsten des Art. 33 II GG.[14] Es kommt gemäß Art. 33 II GG auf die *materielle* Eignung des *konkreten* Bewerbers an. Diese hängt nicht davon ab, ob eine Partei durch das *BVerfG* verboten ist oder nicht.

II. Gleichheitsstatus, Chancengleichheit

Ausgangsfall:[15] Die Stadt X ist bereit und in der Lage, für den Bundestagswahlkampf   578
an (nur) 12 Abenden ihre Stadthalle zur Verfügung zu stellen. Einzige Interessenten
sind die 3 in Fraktionsstärke im BTag vertretenen Parteien *C* (für 6 Abende), *F* (für 4
Abende) und *S* (für 7 Abende). Weil *F* und *S* klar zu erkennen gegeben haben, daß sie
nach der Wahl ihre bisherige Regierungskoalition fortsetzen würden, wenn sie zusammen eine regierungsfähige Mehrheit erreichten, beabsichtigt Stadtdirektor St, *F*
und *S* zusammen ebenso viele Abende zu überlassen, wie *C*, nämlich *C* 6 Abende, *F* 2
Abende und *S* 4 Abende. Als Partei *S* davon erfährt, wird sie bei St vorstellig und
weist darauf hin, daß sie bei der letzten Bundestagswahl 45% aller Stimmen erhalten
habe, *C* hingegen nur 40% und *F* nur 8%. Daher könnte sie jetzt nicht mit 4 Abenden
abgespeist werden. Wie soll St sich verhalten?[16]

1. Gem. **§ 5 I 1 ParteienG** sollen alle Parteien *(formal)* „gleichbehandelt   579
werden, wenn ein Träger öffentlicher Gewalt den Parteien Einrichtungen zur Verfügung stellt oder andere öffentliche Leistungen gewährt“.
Das deckt sich mit der Rechtsprechung des *BVerfG*, welche aus der egalitär-formalen Wahlrechtsgleichheit der einzelnen Staatsbürger (Art. 38 I
1 GG)[17] darauf schließt, *im Grundsatz* sei auch den politischen Parteien
eine *formale* Chancengleichheit eingeräumt.[18]

---

[11] Fall dazu bereits in Rn. 104, 106.

[12] *BVerfGE* 12, 296 (305 ff.); 39, 334 (357); 40, 287 (291); 47, 130 (139); 47, 198 (228);
BVerfG (Kammer), NJW 2001, 2076 = JuS 2001, 1118 Nr. 4; NVwZ 2002, 713.

[13] *BVerfGE* 12, 296 (305 ff.); 13, 46 (52 f.); 13, 123 (126); 17, 155 ff.

[14] *BVerfGE* 39, 334; s. ferner bes. auch *BVerwG*, NJW 1975, 1139 ff.

[15] Die anstaltsrechtliche Seite des Falles ist in Rn. 361 ff. behandelt. Weiterer „Stadthallenfall“ bei *Gornig/Jahn*, JuS 1992, 857.

[16] Zur Zuteilung von Plakatflächen s. *BVerwG/OVG Münster*, JuS 1975, 657 Nr. 3;
zur Zuteilung von Sendezeiten *BVerfGE* 37, 191 (198); *BVerwGE* 75, 67 (79); 87,
270 = JuS 1991, 771 Nr. 3 i. V. mit *Dörr*, JuS 1991, 1009.

[17] Zu ihr bereits Rn. 495.

[18] Deutlich insoweit z. B. *BVerfGE* 14, 121 (132 f.); 24, 300 (340 f.); zusammenfassend
z. B. *BVerfGE* 111, 382 (398) = JuS 2005, 167 Nr. 3. Umfassend *Jülich,* Chancengleichheit der politischen Parteien, 1967.

Im *Ansatz* muß daher für den *Ausgangsfall* von einer Aufteilung 4 : 4 : 4 und damit von nur 4 Abenden für die *S* ausgegangen werden.

580 2. Gem. § 5 I 2 ParteienG *kann* der Umfang der Gewährung aber „nach der *Bedeutung* der Parteien bis zu dem für die Erreichung ihres Zwecks erforderlichen Mindestmaß abgestuft werden". Auch insoweit ist § 5 I ParteienG Ausdruck der erwähnten Rechtsprechung des *BVerfG*. Wird die formale Gleichheit so modifiziert, bewirkt der Gleichheitsgrundsatz indessen, daß die Bedeutung *jeder* Partei zu berücksichtigen ist.

581 Hieran knüpfen im *Ausgangsfall* die Bedenken der *S* an. Gesetzliche Aussagen zu den Kriterien, nach denen die Bedeutung einer Partei zu bemessen sei, finden sich in § 5 I 3 („insbesondere" Wahlergebnisse) und in § 5 I 4 ParteienG (Vertretensein im Bundestag mit Fraktionsstärke, was der *F* im *Ausgangsfall* mindestens halb so viele Abende wie für jede andere Partei garantieren würde). *St* bemißt die Bedeutung im *Ausgangsfall* nach der *Funktion*, welche *C* als einziger im BTag vertretenen *Oppositionspartei* im politischen Kräftespiel zukommt, indem er der an die Regierung strebenden *C* ebenso viele Abende zugesteht wie *S* und *F zusammen*, welche *gemeinsam* bestrebt sind, die Regierungsmehrheit zu behalten. Ob die „Bedeutung" der Parteien so bestimmt werden kann, ist (im Anschluß an eine saubere Subsumtion unter § 5 I ParteienG) das eigentliche Problem der Arbeit, zu dem Literatur und Rechtsprechung (soweit ersichtlich) noch nicht Stellung genommen haben. Weil sich in § 5 I 2 ParteienG die Rechtsprechung des *BVerfG* niedergeschlagen hat (s. soeben), müßte sich der Bearbeiter einer Hausarbeit dem Problem einerseits über eine sorgfältige Analyse der Rechtsprechung dieses Gerichts zu den Modifizierungen der formalen Chancengleichheit nähern.[19] Andererseits hätte der Bearbeiter aber auch (in fallbezogener Einkleidung) zu versuchen, die **verfassungsrechtliche Stellung der Opposition** zu ergründen.[20] Folgt der Bearbeiter im Prinzip dem Ansatz des *St*, stößt er auf das weitere Problem, wie die Bedeutung von *F* und *S* in ihrem internen Verhältnis zueinander zu gewichten ist. Immerhin geht es beiden Parteien nicht zuletzt auch darum, sich *innerhalb* der Koalition eigenständig zu profilieren und deshalb *je für sich* möglichst viele Wählerstimmen zu gewinnen. Aber das sei hier nicht mehr weiter verfolgt.

III. Prozessuales

582 1. Soweit die verfassungsrechtliche Stellung der politischen Partei durch *Verwaltungsbehörden* beeinträchtigt wird, kann die Partei von den herkömmlichen Rechtsmitteln Gebrauch machen, die auch jedem Bürger zu Gebote stehen (§ 3 ParteienG).

---

[19] *BVerfGE* 14, 121 (137); 24, 300 (335); 34, 160 (164) beurteilen die Bedeutung einer Partei u. a. nach ihrer „Beteiligung an den Regierungen in Bund und Ländern". Entsprechendes hat dann wohl auch für die Opposition zu gelten.

[20] Positivrechtlich ist sie im Anschluß an die HmbVerf nur in einigen Landesverfassungen geregelt. Art. 23a HmbVerf: „(1) Die Opposition ist ein wesentlicher Bestandteil der parlamentarischen Demokratie. (2) Sie hat die ständige Aufgabe, die Kritik am Regierungsprogramm im Grundsatz und im Einzelfall öffentlich zu vertreten. Sie ist die politische Alternative zur Regierungsmehrheit." – Grundlegend *H. P. Schneider*, Die parlamentarische Opposition im Verfassungsrecht der Bundesrepublik Deutschland, 1974; auch *Cancik*, Parlamentarische Opposition in den Landesverfassungen, 2000. Kurzüberblick bei *Püttner/Kretschmer*, § 27. S. ferner später Rn. 621.

2. Verletzt ein *Verfassungsorgan* den verfassungsrechtlichen Status der **583** politischen Partei, kann diese nach ständiger Rechtsprechung des *BVerfG*[21] eine *Organklage* (Art. 93 I Nr. 1 GG) erheben.[22]

§ 41. Streitigkeiten innerhalb politischer Parteien

Ausgangsfälle: (1) Im Ortsverband X der Y-Partei wurden die 20 Delegierten für die **584** Kreisdelegiertenversammlung aufgrund eines vorherigen Beschlusses des Wahlkörpers nach dem sog. Blockwahlsystem gewählt: Jeder Wähler mußte 20 (von 36) Kandidaten ankreuzen. Bezeichnete er weniger Kandidaten, war sein Stimmzettel insgesamt ungültig. Wähler *A* hält die Wahl für rechtswidrig. Er sei Angehöriger der parteiinternen Opposition, welche aus Personalmangel nur 16 Kandidaten habe aufstellen können. Um diese Kandidaten zu wählen, habe er zusätzlich 4 ihm nicht genehmen Kandidaten seine Stimme geben müssen und dadurch deren Wahlchancen zu Lasten seiner eigenen Kandidaten erhöht. In der einschlägigen Wahlordnung der Y-Partei heißt es: „Sollen durch einen Wahlgang mehrere gleichartige Wahlämter besetzt werden, so sind die Kandidaten mit der höchsten Stimmenzahl gewählt." Kann *A* die Wahl mit Erfolg anfechten?[1]

(2) *A* ist Journalist und setzt sich in einer führenden Wochenzeitung allwöchentlich sehr kritisch mit der Regierungspolitik auseinander, obgleich er selbst Mitglied der Y-Partei ist, welche die Regierung stellt. Nachdem mehrere Warnungen nicht gefruchtet haben, schließt die Y-Partei den *A* wegen „parteischädigenden Verhaltens" aus der Partei aus. Kann *A* sich mit Erfolg dagegen wehren?[2]

I. Prozessuales

Weil es sich um vereinsrechtliche Streitigkeiten handelt (Rn. 571), ist für **585** *innerparteiliche* Auseinandersetzungen der **Rechtsweg zu den Zivilgerichten** gegeben.[3]

Im *Ausgangsfall 1* kann *A* Feststellungsklage (§ 256 ZPO) vor dem Landgericht erheben, daß die Wahl ungültig sei. – Im *Ausgangsfall 2* kommt ebenfalls eine Feststellungsklage in Betracht. Weil der Ausschluß parteiintern aber durch ein „Schiedsgericht" (§§ 10 V, 14 ParteienG) ausgesprochen worden ist, könnten §§ 1025 ff. ZPO (schiedsrichterliches Verfahren) Anwendung finden.[4] Gemäß § 1055 ZPO hätte dann bereits der Spruch des Schiedsgerichts „die Wirkung eines rechtskräftigen gerichtlichen Urteils".

---

[21] *BVerfGE* 20, 128 (140); 24, 329 (332); 44, 125 (137); 82, 322 (335). Klausur bei *Kisker/Höfling*, Staatsorganisationsrecht, Fall 7.

[22] Die Verfassungsbeschwerde ist nicht eröffnet, s. *BVerfGE* 57, 1 (9).

[1] Fall in Anlehnung an *BGH*, NJW 1974, 183.

[2] Besprechung eines verwandten Falles bei *Kotzur*, JuS 2001, 54; s. ferner *BGH*, NJW 1979, 1402. Fall zur **Verweigerung der Mitgliedschaft** (§ 10 I ParteienG) bei *Seiler*, JuS 2005, 1107. Zum Verhältnis der Parlaments*fraktion* zu ihren Mitgliedern s. Rn. 617 ff.

[3] *VGH Mannheim*, NJW 1977, 72; *BGH*, NJW 1979, 1402.

[4] Ausführlich zum Problem *Lengers*, Rechtsprobleme bei Parteiausschlüssen, Diss. jur. Bochum 1973, S. 189 f.; *OLG Frankfurt*, NJW 1970, 2250; *Schiedermair*, AöR Bd. 104 (1979), S. 200.

II. Materiellrechtlicher Einstieg

586 Materiellrechtlich sollte die Lösung vom *einfachen* Gesetzesrecht her entwickelt werden. (Zu den verfassungsrechtlichen Überlagerungen s. nach folgend Rn. 588 ff.) Als lex specialis ist zunächst das **ParteienG** durchzumustern. Enthält es keine Regelungen, sind ergänzend die vereinsrechtlichen Bestimmungen der **§§ 21 ff. BGB** heranzuziehen[5] (, welche der *BGH* trotz des Wortlauts von § 54 BGB weitgehend auch auf den nichtrechtsfähigen Verein anwendet).[6]

587 Nach § 15 I ParteienG fassen die Organe ihre Beschlüsse mit einfacher Mehrheit. Im *Ausgangsfall 1* gestaltet das **Blockwahl-System** die Mehrheitswahl in einer Weise aus, welche von § 15 I ParteienG nicht mehr gedeckt sein dürfte. Gem. § 40 BGB hätte § 15 I ParteienG möglicherweise durch eine Partei*satzung* abgeändert werden können. Die einschlägige Satzung (Wahlordnung) sieht das angewendete Blockwahl-System aber auch nicht vor. Also war die Blockwahl bereits aus formellen Gründen rechtswidrig.[7] – Für *Ausgangsfall 2* bestimmt § 10 IV ParteienG: „Ein Mitglied kann nur dann aus der Partei ausgeschlossen werden, wenn es vorsätzlich gegen die Satzung oder erheblich gegen Grundsätze oder Ordnung der Partei verstößt und ihr damit schweren Schaden zufügt."[8] Eine (ausdrückliche) Satzungsbestimmung, gegen die *A* verstoßen haben könnte, ist nicht ersichtlich. Ein parteiinterner Grundsatz, nach welchem es Parteimitgliedern verboten ist, die Politik der staatlichen Regierung (im Unterschied zur Parteipolitik, zu Parteiprogrammen usw.) zu kritisieren, läßt sich ebenfalls nicht nachweisen.

III. Verfassungsrechtliche Überlagerungen

588 1. Neben dem ParteienG ist **Art. 21 I 3 GG** zu beachten, wonach die innere Ordnung der Parteien „demokratischen Grundsätzen entsprechen" muß.[9]

Im *Ausgangsfall 1* läßt sich an den demokratischen Grundsatz der Wahlrechts*gleichheit* (vgl. Art. 38 I 1 GG) ein zweiter Argumentationsstrang gegen die Blockwahl knüpfen:[10] Bei Wahlen nach dem Mehrheitswahlsystem (dazu gehört die Blockwahl) müssen die abgegebenen Stimmen den *gleichen Zählwert* haben.[11] Der gleiche Zählwert ist im *Ausgangsfall 1* nicht gegeben. Denn Angehörige von Minderheitsgruppierungen, welche nicht in der Lage sind, 20 Kandidaten aufzustellen, entwerten ihre Stimmabgabe zugunsten ihrer Kandidaten dadurch, daß sie gleichzeitig Kandidaten fördern müssen, die mit ihren eigenen Kandidaten konkurrieren. Wie die Rechtsprechung des *BVerfG* zur 5%-Klausel[12] zeigt, vermögen zwar *verfassungskräftige Ge-*

---

[5] Rn. 571 Fn. 2.
[6] Näheres dazu bei Palandt/*Heinrichs*, § 54 Rn. 1.
[7] So jedenfalls *BGH*, aaO.
[8] Näheres dazu in *BGHZ* 73, 275; allgemein *Risse*, Der Parteiausschluß, 1985.
[9] Dazu *Trautmann*, Innerparteiliche Demokratie, 1975.
[10] So im Ergebnis auch *BGH*, aaO, der allerdings keinen Anwendungsfall speziell der Wahlrechts*gleichheit* gegeben sieht.
[11] St. Rspr. des *BVerfG*, s. Rn. 612.
[12] Nachfolgend Rn. 612.

gengesichtspunkte die Wahlrechtsgleichheit bis zu einem gewissen Grade einzuschränken. Ob die zugunsten der Blockwahl angeführten Gründe (möglichst breite Beteiligung der Mitglieder an der Parteiwillensbildung und Vermeidung von Zufallsmehrheiten) aber in diesem Sinne *verfassungskräftig* sind, ist schon zweifelhaft. Weil konkurrierende Verfassungsbestimmungen nach dem Grundsatz der praktischen Konkordanz möglichst so gegeneinander auszubalancieren sind, daß kein Gesichtspunkt *ganz* zurücktritt,[13] ist im *Ausgangsfall 1* aber jedenfalls die (vorliegende) *lupenreine* Blockwahl nicht möglich.[14]

2. Schließlich gelten innerhalb politischer Parteien die **Grundrechte.**   589
Politische Grundrechte, welche im Zusammenhang mit den Demokratievorstellungen des GG stehen (vor allem Art. 5 GG[15]), werden dabei durch Art. 21 I 3 GG in das Parteienrecht transformiert[16] (= dogmatische Parallele zu Art. 9 III 2 GG[17]). Die anderen Grundrechte wirken nach den Grundsätzen der „Drittwirkungslehre"[18] (wie in *jedem* nichtrechtsfähigen Verein) in der politischen Partei.

Käme im *Ausgangsfall 2* ein Verstoß gegen die „Grundsätze der Partei" in Betracht, wäre zugunsten des *A* die Pressefreiheit (Art. 5 I 2 GG), vielleicht auch die Berufsfreiheit (Art. 12 I GG) heranzuziehen.

Die Grundrechte sind im Einzelfall nach den Grundsätzen der prakti-   590
schen Konkordanz[19] gegen das (aus Gründen der Funktionsfähigkeit i.S. des Art. 21 I GG) verfassungskräftige Interesse der Partei abzuwägen, eine auf demokratischen Beschlüssen beruhende Parteilinie durchzusetzen.[20]

Im *Ausgangsfall 2* würde spätestens diese Abwägung ergeben, daß *A* nicht aus der Partei ausgeschlossen werden durfte.

§ 42. Koalitionsvereinbarungen im Verhältnis der Parteien zueinander

Ausgangsfall:[1] Nach der Landtagswahl haben die Landesverbände der X-Partei und   591
der Y-Partei eine Regierungskoalition vereinbart. Die X-Partei stellt den Ministerpräsidenten und 6 Minister, die Y-Partei 3 Minister mit dem stellvertretenden Ministerpräsidenten. Vereinbart ist außerdem, daß die Landesregierung das Abstimmungsverhalten des Landes im Bundesrat (Art. 51 GG) nur mit Zustimmung der der Y-Partei

---

[13] Dazu Rn. 478.
[14] Vom *BGH,* aaO, überzeugend dargelegt.
[15] Dazu etwa Rn. 484 ff.
[16] *Wolfrum,* Die innerparteiliche demokratische Ordnung, 1974, S. 134 ff., mit Darstellung des Meinungsstandes.
[17] S. Rn. 563.
[18] Zu ihr Rn. 562 ff.
[19] Rn. 478.
[20] Einzelkriterien dazu bei *Lengers,* aaO, S. 114 ff.; *Wolfrum,* aaO, S. 138 ff.
[1] Anlehnung an *Kisker/Höfling,* Staatsorganisationsrecht, Fall 6; weitere Klausur bei *Büge/Pauly,* JuS 1987, 643.

angehörenden Minister festlegen wird. Sonst soll sich das Land seiner Stimmen im Bundesrat enthalten. Nach der Landesverfassung wird das Abstimmungsverhalten im Bundesrat durch die Mehrheit der Mitglieder der Landesregierung bestimmt. Als die der X-Partei angehörigen Mitglieder der Landesregierung sich bei einem wichtigen Bundesgesetz anschicken, „im Interesse des Landes" von dieser Möglichkeit Gebrauch zu machen, verlangt die Y-Partei die Einhaltung der Koalitionsvereinbarung. Zu Recht?

I. Partner der Vereinbarung

Partner der bei Regierungsbildungen üblichen Koalitionsvereinbarungen[2] sind in der Regel – wie im Ausgangsfall – die politischen Parteien, bei entsprechender Auslegung einer Vereinbarung evtl. auch die Fraktionen der Parteien im Parlament. Wenn der (zukünftige) Ministerpräsident die Verhandlungen für „seine" Partei selbst geführt hat, mag er zusätzlich auch *selbst* als Partner der Vereinbarung in Betracht kommen.

II. Inhalt der Vereinbarung

Soweit die Fraktionen und der Ministerpräsident Partner der Vereinbarung sind, können sie die sie betreffenden Teile der Vereinbarung (Wahl der Regierung durch die Fraktionen, bestimmtes Verhalten des Ministerpräsidenten) *selbst* erfüllen. Die *Parteien* (Ausgangsfall) als Partner der Vereinbarung versprechen hingegen ein fremdes Verhalten (der Minister), das sie selbst *nicht* erfüllen können.

Juristisch gesehen wäre im *Ausgangsfall* (und in anderen Fällen) zwar eine *rechtliche* Vereinbarung denkbar, nach der die X-Partei sich im Sinne einer rechtlichen Garantie verpflichtet, über innerparteiliche Disziplinierungen bis hin zu einem „Parteiausschlußverfahren" auf das Verhalten „ihrer" Minister Einfluß zu nehmen. Aber eine derartige Vereinbarung wäre so „lebensfremd" und rechtlich so problematisch (s. sogleich), daß die X-Partei sie bei sinnvoller Auslegung nicht abgeschlossen hat.

III. Rechtliche Verbindlichkeit oder bloß „politische" Vereinbarung?

592 Eine Koalitionsvereinbarung ist nicht in der Lage, die verfassungsrechtlichen Rechte und Pflichten des Ministerpräsidenten, der Minister, der Fraktionen und ihrer Abgeordneten zu verändern. Deshalb wird der Koalitionsvereinbarung in der Regel[3] keine (einklagbare) rechtliche, wohl aber eine grundlegende[4] politische Bedeutung beigemessen. Der „Bruch" der Vereinbarung führt in politische Turbulenzen bis hin zur Beendigung der Koalition mit dem Ende der Regierung.

---

[2] Umfassender Überblick bei *Schenke*, BK, Art. 63 Rn. 20 ff.
[3] Vgl. *Schenke*, aaO, Rn. 21 ff.
[4] So pointiert *Herzog*, in: Maunz/Dürig, GG, Art. 63 Rn. 10 ff.

Aus (alleine) *juristischer* Sicht könnte die Koalitionsvereinbarung im *Ausgangsfall* das befürchtete Abstimmungsverhalten im BRat nicht verhindern. Ob die Koalitionsvereinbarung letztendlich noch politisch „greift", hängt vom „Klima" in der Koalition und vom Streitgegenstand ab.

IV. Prozessuales

Für eine Koalitionsvereinbarung ohne *rechtliche* Verbindlichkeit stellt **593** sich die Frage nach einer Klagemöglichkeit nicht.[5] Ansonsten wird die Klage aus einer Koalitionsvereinbarung regelmäßig als öffentlichrechtliche Streitigkeit *verfassungsrechtlicher* Art angesehen, für welche gemäß § 40 I VwGO der Verwaltungsrechtsweg ausgeschlossen und wegen des in der Verfassungsgerichtsbarkeit herrschenden Enumerationsprinzips auch kein Rechtsweg zu einem Verfassungsgericht eröffnet ist.[6]

---

[5] Geschickte Integration dieses Gedankens in einen prozessualen Aufbau bei *Büge/Pauly,* JuS 1987, 643 (646).

[6] S. *Büge/Pauly,* JuS 1987, 643 (647).

9. Teil. Weitere Fälle aus dem Staatsrecht (insbesondere organisatorischer Bereich)

§ 43. Allgemeines

I. Aufgabenstellung, Bedeutung der tragenden Verfassungsprinzipien, Staatszielbestimmungen

594 Mehrere wichtige Bereiche des Staatsrechts sind bereits früher erörtert worden, so die Gültigkeitsvoraussetzungen von Normen und das Gesetzgebungsverfahren (Rn. 407 ff.), Grundrechtsfragen (Rn. 439 ff.) und zuletzt das Parteienrecht (Rn. 571 ff.). Diese Bereiche können hier ausgeklammert bleiben. Gleiches gilt für die staatsrechtlichen Mitwirkungsbefugnisse von Bundestag und Bundesrat beim Abschluß völkerrechtlicher Verträge und im Zusammenhang mit der Europäischen Union, die Gegenstand späterer Ausführungen sein werden (Rn. 694 ff. bzw. Rn. 710 ff.).

595 Die **tragenden Verfassungsprinzipien** aus Art. 20 I, 28 I GG (Republik, Demokratie, Rechtsstaat, Sozialstaat, Bundesstaat) sind mitunter Gegenstand von *Themenarbeiten.*

Aufgabenbeispiele: „Die rechtliche Bedeutung der Bezeichnung der Bundesrepublik Deutschland als republikanischer, demokratischer und sozialer Rechtsstaat (Art. 20 I, 28 I GG)" oder „Die in Art. 20 II GG zum Ausdruck gebrachten Verfassungsgrundsätze".

596 Im Rahmen einer Fallbearbeitung werden die tragenden Verfassungsprinzipien nur incidenter erheblich.

Das wurde für das **Rechtsstaatsprinzip** im Zusammenhang mit der Rücknahme rechtswidriger Verwaltungsakte (Rn. 178 ff.) sowie bei der Rückwirkung von Gesetzen (Rn. 413 ff.) deutlich. Das Sozialstaatsprinzip kann etwa für die Grundrechtsexegese (vgl. Rn. 516) und beim Verwaltungsermessen (vgl. Rn. 101) fruchtbar gemacht werden. Als „verfassungsänderungsfestes Minimum" werden alle tragenden Verfassungsprinzipien im Rahmen von Art. 79 III GG relevant (vgl. Rn. 111, 406, 838). Der Begriff der „freiheitlichen demokratischen Grundordnung" hat Bedeutung im Rahmen des erwähnten Parteiverbots sowie für die erörterte Abweisung „radikaler" Bewerber im öffentlichen Dienst (Rn. 572 ff.).

Schon diese Beispiele[1] zeigen, daß der Student auch in der *Fallbearbeitung* vertiefte Kenntnisse zu den tragenden Verfassungsprinzipien haben muß. (Für die *mündliche* Prüfung gilt das ohnehin.) Die erforderlichen Kennt-

---

[1] Weiteres Beispiel bei *Kisker/Höfling*, Staatsorganisationsrecht, Fall 21.

nisse *hier* zu vermitteln, würde indessen den Rahmen der Schrift sprengen. Es geht um Grundfragen von Staat und Gesellschaft, welche nur in einer Spezialabhandlung angemessen aufgegriffen werden könnten.

Zum Einstieg kann der Leser daher nur auf die umfassenden Literaturlisten verwiesen **597** werden, welche in allen Lehrbüchern und Kommentaren zu den tragenden Verfassungsprinzipien enthalten sind. „Das **demokratische Prinzip** im Grundgesetz" behandeln etwa *v. Simson* und *Kriele*, VVDStRL 29. Band (1971); zur Volkssouveränität und zu aus ihr folgenden Einzelanforderungen an die demokratische Legitimation exekutiver Amtsträger s. *BVerfGE* 93, 37 (66); 107, 59 (86).[2] Die „**freiheitliche demokratische Grundordnung**" (Art. 21 II GG) wird durch *BVerfGE* 2, 1 (SRP-Urteil) nach „rechts" und durch *BVerfGE* 5, 85 (KPD-Urteil) nach „links" abgegrenzt. Wodurch sich die pluralistische, rechtsstaatliche Demokratie des Grundgesetzes von der Volksdemokratie der ehemaligen DDR abgehoben hat, wird im einzelnen deutlich bei *Brunner*, Einführung in das Recht der DDR (2. Aufl. 1979).[3] Zum **Sozialstaatsprinzip** sind grundlegend etwa *W. Weber*, Staat 4 (1965), S. 409; *Hartwich*, Sozialstaatspostulat und gesellschaftlicher status quo (2. Aufl. 1977); s. ferner z. B. *BVerfGE* 100, 271 (284);[4] 102, 254 (298).

Die tragenden Verfassungsprinzipien werden herkömmlich auch **597a** „*Staatszielbestimmungen*" genannt. **Staatszielbestimmungen speziellerer Art** sind Art. 3 II 2 GG (Förderung der Gleichberechtigung der Frau)[5] und Art. 20a GG (Schutz der natürlichen Lebensgrundlagen und Tierschutz[6]). Insbesondere mit Art. 3 II 2 GG, der 1994 in das Grundgesetz aufgenommen worden ist, spricht das Grundgesetz nunmehr doch noch den **Themenbereich sozialer Grundrechte** an;[7] „an sich" hat das Grundgesetz auf die Aufnahme sozialer Grundrechte (Recht auf Wohnung, Recht auf Arbeit usw.) verzichtet und als Surrogat die Sozialstaatsklausel des Art. 20 I GG formuliert.[8]

In erster Linie ist es der *Gesetzgeber*, der die Staatszielbestimmungen bzw. die sozialen Grundrechte umzusetzen hat.[9] Entstehen Konflikte mit anderen Verfassungsbestimmungen, können Art. 3 II 2 GG, Art. 20a GG oder die Sozialstaatsklausel ein Gesetz legitimieren, das ohne ihre Existenz verfassungswidrig wäre.[10] Von Art. 3 II 2 GG, von Art. 20a GG und von der Sozialstaatsklausel her besteht die Möglichkeit zu

---

[2] = JuS 1996, 842 Nr. 6 – Grenzen der Mitwirkung des Personalrats; JuS 2003, 1215 Nr. 3 – „**funktionale Selbstverwaltung**" (kritisch *Jestaedt*, JuS 2004, 649).

[3] JuS-Schriftenreihe 29. S. ferner *Roggemann*, Die sozialistische Verfassung der DDR, 1970.

[4] = JuS 2000, 291 Nr. 4.

[5] Rdn. 496b.

[6] Hinweis auf *Rico Faller*, Staatsziel „Tierschutz", 2005.

[7] Entsprechende Einordnung des Art. 20a GG bei *Hesse*, Verfassungsrecht, Rn. 208.

[8] Dazu grundlegend mit allen Nachw. aus der Entstehungsgeschichte des GG *W. Weber*, soeben im Text. Die vorne schon behandelten Ausdeutungen der Grundrechte als Teilhabe- und Leistungsrechte (Rn. 510ff.) führen soziale Grundrechte gleichsam „durch die Hintertür" ein. Allgemein *Murswiek*, in: Isensee/Kirchhof, Handbuch des Staatsrechts V, 1992, S. 243.

[9] S. den Wortlaut von Art. 20a GG sowie für die Sozialstaatsklausel *BVerfGE* 100, 271 (284) = JuS 2000, 291 Nr. 4; 102, 254 (298).

[10] Zu Art. 3 II 2 GG s. Rn. 496b; zu Art. 20a GG s. etwa die Fallgestaltung *BVerwG*, NJW 1995, 2648 = JuS 1995, 1131 Nr. 3.

einer staatszielkonformen Auslegung von Gesetzen.[11] Schließlich sind diese Staatszielbestimmungen Kriterien für die Handhabung von Verwaltungsermessen bei der Anwendung einschlägiger Gesetze nach Maßgabe der Ermessenslehre in Rn. 84 ff.[12]

598 Die **nachfolgenden Ausführungen** behandeln den **organisatorischen Teil des Staatsrechts,** also die *Staatsorgane* und das *Verhältnis von Bund und Ländern.* Klausuren aus diesem Bereich sind häufig besonders unbeliebt. Denn Studenten und Examenskandidaten haben gerade auch hier nicht immer ausreichende Vorstellungen von dem, was sie erwartet. Auch fehlen Lösungsschemata. Nachfolgend soll versucht werden, die Vorstellungslücken zu schließen, indem ein möglichst weit gefächerter, gleichwohl notwendig unvollständiger **Überblick über Fälle aus Originalklausuren zu den wichtigsten Themenkreisen** gegeble Einzeen wird.[13] Hingegen ist es nicht möglich, im bisherigen Umfang bis in vielheiten hinein die Gedankenfolgen zu abstrahieren, welche für typische Fallgestaltungen immer wiederkehren. Staatsrechtliche Aufgaben haben häufig Konflikte zum Gegenstand, die lediglich *einmal* in der Verfassungswirklichkeit vorgekommen sind, aus diesem aktuellen Anlaß dann eine gewisse Zeit lang durch die Klausuren geistern,[14] später aber nur selten wieder auftauchen, weil mittlerweile andere Konflikte aktueller sind.

Daher ist es unausweichlich, daß der Examenskandidat das aktuelle politische Geschehen verfolgt (Zeitungslektüre) und ständig unter staats*rechtlichen* Aspekten „mitdenkt" sowie etwa einschlägige Entscheidungen des *BVerfG* nachliest!

599 Wichtiger als die Kenntnis vieler Lösungsschemata zu vergangenen Streitfällen ist hier die **Fähigkeit, bisher unbekannte Konflikte in den Griff zu bekommen,** auch wenn sie in noch nicht ausreichend beackertes Neuland führen: Der Bearbeiter muß in der Lage sein, sich auch ohne den Rückhalt eines Schemas mit Hilfe von *Grundkenntnissen* und durch *eigenständige* Überlegungen zu den einschlägigen Fragen und zu ihrer Lösung vorzutasten. Das wird nachfolgend mit geübt werden. Der Leser sollte jeden Fall

---

[11] S. *BVerwG,* aaO; Fall zur Bauleitplanung bei *Odendahl,* JuS 1996, 819.

[12] Zur praktischen Relevanz von Art. 20a GG mit dem Schutz der natürlichen Lebensgrundlagen s. auch etwa *Murswiek,* in: Sachs, GG, Art. 20 Rn. 33 ff.; *Schmidt-Bleibtreu/Klein,* GG, Art. 20a; *Scholz,* in: Maunz/Dürig, GG, Art. 20a; *Uhle,* JuS 1996, 96; *Westphal,* JuS 2000, 339. Mit Bezug auf den Tierschutz s. *Caspar-Geissen,* NVwZ 2002, 913.

[13] Fallbezogene Darstellungen auch bei *v. Münch,* Staatsrecht I, 6. Aufl. 2000; *Kisker-Höfling,* Fälle zum Staatsorganisationsrecht, 3. Aufl. 2001 (JuS-Schriftenreihe H. 92).

[14] S. nach dem Rücktritt von Bundeskanzler *Brandt* etwa die Erörterungen von *Arndt, Schweitzer* und *Röttger,* JuS 1974, 622; 1975, 358; nach der Auflösung des 9. Deutschen Bundestages und im Anschluß an die hierzu ergangene Entscheidung des *BVerfG (BVerfGE* 62, 1) *Küchenhoff,* JuS 1983, 948; *Kisker/Höfling,* Staatsorganisationsrecht, Fall 4; im Zusammenhang mit der früheren Rotation der „Grünen" *Nds. StGH,* NJW 1985, 2319 i. V. mit *Stoll,* JuS 1987, 25; zur Festlegung der Nationalhymne durch den BPräs nach der Wiedervereinigung *Hultzsch,* JuS 1992, 583; zu Abstimmungsproblemen im BRat beim ZuwanderungsG *Kramer,* JuS 2003, 645 i. V. mit *BVerfGE* 106, 310 = JuS 2003, 399 Nr. 5; usw.

zunächst selbst durchdenken und seine Lösung anschließend mit Hilfe der Lösungsandeutungen überprüfen und vertiefen.

II. Bearbeitungshinweise

Immerhin lassen sich einige allgemeingültige Bearbeitungshinweise vor- 600 anstellen. Sie sollen dem Bearbeiter vor Augen führen, wie auch staatsrechtliche Fälle mit *juristischer Methode*, nicht durch unverbindliches Gerede zu lösen sind.

Ausgangsfälle: Der Bundespräsident weigert sich, (1) den vom Bundestag ordnungsgemäß gewählten Bundeskanzler, (2) einen vom Bundeskanzler vorgeschlagenen Bundesminister zu ernennen,[15] weil er ihre politischen Vorstellungen nicht teilt. (3) Der Bundespräsident verweigert die Ausfertigung eines Gesetzes, weil es politisch verfehlt sei. (4) Der Bundespräsident befürwortet in einem Zeitungsinterview die Bildung einer neuen Regierung. Handelt er jeweils rechtmäßig?

1. Suche nach einer positivrechtlichen Regelung

Zunächst ist stets zu prüfen, ob die aufgeworfene Frage positivrechtlich 601 *eindeutig geregelt* ist. Soweit es um die Befugnisse eines Verfassungsorgans, etwa des Bundespräsidenten geht, ist einmal der Abschnitt des Grundgesetzes durchzumustern, welcher diesem Verfassungsorgan gewidmet ist (in den Ausgangsfällen: Art. 54 ff. GG). Sodann kann sich die Regelung auch unter den Vorschriften für ein anderes Verfassungsorgan (Bundestag, Bundesregierung) befinden, mit dessen Befugnissen das Handeln des Verfassungsorgans (Bundespräsident) im Zusammenhang steht.

Die Mitwirkung des Bundespräsidenten bei der Ernennung von Bundesbeamten und Bundesrichtern findet sich so im Abschnitt über den Bundespräsidenten (Art. 60 I GG), seine Mitwirkung bei der Ernennung von Mitgliedern der Bundesregierung hingegen im Abschnitt über die Bundesregierung (Art. 63 II 2, 64 I GG).

Der klare Wortlaut des Art. 63 II 2 GG ergibt, daß der Bundeskanzler im *Ausgangs-* 602 *fall 1* ernannt werden *muß*. Der Bundespräsident hat hier kein „politisches Prüfungsrecht". Im *Ausgangsfall 2* enthält Art. 64 GG keine klare Entscheidung zum *Umfang* der Prüfungsbefugnis des Bundespräsidenten *(Auslegungsproblem)*.[16] *Ausgangsfall 3* ist im Grundgesetz (Art. 82 I) zwar nicht expressis verbis angesprochen, aber doch eindeutig entschieden: Das politische Prüfungsrecht bei der Ausfertigung von Gesetzen käme einem Vetorecht gleich; als *Grundfrage* des Verhältnisses zwischen Parlament und Staatsoberhaupt wäre das Vetorecht notwendig *ausdrücklich* erwähnt, wenn es bestände. In weniger zentralen Fragen ist anderseits aber durchaus auch eine *ungeschriebene* Kompetenz denkbar. Um sie geht es im *Ausgangsfall 4 (Verfassungslücke)*; Art. 5 GG (freie Meinungsäußerung) ist hier nicht einschlägig.[17]

---

[15] Fall bei *Arndt*, JuS 1991, L 28. Entsprechende Fälle zur Minister*entlassung* in Rn. 796 sowie bei *Windirsch*, JuS 1995, 527.

[16] Überblick über die verschiedenen Ansichten z.B. bei *v. Mangoldt/Klein*, GG, Art. 64 Anm. III 4.

[17] S. Rn. 443.

2. Auslegungsschwierigkeiten und Verfassungslücken

603 Bei *Auslegungsschwierigkeiten* oder beim Vorliegen einer *Verfassungslücke* kann die Entscheidung in einer Klausur insbesondere über Rückschlüsse aus anderen Verfassungsvorschriften und/oder aus grundlegenden Zusammenhängen der Verfassung gewonnen werden.[18] Von einem
Klausurbearbeiter wird auch im Staatsrecht nicht erwartet, daß er eine
Streitfrage bis in alle Verästelungen der Argumentation hinein kennt; er
soll nur *Verständnis* zeigen.[19]

604 Dabei lassen sich die Gedankengänge z.B. so ordnen:

(1) Was spricht für die in Anspruch genommene Kompetenz?

Im *Ausgangsfall 2* deutet der Wortlaut des Art. 64 I GG auf ein politisches Prüfungsrecht hin: Die Minister werden „auf Vorschlag" des Bundeskanzlers ernannt; nach
dem allgemeinen Sprachgebrauch braucht ein Vorschlag nicht akzeptiert zu werden.
Dementsprechend heißt es in Art. 64 I GG auch nicht wie in Art. 63 II 2 GG „ist zu
ernennen", sondern „werden ernannt". – Im *Ausgangsfall 4* ist z.B. zu überlegen, ob
sich aus den Aufgaben des Bundespräsidenten bei der Kanzlerwahl (Art. 63 GG)
Rückschlüsse auf die in Anspruch genommene Befürwortungsbefugnis ziehen lassen.
Geht das nicht, ist die Natur des Amtes zu durchleuchten.

(2) Was spricht gegen die in Anspruch genommene Kompetenz?

Im *Ausgangsfall 2* würde der Bundespräsident über die Zurückweisung des Ministers
das ihm durch Art. 63 II 2 GG verwehrte Ziel auf „kaltem Wege" erreichen können:
Ohne die Mitarbeiter seiner „*ersten Garnitur*" im Kabinett ist dem Bundeskanzler die
Erfüllung seiner Aufgaben erheblich erschwert, eventuell unmöglich. Ferner sprechen
Art. 63 und Art. 67 GG sehr stark für ein *rein parlamentarisches* Regierungssystem.
Für *Ausgangsfall 4* läßt sich vielleicht parallel argumentieren, im *parlamentarischen*
Regierungssystem dürfe kein anderes *Staatsorgan* Druck auf das Parlament ausüben,
wenn es um die Neubildung einer Regierung gehe.

(3) Das Ergebnis ist eindeutig, wenn sich *nur* Gründe für eine Kompetenz oder *keine* Gründe für die Kompetenz haben finden lassen. Bestehen sowohl Gründe für als auch gegen die Kompetenz, hat der Bearbeiter sie gegeneinander abzuwägen; dabei zeigt sich dann einmal mehr die
Relativität juristischer Entscheidung.

In den *Ausgangsfällen 2* und *4* dürften die Gründe überwiegen, welche *gegen* die vom
Bundespräsidenten in Anspruch genommenen Kompetenzen sprechen (str.).

3. Kategorien der Allgemeinen Staatslehre als Argumentationshilfe?

605 Besondere Vorsicht ist geboten, wenn mit *Kategorien der allgemeinen
Staatslehre* argumentiert werden soll.

---

[18] Umfassend zur Methode der Verfassungsinterpretation z.B. *Hesse*, Verfassungsrecht, Rn. 49 ff.; *Püttner/Kretschmer*, Staatsorganisation, § 5.
[19] Beispiel schon in Rn. 409 im Zusammenhang mit Art. 81 GG.

In den *Ausgangsfällen* wäre es etwa verfehlt, Rückschlüsse daraus zu ziehen, daß der Bundespräsident „pouvoir neutre" oder „Hüter der Verfassung" sei bzw. nicht sei. Inwieweit dem Bundespräsidenten solche Aufgaben zukommen, ergibt sich erst aus der Verfassung, um deren Auslegung es gerade geht, nicht umgekehrt.

Weiteres Beispiel: Muß eine Behörde ein Gesetz ausführen, das sie für verfassungswid- **606** rig hält? – Neben anderen, später[20] anzudeutenden Überlegungen zur Lösung dieses im Grundgesetz nicht eindeutig geregelten Falles pflegt nach der Korrekturerfahrung ein Teil der Bearbeiter auszuführen: Aus dem Gewaltenteilungsprinzip ergebe sich, daß nur das Bundesverfassungs*gericht* (über Art. 93 I Nr. 2 GG: abstrakte Normenkontrolle auf Antrag der Bundesregierung) die Ungültigkeit eines Gesetzes feststellen dürfe, die Bundesbehörde aber bis dahin den Willen der Legislative auszuführen habe. Ein anderer Teil der Bearbeiter argumentiert umgekehrt: Gewaltenteilung sei stets verbunden mit gegenseitiger Hemmung und Kontrolle der Gewalten; als Gegengewicht zum Bundestag dürfe die Bundesexekutive verfassungswidrige Gesetze nicht ausführen. Derartige Beweisführungen übersehen: Die (in Art. 20 II 2 GG angesprochene) Kategorie der Gewaltenteilung i. S. der allgemeinen Staatslehre ist so weit,[21] daß ihr *beide* Lösungen gerecht werden. *Entscheidend* ist *allein*, wie die Gewaltenteilung im *Grundgesetz im einzelnen* verwirklicht ist.[22] Will man das Gewaltenteilungsprinzip heranziehen, ist es also erforderlich, sämtliche im Grundgesetz enthaltenen Regelungen der Gewaltenteilung und Gewaltenkontrolle daraufhin durchzumustern, ob sich aus ihnen eine bestimmte Tendenz des Verfassungsgebers entnehmen läßt, welche dann auch der Lückenschließung im *Beispielsfall* fruchtbar gemacht werden kann.

§ 44. Zusammensetzung und interne Probleme der Staatsgewalten

Die Fälle aus diesem Bereich lassen sich häufig nur lösen, wenn neben **607** dem Verfassungstext einschlägige Gesetze und Rechtsverordnungen (etwa: BWahlG, BWahlO, WahlprüfungsG, UntersuchungsausschußG) oder die Geschäftsordnungen der einzelnen Organe (Bundestag, Bundesrat, Bundesregierung)[1] herangezogen werden. Wie stets ist dabei von der **speziellsten Regelung** (Geschäftsordnung, Verordnung, Gesetz) auszugehen. Die Verfassung bleibt zunächst im Hintergrund, bekommt später aber oft als höherrangige Norm (Verfassungsverstoß?), Auslegungsmaßstab oder bei der Lückenfüllung Bedeutung.

I. Parlament[2]

1. Wahlen

Ausgangsfall: Könnte durch Änderung des Bundeswahlgesetzes das Mehrheitswahl- **608** recht eingeführt werden oder wäre dafür eine Verfassungsänderung erforderlich?

---

[20] In Rn. 656.
[21] *BVerfGE* 9, 268 (279 f.).
[22] Grundsatzaussagen dazu in *BVerfGE* 95, 1 (15 f.) = JuS 1998, 364 Nr. 5.
[1] *Sartorius* Nrn. 35, 37, 38.
[2] Zum Gesetzgebungsverfahren s. Rn. 408 ff.

609   a) Die **Mehrheitswahl**[3] ist eine Persönlichkeitswahl: Der Kandidat, der die (relativ oder absolut) meisten Stimmen auf sich vereint, zieht in das Parlament ein. Die Wählerstimmen für die unterlegenen Kandidaten sind (faktisch) im Parlament nicht vertreten (obgleich der gewählte Kandidat nach den Grundsätzen der Repräsentation[4] *rechtlich* gesehen Repräsentant des *Volkes* und damit auch *ihr* Repräsentant ist). Die **Verhältniswahl** ist eine *Listenwahl:* Die Parlamentssitze werden nach dem Verhältnis der Stimmen verteilt, welche für die einzelnen Listen abgegeben sind *(Hare-Niemeyer-Verfahren*[5]*)*. Es fallen keine Wählerstimmen unter den Tisch. Die Zusammensetzung des Parlaments ist ein genaues Spiegelbild der Vorstellungen der Wähler. Das **Bundeswahlgesetz** enthält eine „**personalisierte**" **Verhältniswahl:**

610   Mit einer „Erststimme" wählt der Wähler nach dem Mehrheitswahlsystem einen „Direktkandidaten" (§ 5 BWahlG), mit der „Zweitstimme" eine Liste mit den auf ihr befindlichen Kandidaten[6] (§ 6 BWahlG). Die Sitzverteilung im BTag richtet sich dann entscheidend nach dem Verhältnis der auf die verschiedenen Listen abgegebenen „Zweitstimmen" (vgl. § 6 BWahlG, auch zum Nachfolgenden). Gewählte Direktkandidaten muß sich jede Partei auf ihre Liste anrechnen lassen. Wenn eine Partei allerdings mehr Direktkandidaten durchbringt, als Abgeordnetensitze auf ihre Liste entfallen, erhöht sich die Zahl ihrer Abgeordneten und gleichzeitig die Zahl der BT-Abgeordneten um diese „Überhangmandate" (§ 6 V BWahlG).[7]

611   b) Entscheidender Maßstab für die verfassungsrechtliche Beurteilung eines Wahlsystems ist die bereits erwähnte[8] egalitäre **Wahlrechtsgleichheit in Art. 38 I 1 GG.**

Aus ihr ergibt sich auch die Problematik des *Ausgangsfalles.* Im Mehrheitswahlsystem hat jede Stimme zwar den gleichen *„Zählwert",* aber nicht den gleichen *„Erfolgswert".*

612   Vor allem im Zusammenhang mit der **5%-Klausel** hat das *BVerfG* immer wieder betont,[9] die Wahlrechtsgleichheit verlange neben dem gleichen *Zählwert* auch den *gleichen Erfolgswert* der Stimmen. Nur *verfassungskräftige* Gegengründe gestatteten es, in engen Grenzen Ausnahmen zuzulassen,[10] so die Funktionsfähigkeit des Parlaments im Falle der 5%-Klausel. Aber das gilt nur innerhalb eines *Verhältniswahlsystems,* welches

---

[3]   Näheres zur nachfolgenden Gegenüberstellung mit der Verhältniswahl und weitere Nachw. bei *Hesse,* Verfassungsrecht, Rn. 142 u. 147; *BVerfGE* 95, 335 (353 f.).

[4]   S. Art. 38 I 2 GG; *H. Krüger,* Allgemeine Staatslehre, 2. Aufl. (1966), S. 251 f.

[5]   Anstelle des „d'Hondtschen Höchstzahlverfahrens" durch § 6 II, III BWahlG n. f. eingeführt; zur Wahlfreiheit des Gesetzgebers insoweit s. *BVerfGE* 79, 169 (170 f.).

[6]   Die von den Kommunalwahlen her bekannte Möglichkeit einer Auswahl zwischen den jeweiligen Listenkandidaten hat der Wähler nach dem BWahlG nicht.

[7]   Zur *Problematik* s. *BVerfGE* 79, 169 (170 f.); 95, 335 (357 ff.) = JuS 1997, 1133 Nr. 5.

[8]   Rn. 495.

[9]   *BVerfGE* 1, 208 (244); 51, 222; 79, 169 (170). Ferner z.B. *BVerfGE* 95, 335 (353) – Überhangmandate; 95, 408 = JuS 1997, 939 Nr. 3 – Grundmandatsklausel.

[10] Zusammenfassend insoweit *BVerfGE* 95, 408 (417).

neben dem Zählwert entscheidend eben gerade auch auf den Erfolgswert abstellt (Systemkonsequenz als gleichheitsgemäße Selbstbindung des Gesetzgebers,[11] der sich für das Verhältniswahlsystem entschieden hat). Die *Grundentscheidung* über das Wahl*system selbst* überträgt Art. 38 III GG dem Gesetzgeber.[12] Er *kann* sich also für die Mehrheitswahl entscheiden. Im System der Mehrheitswahl kommt es dann nur darauf an, daß alle Stimmen den gleichen *Zählwert* haben.[13]

c) Neben derart prinzipiellen Fragen können auch **Einzelfragen** zum 613 *aktiven* und *passiven* Wahlrecht in der Fallbearbeitung erheblich werden. Hier mögen einige Entscheidungen des *BVerfG* Orientierung geben können:

Es ist trotz Art. 38 I 1 GG verfassungsgemäß, daß § 12 II Nr. 3 BWahlG deutsche Staatsangehörige mit *Wohnsitz im Ausland* (nur) unter gewissen Bedingungen vom Wahlrecht ausschließt.[14] Das Recht zum Einreichen von *Wahlvorschlägen* kann nicht auf die Parteien beschränkt werden.[15] Trotz Art. 38 II, 48 II GG gestattet es Art. 137 I GG dem Gesetzgeber, aus Gründen der Gewaltenteilung die Wählbarkeit von Beamten, Angestellten des öffentlichen Dienstes, Berufssoldaten usw. zu beschränken, also *Inkompatibilitäten* einzuführen.[16] Weil Art. 20 II 1 GG den Volksbegriff auf deutsche Staatsangehörige beschränkt, kann *Ausländern* kein Wahlrecht zum BTag eingeräumt werden.[17]

2. Erwerb und Verlust der Mitgliedschaft im Parlament, Wahlanfechtung und -prüfung

Fälle: In das Wählerverzeichnis (§ 14 BWahlO) sind in einer Gemeinde allein Anhän- 614 ger der *X*-Partei eingetragen worden. Nur deshalb wird der Abgeordnete *A* der *X*-Partei (mit knapper Mehrheit der Erststimmen) in den Bundestag gewählt. *A* nimmt die Wahl an. (1) Ist ein Gesetz gültig, bei dessen Zustandekommen die Stimme des *A* den Ausschlag gab? (2) Kann die Staatsanwaltschaft gegen *A* wegen einer strafbaren Handlung ermitteln? – In beiden Fällen (bei *Fall 2* wegen Art. 46 II GG = Immunität) hängt die Antwort davon ab, ob *A* trotz des für den Ausgang der Wahl erheblichen Fehlers im Wahlverfahren Mitglied des Bundestags geworden ist. Ein Bearbeiter mit gutem Judiz wird das ohne weiteres bejahen. Wichtig ist aber eine saubere Begründung aus §§ 45, 41, 46 I Nr. 1, 47 I Nr. 1, 47 III BWahlG. *A* scheidet erst mit der Rechtskraft einer entsprechenden Entscheidung in einem Wahlprüfungsverfahren aus dem Bundestag aus. (Das Wahlprüfungsverfahren wird durch fristgebundenen „Einspruch" eingeleitet[18]).

---

[11] Dazu schon Rn. 493.

[12] *BVerfGE* 95, 335 (349, 354).

[13] *BVerfGE* 95, 335 (353, 365f.). Beispiel für Gleichheitsverstoß in diesem Rahmen in Rn. 588.

[14] *BVerfGE* 36, 139.

[15] *BVerfGE* 41, 399.

[16] *BVerfGE* 38, 326; 48, 64; 98, 145 = JuS 2000, 84 Nr. 6 (alle betr. Angestellte privater Unternehmen in öffentlicher Hand).

[17] *BVerfGE* 83, 37 (50); 83, 60 (71); das *kommunale* Ausländerwahlrecht läßt Art. 28 I 3 GG im Anschluß an das *BVerfG* nur für EG-Ausländer zu.

[18] Nachfolgend Rn. 624. Zur Wahlprüfung s. auch die Klausuren bei *Kisker/Höfling*, Staatsorganisationsrecht, Fall 9; *Robbers*, JuS 1994, 856.

Die Wahlprüfung ist Sache des *Bundestages* (§ 1 I WahlprüfungsG, Art. 41 I GG).[19] Gegen die Entscheidung des Bundestages ist die Beschwerde an das *Bundesverfassungsgericht* zulässig (§§ 13 Nr. 3, 48 BVerfGG; Art. 41 II GG).[20]

3. Rechtsstellung der Abgeordneten, Fraktionen

615   a) Zu den **Befugnissen des Abgeordneten** gem. Art. 38 I 2 GG zählen vor allem das Rederecht und das Stimmrecht, die Beteiligung an der Ausübung des Frage- und Informationsrechts des Parlaments, das Recht, sich an den vom Parlament vorzunehmenden Wahlen zu beteiligen und parlamentarische Initiativen zu ergreifen, das Recht, sich mit anderen Abgeordneten zu einer Fraktion[21] oder Gruppe[22] zusammenzuschließen, sowie die prinzipielle Möglichkeit, in einem der Parlamentsausschüsse mitwirken zu können.[23] Diese Rechte des einzelnen Abgeordneten finden ihre *Grenzen* in den gleichen Rechten der anderen Abgeordneten und in der Stellung des Bundestages.[24] *Im einzelnen* obliegt es der *Autonomie* des Bundestages (Art. 40 I 2 GG), die Erledigung seiner Aufgaben auf der Grundlage des Prinzips der Beteiligung aller Abgeordneten zu organisieren.[25] Demgemäß sind es zumeist strittige Regelungen der Geschäftsordnung oder strittige Fragen ihrer Anwendung (nachfolgend Rn. 619 ff.), die den verfassungsrechtlichen Status des Abgeordneten relevant werden lassen.

616   Die **Fraktionen** werden im Grundgesetz nur an versteckter Stelle (Art. 53 a I 2 GG) angesprochen. Ihre Rechtsstellung und ihre allgemeinen Aufgaben ergeben sich aus §§ 45 ff. AbgG, ihre Einzelbefugnisse werden in der Geschäftsordnung des Parlaments geregelt. Weil es sich um einen Zusammenschluß von *Abgeordneten* handelt, bestimmt das *Bundesverfassungsgericht* den *verfassungsrechtlichen* Status der Fraktion von Art. 38 I 2 GG (und nicht von Art. 21 GG) her.[26]

617   b) Zur Sicherung ihrer in Art. 38 I 2 GG genannten Unabhängigkeit räumen Art. 46–48 GG (lesen) den Abgeordneten besondere Rechte ein,

---

[19] In den Ländern wird die Wahlprüfung teilweise durch *Gerichte* vorgenommen; zu den verfassungsrechtlichen Anforderungen s. *BVerfGE* 103, 111 = JuS 2001, 704 Nr. 4; *W. Schmidt*, JuS 2001, 545.

[20] Näheres bei *Pestalozza*, Verfassungsprozeßrecht, § 5; einschlägig z. B. *BVerfGE* 59, 199; 66, 369; 79, 169 (173); 89, 243; Klausur bei *Seiler*, JuS 2005, 1107.

[21] Zusammenfassend zum Vorstehenden *BVerfGE* 80, 188 (218) = JuS 1990, 409 Nr. 5.

[22] *BVerfGE* 84, 304 (322) = JuS 1992, 255 Nr. 4 u. 96, 264 (278) = JuS 1999, 601 Nr. 4 (PDS im BTag).

[23] *BVerfGE* 80, 188 (221 ff.) = JuS 1990, 409 Nr. 5 (fraktionsloser Abgeordneter); *Ziekow*, JuS 1991, 28.

[24] Hierzu *BVerfGE* 80, 188 (217); 84, 304 (322 f.).

[25] So *BVerfGE* 80, 188 (218); 102, 224 (235).

[26] Vgl. *BVerfGE* 80, 180 (220 f.); 84, 304 (322); 102, 224 (238).

so die **Immunität** (Art. 46 II GG),[27] die **Indemnität**[28] (Art. 46 I GG) und den Anspruch auf *Entschädigung* (Art. 48 III GG).[29] Die Einzelheiten zur Entschädigung sowie weitere Vorkehrungen zur Stärkung der Unabhängigkeit sind im AbgG geregelt. In der Fallbearbeitung geht es zumeist um *Konflikte,* in welche die Unabhängigkeit des Abgeordneten gerät,[30] besonders beim **Fraktionszwang.**

Fälle: Bundestagsabgeordneter *T* hat sich dem Fraktionszwang widersetzt. (1) Die Fraktion schließt ihn deshalb aus[31] und zieht ihn aus den Ausschüssen zurück, in welche sie ihn gemäß § 57 II 1 GeschOBT entsandt hat. (2) Die Fraktion reicht eine von *T* schon vor seiner Wahl zum Bundestag unterschriebene Erklärung ein, mit welcher er auf sein Abgeordnetenmandat verzichtet. (3) Seine Partei verlangt von *T* 30 000 Euro aufgrund eines abstrakten Schuldanerkenntnisses (§ 781 BGB), welches *T* vor der Wahl unterschrieben hatte. Sind diese Sanktionen rechtmäßig?

Sanktionen zur Durchsetzung von Fraktionsdisziplin sind im Grundsatz **618** zulässig, soweit sie sich auf das *Innenverhältnis* der Fraktion zu ihrem Mitglied beschränken.[32] In die Rechtsstellung als *Abgeordneter* („Vertreter des ganzen Volkes", Art. 38 I 2 GG) darf die Fraktion aber nicht eingreifen.

Im *Fall 1* ist die Sanktion zulässig, im *Fall 2* aber unzulässig. Im *Fall 3* dürfte die Sanktion jedenfalls deshalb unzulässig sein, weil die Höhe der Verpflichtung den *T un-überwindbar* zwingen könnte, von einer *eigenen* Entscheidung i. S. des Art. 38 I 2 GG abzusehen.

4. Geschäftsordnungsautonomie[33] des Parlaments

Ausgangsfall: Um einen eilbedürftigen wichtigen Gesetzentwurf in Abweichung von **619** der zeitlichen Planung „zwischengeschoben" verabschieden zu können, beschließt der Bundestag, über den Gesetzentwurf nicht länger als acht Stunden zu debattieren und den im Bundestag vertretenen drei Fraktionen sowie der Bundesregierung eine Redezeit von je zwei Stunden einzuräumen. Der Bundeskanzler, die überstimmte Oppositionsfraktion X (= größte Fraktion des BTages), ein Mitglied der X-Fraktion und ein fraktionsloser Abgeordneter halten den Beschluß für rechtswidrig. Welche Ansicht vertreten Sie?[34]

---

[27] Dient dem Schutz des BTages. Zu den (eingeschränkten) Rechten des Abgeordneten bei Aufhebung durch den BTag s. *BVerfGE* 104, 310 (325 ff.) = *JuS* 2002, 809 Nr. 5.

[28] Zu ihrer Wirkung s. etwa *BGH, NJW* 1980, 780; *BVerwGE* 83, 1. Klausuren bei *Kisker/Höfling,* Staatsorganisationsrecht, Fall 3; *Erbguth/Stollmann, JuS* 1993, 488.

[29] Insoweit *grundlegend zum Status des Abgeordneten BVerfGE* 40, 296.

[30] Fall bei *Kielmannsegg, JuS* 2006, 323.

[31] Andere Fälle zum Ausschluß aus der Fraktion unter Einbeziehung prozessualer Fragen bei *Weber/Eschmann, JuS* 1990, 659; *Kotzur, JuS* 2001, 54.

[32] S. *BVerfGE* 102, 224 (239).

[33] Zur umfassenderen „*Parlamentsautonomie"* s. *BVerfGE* 102, 224 (235) = *JuS* 2001, 392 Nr. 4; *Rau, JuS* 2001, 755.

[34] Fallanlehnung an *BVerfGE* 10, 4. Weiterer Fall zur Redezeit bei *Weber/Eschmann, JuS* 1990, 659.

620 **a)** Aufgrund seiner Geschäftsordnungsautonomie (Art. 40 I 2 GG) hat sich der Bundestag eine **Geschäftsordnung (= autonome Satzung)**[35] gegeben (*Sartorius* Nr. 35). Zunächst beurteilt sich nach ihr, ob der Einzelbeschluß zur Redezeitbegrenzung zulässig ist.

Der Beschluß zur Dauer der Debatte und zur Verteilung der Redezeiten auf die Fraktionen findet seine Grundlage in § 35 GeschOBT. Die Mitglieder der Bundesregierung müssen gem. § 43 GeschOBT aber – ohne Redezeitbeschränkung – „jederzeit gehört werden". Eine Abweichung von der Geschäftsordnung „mit Zweidrittelmehrheit der anwesenden Mitglieder des Bundestages" kommt gem. § 126 GeschOBT nur in Betracht, „wenn die Bestimmungen des Grundgesetzes dem nicht entgegenstehen". Auch „schon" nach dem Grundgesetz (Art. 43 II 2 GG) müssen die Mitglieder der Bundesregierung aber „jederzeit gehört werden". Für die Mitglieder der Bundesregierung ist der Beschluß also *ohne weiteres* rechtswidrig.[36]

621 **b)** Die Geschäftsordnung und die Ausübung des Ermessens, das die Geschäftsordnung dem Bundestag, seinem Präsidenten und dem Ältestenrat einräumt, dürfen **nicht gegen das Grundgesetz** verstoßen.

Im *Ausgangsfall* verstößt der Bundestag bei der *Verteilung* der Redezeit gegen Art. 38 I 2 GG, soweit der *fraktionslose* Abgeordnete unberücksichtigt bleibt.[37] Für den beschwerdeführenden *Abgeordneten* der X-Fraktion ist die schematische Gleichsetzung der Fraktionen (je zwei Stunden Redezeit) ein Verstoß gegen die Chancengleichheit aller Abgeordneten. Denn als Mitglied einer größeren Fraktion hat *A* rechnerisch geringere Chancen, im Rahmen der Fraktions-Redezeit von zwei Stunden das Wort ergreifen zu können, als ein Mitglied einer kleineren Fraktion. – Aus dieser Situation ergibt sich auch für die größere *Fraktion X* das Problem der *Chancengleichheit* (Art. 38 I 2/Art. 3 I GG[38]). Daneben tritt die *Funktion der Opposition im parlamentarischen Regierungssystem*. Obgleich die Opposition im Grundgesetz (anders als in einigen Landesverfassungen) nicht ausdrücklich als solche genannt ist, mag ihr das Grundgesetz besondere Funktionen zugewiesen haben.[39] Bei einem wichtigen Gesetzesvorhaben kann die Oppositionsfraktion X ihre politische Aufgabe gegen die „geballte" Redezeit der beiden Regierungsfraktionen von vier Stunden und gegen das Rederecht der Mitglieder der Bundesregierung in der kurzen Zeit von zwei Stunden nicht hinreichend wirksam wahrnehmen.

5. Parlamentsausschüsse, Untersuchungsausschüsse

622 **Ausgangsfall:** Die Oppositionsfraktion *O* hat gerüchtweise von den Unregelmäßigkeiten bei der Wahl des Abgeordneten *A* im Klausurfall aus Rn. 614 erfahren. Zur näheren Aufklärung beantragt sie die Einsetzung eines Untersuchungsausschusses. Die Mehrheitsfraktion *X* möchte die Einsetzung auf jeden Fall verhindern. Kann sie das?[40]

---

[35] Näheres zur Rechtsnatur: *BVerfGE* 44, 308; 80, 188 (218) = JuS 1990, 409 Nr. 5; vertiefend *Haug*, Bindungsprobleme und Rechtsnatur parlamentarischer Geschäftsordnungen, 1994.

[36] Weitere Fälle zum Rederecht nach Art. 43 II GG bei *Queng*, JuS 1998, 610.

[37] S. *BVerfGE* 80, 188 (218) = JuS 1990, 409 Nr. 5.

[38] Zur Verankerung der Fraktion in Art. 38 I 2 GG s. bereits Rn. 616.

[39] Dazu schon Rn. 581.

[40] Fälle zum Untersuchungsausschuß bei *Kisker/Höfling*, Staatsorganisationsrecht, Fall 10; *A. Wilke*, JuS 1990, 126 i. V. mit *BVerfGE* 77, 1; *Kirste*, JuS 2003, 61; *Nettesheim/Vetter*, JuS 2004, 219.

a) Grundsätzliches: Kraft seiner Organisationsgewalt kann das Parla- **623** ment durch Mehrheitsbeschluß **Ausschüsse** einsetzen.[41] Der **Untersu-chungsausschuß** (Art. 44 GG) nimmt eine Sonderstellung ein: Er *muß* auf Antrag eines *Viertels* der Mitglieder des Bundestages eingesetzt werden (§ 1 UntersuchungsausschußG,[42] Art. 44 I 1 GG), ist mithin eine *Waffe der Opposition*[43] *als Minderheit.*[44]

Falls die O-Fraktion mindestens ein Viertel der Mitglieder des Bundestags hinter sich hat, kann die X-Fraktion den Untersuchungsausschuß alleine mit ihrem Übergewicht an *Stimmen* also nicht verhindern.

b) Ein Parlamentsausschuß kann nur **Aufgaben** wahrnehmen, welche **624** auch das *Parlament selbst* wahrnehmen dürfte.[45]

Aus Gründen der Gewaltenteilung kann das Parlament und mit ihm ein Untersuchungsausschuß die Regierung nicht in ihrem „Kernbereich exekutiver Eigenverantwortung" ausforschen; das schließt einen nicht ausforschbaren „Initiativ-, Beratungs- und Handlungsbereich" ein.[46] – Im *Ausgangsfall* gehört die Tatsachenermittlung zur Wahlprüfung. Eine Wahlprüfung kann der hierfür zuständige Bundestag (Art. 41 I GG) *nur* auf fristgerecht eingelegten Einspruch eines Wahlberechtigten, eines Landeswahlleiters oder des Präsidenten des Bundestages einleiten (§ 2 WahlprüfungsG). Weil dieser Einspruch fehlt, kann die X-Fraktion die Einsetzung des Untersuchungsausschusses vielleicht verweigern.

c) Ein Parlamentsausschuß kann nur eingesetzt werden, wenn organisa- **625–627** torische Vorschriften der Verfassung oder eines Gesetzes dem nicht entgegenstehen.

§ 3 WahlprüfungsG weist die Vorbereitung der Entscheidung des Bundestags ausdrücklich dem (ständig bestehenden) *Wahlprüfungsausschuß* zu. Daraus ergibt sich, daß im *Ausgangsfall* der (ad hoc gebildete) Untersuchungsausschuß nicht eingesetzt werden dürfte, wenn eine Wahlanfechtung vorläge.

6. Prozessuales

Für Streitigkeiten innerhalb des Bundestages steht die **Organklage** **628** (Art. 93 I Nr. 1 GG, §§ 13 Nr. 5, 63 ff. BVerfGG) zur Verfügung.[47] Denn gemäß § 63 BVerfGG kann die Organklage auch von den „im Grundgesetz oder in den Geschäftsordnungen des Bundestages und des Bundes-

---

[41] Überblick zu den Parlamentsausschüssen bei *Püttner/Kretschmer,* § 28.

[42] *Sartorius* Nr. 6.

[43] *BVerfGE* 49, 70.

[44] Zur Rechtsstellung der Minderheit in der *Arbeit* des Untersuchungsausschusses im Zusammenhang mit Beweisanträgen s. *BVerfGE* 105, 197 (221 ff.) = JuS 2002, 1120 Nr. 4, sowie jetzt § 17 UntersuchungsausschußG (*Sartorius* Nr. 6).

[45] *BVerfGE* 77, 1 (44).

[46] Hierzu (als Grenze der Aktenvorlagepflicht) grundlegend *BVerfGE* 67, 100 (139); 110, 199 (215) = JuS 2004, 1098 Nr. 3.

[47] Näheres zur Organklage mit Literaturangaben in Rn. 654.

rates mit eigenen Rechten ausgestatteten *Teilen*" von Organen erhoben werden,[48] so von einem einzelnen Bundestagsabgeordneten[49] oder
von einer Fraktion.[50] – Für Streitigkeiten nach dem UntersuchungsausschußG ist in der Regel der BGH zuständig (s. § 36 dieses Gesetzes).

II. Regierung

1. Wahl des Bundeskanzlers

629 **Fall:**[51] Nach Art. 63 I GG wird der Bundeskanzler „auf Vorschlag des Bundespräsidenten vom Bundestag gewählt". Als der Bundespräsident dem Bundestag 5 Wochen
nach der Bundestagswahl immer noch keinen Bundeskanzler vorgeschlagen hat, wählt
der Bundestag mit den Stimmen der Mehrheit seiner Mitglieder (vgl. Art. 63 II 1 GG)
den Parteivorsitzenden der X-Partei zum Bundeskanzler. Ist die Wahl gültig? – Nach
Art. 63 III, IV GG kann der Bundestag ohne Abhängigkeit von einem Vorschlag des
Bundespräsidenten *jedenfalls* einen Bundeskanzler wählen, nachdem der vom Bundespräsidenten vorgeschlagene Kanzlerkandidat in der Abstimmung des Bundestages durchgefallen ist. Diese Regelung zeigt, daß der Bundeskanzler „Kanzler des Par-
laments" und nicht „Kanzler des Bundespräsidenten" ist.[52] Demgemäß kann eine
„Blockade" des Bundespräsidenten durch Nichtausübung seines Vorschlagrechtes die
Kanzlerwahl nicht unmöglich machen (= einschränkende Auslegung des Art. 63 I
GG). Ungelöst ist aber die Frage, unter welchen (engen) Einzelvoraussetzungen eine
Kanzlerwahl ohne Vorschlag des Bundespräsidenten möglich ist.[53]

2. Zuständigkeitsverteilung innerhalb der Regierung (monokratisches Prinzip, Kollegialprinzip, Ressortprinzip)

630 **Ausgangsfall:** Zwischen dem Bundespräsidenten und dem Bundeskanzler ist aus aktuellem Anlaß der Umfang der Kompetenzen des Bundespräsidenten streitig geworden. Deshalb bittet der Bundespräsident den Bundesminister *X,* welcher nach der
Geschäftsverteilung innerhalb der Bundesregierung für derartige Vorgänge an sich
zuständig ist, um ein Rechtsgutachten. Aufgrund eines Kabinettsbeschlusses verweist
X den Bundespräsidenten an den Bundeskanzler. Dieser sei für die Richtlinien der
Politik verantwortlich und habe es sich vorbehalten, den Bundespräsidenten im Streit-
fall selbst gutachtlich zu belehren. Wie ist die Rechtslage?[54] – Es soll davon ausgegangen werden, daß eine Rechtsgrundlage für das Ersuchen des Bundespräsidenten zu
finden ist (Art. 35 I GG?, ungeschriebener Anspruch des BPräs. auf Unterstützung
durch die BReg.?). Damit konzentrieren sich die Überlegungen auf die Zuständigkeit

---

[48] Zur Zulässigkeitsvoraussetzung des § 64 BVerfGG insoweit s. etwa *BVerfGE* 60,
374; 70, 324 (352 ff.); 100, 266 (268) = JuS 2000, 86 Nr. 7.

[49] *BVerfGE* 10, 4 (10); 70, 324 (350).

[50] *BVerfGE* 67, 100 (123); 70, 324 (350); 100, 266 = JuS 2000, 86 Nr. 7. Zum Rechtsschutz einer Fraktion in einem BT-Ausschuß *BVerfGE* 105, 197 (220) = JuS 2002,
1126 Nr. 4; zum Rechtsschutz *innerhalb* einer Fraktion *Kürschner*, JuS 1996, 306.

[51] Anlehnung an *Kisker/Höfling*, Staatsorganisationsrecht, Fall 17.

[52] Formulierung bei *Kisker/Höfling*, aaO.

[53] Umfassend zu allem *Kisker/Höfling*, aaO.

[54] Andere Klausurbeispiele bei *Windirsch*, JuS 1995, 527; *Staebe*, JuS 1998, L 4.

im Bereich der Regierung. Auszugehen ist vom *Ressortprinzip* (Art. 65 S. 2 GG), nach welchem „jeder Bundesminister seinen Geschäftsbereich selbständig und unter eigener Verantwortung" leitet. Entscheidend ist, ob diese Situation im *Ausgangsfall* durch die Intervention des Bundeskanzlers und des Kabinetts oder über eine Vereinbarung mit *X* verändert worden ist.

a) Zuständigkeit des Bundeskanzlers (monokratisches Prinzip)[55] 631

aa) Im parlamentarischen Regierungssystem des Grundgesetzes wird nur der Bundeskanzler vom Parlament gewählt (Art. 63 GG, s. soeben). Er sucht sich dann *seinerseits* die **Minister** aus (Art. 64 GG). Dem entspricht es, daß der Bundeskanzler auch den Geschäftsbereich der Bundesminister festlegt (§ 9 GeschOBReg.).[56]

Hierunter fallen indessen nur *generelle* Regelungen, nicht aber Ausnahmeregelungen für einen konkreten Einzelfall. Ebensowenig wie gegen die Entlassung kann ein Bundesminister sich zwar gegen eine *generelle* Veränderung seines Geschäftsbereichs wehren; eine *Einzelregelung* wie im *Ausgangsfall* bedeutet aber einen Eingriff in das *Ressortprinzip*.

bb) Richtlinienkompetenz des Bundeskanzlers (§ 1 GeschOBReg.; 632 Art. 65 S. 1 GG).

Zwar ist das *Ressortprinzip* durch die Richtlinienkompetenz eingeschränkt (vgl. Art. 65 S. 2 GG), aber: Eine „*Richtlinie der Politik*" (!) kann weder die *rechtliche* Auseinandersetzung mit dem Bundespräsidenten noch die *Organisation* im Bereich der Regierung zum Gegenstand haben.[57]

b) Zuständigkeit der Bundesregierung (Kollegialprinzip) 633

Gemäß §§ 9 S. 2, 15 ff. GeschOBReg.,[58] Art. 65 S. 3 GG entscheidet die Bundesregierung als Kollegialorgan u.a. über gewisse „Meinungsverschiedenheiten". Dort geht es aber auch nur um *generelle* Fragen der Organisation oder um politische Probleme. Im *Ausgangsfall* hat also auch der Kabinettsbeschluß die ursprüngliche Zuständigkeit nicht verändert. Es bleibt bei der

c) Zuständigkeit des Bundesministers (Ressortprinzip) 634 (Art. 65 S. 2 GG)

d) Übertragung einer Aufgabe durch Vereinbarung? 635

Die Ressortverteilung bringt den Ministern nicht nur Rechte, sondern auch Pflichten *(Ressortverantwortung)*. Aus ihnen kann sich *X* jedenfalls im *Ausgangsfall* nicht lösen, weil dadurch der Bundespräsident als *Außenstehender* benachteiligt würde.

---

[55] Eingehend zum Nachfolgenden *Püttner/Kretschmer*, § 43. Fallbesprechung bei *Kloepfer/Thull*, JuS 1986, 394.

[56] Beispiel: Organisationserlaß des Bundeskanzlers v. 22. 1. 2001 zur Übertragung des Verbraucherschutzes an den Geschäftsbereich des Bundesministeriums für Ernährung und Landwirtschaft (BGBl. 2001 I S. 127).

[57] Näheres zur Richtlinie bei *Herzog*, in: Maunz/Dürig, GG, Art. 65 Rn. 2 ff.

[58] Zur Geschäftsordnungsautonomie der BReg. und zur Zulässigkeit von Entscheidungen im Umlaufverfahren s. *BVerwGE* 89, 121 (124 ff.) = JuS 1993, 337 Nr. 3.

III. Verwaltung

636 **Ausgangsfall:**[59] Die Bundesregierung erwägt, ein (dem Bundesminister für Forschung und Technologie nachgeordnetes) Energie-Bundesamt (Bundesoberbehörde) zu errichten. Das Amt soll Nutzen, Schaden, Effektivität und Zukunftsaussichten der verschiedenen Energieträger unabhängig erforschen, die Entwicklung neuer Technologien unterstützen und *die* Technologien und Umstrukturierungen subventionieren, welche es nach dem jeweiligen Forschungsstand für besonders nützlich hält. Was ist von dieser Überlegung zu halten? Könnte das Vorhaben auch über eine bundesunmittelbare Körperschaft oder Anstalt des öffentlichen Rechts oder in privatrechtlicher Form durch eine GmbH verwirklicht werden?

Die in der Fallbearbeitung zumeist relevante **föderale Kompetenzabgrenzung** (Verwaltungskompetenz des Bundes oder der Länder) wird **erst in Rn. 672 ff.** behandelt. Im *Ausgangsfall* wird *ungeprüft* davon ausgegangen, daß der Bund gem. Art. 87 III GG die Verwaltungskompetenz in Anspruch nehmen kann.

1. Träger der Verwaltung

637 a) Träger der Verwaltung sind die **juristischen Personen des öffentlichen Rechts,** nämlich: der Bund und die Bundesländer als *staatliche* öffentlichrechtliche Körperschaften; *nichtstaatliche* öffentlichrechtliche Körperschaften wie die Gemeinden und Kreise (= Gebietskörperschaften),[60] Sozialversicherungsträger, Universitäten, Kammern (Industrie- und Handelskammern, Handwerkskammern, Ärztekammern, Rechtsanwaltskammern usw.); öffentlichrechtliche Anstalten mit eigener Rechtspersönlichkeit[61] wie etwa die (öffentlichrechtlichen) Rundfunkanstalten; öffentlichrechtliche Stiftungen (Stiftung Preußischer Kulturbesitz).

638 b) Bund und Ländern, also den staatlichen Körperschaften, werden die materiellen Verwaltungskompetenzen unmittelbar durch das Grundgesetz zugewiesen (vgl. Art. 83 ff., 30 GG). **Sonstigen öffentlichrechtlichen Körperschaften, Anstalten und Stiftungen** mit eigener Rechtspersönlichkeit kommen Verwaltungskompetenzen erst zu, nachdem sie ihnen vom Staate **„verliehen"** worden sind.[62] Dem Staat *verbleibt* jedenfalls eine **Rechtsaufsicht.**[63]

639 b) Schließlich ist es möglich, daß **juristische Personen des Privatrechts** Verwaltungsaufgaben wahrnehmen.[64] Das geschieht in der Regel in den

---

[59] S. ferner die Klausuraufgabe bei *Zuleeg,* Fälle, Nr. 1.

[60] Zu ihnen s. im einzelnen Rn. 721 ff.

[61] Zu ihnen und zu ihrer Abgrenzung von den mitgliedschaftlich organisierten Körperschaften s. bereits Rn. 360.

[62] Zur Verleihung von Satzungsautonomie s. bereits Rn. 428 ff.; zum „institutionellen" Gesetzesvorbehalt s. Rn. 649.

[63] Näheres zur „Kommunalaufsicht" in Rn. 737, 761 ff.; zur *Rechtsaufsicht* über andere öffentlichrechtliche Körperschaften s. etwa *OVG Münster,* NJW 1981, 640; Klausur (Aufsicht über das ZDF) bei *Lichtenfeld,* JuS 1980, 822.

[64] Zu bestehenden Problemen s. *Püttner/Kretschmer,* § 47 (2).

Formen des Privatrechts (= *ein* Anwendungsfall des Verwaltungsprivatrechts).[65] Nur wenn sie mit der Wahrnehmung von Hoheitsbefugnissen „**beliehen**" sind (vgl. Rn. 638),[66] können „Private" auch in den Formen des öffentlichen Rechts handeln, etwa Verwaltungsakte erlassen (Beispiel: Technische Überwachungsvereine).

Im *Ausgangsfall* sind vier Alternativen zu erörtern: die Wahrnehmung der Verwaltungsaufgabe durch den Bund (= Staat, Bundesoberbehörde), die Wahrnehmung durch eine nichtstaatliche öffentlichrechtliche Körperschaft oder Anstalt und die Wahrnehmung durch eine privatrechtliche GmbH.

2. Gliederung der Verwaltung

a) Juristische Personen handeln durch ihre **Organe** (eine Aktiengesell- **640** schaft etwa durch den Vorstand, den Aufsichtsrat oder die Hauptversammlung). Die Organe der juristischen Personen des öffentlichen Rechts nennt man im Bereich der Exekutive „**Behörden**".[67]

Im *Ausgangsfall* (Rn. 636) würde die Bundesrepublik durch die Behörde „Energie-Bundesamt" handeln. Betraute man eine öffentlichrechtliche Körperschaft oder Anstalt mit der Verwaltungsaufgabe des Energie-Bundesamtes, wären die Organe dieser Rechtspersönlichkeit die „Behörden".

Der (verhältnismäßig eindeutige) Behördenbegriff ist vom **mehrdeutigen Amtsbegriff** **641** abzuheben.[68] „Amt" wird teilweise als Synonym für „Behörde" gebraucht (Finanzamt, Umweltbundesamt, Energie-Bundesamt im *Ausgangsfall*). „Amt" kann statt dessen auch einen unselbständigen Teil einer Behörde bezeichnen (Ordnungsamt, Stadtsteueramt, Wirtschaftsamt als Teile der kommunalen Behörde „Der Oberbürgermeister").[69] „Amt" ist schließlich unter organisationsrechtlichen, haushaltsrechtlichen oder beamtenrechtlichen Gesichtspunkten der Dienstposten oder die Dienststellung, welche der einzelne Mitarbeiter im öffentlichen Dienst innehat.

b) In der staatlichen Verwaltung stehen in der Regel viele Behörden auf **642** gleicher Stufe **horizontal** nebeneinander, teils mit unterschiedlichen fachlichen (Beispiel: Ministerien), teils mit unterschiedlichen örtlichen Zuständigkeiten (Beispiel: mehrere „Regierungspräsidenten" bzw. „Bezirksregierungen" als staatliche Mittelbehörden der meisten Flächenstaaten).[70]

---

[65] S. dazu Rn. 224, 360. Auch öffentlichrechtliche Körperschaften, Anstalten und Stiftungen können im Rahmen des Verwaltungsprivatrechts privatrechtlich handeln.

[66] Ausführlich *Wolff/Bachof/Stober*, VR Bd. 3, § 90; zur Frage, ob der beliehene Private *selbst* Verwaltungsträger ist oder bloß als Behörde (Rn. 640) der *beliehenden* öffentlichrechtlichen Körperschaft angesehen werden kann, sowie zu den Konsequenzen dieser Unterscheidung (etwa im Zusammenhang mit Art. 34 GG) s. *Ulrich Stelkens*, NVwZ 2004, 304.

[67] *Wolff/Bachof/Stober*, VR Bd. 1, § 4 Rn. 19; *Burgi*, in: Erichsen/Ehlers, Allg. VR, § 52 Rn. 28 ff.

[68] S. zum nachfolgenden *Burgi*, aaO, § 52 Rn. 30.

[69] Wenn insoweit das falsche Amt handelt, liegt kein Zuständigkeitsmangel vor, s. Rn. 75.

[70] Näheres bei *Burgi*, aaO, § 53 Rn. 1 ff., 12 ff. mit Schaubildern in Rn. 7, 18.

Im *Ausgangsfall* (Rn. 636) würden neben dem „Energie-Bundesamt" für andere Materien viele bereits vorhandene „Bundesämter" (Umweltbundesamt, Bundeskartellamt, Bundesamt für Ernährung und Forstwirtschaft usw.) zu nennen sein. Der Zuständigkeitsbereich dieser (aus den Ministerien ausgegliederten) Bundesoberbehörden erstreckt sich auf das gesamte Bundesgebiet.

643 **c) Vertikal** ist die Staatsverwaltung im Bunde und in den meisten Flächenstaaten (Besonderheiten gelten für die Stadtstaaten Berlin, Bremen und Hamburg sowie für Niedersachsen, das Saarland, Schleswig-Holstein[71], Brandenburg und Mecklenburg-Vorpommern) im Prinzip dreistufig ausgebaut (**Ministerium** = z.B. Bundesminister der Verteidigung, **Mittelbehörden** = Wehrbereichsverwaltungen, **Unterbehörden** = Kreiswehrersatzämter).[72] Für viele Materien sparen sich der Bund und die Länder aber den *eigenen* „Verwaltungsunterbau" und lassen die Funktionen von Mittel- und/oder Unterbehörden (Bund) oder nur von Unterbehörden (Länder) durch *andere* öffentlichrechtliche Körperschaften (der Bund durch die Bundesländer, die Länder durch die Kreise und Gemeinden) *in ihrem Auftrag* und damit nach ihren Weisungen durchführen (**Auftragsverwaltung** als **mittelbare Staatsverwaltung**).[73] In einigen Bundesländern ist der Kreisvorsteher für die staatlichen Verwaltungsmaterien allerdings untere *staatliche* Behörde („Organleihe").[74]

Eine Bundesoberbehörde *(Ausgangsfall)* hat keinen Verwaltungsunterbau.

644 **d) *In sich*** sind die Behörden zumeist **monokratisch** organisiert („Der Bundesminister für Forschung und Technologie", „Der Regierungspräsident", „Der Oberbürgermeister" usw.). Die Behörde ist also mit der Person des Behördenleiters identisch. Die Beamten und Angestellten in der Behörde handeln im Auftrag („i. A.") des Behördenleiters, der Vertreter des Behördenleiters zeichnet „i. V." (in Vertretung). Aber auch **kollegiale Behördenorganisationen** kommen vor, so vor allem bei Selbstverwaltungskörperschaften des öffentlichen Rechts („Der Magistrat"[75]).

Im Ausgangsfall würde eine kollegiale Organisationsform den wissenschaftlichen Anliegen am besten entsprechen.

3. Hierarchisches Prinzip

645 Im parlamentarischen Regierungssystem des Grundgesetzes ist die Exekutive über die Regierung zum Parlament rückgekoppelt (vgl. Art. 65 GG).[76] Aus diesem Grunde unterliegt die untergeordnete Behörde den Verwaltungsvorschriften (Verwaltungsverordnungen) und Einzelanwei-

---

[71] S. insoweit Rn. 763.
[72] Näheres bei *Burgi*, aaO, § 53 Rn. 1 ff., 12 ff.
[73] Näheres in Rn. 674, 679, für die Kommunen in Rn. 737, 761 ff.
[74] S. Rn. 738 f.
[75] Rn. 730.
[76] Dazu *BVerfGE* 49, 89, 124 f.

sungen der übergeordneten Behörde; nur über die Weisungshierarchie kann die Regierung ihre Verantwortung gegenüber dem Parlament wahrnehmen.

Ministerielle Verwaltungsvorschriften und Einzelweisungen ergehen zumeist als „Erlaß", „Allgemeine Verwaltungsvorschrift" oder „Richtlinie". Interne Regelungen *anderer* Behörden heißen „Verfügungen", „Anordnungen", „Richtlinien", „Dienstanweisungen". **Inhaltlich** können die Verwaltungsvorschriften und Einzelanweisungen sämtliche Tätigkeiten und Funktionen der Verwaltung betreffen. Neben der *Organisation* und den *Verfahren* steuern sie insbesondere auch die *Gesetzesauslegung* und das *Ermessen* der untergeordneten Behörde.[77]

Das Hierarchieprinzip findet in der Einzelbehörde seine Fortsetzung. Statt Weisungen zu erteilen, ist die übergeordnete Instanz *im Prinzip* auch befugt, die Angelegenheit an sich zu ziehen. Allerdings hat dieses „**Selbsteintrittsrecht**" nach den einschlägigen Normen besondere Voraussetzungen (Gefahr im Verzuge, Erfolglosigkeit einer konkreten Einzelweisung).[78] Soweit über Angelegenheiten von politischem Gewicht zu entscheiden ist,[79] kann es wegen der Verantwortlichkeit der Regierung weisungsfreie („**ministerialfreie**") Räume nur in Fällen geben, welche vom Grundgesetz oder von einer einschlägigen Landesverfassung zugelassen worden sind.

Im Bereich des Bundes ist insoweit die Bundesbank zu nennen (§ 12 BBankG, Art. 88 GG). **646**

Soeit nicht der später zu behandelnde Selbstverwaltungsbereich in Betracht kommt, muß sich der Staat bei der Übertragung staatlicher Aufgaben auf Selbstverwaltungskörperschaften und rechtsfähige Anstalten und Stiftungen des öffentlichen Rechts das Aufsichts- und Weisungsrecht vorbehalten („Auftragsverwaltung", Rn. 677ff.). **647**

Im *Ausgangsfall* (Rn. 636) mag dem Energie-Bundesamt oder auch einer Körperschaft oder Anstalt des öffentlichen Rechts und der privatrechtlichen GmbH über Art. 5 III GG eine unabhängige (= weisungsfreie) Forschungskompetenz eingeräumt werden können.[80] Auf die zweite Aufgabe, die Subventionierung, kann diese Unabhängigkeit aber nicht erstreckt werden. Der Bundesminister hat vielmehr ein Weisungsrecht.

Bei privatrechtlicher Organisationsform (GmbH im *Ausgangsfall*) nimmt der Staat über die Instrumentarien des Gesellschaftsrechts Einfluß. **648**

---

[77] Umfassend zu den Verwaltungsvorschriften vor allem *Ossenbühl*, in: Erichsen/Ehlers, Allg. VR, § 6 Rn. 30ff.; s. ferner *Thomas Sauerland*, Die Verwaltungsvorschrift im System der Rechtsquellen.

[78] Einzelheiten bei *Wolff/Bachof/Stober*, VR Bd. 3, § 84 Rn. 43ff.; *Maurer*, Allg.VR, § 21 Rn. 49.

[79] Eingrenzung durch *BVerfGE* 9, 268ff.; 22, 106 (113); 83, 130 (150); allgemein: *E. Klein*, Die verfassungsrechtliche Problematik des ministerialfreien Raumes, 1974; *W. Müller*, JuS 1985, 497.

[80] *BVerfGE* 35, 79 = JuS 1973, 641 Nr. 3 = *Weber* I, Art. 5 III Nr. 4.

4. Organisationsgewalt[81]

649 Fallwichtig ist verhältnismäßig häufig, wer die Befugnis hat, Behörden zu errichten und aufzulösen, vorhandenen Behörden Kompetenzen zuzuteilen oder fortzunehmen, durch Schaffung nichtstaatlicher Verwaltungsträger Kompetenzen aus der staatlichen Verwaltung auszugliedern. Wem im Einzelfalle diese Organisationsgewalt zukommt, ist durch sorgfältige Analyse des Grundgesetzes (auf Bundesebene) oder der einschlägigen Landesverfassung (auf Landesebene) zu ermitteln.[82] In Betracht kommen: der Bundeskanzler/Ministerpräsident eines Landes (etwa für die Schaffung von Ministerien, Art. 64 GG);[83] die Regierung als Kollegialorgan; der Gesetzgeber (vgl. Art. 87 III GG); Verwaltungsinstanzen. Wenn es an hinreichend eindeutigen verfassungsrechtlichen *Spezial*regelungen fehlt, ist der **„institutionelle" Gesetzesvorbehalt**, ein organisatorischer Gesetzesvorbehalt, zu beachten.[84] Nach ihm sind organisatorische Maßnahmen, die die institutionelle und politisch-soziale Grundordnung des Staates betreffen, dem Parlament vorbehalten.[85] Ansonsten verlangt das Grundgesetz aus institutioneller Sicht aber *nicht,* daß die Behördenzuständigkeiten und das Verwaltungsverfahren bis in alle Einzelheiten durch Gesetz geregelt werden.[86] *Stets* hat das Parlament über den Haushaltsplan Einflußnahmemöglichkeiten.[87]

650 Im *Ausgangsfall* (Rn. 636) kann das Bundesamt als Bundesoberbehörde gem. Art. 87 III GG nur durch Bundesgesetz, nicht durch die Regierung errichtet werden. Daß im *Ausgangsfall* trotzdem die Bundesregierung entsprechende Überlegungen anstellt, steht im Zusammenhang mit ihrem Recht zur Gesetzesinitiative aus Art. 76 I GG. In gleicher Weise können gem. Art. 87 III GG auch bundesunmittelbare Körperschaften und Anstalten des öffentlichen Rechts errichtet werden (= Alternativen im *Ausgangsfall*). Soweit die Wahl auch der privatrechtlichen Rechtsform zulässig ist,[88] wird die GmbH in der weiteren Alternative des *Ausgangsfalles* nach den Vorschriften des GmbH-Gesetzes errichtet. Weil Art. 87 III GG Schutzvorschrift zugunsten der *Länder* ist (Art. 87 III GG als *föderaler* Gesetzesvorbehalt), muß allerdings geprüft werden, ob bei der GmbH-Lösung auf der Linie von Art. 87 III GG *zusätzlich* ein Bundes*gesetz* erforderlich wird.

---

[81] S. zu ihr auch schon Rn. 210, 214, 217.

[82] Ausführlich dazu *Wolff/Bachof/Stober,* VR Bd. 3, § 82 Rn. 20ff.; s. ferner *Burgi,* aaO, § 52 Rn. 1ff.; *Kirschenmann,* JuS 1977, 568.

[83] Soeben Rn. 631.

[84] Zusammenfassend *Schmidt-Aßmann,* Verwaltungsorganisation zwischen parlamentarischer Steuerung und exekutivischer Organisationsgewalt, FS H. P. Ipsen, 1977, S. 333; *Burmeister,* Herkunft, Inhalt und Stellung des institutionellen Gesetzesvorbehalts, 1991; s. ferner etwa *OVG Münster,* NJW 1980, 1406.

[85] Beispiel: Verleihung von Hoheitsgewalt an Private; *OVG Münster,* aaO.

[86] *BVerfGE* 40, 237 (250).

[87] Dazu *Püttner/Kretschmer,* § 46 (3).

[88] Zum Problem bereits Fn. 61.

IV. Rechtsprechung[89]

Ausgangsfall: Durch Gesetz ist eine handwerkliche Berufsgerichtsbarkeit eingeführt **651** worden, deren Träger die Handwerkskammern sind. Die Gerichte werden besetzt mit vom Staate ernannten Berufsrichtern und von der Vollversammlung gewählten Mitgliedern der Kammer (Handwerkern). Sie sollen standeswidriges Verhalten von Handwerkern (überhöhte Preise, Einsatz von „Lehrlingen" für ausbildungsfremde Zwecke als Beispiele) disziplinarisch ahnden. Die Vorschriften über das Verfahren sind der StPO nachempfunden. Rechtsmittel gegen die Entscheidungen sind ausdrücklich ausgeschlossen. Ist das Gesetz gültig?[90]

1. Rechtsprechung oder Verwaltung?

Im *Ausgangsfall:* Ist die Berufsgerichtsbarkeit keine Rechtsprechung, sondern Verwal- **652** tung, verstößt das Gesetz mit dem Ausschluß aller Rechtsmittel gegen Art. 19 IV GG als Garantie eines gerichtlichen Rechtsschutzes. Üben die Berufsgerichte Rechtsprechung aus, macht zwar Art. 19 IV GG keine Probleme. Jetzt müssen die Berufsgerichte aber den grundgesetzlichen Anforderungen an ein Gericht genügen (dazu nachfolgend 2.).

Art. 92 GG geht von einem materiellen Begriff der Rechtsprechung aus. „Um Rechtsprechung im materiellen Sinne handelt es sich, wenn bestimmte hoheitliche Befugnisse bereits durch die Verfassung Richtern zugewiesen sind oder es sich von der Sache her um einen traditionellen Kernbereich der Rechtsprechung handelt".[91] Hierzu gehören disziplinarische Maßnahmen (= *Ausgangsfall*) nicht. „Daneben ist rechtsprechende Gewalt i.S. des Art. 92 GG auch dann gegeben, wenn der *Gesetzgeber* für einen Sachbereich, der nicht schon materiell dem Rechtsprechungsbegriff unterfällt, eine Ausgestaltung wählt, die bei funktioneller Betrachtung nur der rechtsprechenden Gewalt zukommen kann."[91] Insbesondere wegen der StPO-Komponente hat der Gesetzgeber im *Ausgangsfall* eine derartige Ausgestaltung gewählt.

2. Grundgesetzliche Anforderungen an ein Gericht

Ein Berufsgericht ist kein unzulässiges *Ausnahmegericht* (Art. 101 I GG), sondern ein **653** *Gericht für besondere Sachgebiete* (Art. 101 II GG).[92] Aber: Art. 92 GG fordert ein *staatliches* Gericht („Gerichte der *Länder*"). Soweit nichtstaatliche Körperschaften Träger sind, muß jedenfalls die personelle Besetzung vom Staat entscheidend bestimmt sein. Im *Ausgangsfall* werden die Beisitzer (Handwerker) ohne staatliche Beteiligung bestellt. Ferner gehört es „zum Wesen der richterlichen Tätigkeit nach dem

---

[89] Zur besonderen Rechtsstellung des *BVerfG* s. *Schlaich/Korioth,* Das Bundesverfassungsgericht, 5. Aufl. 2001, Rn. 1 ff.

[90] Klausur zur (unzulässigen) Ausübung von Rechtsprechungsfunktionen durch den BTag bei *Kisker/Höfling,* Staatsorganisationsrecht, Fall 20.

[91] *BVerfGE* 103, 111 (137) = JuS 2001, 704 Nr. 4.

[92] So zusammenfassend *BVerfGE* 71, 162 (178).

GG, daß sie durch einen nichtbeteiligten Dritten in persönlicher und sachlicher Unabhängigkeit ausgeübt wird".[93] Bei den Beisitzern ist die *sachliche Unabhängigkeit* (Art. 97 I GG) nicht gewährleistet, weil nicht ausgeschlossen ist, daß Mitglieder anderer Kammerorgane zu Richtern gewählt werden. Daraus ergibt sich zugleich ein Verstoß gegen die Gewaltenteilung (Art. 20 II 2 GG).[94]

§ 45. Gewaltenteilung und Gewaltenverzahnung

I. Prozessuales

654 In prozessualer Hinsicht sind die hier zu behandelnden Fälle selten problematisch: Bei Streitigkeiten zwischen obersten Bundesorganen über den Umfang ihrer sich aus dem Grundgesetz ergebenden Rechte und Pflichten (Organstreitigkeiten) kann die **Organklage** vor dem *BVerfG* erhoben werden (vgl. Art. 93 I Nr. 1 GG, §§ 13 Nr. 5, 63 ff. BVerfGG).[1]

Beachte dabei: Das Organstreitverfahren dient gem. § 64 I BVerfGG dem Schutz der *Rechte* der Staatsorgane im Verhältnis zueinander, nicht einer allgemeinen Verfassungsaufsicht durch das Bundesverfassungsgericht.[2]

II. Das parlamentarische Regierungssystem

655 **Fall:**[3] Der Bundestag fordert die Bundesregierung in einer „Entschließung" auf, diplomatische Beziehungen mit dem Lande *X* aufzunehmen. Ist die Entschließung zulässig und ist die Bundesregierung an sie gebunden? – Es handelt sich um einen sog. **schlichten Parlamentsbeschluß**, nicht um einen Gesetzesbeschluß (Fehlerquelle!). Eine ausdrückliche Kompetenz des Bundestages ist nicht vorhanden. Die Befugnis läßt sich aber aus Art. 63, 67 I GG (parlamentarisches Regierungssystem) herleiten: Wenn der Bundestag den Kanzler wählt und durch das konstruktive Mißtrauensvotum abwählen kann, muß er auch die Möglichkeit haben, seine politischen Vorstellungen (vor einer Abwahl) kundzutun (um dem Kanzler z. B. Gelegenheit zu geben, seine Politik rechtzeitig zu korrigieren). So übt die Empfehlung *politischen* Druck aus. An-

---

[93] *BVerfGE* 103, 111 (140).

[94] *BVerfGE* 26, 186 (197 f.).

[1] Einzelheiten zu ihr bei *Pestalozza*, Verfassungsprozeßrecht, § 7; Fälle bei *Fastenrath*, JuS 1982, 516; *Robbers*, JuS 1994, 129 (130); *Odendahl*, JuS 1998, 145. Für Innerorganstreitigkeiten s. bereits Rn. 628. Zur *einstweiligen Anordnung* (§ 32 BVerfGG) bei der Organklage zusammenfassend *Karpen*, JuS 1984, 455; *BVerfGE* 88, 173 u. 89, 38 = JuS 1994, 75 Nr. 4.

[2] So *BVerfGE* 100, 266 (268) = JuS 2000, 86 Nr. 7.

[3] Besprechung mit allen Einzelheiten bei *M. Schröder*, JuS 1967, 321; ganz parallel der Fall bei *Böckenförde*, JuS 1968, 375. Vgl. ferner Fall Nr. 9 bei *Rüfner/v. Unruh/Borchert*, Öffentliches Recht I (Vertrauensfrage, Auflösung des BTages); *Friehe*, JuS 1983, 208 (Mißtrauensvotum gegen Minister, Streichung des Ministergehalts im Etat); *Lorenz/Burgi*, JuS 1990, 822 (Beschluß eines Landesparlaments zum Abstimmungsverhalten im BRat); sowie Rn. 624 (Untersuchungsausschuß, Eigenbereich der Regierung).

dererseits wird die Bundesregierung nicht *rechtlich verpflichtet,* weil die *endgültige Entscheidung allein* in *ihre* Kompetenz fällt (Arg. aus Art. 65 GG).

III. Die Bindung der Exekutive an das Gesetz, „Verwerfungskompetenz"?

Fall wie in Rn. 606: Muß eine Behörde ein Gesetz ausführen, das sie für verfassungs- **656** widrig hält?[4]

Nach Art. 20 III GG ist die vollziehende Gewalt an die Gesetze gebunden. Ob das auch für Gesetze gilt, welche die Exekutive für verfassungswidrig hält, oder ob der Exekutive jetzt eine **Verwerfungskompetenz** zukommt, ist in der Rechtsprechung nicht abschließend geklärt. In der Literatur wird die Verwerfungskompetenz teils verneint, teils bejaht, häufig von bestimmten Einzelvoraussetzungen abhängig gemacht[5] – ein fruchtbarer Ansatz für Hausarbeiten und Seminarreferate. In einer Klausur, in der nur die Normtexte zur Verfügung stehen, könnte die Problematik auf folgender Linie bearbeitet werden:

Insbesondere die beamtenrechtliche Remonstrationspflicht (lies § 56 BBG, § 38 II BRRG) bewirkt, daß sich die Verwerfungsfrage nicht für den einzelnen Beamten oder für den Leiter einer nachgeordneten Behörde, sondern auf der ministeriellen Ebene stellt. Nach Art. 93 I Nr. 2 GG kann die Regierung das *BVerfG* mit einer abstrakten Normenkontrolle befassen. Entscheidend ist, ob die Regierung oder der zuständige Minister ein Gesetz *anstelle* des *BVerfG selbst* verwerfen darf, über eine entsprechende Weisung an die nachgeordneten Behörden. Die zentrale Norm ist Art. 20 III GG, nicht Art. 93 I Nr. 2 GG oder Art. 100 I GG.[6] Es fällt auf, daß Art. 20 III GG die *Verfassungs*bindung nur für den Gesetzgeber pointiert und für die „*vollziehende (!)* Gewalt" statt dessen die Bindung an das „*Gesetz*" hervorhebt. Aus diesen Betonungen kann man schließen, daß es nur die Aufgabe des *Gesetzgebers* ist, sich um die Verfassungsmäßigkeit der zu erlassenden Gesetze zu kümmern, während die Exekutive die ergangenen Gesetze dann ohne eine erneute verfassungsrechtliche Überprüfung und ohne eigene Verwerfungskompetenz bloß zu vollziehen hat. Zwar ist ein verfassungswidriges Gesetz nichtig und daher im Ansatz[7] nicht vollziehbar. Auch ergibt sich aus Art. 20 III GG indirekt, daß die Exekutive *wie* an das Gesetz *erst recht* an das Grundgesetz gebunden ist. Aber im Problemzusammenhang steht nicht *fest, daß* das Gesetz verfassungswidrig *ist;* es handelt sich bloß um die Rechts*ansicht* der vollziehenden Gewalt. Weil Art. 20 III GG gerade die *Gesetzes*bindung besonders betont und die Verfassungsbindung bloß indirekt mitschwingen läßt, kann sich die Exekutive von ihrer Gesetzesbindung nicht im Gefolge einer bloßen Rechts*ansicht* lösen. Das

---

[4] S. auch Fall 11 bei *Kisker/Höfling,* Staatsorganisationsrecht.

[5] Umfassende Überblicke bei *M. Wehr,* Inzidente Normverwerfung durch die Exekutive, S. 62 ff.; *Gril,* JuS 2000, 1080.

[6] Insoliert gesehen führen diese Vorschriften in der Sache nicht weiter. Art. 93 I GG formuliert bloß eine katalogartige Zusammenstellung der vor dem *BVerfG möglichen* Verfahren. An Art. 100 I GG läßt sich eine Argumentation sowohl *für* (Umkehrschluß) als *gegen* eine Verwerfungskompetenz (Schluß a maiore ad minus) anknüpfen; s. *Gril,* JuS 2000, 1080 (1082 f.).

[7] Modifikationen durch die Rspr. des *BVerfG,* s. Rn. 401 ff.

würde der Exekutive die Verfügungsgewalt über ihre Gesetzesbindung eröffnen.[8] Art. 93 I Nr. 2 GG hat der Regierung einen *verfahrensrechtlichen* Weg eingeräumt, über den sie im Problemzusammenhang versuchen kann, sich aus der Gesetzesbindung zu befreien.[9] Dieser *verfahrensrechtliche* Ansatz steht in Parallele zu dem auch verfahrensrechtlichen Weg, den Art. 100 I GG für die in Art. 20 III GG ebenfalls bloß mit ihrer *Gesetzes*bindung erwähnten Gerichte zur Verfügung stellt.

IV. Konflikte mit dem Bundespräsidenten

1. Fallmaterial

657 Der Bundespräsident nimmt öffentlich gegen die Politik des Bundeskanzlers Stellung[10] oder befürwortet in einem Zeitungsinterview die Bildung einer neuen Regierung.[11] Er unterläßt es nach einer Bundestagswahl gezielt, dem Bundestag nach Art. 63 I GG einen Kanzler vorzuschlagen.[12] Er ergreift Initiativen in der Personalauswahl.[13] Er will die Nationalhymne ändern.[14] Usw.

2. Insbesondere: Prüfungsrechte des Bundespräsidenten

658 Statistisch gesehen ist das sog. *Prüfungsrecht* des Bundespräsidenten ein besonders wichtiges Klausurthema. Das erfordert es, dem Prüfungsrecht in Ergänzung zu den Ausführungen in Rn. 600ff., die sich nur mit dem politischen Prüfungsrecht beschäftigt haben, nochmals Aufmerksamkeit zu widmen.

a) Rechtliches Prüfungsrecht

659 **Ausgangsfälle:** Der Bundespräsident weigert sich, ein Bundesgesetz auszufertigen und zu verkünden (Art. 82 I GG), weil **(1)** das Gesetz noch nicht gegengezeichnet worden sei, **(2)** der Bundesrat nicht mitgewirkt habe, **(3)** das Gesetz inhaltlich gegen das Grundgesetz, insbesondere gegen ein Grundrecht verstoße.[15]

aa) Wie jedes Staatsorgan hat auch der Bundespräsident die im Grundgesetz genannten rechtlichen Voraussetzungen seines eigenen Handelns *selbst* zu prüfen.

---

[8] Mit Unterschieden in der Begründung wird der Exekutive eine Verwerfungskompetenz im *Ergebnis* zunehmend abgesprochen, s. *Wehr* und *Gril*, aaO, auch etwa *Wolff/Bachof/Stober*, VR Bd. 1, § 28 Rn. 20 f.

[9] Entsprechende Sicht bei *Schmidt-Aßmann*, in: Isensee/Kirchhof, HStR, Bd. 1, § 24 Rn. 45.

[10] Klausur bei *Staebe*, JuS 1998, L 4.

[11] Ausgangsfall 4 in Rn. 600.

[12] *Kisker/Höfling*, Staatsorganisationsrecht, Fall 17.

[13] *Masing/Wißmann*, JuS 1999, 1204.

[14] *Naumann*, JuS 2000, 786.

[15] Konkrete Fälle zu (3) bei *v. Münch*, Staatsrecht I, S. 334; *K. Ipsen/Epping*, JuS 1992, 305; *Nolte/Tams*, JuS 2006, 1088.

Im *Ausgangsfall 1* darf der Bundespräsident das Gesetz daher erst *nach* Gegenzeichnung ausfertigen und verkünden (so ausdrücklich Art. 82 I GG). Derartige Fälle sind unproblematisch.

bb) Ferner hat der Bundespräsident *fremde* Akte rechtlich zu überprü- 660
fen, soweit das Grundgesetz ihn dem klaren Wortlaut nach gerade deshalb einschaltet.

Gemäß Art. 82 I GG hat der Bundespräsident „*die nach den Vorschriften dieses Grundgesetzes zustande gekommenen Gesetze*" auszufertigen. Er muß[16] also prüfen, ob die Vorschriften über das Gesetzgebungs*verfahren* eingehalten sind (formelles Prüfungsrecht). Im *Ausgangsfall 2* verweigert er die Ausfertigung zu Recht, weil nach Maßgabe von Art. 77 GG der Bundesrat hätte mitwirken müssen.

cc) **Streit besteht,** inwieweit der Bundespräsident ein rechtliches Prü- 661
fungsrecht hat, welches über diese klar geregelten Fälle hinausgeht.

Muß er im *Ausgangsfall 3* das Gesetz ausfertigen, obgleich er es für verfassungswidrig hält (*materielles* Prüfungsrecht[17])? Muß er auf Vorschlag der Exekutive einen Beamten ernennen, obgleich dieser weder Deutscher noch Staatsangehöriger eines EG-Mitgliedsstaates ist und daher „ohne dringendes dienstliches Bedürfnis" gemäß § 7 BBG nicht zum Beamten ernannt werden darf?

Die Überlegungen vollziehen sich auf *zwei* Ebenen: *Einerseits* ist an die Funktion anzuknüpfen, welche der Bundespräsident im konkreten Falle hat, in dem das Grundgesetz ihn einschaltet.

Bedeutet „Ausfertigung" im *Ausgangsfall 3* auch Beurkundung einer *materiellen* Verfassungsmäßigkeit?[18] Welche Funktionen sind der „Ausfertigung" sinnvollerweise neben der Zuständigkeit des Bundestages/Bundesrates, der „Gegenzeichnung"[19] und der Funktion des *BVerfG* zuzuweisen?

Andererseits ist die allgemeine Stellung des Bundespräsidenten zu berücksichtigen.

Kann ihm als höchstem Staatsorgan zugemutet werden, an Handlungen mitzuwirken, welche er für verfassungswidrig hält? Setzt die Formulierung des Amtseides (Art. 56: „das Grundgesetz ... wahren und *verteidigen* ") das Bestehen eines materiellen Prüfungsrechts voraus? Nur die Überlegungen auf *dieser* Ebene haben generelle Bedeutung für *das* materiellrechtliche Prüfungsrecht. – Einige Bundespräsidenten haben materiellrechtliche Überprüfungen vorgenommen, sich in der Kompetenzabgrenzung zum *BVerfG* aber nur dann für verpflichtet angesehen, die Ausfertigung zu verweigern, wenn nach ihrer Auffassung ein offenkundiger und zweifelsfreier Verstoß gegen die Verfassung vorlag.[20]

---

[16] Zu einigen „Aufweichungen" in der Staatspraxis s. Fn. 19.

[17] Umfassender Überblick etwa bei *v. Mangoldt/Klein*, GG, Art. 82 Anm. III 7.

[18] Obgleich der im Text schon mitgeteilte Wortlaut des Art. 82 GG mehr für eine auf die *formelle* Verfassungsmäßigkeit beschränkte Beurkundung spricht, bejaht *Maunz* das (in: Maunz/Dürig, Art. 82, Rn. 1 ff.): Auch jedes *inhaltlich* mit dem GG nicht vereinbare Gesetz sei *formell* nicht in Ordnung, weil Art. 79 I GG nicht beachtet sei.

[19] Zu ihrer Funktion *Maurer*, Die Gegenzeichnung nach dem GG, FS Karl Carstens, S. 701.

[20] Mit diesem Ansatz ist 1986 das Gesetz zur Sicherung der Neutralität der Bundesanstalt für Arbeit bei Arbeitskämpfen ausgefertigt worden. Bei der Ausfertigung des

b) Politisches Prüfungsrecht

662 Insoweit werden die Ausgangsfälle in Rn. 600 mit den methodischen Lösungshinweisen in Rn. 601 bis 605 in Bezug genommen.

§ 46. Das Verhältnis von Bund und Ländern

I. Die Verteilung der Gesetzgebungskompetenzen[1]

1. Überprüfungsprogramm für Bundesgesetze

663 **Ausgangsfall:**[2] Wie ist eine Novelle zum Straßenverkehrsgesetz (Bundesgesetz) verfassungsrechtlich zu beurteilen, durch welche Anlagen der Außenwerbung innerhalb geschlossener Ortschaften verboten werden, wenn sie im Einzelfall zu einer Gefährdung des Verkehrs führen?

(1) Zuständigkeitsvermutung zugunsten der Länder (Art. 70 I GG)

Wegen Art. 70 I GG muß die Untersuchung auf die Frage konzentriert werden, ob das Grundgesetz dem *Bund* eine einschlägige Gesetzgebungskompetenz verleiht.[3]

664 **(2) Bundeskompetenz gemäß Art. 73 I, 74 I GG?**

Im *Ausgangsfall* kommt keine *ausschließliche* Bundeskompetenz (Art. 73 I GG) in Betracht, wohl aber die *konkurrierende* Kompetenz für „den Straßenverkehr" nach Art. 74 I Nr. 22 GG. Von dieser Kompetenz werden sicherlich verkehrspolizeiliche Regelungen erfaßt, d.h. Vorschriften, welche sich mit den eigentlichen Verkehrsvorgängen befassen. Darum geht es bei der Außenwerbung an die Adresse der Verkehrsteilnehmer nicht, aber:

Ein Kompetenztitel bedarf eventuell der **Auslegung.** „Ausschlaggebend" hierfür „ist der Regelungszusammenhang. Eine Teilregelung, die bei isolierter Betrachtung einer Materie zuzurechnen wäre, für die der Bundesgesetzgeber nicht zuständig ist, kann gleichwohl in seine Kompetenz fallen, wenn sie mit dem kompetenzbegründenden Schwerpunkt der Gesamtregelung derart eng verzahnt ist, daß sie als Teil dieser Gesamtregelung erscheint."[4]

Beim Kompetenztitel „Straßenverkehr" *(Ausgangsfall)* geht es um die *durch* den Verkehr bewirkten Gefahren für die öffentliche Sicherheit. Aber entsprechende Ver-

---

StHG 1981 hat Bundespräsident *Carstens* sogar sein formelles Prüfungsrecht nur auf zurückgezogener Linie wahrgenommen, s. *BVerfGE* 61, 149 (161); ebenso Bundespräsident *Rau* beim ZuwanderungsG 2002. Andererseits hat Bundespräsident *von Weizsäcker* 1991 ein Gesetz zur Privatisierung der Flugsicherung wegen „zweifelsfreier" Unvereinbarkeit mit dem GG *nicht* ausgefertigt, ebenso Bundespräsident *Köhler* 2006 ein Gesetz zur Neuregelung der Verbraucherinformation (Verstoß gegen Art. 84 I 7 GG).

[1] Zum Standort im Rahmen einer umfassenden Normprüfung s. Rn. 407 ff.
[2] Vgl. *BVerwG*, DÖV 1968, 284 f.; *BVerfGE* 32, 319.
[3] *BVerfGE* 98, 265 (299) = JuS 1999, 908 Nr. 1.
[4] *BVerfGE* 98, 265 (299). S. ferner etwa *BVerfGE* 97, 228 (251 f.); 97, 332 (342 f.).

kehrsgefahren entstehen auch, wenn die Autofahrer durch Werbung von außerhalb des Straßenraumes abgelenkt werden. Deshalb sind Regelungen zur Außenwerbung mit dem „Straßenverkehr" derart eng verzahnt, daß sie unter Art. 74 I Nr. 22 GG subsumiert werden können[5].

In noch fortbestehenden Zweifelsfällen ist an die **„Kompetenz kraft**   **665** **Sachzusammenhangs"** bzw. an die **„Annex-Kompetenz"** zu denken, eine *ungeschriebene* Kompetenz *jenseits* der Auslegung, die das BVerfG als „Zugriff auf eine den Ländern zustehende Materie" charakterisiert. Eine derartige Kompetenz ist (nur) gegeben, „wenn das Übergreifen un-erläßliche Voraussetzung für die Regelung der zugewiesenen Materie ist".[6] Selten kommt schließlich noch eine ungeschriebene **„Kompetenz aus der Natur der Sache"** in Betracht. Sie kann „nur dann angenommen werden, wenn gewisse Sachgebiete, weil sie ihrer Natur nach eine eigen-ste, der partikularen Gesetzgebungszuständigkeit a priori entrückte An-gelegenheit des Bundes darstellen, vom Bund und nur von ihm geregelt werden können"[7] (Beispiel: Deutsches Kulturinstitut, später Rn. 695).

(3) Eventuell: Zusatzvoraussetzungen bei konkurrierender Bundes-   **666** **kompetenz (Art. 72 II GG)**

Im rechtlichen Ausgangspunkt kann der Bund seine konkurrierende Gesetzgebungskompetenz ohne weitere Voraussetzungen wahrnehmen. Art. 72 II GG enthält aber einen umfassenden Ausnahmekatalog. *Inso-weit* hat der Bund das Gesetzgebungsrecht nur, „wenn und soweit die Herstellung gleichwertiger Lebensverhältnisse im Bundesgebiet oder die Wahrung der Rechts- oder Wirtschaftseinheit im gesamtstaatlichen In-teresse eine bundesgesetzliche Regelung erforderlich macht".

Das *BVerfG* legt die Voraussetzungen des Art. 72 II GG eng aus.[8] Im *Ausgangsfall* ist Art. 74 I Nr. 22 GG im Katalog des Art. 72 II GG genannt. Bei enger Auslegung der Vorschrift machen weder die Herstellung gleichwertiger Lebensverhältnisse noch die Wahrung der Rechtseinheit eine bundesgesetzliche Regelung über die Außenwerbung in geschlossener Ortschaften „erforderlich". Die Novelle zum StVG verstößt gegen Art. 72 II GG.

Merke: Im Rahmen von Art. 72 II GG (und von Art. 72 IVGG, lesen) eröffnet Art. 93 I Nr. 2 a GG i. V. mit § 76 II BVerfG (und Art. 93 II GG i. V. mit § 97 BVerfGG) dem BRat und den Bundesländern eine *spezifische* Möglichkeit für eine *Normenkontrolle* durch das BVerfG (zur Normenkontrolle allgemein erst Rn. 685).

2. Überprüfungsprogramm für Landesgesetze

(1) Zuständigkeitsvermutung zugunsten der Länder (Art. 70 I GG).   **667**

---

[5] Vgl. *BVerfGE* 32, 319 (326); 40, 371 (380).
[6] *BVerfGE* 98, 265 (299).
[7] *BVerfGE* 26, 246 (257).
[8] Zu Einzelheiten s. *BVerfGE* 106, 62 (135 ff.) = JuS 2003, 394 Nr. 4; 111, 226 (252 ff.); 112, 226 (244, 348).

(2) Ausschließliche Bundeskompetenz (Art. 73 I GG)? – Beides wie gehabt.

(3) Entgegenstehendes Bundesgesetz als Kompetenzsperre? – Im Bereich der konkurrierenden Gesetzgebung (Art. 74 I GG) haben die Länder das Recht zur Gesetzgebung nur, „solange und soweit der Bund von seiner Gesetzgebungszuständigkeit nicht durch Gesetz Gebrauch gemacht hat" (Art. 72 I GG)[9] (Ausnahme nachfolgend (4)). Dabei hat der Bundesgesetzgeber von seiner Gesetzgebungskompetenz nicht nur dann Gebrauch gemacht, wenn er den einschlägigen Tatbestand ausdrücklich aufgreift. Die Kompetenzsperre greift auch, wenn das *„absichtsvolle Unterlassen"* einer Bundesregelung über die herkömmlichen Methoden der Gesetzesauslegung „hinreichend erkennbar" ist.[10]

Würde im *Ausgangsfall* nicht der Bund, sondern ein *Land* das Gesetz erlassen haben, müßte der Bearbeiter das Straßenverkehrsrecht (= Bundesrecht) im Wege der Auslegung daraufhin bewerten, ob die Außenwerbung *in* geschlossenen Ortschaften bundesrechtlich abschließend geregelt ist. In seinem *Wortlaut* ermächtigt § 6 I Nr. 3 lit. g StVG bloß zu einem Verbot der Werbung, soweit der Verkehr *außerhalb* geschlossener Ortschaften gefährdet wird (§ 33 I Nr. 3 StVO). Aber damit könnte sich der Bundesgesetzgeber gleichzeitig im Sinne eines „absichtsvollen Unterlassens" *gegen* ein Werbeverbot *innerhalb* geschlossener Ortschaften entschieden haben, zumal eine Vermutung dafür besteht, daß ein Gesetzgeber eine Materie, die er in Anspruch nimmt (Werbung), erschöpfend und abschließend regelt.[11] Bei der Auslegung des § 6 I Nr. 3 lit. g StVG muß indessen berücksichtigt werden, daß die Werbung in geschlossenen Ortschaften herkömmlich landesgesetzlich geregelt wird. Nach der Rechtsprechung prägt *dieser* Aspekt das Auslegungsergebnis so stark, daß § 6 I Nr. 3 lit. g StVG die Landeskompetenz *offenhält*.[12]

668 **(4) Selten fallrelevant: Landeskompetenz zur Abweichung von Bundesgesetzen (Art. 72 III GG).**[13] – Die Regelungsgegenstände, die Art. 72 III 1 GG insoweit nennt, kommen in der Universitätsausbildung kaum vor. Es handelt sich um Materien aus der früheren *Rahmenkompetenz* des Bundes, s. Rn 671.

3. Föderalismusreform 2006 und Fortgeltung überkommener Gesetze

669 Die Verteilung der Gesetzgebungskompetenzen zwischen Bund und Ländern ist seit Inkrafttreten des Grundgesetzes zweimal wesentlich verändert worden, durch die Verfassungsreform 1994 und durch die Föderalismusreform 2006.[14] In *staatsrechtli-*

---

[9] Wird das Bundesrecht später aufgehoben, bleiben landesrechtliche Normen, welche *vorher* erlassen worden sind, trotzdem ungültig (*BVerfGE* 29, 11). Denn es fehlte schon die *Kompetenz;* für die *materiellrechtliche* Kollisionsregel des Art. 31 GG ist kein Raum vorhanden (*BVerfGE* 36, 342 (363 f.)).

[10] *BVerfGE* 98, 265 (300 f.) = JuS 1999, 908 Nr. 1; auch schon *BVerfGE* 32, 319 (327 f.).

[11] So *BVerfGE* 7, 244 (259).

[12] So für den *Ausgangsfall BVerfGE* 32, 319.

[13] Zum Parallelfall des Art. 84 I 2 GG s. Rn. 675.

[14] Überblick bei *Selmer*, JuS 2006, 1052.

chen Klausuren geht es in aller Regel um die verfassungsrechtliche Überprüfung von (zumeist fiktiven) Gesetzesvorhaben oder Gesetzen, die wie das Gesetz im *Ausgangs-fall* gerade erst verabschiedet worden sind und daher nach der heutigen Verteilung der Gesetzgebungskompetenzen zu beurteilen sind (soeben 1. oder 2.). In *verwaltungs-rechtlichen* Klausuren hat es der Bearbeiter bis auf weiteres mit einem Gesetz aus der Zeit *vor* Inkrafttreten der Föderalismusreform 2006 oder sogar aus der Zeit vor der Verfassungsreform 1994 zu tun, z.B. als Ermächtigungsgrundlage für einen Verwaltungsakt (Rn. 59) bzw. für eine Rechtsverordnung (Rn. 420). Hier kann der Klausurbearbeiter die Kompetenzfrage übergehen. Ob der Bund das Gesetz *seinerzeit* erlassen durfte, *kann nicht* geprüft werden, weil dem Bearbeiter der frühere Grundgesetzestext nicht mehr vorliegt. Ob der Bundesgesetzgeber *heute* noch die Gesetzgebungskompetenz hätte, ist irrelevant, denn:

Recht, das als *Bundesrecht* erlassen worden ist, heute aber nicht mehr als Bundesrecht erlassen werden könnte, gilt gemäß Art. 125a I GG als Bundesrecht fort, solange und soweit es nicht durch Landesrecht ersetzt worden ist.[15]

Daß Art. 125a I GG insoweit nur Gesetze nach Art. 74 I GG (konkurrierende Bundeskompetenz) und nach Art. 75 GG (aufgehobene bloße Rahmenkompetenz des Bundes) nennt, nicht aber Gesetze nach Art. 73 I GG (ausschließliche Bundeskompetenz), hat einen einfachen Grund. Die Föderalismusreform hat nur den Katalog des Art. 74 I GG zu Lasten des Bundes ausgedünnt und dem Bund Kompetenzen aus dem Bereich des früheren Art. 75 GG teilweise genommen. Bei Art. 73 I GG ist die umgekehrte Situation gegeben. Dort sind es die *Länder*, die Kompetenzen an den Bund abgegeben haben. Hier ist die Regel des Art. 125a I GG mit umgekehrtem Vorzeichen einschlägig:

Recht, das als *Landesrecht* erlassen worden ist, wegen Änderung des Art. 73 GG aber nicht mehr als Landesrecht erlassen werden könnte, gilt als Landesrecht fort, solange und soweit es nicht durch Bundesrecht ersetzt worden ist (Art. 125a III GG).

Die erwähnte **Rahmenkompetenz** des Bundes nach Art. 75 GG a.F. war keine Voll- **670** kompetenz, sondern beschränkte sich auf Vorgaben an die Adresse der Länder, die für die Gesetzgebung der Länder noch gehörigen Raum ließen; nur in Ausnahmefällen durften die Rahmenvorschriften auch unmittelbar geltende Regelungen enthalten. Mit der Aufhebung des Art. 75 GG hat die Föderalismusreform dem Bund die Art. 75-Materien nur teilweise genommen (= Anwendungsfeld des *Art. 125a I GG,* s. soeben). Für die meisten der Art. 75-Materien hat die Reform die Rahmenkompetenz zu einer Vollkompetenz des Bundes in der Gestalt einer konkurrierenden Bundeskompetenz aufgestockt (Art. 74 I Nrn. 27 bis 33 GG). Insoweit gilt das Rahmenrecht des Bundes nach *Art. 125b I GG* fort, solange und soweit der Bund seine neue Vollkompetenz nicht in Anspruch nimmt. Nur für die zur Vollkompetenz des Bundes aufgewerteten Rahmenmaterien der Art. 75 GG a.F. gilt Art. 72 III GG mit der unter 2. (4) schon vorgestellten Möglichkeit der Länder, vom Bundesgesetz abweichende Regelungen zu treffen; der Katalog des Art. 72 III 1 GG entspricht dem Katalog des Art. 74 Nrn. 28 bis 33 GG. Der aus rechtsdogmatischer Sicht zunächst überraschende Art. 72 III GG ist die Kompensation dafür, daß die Länder zu den Materien des Art. 72 III 1 GG schon unter der Rahmenkompetenz des Bundes Gesetzgebungskompetenzen hatten.

---

[15] Das gilt z.B. für das LSchlG (*Sartorius* Nr. 805), Rn. 202.

II. Der Bundesrat im Gesetzgebungsverfahren

671 **Ausgangsfall:** Ein Bundesgesetz, das mit Zustimmung des Bundesrates ergangen ist, verpflichtet die Länder, sozial schwache Bürger in bestimmten Fällen mit eigenen Mitteln finanziell zu unterstützen. Der Bundestag hat ein Änderungsgesetz verabschiedet, das die Anspruchsvoraussetzungen verändert, nach einem finanzwissenschaftlichem Gutachten aber keine finanziellen Mehrbelastungen für die Länder im Gefolge hat. Finanzwissenschaftliche Gutachten anderer Autoren erwarten indessen Mehrbelastungen. Deshalb ruft der Bundesrat den Vermittlungsausschuß an. Dieser spricht sich für das Änderungsgesetz aus. Nunmehr verweigert der Bundesrat mit der Mehrheit seiner Stimmen die „Zustimmung" zum Änderungsgesetz. Der Bundestag bestätigt das Gesetz mit der Mehrheit seiner Mitglieder. Nach Gegenzeichnung wird das Änderungsgesetz vom Bundespräsidenten ausgefertigt und im Bundesgesetzblatt verkündet. Kann der Bundesrat mit Erfolg etwas unternehmen?

Wie der Ausgangsfall führen die meisten Gesetzgebungsfälle mit Beteiligung des Bundesrates auf die Unterscheidung zwischen **„Einspruchsgesetzen"** (Art. 77 III GG) und **„Zustimmungsgesetzen"** (Art. 77 IIa GG). Einen Einspruch kann der BRat nur nach Durchführung eines Vermittlungsverfahrens einlegen (Art 77 II, III GG). Der BTag hat die Möglichkeit, den Einspruch zu überstimmen (Art. 77 IV GG). Die Verweigerung einer erforderlichen Zustimmung durch den BRat ist endgültig. Der Bundesrat ist nicht verpflichtet, vorher den Vermittlungsausschuß anzurufen (Art. 77 IIa GG). Aber die *Möglichkeit*, das Vermittlungsverfahren in Anspruch zu nehmen, hat der BRat auch hier (Art. 77 II 4 GG).

Im *Ausgangsfall* ist entscheidend, ob das Änderungsgesetz zustimmungsbedürftig ist oder ob dem BRat bloß das Einspruchsrecht zustand. Denn eine Zustimmung des BRates liegt nicht vor. Zwar mag in der Verweigerung der Zustimmung bei einer klausurmäßigen Bearbeitung ein Einspruch i.S. des Art. 77 III GG gesehen werden können.[16] Aber durch seinen erneuten Beschluß hat der BTag diesen Einspruch dann mit der gemäß Art. 77 IV 1 GG erforderlichen Mehrheit zurückgewiesen.

Die Zustimmung des Bundesrates ist nur in den Fällen erforderlich, welche das Grundgesetz nennt. Sonst ist der BRat auf die Möglichkeit zum Einspruch beschränkt. **Zustimmungsbedürftig** sind vor allem Bundesgesetze, welche die *finanzielle Situation der Länder* betreffen, so bestimmte Steuergesetze (Art. 105 III GG) und bestimmte Gesetzes über das Tragen finanzieller Lasten durch die Länder (Art. 104a IV (*Ausgangsfall)*, Art. 104a V 2, Art. 104a VI 4, Art. 104b II 1 GG, auch Art. 91a II, Art. 74 II GG). Nur *punktuell* sind *weitere* Bundesgesetze zustimmungsbedürftig, so bestimmte Regelungen zur *verwaltungsmäßigen Ausführung von Bundesrecht* (Art. 73 II, Art. 84 I 6, Art. 84 V 1, Art. 85 I 1, Art. 87 III 2, Art. 87b II, Art. 87c, Art. 87d II, Art. 87e V, Art. 87f I GG).

Merke: Nach *BVerfGE* 37, 363 ist ein Änderungsgesetz nicht alleine deshalb zustimmungsbedürftig, weil das *ursprüngliche* Gesetz wie im *Ausgangsfall* mit Zustimmung

---

[16] Dagegen *BVerfGE* 37, 363 (396); s. a. § 30 GeschOBRat.

des Bundesrates ergangen ist.[17] Maßgebend ist, ob das Änderungsgesetz *selbst* von *seinem* Regelungsinhalt her der Zustimmung bedarf.

Im *Ausgangsfall* ist entscheidend, ob durch das Änderungsgesetz für die Länder „Ausgaben entstehen" (Art. 104a IV GG). Die zusätzlichen Gutachten belegen *jedenfalls*, daß die Länder insoweit mit einem *Risiko* belastet werden. Nach dem Sinn des Art. 104a IV GG dürfte bereits dieses Risiko ausreichen, um die Zustimmungsbedürftigkeit des Gesetzes zu begründen.

Prozessual kann einerseits der BRat beim BVerfG die „*Organklage*" nach Art. 93 I Nr. 1 GG gegen den Bundespräsidenten erheben (§§ 63ff. BVerfGG); ohne die Zustimmung des BRates darf der BPräs ein zustimmungsbedürftiges Gesetz nicht ausfertigen und verkünden (Art. 82 I 1 GG). Andererseits kann eine Landesregierung (nicht der BRat als solcher) beim BVerfG die „*abstrakte*" *Normenkontrolle* beantragen (Art. 93 I Nr. 2 GG, §§ 76ff. BVerfGG).

III. Die föderale Verteilung der Verwaltungskompetenzen

Ausgangsfall: Nach § 1 I, II VwVfG regelt das Verwaltungsverfahrensgesetz des Bundes die Verwaltungstätigkeit der Behörden des Bundes *und der Länder,* soweit die Länder Bundesrecht ausführen. Für die Verwaltungstätigkeit der Länder hat das VwVfG aber gleichwohl keine Relevanz. Denn gemäß § 1 III VwVfG wird das VwVfG insoweit durch die Verwaltungsverfahrensgesetze der Länder verdrängt. In den Kernbereichen stimmen die Landesgesetze wörtlich mit dem VwVfG überein (Rn. 30). In manchen Randbereichen driften die Landesgesetze aber auseinander. Könnte der Bundesgesetzgeber § 1 III VwVfG aufheben, damit für die Ausführung von Bundesgesetzen dann einheitlich das VwVfG gilt? **672**

Die föderale Verteilung der *Verwaltungs*kompetenzen beurteilt sich nach Art. 83ff. GG, nicht nach Art. 70ff. GG (häufiger Anfängerfehler). Zur Verwaltungstätigkeit gehört nicht nur das *Verwalten* als faktisches Geschehen, sondern auch der Erlaß verbindlicher Regelungen und Anordnungen für das Verwalten. Insoweit geht es um die *Einrichtung der Behörden,* um die Ausgestaltung des *Verwaltungsverfahrens* mit Außenwirkung für den Bürger (Ausgangsfall), um interne *allgemeine Verwaltungsvorschriften* zum Verwaltungsablauf im Detail, zur Gesetzesauslegung und zur Ermessensausübung (Rn. 645) sowie um *Einzelweisungen* in der Verwaltungshierarchie (Rn. 645).

(1) Zuständigkeitsregel zugunsten der Länder (Art. 30 GG). – Natürlich führen die Länder ihre *Landesgesetze* aus.[18] Die Länder führen aber auch die *Bundesgesetze* aus, soweit das Grundgesetz nichts anderes bestimmt oder zuläßt (Art. 83 GG). Demgemäß reicht die Verwaltungskompetenz des Bundes nicht so weit wie seine Gesetzgebungskompe-

---

[17] S. ferner *BVerfGE* 48, 127 (177).
[18] Bundesbehörden können kein Landesrecht anwenden (*BVerfGE* 21, 312 (325)), solange es nicht in einem Bundesgesetz in Bezug genommen ist (*BVerfGE* 47, 285 (311ff.); 48, 240 (244)).

tenz. Die Zuständigkeitsregel zugunsten der Länder gilt auch für die *gesetzesfreie* Verwaltung.[19]

673 **(2) Bundeseigene Verwaltung** (Art. 86 GG). – Die Gegenstände der bundeseigenen Verwaltung ergeben sich aus Art. 87 ff. GG (lesen).[20] Weil hier eigene Bundesbehörden tätig werden, stehen alle Verwaltungskompetenzen automatisch dem Bund zu.

674 **(3) Landesverwaltung im Auftrage des Bundes** (Art. 85 GG). – Gegenstände der Auftragsverwaltung sind z. B. die Bundesfernstraßen (Art. 90 II GG) oder kraft Entscheidung des dazu befugten Bundesgesetzgebers teilweise die Kernenergie (Art. 87 c GG, § 24 AtomG). Weil es sich bei der Auftragsverwaltung um Landesverwaltung handelt, liegen alle Verwaltungskompetenzen bei den Ländern, auch die Einrichtung der Behörden und die Ausgestaltung des Verwaltungsverfahrens (Art. 83, 85 I GG, Ausnahmen über nachfolgend (5)). Der Bund hat aber das Recht, das Handeln der Landesverwaltungen über allgemeine Verwaltungsvorschriften und über Einzelweisungen zu steuern (Art. 85 II 1, III GG).

(4) Landesverwaltung in der Gestalt „eigener Angelegenheiten" (Art. 84 GG). – Liegen (2) und (3) nicht vor, führen die Länder die Bundesgesetze als „eigene Angelegenheit" aus (Art. 83 I GG). Wie schon unter (3) liegen alle Verwaltungskompetenzen bei den Ländern (Art. 30, 84 I GG). Der Bund kann auch hier allgemeine Verwaltungsvorschriften erlassen (Art. 84 II GG). Nur Einzelweisungen stehen dem Bund nicht zu (Ausnahmen über nachfolgend (5)).

675 **(5) Überlagerungsmöglichkeiten durch Bundesgesetz.** – Im Rahmen von (3) und (4) hat der Bund*gesetzgeber* die Möglichkeit, in Abweichung vom Gesagten Landesbehörden einzurichten und das Verwaltungsverfahren der Länder zu regeln (Art. 84 I, 85 I GG) sowie im Rahmen von (4) dem Bund für besondere Fälle die Befugnis zu Einzelweisungen zu verleihen (Art. 84 V 1 GG).

Im *Ausgangsfall* könnte der Bundesgesetzgeber § 1 III VwVfG aufheben, so daß die Landesbehörden jetzt das VwVfG des Bundes anzuwenden hätten (§ 1 II VwVfG). Für den Bereich (4) ergibt sich die Möglichkeit zur Aufhebung aus Art. 84 I 2 GG. Aber gemäß Art. 84 I 2 GG wären die Länder in der Lage, ihre Verwaltungsverfahrensgesetze anschließend wieder in Kraft zu setzen. Zu erwarten wäre ein unsinniges Ping-Pong. Für den Bereich (3) (Auftragsverwaltung) fehlt in der Ermächtigung an den Bundesgesetzgeber (Art. 85 I GG) das Stichwort „Verwaltungsverfahren". Zwar ergänzt das BVerfG[21] den Verfassungswortlaut über einen einleuchtenden Erst-recht-Schluß, nach welchem die Regelungsbefugnis des Bundesgesetzgebers bei der dem Bund näherstehenden Auftragsverwaltung (3) nicht weniger weit gehen kann als bei der Ausführung von Bundesgesetzen als eigene Landesangelegenheit (4). Aber das würde auch bei (3) nur zu dem angedeuteten Ping-Pong führen. Die Voraussetzungen

---

[19] Klausur bei *Losch-Grühl*, JuS 1990, 307 (Vergabe von Fördermitteln durch den Bund).

[20] Klausurfälle bei *Rüfner/v. Unruh/Borchert*, Öffentliches Recht I, Fall Nr. 17; *Krebs*, JuS 1989, 745; *Losch/Grühl*, JuS 1990, 307.

[21] *BVerfGE* 26, 338 (385); str., s. *Maurer*, Staatsrecht I, § 18 Rn. 16.

für eine bundeseinheitliche Regelung ohne Abweichensmöglichkeit für die Länder (Art. 84 I 5 GG) liegen nicht vor. Damit ist die Gesetzesüberlegung im *Ausgangsfall* wenig sinnvoll.

Ohne wesentliche Relevanz für die studentische Fallbearbeitung sind die **676** **Gemeinschaftsaufgaben** nach Art. 91 a GG (Verbesserung der regionalen Wirtschaftsstruktur, der Agrarstruktur und des Küstenschutzes). Es handelt sich um Aufgaben der *Länder,* an deren Erfüllung der Bund verwaltungsmäßig und finanziell mitwirkt. Gemeinsame Planungsausschüsse verabschieden verbindliche Rahmenpläne, welche die Länder dann ausführen.[22] Das Zusammenwirken von Bund und Ländern bei den Gemeinschaftsaufgaben des Art. 91 a GG ist obligatorisch. Fakultativ können Bund und Länder über Art. 91 b GG zusätzlich ein Zusammenwirken bei der Forschungsförderung und im Pisa-Bereich vereinbaren.

IV. Bundesaufsicht bei der Ausführung von Bundesgesetzen

Ausgangsfall: Die Straßenbaubehörde des Landes X beabsichtigt, an einer Autobahn- **677** ausfahrt ab 1. Januar einen Wegweiser zu der ab 1. Juni in S stattfindenden Bundesgartenschau anzubringen. Das Bundesverkehrsministerium weist das Land X an, den Wegweiser erst ab 1. Juni aufzustellen, da dieser vorher irreführend und daher unzweckmäßig sei. Ist diese Weisung rechtmäßig?[23]

1. Rechtsaufsicht

Die Länder unterstehen der Rechtsaufsicht des Bundes (Art. 84 III 1, 85 **678** IV 1 GG) nur, soweit sie („als eigene Angelegenheit" oder „im Auftrage des Bundes") Bundesgesetze ausführen. Anders als das Land über die Kommunen[24] übt der Bund keine allgemeine Rechtmäßigkeitskontrolle über das Handeln der Länder aus.

2. Fachaufsicht mit Weisungsmöglichkeiten

Über die Rechtmäßigkeitskontrolle hinaus berechtigt die Fachaufsicht **679** den Bund zum Eingreifen aus *Zweckmäßigkeitserwägungen* (Art. 85 IV GG) mit der Möglichkeit zu fachlichen Weisungen (Art. 85 III GG).[25] Die Fachaufsicht ist typisches Merkmal der *Auftragsverwaltung:* Die Länder unterstehen der Fachaufsicht des Bundes, soweit sie Bundesgesetze im Auftrag des Bundes ausführen (Art. 85 GG).

---

[22] Zu Einzelheiten und zur Vertiefung s. etwa *Frowein* und *v. Münch,* VVDStRL 31, 13 ff.; *Püttner/Kretschmer,* Staatsorganisation, § 54.

[23] Weiterer Fall bei *Kisker,* JuS 1995, 717.

[24] S. Rn. 737, 766.

[25] Zu den Einzelanforderungen s. *BVerfGE* 81, 310 (330) = JuS 1991, 69 Nr. 1; 104, 249 (265 ff.) = JuS 2002, 1019 Nr. 3; *N. Janz,* Das Weisungsrecht nach Art. 85 III GG, 2003. *Klausuren* bei *Maierhöfer,* JuS 2004, 598; *Kahl/Brehme,* JuS 2005, 917.

Gemäß Art. 90 II GG verwalten die Länder die Bundesautobahnen im Auftrag des Bundes. Im *Ausgangsfall* ist die Weisung damit zulässig.

3. Aufsichtszuständigkeiten und Aufsichtsmittel

680 Mittel der **Rechtsaufsicht** sind die in Art. 84 III und Art. 85 IV GG genannten Informationsrechte sowie das Recht, bei Rechtsverletzungen Abhilfe zu verlangen. Die Rechtsaufsicht obliegt der *Bundesregierung* als Kollegialorgan[26] (Art. 84 III 1 GG), nicht dem für die Sache zuständigen Fachminister. Kommt das Land dem Verlangen nach Abhilfe nicht nach, so beschließt auf Antrag der Bundesregierung oder des Landes der Bundesrat, ob das Land das Recht verletzt hat *(Mängelrüge)*.[27] Gegen diesen Beschluß kann das Bundesverfassungsgericht angerufen werden (Art. 84 IV GG). Wenn sich die genannten Mittel als unzureichend erweisen, steht der Bundesregierung (mit Zustimmung des Bundesrates) als äußerstes Mittel der *Bundeszwang* (Art. 37 GG) zur Verfügung.

Im Rahmen der **Fachaufsicht** werden die fachlichen Weisungen von den zuständigen Ministern erteilt (Ressortprinzip). Kommt ein Land einer fachlichen Weisung nicht nach, liegt darin eine Rechtsverletzung (s. Art. 85 III 3 GG). Zur Durchsetzung der Weisung sind nunmehr die beschriebenen Mittel der *Rechtsaufsicht* gegeben.

V. Bundesfreundliches Verhalten im Gleichordnungsverhältnis

681 **Ausgangsfall:**[28] Die meisten Gemeinden eines Bundeslandes haben die Vorbereitungen für eine „Volksbefragung" abgeschlossen, in welcher alle wahlberechtigten Bürger mit „Ja" oder „Nein" zu einem wichtigen Gesetzgebungsvorhaben der Bundesregierung Stellung nehmen sollen. Die Bundesregierung verlangt vom Land, es solle gegen die Gemeinden einschreiten, damit die Willensbildung im Bundestag nicht präjudiziert werde. Wie ist dieses Verlangen rechtlich zu werten?

682 1. Die vorher behandelten Aufsichtsbefugnisse des Bundes, in deren Rahmen die Länder dem Bunde unterstehen („Über-Unterordnungsverhältnis"), sind auf die Ausführung von Bundesgesetzen beschränkt. Wie ausgeführt wurde, übt der Bund keine allgemeine Rechtmäßigkeitskontrolle über das Handeln der Länder aus. Die Länder sind vielmehr eigenständig, dem Bunde **gleichgeordnet.**

Im *Ausgangsfall* entspringt das Verlangen keiner Aufsichtsbefugnis, sondern Bund und Land stehen sich auf gleicher Ebene gegenüber.

683 2. Die Länder können im konkreten Einzelfall aber Pflichten gegenüber dem Bund haben. (Umgekehrt haben sie natürlich auch Rechte gegen

---

[26] S. Rn. 630 ff.

[27] Zu den viel weiter gehenden Möglichkeiten der *Kommunalaufsicht* s. Rn. 769.

[28] Gebildet in Anlehnung an *BVerfGE* 8, 122 (Volksbefragungen über die Atombewaffnung); weitere Klausur bei *Kisker/Höfling*, Staatsorganisationsrecht, Fall 15.

den Bund.) Fehlt es an einer ausdrücklichen Verfassungsvorschrift, ist an die ungeschriebene, aus dem Wesen des Bundesstaates entwickelte **Pflicht zu bundesfreundlichem Verhalten**[29] zu denken. In (bloß) akzessorischer Funktion moderiert, variiert oder ergänzt diese Pflicht anderweitig begründete Rechtsverhältnisse und Rechtspflichten.[30]

Das „Verlangen" der Bundesregierung ist im *Ausgangsfall* als Ermahnung zu bundes- **684** freundlichem Verhalten anzusehen; es geht um die Moderierung eines durch Art. 28 III GG begründeten Rechtsverhältnisses zwischen dem Bund und dem einschlägigen Land.[31] In Anlehnung an *BVerfGE* 8, 122 ff. hängt die materielle Rechtslage davon ab, (a) ob die Gemeinden entsprechend Art. 28 II 1 GG eine Kompetenz zu dieser Volksbefragung haben, (b) ob bei fehlender Kompetenz erhebliche Belange des Bundes verletzt werden und (c) ob sich daraus eine Pflicht des Landes gegenüber dem Bunde zum Einschreiten gegen die Gemeinden im Wege der Kommunalaufsicht ergibt.

VI. Prozessuales

Spezifische Klagemöglichkeiten vor dem BVerfG in Sonderkonstellatio- **685** nen sind vorstehend bereits mitbehandelt worden (Rn. 666, 671 a. E.). *Allgemein* gilt: Für Streitigkeiten zwischen Bund und Ländern in „materiellen *Verfassungsrechts*verhältnissen"[32] ist die **Bund-Länder-Klage** (Art. 93 I Nr. 3 GG, §§ 13 Nr. 7, 68 ff. BVerfGG; vgl. auch Art. 93 I Nr. 4 GG, §§ 13 Nr. 8, 71 ff. BVerfGG) gegeben.[33] Sie kann vom Bund *und* von einem Land erhoben werden. Geht es um die Gesetzgebungskompetenz, ist anstelle der Bund-Länder-Klage *auch*[34] ein Antrag auf **abstrakte Normenkontrolle** (Art. 93 I Nr. 2, Nr. 2 a GG; §§ 13 Nr. 6, 6 a, 76 BVerfGG) möglich.

VII. Föderale Finanzverfassung

Ausgangsfall: Ein Landesgesetz über Vergnügungssteuern gestattet den Gemeinden, **686** durch Satzung eine Spielautomatensteuer einzuführen. Ist dieses Gesetz gültig?[35] – Der Landesgesetzgeber kann den Gemeinden an sich Satzungsautonomie verleihen, ohne dabei den Bindungen aus Art. 80 GG unterworfen zu sein.[36] Hier ist der Fall unter finanzverfassungsrechtlichen Gesichtspunkten zu durchleuchten. Dabei können

---

[29] Seit *BVerfGE* 1, 117 (131) st. Rspr. des *BVerfG*; *BVerfGE* 81, 310 (337); 104, 249 (269) = JuS 2002, 1019 Nr. 3; *Bauer*, Die Bundestreue, 1992.

[30] Dazu *BVerfGE* 42, 103 (117); 95, 250 (266); 103, 81 (88) = JuS 2001, 812 Nr. 5; 104, 238 (247 f.) = JuS 2002, 806 Nr. 3.

[31] Weiterer Anwendungsfall der Bundestreue in Rn. 706.

[32] *BVerfGE* 95, 250 (262) = JuS 1998, 175 Nr. 4. Zur Länderklage vor dem *BVerwG* nach § 50 I Nr. 1 VwGO bei *nicht* verfassungsrechtlichen Streitigkeiten s. Rn. 708.

[33] Einzelheiten bei *Pestalozza*, Verfassungsprozeßrecht § 10; *Robbers*, JuS 1994, 670. Klausuren bei *Herdegen*, JuS 1992, 227; *Maierhöfer*, JuS 2004, 598.

[34] Zum Zusammenspiel beider Verfahrensarten s. *Krebs*, JuS 1989, 745 (750); *Seitz*, JuS 2001, L 76 (78); *Fischer*, JuS 2003, 137 (138, 140).

[35] S. auch *BVerfG (Kammer)*, NVwZ 1997, 573.

[36] S. Rn. 428 ff.

lediglich einige *Grundstrukturen* der Finanzverfassung skizziert werden,[37] welche *jedem* Examenskandidaten geläufig sein müssen, nicht nur den Kandidaten eines einschlägigen Schwerpunktbereichs.

1. Verteilung des Steueraufkommens

687 Neben der föderalen Gesetzgebungskompetenz (nachfolgend Rn. 689) und der föderalen Verwaltungskompetenz (nachfolgend Rn. 690) ist für die Abgabenerhebung drittens erheblich, wer die Abgaben im Verhältnis von Bund, Ländern und Gemeinden *erhält*. Nach Maßgabe von Art. 104a GG tragen der Bund und die Länder sowie die Gemeinden (Art. 28 II GG) gesondert die Ausgaben, die sich aus der Wahrnehmung ihrer Aufgaben ergeben. Daher mußte das Grundgesetz sie alle mit eigenen Finanzerträgen ausstatten.

688 Art. 106 GG verteilt *bestimmte* Steuern **nach der Steuerart** auf **Bund** (Art. 106 I GG), **Länder** (Art. 106 II GG) und **Gemeinden** (Art. 106 VI GG). Das Aufkommen der Einkommensteuer, der Körperschaftsteuer und der Umsatzsteuer, also der *wichtigsten Steuern*, steht dem Bund und den Ländern nach Maßgabe von Art. 106 III GG *gemeinsam* zu. Diese „**Gemeinschaftssteuern**" werden nach festen, teils in der Verfassung, teils im Gesetz geregelten Schlüsseln (Art. 106 III, V, Va GG) auf Bund und Länder sowie eingeschränkt[38] auf die Gemeinden[39] *aufgeteilt.* (Im horizontalen Verhältnis der Länder zueinander erhält jedes Land mit gewissen Modifikationen das von den Finanzbehörden auf seinem Gebiet vereinnahmte *örtliche Aufkommen* [Art. 107 I GG]. Das so entstehende Gefälle zwischen finanzstarken und finanzschwachen Ländern wird über einen horizontalen Finanzausgleich ausgeglichen [Art. 107 II GG][40]).

Für den *Ausgangsfall* weist Art. 106 VI GG das Aufkommen der örtlichen Verbrauch- und Aufwandsteuern und damit[41] der Vergnügungssteuer für Spielautomaten den *Gemeinden* zu. Von der Steuerertragshoheit her bestehen gegen das Landesgesetz also keine Bedenken, wenn es die Spielautomatensteuer in die Kassen der Gemeinden fließen läßt.

2. Gesetzgebungskompetenz für Steuern

689 Weil in Rechte des Bürgers eingegriffen wird, muß die Steuererhebung (parlaments-)gesetzlich geregelt sein.[42] Für die föderale Verteilung der

---

[37] S. zu ihnen auch etwa *Püttner/Kretschmer*, § 53; *Schwarz/Reimer*, JuS 2007, 119. – Einstieg in das Sonderproblem der „**Lenkungssteuern**", welche mit der Sachkompetenz anderer Kompetenzträger für den gelenkten Sachbereich in Konflikt geraten können, über *BVerfGE* 98, 106 (118ff. – rechtsstaatliche *Widerspruchsfreiheit der Rechtsordnung*) = JuS 1998, 1054 Nr. 3; *Fischer*, JuS 1998, 1096. – Zu den eingeschränkten Voraussetzungen für „**nicht-steuerliche Abgaben**", u.a. *Sonderabgaben,* zusammenfassend *BVerfGE* 113, 128 (146f.) = JuS 2005, 1136 Nr. 10 *(Selmer).*
[38] Die Gemeinden erhalten insoweit nur einen Anteil an der Einkommensteuer und an der Umsatzsteuer; GemeindefinanzreformG (BGBl. 2001 I 483; 2003 I 862).
[39] Zu den **Finanzquellen der Kirchen** s. *Isensee*, JuS 1980, 94.
[40] Zu Einzelfragen s. *BVerfGE* 72, 330 i.V. mit *Mußgnug*, JuS 1986, 872; *BVerfGE* 86, 148 i.V. mit *Selmer*, JuS 1995, 978; 101, 158 = JuS 2000, 914 Nr. 5.
[41] S. etwa *BVerfGE* 31, 119 (127f.); *BVerwG*, NVwZ 1994, 902; *BVerfG (Kammer)*, NVwZ 1997, 573.
[42] Rn. 59, 449ff.

Gesetzgebungskompetenz enthält Art. 105 GG Spezialregelungen, welche Art. 73 ff. GG vorgehen. Ein Vergleich zwischen Art. 105 GG und Art. 106 GG zeigt dabei, daß die Gesetzgebungskompetenz nicht mit der Steuerertragshoheit korrespondiert, Bund und Länder also nicht je für sich die Steuergesetze über „ihre" Steuern machen. Um unter anderem der Steuergerechtigkeit willen, etwa um „Steueroasen" zu vermeiden, schafft Art. 105 I, II GG einen Überhang in der Gesetzgebungskompetenz des Bundes.

Für die örtlichen Verbrauch- und Aufwandsteuern und damit im *Ausgangsfall* haben die Länder eine *ausschließliche* Gesetzgebungskompetenz in ihrem Verhältnis zum Bund (Art. 105 II a GG).[43] Im *Ausgangsfall* hat das Land diese Kompetenz nicht abschließend selbst wahrgenommen, sondern der „Legislative" der *Gemeinde* übertragen. Wegen Art. 28 II GG ist das nicht zu beanstanden.[44]

3. Steuerverwaltung

Anders als die Steuergesetzgebung deckt sich die Verwaltung der Steuern (Beispiel: Steuereinziehung durch Steuerbescheide = Verwaltungsakte) im Prinzip mit der Verteilung des Steueraufkommens: Die gem. Art. 106 II GG ganz den *Ländern* zufließenden Steuern werden von den Ländern als eigene Angelegenheiten[45] verwaltet (Art. 108 II GG). Die dem *Bund* ganz (Art. 106 I GG) oder teilweise (Art. 106 III GG) zufließenden Steuern werden teils vom *Bund*[46] (Art. 108 I GG), teils von den Ländern *im Auftrage des Bundes*[47] (Art. 108 III GG) verwaltet. Das alles geschieht nach dem *Gesetz über die Finanzverwaltung* organisatorisch in einer **Mischverwaltung von Bundes- und Länderbehörden,** welche in Einzelheiten aber nur dem Schwerpunktbereichskandidaten geläufig zu sein braucht.   690

Art. 108 IV 2 GG gestattet es den Ländern, außerhalb dieses Systems den **Gemeinden** die Verwaltung der ihnen allein zufließenden Steuern zu überlassen. Damit ist das Landesgesetz im *Ausgangsfall* auch nicht zu beanstanden, soweit es den Gemeinden das Recht zusteht, die nach ihrer Steuersatzung zu erhebende Steuer durch Steuerbescheide selbst einzuziehen.   691

---

[43] *BVerfGE* 40, 56; *BFH,* NVwZ 1990, 903.
[44] *BVerwGE* 6, 247 ff.; *BVerfG (Kammer),* NVwZ 1997, 573 (574).
[45] Dazu Rn. 674.
[46] Rn. 673.
[47] Rn. 674.

10. Teil. Vertragliche Außenbeziehungen von Bund und Ländern

§ 47. Staatsrechtliche Voraussetzungen völkerrechtlicher Verträge

692 Ein völkerrechtlicher Vertrag bindet nur die beteiligten *Staaten,* schafft aber keine Rechte und Pflichten für die einzelnen Bürger. Hierfür bedarf es der **Transformation** des Vertrages **in innerstaatliches Recht** durch die zuständigen staatlichen Organe, zumeist durch den Gesetzgeber. Ob ein völkerrechtlicher Vertrag *gültig* ist, beurteilt sich ausschließlich nach *Völkerrecht.* Auf einem anderen Blatt steht, ob das Staatsorgan, welches den Vertrag *mit (externer) Vertretungsmacht* abgeschlossen hat, nach dem einschlägigen *Staatsrecht intern* zum Abschluß des Vertrages *berechtigt* war. Fehler aus diesem Bereich haben auf die Gültigkeit des Vertrages keinen Einfluß.[1] Die staatsrechtlichen Voraussetzungen völkerrechtlicher Verträge gehören zur Pflichtfachmaterie „Staatsrecht".[2]

693 **Ausgangsfall:**[3] Der Bundeskanzler bittet den Bundespräsidenten, gemäß Art. 59 I GG ein mit der Regierung des Nachbarstaates N ausgehandeltes Kulturabkommen[4] abzuschließen (= zu ratifizieren[5]), nach welchem (1) die Bundesrepublik in der Hauptstadt des Nachbarstaates ein „Deutsches Kulturinstitut" einrichten darf und (2) die Sprache des Nachbarstaates Pflichtfach in jeder höheren Schule der Bundesrepublik werden soll. Der Bundespräsident verweigert die Ratifikation, weil die Kulturhoheit bei den Ländern liege und der Bundestag nicht zugestimmt habe. – Einkleidung für die Lösung ist das rechtliche Prüfungsrecht des Bundespräsidenten.

I. Grundsätzliches

694 Art. 59 I GG betrifft die völkerrechtliche Vertretungsmacht im *Außenverhältnis* zu den anderen Völkerrechtssubjekten, sagt aber nichts zur Frage, wer *innerstaatlich* über den Abschluß des Vertrags zu *entscheiden* hat. Soweit der Bund zuständig ist (Art. 32 GG), liegt die *interne politi-*

---

[1] Vgl. *BVerwGE* 50, 137 (142 f.).

[2] Informative Gesamtdarstellung bei *Schweitzer,* Staatsrecht III (Staatsrecht, Völkerrecht, Europarecht), 6. Aufl. 1997.

[3] Weiterer Fall bei *Groh/Baufeld,* JuS 2003, 782.

[4] Problemkompendium zum Thema „Kulturabkommen" des Bundes bei *Friehe,* JA 1983, 117.

[5] Zum Begriff vgl. etwa *Schweitzer,* aaO, Rn. 100, 107 f.

sche Entscheidung im Bereich der Regierung[6] (im GG nicht ausdrücklich geregelt); gemäß Art. 59 II GG müssen aber eventuell andere Bundesorgane (ebenfalls intern) zustimmen (oft *auch* Ratifikation genannt!).

Die Zuständigkeit des Bundes ist *Voraussetzung* für das Außenhandeln des Bundespräsidenten, die Zustimmung des Bundestages auch, falls sie erforderlich ist. Beides darf, besser: *muß* der Bundespräsident also prüfen.[7]

II. Zuständigkeit des Bundes (Art. 32 GG)

Für das *Deutsche* (nicht Bayerische, Niedersächsische) *Kulturinstitut* ist der Bund im **695** *Ausgangsfall* „aus der Natur der Sache" zuständig. Ob die *Fremdsprachenregelung* in die Zuständigkeit des Bundes fällt, hängt von der Auslegung des Art. 32 III GG ab: Nach einer Ansicht eröffnet Art. 32 I GG (in Umkehrung des Art. 30 GG) eine grundsätzliche Zuständigkeit des Bundes. Dann haben die Länder gemäß Art. 32 III GG nur eine konkurrierende Kompetenz *neben* der des Bundes. Eine andere Ansicht nimmt eine *ausschließliche* Zuständigkeit der Länder an, weil der Bund keine Möglichkeit habe,[8] die innerstaatliche Durchführung der Verträge (bei Art. 32 III GG unbestritten Ländersache) sicherzustellen.[9] In einer *Hausarbeit* müßte das „Lindauer Abkommen" entdeckt[10] und in seiner Bedeutung erfaßt werden, eine Art „Vergleich" zwischen Bund und Ländern in der Streitfrage. Im Lindauer Abkommen haben die Länder dem Bund die Abschlußkompetenz zugestanden.[11] Der Bund hat sich aber verpflichtet, die Zustimmung der Länder einzuholen. Solange im *Ausgangsfall* nicht nach dem Lindauer Abkommen verfahren worden ist, darf der Bundespräsident jedenfalls die Fremdsprachenregelung nicht ratifizieren.

III. Mitwirkung anderer Bundesorgane (Art. 59 II GG)

An Art. 59 II GG[12] zeigt sich, ob der Klausurbearbeiter auch eine ihm **696** unbekannte Vorschrift sinnvoll anwenden kann, wenn er gewisse Grundkenntnisse hat.

Im *Ausgangsfall* nahmen viele Bearbeiter an, es würden „die politischen Beziehungen des Bundes" geregelt, weil „Außenpolitik" gemacht werde. Diese Begründung *kann nicht* richtig sein. Andernfalls wäre für *jeden* völkerrechtlichen Vertrag die Zustimmung des Bundestags erforderlich; die Kasuistik in Art. 59 II GG wäre sinnlos. Nur gewisse Grundentscheidungen, durch die die „Existenz des Staates, seine territoriale

---

[6] BVerwGE 60, 162 (176 f.); 68, 1 (109) (Raketenstationierung); 90, 286 (358) = JuS 1995, 163 Nr. 4 (friedenssichernde Bundeswehreinsätze); *Rauschning*, JuS 1985, 863.

[7] S. insoweit schon Rn. 659 ff.

[8] S. *BVerfGE* 6, 309 (Konkordatsurteil).

[9] Überblick über die Streitfrage bei *Maunz*, in: Maunz/Dürig, GG, Art. 32 Rn. 29 ff.

[10] Abgedr. bei *Maunz*, in: Maunz/Dürig, GG, Art. 32 Rn. 45.

[11] Zu Einzelfragen der rechtlichen Konstruktion s. *Maunz*, in: Maunz/Dürig, GG, Art. 32 Rn. 42 ff.; *Bücker/Köster*, JuS 2005, 976 (mit Einbeziehung der „Ständigen Vertragskommission der Länder").

[12] Grdl. für die Exegese: *BVerfGE* 1, 351 ff.; 90, 286 (358) = JuS 1995, 163 Nr. 4; *BVerfG*, NJW 2002, 1559 = JuS 2002, 807 Nr. 4; s. ferner etwa *Trüe*, JuS 1997, 1092. Zur Beteiligung des Bundes*rats* (Ostverträge) Näheres bei *Frowein*, JuS 1972, 241.

Integrität, seine Unabhängigkeit, seine Stellung und sein maßgebliches Gewicht in der Staatengemeinschaft berührt werden",[13] betreffen „die politischen Beziehungen des Bundes". Ferner waren manche Bearbeiter des *Ausgangsfalls* der Ansicht, der Vertrag beziehe sich „auf Gegenstände der Bundesgesetzgebung", weil die auswärtigen Angelegenheiten gem. Art. 73 I Nr. 1 GG der ausschließlichen Gesetzgebung des Bundes unterlägen. Sie übersahen: Art. 73 GG betrifft das Bund-Länder-Verhältnis, welches für den *Ausgangsfall* speziell durch Art. 32 GG (soeben Rn. 695) geregelt ist. Bei Art. 59 II GG geht es hingegen um das Verhältnis zwischen (Bundes-)*Exekutive* und (Bundes-)*Legislative*. Mit der (rechtzeitigen) Zustimmung der Legislative zum Vertragsschluß über Gegenstände der (Bundes-)*Gesetzgebung* soll vermieden werden, daß der Bund völkerrechtliche Verpflichtungen eingeht, welche er nicht erfüllen kann. Dieser Fall würde eintreten, wenn für den innerstaatlichen Vollzug im Einzelfall eine *Transformation*[14] des Völkerrechts in innerstaatliches Recht erforderlich ist, die hierfür zuständigen Gesetzgebungsorgane sich aber später sperren. Also sind „Gegenstände der Bundesgesetzgebung" i.S. des Art. 59 II GG nur betroffen, wenn die völkerrechtliche Verpflichtung erst über eine Transformation in innerstaatliches Recht durch den Gesetzgeber erfüllt werden kann.[15] Im *Ausgangsfall* ist es der Exekutive ohne Mitwirkung des Gesetzgebers möglich, das Kulturinstitut zu errichten, solange ausreichende Mittel im Haushaltsplan vorhanden sind. Die Fremdsprachenregelung wird durch die *Länder* transformiert (s. soeben). Auch insoweit ist daher nicht noch die Zustimmung eines weiteren *Bundes*organs erforderlich.

§ 48. Staatsverträge und Verwaltungsabkommen im Bundesstaat, gemeinsame Ländereinrichtungen

697 **Ausgangsfälle: (1)** In der ständigen Konferenz der Kultusminister haben die Kultusminister der Länder vereinbart, die Gesamtschulen in das überkommene dreigliedrige Schulsystem mit getrennten Schultypen (zurück)zuüberführen. Im Lande *X* ist die Gesamtschule im Schulgesetz gesetzlich festgeschrieben. Ein Gesetzentwurf der Landesregierung zur Änderung des Schulgesetzes findet im Landtag keine Mehrheit. Kann Schüler *S*, dessen sehnlichster Wunsch es nach den Vorstellungen seiner Eltern ist, ein „herkömmliches" Gymnasium besuchen zu können, die Gesetzesänderung erzwingen? Haben die anderen Bundesländer diese Möglichkeit?[1]

(2) Referendar *R* aus Schleswig-Holstein hat sich vor dem „Gemeinsamen Prüfungsamt" der Länder Bremen, Hamburg und Schleswig-Holstein mit Sitz in Hamburg der Großen Juristischen Staatsprüfung unterzogen und ist durchgefallen. Vor welchem *VG* (Schleswig oder Hamburg) kann er Anfechtungsklage erheben? Findet er mit dem

---

[13] *BVerfGE* 90, 286 (359).

[14] Begrifflich sind Zustimmung und Transformation zu trennen, obgleich sie regelmäßig in *einem* Gesetz erfolgen, vgl. zu allem *Maunz*, in: Maunz/Dürig, GG, Art. 59 Rn. 13 ff.

[15] Art. 59 II *Satz* 2 GG betrifft völkerrechtliche Verträge, welche ohne Mitwirkung der (Bundes-)*Legislative* schon von der (Bundes-)*Exekutive selbst* in innerstaatliches Recht transformiert werden können, etwa über den Erlaß interner Verwaltungsvorschriften für die unteren Behörden. Wie z.B. Art. 84 II, 85 II GG zeigen, gibt es Fälle, in denen hieran noch andere Organe (Bundesrat) beteiligt sind. Auch diese Organe müssen *vor* der Ratifizierung zustimmen.

[1] Fallanlehnung an *BVerfGE* 45, 400 (421); andere Klausur bei *Kisker/Höfling*, Staatsorganisationsrecht, Fall 18.

Vorbringen Gehör, er sei von einer falschen Prüfungskommission geprüft worden, weil der Kommission nur *ein* Prüfer aus Schleswig-Holstein angehört habe?[2]

I. Beteiligte

1. Hier geht es um Verträge *innerhalb* des Bundesstaates. Sie gehören *voll* **698** zur Pflichtfachmaterie „Staatsrecht". Die nachfolgenden Ausführungen konzentrieren sich auf Vereinbarungen, welche – wie in den Ausgangsfällen – zwischen den Ländern als Gliedstaaten des Bundes und damit **horizontal** abgeschlossen werden. Die Darstellungen sind aber weitgehend[3] auch auf Verträge übertragbar, welche – **vertikal** – zwischen dem Bund und einem oder mehreren Ländern zustande kommen.[4]

2. **Vertragspartei** sind stets das Land oder der Bund als Körperschaften **699** des öffentlichen Rechts (= juristische Personen), *nicht* das Organ (Kultusminister im Ausgangsfall 1), durch welches die öffentlichrechtliche Körperschaft im Außenverhältnis gehandelt hat (Fehlerquelle). Denn das Organ kann im *Außenverhältnis* nicht Träger eigener Rechte und Pflichten sein.[5] Allerdings ist denkbar, daß sich die öffentlichrechtliche Körperschaft nur *eingeschränkt* für den Kompetenzbereich des handelnden Organs und nicht *absolut* für den Kompetenzbereich aller Organe gebunden hat.

Demgemäß könnten sich die Länder im *Ausgangsfall 1* eingeschränkt dahingehend **700** gebunden haben, daß die *Kultusminister* das in *ihrer* Macht Stehende zu tun haben, um die Gesamtschulen zu beseitigen (= Initiative für den Gesetzentwurf an das Parlament); das Handeln des Parlaments als *anderem* Landesorgan ist von der Vereinbarung dann nicht erfaßt.

3. Wie völkerrechtliche Verträge schaffen auch Staatsverträge und Ver- **701** waltungsabkommen zwischen den *Ländern* keine unmittelbaren Rechte und Pflichten für die *Bürger* der Länder. Insofern bedarf es auch hier der **Transformation in „Binnenrecht"** durch das innerstaatlich zuständige Organ, zumeist durch den Gesetzgeber.

Vor diesem Hintergrund kann die Vereinbarung der Kultusminister dem *S* im *Ausgangsfall 1* keinen (einklagbaren) Anspruch gegen das Land X vermitteln. Im *Ausgangsfall 2* ist Rechtsgrundlage für den Verwaltungsakt (Nichtbestehen der Prüfung) nicht die (bis in alle Einzelheiten gehende) „Übereinkunft" zwischen den genannten Ländern „über ein gemeinsames Prüfungsamt und die Prüfungsordnung", sondern das *Gesetz des Landes Schleswig-Holstein,* welches den Inhalt der Übereinkunft als schleswig-holsteinisches Prüfungsrecht in innerstaatliches Recht transformiert hat.

---

[2] Verwandter Fall bei *Rüfner/v. Unruh/Borchert,* Öffentliches Recht I, Fall 35; s. ferner *BVerwGE* 22, 299 (ZDF); 23, 194 (Filmbewertungsstelle); 50, 137 (Staatsvertrag über die Vergabe von Studienplätzen); 54, 29 (NDR); 60, 162 (Kündigung NDR).

[3] Zu Sonderproblemen umfassend *Grawert,* Verwaltungsabkommen zwischen Bund und Ländern, 1967.

[4] Zusammenstellung entsprechender Verwaltungsabkommen bei *Grawert,* aaO, S. 299 ff.

[5] Vgl. dazu schon Rn. 637, 640.

II. Staatsverträge und Verwaltungsabkommen

702 Die Vereinbarungen zwischen Gliedstaaten des Bundes sind entweder „Staatsverträge" oder „Verwaltungsabkommen". Über die **Begriffsabgrenzung** besteht in Literatur und Rechtsprechung kein abschließendes Einverständnis.[6] Solange das Wort „Staatsvertrag" nicht als *Rechtsbegriff* in entscheidungserheblicher Weise im *geschriebenen* Verfassungsrecht auftaucht,[7] braucht die Einordnung des konkreten Vertrages in der Fallbearbeitung nicht vertieft zu werden. Die Lehre knüpft verbreitet an die in Rn. 699 angedeutete Unterscheidung zwischen *absoluter* Bindung des Landes mit *allen* seinen Organen einschließlich des Gesetzgebers (= Staatsvertrag) und *relativen* Bindungen nur für den Kompetenzbereich der Exekutive (= Verwaltungsabkommen) an.[8]

III. Staatsinterne Abschlußvoraussetzungen

703 Wie beim völkerrechtlichen Vertrag[9] darf das nach der Landesverfassung im *Außenverhältnis* zum Vertragspartner vertretungsberechtigte Organ (= Parallele zu Art. 59 I GG) den Vertrag nur abschließen, wenn *innerstaatlich* dafür die Voraussetzungen vorliegen. Die politische Entscheidung über den Vertragsabschluß obliegt nach dem Staatsrecht aller Länder der Regierung[10] oder – im Rahmen seiner Ressortzuständigkeit – einem Regierungsmitglied (Kultusminister). Ob innerstaatlich *außerdem* ein anderes Landesorgan, vor allem das Landesparlament, zustimmen muß, beurteilt sich nach Vorschriften der Landesverfassung, welche in Parallele zu Art. 59 II GG stehen. Der Gesetzgeber muß *stets* zustimmen, *wenn* eine Transformation in innerstaatliches Recht erforderlich ist, um den Vertrag erfüllen zu können, und diese Transformation insbesondere wegen des Gesetzesvorbehalts[11] dem Gesetzgeber obliegt.

Weil im *Ausgangsfall 2* (Rn. 697) das Prüfungswesen *gesetzlich* geregelt werden muß, durften die im Außenverhältnis Abschlußberechtigten den Vertrag über das gemeinsame Prüfungsamt und die Prüfungsordnung *innerstaatlich* gesehen nicht abschließen, bevor „ihr" Landesparlament (wie geschehen) zugestimmt hatte. Im *Ausgangsfall 1* wäre zum Vollzug des Vertrages unabhängig vom Gesetzesvorbehalt allein schon deshalb ein Parlamentsgesetz (Änderungsgesetz zum Schulgesetz) erforderlich, weil die Gesamtschule bisher *gesetzlich* vorgeschrieben ist. Also durfte (und wollte) der Kultusminister das Land *innerstaatlich* gesehen nicht *absolut*, sondern nur nach Maßgabe des in Rn. 699 Gesagten zur Abschaffung der Gesamtschule verpflichten, solange das Parlament nicht zugestimmt hatte.

---

[6] Zusammenfassender Überblick bei *Grawert*, aaO, S. 31 ff.
[7] Überblick über die Landesverfassungen insoweit bei *Grawert*, aaO, S. 32 ff.
[8] So grundlegend *H. Schneider*, VVDStRL 19, 8 ff.
[9] S. insoweit schon Rn. 694, 696.
[10] *BVerwGE* 60, 162 (176 f.).
[11] Zu ihm Rn. 59.

IV. Zulässigkeit = Gültigkeit einer Vereinbarung

1. Die Länder können untereinander Verträge nur schließen, soweit sie 704
im Verhältnis zum Bund über die **Kompetenz für die zu regelnde Materie** verfügen.

Im *Ausgangsfall 2* (Rn. 697) ist gemäß § 52 Nr. 3 S. 2 VwGO das *VG Schleswig* örtlich 705
zuständig.[12] Eine Vereinbarung zwischen den genannten Ländern, wonach in Anknüpfung an den Sitz des Gemeinsamen Prüfungsamtes das *VG Hamburg* als zuständiges Gericht bestimmt würde, wäre nichtig. Weil der Bund die örtliche Zuständigkeit der Verwaltungsgerichte im Rahmen von Art. 74 I Nr. 1 GG selbst abschließend geregelt hat, ist die konkurrierende Kompetenz der Länder gem. Art. 72 I GG gesperrt.[13]

2. Auch alle **weiteren Gültigkeitsvoraussetzungen** bemessen sich mit 706
staatsrechtlichem Ansatz *ausschließlich* nach dem *Grundgesetz;* für die
Anwendung von Völkerrecht bleibt kein Raum.[14] Anders als völkerrechtliche Verträge[15] sind Staatsverträge und Verwaltungsabkommen
insbesondere auch dann *ungültig*, wenn sie abgeschlossen worden sind,
obgleich nach *internem* Landesverfassungsrecht die Zustimmung des
Landesparlaments erforderlich gewesen wäre.[16] Das folgt aus dem *engen*
Zusammenschluß der Gliedstaaten im Bundesstaat in Verbindung mit
dem ungeschriebenen[17] bundesstaatlichen Verfassungsgrundsatz der gegenseitigen Rücksichtnahme („Bundestreue").[18]

Im *Ausgangsfall 2* würde die Vereinbarung über das Gemeinsame Prüfungsamt also 707
ohne die (erfolgte) Zustimmung der Landesparlamente auch im *Außenverhältnis* der
beteiligten Länder keine Verpflichtungen herbeigeführt haben können. Weil die Vereinbarung der Kultusminister im *Ausgangsfall 1* ohne Zustimmung des Landtages das
Land X nicht absolut verpflichten könnte, gebietet auch eine *gültigkeitskonforme*
Vertragsauslegung, daß nur das Handeln des Kultusministers in der angedeuteten
Weise gebunden werden sollte.

V. Prozessuales

Entsteht Streit über vertragliche Pflichten aus einem Staatsvertrag oder 708
Verwaltungsabkommen, steht den Vertragspartnern entweder die Länderklage nach § 50 I Nr. 1 VwGO vor dem *BVerwG*[19] oder die Länderklage nach Art. 93 I Nr. 4 GG i.V.m. §§ 13 Nr. 8, 71f. BVerfGG vor
dem *BVerfG* zur Verfügung. Entscheidend ist, ob es sich im Einzelfall
nach dem *Gegenstand* der vertraglichen Regelung[20] um eine „verfas-

---

[12] *BVerwGE* 40, 205.
[13] *BVerfGE* 37, 191 (198f.).
[14] *BVerfGE* 34, 216 (231); *BVerwGE* 50, 137 (151).
[15] S. insoweit Rn. 692.
[16] *BVerwGE* 50, 137 (143) m.w. Nachw.; wenn die Zustimmung später wegfällt, bleibt
der Vertrag allerdings gültig (*BVerwG*, aaO; s. ferner *BVerwGE* 60, 162).
[17] Dazu schon Rn. 683.
[18] *BVerwGE* 50, 143 (152).
[19] Klausur bei *Kisker/Höfling,* Staatsorganisationsrecht, Fall 18.
[20] *BVerfGE* 42, 103 (112, 114); *BVerwGE* 50, 124 (129); 60, 162 (172f.).

sungsrechtliche" (Art. 93 I Nr. 4 GG) oder um eine „nichtverfassungs-
rechtliche" (§ 50 I Nr. 1 VwGO) Streitigkeit handelt. Ein verfassungsrechtlicher Vertrag liegt nur vor, wenn er „das Verhältnis der Länder im
verfassungsrechtlichen Gefüge regelt".[21]

Gegenstand der *Ausgangsfälle* (Rn. 697) sind *Verwaltungsaufgaben*, die *Organisation*
von Schule und Prüfung. Daß der Kultusminister im *Ausgangsfall 1* auch als Mitglied der
Regierung und damit als Verfassungsorgan angesprochen ist (Verpflichtung, im Parlament einen Gesetzesvorschlag einzubringen), ist nur Mittel, um das verwaltungsrechtliche Grundanliegen des Vertrages zu fördern. Auch daß im *Ausgangsfall 2* ein gemeinsames Prüfungsamt mehrerer Länder geschaffen wird, verleiht der Vereinbarung keinen
verfassungsrechtlichen Charakter.[22] Verfassungsrechtliche Vereinbarungen sind beispielsweise das „Lindauer Abkommen" (soeben Rn. 695)[23] und Staatsverträge über Ge-
bietsänderungen.[24]

VI. Gemeinsame Ländereinrichtungen

709   Im *Ausgangsfall 2* (Rn. 697) ist durch Vereinbarung der beteiligten Länder eine ge-
meinsame Einrichtung mit eigenen Verwaltungskompetenzen geschaffen worden.
Vergleichbare gemeinsame Ländereinrichtungen sind das ZDF,[25] der Norddeutsche
Rundfunk[26] oder die Zentralstelle für die Vergabe von Studienplätzen in Dortmund.[27]

Gemeinsame Ländereinrichtungen sind im Prinzip zulässig, soweit „die
im Grundgesetz verankerten Grundlagen der bundesstaatlichen Ordnung nicht beeinträchtigt werden".[28] Sie sind *keine* „dritte Ebene" zwischen dem Bund und den Ländern, sondern üben die hoheitlichen Befugnisse der beteiligten Länder aus.[29]

Demgemäß ist der Bescheid des Gemeinsamen Prüfungsamtes über das Nichtbestehen
der Prüfung im *Ausgangsfall 2* ein Verwaltungsakt *schleswig-holsteinischen* Rechts
nach der schleswig-holsteinischen Prüfungsordnung (= Transformationsgesetz). Daß
das Gemeinsame Prüfungsamt gleichzeitig auch Organ der *anderen* beteiligten Länder
ist, steht dem nicht entgegen. Indem das Prüfungsamt als Organ der *anderen* Länder
schleswig-holsteinisches Recht anwendet, handelt es sich um einen Fall der „*Organleihe*"[30] zugunsten von Schleswig-Holstein. Also ist R im *Ausgangsfall 2* nicht von
einer falschen Prüfungskommission geprüft worden. R hatte auch keinen Anspruch
darauf, daß die Kommission *personell* mit Prüfern aus Schleswig-Holstein besetzt war.

---

[21] *BVerwGE* 60, 162 (173); *BVerfGE* 62, 295 (auch für die Abgrenzung zum zivilrechtlichen Vertrag).

[22] Ebenso für die Zentralstelle für die Vergabe von Studienplätzen in Dortmund
BVerfG und *BVerwG*, aaO.

[23] *BVerfGE* 42, 103 (113).

[24] S. *BVerfGE* 22, 221 u. 34, 216 (Staatsvertrag über die Vereinigung Coburgs mit
Bayern).

[25] Insoweit grundlegend *BVerwGE* 22, 299 i. V. m. *Kisker,* JuS 1969, 466.

[26] S. *BVerwGE* 54, 29; 60, 162.

[27] *BVerwGE* 50, 137.

[28] *BVerwG*, aaO; *BVerwGE* 23, 194 (197).

[29] *BVerwG*, aaO.

[30] Näheres zu ihr in *BVerfGE* 63, 1 (31); *BVerwG*, DÖV 1976, 319; s. auch noch
Rn. 738 f. Weiterer Fall bei *v. Münch,* Staatsrecht I, S. 383.

11. Teil. Europäisches Gemeinschaftsrecht im Pflichtfachbereich

Mittlerweile haben fast alle Gebiete des deutschen Rechts Berührungen 710 mit dem Europäischen Gemeinschaftsrecht. Manche Rechtsgebiete werden durch das Gemeinschaftsrecht entscheidend geprägt. Vor diesem Hintergrund gehört einerseits das *Europarecht als solches* zum (öffentlichrechtlichen) Pflichtfachbereich, insoweit allerdings nur *„im Überblick"* oder *„in den Grundzügen"*.[1] Andererseits sind die *fachspezifischen* Überlagerungen des deutschen Rechts durch ihre *„europarechtlichen Bezüge"* Bestandteil der Pflichtfächer des *deutschen* Bürgerlichen Rechts, Strafrechts, Öffentlichen Rechts und Verfahrensrechts (§ 5a II 3 DRiG), und *das* nicht nur „im Überblick" oder „in den Grundzügen", sondern vollwertig. *Klausurrelevant* sind für Pflichtfachkandidaten nur die fachspezifischen Bezüge der *deutschen* Pflichtfächer zum Europarecht, mit Fällen, die ihre Anknüpfung im *deutschen* Recht haben. Fallbearbeitungen zum Europarecht als solchem können im Grundsatz nur Gegenstand des (zumeist so benannten) Schwerpunktbereichs „Völker- und Europarecht" sein. Die bloß überblickartige Beschäftigung eines *Pflichtfach*kandidaten mit dem Europarecht verschafft weder hinreichende Kenntnisse noch das methodische Rüstzeug, um „rein" europarechtlichen Klausuren einigermaßen vollwertig gerecht werden zu können.[2] – Die nachfolgenden Ausführungen beschränken sich auf das, was für den *Pflichtfachkandidaten* als Überblick ausreichend, mit einem intensiveren Eindringen in die klausurrelevanten Bezüge des öffentlichen Rechts zum Europarecht aber auch notwendig ist.[3]

Für die klausurrelevanten Bereiche wird die Grundfallmethode des Buches beibehalten. Daß die Ausgangsfälle zumeist Originalentscheidungen des EuGH nachgebildet

---

[1] Hierzu und zu weiteren Eingrenzungen s. die Juristenausbildungsverordnungen der einzelnen Bundesländer.

[2] Vgl. dazu auch Rn. 20.

[3] Für Einzelfragen und für *Hausarbeiten* s. etwa die gängigen Lehrbücher zum Europarecht sowie z.B. *Grabitz/Hilf*, Das Recht der Europäischen Union, Kommentar, Stand: Oktober 2006; *Calliess/Ruffert*, EUV/EGV, Kommentar, 3. Aufl., 2007. – Zur *Auslegung* von EU-Recht *Friedrich Müller/Christensen*, Juristische Methodik, Bd. II Europarecht, 2. Aufl., 2007; *W. Schroeder*, JuS 2004, 180. – Als *Anschauungsmaterial* z.B. *Weber/Gas*, Fälle zum Europarecht, 2. Aufl., 2003 (JuS-Schriftenreihe 114); *Beljin*, EG-Recht in der Fallbearbeitung, JuS 2002, 987; *Haus/Cole*, Grundfälle zum Europarecht, ab JuS 2002, 1181 in Fortsetzungen. – Der Zugang zu den Rechtsquellen des Gemeinschaftsrechts und zur Rechtsprechung des Europäischen Gerichtshofs wird vermittelt über **www. eur-lex.europa.eu** und **www.curia. europa.eu.**

oder „nachempfunden" sind, entspricht der europarechtlichen Prüfungspraxis. In solchen Fällen geht es für die Klausurbearbeiter (und für die Darstellungen des Buches) *nicht* um ein „Nachbeten" der häufig vielschichtigen und komplizierten Begründungen der Originalentscheidung aus einem „eingepaukten" Wissen heraus, sondern um eine *eigenständige* Darstellung mit Hilfe der in einer Klausur nur verfügbaren *Bordmittel* (Gesetzestext und *allgemeine* Kenntnisse).

§ 49. Grundsätzliches und Institutionelles

711   **Einstiegsfall:** Eine Verordnung des Rates der EG enthält den in Art. 23 I, 26 des Vertrages zur Gründung der Europäischen Gemeinschaft (*Sartorius* Nr. 1001) vorgesehenen „Gemeinsamen Zolltarif gegenüber dritten Ländern". Zuständig für die Erhebung der Außenzölle nach diesem Tarif sind die Zollämter der Mitgliedstaaten. In einem bestimmten Handelssegment bringt die Höhe der Zölle die deutschen Importeure in spezifische Schwierigkeiten. Deshalb setzt der deutsche Gesetzgeber die entsprechenden Zölle für Einfuhren nach Deutschland herab. Gleichwohl erläßt ein deutsches Zollamt einen Abgabenbescheid auf der Basis der EG-Verordnung. Zu Recht?

I. EG und EU

711 a   Juristisch und damit auch terminologisch[1] sind die Europäische Union (EU) und die Europäische Gemeinschaft (EG) voneinander zu unterscheiden. Soweit es um die Bezüge des deutschen Rechts zum Europarecht geht, ist für den Pflichtfachkandidaten vor allem das Recht der **Europäischen Gemeinschaft** (früher Europäische Wirtschaftsgemeinschaft, EWG) wichtig, mit dem Vertrag zur Gründung der Europäischen Gemeinschaft (*Sartorius* Nr. 1001, *amtliche Abkürzung* auch des Vertrages = *EG*), einem der zwei „Römischen Verträge" von 1957.[2] Die EG ist eine **supranationale Organisation mit einer eigenen Rechtsordnung,** die in den Mitgliedstaaten teilweise unmittelbar gilt.

Die **Europäische Union** mit dem Vertrag über die Europäische Union (*Vertrag von Maastricht* 1992, *Sartorius* Nr. 1000, *amtliche Abkürzung* für beides = *EU*) ist ein bloß **völkerrechtlicher Zusammenschluß** der gleichen Mitgliedstaaten.[3] Bildhaft wird die EU häufig als *Bauwerk mit drei Säulen unter einem gemeinsamen Dach* beschrieben.[4] Die EG ist in die EU integriert worden (Art. 1 III 1 EU) und bildet den Kern der

---

[1] Zusammenstellung der verschiedensten terminologischen Verwechslungsmöglichkeiten im Europarecht insgesamt bei *Diehm*, JuS 2007, 209.

[2] Auf dem zweiten Vertrag beruht die Europäische Atomgemeinschaft (EAG). Die schon 1951 gegründete Europäische Gemeinschaft für Kohle und Stahl (EGKS) als dritte im Bunde ist im Jahre 2002 ausgelaufen. Die Gründungsstaaten der drei Gemeinschaften waren neben der Bundesrepublik Deutschland Frankreich, Italien, Belgien, Luxemburg und die Niederlande.

[3] Umfassend zum Vertrag von Maastrich etwa *Herdegen*, Europarecht, 9. Aufl. 2007, § 4 Rn. 10 ff., § 5; *Ennuschat*, JuS 1995, 24; knapp *BVerfGE* 89, 155 (158 f.).

[4] Anschaulich so etwa *Schweitzer/Hummer*, Europarecht, 5. Aufl. 1996, Rn. 58 ff.

supranationalen ersten Säule.[5] Insoweit ist die Idee „einer immer engeren Union der Völker Europas" (Art. 1 II EU) in wesentlichen Teilen
bereits verwirklicht. Mit der zweiten Säule geht es um eine gemeinsame,
aber weiterhin nationale Außen- und Sicherheitspolitik (GASP, Art. 11–
28 EU). Die dritte Säule betrifft die polizeiliche und justitielle Zusammenarbeit in Strafsachen (PJZS, Art. 29–42 EU). Zum Dach über den
drei Säulen gehören *die* Vorschriften des EU-Vertrages, die für alle drei
Säulen gleichzeitig gelten. Für das Handeln der EG ist daher über den
EG-Vertrag hinaus auch der EU-Vertrag von Bedeutung, z.B. mit Art. 6
EU (Rechtsstaatlichkeit, Achtung der Grundrechte).[6]

Beachte: Die EG hat eine umfassende eigene Rechtspersönlichkeit (Art. 281 EG), auch
gegenüber den Bürgern der Mitgliedstaaten, die EU als bloß völkerrechtlicher Zusammenschluß nach h. M. aber nicht.[7] Juristisch und in der Diktion sind daher alle Rechtsakte nach dem EG-Vertrag der EG und nicht der EU zuzurechnen *(Fehlerquelle).*[8]

Der *Vertrag von Amsterdam* (1997)[9] hat den EU-Vertrag von Maastricht fortentwik-
kelt (und die Bestimmungen des EG-Vertrages und des EU-Vertrages neu durchnu-
meriert, was bei der Benutzung älterer Literatur beachtet werden muß[10]). Mit dem
Vertrag von Nizza (2000)[11] sind die Union und die Gemeinschaft auf die (inzwischen
vollzogene) Osterweiterung vorbereitet worden, vor allem über institutionelle Veränderungen im EG-Vertrag. – Der von den Staats- und Regierungschefs der Mitgliedstaaten im Jahre 2004 in Rom unterzeichnete **Vertrag über eine Verfassung für Eu-
ropa**[12] ist nicht in Kraft getreten. Er wurde bei Volksabstimmungen in Frankreich
und in den Niederlanden abgelehnt. Die wesentlichen Inhalte des Verfassungsvertra-
ges sollen nunmehr in einen „Grundlagenvertrag" übernommen werden. Zum Fortgang dieser Bemühungen sei auf die Zeitungslektüre verwiesen.

Außerhalb der EU steht der **Europarat** (Satzung in *Sartorius II*   **711b**
Nr. 110) mit der **Europäischen Konvention zum Schutze der Menschenrechte und Grundfreiheiten** (EMRK, *Sartorius II* Nr. 130).[13] Die
EMRK ist ein völkerrechtlicher Vertrag, der 1950 von den Mitgliedern
des Europarates geschlossen worden ist und dem nicht nur alle 27 Mitgliedstaaten der EU, sondern insgesamt 46 europäische Staaten beigetreten sind. Auf der EMRK beruht der **Europäische Gerichtshof für Menschenrechte** (EGMR, Verfahrensordnung in *Sartorius II* Nr. 137).

Der Bundesgesetzgeber hat die EMRK durch sein Zustimmungsgesetz in deutsches
Recht transformiert, so daß die Konvention in der Bundesrepublik als einfaches Gesetzesrecht gilt[14] und gemäß Art. 20 III GG bei der Auslegung und Anwendung des

---

[5] Die EAG tritt hinzu.
[6] Einzelheiten in Rn. 715 a ff.
[7] H.M., *BVerfGE* 89, 155 (195); vertiefend z.B. *Herdegen*, aaO, § 6 Rn. 12 ff.
[8] Engagiert dazu *Jeske*, NJW 2001, 1986.
[9] Überblick bei *Herdegen*, § 4 Rn. 20 ff.
[10] *Sartorius* Nr. 1000 und Nr. 1001 geben die alten Zählungen in Klammerzusätzen an.
[11] Überblick bei *Herdegen*, § 4 Rn. 25 f.; *Wiedemann*, JuS 2001, 846.
[12] Überblick bei *Herdegen*, § 4 Rn. 32 ff., § 33.
[13] Näheres zu ihr etwa bei *Herdegen*, § 3; *Meyer-Ladewig*, Europäische Menschen-
rechtskonvention, Handkommentar, 2. Aufl. 2006; *Grabenwarter*, Europäische
Menschenrechtskommission, 2. Aufl. 2005.
[14] Vgl. Rn. 692 ff.

deutschen Rechts mit berücksichtigt werden muß. Entsprechendes gilt für die Entscheidungen des EGMR im Gefolge der *Individualbeschwerde* (Art. 34 EMRK) eines Bürgers.[15] Die EG und die EU sind der EMRK nicht beigetreten. Im Kontext mit den Grundrechten der EU haben die EMRK und die Rechtsprechung des EGMR aber auch für sie Bedeutung (Art. 6 II EU, Rn. 715a).

II. Aufgaben der EG

711c   Art. 2 EG (lesen, *Sartorius* Nr. 1001) greift in seinem Wortlaut nahezu alle Ziele einer modernen Wirtschaftspolitik mit sozialen Flankierungen auf und bezeichnet es als „Aufgabe der Gemeinschaft", diese Ziele „in der ganzen Gemeinschaft zu fördern". Als Förderungs*instrumente* nennt Art. 2 EG „die Errichtung eines Gemeinsamen Marktes und einer Wirtschafts- und Währungsunion" sowie die „in den Artikeln 3 und 4 genannten gemeinsamen Politiken und Maßnahmen". Art. 3 I EG umschreibt einen Katalog von 21 Aktionsbereichen, welche zunächst den gemeinsamen Binnenmarkt als Schlüsselbereich betreffen (lit. a) bis h), u)), anschließend aber u.a. auch folgende Themenbereiche umfassen: Stärkung der Wettbewerbsfähigkeit der Industrie im Weltmarkt einschließlich Förderung der Forschung und technologischen Entwicklung bis hin zu einer „qualitativ hochstehenden allgemeinen und beruflichen Bildung" (lit. m), n), q)); Beschäftigungspolitik und Sozialpolitik sowie Gesundheitsschutzniveau (lit. i), j), p)); Umwelt (lit. f)), Verbraucherschutz (lit. t)); Kulturleben und Fremdenverkehr (lit. q), u)); „Förderung der Gleichstellung von Männern und Frauen" (Art. 3 II EG). Im Dritten Teil des EG-Vertrages (*Inhaltsverzeichnis durchsehen*, Art. 23 bis 188 EG) werden **„Die Politiken der Gemeinschaft"** schließlich im einzelnen skizziert und rechtlich verortet, teilweise durch inhaltliche Regelungen im EG-Vertrag selbst *(„primäres Gemeinschaftsrecht")*, größtenteils über Ermächtigungen, welche die EG-Organe zum Erlaß von *„sekundärem Gemeinschaftsrecht"* verpflichten oder ermächtigen.

III. Die Organe der EG

712   Als Organe der **EG** nennt Art. 7 I EG das von den Bürgern der Mitgliedstaaten direkt gewählte **Europäische Parlament** (Art. 189ff. EG), den Rat, die Kommission und den Gerichtshof (sowie den Rechnungshof).

Die **Kommission** ist der *Motor der EG*. Sie nimmt Regierungsfunktionen wahr, hat das alleinige Initiativrecht für die Entstehung des sekundären Gemeinschaftsrechts, ist die Exekutive für den Vollzug des Gemeinschaftsrechts (soweit der Vollzug nicht wie zumeist den Mitgliedstaaten obliegt) und ist die „Hüterin des Gemeinschaftsrechts" ge-

---

[15] Entsprechend zu allem *BVerfGE* 111, 307 = JuS 2005, 164.

genüber den Mitgliedstaaten mit wirksamen Überwachungsinstrumenten (Einzelheiten später). In allem ist die Kommission die *Vertreterin der Gemeinschaftsinteressen;* „die Mitglieder der Kommission üben ihre Tätigkeit in voller Unabhängigkeit zum allgemeinen Wohl der Gemeinschaft aus" (Art. 213 II EG). Die demokratische Legitimation erhält die Kommission über die Zustimmung des Europäischen Parlaments zu ihrer Bestellung nach Abschluß eines komplizierten Bestellungsverfahrens (Art. 214 II EG).

Der **Rat** (Art. 202 ff. EG) verkörpert das *nationale Element* in der EG. Er setzt sich aus je einem Vertreter jedes Mitgliedstaates *auf Ministerebene* zusammen (Art. 203 I EG). Soweit nach dem EG-Vertrag ein einstimmiger Ratsbeschluß erforderlich ist, können schon die gegenläufigen Interessen eines *einzigen* Mitgliedstaates einen Ratsbeschluß verhindern.

Die Bundesrepublik entsendet grundsätzlich den für den jeweilige Tagesordnungspunkt fachlich zuständigen *Bundes*minister in den Rat. „Wenn im Schwerpunkt ausschließliche Gesetzgebungsbefugnisse der Länder auf den Gebieten der schulischen Bildung, der Kultur oder des Rundfunks betroffen sind", entsendet die Bundesrepublik einen (vom Bundesrat benannten) *Landes*minister (Art. 23 VI 1 GG). **712a**

Der **Rat ist** das **Hauptrechtsetzungsorgan** der EG für das „sekundäre Gemeinschaftsrecht" (s. etwa Art. 95 EG sowie den Einstiegsfall). Das Europäische Parlament ist an der Rechtsetzung bloß *beteiligt,* je nach dem jeweiligen Sachbereich in unterschiedlicher Intensität (Näheres später). Auf der Ebene des Rates erhält die EG-Gesetzgebung ihre *demokratische Legitimation* über die staatsrechtliche Verantwortung der Minister gegenüber ihren *nationalen* Parlamenten. Die Beteiligung des Europäischen Parlaments ist eine *zusätzliche* demokratische Abstützung der EG-Gesetzgebung.[16] **712b**

Staatsintern wird die Verhandlungsposition der Bundesrepublik für die Ratssitzungen im Grundsatz von der Bundesregierung festgelegt. Aber wie vor dem Abschluß völkerrechtlicher Verträge (s. insoweit Rn. 695, 696) räumt das GG dem Bundestag und dem Bundesrat interne Mitwirkungsrechte, insbesondere ein Recht zur „Stellungnahme" oder auch zu einer *maßgebenden* Stellungnahme ein, welche die Bundesregierung dann bei ihren Verhandlungen zu berücksichtigen hat. Die Einzelheiten finden sich für den Bundestag in Art. 23 II, III GG mit dem „Gesetz über die Zusammenarbeit von Bundesregierung und Deutschem Bundestag in Angelegenheiten der EU" (*Sartorius* Nr. 96) und für den Bundesrat in Art. 23 IV–VII GG mit dem „Gesetz über die Zusammenarbeit von Bund und Ländern in Angelegenheiten der EU" (*Sartorius* Nr. 97). **712c**

Der **Gerichtshof der Europäischen Gemeinschaften** (EuGH, Art. 220 ff. EG i. V. mit der EuGH-Satzung, *Sartorius II* Nr. 245) sichert zusammen mit dem (nur) für bestimmte Sachbereiche eingerichteten **Gericht erster Instanz** (EuG) „die Wahrung des Rechts bei der Auslegung und Anwendung des Vertrages" (Art. 220 I EG). Dem EuGH gehört ein Richter je Mitgliedstaat an (Art. 221 I EG).[17] Die Entscheidun- **712d**

---

[16] Vertiefend dazu *BVerfGE* 89, 155 (184 ff.).

[17] Informativ zur *Binnenorganisation* des Gerichts *Seyr,* JuS 2005, 315.

gen des EuGH werden durch „Generalanwälte" vorbereitet, welche „in völliger Unparteilichkeit und Unabhängigkeit begründete Schlußanträge"[18] stellen (Art. 222 EG). Klagebefugt sind in erster Linie die Mitgliedstaaten und die Organe der Gemeinschaft, in bestimmten Fällen auch die Bürger (Rn. 716ff., 720a).

712e Das Leitorgan der EU ist der *Europäische Rat* (Art. 4 EU). In ihm kommen die Staats- und Regierungschefs der Mitgliedstaaten sowie der Präsident der (EG-)Kommission zusammen. Der Europäische Rat darf nicht mit dem Europarat (Rn. 711b) oder mit dem (Minister-)Rat verwechselt werden (vgl. z.B. Art. 13 III EU, der den Europäischen Rat und den Rat gleichzeitig nennt). Der Europäische Rat gibt der EU die erforderlichen Impulse und legt die allgemeinen politischen Zielvorstellungen fest (Art. 4 EU). Ansonsten bedient sich die EU der Organe der EG, insbesondere des Rates (vgl. Art. 3 I EU – „einheitlicher institutioneller Rahmen", Art. 5 EU). Demgemäß haben die EG-Organe Zuständigkeiten auch im Rahmen der zweiten und dritten Säule der EU, die sich im einzelnen aus Art. 11ff. (GASP) und Art. 29ff. EU (PJZS) ergeben.

IV. Das Gemeinschaftsrecht in seiner Geltung für Unionsbürger

1. Rechtsquellen und Rechtsakte

713 Die wichtigsten **Rechtsquellen** des Gemeinschaftsrechts sind der EG-Vertrag, nach Maßgabe des Gesagten der EU-Vertrag (Rn. 711a), das „sekundäre Gemeinschaftsrecht" und bei Rechtsfortbildungen die Rechtsprechung des EuGH. Als **Rechtsakte der EG** nennt Art. 249 I EG Verordnungen, Richtlinien, Entscheidungen, Empfehlungen und Stellungnahmen. **Verordnungen und Richtlinien** haben normativen Charakter. Im Rahmen des „sekundären Gemeinschaftsrechts" sind *sie* die *Gesetze* der EG. Eine **Verordnung** (= Einstiegsfall Rn. 711) gilt gemäß Art. 249 II EG *„unmittelbar* in jedem Mitgliedstaat". Der vom Völkerrecht her geläufigen Transformation in nationales Recht durch den deutschen Gesetzgeber[19] bedarf es nicht. **Richtlinien** sind hingegen bloß an die Mitgliedstaaten gerichtet (Art. 249 III EG) und müssen von diesen in innerstaatliches Recht umgesetzt werden.[20] Wird eine Richtlinie nicht fristgerecht oder nicht ordnungsgemäß umgesetzt, kann sie unter bestimmten Voraussetzungen (nur) *zu Gunsten* der Bürger bzw. der Unternehmen als juristische Personen ebenfalls unmittelbare Gel-

---

[18] Die zumeist ausführlich begründeten Schlußanträge werden zusammen mit der jeweiligen Entscheidung des EuGH publiziert und sind wichtige Erkenntnisquellen zum bisherigen Stand der EuGH-Rechtsprechung und für die Auslegung der Entscheidung.

[19] Rn. 692.

[20] Der deutsche Gesetzgeber gibt häufig in einer Fußnote zur Gesetzesüberschrift präzise an, welche EG-Richtlinie(n) er umgesetzt hat, s. z.B. das Umweltinformationsgesetz, *Sartorius* Nr. 294, oder das Arzneimittelgesetz, *Sartorius (Ergänzungsband)* Nr. 272. – Allgemein: *Prokopf*, Das gemeinschaftsrechtliche Rechtsinstrument der Richtlinie, 2007.

tung entfalten (wichtig, Rn. 718ff.). Eine **Entscheidung** (Art. 249 IV EG) ist eine Einzelfallregelung an die Adresse eines Mitgliedstaates[21] oder eines Bürgers bzw. eines Unternehmens. **Empfehlungen und Stellungnahmen**[22] sind nicht verbindlich (Art. 249 V EG).

Die EU als bloß völkerrechtlicher Zusammenschluß handelt in anderen Rechtsformen **713a** (s. Art. 11ff., Art. 29ff. EU). So beruht etwa der Europäische Haftbefehl auf einem „Rahmenbeschluß" des Rates im Einzugsbereich der dritten Säule (PJZS) der EU (Art. 34 II lit. b) EU).[23]

2. Vorrang von unmittelbar anwendbarem Gemeinschaftsrecht

Wie die EG-Verordnungen (Einstiegsfall Rn. 711) und gegebenenfalls **713b** wie nicht umgesetzte Richtlinien (s. soeben) haben auch viele Bestimmungen des EG-Vertrages unmittelbare Geltung in den Mitgliedstaaten, so z.B. Art. 81ff. EG im Kartellrecht.

Nach herkömmlicher völkerrechtlicher Vorstellung müßte man annehmen, durch die seinerzeitige Zustimmung des deutschen Gesetzgebers zu Art. 189 II des EWG-Vertrages (heute Art. 249 II EG) seien das primäre Gemeinschaftsrecht sowie antizipiert und blanco auch alle EG-Verordnungen in deutsches Recht transformiert worden. Dann fände im *Einstiegsfall* (Rn. 711) die lex-posterior-Regel Anwendung. Die EG-Verordnung wäre als *deutsches* Recht durch das spätere Bundesgesetz aufgehoben worden. Aber diese Sicht „völkerrechtlicher Traditionalisten" hat sich nicht durchgesetzt:

Das Europäischen Gemeinschaftsrecht ist eine „**supranationale**" **713c** **Rechtsordnung,** welche die Mitgliedstaaten durch die Übertragung eigener Hoheitsrechte geschaffen haben.[24] Die Übertragung der deutschen Hoheitsbefugnisse auf die EG beruhte auf Art. 24 I GG (heute spezieller Art. 23 I 2 GG). Die supranationale Rechtsordnung der EG ist weder klassisches Völkerrecht noch nationales Recht, sondern etwas Drittes, eine **eigenständige europäische Rechtsmasse**.[25] Aus dem Sinn des EG-Vertrages und damit aus dem Wesen des Gemeinschaftsrechts folgt, daß diese europäische Rechtsmasse Vorrang vor allen mitgliedstaatlichen Rechtsordnungen hat. Allerdings handelt es sich lediglich um einen **Anwendungsvorrang**.[26] Entgegenstehendes nationales Recht tritt im Kollisionsfall zurück. Es bleibt aber *gültig* und ist daher in allen Fällen

---

[21] Beispiel in Rn. 714c (2).

[22] Beispiel in Rn. 720a.

[23] *BVerfGE* 113, 273 hat das deutsche Transformationsgesetz (vgl. Rn. 692) für nichtig erklärt; hierzu *Hufeld*, JuS 2005, 865.

[24] Hierzu und zum Nachfolgenden *EuGH*, Rs. 6/64 – *Costa/ENEL*, 15. 7. 1964, Slg. 1964, 1141 Rn. 8; Rs. 11/70 – *Internationale Handelsgesellschaft*, 17. 12. 1970, Slg. 1970, 1125 Rn. 3; *BVerfGE* 73, 339 (374f.); 75, 223 (244); 85, 191 (204).

[25] Grundlegend dazu *H. P. Ipsen*, Europäisches Gemeinschaftsrecht, 1977, S. 255ff.

[26] *EuGH*, Rs. 106/77 – *Simmenthal II*, 9. 3. 1978, Slg. 1978, 629 Rn. 17ff.; *BVerfGE* 75, 223 (244); 85, 191 (204).

ohne EG-Bezug relevant. Im Grundsatz[27] verdrängt der Anwendungsvorrang selbst das nationale Verfassungsrecht.[28]

Im *Einstiegsfall* (Rn. 711) war der Bundesgesetzgeber nicht in der Lage, die EG-Verordnung als Bestandteil einer nichtdeutschen Rechtsmasse zu ändern. Wegen des Anwendungsvorranges für unmittelbar geltendes EG-Recht hat das Zollamt den Abgabenbescheid zu Recht auf der Basis der EG-Verordnung erlassen.

3. Identifizierung von unmittelbar anwendbarem Gemeinschaftsrecht

713 d Im genannten Sinne unmittelbar anwendbar sind zunächst Normen des EG-Vertrages, Normen einer Verordnung und Entscheidungen, welche nach ihrem **Wortlaut** eindeutig *an Bürger bzw. an Unternehmen* adressiert sind (Art. 81 ff. EG als bereits genanntes Beispiel). Aber die unmittelbare Anwendung gegenüber Bürgern kann sich auch durch **Auslegung** ergeben, von Fall zu Fall unterschiedlich vor allem auch durch die Auslegung von Regelungen, welche nach ihrem Wortlaut an die *Mitgliedstaaten* gerichtet sind. Insoweit geht es einerseits um die *allgemeinen* Auslegungsgrundsätze, insbesondere um eine logische Auslegung aus den systematischen Zusammenhängen heraus und um eine teleologische Auslegung vom Sinn der Vorschrift her. Aber andererseits und vor allem hat der EuGH auch eine *gemeinschaftsspezifische* Auslegungsmethode entwickelt. Diese Methode argumentiert gleichsam vom „Geist der Verträge" her[29] und ist bestrebt, dem Gemeinschaftsrecht eine für die europäische Integration optimale Wirksamkeit zu verschaffen (**effet utile, Effizienzgebot**).

Ein Beispiel ist der Umgang des *EuGH* mit Art. 25 EG. Nach dieser Vorschrift ist den *Mitgliedstaaten* die Erhebung von Binnenzöllen innerhalb der EG verboten. Der EuGH nimmt an, daß die Einhaltung dieses Verbots nicht nur durch die EG und durch andere Mitgliedstaaten, sondern auch von den Bürgern eingefordert werden kann.[30] – Weiteres Beispiel in Rn. 714 g.

713 e Mit dem Ansatz beim effet utile kann die Auslegung in eine **Rechtsfortbildung** umschlagen.

Ein zentrales Beispiel *hierfür* sind die nicht umgesetzten Richtlinien, denen der EuGH nach dem Gesagten unter bestimmten Voraussetzungen eine unmittelbare Geltung zugunsten der Bürger beimißt (vgl. Rn. 718). Es ist einigermaßen eindeutig, daß die Richtlinien in der ursprünglichen Vorstellung des EG-Vertrages (Art. 249 III EG) *ausschließlich* für die Mitgliedstaaten und gerade nicht unmittelbar für die Bürger gelten sollten. Ein weiteres Beispiel ist die gemeinschaftsrechtliche Staatshaftung von Mitgliedstaaten gegenüber ihren Bürgern bei der Verletzung europarechtlicher Pflichten (Rn. 719).

---

[27] Zu Einschränkungen durch das *BVerfG* s. Rn. 713 e, 715 d.

[28] *EuGH*, Rs. 11/70 – *Internationale Handelsgesellschaft*, 17. 12. 1970, Slg. 1970, 1125 Rn. 3.

[29] Hierzu und zum Nachfolgenden *Herdegen*, Europarecht, § 9 Rn. 46, 74 ff.

[30] *EuGH*, Rs. 26/62 – *van Gend & Loos*, Slg. 1963, 1, abgdr. bei *Herdegen*, § 9 Rn. 13.

Das Bundesverfassungsgericht hat die Rechtsfortbildung des EuGH für die Richtlinien gebilligt,[31] ansonsten aber angekündigt, die Inanspruchnahme derartiger „Vertragsabrundungskompetenzen" in Zukunft im Hinblick auf Art. 23 I 2 GG kritisch überprüfen zu wollen. Denn der EU-Vertrag unterscheide in Art. 48 „grundsätzlich zwischen der Wahrnehmung einer begrenzt eingeräumten Hoheitsbefugnis und der Vertragsänderung". Eine Grenzüberschreitung zur Vertragsänderung hin entfalte in Deutschland keine Bindungswirkung.[32]

§ 50. Entstehung und Ausführung von Gemeinschaftsrecht

I. Erlaß von EG-Verordnungen und Richtlinien als „EG-Gesetzgebung"[1]

1. System der begrenzten Einzelermächtigung

Gemäß Art. 5 I EG ist die *verbandsmäßige Kompetenz* der EG gegenüber den Mitgliedstaaten naturgemäß auf „die ihr im EG-Vertrag zugewiesenen Befugnisse und gesetzten Ziele" begrenzt. Zusätzlich gilt das *Subsidiaritätsprinzip* des Art. 5 II EG (lesen).[2]   **714**

Art. 308 EG ermöglicht eine Ausweitung der verbandsmäßigen Kompetenz im Zusammenwirken von Kommission, Rat und Europäischem Parlament, aber nur unter engen Voraussetzungen.

Für die *Befugnisse,* insbesondere auch für die nachfolgend nur behandelten Befugnisse zur Gesetzgebung, gilt ein System der begrenzten Einzelermächtigung. Dieses System knüpft bei den einzelnen *Organen* der EG an (Art. 7 I EG) und beschreibt über die verbandsmäßige Kompetenz hinaus durch den ganzen Vertrag hindurch möglichst präzise, welches *Organ* in welchem *Politikbereich* welche *Sachaspekte* in welcher *Rechtsform* und unter Einhaltung welchen *Verfahrens* normativ regeln kann.

2. Normsetzungsverfahren

Wie in Rn. 712b bereits angedeutet wurde, ist der **Rat** das Hauptrechtsetzungsorgan der EG. Mitunter kann allerdings auch die Kommission   **714a**

---

[31] S.Rn. 718.
[32] *BVerfGE* 89, 155 (210) – Maastricht.
[1] *Anschauungsfall* (auf Schwerpunktbereichsniveau) bei *Weber/Gas,* Fälle zum Europarecht, Fall 1.
[2] S. ferner das Protokoll zum EG-Vertrag „über die Anwendung der Grundsätze der Subsidiarität und der Verhältnismäßigkeit", *Sartorius II* Nr. 151, Kz. 30.

Recht setzen, vereinzelt kraft einer originären Zuständigkeit (vgl. z.B. Art. 86 III EG), ansonsten über die Delegation von Durchführungsbefugnissen durch den Rat (Art. 202, 211 EG[3]). Gegenüber den im Rat repräsentierten nationalen Interessen der Mitgliedstaaten werden die Gemeinschaftsinteressen dadurch prägend, daß die Gesetzgebungs*initiative* ausschließlich der **Kommission** zusteht, Änderungswünsche des Rates von der Kommission akzeptiert werden müssen und der Rat die Vorschläge der Kommission ansonsten nur ablehnen kann oder in der von ihm abgeänderten Form *einstimmig* beschließen muß (Art. 250 EG).

714b Die Beteiligung des **Europäischen Parlaments** an der Rechtsetzung vollzieht sich je nach der einschlägigen Einzelregelung in einem bloßen „*Anhörungs*verfahren" (vgl. z.B. Art. 308 EG), in einem „*Verfahren der Zusammenarbeit*" (Art. 252 EG, vgl. z.B. Art. 99 V EG) oder in einem „*Verfahren der Mitentscheidung*" (Art. 251 EG, vgl. z.B. Art. 40, 95 EG). Im Verfahren der Zusammenarbeit kann das Parlament den Erlass des Rechtsaktes zwar nicht verhindern, den Rat aber zur Einstimmigkeit zwingen. Im Verfahren der Mitentscheidung ist die Billigung des Parlaments erforderlich.

II. Ausführung von EG-Recht durch Verwaltungsbehörden[4]

714c **Ausgangsfälle: (1)** In einem besonders „guten" Weinjahr haben die europäischen Winzer eine außerordentlich große Traubenernte eingefahren. Um den europäischen Weinmarkt vor einem Überangebot an Tafelweinen und einem damit einhergehenden Verfall der Preise zu schützen, hat die EG eine Verordnung erlassen, nach der eine bestimmte Quote der Trauben zu Weinbrand destilliert werden muß. Für die Umlegung der Quote auf die einzelnen Winzer enthält die EG-Verordnung eine VA-Ermächtigung für die Mitgliedstaaten. Als die deutschen Behörden entsprechende Bescheide erlassen, legen Hunderte deutscher Winzer Widerspruch ein, um die Ernte unter dem Schutz der aufschiebenden Wirkung des § 80 I 1 VwGO in vollem Umfang für Tafelweine verwenden zu können. Dürfen die deutschen Behörden das so hinnehmen?[5]

(2) In der Bundesrepublik hat eine deutsche Behörde dem Unternehmen *U* eine „verlorene" Überbrückungsbeihilfe von 15 Mio. € gewährt, weil nur so 500 Arbeitsplätze erhalten werden konnten. Bei dieser Subvention handelt es ich um eine „staatliche Beihilfe" im Sinne von Art. 87ff. EG (*lesen, Sartorius* Nr. 1001). Vor der Bewilligung hätte an sich das „Notifizierungsverfahren" nach Art. 88 III EG durchgeführt werden müssen, damit die EG-Kommission die Zulässigkeit der Beihilfe nach Art. 87 EG beurteile. Wegen der Eilbedürftigkeit der Hilfeleistung verzichtete die Behörde aber auf dieses Verfahren. Als die Kommission von dem Geschehen aus der Presse erfährt, verfügt sie in einer an die Bundesrepublik gerichteten Entscheidung (Art. 249 IV EG)

---

[3] In Verbindung mit dem Beschluß des Rates zur Festlegung der Modalitäten für die Ausübung der der Kommission übertragenen Durchführungsbefugnisse v. 28. 6. 1999, *Sartorius II* Nr. 236.

[4] Weiterführend insb. *Sydow,* JuS 2005, 97, 202.

[5] Fallanlehnung an *EuGH*, Rs. C-217/88 – *Tafelwein*, Slg. 1990, I-2879.

gemäß Art. 88 II EG, daß die Beihilfe mit dem gemeinsamen Markt unvereinbar ist (= feststellender Teil der Entscheidung) und daß die Bundesrepublik den Bewilligungsbescheid unverzüglich aufzuheben hat (= gebietender Teil der Entscheidung). Als die deutsche Behörde den Bescheid daraufhin nach § 48 VwVfG zurücknimmt, beruft sich *U* (a) auf die sachliche Unrichtigkeit des feststellenden Teiles der Kommissionsentscheidung, (b) auf den Schutz seines Vertrauens nach § 48 II VwVfG und (c) auf die Tatsache, daß die Rücknahmefrist des § 48 IV 1 VwVfG abgelaufen ist. Ziehen diese Einwände?[6]

1. Ausführung durch EG-Behörden oder durch Verwaltungsbehörden der Mitgliedstaaten

Die EG führt ihr Recht nur in wenigen Sachbereichen selbst aus, durch **714d** die Kommission oder durch der Kommission nachgeordnete europäische Agenturen, vereinzelt auch durch den Rat (*„gemeinschaftseigener* Vollzug"). In der Regel obliegt die Ausführung des EG-Rechts den Mitgliedstaaten mit *ihren* Behörden (*„ mitgliedstaatlicher* Vollzug").

Beide Arten des Vollzuges sind bei der Zulassung von Arzneimitteln nach EG-einheitlichen Zulassungsvoraussetzungen relevant. Bestimmte Arten von Arzneimitteln werden (obligatorisch oder fakultativ) durch die Europäische Arzneimittelagentur zugelassen. Ansonsten sind die Behörden der Mitgliedstaaten zuständig, in Deutschland das Bundesinstitut für Arzneimittel und Medizinprodukte als Bundesoberbehörde. – Im *Ausgangsfall 1* und auch im *Einstiegsfall aus Rn. 711* geht es um einen mitgliedstaatlichen Vollzug.

Die im Ansatz klare Trennung zwischen gemeinschaftseigenem und mitgliedstaatlichem Vollzug wird zunehmend durch die verschiedensten Formen eines *„kooperativen* Vollzugs" überlagert.[7]

Im *Ausgangsfall 2* ist die intensivste Form einer Kooperation einschlägig, eine *Mischverwaltung*. Im Verhältnis zum Bürger liegt die Ausführung des Gemeinschaftsrechts (Art. 87 EG) mit der Bewilligung einer Subvention oder ihrer Rücknahme zwar federführend bei den Mitgliedstaaten. Die gemeinschaftswichtige Entscheidung, ob eine Subvention nach den Maßstäben des Art. 87 EG „mit dem gemeinsamen Markt vereinbar" ist und ob eine gemeinschaftswidrig vergebene Subvention zurückverlangt werden soll, hat Art. 88 II, III EG aber intern der Kommission übertragen.

2. Die Ausführung von Gemeinschaftsrecht durch deutsche Verwaltungsbehörden

Im Rahmen des mitgliedstaatlichen Vollzuges führt die Bundesrepublik **714e** das (materielle) EG-Recht naturgemäß in *eigener* Verantwortung und

---

[6] Vereinfachende Fallanlehnung an *BVerwGE* 106, 328 im Gefolge von *EuGH,* Rs. C-24/95 – *Alcan,* 20. 3. 1997, Slg. 1997, I-1591; als Abschluß *BVerfG (Kammer),* NJW 2000, 2015. Zu entsprechenden *vertraglichen* Beihilfen mit Rspr. des *BGH Stievi/Werner,* JuS 2006, 106. *Allgemein* zur „Subventionskontrolle durch europäisches Beihilferecht" *Kilb,* JuS 2003, 1072.

[7] Dazu etwa *Pache,* VVDStR 66 (2007), 108 (126).

damit im Ansatz **nach dem deutschen Verwaltungsverfahrensrecht** aus. Aber das EG-Recht nimmt eventuell steuernden Einfluß. Insoweit geht es einerseits um die möglichst *effektive* verwaltungsmäßige Anwendung des (materiellen) EG-Rechts und andererseits um die *einheitliche* Anwendung des EG-Rechts in allen Mitgliedstaaten. Im Ganzen lassen sich **drei Fallgruppen** unterscheiden:

714f **a)** Die wichtigste **Steuerungsform** sind **EG-Richtlinien,** welche den Mitgliedstaaten neben ihren materiellen Regelungen in bestimmten Sachbereichen die Einzelheiten der nationalen Verwaltungsverfahren detailliert vorgeben. Das jeweilige deutsche Transformationsgesetz übernimmt die entsprechenden EG-Vorgaben als *deutsche* Spezialregelung zum *deutschen* VwVfG. Für den Bürger wird der EG-Bezug nur über das Gebot zu einer *richtlinienkonformen Auslegung* des deutschen Transformationsgesetzes relevant.

Ein *Beispiel* ist das (deutsche) Arzneimittelgesetz (*Sartorius (Ergänzungsband)* Nr. 272), das eine Vielzahl von EG-Richtlinien umsetzt (Aufzählung in der „Amtlichen Anmerkung" zur Gesetzesüberschrift). Neben den materiellen Voraussetzungen für die Zulassung von Arzneimitteln (§ 25 AMG) beruhen z. B. die Vorschriften über die Zulassungsunterlagen für die fachlichen Beurteilungen im Zulassungsverfahren, über den Ablauf des Zulassungsverfahrens, über Auflagenbefugnisse, über Rücknahme- und Widerrufsmöglichkeiten sowie über das Erlöschen und die Verlängerung der Zulassung (s. §§ 22 ff. AMG) bis in alle Einzelheiten hinein auf den einschlägigen EG-Richtlinien.

714g **b) Soweit es** an einschlägigen **EG-Steuerungen** für das Verwaltungsverfahren **fehlt,** müssen die Mitgliedstaaten die effektive Ausführung des (materiellen) Gemeinschaftsrechts *von sich aus* sicherstellen, nötigenfalls über eine Ergänzung oder Veränderung des bisherigen Verwaltungsverfahrensrechts.[8] In der Praxis versuchen die deutschen Behörden und Gerichte, den EG-rechtlichen Anforderungen im Rahmen unbestimmter Gesetzesbegriffe durch EG-konforme Auslegungen, im Rahmen von Abwägungen (etwa beim Grundsatz der Verhältnismäßigkeit oder beim Vertrauensschutz) und über Ermessensspielräume Rechnung zu tragen. Schon weil die deutschen Verwaltungsverfahrensgesetze erst nach Inkrafttreten des EG-Vertrages erlassen worden sind, begegnet diese **Öffnung der Gesetzesauslegung und Gesetzesanwendung** hin zu den Anforderungen des Gemeinschaftsrechts keinen Bedenken.

Ausgangsfall 1 löst sich auf dieser Ebene: Es ist evident, daß die aufschiebende Wirkung eine effektive Durchsetzung der gemeinschaftsrechtlichen Destillieraktion verhindert und den deutschen Winzern einen EG-widrigen Wettbewerbsvorteil gegenüber den Winzern in anderen Mitgliedstaaten verschafft. Gemäß § 80 II Nr. 4, III VwGO können die deutschen Behörden die sofortige Vollziehung ihrer Quotierungsbescheide anordnen. Im Rahmen von § 80 II Nr. 4, III VwGO ist die Durchsetzung der gemeinschaftsrechtlichen Destillieraktion ein öffentlicher Belang von so großem Gewicht, daß das Anordnungsermessen der Behörden (und das Ermessen der Gerich-

---

[8] *EuGH*, Rs. C-217/88 – *Tafelwein*, Slg. 1990, I-2879.

te in anschließenden Verfahren nach § 80 V VwGO) zu Lasten der deutschen Winzer auf Null reduziert ist.[9]

c) Ausgangsfall 2 steht für die dritte Fallgruppe. In dieser Fallgruppe ist 714h zwar **im Ansatz deutsches Verwaltungsverfahrensrecht** anzuwenden. Das deutsche Verwaltungsverfahrensrecht wird aber **partiell** durch **EG-Verfahrensrecht** überlagert, welches im Verhältnis zwischen Bürger und deutschem Staat **unmittelbar anwendbar** ist. Die unmittelbare Anwendung kommt in dieser Fallgruppe auf die Tagesordnung, soweit das deutsche Verwaltungsverfahrensrecht zu kurz greift.

Im *Ausgangsfall 2* ist *Einwand (a)* (keine Rechtswidrigkeit i.S. von § 48 I VwVfG) schon nach dem (insoweit ungeschriebenen) *deutschen* Verwaltungsverfahrensrecht ohne Relevanz. Denn für die Beurteilung der Beihilfevoraussetzungen hat Art. 87 I EG der Kommission eine Einschätzungsprärogative eingeräumt. Diese Einschätzungsprärogative ruft die (deutsche) „Faktorenlehre" (Rn. 80) auf den Plan. *Der Teil der Kommissionsentscheidung, welcher die EG-Rechtswidrigkeit feststellt, hat im Rahmen von § 48 I VwVfG Tatbestandswirkung. Beim Einwand (b)* (Vertrauensschutz) kommt es zunächst darauf an, ob der Bearbeiter einen Vertrauensschutztatbestand nach § 48 II VwGO für gegeben hält oder nicht. Beim erstgenannten Ergebnis (Vertrauensschutz), das in der Klausursituation nahe liegen mag,[10] ist die Rücknahme nach *deutschem* Recht unmöglich (§ 48 II VwVfG). Hier entsteht der Konflikt mit dem Gemeinschaftsrecht. Denn die Entscheidung der Kommission schreibt die Rücknahme des Beihilfebescheides ohne Wenn und Aber *zwingend vor.* In dieser Situation findet die nur an die Bundesrepublik adressierte Kommissionsentscheidung auf das Verhältnis zwischen der Bundesrepublik und *U* unmittelbare Anwendung. Das folgt aus dem gemeinschaftsrechtlichen Effizienzgebot (effet utile, Rn. 713 d): Über Art. 87, 88 EG soll die Kommission Wettbewerbsverzerrungen im Gemeinschaftsgebiet verhindern. Wenn sich ein Unternehmen gegenüber der von der Kommision angeordneten Rücknahme eines Beihilfebescheides auf gegenläufiges nationales Recht berufen könnte, würde dieser Sinn der Mischverwaltung nach Art. 87, 88 EG unterlaufen. *Einwand (c)* (Verfristung) kann im Rahmen des *deutschen* Rechts *von vornherein* nicht überwunden werden. Denn der Wortlaut des § 48 IV 1 VwVfG legt die Verfristung eindeutig fest. Hier greift die unmittelbare Anwendung des EG-Rechts *direkt, ohne* vorherige Detailüberlegungen zum deutschen Recht. Eine Verfristung durch nationales Recht ist in Art. 88 II EG nicht vorgesehen und deshalb nicht möglich. Wegen des Anwendungsvorranges des EG Rechts als eigenständiger Rechtsmasse ist § 48 IV 1 VwVfG suspendiert.

III. Bindungen an Grundrechte

Ausgangsfall: Gleicher Grundfall wie in Rn. 711 (Gemeinsamer Zolltarif). Kann der 715 betroffene deutsche Importeur *I* geltend machen, die EG-Verordnung verstoße in

---

[9] *EuGH*, Rs. C-217/88 – *Tafelwein*, aaO. *Umfassend* zu den Anforderungen an den *einstweiligen Rechtsschutz* bei der mitgliedstaatlichen Anwendung von Gemeinschaftsrecht z.B. *Puttler,* in: Sodan/Ziekow, VwGO, § 80 Rn. 11 ff., § 123 Rn. 18 ff.

[10] *BVerwGE* 106, 328 (336) gelangt zwar zum zweiten Ergebnis (kein Vertrauensschutz), weil ein sorgfältig handelndes Wirtschaftsunternehmen über die Anforderungen nach Art. 87, 88 EG informiert sein müsse und daher ohne Notifizierungsverfahren *keinen* Vertrauensschutz genieße. Aber das muß ein Klausurbearbeiter nicht wissen (vgl. Rn. 710, Kleindruck).

bestimmter Weise gegen den Gleichheitsgrundsatz oder sei vom Zollamt jedenfalls falsch ausgelegt worden? Wie würde das Finanzgericht insoweit entscheiden?

1. Bindung an die Europäischen Grundrechte [11]

715a Alles Handeln der EG und damit auch die Rechtsetzung (soeben I.) ist nach **Art. 6 II EU** mit unmittelbarer rechtlicher Relevanz (vgl. Art. 46 lit. d) EU) an die Grundrechte der EU gebunden. Das gleiche gilt für die Ausführung von Gemeinschaftsrecht durch die Mitgliedstaaten (soeben II.).[12] Nach dem Wortlaut von Art. 6 II EU

„achtet die EU die Grundrechte, wie sie in der am 4. 11. 1959 in Rom unterzeichneten Europäischen Konvention zum Schutze der Menschenrechte und Grundfreiheiten gewährleistet sind und wie sie sich aus den gemeinsamen Verfassungsüberlieferungen der Mitgliedstaaten als allgemeine Grundsätze des Gemeinschaftsrechts ergeben."

Mit diesem Wortlaut folgt Art. 6 II EU der überkommenen Rechtsprechung des EuGH: Die Grundrechte erscheinen als *ungeschriebene „allgemeine Grundsätze* des Gemeinschaftsrechts". Für ihren genauen Inhalt werden nur die maßgeblichen Erkenntnisquellen benannt (EMRK[13] und „gemeinsame Verfassungsüberlieferungen der Mitgliedstaaten"). Den Inhalt selbst konkretisiert letztinstanzlich der EuGH, über eine mittlerweile umfangreiche Kasuistik.[14] Zwischenzeitlich hat ein „Konvent" von Beauftragten der Regierungen der Mitgliedstaaten, der nationalen Parlamente und des Europäischen Parlaments sowie der EG-Kommission einen Katalog europäischer Grundrechte entwickelt, welchen das Europäische Parlament, der Rat und die Kommission im zeitlichen Zusammenhang mit dem Vertrag von Nizza (2000) als **Charta der Grundrechte der EU** feierlich proklamiert haben.[15] Aber die Charta ist bisher nicht rechtsverbindlich in Kraft getreten. Ob sich daran mit dem geplanten EU-Grundlagenvertrag (Rn. 711a a. E.) etwas ändern wird, bleibt abzuwarten.

715b In den *Klausuren* und im *Mündlichen* ist die Grundrechtecharta die *einzige* Informationsquelle zu den Einzelheiten des EG-Grundrechtsschutzes, die den Studierenden zur Verfügung steht (*Sartorius* Nr. 102). Mit einem Hinweis hierauf kann sich eine *klausurmäßige* Fallbearbeitung auf die Grundrechtecharta stützen, wenn der Bearbeiter gleichzeitig klarstellt, daß die Charta nicht in Kraft getreten ist. Im *Ausgangsfall* geht es so um einen Verstoß der EG-Verordnung zum Gemeinsamen Zolltarif gegen

---

[11] Weiterführend etwa *Jarass,* EU-Grundrechte, 2005; *Rengeling-Szczekalla,* Grundrechte in der EU, 2005.

[12] *EuGH,* Rs. 5/88 – *Wachauf,* 13. 7. 1989, Slg. 1989, 2609 Rn. 19; Rs. C-64/00 – *Booker Aquaculture und Hydro Seafood,* 10. 7. 2003, Slg. 2003, I-7411 Rn. 88; s. ferner Art. 51 I der später im Text behandelten EU-Grundrechtecharta.

[13] Zu ihr Rn. 711b.

[14] Überblicke zu ihr in BVerfGE 73, 339 (387 ff.) sowie bei *Herdegen,* Europarecht, § 9 Rn. 17 ff.; ausführlich die Kommentare zum EU-Vertrag.

[15] Für Einzelheiten *J. Meyer,* Kommentar zur Charta der Grundrechte der EU, 2. Aufl., 2006.

den europäischen Gleichheitsgrundsatz auf der Linie von Art. 20 ff. der Grundrechte-charta.

Die **Methodik der Grundrechtsprüfung** handhabt der EuGH im We- 715c sentlichen in der gleichen Weise wie das *BVerfG*, namentlich mit der zentralen Stellung des Grundsatzes der *Verhältnismäßigkeit*.[16] Auf der europäischen Ebene wird der Grundsatz der Verhältnismäßigkeit in Art. 5 III EG (und in Art. 52 I 2 der Grundrechtecharta) besonders hervorgehoben.

2. Grundrechte des Grundgesetzes

Im theoretischen Ansatz kann die Verbindlichkeit von EG-Sekundär- 715d recht für die deutschen Behörden und für die Bürger in Deutschland *auch* von der Vereinbarkeit mit den Grundrechten des Grundgesetzes abhängen.[17] Denn trotz des in Rn. 713c Gesagten sieht das *BVerfG* in Art. 24 I GG (und entsprechend im heute spezielleren Art. 23 I 2 GG) keine Ermächtigung, „die *Identität* der geltenden Verfassung der Bundesrepublik durch Einbruch in die sie konstituierenden Strukturen aufzuheben".[18] Zu diesen Verfassungsstrukturen gehört der Grundrechtsschutz, der auf dem *Boden* der Bundesrepublik nicht nur gegenüber deutschen Staatsorganen, sondern auch gegenüber Rechtsakten der EG gilt.[19] Aber nach Art. 23 I 1 GG wirkt die Bundesrepublik an der Entwicklung der EU (mit der EG als Kern der ersten „Säule") mit, die einen dem „Grundgesetz im wesentlichen vergleichbaren Grundrechtsschutz gewährleistet". Nach Auffassung des *BVerfG* ist „mittlerweile im Hoheitsbereich der EG ein Maß an Grundrechtsschutz erwachsen, das nach Konzeption, Inhalt und Wirkungsweise dem Grundrechtsstandard des Grundgesetzes im wesentlichen gleichzuachten ist".[20] Demgemäß überprüft das BVerfG das Gemeinschaftsrecht „nicht mehr am Maßstab der Grundrechte des Grundgesetzes". Verfassungsbeschwerden und Art. 100 I GG-Vorlagen deutscher Gerichte sind unzulässig.[21] Anderes gilt nur, wenn der Beschwerdeführer bzw. das Gericht „im einzelnen darlegt, daß die gegenwärtige Rechtsentwicklung zum Grundrechtsschutz im europäischen Gemeinschaftsrecht, insbesondere die Rechtsprechung des EuGH, den jeweils als unabdingbar gebotenen Grundrechtsschutz generell nicht gewährleistet"[22] – ein so gut wie aussichtsloses Unterfangen.

So gesehen sollte *I* den Gleichheitsgrundsatz im *Ausgangsfall* nicht auch über Art. 3 I GG, sondern *alleine* über Art. 6 II EU ins Spiel bringen.

---

[16] S. dazu etwa *BVerfGE* 73, 339 (387 ff.); *Oliver Koch*, Der Grundsatz der Verhältnismäßigkeit in der Rspr. des EuGH, 2003; *Herdegen*, § 9 Rn. 19 ff.

[17] Examensklausur bei *Hatje/Terhechte*, JuS 2007, 51.

[18] *BVerfGE* 37, 271 (279); 73, 339 (375 f.).

[19] *BVerfGE* 89, 155 (175); *BVerfG (Kammer)*, NJW 2001, 2705.

[20] *BVerfGE* 73, 339 (378 ff.); 102, 147 (162).

[21] *BVerfGE* 73, 339 (387); 102, 147 (161); *Lecheler*, JuS 2001, 120.

[22] So *BVerfGE* 102, 147 (161 ff.) mit Einzelheiten zur Darlegungslast (164 ff.).

IV. Abwehr gemeinschaftswidriger Rechtsakte[23]

1. Interne Klagemöglichkeiten im institutionellen Gefüge der EG

716   Nach Art. 230 I EG überwacht der EuGH die Rechtmäßigkeit der Handlungen von Organen der EG. (Zu Funktionen des EuGH im Rahmen der EU s. Art. 46 EU). **Klagebefugt** sind einerseits die **Mitgliedstaaten**, andererseits das Europäische Parlament, der Rat und die Kommission als **EG-Organe** in ihrem Verhältnis zueinander (Art. 230 II EG). Gerügt werden können die Unzuständigkeit, die Verletzung wesentlicher Formvorschriften, Verletzungen des EG-Vertrages und des sekundären Gemeinschaftsrechts sowie ein Ermessensmißbrauch (Art. 230 II EG). Mutatis mutandis weckt das Assoziationen zur Organklage, zur Klagemöglichkeit der Länder gegen den Bund und zur abstrakten Normenkontrollklage, Art. 93 I Nr. 1, 2, 3 GG. Aber die Klagemöglichkeiten vor dem EuGH sind anders strukturiert. Den Klageberechtigten steht *einheitlich* die **Nichtigkeitsklage** zur Verfügung (Art. 230, 231 I EG). Unterlassen die Kommission, der Rat oder das Europäische Parlament einen nach dem EG-Vertrag erforderlichen Beschluß, können die genannten Klageberechtigten eine **Untätigkeitsklage** auf *Feststellung* dieser Vertragsverletzung erheben (Art. 232 EG).

Auf dieser Linie kann z.B. das Europäische Parlament Nichtigkeitsklage gegen eine Verordnung des Rates mit der Begründung erheben, der Rat habe das Parlament nicht hinreichend am Rechtsetzungsverfahren beteiligt. Im *Ausgangsfall 2 aus Rn. 714c* hätte die *Bundesrepublik* im Rahmen einer Nichtigkeitsklage geltend machen können, die Entscheidung der Kommission zur Rückforderung der Beihilfe sei rechtswidrig, weil die Rücknahme des Bewilligungsbescheides den (auch) gemeinschaftsrechtlichen Grundsatz des Vertrauensschutzes verletze.

2. Rechtsschutz für Bürger und Unternehmen

716a   a) Der Rechtsschutz für Bürger und Unternehmen als juristische Personen wird vor allem bei der *Ausführung* von Gemeinschaftsrecht durch **Einzelakte** relevant, beim **gemeinschaftseigenen Vollzug** durch Entscheidungen im Sinne von Art. 249 IV EG und beim mitgliedstaatlichen Vollzug durch Verwaltungsakte gemäß § 35 VwVfG. Gegen gemeinschaftseigene Entscheidungen im Sinne von Art. 249 IV EG, die wie z.B. eine kartellrechtliche Entscheidung nach Art. 85 II 1 EG an ein Unternehmen adressiert sind, kann der **Adressat** gemäß Art. 230 IV EG ebenfalls die **Nichtigkeitsklage** erheben. Sie muß binnen zwei Monaten beim europäischen *Gericht erster Instanz* (EuG, Rn. 712d) eingereicht werden, wobei ein Rechtsmittel an den EuGH nur unter eingegrenzten Voraussetzungen zulässig ist (Art. 225 I EG i.V. mit Art. 51 der EuGH-Satzung, *Sartorius II* Nr. 245).

---

[23] Näheres zu allem z.B. bei *Herdegen*, Europarecht, § 10.

Dritte können die Nichtigkeitsklage nur erheben, wenn die Entscheidung sie „unmittelbar und individuell" betrifft (Art. 230 IV EG). Das ist eine andere Eingrenzung der Klagebefugnis als in § 42 II VwGO, wo es nicht bloß auf die *kausalen* Auswirkungen des Verwaltungsakts auf einen Dritten, sondern auch und insbesondere auf die *finale* Ausrichtung der zugrundeliegenden Rechtsnorm auf den *Schutz* des Dritten ankommt (subjektives Recht nach der „Schutznormtheorie", Rn. 185 ff.). – Im *Ausgangsfall 2 aus Rn. 714c* hätte *U* die Nichtigkeitsklage erheben können,[24] weil ihn die Tatbestandswirkung des feststellenden Teiles der Kommissionsentscheidung in der beschriebenen Weise unmittelbar und individuell traf und auch die Rücknahmeverpflichtung der Bundesrepublik ihm gegenüber unmittelbar wirksam war (Rn. 714h).

b) Gegen **Verwaltungsakte,** welche eine *deutsche* Behörde wie in den **716b** Ausgangsfällen im **mitgliedstaatlichen Vollzug** von Gemeinschaftsrecht erläßt, ist der herkömmliche Rechtsweg zu den **deutschen Verwaltungsgerichten** (im zuletzt eingeführten Ausgangsfall aus Rn. 715 zum Finanzgericht) gegeben. Die Zulässigkeitsvoraussetzungen bemessen sich nach der VwGO.[25]

Ist die gemeinschaftsrechtliche Gültigkeit oder Auslegung von sekundä- **716c** rem Gemeinschaftsrecht problematisch oder macht die Auslegung des EG-Primärrechts Schwierigkeiten, *muß* oder *kann* ein nationales Gericht gemäß Art. 234 EG die (bindende) **Vorabentscheidung des EuGH** einholen.

Über den Wortlaut von Art. 234 EG hinaus besteht die *Pflicht* zur Vorlage für *jedes* Gericht, das einen Rechtsakt des Gemeinschaftsrechts für *nichtig* hält und also nicht anwenden möchte oder auch nur *Zweifel* an der Gültigkeit hat. Denn in Parallele zu Art. 100 I GG bei deutschen *Gesetzen* hat der EuGH für *alle* Rechtsakte der EG ein *Verwerfungsmonopol* (vgl. Art. 230 EG).[26] Macht bloß die *Auslegung* des EG-Vertrages oder eines für gültig angesehenen EG-Rechtsaktes Schwierigkeiten, haben die Instanzgerichte ein Vorlageermessen. Jetzt muß nur das im konkreten Fall *letztinstanzliche* Gericht die Vorabentscheidung einholen (Art. 234 III EG).

Zu einer Vorlage an den EuGH ist ein Gericht nur verpflichtet, wenn „vernünftige Zweifel" an der Gültigkeit oder bei der Auslegung von Gemeinschaftsrecht bestehen.[27] Demgemäß käme im zuletzt eingeführten *Ausgangsfall aus Rn. 715* eine Vorlage an den *EuGH* nur in Betracht, wenn das Finanzgericht oder später der Bundesfinanzhof *hinreichende* Zweifel haben könnten, ob der Gemeinsame Zolltarif in seinem einschlägigen Anwendungsbereich mit dem gemeinschaftsrechtlichen Gleichheitsgrundsatz vereinbar ist, oder wenn ein *echtes* Auslegungsprobleme bestünde.[28] Sonst würden die Gerichte die Klage des *I* ohne weiteres abweisen.

---

[24] *BVerwGE* 106, 328 (335).

[25] Bei § 42 II VwGO kann es erforderlich werden, die Schutznormtheorie zu überspielen; zum Diskussionsstand und zur Rspr. des EuGH s. insoweit *Kopp/Schenke*, VwGO, § 42 Rn. 152 ff.; *Maurer*, Allg. VR, § 8 Rn. 15 a.

[26] *EuGH*, Rs. 314/85 – *Foto-Frost*, Slg. 1987, 4199 Rn. 15 ff., abgdr. bei *Herdegen*, § 10 Rn. 34.

[27] Im einzelnen *EuGH*, Rs. 283/81 – *C.I.L.F.T.*, Slg. 1982, S. 3415 (3431), wiedergegeben in *BVerfGE* 82, 159 (193).

[28] Im Kontext mit *Ausgangsfall 2 aus Rn. 714c* (Rücknahme einer EG-widrigen Beihilfe) hat das BVerwG zu mehren Einzelfragen eine Vorabentscheidung des EuGH eingeholt; *BVerwGE* 106, 328 (330).

Verletzt ein Gericht seine Vorlagepflicht oder „überspielt" ein Gericht die *ergangene* Vorabentscheidung des EuGH in einem konkreten Verfahren, kann ein Verstoß gegen Art. 101 I 2 GG vorliegen (*EuGH* als „gesetzlicher Richter"), den das *BVerfG* überprüft.[29] Im Grundrechtsbereich ist *das* das notwendige Korrelat für den Verzicht des BVerfG auf eine eigene Grundrechtsprüfung.[30]

Ist sowohl eine Vorlage nach Art. 100 I GG als auch eine Vorlage nach Art. 234 II, III EG angesagt, kann das Gericht ohne festliegende Rangfolge nach Zweckmäßigkeitsgesichtspunkten entscheiden, welche der beiden Zwischenverfahren es *zunächst* einleitet.[31]

716d c) Wie ein Mitgliedstaat oder ein Organ der EG kann im Grundsatz auch ein Bürger oder ein Unternehmen vor dem EuGH eine **Normenkontrollklage** erheben, ebenfalls in der Gestalt einer **Nichtigkeitsklage** nach Art. 230 IV EG. Allerdings kommt eine solche Normenkontrollklage allenfalls in Betracht, wenn ein Vollzugsakt nicht erforderlich ist und damit eine inzidente Normprüfung auf der Linie von soeben b) ausscheidet. Denn auch jetzt verlangt Art. 230 IV EG, daß der Kläger *unmittelbar* betroffen ist. Die Klagemöglichkeit reduziert sich zusätzlich, weil der Kläger wiederum auch noch *individuell* betroffen sein muß. Normen betreffen einen Bürger in der Regel nur als Mitglieder einer Allgemeinheit. Anderes gilt nach der Rechtsprechung des EuGH nur in Fällen, in denen die Norm den Kläger „wegen bestimmter persönlicher Eigenschaften oder besonderer, ihn aus dem Kreis aller übrigen Personen heraushebender Umstände berührt".[32]

§ 51. Primat des Gemeinschaftsrechts in (weiteren) examenstypischen Problemfeldern

I. Bindungen der Bundesrepublik an die EG-Grundfreiheiten

717 **Ausgangsfälle:** (1) Nach früherer Gesetzeslage durfte in Deutschland unter der Bezeichnung „Bier" nur ein Erzeugnis vertrieben werden, welches nach dem Bier-Reinheitsgebot von 1516 gebraut worden war. Brauereien in anderen Mitgliedstaaten der EG produzieren „Biere" mit (lebensmittelrechtlich unbedenklichen) Zusatzstoffen, welche dem deutschen Reinheitsgebot nicht genügen und daher in Deutschland nicht vertrieben werden durften. Der *EuGH* hat das deutsche Vertriebsverbot für

---

[29] *BVerfGE* 82, 159 (194 ff.); ferner etwa *BVerfG (Kammer)*, NJW 2001, 1267; NVwZ 2001, 1149.

[30] *BVerfG (Kammer)*, NJW 2001, 1267.

[31] *BVerfGE* 116, 202 (214 f.) = JuS 2007, 575 Nr. 4.

[32] So die „*Plaumann-Formel*" des *EuGH*, Slg. 1963, 211 (238 f.). Überblicke über die wenig systematische Kasuistik des *EuGH* z. B. bei *König*, JuS 2003, 257; *Booß*, in: Grabitz/Hilf, Kommentar, Art. 230 EG Rn. 49 ff.

derartige „Biere" als Verstoß gegen das EG-Recht angesehen.[1] Legen Sie „schulmäßig" dar, wie *Sie* den Fall entscheiden würden.

(2) Der belgische Fußballprofi P war mit seinem Einverständnis von seinem deutschen Verein V für eine Transfersumme von 1 000 000 € an den deutschen Verein K verkauft worden. Bei den Spielen seines neuen Vereins saß er über einen längeren Zeitraum auf der Bank, (a) zunächst, weil K die Transfersumme nicht an V bezahlt hatte und P deshalb nach den Statuten des für den Ligabetrieb zuständigen Fußballverbandes für K noch nicht spielberechtigt war, (b) später, weil K nach den gleichen Statuten nur 3 Ausländer gleichzeitig auf dem Spielfeld einsetzen durfte. Ist P Unrecht geschehen?[2]

Im **Unterschied zu den EG-Grundrechten,** die in erster Linie Relevanz 717a
für die Organe der EG haben (soeben Rn. 715a), richten sich die
Grundfreiheiten des EG-Vertrages vor allem an die Mitgliedstaaten. Die
EG-Grundfreiheiten fördern den europäischen Binnenmarkt (Art. 3 I
lit. c), 14 II EG) und werden daher – aussagekräftiger – auch als „Marktfreiheiten" bezeichnet. Im einzelnen geht es um

– den grenzüberschreitenden **„freien Warenverkehr"** (Überschrift vor Art. 23 EG)
  mit dem Verbot von Binnenzöllen (Art. 25 EG), dem Verbot von mengenmäßigen
  Beschränkungen (Art. 28, 29 EG) und – in der Praxis vor allem relevant – dem Verbot aller Abgaben und Maßnahmen *„gleicher Wirkung"* (Art. 25, 28 EG);
– die **„Freizügigkeit"** (Überschrift vor Art. 39) mit der Freizügigkeit der *Arbeitnehmer* (Art. 39 EG) sowie der Niederlassungsfreiheit von *Selbständigen* (Art. 43 EG)
  und *Unternehmen* (Art. 48 EG) im Gemeinschaftsgebiet;
– den **„freien Dienstleistungsverkehr"** (Art. 49, 50 EG), verstanden als grenzüberschreitende gewerbliche, handwerkliche und freiberufliche Tätigkeit vom EG-Ausland aus ohne Niederlassung im Gaststaat;[3]
– den freien **Kapital- und Zahlungsverkehr** (Art. 56 EG), der nachfolgend ausgeklammert bleibt.

Die Marktfreiheiten sind die *Eckpfeiler* für die Durchsetzung des ge- 717b
meinsamen Marktes gegenüber den Mitgliedstaaten im Rahmen der erwähnten „Politiken" der Gemeinschaft (Art. 23 – Art. 188 EG) und haben von hierher in erster Linie eine objektivrechtlich-institutionelle
Funktion. Sie vermitteln den „Marktbürgern" aber auch subjektive
Rechte. Methodisch kehrt bei den Marktfreiheiten manches wieder, was
von der Grundrechtsprüfung her bekannt ist. Im einzelnen können Verstöße gegen eine Marktfreiheit wie folgt geprüft werden:

(1) Verstoß des deutschen Rechtsaktes schon gegen vorrangiges EG- 717c
Sekundärrecht?

Vor allem in den Bereichen von Freizügigkeit und freiem Dienstleistungsverkehr sind
zahlreiche Verordnungen und Richtlinien vorhanden, welche die Marktfreiheiten im
einzelnen ausgestalten, wie insbesondere Art. 40ff. und Art. 44ff. EG das vorsehen.[4]
In den *Ausgangsfällen* ist für den Klausurbearbeiter kein einschlägiges Sekundärrecht
ersichtlich.

---

[1] *EuGH*, Rs. 178/84, 12. 3. 1987, NJW 1987, 1133 = JuS 1987, 652 Nr. 1.
[2] Fallanlehnung an *EuGH*, Rs. C-415/93 – *Bosman*, 15. 12. 1993, Slg. 1995 I-4921.
[3] Fallbesprechungen auf Schwerpunktbereichsniveau bei *Korte/Fischer/Jacob*, JuS
  2005, 147.
[4] S. etwa die Überblicke bei *Herdegen*, Europarecht, § 17 Rn. 16ff., 35, § 18 Rn. 8ff.

717 d **(2) Einschlägige Marktfreiheit**

(a) Räumlicher Aspekt

Auf rein innerstaatliche Sachverhalte ohne grenzüberschreitenden Bezug finden die Marktfreiheiten keine Anwendung. In den *Ausgangsfällen* geht es um grenzüberschreitende Zusammenhänge.

(b) Thematischer Aspekt

Wie in jeder Fallbearbeitung ist zunächst eine saubere Subsumtion unter den *Gesetzestext*, also unter die in Betracht kommenden Normen des EG-Vertrages angesagt. Die **Warenverkehrsfreiheit** (Ausgangsfall 1) schützt nach dem Wortlaut von Art. 28, 29 EG vor **Beschränkungen** im zwischenstaatlichen Warenverkehr. Welche Personen oder Unternehmen den Warenverkehr betreiben, Deutsche, EG-Ausländer oder Ausländer aus Drittstaaten, ist ohne Relevanz (vgl. Art. 23 II EG).

Subsumiert man im Detail, liegt im *Ausgangsfall 1* keine „mengenmäßige Einfuhrbeschränkung" vor, auch nicht in ihrer intensivsten Form, einem vollständigen Einfuhrverbot. Denn das als „Bier" bezeichnete Getränk *darf* in die Bundesrepublik eingeführt werden. Aber das *Verkehrs*verbot ist eine „**Maßnahme gleicher Wirkung**". Denn *wie* ein Einfuhrverbot versperrt das Verkehrsverbot das *Eigentliche*, den Zugang des nicht nach dem Reinheitsgebot gebrauten „Bieres" zum deutschen *Markt*. Nach der *Dassonville-Formel* des EuGH ist eine „Maßnahme gleicher Wirkung" „jede Handelsregelung, die geeignet ist, den innergemeinschaftlichen Handel unmittelbar oder mittelbar, tatsächlich oder potentiell zu *behindern*", soweit die Regelung anders als im Ausgangsfall 1 nicht bloß die *Verkaufsmodalitäten* betrifft (Einschränkung durch die *Keck-Entscheidung* des EuGH).[5]

Anders als die Warenverkehrsfreiheit haben die **Arbeitnehmerfreizügigkeit** (Ausgangsfall 2), die **Niederlassungsfreiheit** und die **Dienstleistungsfreiheit** nach dem Gesetzeswortlaut einen *personalen* Bezug. Es geht um das Verbot gleichheitswidriger **Diskriminierungen** (Art. 39 II EG) bzw. gleichheitswidrig *diskriminierender* Beschränkungen (Art. 43, 49 I EG) von EG-Ausländern und von im EG-Ausland ansässigen Unternehmen im Vergleich zu deutschen Staatsangehörigen und zu in Deutschland ansässigen Unternehmen.[6]

Im *Ausgangsfall 2* wird *P* nur durch die Ausländerquote (b) diskriminiert. Die Entrichtung der Transfersumme (a) ist auch bei deutschen Spielern Voraussetzung für die Spielberechtigung und unterfällt daher nicht der Anknüpfung des Wortlautes von Art. 39 II EG an eine Diskriminierung.

Indessen hat der *EuGH* den Schutzbereich aller zuletzt genannten Freiheiten über den Gesetzeswortlaut hinaus auf *nicht*diskriminierende

---

5   *EuGH*, Rs. 8/74 – *Dassonville*, 11. 7. 1974, Slg. 1974, 837 Rn. 5; Rs. C-267/91, 268/91 – *Keck*, 24. 11. 1993, Slg. 1993, I-6097 Rn. 16 f. Zum Ganzen auch *Herdegen*, § 16 Rn. 5 ff.
6   Neben derart direkten Diskriminierungen werden als „**verdeckte**" **Diskriminierungen** auch Anknüpfungen an den Wohnsitz oder an Sprachkenntnisse erfasst, wenn sie in der Realität Ausländer benachteiligen.

Beschränkungen erweitert,[7] wobei als Beschränkung auf der Linie der Dassonville-Formel nunmehr bei *allen* Grundfreiheiten *jede* nationale Maßnahme anzusehen ist, „die die Ausübung der durch den Vertrag garantierten Freiheiten behindern oder weniger attraktiv machen kann" *(Gebhard-Formel).*[8]

Mit diesem Ansatz ist im *Ausgangsfall 2* letztendlich auch die Anknüpfung der Spielberechtigung an die Zahlung der Transfersumme (a) ein Problem des Art. 39 EG.

(d) Funktionaler Aspekt, Eingriff   717e

Die Dassonville-Formel und die Gebhard-Formel machen deutlich, daß sich die Marktfreiheiten im Unterschied zu den deutschen Grundrechten (Rn. 448) *ohne weiteres* auch gegen mittelbare und faktische Eingriffe richten.

Die Marktfreiheiten haben nicht alleine eine **Abwehrfunktion,** welche die Mitgliedstaaten zu Unterlassungen verpflichtet (Ausgangsfall 1). Wie bei den Grundrechten (Rn 510, 513) *können* die Mitgliedstaaten auch zu einem aktiven Handeln verpflichtet sein, zu **Schutzmaßnahmen gegen Eingriffe Privater.**

Eine derartige Handlungspflicht hat der EuGH z.B. für die Republik Österreich diskutiert, als Demonstranten die grenzüberschreitende Brenner-Autobahn blockiert und so die Freiheit des Warenverkehrs behindert hatten.[9] – Der *Ausgangsfall 2* betrifft ebenfalls ein Handeln Privater, die Statuten des privaten Fußballverbandes. Aber hier hilft die Schutzpflicht der Bundesrepublik nicht weiter. Denn es geht um die Gültigkeit der Statuten in der Vergangenheit und nicht um eine eventuelle Verpflichtung des Staates, für eine Änderung in der Zukunft zu sorgen. Indessen unterstehen die Verbandsstatuten den Anforderungen des Art. 39 EG *unmittelbar:*

Der Freizügigkeit der Arbeitnehmer kommt für alle privatrechtlichen   717f
„Arbeitsbedingungen" eine **unmittelbare Drittwirkung** zu, in gewisser Parallele zum (in der Sache engeren) Art. 9 III 2 GG.[10] Entsprechendes gilt für die Dienstleistungsfreiheit.[11]

(3) Rechtfertigung des Eingriffs   717g

(a) Geschriebene Schranken

Die einschlägigen Normen des EG-Vertrages zählen Gründe auf, bei deren Vorliegen die Marktfreiheiten einer Einschränkung nicht entge-

---

[7] *EuGH*, Rs. C-415/93 – *Bosman* –, aaO, Rn. 93 (Arbeitnehmerfreizügigkeit); Rs. C-55/94 – *Gebhard*, 30. 11. 1995, Slg. 1995, I-4165 Rn. 37 (Niederlassungsfreiheit); Rs. C-33/74 – *van Binsbergen*, Slg. 1974, 1299 Rn. 10ff.

[8] *EuGH*, Rs. C-55/94 – *Gebhard*, aaO.

[9] *EuGH*, Rs. C-112/00 – *Schmidberger*, 12. 6. 2003, Slg. 2003, I-5659 Rn. 74ff. = JuS 2004, 429, mit Grenzen durch die grundrechtliche *Demonstrationsfreiheit;* ähnlicher Klausurfall bei *Siemen*, JuS 2005, 251.

[10] Vgl. insoweit Rn 563.

[11] S. zu allem *EuGH*, Rs. 36/74 – *Walrave* –, Slg. 1974, 1405 Rn. 16, 19; Rs. C-415/93 – *Bosman*, aaO, Rn. 82ff.; Rs. C-281/98 – *Angonese*, 6. 6. 2000, Slg. 2000, I-4139 Rn. 31ff.; *Herdegen*, § 15 Rn. 11ff.

genstehen. Im Rahmen der Arbeitnehmerfreizügigkeit, der Niederlassungsfreiheit und der Dienstleistungsfreiheit sind das allein „Gründe der öffentlichen Ordnung, Sicherheit und Gesundheit" (Art. 39 III, 46 I, 55 EG). Im Rahmen der Warenverkehrsfreiheit treten weitere Gründe hinzu (Art. 30 EG).

In den *Ausgangsfällen* ist keine dieser geschriebenen Schranken einschlägig.

(b) Ungeschriebene Schranke

Gleichsam als Ventil für die weite Definition der „Maßnahmen gleicher Wirkung" in Art. 28, 29 EG durch die Dassonville-Formel und für die ungeschriebene Erstreckung der Schutzfunktion von Art. 39, 43 und 49 I EG auf nichtdiskriminierende Beschränkungen hat der EuGH alle Marktfreiheiten einer ungeschriebenen Schranke unterstellt: *Nichtdiskriminierende* Beschränkungen, also Regelungen, die für Deutsche und EG-Ausländer bzw. für in Deutschland und im EG-Ausland ansässige Unternehmen in gleicher Weise gelten, sind über die geschriebenen Schranken hinaus *auch* zulässig, wenn sie „aus zwingenden Erfordernissen", „aus zwingenden Gründen des Allgemeininteresses", gerechtfertigt sind.[12]

Im *Ausgangsfall 1* (Bier-Reinheitsgebot) stehen hinter dem Verkehrsverbot Interessen des Verbrauchsschutzes (Irreführung der deutschen Verbraucher durch Verkauf des anders gebrauten Getränkes als „Bier"), welche man in einer Klausur als „Allgemeininteressen" anerkennen kann.[13] Im *Ausgangsfall 2* (Fußballverbandsstatut) sind keine Gründe des *Allgemein*interesses ersichtlich, welche darauf drängen könnten, die (a) Spielberechtigung eines Spielers von der Zahlung der vereinbarten Transfersumme an seinen „alten" Verein abhängig zu machen. Die (b) Ausländerklausel hat zwar einen *Ansatz* beim Allgemeininteresse. Sie soll deutschen Fußballtalenten eine hinreichende Spielpraxis für die Aufnahme in die deutsche Nationalmannschaft ermöglichen. Aber von Art. 39 II EG her ist dieser Ansatz nicht hinreichend zwingend. Wegen der Arbeitnehmerfreizügigkeit können talentierte deutsche Spieler die erforderliche Spielpraxis auch bei ausländischen Vereinen im Gemeinschaftsgebiet erwerben und aufrechterhalten.[14] Damit sind die Regelungen des Fußballverbandes nicht gerechtfertigt, *P* ist Unrecht geschehen.

717h ### (c) Grundsatz der Verhältnismäßigkeit

Nach Art. 5 III EG sind alle Beschränkungen schließlich an den Grundsatz der Verhältnismäßigkeit gebunden, mit den aus der Grundrechtsprüfung geläufigen Kriterien der Eignung und der Erforderlichkeit für den mit ihnen verfolgten Zweck.[15]

---

[12] *EuGH*, Rs. 120/78 – *Cassis de Dijon*, 20. 2. 1979, Slg. 1979, 649 Rn. 8 (zur Warenverkehrsfreiheit); Rs. C-55/94 – *Gebhard*, aaO (allgemein).

[13] Der *EuGH* erkennt den Verbraucherschutz im Grundsatz an (Rs. C-55/94 – *Gebhard*, aaO), aus übergeordneten Gemeinschaftsgründen (Änderung der Verbrauchergewohnheit durch grenzüberschreitenden Wettbewerb) aber nicht für den vorliegenden Zusammenhang (Rs. C-415/93 – *Bosman*, aaO, Rn. 31 ff.).

[14] Auf dieser Linie *EuGH*, Rs. C-415/93 – *Bosman*, aaO, Rn. 133 f.

[15] Überblick über die insoweit einschlägige Rspr. des *EuGH bei* Herdegen, § 15 Rn. 3 ff., § 16, Rn. 20 ff.

Im noch verbliebenen *Ausgangsfall 1* gebietet die Gefahr einer Irreführung der Verbraucher kein allgemeines *Verkehrs*verbot. Als milderes Mittel ist ein Flaschenaufdruck oder Gaststättenhinweis „Gebraut nach dem Reinheitsgebot von 1516" ausreichend und daher allein EG-konform.

II. Innerstaatliche Relevanz nicht umgesetzter EG-Richtlinien

Ausgangsfall: Das Pharmaunternehmen *P* ist mit seinem neu entwickelten Arzneimittel XY im deutschen Zulassungsverfahren gescheitert. Ein von *P* in Auftrag gegebenes Rechtsgutachten kommt zu dem Ergebnis, daß das deutsche Arzneimittelgesetz in einem für XY entscheidenden Punkt höhere Anforderungen an die Zulassung stellt als das einschlägige Richtlinienrecht der EG (zu ihm Rn. 714 f). *P* fragt an, ob er seinen Zulassungsantrag über eine Verpflichtungsklage auf Zulassung des Arzneimittels weiterverfolgen sollte. Hätte *P* bei einem Erfolg der Klage einen Schadensersatzanspruch gegen die Bundesrepublik, weil der Markterfolg von XY erst mit erheblicher Verspätung eintritt? **718**

Nach dem Gesagten bedarf eine EG-Richtlinie der Umsetzung in innerstaatliches Recht (Rn. 713). Aber unter bestimmten Voraussetzungen billigt der *EuGH* einer nicht fristgerecht oder inhaltlich nicht ordnungsgemäß umgesetzten Richtlinie eine *unmittelbare* Wirkung zu, parallel zur unmittelbaren Geltungskraft einer EG-Verordnung. Zur Begründung verweist der EuGH u. a. auf das schon in Rn. 713 d erwähnte gemeinschaftsrechtliche Prinzip des *effet utile,* nach welchem dem Gemeinschaftsrecht zu möglichst großer Wirksamkeit verholfen werden muss.[16] Das *BVerfG* hat die Rechtsprechung des EuGH als zulässige „Rechtsfortbildung" angesehen, die sich im Rahmen von Art. 24 I GG (jetzt Art. 23 I 2 GG) hält und deshalb in Deutschland gilt.[17] **Im einzelnen** ist folgender Gedankengang sinnvoll:

(1) Nicht fristgerechte[18] oder wie im Ausgangsfall inhaltlich *nicht ordnungsgemäße Umsetzung der Richtlinie* durch das deutsche Recht. **718 a**

(2) Keine Möglichkeit zu einer *richtlinienkonformen Auslegung*[19] des deutschen Rechts, was für den Ausgangsfall unterstellt sei.

---

[16] S. z. B. *EuGH,* Rs. 41/74 – *van Duyn,* 4. 12. 1974, Slg. 1974, 1337 Rn. 12; Rs. 148/78 – *Ratti,* 5. 4. 1979, Slg. 1979, 1629 Rn. 18 ff.; Rs. 8/81 – *Becker,* 19. 1. 1982, Slg. 1982, 53 Rn. 21 ff., 29; Rs. 190/87 – *Moormann,* 20. 9. 1988, Slg. 1988, 4689 Rn. 22 ff.

[17] BVerfGE 75, 223 (241 ff.); 85, 191 (203 ff.).

[18] Schon *vor* Ablauf der Umsetzungsfrist darf ein Mitgliedstaat keine Regelungen treffen, die das Richtlinienziel ernstlich in Frage stellen; *EuGH,* Rs. C 129/96 – *Inter-Environnement Wallonie ASBL,* 18. 12. 1997, NVwZ 1998, 385.

[19] S. hierzu *EuGH,* Rs. 14/83 – *von Colson und Kamann,* 10. 4. 1984, Slg. 1984, 1891; Rs. 79/83 – *Harz,* 10. 4. 1984, Slg. 1984, 1921; Rs. C-106/89 – *Marleasing,* 13. 11. 1990, Slg. 1990, I-4135; verb. Rs. C-397/01 bis 403/01 – *Pfeiffer,* 9. 3. 2004, Slg. 2004, I-8835; verb. Rs. C-387/02, C-391/02, C-403/02 – *Berlusconi,* 3. 5. 2005, Slg. 2005, I-3565. Zur Rechtsprechung der deutschen Gerichte in diesem Zusammenhang *Herdegen,* § 9 Rn. 40 ff.

718b (3) Die Richtlinie muß in ihrer einschlägigen Regelung *inhaltlich unbedingt* und vor allem *hinreichend genau* sein,[20] wobei in einer Klausur die inhaltlichen Anforderungen an ein Gesetz Orientierung geben können. In der EG-Praxis gehen die Richtlinien zumeist so weitgehend ins Detail, daß die Voraussetzungen für eine unmittelbare Geltung insoweit erfüllt sind.

Das gilt auch im *Ausgangsfall* für die hinter dem Arzneimittelgesetz stehenden Richtlinien.

718c (4) Die unmittelbare Wirkung einer Richtlinie besteht *nur zu Gunsten der Bürger,* kann für den Bürger aber keine Pflichten begründen.[21] Den *Mitgliedstaaten* kann nach Treu und Glauben keine unmittelbare Wirkung zu Gute kommen. Denn der Mitgliedstaat hat es gerade *versäumt,* die Richtlinie ordnungsgemäß umzusetzen. Auch zu Gunsten der Bürger gilt die Richtlinie nur mit *vertikaler* Direktwirkung gegenüber dem *Staat,* nicht aber mit horizontaler Direktwirkung gegenüber anderen Bürgern in privatrechtlichen Beziehungen.[22]

Im *Ausgangsfall* würde die Richtlinie *zu Gunsten* des P wirken. Wenn das Gericht die Rechtsauffassung des Gutachters für zutreffend halten sollte, würde es der Verpflichtungsklage (eventuell nach Durchführung eines Vorabentscheidungsverfahrens gemäß Art. 234 EG) stattzugeben haben.

III. Gemeinschaftsrechtlicher Staatshaftungsanspruch

719 Wenn deutsche Legislativorgane, Behörden oder Gerichte EG-Recht nicht beachtet haben, kann der Geschädigte einen *gemeinschaftsrechtlichen* Staatshaftungsanspruch haben.[23] Der EuGH[24] und ihm folgend der

---

[20] Vgl. BVerfGE 75, 223 (235 ff.); Einzelkriterien des *EuGH* etwa bei *Jarass* NJW 1990, 2420; *Götz,* NJW 1992, 1849 (1855).

[21] *EuGH,* Rs. 80/86 – *Kolpinghuis Nijmegen,* 8. 10. 1987, Slg. 1987, 3969 Rn. 7 ff.; Rs. C-387/02, C-391/02, C-403/02 – *Berlusconi,* 3. 5. 2005, Slg. 2005, I-3565 Rn. 73 ff.

[22] *EuGH,* Rs. C-91/92 – *Faccini Dori,* 14. 7. 1994, Slg. 1994, I-3325 Rn. 19 ff.; Rs. C-192/94 – *El Corte Inglés SA,* 7. 1. 1996, Slg. 1996, I-1281 Rn. 15 ff.; *Gassner,* JuS 1996, 303. – Überblick bei *Herdegen,* § 9 Rn. 47 ff.

[23] Zur Verletzung des primären Gemeinschaftsrechts durch legislative Organe *EuGH,* Rs. C-46/93, C-48/93 – *Brasserie du Pêcheur,* 5. 3. 1996, Slg. 1996, I-1029 = JuS 1996, 745 i. V. mit *Bröhmer,* JuS 1997, 117; Rs. C-42497 – *Salomone Haim,* 4. 7. 2000, EuZW 2000, 733 = JuS 2001, 285; zur fehlerhaften Umsetzung von Richtlinien *EuGH,* Rs. C-392/93 – *British Telecommunications,* 26. 3. 1996, Slg. 1996, I-1631; zu einer Verwaltungspraxis, die gegen Gemeinschaftsrecht verstößt, *EuGH,* Rs. C-5/94 – *Hedley Lomas,* 23. 5. 1996, Slg. 1996, I-2553; zur Judikative *EuGH,* Rs. C-224/01 – *Köbler,* 30. 9. 2003, Slg. 2003, I-10239 = JuS 2004, 425 Nr. 1 (*Streinz*) i. V. mit *Schöndorf-Haubold,* JuS 2006, 112; Rs. C-173/03 – *Traghetti del Mediterraneo,* 13. 6. 2006, Slg. 2006, I-5177 = JuS 2007, 68 Nr. 2.

[24] Zur genaueren Ableitung und zu den nachfolgenden Einzelheiten grundlegend *EuGH,* Rs. C-6/90, C-9/90 – *Francovich,* Slg. 1991, I-5357 = NJW 1992, 165; Rs. C-46/93, C-48/93 – *Brasserie du Pêcheur,* aaO. S. ferner etwa *Saenger,* JuS 1997, 117; *Cremer,* JuS 2001, 643; *Ossenbühl,* Staatshaftungsrecht, S. 492 ff.; *Maurer,* Allg. VR, § 31 Rn. 5 ff.; *Detterbeck/Windthorst/Sproll,* Staatshaftungsrecht, § 6 Rn. 1 ff.

BGH^{25} leiten den Anspruch rechtsschöpferisch aus dem Wesen des EG-Vertrages ab. Der gemeinschaftsrechtliche Staatshaftungsanspruch kann auch in Fällen gegeben sein, in denen das deutsche Staatshaftungsrecht weder Schadensersatz noch Entschädigung gewährt: Anders als im deutsche Recht [26] kommt ein gemeinschaftsrechtlicher Staatshaftungsanspruch *auch bei normativem Unrecht* in Betracht. Und anders als der Amtshaftungsanspruch nach § 839 I 1 BGB[27] setzt der gemeinschaftsrechtliche Staatshaftungsanspruch *kein Verschulden* voraus.

Im *Ausgangsfall aus Rn. 718* ist unsicher, ob dem *P* das *deutsche* Amtshaftungsrecht (§ 839 BGB/Art. 34 GG) weiterhelfen könnte. Als *normatives Unrecht* scheidet die Nichtumsetzung der Richtlinie durch das AMG von vornherein aus. Daß die Zulassungsbehörde die Richtlinie nicht im Kontext von soeben III. *unmittelbar* angewendet hat, ist zwar im *Außenverhältnis* zu *P* rechtswidrig, aber damit nicht automatisch eine Verletzung der auf das *Innenverhältnis* zum Dienstherrn bezogenen Amtspflichten der mit der Angelegenheit befassten *Beamten*.[28] Und so oder so sind die besonderen Voraussetzungen für ein Verschulden der Beamten[29] im Zweifel nicht erfüllt. Damit rückt der gemeinschaftsrechtliche Staatshaftungsanspruch ins Zentrum.

Nach dem EuGH und dem BGH[30] hat der gemeinschaftsrechtliche Staatshaftungsanspruch **folgende Einzelvoraussetzungen:** 719a

(1) Verstoß einer nationalen (deutschen) Instanz gegen Gemeinschaftsrecht; **(2)** Zweck der verletzten Norm des Gemeinschaftsrechts, dem einzelnen Rechte zu verleihen; **(3)** „hinreichend qualifizierter" Verstoß gegen das Gemeinschaftsrecht, weil die nationale Instanz die EG-Grenzen „offenkundig und erheblich" überschritten hat;[31] **(4)** unmittelbar kausaler Schaden.

Allerdings sind die Voraussetzungen des Schadensersatzanspruchs damit nicht abschließend angesprochen. Nach der ständigen Formulierung des EuGH hat der Mitgliedstaat „die **Folgen**" des nach soeben (1) bis (4) „verursachten Schadens **im Rahmen des nationalen Haftungsrechts** zu beheben", wobei die gemeinschaftsrechtlichen Voraussetzungen nicht konterkariert werden dürfen. 719b

Demgemäß sind **zusätzlich** insbesondere[32] folgende Fragen relevant:[33] **(5)** andere Ersatzmöglichkeit, § 839 I 2 BGB (Rn. 314); **(6)** schuldhafter Nichtgebrauch von Rechtsmitteln, § 839 III BGB (Rn. 315); **(7)** Mitverursachung, § 254 BGB (ebenfalls Rn. 315). **(8)** Gemäß Art. 34 GG haftet wie bei der Amtshaftung *die* deutsche Kör-

---

[25] *BGHZ* 134, 30 (36); 146, 153 (158 ff.); 162, 49 (51 f.).
[26] Rn. 320 ff., 355 f.
[27] Rn. 313.
[28] Rn. 309.
[29] Rn. 313.
[30] AaO.
[31] Dazu im einzelnen *EuGH*, Rs. C-46/93, C-48/93 – *Brasserie du Pêcheur*, aaO; Rs. C-224/01 – *Köbler*, aaO.
[32] Der genaue Umfang des Kataloges ist noch nicht abschließend bestimmt, s. *Ossenbühl*, Staatshaftungsrecht, S. 515; *Detterbeck/Windthorst/Sproll*, Staatshaftungsrecht, § 6 Rn. 65 ff.
[33] *BGHZ* 156, 294 (297 f.).

perschaft, deren Beamter (Rn. 308) gegen das Gemeinschaftsrecht verstoßen hat (Rn. 316).[34]

Im *Ausgangsfall* ist (1) doppelt erfüllt, durch den Bundestag mit der Nichtumsetzung der Richtlinie und durch die Zulassungsbehörde mit der Nichtanwendung der zugunsten von *P* unmittelbar anwendbaren Richtlinie. Ob (3) erfüllt ist, läßt sich nach dem Sachverhalt nicht abschließend entscheiden. Alle weiteren Voraussetzungen sind gegeben.

IV. Vertragsverletzungsverfahren

720   Soeben unter II. und III. ging es um gemeinschaftswidrige Verhaltensweisen eines Mitgliedstaates, denen das Gemeinschaftsrecht schon auf der *materiellrechtlichen* Ebene gleichsam *automatisch* entgegenwirkt. Die Betroffenen können die Einhaltung des Gemeinschaftsrechts vor den deutschen Gerichten einklagen.[35]

720a   Unabhängig davon kann die *Kommission* in *allen* Fällen einer Verletzung von EG-Recht durch einen Mitgliedstaat in ihrer Eigenschaft als „Hüterin des Gemeinschaftsrecht" ein **Vertragsverletzungsverfahren** einleiten (Art. 226 I EG).[36] Nach Anhörung des Mitgliedstaates gibt die Kommission eine mit Gründen versehene Stellungnahme (Art. 249 V EG) ab. Kommt der Mitgliedstaat dieser Stellungnahme nicht nach, kann die Kommission eine Klage vor dem *EuGH* auf Feststellung der Vertragsverletzung erheben (Art. 226 II EG). Eine Feststellung der Vertragsverletzung durch den EuGH hat zur Folge, daß die Kommission den Mitgliedstaat zur Zahlung täglicher Zwangsgelder in für Laien kaum vorstellbaren Höhen zwingen kann (vgl. Art. 228 EG). Nicht zuletzt wegen dieser Bewehrung hat sich das Vertragsverletzungsverfahren in der Praxis als „scharfes Schwert" erwiesen.

---

[34] *BGHZ* 161, 224 (234 ff.).
[35] Vgl. Rn. 716 b.
[36] Zur entsprechenden Möglichkeit eines anderen *Mitgliedstaates* (unter Einschaltung der Kommission) s. Art. 227 EG.

12. Teil. Die kommunalen Gebietskörperschaften

§ 52. Allgemeiner Überblick

I. Ausbildungsrelevanz

In fast allen Bundesländern gehören (zumindest) die „Grundzüge des **721** Kommunalrechts" zum Pflichtfachbereich. Gleichwohl wird das Kommunalrecht in der Examensvorbereitung eher stiefmütterlich behandelt. Das kann sich schon in „normalen" verwaltungsrechtlichen Arbeiten „rächen".

Naturgemäß sind es in vielen Fällen kommunale Behörden, welche dem Bürger gegenübertreten. Wenn sich der Bearbeiter nicht sicher ist, wie diese kommunale Behörde *organisationsrechtlich* einzuordnen ist, kann die ganze Fallbearbeitung schief oder ungenau werden.

Außerdem ist es nicht unüblich, „rein" kommunalrechtliche Arbeiten auszugeben. Als Grundlage sowohl für die verwaltungsrechtliche als auch für die kommunalrechtliche Fallbearbeitung wird nachfolgend zunächst ein knapper und grobkörniger Überblick gegeben. Der Leser sollte ihn durch Eigenarbeit verfeinern[1] und mit Hilfe der Gesetzestexte auf das Bundesland ausrichten, in welchem er studiert oder sein Examen ablegen möchte.[2] Anschließend werden kommunalrechtliche Problembereiche behandelt, welche besonders fallträchtig sind. Andere Problembereiche wurden schon früher dargestellt, so die kommunale Rechtssetzung (Satzungen) in Rn. 427 ff., die Bedeutung der Selbstverwaltungsgarantie für den verwaltungsrechtlichen Drittschutz in Rn. 202, die öffentlichen Einrichtungen der Gemeinden mit dem Anstaltsrecht in Rn. 360 ff., die Einbettung der Gemeinden in die föderale Finanzverfassung in Rn. 686 ff., die Abgabenhoheit der Gemeinden in Rn. 427 ff.

II. Die verschiedenen kommunalen Körperschaften

In den „**Stadtstaaten**" Berlin und Hamburg werden staatliche und gemeindliche **722** Tätigkeit nicht getrennt. Die Organe des Staates (Land Berlin, Land Hamburg) neh-

---

[1] *Zum Einlesen: Schmidt-Aßmann,* Bes.VR, 1. Abschn.; *Seewald,* in: Steiner, Bes.VR I, S. 1 ff.; *Tettinger,* Bes. VR/1, 6. Aufl. 2001.

[2] *Zur wissenschaftlichen Vertiefung: Wolff/Bachof/Stober,* VR Bd. 3, §§ 94, 95, 96 *(Kluth); Schmidt-Jortzig,* Kommunalrecht, 1982; *Burgi,* Kommunalrecht, 2006; *Kottenberg/Steffens,* Rechtsprechung zum kommunalen Verfassungsrecht, Loseblattsammlung.

men also gleichzeitig die Funktionen einer Kommunalverwaltung wahr (Stadt Berlin, Stadt Hamburg). Auf Bezirksebene ist zwar kommunales Gedankengut verwirklicht. Rechtlich gesehen haben auch die bezirklichen Instanzen aber staatlichen Charakter. Im Land **Bremen** existieren die Gemeinden Stadt Bremen und Stadt Bremerhaven. Aber nur die Stadt Bremerhaven hat selbständige Gemeindeorgane. Die Organe der Stadt Bremen sind mit den Organen des Landes Bremen teilidentisch.[3]

723 In allen anderen Ländern der Bundesrepublik werden die „Angelegenheiten der örtlichen Gemeinschaft" von nichtstaatlichen, aber öffentlichrechtlich organisierten kommunalen Gebietskörperschaften mit eigener Rechtspersönlichkeit wahrgenommen.[4] Das sind vor allem die **Gemeinden.** Die **Kreise** treten hinzu.

724 Zu nennen sind ferner: die **Gesamtgemeinden** zur überregionalen Wahrnehmung bestimmter Aufgaben der Mitgliedsgemeinden (Niedersachsen: „Samtgemeinden"; Rheinland-Pfalz: „Verbandsgemeinden"; Bayern: „Verwaltungsgemeinschaften"; Schleswig-Holstein: „Ämter"; „neue" Bundesländer: „Verwaltungsgemeinschaften", „Verwaltungsämter"; Baden-Württemberg: „Gemeindeverwaltungsverbände");[5] die **Zwecksverbände**[6] (z. B. Planungsverbände gem. § 205 BauGB; Wasser- und Bodenverbände nach dem WasserverbandsG;[7] Sparkassen- und Giroverbände); die **höheren Gemeindeverbände** (z. B. Landschaftsverbände Westfalen-Lippe und Rheinland; Bayerische Bezirksverbände; Oldenburgische und Ostfriesische Landschaft).[8] Einzelheiten zu *diesen* Körperschaften müssen nachfolgend unberücksichtigt bleiben.

III. Gemeinden und Kreise

725 Ein Kreis umfaßt das Gebiet etlicher („kreisangehöriger") Gemeinden. Die Verteilung der Kompetenzen ergibt sich im einzelnen aus den Gemeindeordnungen und Kreisordnungen der Länder sowie aus zahlreichen Fachgesetzen. Der zuständigkeitsverteilende Gesetzgeber hat das „**verfassungsrechtliche Aufgabenverteilungsprinzip" des Art. 28 II 1 GG** zu berücksichtigen, nach dem „alle Angelegenheiten der örtlichen Gemeinschaft" im Grundsatz den *Gemeinden* zufallen.[9] Demgegenüber sichert Art. 28 II 2 GG den *Kreisen* keinen bestimmten Aufgabenbereich.[10]

726 In die **Gemeindekompetenz** fallen etwa: die *Existenzaufgaben* (Beleuchtung, Grünflächen, Friedhöfe); wirtschaftliche, soziale, kulturelle *Einrichtungen* (der „Daseinsvorsorge"), soweit sie nicht die Leistungsfähigkeit der örtlichen Gemeinschaft übersteigen; die *Bauleitplanung* (§ 2 I BauGB); die *Wirtschaftsförderung;*[11] die *Selbstorganisation.*

---

[3] *BVerfGE* 9, 268 (290).

[4] Zum Begriff der Körperschaft s. bereits Rn. 360.

[5] Einzelheiten bei *Schmidt-Jortzig,* Kommunalrecht, Rn. 375 ff.; *Wolff/Bachof/Stober,* VR Bd. 3, § 96 Rn. 88 ff.

[6] *Wolff/Bachof/Stober,* VR Bd. 3, § 96 Rn. 44 ff.; *BVerwG,* NVwZ 1985, 271.

[7] BGBl. 1991 I S. 405.

[8] *Wolff/Bachof/Stober,* VR Bd. 3, § 96 Rn. 116 ff.

[9] So grundlegend *BVerfGE* 79, 127 = JuS 1990, 137 Nr. 2; zu Einzelheiten s. Rn. 740 ff.

[10] *BVerfGE* 79, 127 (150); 83, 363 (383).

[11] S. dazu *BVerwGE* 84, 236 (239) = JuS 1991, 159 Nr. 12.

Typische Kreisaufgaben sind etwa: der Nahverkehr; die Unterhaltung von weiterfüh- 727
renden Schulen, Krankenhäusern, Altenheimen; die Entwicklung der Kreisstruktur
(Wirtschaftsförderung, Kreisstraßen); die Unterstützung leistungsschwacher Gemeinden.

Eine „**Kreisfreie Stadt**" nimmt für ihr Gebiet gleichzeitig die Kompe- 728
tenzen eines Kreises und einer Gemeinde wahr. Eine „**Selbständige
Stadt**" gehört zwar dem Kreis an, erledigt aber einen gesetzlich festgelegten Teil der Kreisaufgaben anstelle des Kreises.

IV. Binnenorganisation

1. Die Organe

Die Gemeinden und Kreise sind demokratisch organisiert (vgl. Art. 28 I 729
2 GG). Die Bürger der Gemeinden wählen einerseits **Gemeindevertre-
tungen** (Gemeinderat, Stadtrat, Stadtverordnetenversammlung), andererseits eine **Kreisvertretung** (Kreistag).[12]

Die Bürger oder die Gemeindevertretung wählen den **Gemeindevorste-** 730
her (Bürgermeister/Oberbürgermeister – **monokratisches Prinzip**[13])
oder einen **Gemeindevorstand** (Magistrat in Hessen und Bremerhaven,
teilweise auch in Rheinland-Pfalz, Schleswig-Holstein und in den „neu-
en" Bundesländern möglich – **Kollegialprinzip**[13]). Entsprechend wählt
der Kreistag – evtl. unter Mitwirkung des Staates – den **Kreisvorsteher**
(Landrat). Der Gemeindevorsteher/Gemeindevorstand bzw. der Kreisvorsteher leitet die Verwaltung der Gemeinde oder des Kreises („Der
Bürgermeister", „Der Magistrat", „Der Landrat" als Behörde[14]).

In den meisten Bundesländern ist der Gemeindevorsteher in Personal- 731
union *gleichzeitig* **Vorsitzender der Gemeindevertretung**. In anderen
Bundesländern werden die Funktionen des Vorsitzenden der Gemeindevertretung (Ratsvorsitzender, Bürgervorsteher, Stadtverordnetenvorste-
her, Stadtpräsident) und des Gemeindevorstehers von verschiedenen
Personen wahrgenommen.

In der Magistratsverfassung besteht das *Kollegium* des Gemeinde*vor*standes (Magi- 732
strat) aus dem Bürgermeister/Oberbürgermeister als Vorsitzendem und den **Beigeordneten** (Stadträten). Mit je gleichem Stimmrecht wirken der Bürgermeister/Ober-
bürgermeister und die Beigeordneten an den Entscheidungen des Kollegiums mit.
Gleichzeitig leiten die Beigeordneten einzelne Verwaltungsdezernate der Kommune
nach den Vorgaben und in Vertretung des Kollegiums (Magistrats) in eigener Verantwortung (Ressortprinzip[15]). Auch im *monokratischen* System (Gemeinde*vor*steher)
kommen Beigeordnete vor. Hier leiten die Beigeordneten ein ihnen zugewiesenes

---

[12] Das *kommunale Ausländerwahlrecht* läßt Art. 28 I 3 GG nur für EG-Ausländer zu.
[13] Näheres zu diesen Prinzipien in Rn. 631 ff., 644.
[14] Näheres dazu in Rn. 644.
[15] Zu ihm s. Rn. 630, 634.

Verwaltungsressort in Eigenverantwortung nach den Vorgaben und in Vertretung des Gemeindevorstehers.[16]

Der Gemeindevorsteher/Kreisvorsteher und die Beigeordneten sind **Wahlbeamte** „**auf Zeit**" und als solche von den auf Lebenszeit bestellten „Laufbahnbeamten" der Kommune zu unterscheiden.

2. „Gewaltenteilung"

733 Zwischen dem Gemeindevorsteher/Gemeindevorstand bzw. Kreisvorsteher als Leiter der Verwaltung auf der einen Seite und dem Gemeinderat/Kreistag auf der anderen Seite besteht bei der Rechtssetzung die „klassische" Gewaltenteilung. Das **autonome Recht** der Gemeinde/des Kreises (Satzungen[17]) setzt der Gemeinderat/Kreistag. Anders als in der „klassischen" Gewaltenteilung ist der Gemeinderat/Kreistag indessen auch an der Verwaltung der Gemeinde/des Kreises beteiligt, und das in wesentlichem Umfang. Einzelheiten ergeben sich aus den einschlägigen Gesetzen. Vor allem die „**Geschäfte der laufenden Verwaltung**" und die **Fremdverwaltung (Auftragsverwaltung,** Rn. 737) erledigt der Gemeindevorsteher/Gemeindevorstand/Kreisvorsteher in *seiner alleinigen* Kompetenz.

734 Zur laufenden Verwaltung und damit zu den *eigenständigen* **Kompetenzen des Gemeindevorstehers/Gemeindevorstands/Kreisvorstehers** gehören Geschäfte, die mehr oder minder regelmäßig wiederkehren und zugleich nach Größe, Umfang des Verwaltungsaufwandes und Finanzkraft der Gemeinde sachlich geringere Bedeutung haben. Der Gemeindevorsteher/Gemeindevorstand/Kreisvorsteher vertritt die Gemeinde ferner nach außen. – Im *Verhältnis zum Rat* hat der Gemeindevorsteher/Gemeindevorstand/Kreisvorsteher Kompetenzen in der Vorbereitung und Ausführung der Ratsbeschlüsse, bei Eilentscheidungen, bei Aufgaben, welche ihm vom Rat übertragen worden sind, und in der Verpflichtung, rechtswidrige Ratsbeschlüsse zu rügen. – Als *Leiter der Verwaltung* hat der Gemeindevorsteher/Gemeindevorstand/Kreisvorsteher die Organisationshoheit und die Weisungsbefugnis gegenüber allen Ämtern und Beamten der Verwaltung. Gleichzeitig ist er Dienstvorgesetzter der Beamten der Kommune. Zu Einschränkungen durch die Rechtsstellung der Beigeordneten s. soeben Rn. 732.

735 Der **Rat** ist für die Entscheidung über alle sonstigen Angelegenheiten der Verwaltung zuständig, soweit das Gesetz nichts anderes bestimmt. Auf den Gemeindevorsteher/Gemeindevorstand/Kreisvorsteher kann der Rat einen Teil seiner Entscheidungsbefugnisse (mit der Möglichkeit des jederzeitigen Rückrufs) übertragen; die Gemeindeordnungen enthalten Kataloge von Verwaltungsgeschäften, welche nicht übertragbar sind.

736 Zwischen dem Gemeindevorsteher/Gemeindevorstand/Kreisvorsteher und dem Rat stehen in Niedersachsen der *Verwaltungsausschuß* und in Rheinland-Pfalz der *Stadtvorstand*. Diese Organe nehmen gewisse Kompetenzen aus den beschriebenen Zuständigkeitsbereichen des Ge-

---

[16] Näheres zu allem bei *Schmidt-Jortzig*, Kommunalrecht, Rn. 278; *Schmidt-Aßmann*, Bes.VR, 1. Absch. Rn. 77, 80 f.

[17] Zum Begriff s. Rn. 399.

meindevorstehers/Gemeindevorstandes/Kreisvorstehers und des Rates wahr.[18]

V. Selbstverwaltung und Fremdverwaltung

Ausgangsfälle: Der Kreisvorsteher des Kreises X lehnt (1) einen Antrag auf Wirt- **737** schaftsförderung nach dem Wirtschaftsförderungsprogramm des Kreises, (2) einen Bauantrag ab. Gegen wen hätte der Antragsteller nach erfolglosem Widerspruchsverfahren die Klage zu richten?

1. Die kommunalen Körperschaften haben Selbstverwaltungsautonomie in den ihnen ausdrücklich zur **Selbstverwaltung** übertragenen Angelegenheiten *und – ohne* besonderen Kompetenztitel[19] – in allen Angelegenheiten der örtlichen Gemeinschaft,[20] die nicht durch Gesetz bereits anderen Trägern öffentlicher Verwaltung übertragen sind (= „Allzuständigkeit"). Insofern unterstehen die kommunalen Körperschaften (nur) der staatlichen *Rechtsaufsicht* als Aufsicht über die *Rechtmäßigkeit* ihres Handelns (= *Kommunalaufsicht*).[21] Wie in Rn. 643 schon angedeutet wurde, bedient sich der Staat der kommunalen Körperschaften aber auch für die Verwaltung *seiner* (staatlichen) Aufgaben. Diese **Fremdverwaltung** wird in der Form der *Auftragsverwaltung* wahrgenommen („übertragener Wirkungskreis" in Bayern und Niedersachsen; „Weisungsaufgaben" in Baden-Württemberg und Hessen; „Pflichtaufgaben zur Erfüllung nach Weisung" in Nordrhein-Westfalen und Schleswig-Holstein). Wie bei den Selbstverwaltungsaufgaben nehmen die Gemeinden und Kreise die „Fremdverwaltungsangelegenheiten" im *Außenverhältnis* zum Bürger im *eigenen Namen* wahr. Im Innenverhältnis zum Land (Staat) unterstehen sie aber nicht nur der Rechtsaufsicht, sondern auch der *Fachaufsicht*.[22] Die Aufsichtsbehörde kann – wie in der staatlichen Behördenhierarchie – fachliche Weisungen erteilen. Allerdings kann das Weisungsrecht gesetzlich eingeschränkt sein, z.B. nur allgemeine Anordnungen zulassen.[23] Im Extremfall kann eine Fremdverwaltungsaufgabe sogar als „Selbstverwaltungsangelegenheit" ausgestaltet sein; dann entfällt die Möglichkeit zu fachlicher Weisung ganz.

Im *Ausgangsfall 1* handelt es sich um eine Selbstverwaltungsangelegenheit. Daher ist der Kreis zu verklagen. Im *Ausgangsfall 2* (Bauaufsicht) handelt es sich um eine Fremdverwaltungsangelegenheit. Wenn sie (wie in Hessen, Nordrhein-Westfalen und Niedersachsen) als Auftragsangelegenheit ausgestaltet ist, muß die Klage auch hier gegen den Kreis als für die *Verwaltung zuständigen* Auftragnehmer gerichtet werden.

---

[18] Einzelheiten bei *Schmidt-Jortzig*, Kommunalrecht, Rn. 290 ff.
[19] Vgl. dazu Rn. 746.
[20] Zum Begriff s. Rn. 746, 766.
[21] Näheres zu den verschiedenen Formen der Staatsaufsicht über Kommunen bei *Knemeyer*, JuS 2000, 521.
[22] Näheres bei *Knemeyer*, JuS 2000, 521.
[23] Zu verschiedenen Beschränkungsprinzipien in den einzelnen Bundesländern s. *Schmidt-Jortzig*, Kommunalrecht, Rn. 567 ff.

738 2. **Von der Auftragsverwaltung zu unterscheiden** sind die (vor allem auf der Kreisebene vorkommenden) Fälle, in welchen der **Kreisvorsteher als „untere staatliche Verwaltungsbehörde"** eingeschaltet wird. Hier ist es nicht der *Kreis* als *juristische Person*, welcher die staatliche Aufgabe durch *sein* Organ (Kreisvorsteher) in Fremdverwaltung *für* den Staat wahrnimmt. Vielmehr ist es der *Staat selbst*, welcher seine eigene Aufgabe durch den Kreis*vorsteher* als *sein staatliches* Organ ausführt. Der Kreisvorsteher ist für *diese* Verwaltungsaufgabe Organ des *Landes*, nur für die Selbstverwaltungsaufgaben und Auftragsangelegenheiten Organ des *Kreises*.[24]

> In dieser Weise nimmt der Kreisvorsteher die Bauaufsicht in den Ländern Baden-Württemberg, Bayern, Saarland und Schleswig-Holstein wahr. Im *Ausgangsfall 2* ist in diesen Ländern damit das Land zu verklagen. – In vielen Ländern ist der Kreisvorsteher insbesondere auch mit der Kommunalaufsicht über die Gemeinden als untere staatliche Verwaltungsbehörde betraut.

739 Daß der Kreisvorsteher gleichzeitig Organ zweier juristischer Personen (des Staates und des Kreises) sein kann, erklärt sich über das Rechtsinstitut der **Organleihe**.[25]

> In den meisten Bundesländern mit „Organleihe" ist der Kreisvorsteher (als *kommunaler* Beamter) an das Land verliehen. In Rheinland-Pfalz und im Saarland wirkt der „Landrat" als *staatlicher* Beamter gleichzeitig als Organ des Kreises.

§ 53. Kommunale[1] Selbstverwaltungsgarantie und Gesetzgeber

740 Während die Kompetenzen von Bund und Ländern durch das *Grundgesetz* festgelegt sind, werden den Gemeinden ihre **Kompetenzen vom Landesgesetzgeber verliehen;** das Grundgesetz *garantiert* den Gemeinden in Art. 28 II 1 GG aber das Recht, „alle Angelegenheiten der örtlichen Gemeinschaft im Rahmen der Gesetze in eigener Verantwortung zu regeln". Demgemäß kann in einer Klausur oder Hausarbeit problematisch sein, ob der Landesgesetzgeber[2] gegen die **Selbstverwaltungsgarantie** des Art. 28 II 1 GG verstößt, wenn er gemeindliche Kompetenzen neu festlegt. *Prozessualer* Rahmen ist in derartigen Fällen vor

---

[24] S. zu allem *Schmidt-Jortzig*, Kommunalrecht, Rn. 329 ff.

[25] Zu diesem Rechtsinstitut s. schon Rn. 709.

[1] Zur *Autonomie der Kirchen* nach Art. 140 GG, Art. 137 III WV s. etwa *BVerfGE* 30, 415 (Kirchensteuer); 46, 73 (Anwendungsbereich des BetrVG); 53, 366 (staatliche Krankenhausförderung); 57, 220 (gewerkschaftliches Zutrittsrecht); *BVerwGE* 66, 241 i. V. mit *Ehlers*, JuS 1989, 364 (staatlicher Gerichtsschutz für Pfarrer?); *BVerwGE* 105, 117 = JuS 1998, 452 Nr. 2 i. V. mit *BVerfGE* 102, 370 = JuS 2001, 496 Nr. 2 (Anspruch auf körperschaftlichen Status?).

[2] Zu den eingeschränkten Kompetenzen des *Bundesgesetzgebers* s. *BVerfGE* 22, 180 (199, 209).

allem die „**Kommunalverfassungsbeschwerde**" (Art. 93 I Nr. 4b GG, § 91 BVerfGG).[3]

Ausgangsfälle: (1) Das Nds. Ausführungsgesetz zum Abfallbeseitigungsgesetz (Nds. 741 AbfallG) hatte den Gemeinden die Aufgabe der Abfallentsorgung entzogen und den Landkreisen übertragen. War das verfassungsgemäß?[4]

(2) Nach § 1 FlugLG werden durch Rechtsverordnung „Lärmschutzbereiche" fest- 742 gelegt. In einem „Lärmschutzbereich" dürfen keine Krankenhäuser, Altenheime, Erholungsheime, Schulen usw. und unter bestimmten Voraussetzungen auch keine Wohnungen errichtet werden. Gemeinde G wehrt sich gegen die Festlegung eines „Lärmschutzbereichs", weil sie zentral in ihrer Planungsautonomie eingeschränkt sei.[5]

I. Institutionelle Garantie – subjektive Rechte

1. Nach der Rechtsprechung des *BVerfG*[6] gewährleistet Art. 28 II 1 GG 743 die Selbstverwaltung der Gemeinden gegenüber dem Gesetzgeber im Sinne einer **institutionellen Garantie,** nicht aber individuell.[7]

Anders als eine grundrechtlich geschützte juristische Person des Privatrechts genießt damit eine Gemeinde keinen Bestandsschutz, solange ein Land nicht alle bisher existierenden[8] Gemeinden beseitigt.

2. Allerdings verfügen die bestehenden Gemeinden gegenüber dem Ge- 744 setzgeber gleichwohl über **subjektive Rechte.** Wegen Art. 28 I 1 GG hat jede Gemeinde *jedenfalls* ein subjektives Recht auf Beachtung der objektivrechtlich-institutionellen Selbstverwaltungsgarantie.[9] Gleichzeitig leitet das *BVerfG* aus der institutionellen Garantie auch Anforderungen ab, welche der Gesetzgeber gegenüber einer einzelnen Gemeinde zu beachten hat, wenn die Institution der Selbstverwaltung als solche nicht beeinträchtigt ist (s. nachfolgend III.).

II. Ausgestaltung der institutionellen Garantie durch den Gesetzgeber

Die institutionelle Garantie der gemeindlichen Selbstverwaltung bedarf 745 der gesetzlichen Ausgestaltung und Formung, wie sie Art. 28 II 1 GG vorsieht („im Rahmen der Gesetze").[10]

---

[3] Umfassend zu ihr *Pestalozza*, Verfassungsprozeßrecht, § 12 Rn. 56ff. Einzelheiten zu ihren Zulässigkeitsvoraussetzungen etwa in *BVerfGE* 26, 228; 71, 25; *BVerfG*, NVwZ 1987, 123. Fall bei *Robbers*, JuS 1994, 129. Vgl. schließlich Rn. 498ff.

[4] S. *BVerfGE* 79, 127 = JuS 1990, 137 Nr. 2 („Rastede-Entscheidung"); *Clemens*, NVwZ 1990, 384. Weiterer Fall (gesetzlicher Anspruch auf kostenlosen Kindergartenplatz gegen die Gemeinden) bei *Hartmann/Meßmann*, JuS 2006, 246.

[5] *BVerfGE* 56, 298.

[6] *BVerfGE* 50, 50; 56, 298 (312); 86, 90 (107).

[7] Zu dieser Gegenübersetzung bei Grundrechten s. einerseits Rn. 446ff., andererseits Rn. 484ff., 513ff.

[8] Daß in *Berlin* und *Hamburg* keine Gemeinden existieren, ist durch Art. 106 VI 3 GG abgedeckt.

[9] Parallele bei der objektivrechtlichen Seite der Grundrechte in Rn. 515.

[10] *BVerfGE* 79, 127 (143) = JuS 1990, 137 Nr. 2; 83, 363 (381).

Im *Ausgangsfall 1* hat der Gesetzgeber von dieser Ausgestaltungsbefugnis *allgemein* Gebrauch gemacht, indem er die Zuständigkeit für die Abfallentsorgung zuungunsten der Gemeinden neu verteilt hat.

Beim *allgemeinen* Entzug von Kompetenzen (zu Einzeleingriffen s. erst nachfolgend III.) hat der Gesetzgeber nach der „*Rastede-Entscheidung*" des *BVerfG*[11] **drei verfassungsrechtliche Vorgaben institutioneller Art zu beachten.**

746 (1) Den Gemeinden muß *jedenfalls* ein *Minimalbestand* an Aufgaben eingeräumt bleiben, die der Betätigung ihrer Selbstverwaltung noch hinreichenden Raum und nicht lediglich ein Scheindasein belassen.[12]

(2) Der Gesetzgeber muß den „*Kernbereich* der Selbstverwaltungsgarantie", nämlich die „Befugnis" der Gemeinden erhalten, „sich aller Angelegenheiten der örtlichen Gemeinschaft, die nicht durch Gesetz bereits anderen Trägern öffentlicher Verwaltung übertragen sind, ohne besonderen Kompetenztitel anzunehmen" (= Universalität „des gemeindlichen Wirkungskreises" im Gegensatz zur „Spezialität" einer Befugnis nur kraft speziellen Kompetenztitels bei anderen Verwaltungsträgern einschließlich der Kreise).[13]

Beachte: *BVerfGE* 79, 127 (146) betont ausdrücklich, der Kernbereich bestehe *nicht* in einem „gegenständlich bestimmten oder nach feststehenden Merkmalen bestimmbaren Aufgabenkatalog", wie man bis dahin (etwa für die „Planungsautonomie") weitgehend angenommen hatte.

Daß der Gesetzgeber die verfassungsrechtlichen Vorgaben nach soeben (1) oder (2) verletzt haben könnte, dürfte im Regelfall nicht ernsthaft in Betracht kommen, auch nicht im *Ausgangsfall 1*.[14] Um so wichtiger ist die dritte Vorgabe:

747 (3) „Art. 28 II 1 GG enthält … ein *verfassungsrechtliches Aufgabenverteilungsprinzip* hinsichtlich der Angelegenheiten der örtlichen Gemeinschaft zugunsten der Gemeinden", das den Gemeinden einen Aufgabenbereich sichert, „der grundsätzlich *alle* Angelegenheiten der örtlichen Gemeinschaft umfaßt".[15] Eine Aufgabe mit relevantem örtlichen Charakter (Definition in Rn. 766) darf der Gesetzgeber den Gemeinden „nur aus Gründen des Gemeininteresses, vor allem also dann entziehen, wenn anders die ordnungsgemäße Aufgabenerfüllung nicht sicherzustellen wäre", wobei dem Gesetzgeber ein gewisser „Einschätzungsspielraum" zukommt.[16]

Wegen der Probleme des Umweltschutzes und der Landschaftspflege ist die Abfall*beseitigung* im *Ausgangsfall 1* schon nicht als „Angelegenheit der örtlichen Gemeinschaft" der *Gemeinde* anzusehen. Das (bloße) *Abholen* des Abfalls ist zwar örtliche Angelegenheit, aus Gemeinwohlgründen (Zusammenhang mit der Abfallbeseitigung) aber gleichwohl auf Kreisebene ansiedelbar.[17]

---

[11] *BVerfGE* 79, 127; 83, 363 (382).
[12] *BVerfGE* 79, 127 (148, 155).
[13] *BVerfGE* 79, 127 (146 f.).
[14] *BVerfGE* 79, 127 (155).
[15] *BVerfGE* 79, 127 (147, 150).
[16] Einzelheiten in *BVerfGE* 79, 127 (153 f.). Zur (umstrittenen) Befugnis des Gesetzgebers, den Kreisen *Ergänzungs- und Ausgleichsaufgaben* zuzuweisen, s. *BVerwG*, NVwZ 1996, 1222 = JuS 1997, 461 Nr. 3; NVwZ 1998, 853 = JuS 1998, 853 Nr. 14.
[17] So *BVerfGE* 79, 127 (156 ff.).

III. Einzeleingriffe in die Selbstverwaltungsautonomie

Ausgangsfall 2 (Lärmschutzbereich, Rn. 742) „steht" für eine Gruppe von Fällen, in **748** denen einer *einzelnen* Gemeinde eine nach der gesetzlichen Aufgabenverteilung generell vorhandene Aufgabe im Sinne einer „Sonderbelastung"[18] genommen wird.

Bei Einzeleingriffen in die Selbstverwaltungsautonomie sind die Vorgaben des Art. 28 II 1 GG zur institutionellen Ausgestaltung der kommunalen Selbstverwaltung (soeben II.) nicht berührt. Denn ihre Durchsetzung und die Institution als solche nehmen durch einen Einzeleingriff keinen Schaden.[19] Gleichwohl setzt Art. 28 II 1 GG auch „Einzeleingriffen" Schranken. „Die gemeindliche Selbstverwaltungsgarantie erlaubt eine ... Sonderbelastung einzelner Gemeinden nur, wenn sie durch örtliche Interessen von höherem Gewicht erfordert wird."[20] Für die Austarierung im einzelnen wendet das Bundesverfassungsgericht (wie bei einer Grundrechtsprüfung[21]) den **Grundsatz der Verhältnismäßigkeit** an: Der Einzeleingriff muß geeignet und notwendig (= kein milderes Mittel) sein; er darf nicht unverhältnismäßig (disproportional) sein, die Ziele des Gesetzgebers zu fördern.[22] Das gilt sowohl für die gesetzliche Ermächtigungsgrundlage zu einem Einzeleingriff als auch für den konkreten Einzeleingriff selbst.[23]

Im *Ausgangsfall 2* (Rn. 742) hat das Bundesverfassungsgericht die Ermächtigungsgrundlage zur Festlegung von Lärmschutzbereichen im FlugLG vor dem Grundsatz der Verhältnismäßigkeit als verfassungsgemäß angesehen, den Eingriff selbst (Rechtsverordnung) aber verworfen, weil der Verordnungsgeber seiner (auch aus Art. 28 II 1 GG folgenden) Pflicht nicht Genüge getan habe, den Sachverhalt hinreichend aufzuklären.[24]

§ 54. Kommunalverfassungsstreitigkeiten

Ausgangsfälle: (1) Das Bauamt der kreisfreien Stadt *St* hat den Antrag eines Bürgers **749** auf Erteilung einer Baugenehmigung unter Bewilligung einer Ausnahme (§ 31 I BauGB) abgelehnt. Der (auf Landesrecht beruhende, vgl. § 73 II VwGO) weisungsfreie Widerspruchsausschuß der Stadt gibt dem Antrag dann aber im Widerspruchsverfahren statt. Kann der Oberbürgermeister (Stadtvorsteher) den Widerspruchsbescheid anfechten?[1]

(2) Die Fraktion *F* im Gemeinderat der Gemeinde *G* bittet den Vorsitzenden des Gemeinderates, auf die Tagesordnung für die nächste Sitzung einen Beschlußantrag zu set-

---

[18] Charakterisierung dieser Fallgruppe in *BVerfGE* 56, 298 (313); 76, 107 (119).

[19] S. *BVerfGE* 56, 298 (312f.); 76, 107 (118f.).

[20] *BVerfGE* 76, 107 (Ls. 3); 95, 1 (26f.).

[21] S. insoweit Rn. 454ff.

[22] *BVerfGE* 56, 298 (313ff.); 76, 107 (119ff.).

[23] S. die Prüfungsabfolge in *BVerfGE* 56, 298 (312ff.); 76, 107 (118ff.).

[24] S. *BVerfGE* 56, 298 (319). Zu den Ermittlungspflichten des Verordnungsgebers *allgemein* schon Rn. 425.

[1] *BVerwGE* 45, 207; *Kisker,* JuS 1975, 704.

zen, welcher sich gegen die Stationierung oder Lagerung von Atomwaffen, chemischen Waffen und biologischen Waffen auf dem Boden der Bundesrepublik und auf dem Boden der Gemeinde wendet. Der Ratsvorsitzende weigert sich, den Antrag in die Tagesordnung aufzunehmen. Kann die Fraktion *F* mit Erfolg gegen den Vorsitzenden des Gemeinderates klagen?[2]

I. Prozessuales, „Insichprozeß"

750   In beiden Ausgangsfällen handelt es sich um Streitigkeiten innerhalb *einer* juristischen Person, der Gemeinde. Im ersten Fall streiten sich **zwei Organe** der juristischen Person (Stadtvorsteher und Widerspruchsausschuß, *Interorganstreit*), im zweiten Fall **zwei Organteile** (Fraktion *F* und Ratsvorsitzender) desselben Organs (des Gemeinderats, *Intraorganstreit*). Die Organklage vor dem *BVerfG* (Art. 93 I Nr. 1 GG, §§ 63ff. BVerfGG)[3] ist nicht gegeben. Also fragt es sich, ob und inwieweit derartige Organstreitigkeiten als **„Insichprozesse"** vor den Verwaltungsgerichten ausgetragen werden können.[4] Handelt es sich wie in den Ausgangsfällen um Streitigkeiten des Kommunalverfassungsrechts, nennt man den Insichprozeß auch **„Kommunalverfassungsstreitverfahren"**.

751   Nach der Auffassung des *BVerwG* liegen die Probleme *nicht* bei der Beteiligtenfähigkeit (§ 61 VwGO), sondern bei der **Klagebefugnis nach § 42 II VwGO**.[5] Wie stets bei § 42 II VwGO darf die *Möglichkeit* nicht ausgeschlossen sein,[6] daß der Kläger in *eigenen Rechten* beeinträchtigt wird, wobei es sich im „Insichprozeß" nur um **Organrechte** handeln kann.

752   Im *Ausgangsfall 1* ist die Entscheidungs*kompetenz* zwar im *Grundsatz* auf den Widerspruchsausschuß als Rechtsmittelinstanz übergegangen (§ 79 I Nr. 1 VwGO), so daß der Oberbürgermeister im *Grundsatz* keine eigenen Kompetenzrechte mehr hat. Aber ohne die landesrechtliche Regelung nach § 73 II VwGO (Widerspruchsausschuß bei der *Stadt* als Ausgangsbehörde) wäre nach § 73 I 1 Nr. 1 VwGO eine *staatliche* Behörde, etwa der Regierungspräsident (Rn. 642), Widerspruchsbehörde. Diese könnte die Ausnahme nach § 31 I BauGB nur „im Einvernehmen mit der Gemeinde" (Oberbürgermeister) gewähren (§ 36 I BauGB). Von hierher ist nicht von vornherein ausgeschlossen, daß das Recht der Gemeinde nach § 36 I BauGB auch vorliegend vom Oberbürgermeister wahrgenommen wird. Im *Ausgangsfall 2* läßt sich ein *Recht* der Fraktion aus dem Status ihrer Mitglieder ableiten.

---

[2] Fall in Anlehnung an *VGH Mannheim*, DVBl 1984, 729; *OVG Lüneburg*, DVBl 1984, 734. S. zum Fall auch noch Rn. 761ff. sowie jetzt *Suerbaum/Brüning*, JuS 2001, 992. Weitere Fälle bei *A. Müller*, JuS 1990, 997 (Ausschluß eines Ratsmitgliedes von der Sitzung); *Suerbaum*, JuS 1994, 324, u. *Suerbaum/Brüning*, aaO (befangenes Ratsmitglied); *BVerwGE* 117, 11 (Unvereinbarkeit von Amt und Mandat); *Martensen*, JuS 1995, 989, 1077 („Grundfälle").

[3] Rn. 628, 654.

[4] Umfassender Überblick über alle Einzelfragen bei *Bauer/Krause*, JuS 1996, 411, 512; allgemein *Dörte Diemert*, Der Innenrechtsstreit im öffentlichen Recht und im Zivilrecht, 2002.

[5] *BVerwGE* 45, 207 (208, 210).

[6] S. Rn. 196.

Der Versuch, für Insichprozeß und Kommunalverfassungsstreitverfah- 753
ren in Anlehnung an §§ 63ff. BVerfGG ein eigenständiges verwaltungs-
prozessuales Organstreitverfahren zu entwickeln, hat sich nicht durchgesetzt.[7] Vielmehr sind **die herkömmlichen Klagearten** einschlägig,[8] je
nach Klageziel also die Anfechtungsklage, die (allgemeine) Leistungsklage,[9] auch als Unterlassungsklage, und die Feststellungsklage.[10]

Demgemäß ist im *Ausgangsfall 1* die Anfechtungsklage und im *Ausgangsfall 2* die
Leistungsklage (auf Aufnahme des Antrages in die Tagesordnung) gegeben.

II. Materiellrechtliches

Die denkbaren Binnenkonflikte in einer Gemeinde sind so vielfältig und 754
vielschichtig, daß es hier nicht möglich ist, die einschlägigen Fälle insgesamt systematisch aufzuarbeiten. In der Klausur wird nur ein sorgfälti-
ges Arbeiten mit dem Gesetzestext der einschlägigen Gemeindeordnung
erwartet, getragen von kommunalrechtlichen Grundkenntnissen. In einer Hausarbeit helfen neben den Lehrbüchern des Kommunalrechts mit
ihrem Fallmaterial insbesondere auch die Kommentare zur jeweiligen
Gemeindeordnung weiter.

Im *Ausgangsfall 1* (Rn. 749) dürften die Kompetenzen *insgesamt* vom Oberbürger- 755
meister auf den Widerspruchsausschuß als (ebenfalls) Organ der Stadt übergegangen
sein, so daß für § 36 I BauGB kein Raum verbleibt[11] und eine Anfechtungsklage des
Oberbürgermeisters also unbegründet wäre. Im *Ausgangsfall 2* geht es *zunächst* um
den Umfang der Befugnisse des Vorsitzenden des Gemeinderates. Nach den Gemeindeordnungen von Niedersachsen, Schleswig-Holstein und Nordrhein-Westfalen fehlt
dem Vorsitzenden die Befugnis, zu überprüfen, ob der Inhalt des Beschlußantrages in
die Kompetenz des Gemeinderates fällt.[12] Der Vorsitzende muß den Antrag auf die
Tagesordnung setzen, damit der Gemeinderat *selbst* über seine Kompetenz urteilen
kann. Kommt es zu einem kompetenzwidrigen Beschluß in der Sache selbst, sind die
Rügepflicht des Gemeindevorstehers und die Befugnisse der Rechtsaufsichtsbehörde
einschlägig. Nach der Baden-Württembergischen Gemeindeordnung kommt dem
Ratsvorsitzenden hingegen ein Überprüfungsrecht zu.[13] In Baden-Württemberg muß
damit in einem zweiten Schritt untersucht werden, ob der Inhalt des Beschlußantrages
noch von den Kompetenzen des Gemeinderates, *besser:*[14] der Gemeinde („Angelegenheit der örtlichen Gemeinschaft"?) abgedeckt ist (dazu Rn. 766).

nicht besetzt 756–760

---

[7] Dazu im einzelnen *Bauer/Krause,* JuS 1996, 412.

[8] *BVerwG, Buchholz* 310 Nr. 179 zu § 40 VwGO.

[9] S. z. B. *OVG Münster,* NVwZ 1983, 485; *VGH Mannheim,* NVwZ 1984, 664.

[10] *OVG Koblenz,* NVwZ-RR 1996, 52, (53); *VGH Mannheim,* NVwZ-RR 1992, 204.

[11] So *BVerwGE* 45, 207 (212 f.).

[12] *OVG Lüneburg,* DVBl 1984, 734; *OVG Münster,* DVBl 1984, 155; *Suerbaum/
Brüning,* JuS 2001, 992 (995).

[13] *VGH Mannheim,* DVBl 1984, 729.

[14] Es geht nicht – wie zumeist – nur um die *horizontale* „Gewaltenteilung" zwischen
Rat und anderen Gemeindeorganen, sondern um die *vertikale* „Gewaltenteilung"
zwischen Staat und Gemeinde (= Gefahr schiefer Darstellung).

§ 55. Aufsichtsprobleme

761 **Ausgangsfälle:** (1) Der Gemeinderat der Gemeinde *G* hat folgenden Beschluß gefaßt: (a) Die Stationierung oder Lagerung von Atomwaffen, chemischen Waffen und biologischen Waffen auf dem Boden der Bundesrepublik wird verurteilt; (b) der Gemeindevorsteher wird beauftragt, in Verhandlungen mit dem Bundesminister für Verteidigung die Stationierung und Lagerung derartiger Waffen auf dem Boden der Gemeinde zu verhindern.[1] Die Aufsichtsbehörde hebt diesen Beschluß auf. Kann *G* die Aufhebung durch Klage vor dem Verwaltungsgericht anfechten?

(2) Die kreisfreie Stadt *St* hat in einer Auftragsangelegenheit einen Prozeß vor dem Verwaltungsgericht verloren. Die Fachaufsichtsbehörde weist *St* an, Berufung einzulegen. *St* ist der Auffassung, über die Einlegung der Berufung habe sie selbst in eigener Zuständigkeit zu entscheiden. Kann *St* gegen die Weisung klagen?[2]

I. Prozessuales, „Aufsichtsklage"

762 **1. Maßnahmen der Rechtsaufsicht** („**Kommunalaufsicht**")[3] sind Verwaltungsakte und als solche mit der Anfechtungsklage anfechtbar.

763 Das gilt für den *Ausgangsfall 1.* Gem. § 68 I VwGO ist ein *Widerspruchsverfahren* vorgeschaltet, soweit landesrechtlich nichts anderes bestimmt wurde. Die Kommunalaufsicht über die *Gemeinden* wird von den Kreisen ausgeübt (s. Rn. 738). Bei Kommunalaufsichtsakten der Kreise ist Widerspruchsbehörde die staatliche Mittelinstanz (Regierungspräsident, Bezirksregierung). In Schleswig-Holstein und im Saarland, wo die staatliche Mittelinstanz fehlt, hat der Innenminister direkt die Aufsicht über die Kreise. Gem. § 68 I 2 Nr. 1 VwGO ist hier ohne vorgeschaltetes Widerspruchsverfahren unvermittelt die Anfechtungsklage gegen Rechtsaufsichtsakte des Innenministers gegeben.

764 **2. Maßnahmen der Fachaufsicht** sind im Grundsatz (s. aber die nachfolgenden Modifikationen) nicht anfechtbar.[4] Gleiches gilt für fachliche Weisungen, welche der Kreisvorsteher in seiner Eigenschaft als untere *staatliche* Verwaltungsbehörde (dazu Rn. 738) erhält. Im letzten Fall würde es sich um einen „Insichprozeß" (Rn. 750 ff.) handeln, welcher unzulässig wäre, weil subjektive Rechte des Kreisvorstehers nicht ersichtlich sind.

765 Daß sich eine Kommune vor Gericht gegen Maßnahmen wenden möchte, welche *eindeutig* der Fachaufsicht zuzuordnen sind, dürfte indessen

---

[1] Fallanlehnung an *VGH Mannheim*, DVBl 1984, 729; *OVG Lüneburg*, DVBl 1984, 734; *BVerwGE* 87, 228 = JuS 1991, 968 Nr. 15; *Schoch*, JuS 1991, 728. S. zum Fall auch schon Rn. 749 ff.

[2] Fallanlehnung an *VGH München*, BayVBl 1977, 152; *BVerwG*, NJW 1978, 1820; *Schmidt-Jortzig*, JuS 1979, 488. – Weitere Fallbesprechungen bei *Halbig*, JuS 1999, 468; *Zilkens*, JuS 2001, 785; *Reimer*, JuS 2005, 628. Allgemein *Franz*, Die Staatsaufsicht über die Kommunen, JuS 2004, 937.

[3] Näheres zu ihr (und zur Fachaufsicht) in Rn. 737 ff.

[4] Umfassender Überblick bei *Redeker/v. Oertzen*, VwGO, § 42 Rn. 103 ff.; *Schmidt-Aßmann*, Bes.VR, 1. Abschn. Rn. 45.

selten vorkommen. In der Regel geht es – wie im *Ausgangsfall 2* – um Fälle, in welchen eine Kommune der Auffassung ist, die Aufsichtsbehörde dringe unter dem „Deckmantel" der Fachaufsicht in den der Kommune zur Selbstverwaltung vorbehaltenen *eigenen* Bereich ein.

Prozessual gesehen werden diese Fälle in Literatur und Rechtsprechung häufig mit dogmatisch schiefem Ansatz erörtert. Ausgehend von der (zumeist unausgesprochenen und unzutreffenden) Prämisse, daß die Klage *nur* als Anfechtungsklage zulässig sein könnte, wird schon bei der Zulässigkeit der Klage untersucht, ob ein Eingriff in den Eigenbereich vorliegt und der Aufsichtsakt deshalb „Außenwirkung" i.S. des Verwaltungsaktsbegriffs hat.[5] Hier wird übersehen, was seit *BVerwGE* 60, 144 (145, 147) bekannt ist (vgl. Rn. 47): Nach § 35 VwVfG kommt es für den Verwaltungsaktsbegriff nicht auf die Außen*wirkung*, sondern darauf an, ob die Regelung (ihrem objektiven Sinngehalt nach) dazu *bestimmt* ist, Außen*richtung* zu entfalten. Diese objektiv-finale Außen*richtung* fehlt im *Ausgangsfall 2* und in (von Ausnahmekonstellationen abgesehen[6]) *allen Fällen*, in welchen sich die Aufsichtsbehörde – vielleicht ihre Aufsichtskompetenz überschreitend – der fachaufsichtlichen Weisung *bedient*. Ein Verwaltungsakt liegt also *von vornherein* nicht vor. Gerichtlicher Rechtsschutz ist indessen auch dann gewährleistet, wenn die Aufsichtsbehörde die kommunale Körperschaft in anderer Weise als durch einen Verwaltungsakt in ihren Rechten beeinträchtigt.[7]

Es ist eine Leistungsklage, Unterlassungsklage oder – im *Ausgangsfall 2* – eine Feststellungsklage zulässig. Im Rahmen von § 42 II VwGO[8] ist nach den Grundsätzen in Rn. 187 ff. bei der Zulässigkeit der Klage nur zu prüfen, ob eine Beeinträchtigung des Eigenbereichs von vornherein ausgeschlossen ist.

II. Rechtmäßigkeit des aufsichtsbehördlichen Eingreifens

1. Rechtsaufsicht (Kommunalaufsicht)

Die Maßnahme der Rechtsaufsicht ist rechtswidrig, wenn die Kommune **766** das Recht *nicht* verletzt hat.

Im *Ausgangsfall 1* (Rn. 761) ist entscheidend, ob sich die G mit dem Beschluß ihres Gemeinderates im Rahmen ihrer (Selbstverwaltungs-)Kompetenzen gehalten hat. Das hängt davon ab, ob der Inhalt des Beschlusses eine „*Angelegenheit der örtlichen Gemeinschaft*" (oder wie die einschlägige Gemeindeordnung in verwandter Weise sonst formuliert) betrifft. Dabei geht es um eine Auslegung des *einfachen* Gesetzesrechts, die von Bundesland zu Bundesland etwas variieren kann, *nicht* um eine Auslegung des Art. 28 II 1 GG. Weil die Gemeindeordnungen sich ihrerseits an Art. 28 II 1 GG orientiert haben, ist gleichwohl beachtlich, daß *BVerfGE* 79, 127 (151 f.) auf der Verfassungsebene die „Angelegenheiten der örtlichen Gemeinschaft" definiert. Es sind „die-

---

5 Überblick bei *Schmidt-Jortzig*, JuS 1979, 488, der sich auch selbst nicht von dem Einstieg über den VA-Begriff löst; ferner z.B. *Hufen*, Verwaltungsprozeßrecht, § 14 Rn. 41 ff.

6 S. z.B. *BVerwG*, NVwZ 1995, 910 = JuS 1996, 177 Nr. 14.

7 Vgl. *BVerwGE* 60, 144 (148).

8 *BVerwG*, aaO.

jenigen Bedürfnisse und Interessen, die in der örtlichen Gemeinschaft wurzeln oder auf sie einen spezifischen Bezug haben, die also den Gemeindeeinwohnern gerade als solchen gemeinsam sind, indem sie das Zusammenleben und -wohnen der Menschen in der (politischen) Gemeinde betreffen". Der *spezifische* Bezug auf die örtliche Gemeinschaft der Gemeinde G fehlt im *Ausgangsfall 1* für den Beschlußteil (a); von dem *allgemeinen* Problem einer Stationierung und Lagerung der Waffen „auf dem Boden der Bundesrepublik" ist die G nicht anders betroffen als alle anderen Gemeinden der Bundesrepublik auch. Hat man die vielfältigen Mitwirkungsrechte der G in der Fachplanung und die planerischen Konsequenzen im Blick, welche sich für die G bei einer Stationierung und Lagerung auf ihrem Boden ergeben würden, kann Beschlußteil (b) hingegen eine hinreichend spezifische Anknüpfung in der örtlichen Gemeinschaft haben.[9]

2. Fachaufsicht

767   Eine fachaufsichtliche Weisung ist rechtswidrig, wenn die Aufsichtsbehörde ihre Aufsichtsbefugnisse überschritten hat.

Das kann *erstens* der Fall sein, wenn es sich nicht um eine (der Fachaufsicht unterliegende) Fremdverwaltungsaufgabe, sondern um eine (nur der Rechtsaufsicht unterstehende) eigene Aufgabe der Kommune handelt. Die Aufsichtsbefugnis kann *zweitens* überschritten sein, wenn der staatliche Gesetzgeber das fachaufsichtliche Weisungsrecht i. S. einer „*Selbst*beschränkung" eingeschränkt hat (dazu Rn. 737), etwa nur allgemeine Anordnungen zuläßt.

768   Im *Ausgangsfall 2* (Rn. 761) ist der erste Problembereich einschlägig. Der Kommune kommt die „*volle Organisationshoheit*" zu. Demgemäß dürfen sich fachliche Weisungen „nur auf das zu bewerkstelligende Produkt", nicht aber auf die „Verwirklichungswerkzeuge" erstrecken.[10] Die Einlegung der Berufung ist aber das in der Auftragsverwaltung „zu bewerkstelligende Produkt", so daß die fachliche Weisung rechtmäßig ist.

III. Aufsichtsmittel

1. Rechtsaufsicht (Kommunalaufsicht)

769   Nach ihrer Intensität lassen sich die **Aufsichtsmittel** zu drei Gruppen zusammenfassen.[11]

(1) Zunächst hat die Aufsichtsbehörde Anstöße zur *kommunalen Selbstkorrektur* zu geben. Liegt ein (rechtswidriger) Beschluß des Gemeinderates vor, kann die Aufsichtsbehörde den Gemeindevorsteher anweisen, von *seinem* Rügerecht Gebrauch zu machen („Rügeanweisung"). Jedes rechtswidrige Handeln kann die Aufsichtsbehörde (mit aufschiebender Wirkung) *beanstanden* und der Gemeinde so Gelegenheit geben, die rechtswidrige Maßnahme *selbst* zu beseitigen. Rechtswidrigem Unterlassen begegnet die Aufsichtsbehörde mit einer Anordnung zu einem bestimmten gemeindlichen

---

[9] S. *VGH Mannheim*, DVBl 1984, 729. Umfassend zum Problembereich *Uechtritz/Schlarmann*, DVBl 1984, 939; *BVerwGE* 87, 228 = JuS 1991, 968 Nr. 15; *Schoch*, JuS 1991, 728.

[10] *Schmidt-Jortzig*, Kommunalrecht, Rn. 547, 556; *ders.*, JuS 1979, 490.

[11] Hierzu und zum Nachfolgenden *Schmidt-Jortzig*, Kommunalrecht, Rn. 86ff.

Handeln. – **(2)** Auf der zweiten Stufe korrigiert die Aufsichtsbehörde das rechtswidrige gemeindliche Handeln selbst, indem *sie* die rechtswidrige Maßnahme *aufhebt* oder eine rechtswidrig unterlassene Maßnahme durch *Ersatzvornahme*[12] selbst vornimmt. Ist die Rechtmäßigkeit des kommunalen Handelns insgesamt nicht mehr gewährleistet, kann ein *Kommissar* bestellt werden. – **(3)** Ist die Kommune zu rechtmäßiger Selbstverwaltungstätigkeit völlig außerstande geraten, kann die Kommunalaufsicht auf einer letzten Stufe die Gemeindevertretung auflösen und eine Neuwahl anordnen *(Rekonstituierung)*.

Bei der Auswahl des „richtigen" Aufsichtsmittels ist die Aufsichtsbehörde an den **Grundsatz der Verhältnismäßigkeit** gebunden. 770

Im *Ausgangsfall 1* (Rn. 761) kommt eine Rügeanweisung an dem Gemeindevorsteher als milderes Mittel in Betracht.

2. Fachaufsicht

Im Rahmen der Fachaufsicht kommt der Aufsichtsbehörde (nur) unter 771 bestimmten Voraussetzungen (Rn. 645) ein „**Selbsteintrittsrecht**" zu. **Ansonsten** hat die Fachaufsichtsbehörde keine *eigenen* Möglichkeiten, die Befolgung ihrer Weisungen gegen eine Kommune durchzusetzen. Sie muß sich an die **Kommunalaufsichtsbehörde** wenden, damit diese von *ihren* Möglichkeiten der *Rechts*aufsicht (Kommunalaufsicht) Gebrauch macht. Verweigert die Kommune die Durchführung einer fachaufsichtsrechtlichen Weisung, handelt sie nämlich rechtswidrig.[13]

Im *Ausgangsfall 2* (Rn. 761) könnte es notwendig werden, die Kommunalaufsichtsbehörde einzuschalten, damit die Berufungsfrist nicht versäumt wird. Geht der Streit um die fachaufsichtliche Weisung zugunsten der *St* aus, kann die Berufung zurückgenommen werden.

---

[12] Klausurfall bei *Gornig/Deutsch*, JuS 1997, 918.
[13] S. zu allem z.B. *Schmidt-Jortzig*, Kommunalrecht, Rn. 85, 555.

13. Teil. Methodik der Fallbearbeitung

§ 56. Allgemeine Hinweise

I. Vier „Stationen" der Fallbearbeitung

772 Die nachfolgenden Ausführungen sollen verdeutlichen, wie man mit den vorstehend erworbenen Kenntnissen einen unbekannten Fall angemessen in den Griff bekommt, *ohne* an einem Schema zu kleben.[1] Die Darstellung folgt dabei den „Stationen", welche die Fallbearbeitung in gleicher Weise wie jede andere wissenschaftliche Arbeit zu durchlaufen hat: Nach dem (1) *Erfassen der Aufgabe* gehen die Überlegungen in zwei Denkphasen vor sich. (2) Zunächst werden – oft über viele Umwege und Irrwege – die *erheblichen Probleme ertastet, erwogen und gelöst.* (3) Sodann wird entschieden, wie die Lösung in Aufbau und Schwerpunktbildung am besten *darzustellen* ist. (Beide *Denk*phasen können sich natürlich auch überlagern.) Erst jetzt ist (4) die eigentliche *Niederschrift* möglich. Gleich eingangs sei empfohlen, der *Denkarbeit* die meiste Zeit zu widmen. In der *Klausur* sollten Lösung, Schwerpunktbildung und Aufbau bis in alle Einzelheiten feststehen (in Gedanken oder in einer ganz kurzen schriftlichen Skizze), bevor mit der Niederschrift (sogleich „ins Reine"!) begonnen wird. Abweichungen vom Plan noch während der Niederschrift zerstören oft das ganze Gefüge und führen leicht zu Widersprüchen. In der *Hausarbeit* läßt es sich zumeist nicht vermeiden, Denk- und Schreibarbeit zum Teil nebeneinander herlaufen zu lassen. Auch insoweit sei aber dringend empfohlen, mit der schriftlichen Formulierung („in Kladde") erst zu beginnen, wenn Lösung, Schwerpunktbildung und Aufbau wenigstens in groben Zügen festliegen.

II. Klausur und Hausarbeit

773 Die **Hausarbeit unterscheidet sich in doppelter Hinsicht von einer Klausur:** (1) In der längeren Bearbeitungszeit kann der Bearbeiter den Fall *gedanklich* tiefer durchdringen. (2) Die auftauchenden Fragen sind unter Heranziehung der *Literatur und Rechtsprechung* zu lösen. (1) und (2) *zusammen* sind die Voraussetzungen der *wissenschaftlichen* Fallbearbeitung,[2] welche in der Hausarbeit erwartet wird. Bei einer Hausarbeit

---

[1] S. dazu allgemein auch *Tettinger,* Einführung in die juristische Arbeitstechnik (JuS-Schriftenreihe 81), 3. Aufl. 2003.

[2] S. zu ihr auch schon Rn. 23.

ist es insbesondere nicht damit getan, daß der Bearbeiter eine *klausur-mäßige* Falldarstellung lediglich mit einigen *willkürlich* zusammengesuchten Zitaten *garniert,* wie es in den studentischen Übungsarbeiten häufig geschieht. Vielmehr ist ein **Gutachten** zu liefern, mit dessen Hilfe der Leser die Rechtslage real einschätzen kann. Er muß daher zu jeder wichtigeren Sachaussage erfahren, wie weitgehend sie in Literatur und Rechtsprechung geteilt wird, ob sich auch abweichende Ansichten finden, was von diesen zu halten ist usw. Zwar ist es durchaus erforderlich, daß der Bearbeiter *seine eigene* Ansicht darlegt. Solange die eigene Ansicht nicht umfassend belegt und damit abgesichert sowie zum **Stand von Wissenschaft und Rechtsprechung** in Beziehung gesetzt ist,[3] hat sie aber wenig Wert.

§ 57. Das Erfassen der Aufgabe

Unverhältnismäßig viele Bearbeitungen scheitern daran, daß schon dem **774** Erfassen der Aufgabe, der ersten Station der Fallbearbeitung, zu wenig Aufmerksamkeit gewidmet wird. **„Die einzige Arbeit, bei der nicht mit der Zeit gespart werden darf, ist das sorgfältige Erfassen des Tatbestandes."**[1]

I. Erfassen des Wortlauts

1. Es erscheint fast müßig, zunächst noch einmal auf die in allen Fallan- **775** leitungen ständig wiederholte Empfehlung hinzuweisen, den *Wortlaut des Sachverhalts* genau aufzunehmen und zu beachten. Gleichwohl geschehe schon das mit allem Nachdruck. Zur sorgfältigen Aufnahme des Sachverhalts gehört auch, daß die in der Aufgabe zitierten Paragraphen nachgelesen werden.

2. Viele **Fehler** entstehen durch eine **routinemäßige Behandlung** des **776** Falles, vor allem durch eine **gedankenlose Anwendung des Klageschemas.**

So bemerken Bearbeiter, welche auf das für eine bereits *erhobene* Klage entwickelte Prozeßschema[2] eingeschworen sind, oft nicht, wenn ein Fall noch *vor* dem Prozeß spielt. Selbst wenn ersichtlich soeben erst der Verwaltungsakt erlassen ist, „unterstellen" sie daher, ein Vorverfahren (§§ 68 ff. VwGO) als Voraussetzung für „die" Anfechtungsklage *habe* bereits stattgefunden. – Aber auch Bearbeiter, welche an sich erkennen, daß noch kein Widerspruchsverfahren stattgefunden hat, wählen zumeist eine eventuelle *Klage* als Einkleidung für ihre Überlegungen und weisen in den Ausführungen zur „Zulässigkeit" der Klage nur darauf hin, daß der Kläger *zunächst* Widerspruch einzulegen habe. Diese Einkleidung ist *unorganisch,* soweit es um *Ermes-*

---

[3] Näheres zur technischen Durchführung in Rn. 806 ff.
[1] *K. H. Klein,* JuS 1963, 480.
[2] Rn. 6.

sensverwaltung geht häufig auch *falsch.* Wenn nach der Sachverhaltsgestaltung noch kein Widerspruch eingelegt ist oder über einen Widerspruch noch nicht entschieden wurde, stehen **Zulässigkeit und Begründetheit des Widerspruchs** im Zentrum des Interesses. Gemäß § 79 I Nr. 1 VwGO ist „der ursprüngliche Verwaltungsakt *in der Gestalt, die er durch den Widerspruchsbescheid gefunden hat"*, Gegenstand der Klage. Für die Ordnungsmäßigkeit der Ermessensbetätigung,[3] für die Begründungspflicht nach § 39 VwVfG[4] und für anderes kommt es damit auf den Widerspruchsbescheid, *nicht* alleine auf den ursprünglichen Verwaltungsakt an. Solange kein Widerspruchsbescheid vorliegt, fehlt es an der Sachsubstanz, welche erforderlich ist, um Ermessensausübung und Einhaltung der Begründungspflicht *gerichtlich* überprüfen zu können. Ein Bearbeiter, der kurzgeschlossen Ermessensdefizite und fehlende Begründungen des *ursprünglichen* Verwaltungsakts ausschlaggebend werden läßt, um eine *Klage* als begründet anzusehen, übersieht § 79 I Nr. 1 VwGO und macht damit einen *falschen* Entscheidungsvorschlag. Gleichzeitig zeigt ein solcher Bearbeiter, daß er den Sinn des Widerspruchsverfahrens nicht verstanden hat: Das Vorverfahren soll (zur Entlastung der Gerichte) einerseits dem Bürger einen (durchaus nicht von vornherein erfolglosen) Rechtsbehelf eröffnen, andererseits der Exekutive die Möglichkeit geben, die ursprüngliche Entscheidung in rechtlicher Hinsicht *und* in erneuter Ermessensbetätigung (so deutlich § 68 I VwGO) zu korrigieren oder besser abzusichern.

777 3. Andere Fehler entstehen dadurch, daß die Richtigkeit einzelner Angaben im Sachverhalt in Zweifel gezogen wird. Das ist verfehlt, weil der **Sachverhalt** die **Gegebenheiten objektiv schildert.** Werden ergänzend einzelne *Behauptungen* der Beteiligten mitgeteilt, so beschränkt sich die Aufgabe des Bearbeiters darauf, diese Behauptungen – ihren Inhalt als wahr unterstellt – *rechtlich* zu würdigen (Schlüssigkeitsprüfung). Eine Stellungnahme dazu, ob die Behauptungen objektiv richtig sind, wird bis zum Referendarexamen nicht verlangt. Als Grundlage einer solchen Beweiswürdigung würden die tatsächlichen Umstände des Falles sonst auch viel eingehender mitgeteilt werden müssen, als es in den regelmäßig recht kargen Sachverhaltsschilderungen zu geschehen pflegt.

778 **Beispielsfall** (Klausur): Die Achse eines vom Fahrer *F* gelenkten, mit Zement beladenen LKW bricht. Der dem *E* gehörende Zement rutscht in einen Bach, bindet ab und wird so zu einem massiven Hindernis. Frage 1: Wen kann die Polizei zur Beseitigung des Hindernisses in Anspruch nehmen? Frage 2: Kann der *E* auf *F* verweisen mit der Begründung, *F* habe den Unfall verschuldet?

Zur Frage 2 erörterten manche Bearbeiter, ob den *F* wirklich ein Verschulden treffe. Einige Studenten verneinten dies, weil ein Achsbruch höhere Gewalt sei. Andere meinten nach längeren Spekulationen, *F* sei wahrscheinlich (?!) auf schlechtem Pflaster zu schnell gefahren oder habe es unterlassen, die Achse vor Antritt der Fahrt zu überprüfen. Alles das war verfehlt. Verlangt und möglich war nur eine *rechtliche* Auseinandersetzung mit dem Verschulden, unterstellt, es liege vor.

779 4. Schließlich werden manche **Fehler durch Spekulationen** hervorgerufen, welche mitunter bis ins Groteske reichen.

Nach dem Sachverhalt einer in Hamburg ausgegebenen Examenshausarbeit hatte „*A* das Haus Bergstraße 10 in *B* gekauft". Der Bearbeiter verwandte über eine Seite seiner Niederschrift auf die wegen dieses klaren Wortlauts unzulässige Erwägung, der Fall

---

[3] Zu ihr Rn. 84 ff.
[4] Zu ihr Rn. 69.

spiele vielleicht doch nicht in *B*, sondern in Hamburg. Es könne sich nämlich um eine gedankenlose Fortführung des ABC handeln, wenn der Betroffene *A* und dann der Ort *B* genannt worden sei. Weil in Hamburg in der Bergstraße 10 die Hauptkirche St. Petri stehe, während der Fall von einem „Haus" spreche, sei im Endergebnis aber doch kein hamburgisches Recht anzuwenden.

II. Eindringen in den Sachverhalt

Nach dem Erfassen des Wortlauts sollte der Bearbeiter *so tief in den Sachverhalt eindringen, daß er in ihm „lebt"*. **Zu diesem Zweck versetzt sich der Bearbeiter am besten der Reihe nach in die Lage der Beteiligten** und macht sich so die Interessenlagen klar. **780**

Gleicher *Beispielsfall* wie soeben in Rn. 778 (Zementwagen): Fast alle Bearbeiter waren zu Frage 1 der richtigen Ansicht, sowohl der Eigentümer *E* des Zements als auch der Fahrer *F* (ohne Verschulden) seien polizeipflichtig. Zu Frage 2 führten die meisten Bearbeiter dann nur aus: Da *F* schon ohnehin in Anspruch genommen werden könne, sei er erst recht polizeipflichtig, wenn ihn ein Verschulden treffe. Das beantwortete die Frage 2 aber nicht. *E* verweist vielmehr auf *F*, weil er *selbst nicht* in Anspruch genommen werden möchte. Daher mußte man eine rechtliche Konstruktion suchen, nach welcher eine *Freistellung* des *E* in Betracht kam. Entscheidend war, ob das Ermessen der Polizei in ihrer Auswahl zwischen mehreren Störern bei einem Verschulden des *F* vielleicht in der Weise gebunden sein würde („Ermessensreduzierung auf Null"), daß eine Inanspruchnahme des *E* fehlerhaft wäre.[5] **781**

III. Herausarbeiten der Fragestellung

Viele Sachverhalte schließen mit einer klaren Fragestellung („Wie wird das Gericht entscheiden?", „Kann *A* den gegen ihn gerichteten VA mit Erfolg anfechten?"). Eine derartige Frage steckt den Rahmen für die Ausführungen des Bearbeiters in der Regel eindeutig ab. **782**

In seltenen Fällen ergibt sich beim Eindringen in die Rechtsfragen, daß der Aufgabensteller die **Frage zu eng gefaßt** hat, ein *sinnvolles* Gutachten nur erstattet werden kann, wenn die Fragestellung überschritten wird. *Beispiel:* Der Bundestag beschließt die Änderung eines Gesetzes. Der Bundesrat sieht in der neuen Gesetzesfassung einen Verstoß gegen ein Grundrecht und verweigert der Gesetzesänderung deshalb seine Zustimmung. Trotzdem wird das Änderungsgesetz vom Bundespräsidenten ausgefertigt und im Bundesgesetzblatt verkündet. Kann der Bundesrat mit Erfolg gegen das Gesetz vorgehen? – Der Bundesrat kann die Organklage gemäß Art. 93 I Nr. 1 GG, §§ 13 Nr. 5, 63 ff. BVerfGG erheben. In ihrem Rahmen kann aber nicht die Grundrechtsproblematik, sondern nur die Frage geklärt werden, ob ein Zustimmungsrecht des Bundesrates verletzt worden ist.[6] Außerdem kann die Organklage nur dazu führen, daß das *BVerfG* einen Verfassungsverstoß feststellt (§ 67 BVerfGG). Das Gesetz wird hingegen nicht für nichtig erklärt. Prozessual günstiger ist die abstrakte Normenkontrolle gem. Art. 93 I Nr. 2 GG, §§ 13 Nr. 6, 76 ff. BVerfGG. Sie erstreckt sich außer auf das Zustimmungserfordernis auch auf die materielle Vereinbarkeit des Ge- **783**

---

[5] Zum Problem vgl. bereits Rn. 123.
[6] S. Rn. 654. Zum Zustimmungsproblem s. Rn. 663.

setzes mit den Grundrechten. Außerdem kann das Gesetz im Rahmen der Normenkontrolle für nichtig erklärt werden (§ 78 BVerfGG). Gem. § 76 BVerfGG kann die abstrakte Normenkontrolle indessen nur von der Bundesregierung, einer Landesregierung oder einem Drittel der Mitglieder des Bundestages eingeleitet werden, nicht aber vom Bundesrat. Weil im Sachverhalt nur nach den prozessualen Möglichkeiten des Bundesrates gefragt war, ließen die Bearbeiter die abstrakte Normenkontrolle außer Betracht. Damit konnten sie die Grundrechtsproblematik, welche dem Bundesrat nach der Sachverhaltsschilderung besonders am Herzen lag, prozessual nicht „einfangen". Eingeengt durch die Fragestellung wagten nur wenige Bearbeiter den Vorschlag, welcher auf der Hand liegt und den Fall prozessual angemessen in den Griff nimmt: Die Landesregierungen können sich im Bundesrat dahin verständigen, daß eine Landesregierung die abstrakte Normenkontrollklage erhebt (natürlich im eigenen Namen, nicht im Namen des Bundesrates). So würden sich die Dinge mit ziemlicher Sicherheit in der Praxis entwickeln.

784   Besondere Schwierigkeiten macht den Bearbeitern das **Aufhellen unklarer und allgemein gehaltener Fragestellungen** wie die häufig vorkommende Frage nach der Rechtslage oder die Frage nach den Möglichkeiten einer Behörde zum Einschreiten gegen einen bestimmten Sachverhalt. Auch die Deutung unklarer Anträge vor Gericht gehört hierher. Die vom Zivilrecht her geläufige, am Anspruchsdenken orientierte Lösungsformel „Wer will was von wem haben?" läßt sich für das Verwaltungsrecht abwandeln in die Frage „Wer ist daran interessiert, was bei wem zu erreichen?", oder kürzer, aber weniger aufgegliedert: „Woran sind die beteiligten Personen interessiert?" – Am besten versetzt sich der Bearbeiter oft in die Rollen von Rechtsanwälten, zu denen die Beteiligten kommen, um jeweils aus ihrer Sicht den Sachverhalt vorzutragen, vorläufig noch ohne jede nähere Vorstellung, was zu tun sei. Für jeden Rechtsanwalt ist es in dieser Situation unerläßlich, sich zunächst einmal in die Lage seines Klienten hineinzudenken und so mit juristischer Phantasie zu ergründen, worauf dessen Interessen konkret gerichtet sind. Erst dann kann er genaue Fragen formulieren. Nicht anders sieht die erste Aufgabe des Bearbeiters aus.

785   1. Zumeist lassen sich die genannten Fragestellungen auf diese Weise schon allein mit Hilfe der Sachverhaltsschilderungen aufhellen oder in konkrete Einzelfragen auflösen, ohne daß schon jetzt ein tieferes Eindringen in Rechtsfragen erforderlich wird.

786   Beispiel:[7] X, bisher in der Wirtschaft tätig, hat vom Minister die Zusicherung erhalten, zum Ministerialrat in einem Bundesministerium ernannt zu werden. Darüber ist ein Aktenvermerk aufgenommen und dem X übersandt worden, den neben dem Minister auch der Bundespräsident unterzeichnet hat. Dann stellt sich heraus, daß X nicht die deutsche Staatsangehörigkeit besitzt und also § 7 I Nr. 1 und § 7 III BBG[7] einschlägig werden.[8] X möchte auf die ihm zustehenden Rechte nicht verzichten. Wie ist die Rechtslage? – X ist daran interessiert: a) ob er Ansprüche auf Beamtenbesoldung als Ministerialrat hat (Aktenvermerk = Ernennung?); b) ob er die Ernennung erreichen kann (wegen der Zusicherung); c) ob er Schadensersatzansprüche hat.

---

[7] *Sartorius* Nr. 160.
[8] S. zum Fall auch schon Rn. 228.

2. Bisweilen lassen sich unklare oder allgemein gehaltene Fragestellun- **787**
gen aber auch erst auflösen, wenn der Bearbeiter **gleichzeitig tiefer in
Rechtsfragen eindringt.**

Beispielsfall (Klausur):[9] Weil einer neuerbauten Schule durch Bäume auf dem Nachbargrundstück Licht und Luft entzogen werden, wird dem Nachbarn N durch Verfügung vom 6. 1. aufgegeben, die Bäume zu fällen. N ficht die Verfügung, der eine vor-
schriftsmäßige Rechtsmittelbelehrung beigefügt war, nicht an. Er kommt ihr aber
auch nicht nach. Deshalb läßt der Stadtdirektor – Ordnungsamt – die Bäume am 6. 4.
vom städtischen Forstpersonal fällen. N legt nunmehr „Beschwerde" ein und beabsichtigt auch, Klage beim Verwaltungsgericht zu erheben mit dem Antrag: 1. festzustellen, daß die Verfügung vom 6. 1. rechtsunwirksam sei; 2. den Stadtdirektor bzw.
die Stadtgemeinde zum Ersatz des ihm entstandenen Schadens, den er auf 600 € bezif-
fert, zu verurteilen. – Wie ist die Rechtslage? Was ist zu der „Beschwerde" und der
beabsichtigten verwaltungsgerichtlichen Klage zu sagen?

Viele Bearbeiter wußten mit der Frage nach der Rechtslage nichts anzufangen. Deshalb wurde zuerst die beabsichtigte verwaltungsgerichtliche Klage behandelt. Oft
machte sich hiernach dann Erleichterung breit. Denn man hatte bisher keine Anknüpfung gefunden, die Rechtmäßigkeit der ja nicht mehr anfechtbaren Verfügung vom
6. 1. in allen Einzelheiten zu untersuchen. (Im Feststellungsantrag geht es nur um ihre
Nichtigkeit, also um besonders schwere Rechtsmängel.) Die Frage nach der Rechtslage schien also zu bedeuten, daß man diese Untersuchung jetzt noch isoliert nachholen
solle.

Eine solche Ausdeutung verkennt die Aufgabe des Bearbeiters, einen *praktischen* Fall
zu lösen. Auch wenn nach der Rechtslage gefragt ist, sind nur Dinge zu behandeln,
welche noch *gegenwärtig* eine *praktische* Bedeutung haben. Was darunter fällt, ergibt
sich wiederum aus der Sicht der Beteiligten. N geht es darum, ob er die Anpflanzung
neuer Bäume und (oder) Entschädigung verlangen kann. Als Laie hat er schon einen
ganz bestimmten Weg eingeschlagen, sogar bestimmte Klageanträge schweben ihm
vor. Nach der ausdrücklichen Anweisung im Sachverhalt soll *einmal* untersucht werden, was von diesem Vorgehen zu halten ist. Weil *außerdem* nach der Rechtslage gefragt wird, kann dies aber nur Teil einer viel umfassenderen Untersuchung sein, welche *alle* dem N zu Gebote stehenden Möglichkeiten erörtert, auch wenn er an sie als
Laie gar nicht denkt. In Betracht kommt insbesondere auch ein Vorgehen im Zivilrechtsweg, gerichtet etwa auf Entschädigung, weil N vielleicht als Nichtstörer in Anspruch genommen worden ist.[10] Hier führen die Erörterungen dann auch – diesmal
organisch – zu einer näheren Auseinandersetzung mit der Verfügung vom 6. 1.

3. Falls die Fragestellung nicht selbst festlegt, ob vom Bearbeiter **auch** **788**
prozessuale oder lediglich materiellrechtliche Ausführungen erwartet
werden, beginnt häufig ein großes Rätselraten.

Beachte: Ist im Sachverhalt *ausdrücklich* nur nach der materiellen Rechtslage oder **789**
nach der Rechtmäßigkeit einer Verfügung gefragt, *sollen* natürlich – von Sonderfällen
vielleicht abgesehen – keine prozessualen Ausführungen gebracht werden.

Entscheidend ist, welche Ausweitung oder Begrenzung nach der Inter- **790**
essenlage der Beteiligten und im Interesse einer sinnvollen Schwerpunktbildung vernünftig ist.

---

[9] S. zum Fall auch schon Rn. 58, 332.
[10] S. insoweit zum Fall schon Rn. 332.

Beispiele: Geht es nach der Fragestellung darum, ob ein Verwaltungsakt ergehen *könnte*, ist es nicht von *aktuellem* Interesse, welche Rechtsschutzmöglichkeiten der *Adressat nach Erlaß* des Verwaltungsakts haben würde.[11] Erkundigt sich ein Bürger nach Amtshaftungs- oder Entschädigungsansprüchen, ist es nützlich, ihn mit *einem* Satz darüber zu belehren, daß sie im ordentlichen Rechtsweg geltend zu machen seien. Fragt ein Bürger, gegen den ein belastender Verwaltungsakt ergangen ist, um Rat, muß er auf die Widerspruchsmöglichkeit und ihre Frist hingewiesen werden, damit er den Verwaltungsakt nicht unanfechtbar werden läßt. Das Widerspruchsverfahren ist eine sinnvolle Einkleidung.[12]

791   Als **Faustregel** ergibt sich: Soweit prozessuale Möglichkeiten von aktuellem Interesse sind, sollte man sie erwähnen. Zumeist sind sie aber nur ganz kurz zu behandeln: Allein aus der Tatsache, daß der Aufgabensteller nicht *deutlich* prozessuale Erörterungen gefordert hat, läßt sich in der Regel schließen, daß hier *keine besonderen* Probleme verborgen liegen.

IV. Versteckte Fehlerquellen

792   Nur mit größter Aufmerksamkeit kann der Bearbeiter bisweilen *Irreführungen* entgehen, nämlich erkennen, daß Verfügungen, Anträge oder andere Rechtshandlungen nicht so eindeutig sind, wie sie auf den ersten Blick erscheinen.

Beispiel: Das Ordnungsamt hat erfahren, daß ein Gastwirt eine Beat-Band zu einem Gastspiel verpflichtet hat, welche die Zuschauer in wildes Getobe zu versetzen pflegt. Deshalb erläßt die Behörde gegen *G* eine „Verfügung, die Stühle zu befestigen, widrigenfalls das Konzert mit polizeilichen Zwangsmitteln verhindert werde". – Alle Bearbeiter untersuchten die Rechtmäßigkeit „des Gebots", die *Stühle* zu befestigen. Tatsächlich ist aber wohl das *Konzert* verboten worden unter der auflösenden Bedingung, daß *G* die Stühle noch befestigt und so die polizeiliche Gefahr (Gesundheitsschäden) beseitigt. Sonst müßte die Behörde *noch extra* eine *Verbots*verfügung erlassen, *bevor* sie das Konzert zwangsweise verhindern könnte.[13]

§ 58. Das Hintasten zur Lösung

I. Der Sachverhalt als Ausgangspunkt

793   Die rechtlichen Überlegungen haben *von der Fragestellung auszugehen* und **stets enge Fühlung mit dem Sachverhalt** zu halten. Es mag sich für den Bearbeiter empfehlen, alsbald sein *Judiz* zu befragen, wie das *Ergebnis* aller rechtlichen Überlegungen wohl lauten müßte. Gleichwohl sollte er aber **möglichst lange** seine **Unbefangenheit bewahren**. Viele Arbeiten mißlingen oder geraten schief, weil ihre Bearbeiter diese

---

[11] Beispiel in Rn. 13.
[12] S. Rn. 776.
[13] Zu dieser Kongruenz von Verfügung und Vollstreckung lies nochmals Rn. 134.

Grundvoraussetzung jeder Fallbearbeitung nicht beachten, sondern umgekehrt von den „offenbar" mit dem Fall in Zusammenhang stehenden *Rechts*fragen und Rechtsproblemen ausgehen. So kommt es dazu, daß Probleme durchdacht und schließlich zu Papier gebracht werden, welche zur Lösung des Falls nicht beitragen; **oft wird der Sachverhalt** sogar **zum Problem hin „umgebogen"** mit der Folge, daß ein anderer als der gegebene Fall bearbeitet wird („Tatbestandsquetsche"[1]).

Beispielsfall (Hausarbeit): Die Satzung über die Benutzung eines städtischen **794** Schwimmbades enthält die Bestimmung, daß die Schüler der städtischen Schulen freien Eintritt haben. „Hiergegen" erhebt die *T,* welche eine staatliche Schule besucht, Verfassungsbeschwerde. Wird diese Erfolg haben?

Viele Bearbeiter gingen ohne weiteres davon aus, *T* wolle die *Satzung* für *nichtig* erklären lassen. Versetzt man sich in die Lage der *T,* wird deutlich, daß ihr damit nicht gedient ist. Denn dann haben auch die Schüler der städtischen Schulen Eintritt zu zahlen. *T* möchte deren Begünstigung aber gerade *aufrechterhalten* und *auch für sich* in Anspruch nehmen. Das *BVerfG* kann feststellen, daß der gegenwärtige *Zustand* verfassungswidrig ist, *ohne* die Satzung für nichtig erklären zu müssen.[2]

Beispielsfall (Klausur): Tochter Erika *(E)* bringt ihrem Vater, dem Patienten *P,* ständig **795** Bier ins Krankenhaus. Nachdem sie wiederholt darauf hingewiesen worden ist, daß ihr Tun nach der Krankenhausordnung verboten sei, nimmt ihr die Krankenhausleitung eines Tages – wie es in der Krankenhausordnung vorgesehen ist – das Bier zugunsten des städtischen Altersheimes ab und untersagt ihr das weitere Betreten des Krankenhauses. *E* und *P* erbitten eine Rechtsauskunft darüber, ob sie sich diesen Eingriff gefallen lassen müssen.

Die Mehrheit der Bearbeiter behandelte die Anfechtungsmöglichkeiten der *E* und des *P* gleichzeitig und kam dann sehr bald in aller Breite auf Probleme des besonderen Gewaltverhältnisses.[3] Das erforderliche tiefere und sezierende Eindringen in den Sachverhalt hätte demgegenüber ergeben, daß diese Problematik entgegen dem ersten Anschein *keine* derart zentrale Bedeutung für die Lösung hat: Adressat der Konfiskation und des Hausverbots ist nur die *E.* Sie ist *Besucherin* der Anstalt und als solche nicht wie die Benutzer (Patienten) in die Anstalt eingegliedert. Damit ist *sie* dem besonderen Gewaltverhältnis der Klinik nicht unterworfen. *P* kann die Konfiskation nicht anfechten, weil er noch nicht Eigentümer des Biers war und daher nicht in Rechten im Sinne des § 42 II VwGO beeinträchtigt worden ist. Nur das Hausverbot trifft ihn in eigenen Rechten (kein Besuch von seiner Tochter, Art. 6 I GG). Erst hier greift die Problematik des besonderen Gewaltverhältnisses ein.

Die **Gefahren,** den Sachverhalt aus den Augen zu verlieren, sind bei **796** *Hausarbeiten* besonders groß, **wenn mehr oder minder planlos in Literatur und Rechtsprechung herumgelesen wird.**

---

[1] *Diederichsen/Wagner,* BGB-Klausur, S. 23.

[2] S. bereits Rn. 402. Nur wenn mit Sicherheit angenommen werden könnte, daß der Gesetzgeber – hätte er den Verfassungsverstoß erkannt – die staatlichen Schulen in seine Regelung einbezogen hätte, würde das *BVerfG* das Wort „städtisch" für nichtig erklären und so den Schülern der staatlichen Schule *unmittelbar* freien Eintritt verschaffen können (Problem der Gewaltenteilung), s. *BVerfGE* 6, 273 (281); 37, 217 (260); 115, 81 (93) = JuS 2006, 1012 Nr. 1 *(Sachs).* – Zu weiteren prozessualen Problemen des Falles (Subsidiarität der Verfassungsbeschwerde) s. Rn. 505 ff.

[3] S. zu ihnen bereits Rn. 209 ff.

Beispielsfall: Der Bundeskanzler wünscht, der Landwirtschaft nach schweren Unwettern unter Überschreitung des Haushaltsplanes 50 Millionen Euro als Soforthilfe zur Verfügung zu stellen. Der Finanzminister verweigert jedoch seine nach Art. 112 GG erforderliche Zustimmung. Daraufhin beantragt der Bundeskanzler beim Bundespräsidenten die Entlassung des Finanzministers und die Ernennung des Abgeordneten X zum neuen Finanzminister, weil X sich bereit erklärt hat, dem Vorhaben zuzustimmen. Der Bundespräsident möchte wissen, ob er verpflichtet ist, die Entlassung auszusprechen.

Ein voreiliger Blick in die Kommentare zu Art. 64 GG verführte die Bearbeiter der Hausarbeit dazu, den bekannten Meinungsstreit über „das" Prüfungsrecht des Bundespräsidenten in den Mittelpunkt der Erörterungen zu stellen.[4] Dabei wurde übersehen, daß sich die Meinungsäußerungen in der Literatur zumeist auf ein *politisches* Prüfungsrecht bei der Ernennung von Bundesministern beziehen.[5] Nach den Besonderheiten des vorliegenden Sachverhalts scheint es aber so, als wenn Art. 112 GG umgangen werden soll. Das läßt zunächst einmal die Frage nach einem *rechtlichen* Prüfungsrecht des Bundespräsidenten in den Vordergrund treten. Erst anschließend kann man auf ein politisches Prüfungsrecht kommen, etwa wenn man die Ansicht vertritt, es liege keine rechtswidrige Umgehung des Art. 112 GG vor, weil hier nur verlangt werde, daß *irgendein* Finanzminister die Verantwortung übernehme.[6] Auch jetzt erübrigt es sich aber, die ganze Problematik des politischen Prüfungsrechts bei *Ernennungen* auszubreiten, wie es die Bearbeiter taten, (weil darüber viel in den Kommentaren stand). Denn bei Ernennungen ist ein Ablehnungsrecht des Bundespräsidenten nur deshalb ernsthaft zu erwägen, weil der Bundeskanzler immer noch die Möglichkeit hat, eine andere Person *seines Vertrauens* vorzuschlagen. Bei der *Entlassung* hingegen, um die es vorliegend nur geht, ist ein politisches Prüfungsrecht kaum diskutabel. Sonst könnte dem Bundeskanzler hier ein Minister aufgenötigt werden, zu dem er kein Vertrauen (mehr) hat. (Aus diesem Grunde würde der Bundespräsident die Entlassung übrigens auch dann nicht verweigern können, wenn „an sich" eine Umgehung des Art. 112 GG vorläge.[7])

797 Um derartige Fehlleistungen zu vermeiden, sei dringend empfohlen, auch den **Hausarbeitsfall zunächst klausurmäßig** zu lösen. Literatur und Entscheidungssammlungen sind erst anschließend und allein für vorher genau formulierte und durchdachte Einzelfragen heranzuziehen. Mit ihrer Hilfe ist die klausurmäßige Lösung dann jeweils fortzuentwickeln. Dabei sollte der nächsten Frage erst nachgegangen werden, *nachdem* die Ergebnisse der vorhergehenden Nachforschung voll und ganz in die bisherigen Überlegungen eingepaßt sind.

II. Die Gedankenfolge

798 Sind mehrere Fragen gestellt, sollte der Bearbeiter versuchen, sie in der Reihenfolge zu durchdenken, in welcher der Sachverhalt sie bringt.

---

[4] Vgl. dazu Rn. 657 ff.
[5] S. etwa *Herzog*, in: Maunz/Dürig, GG, Art. 64 Rn. 12 ff.
[6] Näheres zu Art. 112 bei *Daerr*, Das Notbewilligungsrecht des Bundesministers der Finanzen, 1973; *Friauf*, GS F. Klein, 1978, S. 162; *BVerfGE* 45, 1; *Arndt*, JuS 1978, 19.
[7] Anders nur bei *ganz eindeutiger* Verfassungswidrigkeit des Entlassungsgesuchs, s. *Herzog*, in: Maunz/Dürig, GG, Art. 64 Rn. 54.

Denn häufig baut die nachfolgende Frage auf der Beantwortung der vorherigen Frage auf. Innerhalb der einzelnen Fragen tastet sich der Bearbeiter am besten *ohne jede schablonenhafte Festlegung* nach den Regeln der Logik zur Lösung vor, gestützt auf ein von Kenntnissen getragenes Erfahrungswissen. Das Anliegen der ersten Teile dieser Anleitung war es, durch den Überblick über die typischen, immer wiederkehrenden Fallgestaltungen und ihre Probleme *hierfür* den Grund zu legen. Dem Anfänger seien immerhin noch einige Zusammenhänge bewußt gemacht, auf welche er bei der *Denkarbeit* zur Lösung mancher *verwaltungsrechtlicher Fälle im Verhältnis Bürger – Staat* aufbauen kann, wenn er sich der bereits dargestellten *Gefahren aller Schemata* und ihrer beschränkten Leistungsfähigkeit stets bewußt ist.[8]

1. Methodisch gesehen sind am leichtesten Fälle zu bearbeiten, in denen nach der Fragestellung **bereits Klage erhoben und die Entscheidung des Gerichts zu entwerfen** ist (Frage etwa: „Wie wird das Verwaltungsgericht entscheiden?"). Das jetzt einschlägige Prozeßschema gibt eine gute Stütze für wesentliche Teile der Gedankengänge. Die Voraussetzungen der Zulässigkeit einer Klage sind katalogartig erfaßt.[9] Sind sie mit positivem Ausgang gedanklich durchgeprüft, ergibt sich automatisch für die Begründetheit der Klage die in Zweifelsfällen wesentliche Festlegung, welcher der früher zusammengestellten Grundfälle vorliegt, ob es etwa um die Anfechtung eines Verwaltungsakts geht oder statt dessen um die Rechtmäßigkeit einer Norm, ob die Begründetheit eines geltend gemachten Anspruchs sich nach zivilrechtlichen oder nach öffentlichrechtlichen Normen bemißt, usw. Diese Weichen werden bei der Behandlung der Schemapunkte „Zulässigkeit des Rechtswegs" („öffentlichrechtliche oder privatrechtliche Streitigkeit"?) und „Richtiger Klage- oder Verfahrenstyp" (Anfechtungsklage = Verwaltungsakt; § 47 VwGO = Norm; Leistungsklage = Anspruch) gestellt.[10] Zur Begründetheit der Klage kann dann unvermittelt das „Schema" herangezogen werden, welches die materiellrechtlichen Probleme des einschlägigen Grundfalles beschreibt.

2. Sind mit der Fragestellung **nur materiellrechtliche Ausführungen gefordert,** gilt es, in den *Vorüberlegungen* (aber *nicht* in der Niederschrift!)[11] zunächst mit einer Frage nach der „Rechtsnatur der Beziehungen zwischen Bürger und Staat" den einschlägigen Grundfall zu ermitteln, *falls* überhaupt Zweifel bestehen. (Zumeist liegt auf der Hand, worum es geht.) Hier wird also das ermittelt, was sich im Prozeßschema automatisch ergibt: die Weichenstellung zu den einschlägigen Normen. Anschließend lassen sich die Einzelprobleme wiederum mit Hilfe des jeweiligen materiellrechtlichen Schemas durchdenken.

799

800

---

[8] Lies nochmals Rn. 11 ff.
[9] Zusammenstellung in Rn. 7.
[10] Vgl. auch schon Rn. 50.
[11] Rn. 50.

801   3. Sind **sowohl prozessuale als auch materiellrechtliche Ausführungen gefordert, ohne daß bereits Klage erhoben ist** (Beispiele: „Was kann X unternehmen?"; „Würde ein Rechtsmittel des *X* Erfolg haben?"; usw.), hat der Bearbeiter die Wahl, ob er sich in den *Vorüberlegungen* über das Prozeßschema zur Lösung hintastet (soeben Rn. 799) oder ob er seine Überlegungen mit der materiellen Rechtslage beginnt (soeben Rn. 800) und sich erst anschließend über die prozessualen Möglichkeiten Gedanken macht. Immer hat er aber zu beachten: Bei den soeben unter Rn. 799 f. dargestellten Fallgestaltungen steht von vornherein fest, daß auch die *Niederschrift* im Aufbau etwa den gleichen Leitlinien folgen wird wie die Vorüberlegungen. Bei der jetzt behandelten Fallgestaltung kann die *Niederschrift* hingegen sowohl mit prozessualen als auch mit materiellrechtlichen Ausführungen beginnen.[12] Daher hat der Bearbeiter sich nach dem Erarbeiten der Lösung noch selbständig Gedanken darüber zu machen, welcher Aufbau im konkreten Falle zweckmäßiger ist (siehe nachfolgend Rn. 830 f.). Vor diesem Hintergrund sollte der Bearbeiter sich bemühen, den Fall von Anfang an *sowohl* von einem prozessualen *als auch* von einem materiellrechtlichen Aufbau her zu durchdenken. Andernfalls legt er sich schon zu einem Zeitpunkt für einen bestimmten Aufbau der Niederschrift fest, in welchem er noch gar nicht entscheiden *kann,* ob gerade dieser Aufbau dem Fall wirklich adäquat ist.

III. Problemaufspaltung

802   Eines der wichtigsten Instrumente jeder wissenschaftlichen Arbeit und damit auch der Fallbearbeitung ist das Bestreben, die auftauchenden Fragen und Probleme zu untergliedern und damit aufzuspalten (**„divide et impera"**!).

Gleicher **Beispielsfall** wie bei der Grundrechtsprüfung:[13] Würde ein Bundesgesetz gegen Grundrechte verstoßen, welches in einer Zeit des Facharbeitermangels unter Strafandrohung jegliche „Ausreise" aus dem strukturschwachen Bundesland X in andere Bundesländer und ins Ausland verböte, um alle Facharbeiter im Lande X zu halten? – Die Bearbeiter dieses Falles kamen nicht durchgehend darauf, daß in der früher[14] dargestellten Weise jedenfalls zwischen interner und externer Freizügigkeit unterschieden werden müsse, weil beide Bereiche durch verschiedene Grundrechte geschützt seien. Hinsichtlich der internen Freizügigkeit innerhalb des Bundesgebietes wurde die „Streitfrage" untersucht, ob Art. 11 GG oder Art. 12 I GG einschlägig sei; immerhin gehe es um die *Arbeits*aufnahme (Art. 12 I GG) in einem anderen Bundesland. Je danach, wie der einzelne Bearbeiter die Konkurrenz zwischen Art. 11 und Art. 12 I GG sah, untersuchte er entweder nur Art. 11 GG oder nur Art. 12 I GG. Sachgerecht war in diesem Zusammenhang allein folgende Gliederung: I. Freizügigkeit der Bürger, welche zum Zwecke der Arbeitsaufnahme ausreisen. II. Freizügigkeit der Bürger, welche zu anderen Zwecken ausreisen. Für Gliederungspunkt I. ist die

---

[12] Rn. 13.
[13] Rn. 446.
[14] Rn. 446.

Konkurrenz zwischen Art. 11 und Art. 12 I GG in der Tat erheblich. Gliederungspunkt II. hat ein eigenständiges Gewicht. *Jedenfalls* in *seinem* Rahmen *ist* Art. 11 GG
einschlägig.

IV. Das Eindringen in die Rechtsfragen

Bei den *rechtlichen Überlegungen* sollte u. a. beachtet werden: **803**

**1. Rechtsfragen und Zweifel im Tatsächlichen sind scharf auseinan-
derzuhalten.**

Beispielsfall (Hausarbeit):[15] Der Polizeibeamte *P,* welcher bei einer Wirtshausschläge-
rei einschritt und durch Messerstiche verletzt wurde, forderte den an der Schlägerei
unbeteiligten Bauern *B* auf, an der Verfolgung des Messerstechers teilzunehmen und
ihm diesen zu zeigen. Im Laufe der Verfolgung wurde auch *B* durch einen Messerstich
verletzt. *B* fragt an, wer für die Kosten seiner Heilung aufzukommen habe.
Die Bearbeiter untersuchten den Rechtscharakter der Aufforderung. In ähnlichen
Fällen hatten (veraltete) Literatur und Rechtsprechung teils einen privatrechtlichen
Auftrag (Aufwendungsersatz), teils die polizeiliche Inanspruchnahme eines Nichtstörers durch Verfügung (Entschädigung[16]) angenommen.[17] Die Bearbeiter sahen darin
eine *rechtliche* Streitfrage, wogen beides mit Rechtsausführungen gegeneinander ab
und entschieden sich dann, zumeist unter Angabe vieler Zitate aus Literatur und
Rechtsprechung, für eine Polizeiverfügung, weil man ein privatrechtliches Verhältnis
nicht annehmen könne. Hierbei wurde das Nebeneinander von rechtlichen Schwierigkeiten und Schwierigkeiten im Tatsächlichen nicht erkannt: Wenn ein privatrechtlicher Auftrag (Vertrag) aus Rechtsgründen nicht möglich ist, so ist damit nicht gesagt,
daß die Beteiligten nicht gleichwohl einen Vertragswillen gehabt haben könnten, sondern *P* einseitig einen Befehl (Verfügung) erteilt haben müßte, wie die Bearbeiter ohne
weiteres annahmen. Als dritte Möglichkeit im Tatsächlichen könnte *P* auch nur eine
Bitte geäußert haben. Die Rechtsprechung konnte den Bearbeitern nur dazu dienen,
die mit den verschiedenen tatsächlichen Möglichkeiten verbundenen Rechtsinstitute
zu entwickeln (bei Vertragswillen heute *öffentlichrechtlicher* Vertrag). Zur *tatsächlichen* Frage, unter welches der in Betracht kommenden drei Rechtsinstitute der konkrete Sachverhalt zu subsumieren war, gaben Literatur und Rechtsprechung nichts
her. Geradezu unsinnig war es also, wenn die Entscheidung, im *vorliegenden* Falle
handele es sich um eine Polizeiverfügung, mit Zitaten belegt wurde.[18]

2. Der Bearbeiter muß sich über die rechtliche Bedeutung aller tat- **804**
sächlichen Angaben im Sachverhalt Gedanken machen. Denn aus dem
Bestreben heraus, die Aufgabe möglichst knapp zu formulieren, nimmt
der Aufgabensteller (zumeist) nur Mitteilungen in den Sachverhalt auf,
welche für die Lösung wesentlich sind. Auf mitgeteilte Rechtsansichten

---

[15] Vgl. *RG,* JW 1914, 676 Nr. 4. S. zum Fall auch schon Rn. 334.
[16] Rn. 330.
[17] Überblick z. B. bei *Ender,* Der Staatsbürger als Helfer der Polizei, 1959.
[18] Nur der Vollständigkeit halber sei erwähnt, daß es auf die von den Bearbeitern an-
geschnittene Frage nicht in ihrer ganzen Breite ankommt. Wie in Rn. 334 schon
ausgeführt wurde, ist *B* gem. § 2 I Nr. 13 c SGB VII unfallversichert. Damit sind die
nach *gesetzlichen* Vorschriften in Betracht kommenden Ansprüche des *B* nach
Maßgabe von § 116 SGB X schon im Zeitpunkt der Verletzung auf den Versiche-
rungsträger übergegangen.

der Parteien des Sachverhalts muß der Bearbeiter an geeigneter Stelle auch dann (ganz kurz) eingehen, wenn sie eindeutig irrig sind. Denn die Aufgabe des Juristen, der um einen Rat gebeten wird, kann es nicht sein, ex cathedra zu sprechen. Er muß die Parteien überzeugen.

805   3. Die *einschlägigen Rechtsvorschriften* müssen sorgfältig ermittelt werden.[19] **Unbekannte Vorschriften** sind **sinnvoll** auszudeuten und in das Rechtssystem einzupassen.

Beispiel:[20] Die Behörde hat *X* die Fahrerlaubnis entzogen. *X* hält das für rechtswidrig. Sein Widerspruch hat aber keinen Erfolg. Er fragt an, was er jetzt unternehmen könne. – Viele Bearbeiter entdeckten § 3 II 1 StVG, wo es heißt: „Mit der Entziehung erlischt die Fahrerlaubnis." Daraufhin nahmen sie durchweg an, weil die alte Fahrerlaubnis erloschen sei, müsse *X Verpflichtungsklage* auf Erteilung einer neuen Fahrerlaubnis erheben. Das war unzutreffend. Denn § 3 II 1 StVG ist natürlich in die herkömmlichen Grundsätze des Verwaltungs(prozeß)rechts eingebettet: Solange die Entziehung der Fahrerlaubnis nicht unanfechtbar geworden ist, kann sie vom Gericht aufgehoben werden. Das erstrebt *X* mit der *Anfechtungsklage*. Nach der Aufhebung besteht die *alte* Fahrerlaubnis fort.

806   4. Bei allem sind in einer **Hausarbeit Literatur und Rechtsprechung** so weitgehend heranzuziehen, daß die Lösung hinreichend in den Meinungsstand eingepaßt, belegt und gegen abweichende Ansichten abgesichert werden kann. Übertriebene Vollständigkeit ist nicht gefordert. Wer auf die Einbettung in Literatur und Rechtsprechung verzichtet, verfehlt das *Wesen* des geforderten *wissenschaftlichen Gutachtens.*[21]

807   Eine der Grundvoraussetzungen für das Gelingen der wissenschaftlichen Hausarbeit ist die **Fähigkeit** des Studenten, Literatur und Rechtsprechung **eigenständig zu analysieren.**[22] Wer diese Fähigkeit nicht beherrscht oder sich mit den „Leitsätzen" einer Entscheidung begnügt, macht Fehler wie diesen: Gem. § 24 I Nr. 2a LadenschlußG (*Sartorius* Nr. 805) war ein Ladenbesitzer mit einem Bußgeld belegt worden, weil er in einer Zeitungsannonce angekündigt hatte, er werde sein Geschäft außerhalb der Ladenschlußzeiten des § 3 LadenschlußG offenhalten. Das Offenhalten ist eine bußgeldbewehrte Ordnungswidrigkeit. Die vorhergehende Annonce ist straffreier (vgl. § 13 II OWiG) Versuch oder gar nur straffreie Vorbereitungshandlung der Ordnungswidrigkeit. Gleichwohl hielten viele Studierende den (allein an die Annonce angeknüpften) Bußgeldbescheid für rechtmäßig. Sie beriefen sich darauf, daß der *BGH* ausgeführt habe: „Die Werbung mit dem Satz ‚Wenn Sie bis 18.29 Uhr unser Haus betreten haben, können Sie noch in aller Ruhe, ohne jede Hetze, einkaufen', verstößt gegen § 3 LadenschlußG und gegen § 1 UWG" (NJW 1972, 1469, Leitsatz). Diese Studenen ließen unbeachtet, daß die zitierte Entscheidung im Kontext mit dem UWG und nicht im Kontext mit einem Bußgeldbescheid steht. Gegen das Verbot unlauteren Wettbewerbs (mittlerweile § 3 UWG n. f.) mag in der Tat bereits mit der Werbung und nicht erst mit dem eigentlichen Offenhalten des Geschäfts verstoßen werden.[23] Im Bußgeldverfahren kommt es aber eben auf das Offenhalten selbst an.

---

[19] Technische Ratschläge zum Auffinden unbekannter Gesetze und Gesetzesmaterialien bei *Butzer/Epping*, Arbeitstechnik, S. 99 ff.; *Möllers*, JuS 2000, 1203 (1205 ff.).

[20] S. zum Fall auch schon Rn. 39.

[21] Lies nochmals Rn. 773.

[22] Dazu schon Rn. 23.

[23] Auf dieser Linie *BGH*, NJW 1972, 1469.

Literatur und Rechtsprechung entwickeln sich ständig fort. Die Kor- 808
rekturerfahrung lehrt, daß diese Selbstverständlichkeit häufig nicht beachtet wird.

So wird in Übungs- und Examensarbeiten immer wieder *ohne weiteres* so getan, als
seien „ältere" Veröffentlichungen am *gegenwärtigen* Meinungsstreit beteiligt. Vor
allem, wenn es sich um *grundlegende* Arbeiten handelt, *können* auch ältere Veröffentlichungen zwar durchaus noch von aktueller Bedeutung sein. Oft handelt es sich aber
um Stellungnahmen, über die die Entwicklung von Literatur und Rechtsprechung
hinweggegangen ist und die der Autor nicht mehr aufrechterhalten könnte und würde, wenn er sich *heute* erneut zu äußern hätte.

Wie fatal es sich auswirken kann, wenn ein Kandidat kein „Gespür" für Entwicklungen hat und/oder sich um Entwicklungen nicht kümmert, sei am **Beispiel einer Examenshausarbeit** deutlich gemacht, die erst kürzlich geschrieben wurde. Wegen der
„Junktim-Klausel" kam es für die Gültigkeit eines Gesetzes auf den Enteignungsbegriff des Art. 14 III GG an. Wie in „grauer Vorzeit" erörterte der Verfasser nacheinander ausführlich drei Enteignungstheorien, die „Sonderopfertheorie" des BGH,
unter Hinweis auf *BVerwGE* 62, 224 (226 f.) eine „Schweretheorie" des BVerwG und
(zusätzlich *neben* diesen „klassischen" Enteignungstheorien) die in der „Naßauskiesungsentscheidung" enthaltene (s. Rn. 537 ff.) Enteignungstheorie des BVerfG. Hier
wurde übersehen: Spätestens seit der „Naßauskiesungsentscheidung" des BVerfG
erhebt der BGH nicht mehr den Anspruch, daß seine Sonderopfertheorie den verfassungsrechtlichen Enteignungsbegriff des Art. 14 III GG betrifft (s. Rn. 342);
die „Sonderopfertheorie" steht vielmehr (nur noch) im Zusammenhang mit dem
(anderen) entschädigungsrechtlichen Enteignungsbegriff des BGH (Rn. 342 ff.). Das
BVerwG ist für Art. 14 III GG mittlerweile auf den Enteignungsbegriff des BVerfG
umgeschwenkt (s. etwa *BVerwGE* 77, 295 (298); 84, 361 (367)). Die Streitfrage, die der
Kandidat als *das* Problem seiner Arbeit ausgab, existierte also gar nicht mehr.

Demgemäß ist es unabdingbar, daß der **neueste Stand** von Literatur und 809
Rechtsprechung ermittelt wird.[24]

Den **Einstieg** vermitteln (im Idealfall) *der* Kommentar und *das* Lehrbuch, die das
jüngste Erscheinungsdatum aufweisen. Die Rechtsprechung des *BVerfG* ist mit seinen
Senatsentscheidungen (ohne die Kammerentscheidungen[25]) vollständig und besonders
gut zugänglich über die vom Gericht herausgegebene Loseblattsammlung „Nachschlagewerk der Rechtsprechung des BVerfG"; das Werk ist nach den *Artikeln* des
GG und nach *Paragraphen* geordnet. Wichtiges Pendant dazu ist *„Buchholz*, Sammel-
und Nachschlagewerk der Rechtsprechung des BVerwG". Schneller als die Nachliefe-
rungen zu diesen Loseblattsammlungen erscheinen allerdings zumeist die Fortset-
zungsbände der Amtlichen Sammlungen der Gerichtsentscheidungen (BVerfGE,
BVerwGE, BGHZ). Die letzten Bände können mit wenig Zeitaufwand „von hinten
nach vorne" durchgemustert werden. Damit auch die allerneueste Entwicklung einbezogen wird, müssen schließlich die letzten Nummern der einschlägigen Fachzeit-
schriften durchgesehen werden. Daß der Bearbeiter die Literatur und Rechtsprechung
bei allem nicht planlos durchforsten darf (Gefahr des Festlesens), sondern exakt for-

---

[24] Zur entsprechenden Recherche in Bibliotheken und mit den modernen Informa-
tionstechnologien *Möllers,* JuS 2000, 1203; *Butzer/Epping,* Arbeitstechnik, S. 105 ff.
Einführung in JURIS bei *Jahn,* JuS 1993, 523, Einführung in die juristische Inter-
netrecherche bei *Braun,* JuS 2004, 359. Ständig fortlaufende Rubrik „Recht im Internet" *(Braun)* ab JuS 1999, 518.

[25] Zu ihnen ab 2004 die Sammlung „*BVerfK,* Kammerentscheidungen des BVerfG".

mulierte Fragestellungen verfolgen sollte, wurde bereits an anderer Stelle[26] ausgeführt. Von hierher ist (jedenfalls für den Anfänger) der Einstieg über elektronische Medien nicht ohne Probleme.

810   5. Gehobene Bearbeitungen gelingen mitunter nur mit **juristischer Phantasie** und *souveräner* Stoffbeherrschung.

Beispiel: Dem Hauseigentümer *H* ist baupolizeilich aufgegeben worden, einen Schornstein abreißen zu lassen, weil dieser auf eine Hauptgeschäftsstraße abzustürzen drohe. Im anschließenden Widerspruchsverfahren stellt ein mit der Ortsbesichtigung beauftragter Sachverständiger fest, der Schornstein sei so brüchig, daß er „beim geringsten Luftzug umfallen könne". Ohne einen Widerspruchsbescheid zu erlassen, beauftragt die Behörde daraufhin einen Unternehmer mit dem Abriß und stellt *H* nur noch die Kosten in Rechnung. – Die meisten Bearbeiter hielten die „Vollstreckung der Abbruchverfügung" für rechtswidrig und *H* also nicht für verpflichtet, die Kosten dieser „Ersatzvornahme" zu erstatten,[27] weil die Verfügung noch nicht unanfechtbar gewesen sei. Andere Bearbeiter sahen im Abreißen einen konkludenten Widerspruchsbescheid, verbunden mit der konkludenten Anordnung der sofortigen Vollziehung gem. § 80 II 1 Nr. 4 VwGO. Niemand kam darauf, daß die Behörde wegen der Aktualisierung der Gefahr den zunächst eingeschlagenen herkömmlichen Weg verlassen hatte und nunmehr über die „unmittelbare Ausführung"[28] vorgegangen war.

811   6. Für die Auseinandersetzung mit **Streitfragen** und zur Möglichkeit, der *höchstrichterlichen Rechtsprechung* eine gehobene Bedeutung beizumessen, sei auf die Ausführungen im 1. Teil dieser Schrift (Rn. 26 f., 29) sowie auf Rn. 838 verwiesen.

V. Lücken und Unklarheiten im Sachverhalt

812   Das tiefere Eindringen in die Rechtsfragen kann *Lücken und Unklarheiten* im Sachverhalt aufdecken.

Das Problem ist nicht auf die Fallbearbeitung in der Universitätsübung und im Referendarexamen beschränkt, sondern tritt besonders in der Praxis auf. Es **muß für Übungsarbeiten** aber **speziell gelöst werden.** Das Verwaltungsgericht darf nicht abschließend entscheiden, solange aufklärbare Zweifel über tatsächliche Gegebenheiten bestehen, welche entscheidungserheblich sind (Amtsermittlung, § 86 I VwGO). Nötigenfalls ist eine bereits geschlossene mündliche Verhandlung wiederzueröffnen. Sobald in der Praxis Unklarheiten im Tatsächlichen auftreten, werden deshalb alle denkbaren tatsächlichen Möglichkeiten nacheinander rechtlich durchgespielt (Alternativerörterungen), damit man feststellen kann, ob für die Entscheidung noch nähere tatsächliche Aufklärungen erforderlich sind oder ob auf sie verzichtet werden kann, weil alle tatsächlichen Möglichkeiten zum gleichen Ergebnis führen. Dieses Verfahren wäre in der Übungsarbeit undurchführbar. Der Sachverhalt ist zumeist stark komprimiert. *Notwendigerweise* entstehen *viele* Lücken,

---

[26] Rn. 796, 797.
[27] Zur Ersatzvornahme s. bereits Rn. 129.
[28] Vgl. Rn. 135 f.

wenn etwa der Tatbestand eines längeren Urteils zu einer möglichst kurzen Examensaufgabe umgestaltet wird. Der Verfasser einer solchen Aufgabe läßt alles das fort, was nach der *Lebenserfahrung* selbstverständlich und nach *seinen Lösungsvorstellungen* unerheblich ist.

1. Vor diesem Hintergrund ist die häufige und oft recht zornige Kritik **813** vieler Bearbeiter an dem angeblich unzureichenden Sachverhalt zumeist verfehlt: Der Bearbeiter kann ohne weiteres „**davon ausgehen**", das „*unterstellen*", **was der Lebenserfahrung entspricht,** solange er nicht in Spekulationen verfällt (Sachverhaltsergänzung).[29]

Es wurde bereits angedeutet,[30] daß dementsprechend Formerfordernisse, Zuständig- **814** keitsvorschriften und Fristen gewahrt sind, wenn der Sachverhalt insoweit keine näheren tatsächlichen Angaben macht. Im schon mehrfach erwähnten *Schulhausfall*[31] (Bäume wurden im Wege unmittelbaren Zwanges gefällt) war es daher auch verfehlt, wenn die meisten Bearbeiter das Zwangsmittel schon deshalb für rechtswidrig hielten, weil der Sachverhalt nicht angebe, daß es vorher angedroht gewesen sei. Damit unterstellten sie fälschlich etwas *gegen* die Lebenserfahrung. Es mußte davon ausgegangen werden, die Androhung sei (routinemäßig) erfolgt. Im erwähnten[32] „*Messerstecherfall*" könnte man wegen der Gefährlichkeit des Unternehmens und wegen der besonderen Situation (Kneipe) nach der Lebenserfahrung annehmen, *B* habe die „Aufforderung" des Polizisten dem (ausschlaggebenden)[33] objektiven Erklärungswert nach lediglich als „Bitte" und nicht als Befehl verstanden.

2. Die **Sachverhaltsauslegung darf nicht dazu mißbraucht werden, 815 einfache Zusammenhänge zu komplizieren.**

Beispiel:[34] Nach dem Sachverhalt einer Examenshausarbeit hatte die Behörde dem Konditor *K* gestattet, auf dem Bürgersteig Tische und Stühle aufzustellen. Der Bearbeiter nahm an, durch diese Gestattung seien die entsprechenden Teile des Bürgersteigs entwidmet worden. Die Entwidmung sei aber rechtswidrig, weil der Sachverhalt nicht erkennen lasse, daß gewissen Bekanntmachungsvorschriften Genüge getan sei. – Natürlich sind die Verkehrsflächen nach dem objektiven Erklärungswert der Gestattung *nicht* entwidmet worden: Bei Regenwetter und im Winter, wenn die Tische und Stühle fehlen, benutzen die Fußgänger den Bürgersteig nach wie vor in voller Breite. *K* ist vielmehr eine Sondernutzung eingeräumt worden. Aber davon sei einmal abgesehen. Die Darstellung des Examenskandidaten ist das typische Beispiel für einen immer wiederkehrenden Fehler:

Besteht Unklarheit darüber, welcher von mehreren Handlungsformen **816** sich die Behörde bedient hat, nehmen die Bearbeiter vielfach an, gerade *die* Handlungsform liege vor, welche sich im weiteren Verlauf der Untersuchungen als *rechtswidrig* erweist. Zwar muß man in der Tat scharf zwischen Handlungs*form* und Rechtmäßigkeit des Handelns unterscheiden.[35] *Wenn* aber mehrere Handlungsformen zur Auswahl standen,

---

[29] S. dazu auch *Diederichsen/Wagner*, BGB-Klausur, S. 23 f.
[30] Rn. 74, 421.
[31] Eben Rn. 787.
[32] Rn. 803.
[33] Rn. 49.
[34] S. zum Fall auch schon Rn. 374.
[35] Rn. 49.

hat die Behörde im Zweifel *die* Form gewählt, deren Rechtmäßigkeitsvoraussetzungen *vorliegen* (**rechtmäßigkeitskonforme Deutung des
Behördenhandelns**).

817 3. Anders als in der Praxis sind **Alternativerörterungen** in der Übungsarbeit erst zulässig, jetzt aber regelmäßig auch geboten (Gutachten[36]),
wenn *tatsächliche* (!) Umstände *ernsthaft* zweifelhaft sind. Jede Unterstellung zugunsten einer der in Betracht kommenden Möglichkeiten
wäre nunmehr willkürlich. Nur wenn eindeutig ist, daß der Sachverhalt
nicht näher aufgeklärt werden *kann,* muß die Alternativ*lösung* auch jetzt
unterbleiben: Die Aufgabe ist nach den Grundsätzen über die Verteilung
der Beweislast[37] zu lösen. Eine nicht erweisbare Tatsache, das non liquet,
geht zu Lasten dessen, der sich für eine Rechtswirkung auf diese Tatsache berufen muß („Faustregel").

818 Vor jeder Alternativerörterung sollte man sorgfältig überprüfen, ob die
bisherigen Überlegungen Fehler enthalten. Denn dem Verfasser der
Aufgabe schwebte offenbar ein anderer Lösungsweg vor. Sonst hätte er
den Sachverhalt vollständiger oder eindeutiger gefaßt.

819 Verhältnismäßig günstig steht der Verfasser einer Alternativerörterung da,
wenn sich herausstellt, daß alle tatsächlichen Möglichkeiten zum gleichen
Ergebnis führen. „Auffällig" und kompliziert wird seine Lösung aber,
wenn er für jede Alternative zu unterschiedlichen Ergebnissen kommt.
Weil kein Urteil, sondern ein Gutachten zu liefern ist, darf die Alternativlösung indessen auch jetzt nicht beanstandet werden. Als Ergebnis stellt
der Gutachter jetzt heraus, daß noch eine nähere Sachaufklärung erforderlich sei, bevor der Fall endgültig entschieden werden könne.

§ 59. Planung der Darstellung

I. Stoffauswahl und Schwerpunktbildung

820 Die Niederschrift hat sich auf das Wesentliche zu konzentrieren. Deshalb muß der Bearbeiter sorgfältig abwägen, *welche seiner Überlegungen er in sie aufnimmt und wie er Schwerpunkte bildet.*

Das wird übrigens in vielen der veröffentlichten „Musterlösungen" nicht beachtet.
Durch das Bestreben, den Leser erschöpfend aufzuklären, erreichen sie solche Längen, daß schon allein die reine Schreibarbeit nicht in der kurzen Zeit zu schaffen wäre,
welche für eine Klausur nur zur Verfügung steht.

821 **1. Vor allem folgende Verzeichnungen sind zu vermeiden:**
a) Wie schon wiederholt betont wurde, ist es verfehlt, das **Klipp-Klapp
der Schemata** Punkt für Punkt zu Papier zu bringen. Nur die Punkte

---

[36] Zum Wesen des Gutachtens insoweit s. Rn. 827.
[37] Zu ihnen z.B. *Stern,* Verwaltungsprozessuale Probleme, Rn. 575 ff., 600 ff.

dürfen abgehandelt werden, welche ernsthaft zweifelhaft oder unerläßlich sind, um den Gedankengang abzurunden.

b) Die Bearbeiter räumen zumeist den Fragen den breitesten Platz ein, 822
über die sich ohne größere Mühen viel schreiben läßt. Das sind in den
Klausuren prozessuale und formelle Fragen sowie Einzelpunkte, zu denen ein Bearbeiter (zufällig) gerade besonders viel weiß. In den Hausarbeiten gehören dazu außerdem die in Literatur und Rechtsprechung ausführlich erörterten Dinge. Auch so ergibt sich keine sinnvolle Schwerpunktbildung. Die **eigentlichen Probleme des Falles** liegen oft gerade in
Fragen, die eigenes Nachdenken erfordern.

c) Psychologisch verständlich, aber **falsch** ist es, **dem Mitteilungsbe-** 823
dürfnis Raum zu geben: Der Bearbeiter darf nicht um jeden Preis Wissen zeigen und Lesefrüchte ausbreiten, sondern er muß in *möglichst
knapper* Darstellung den Fall lösen. Die Probleme einer Hausarbeit
brauchen nicht in Fragen zu liegen, welche dem Bearbeiter nur deshalb
so viel Mühe machten, weil gerade *er* die an sich ohne weiteres vorausgesetzten Rechtskenntnisse (noch) nicht hatte. Um Eindeutiges von
Zweifelhaftem zu scheiden, ist ein sicheres Judiz wichtig.

d) Weitere Arbeiten werden schließlich verzeichnet, weil ihre Bearbeiter 824
von dem offenbar unerschütterlichen Glauben besessen sind, „das"
Problem der Arbeit müsse unbedingt immer eine Streitfrage sein. **Es sei
eindringlich davor gewarnt, Streitfragen überzubewerten.**[1] Viel häufiger liegt „das" Problem etwa in der systemgerechten, sauberen Anwendung bekannter Vorschriften und Rechtsgrundsätze mit exakten
Subsumtionen, im scharfen Auseinanderhalten ähnlicher Rechtsinstitute,
im Auffinden und richtigen Anwenden einer versteckten Vorschrift oder
nur in einer hinreichend sensiblen Aufnahme des Sachverhalts und in
der interessengerechten Aufhellung einer unklaren Fragestellung.

e) Als **Faustregel** läßt sich zusammenfassen: Entgegen ständiger Übung 825
selbst in Examensarbeiten darf der Bearbeiter die Schwerpunkte seiner
Darstellung jedenfalls nicht auf die Punkte legen, zu denen er selbst
nicht die geringsten Zweifel hat. Denn **es geht nicht um ein „l'art pour
l'art",** sondern um die Lösung eines *konkreten Falles.*[2]

2. Für die positive **Entscheidung, was in die Darstellung aufzuneh-** 826
men ist und **welche Schwerpunkte** gebildet werden sollen, sind insbesondere folgende Gesichtspunkte beachtlich:

a) Der Bearbeiter hat zunächst einmal alles darzustellen, was zur Begründung seines Lösungsvorschlags unerläßlich ist. Gibt es mehrere
Gründe für sein Ergebnis, empfiehlt es sich zumeist, die **Lösung „auf
mehrere Beine zu stellen",** wie es in der Praxis auch üblich ist. Das
wurde bereits früher an Beispielen gezeigt.[3] Vermag der Leser einer Be-

---

[1] S. zum Zusammenhang auch schon Rn. 26 f.
[2] S. schon das Vorwort sowie Rn. 23.
[3] Rn. 106, 258.

gründung nicht zuzustimmen, läßt er sich vielleicht von der zweiten Begründung überzeugen. Die **Schwerpunkte** der Darstellung sind **auf die zentralen Fragen** zu legen. Randfragen sind kürzer abzutun.[4]

827 **b)** Der Bearbeiter hat stets ein Gutachten zu liefern, kein Urteil. Über die Gründe hinausgehend, welche seinen Entscheidungsvorschlag tragen, muß er daher auch andere Lösungsmöglichkeiten (z. B. Anspruchsgrundlagen) erörtern und deutlich machen, warum er ihnen nicht folgt. Denn nur so wird dem eigentlichen **Zweck eines Gutachtens** entsprochen, eine **fremde Entscheidung** (eines Gerichts, Rechtsanwalts usw.) **vorzubereiten.** Auch der fremde Entscheidungsträger steht vor der Frage, wie er sich zu den anderen Lösungswegen stellen soll; das Gutachten muß ihm insoweit Entscheidungshilfe geben. Ob Lösungen, welche der Bearbeiter im Endergebnis ablehnt, knapp oder breiter darzustellen sind, hängt davon ab, wieweit sie *ernsthaft* in Betracht kommen. Ist eine andere Lösungsmöglichkeit eindeutig abgeschnitten, genügt es, nur den hierfür auf jeden Fall durchschlagenden Grund offenzulegen. Der Bearbeiter *darf* den Leser nicht (in dem Bestreben, möglichst viel zu schreiben) durch alle möglichen Einzelpunkte hindurchquälen, welche *gegeben* seien, um ihn erst ganz am Schluß darauf hinzuweisen, auf das alles komme es *mit Sicherheit* nicht an. Läßt sich hingegen darüber streiten, ob der andere Lösungsweg nicht vielleicht doch der vom Bearbeiter vorgeschlagenen Lösung vorzuziehen ist, muß er mit allen Voraussetzungen eingehend durchgeprüft werden, bevor der Bearbeiter ihn schließlich ablehnt: Ein Gutachten soll die endgültige Entscheidung gerade auch noch für den Fall vorbereiten, daß – etwa in der Beratung eines Kollegialgerichts – dem Entscheidungsvorschlag des Gutachters nicht gefolgt wird.

828 **Beispielsfall:** Eine Gefängnisverwaltung hält zur Bewachung des staatlichen Gefängnisses einen Hund, der beim geringsten Anlaß bellt. Hierdurch wird der Privatgelehrte *G* bei der Arbeit und in der Nachtruhe gestört. Er wendet sich deshalb an den Stadtdirektor *S* mit der Bitte, gegen das Gefängnis polizeilich einzuschreiten. *S* lehnt das ab. *G* fragt an, ob er mit Erfolg gegen den Bescheid des *S* vorgehen könne oder welche Möglichkeiten er sonst habe.

Viele Bearbeiter untersuchten ausführlich die Zulässigkeit und die Begründetheit einer Verpflichtungsklage gegen die Stadt. Große Schwierigkeiten tauchten u.a. auf zur Frage eines Anspruchs auf polizeiliches Einschreiten.[5] Nachdem die Bearbeiter alles zugunsten des *G* entschieden hatten, führten sie ganz zum Schluß aus: Gleichwohl habe *G keinen* Anspruch gegen die Stadt auf polizeiliches Einschreiten; eine Behörde (Stadt) könne nicht hoheitlich gegen die hoheitliche Tätigkeit einer anderen Behörde (Gefängnis = staatlich) vorgehen.[6] Als zweiter, *erfolgreicher* Weg bietet sich dem *G* ein Vorgehen direkt gegen die staatliche Gefängnisverwaltung an. Weil die Zeit nicht mehr reichte, streiften die Bearbeiter ihn allenfalls noch fragmentarisch.

Mit einem solchen Gutachten wäre dem *G* nicht gedient gewesen. In *erster* Linie mußte er erfahren, wie der *erfolgversprechende* Weg gegen die Gefängnisverwaltung im einzelnen aussah (Zivilrechtsweg – Verwaltungsrechtsweg? § 1004 BGB? Öffent-

---

[4] Beispiele in Rn. 124 sowie nachfolgend in Rn. 828.

[5] S. dazu Rn. 203 ff.

[6] *Martens,* in: Drews/Wacke/Vogel/Martens, Gefahrenabwehr, 9. Aufl. (1986), S. 240 f.

lichrechtlicher Abwehranspruch? Keine Notwendigkeit, einen „Kläffer" zu halten).[7] Das konnte in der Kürze der Zeit (Klausur) nur dann mit der nötigen Klarheit dargelegt werden, wenn man sich zum nicht erfolgversprechenden Weg auf die Darstellung der *tragenden* Gründe (kein polizeiliches Vorgehen gegen Hoheitsträger) beschränkte.

c) Falls ein Sachverhalt viele Probleme enthält, kann der Bearbeiter bei **829** **höchstrichterlich geklärten Fragen Arbeitskraft und Raum sparen,** um sich auf die noch ungeklärten Probleme zu konzentrieren. Einzelheiten hierzu wurden bereits an anderer Stelle dargestellt.[8]

II. Aufbau

Abschließend hat der Bearbeiter vor der Niederschrift noch zu überlegen, **830** wie die Erörterungen aufgebaut werden sollen. Auch die Niederschrift sollte nach Möglichkeit die Reihenfolge der Fragen so beibehalten, wie sie der Sachverhalt bringt. Denn zumeist hat der Aufgabensteller die verschiedenen Fragen organisch auseinander entwickelt.

Sind prozessuale Ausführungen verlangt, *muß* mit ihnen begonnen wer- **831** den, falls Klage erhoben ist. Spielt der Fall hingegen im vorprozessualen Stadium, kann der Bearbeiter nach darstellungstechnischen Gründen der Zweckmäßigkeit entscheiden, ob er die prozessualen Ausführungen vor oder erst nach den Ausführungen zur materiellen Rechtslage bringt.[9] Häufig hängen jetzt allerdings Klagegegner, Klageziel und/oder Klageart vom Ausgang der materiellen Überlegungen ab. Dann ist es organisch, die materiellrechtlichen Ausführungen voranzustellen. Für den Aufbau einzelner Teile der Darstellung können die früher entwickelten Schemata Hinweise geben.

III. Hilfsgutachten?

Mitunter taucht die Frage auf, ob der Bearbeiter im Anschluß an das eigentliche Gutach- **832** ten noch ein „Hilfsgutachten" erstatten sollte. Zu Begriff, Funktion und Anwendungsfällen des Hilfsgutachtens bestehen **keine einheitlichen Vorstellungen.**[10] Schon die Verwendung des Wortes „Hilfsgutachten" kann den Bearbeiter einem Geschmacksdiktat des Korrektors aussetzen[11] – ein Grund, dieses Wort nur wohlüberlegt oder gar

---

[7] Zu allem Rn. 283 ff.

[8] In Rn. 29 sowie bei *Schwerdtfeger,* JuS 1967, 315 (mit Beispielen); JuS 1969, 476 f.

[9] S. soeben Rn. 801.

[10] S. etwa *Diederichsen/Wagner,* BGB-Klausur, S. 158; *Sattelmacher/Sirp/Schuschke,* Bericht, Gutachten und Urteil, 32. Aufl. (1994), S. 141 ff.; *E. Schneider,* Zivilrechtliche Klausuren, 4. Aufl. (1984), § 16; *J. Schwabe,* Jura 1996, 533.

[11] So formuliert etwa *E. Schneider* (s. Fn. 10) mit Absolutheitsanspruch ganz apodiktisch (und sachlich *nicht* vertretbar): „Zweifel in der Rechtsfrage müssen Sie immer eigenverantwortlich klären. Es ist unzulässig, in einem Hilfsgutachten darzutun, wie es wäre, wenn man eine andere Rechtsauffassung vertrete. ... Es bleibt also für ein Hilfsgutachten nur dann Raum, wenn Zweifel im Tatsächlichen bestehen, die unbehebbar sind."

nicht zu verwenden. Demgemäß geht es nachfolgend auch nicht um das Wort, sondern um die Sach- und Darstellungsprobleme, welche der Bearbeiter mit einem „Hilfsgutachten" überwinden möchte.

In seinem **klassischen Anwendungsfeld** ist das Hilfsgutachten mit dem Prozeßschema (Rn. 831) verbunden. Im Anschluß an entsprechende Weisungen der Justizprüfungsämter hat es sich allgemein eingebürgert, ein Hilfsgutachten zur Begründetheit der Klage zu erstatten, wenn der Bearbeiter zu dem Ergebnis gekommen ist, die Klage sei (schon) unzulässig. Bei ihren Weisungen haben die Justizprüfungsämter Fälle im Auge, in welchen die prozessuale Rechtslage so problematisch ist, daß die Weichen in vertretbarer Weise sowohl zur Zulässigkeit als auch zur Unzulässigkeit der Klage hin gestellt werden können.[12] In derartigen Fällen werden Hilfsgutachten auch in der juristischen _Praxis_ angefertigt. Hier hat das Hilfsgutachten Hilfsfunktion für den _Benutzer_ des Gutachtens (Rechtsanwalt, Kollegialgericht usw.). _Seine_ Entscheidung wird durch das Gutachten auch für _den_ Fall vorbereitet, daß _er_ die Weichen in der Zulässigkeitsfrage anders stellen möchte als der Gutachter; das Hilfsgutachten bereitet die nunmehr fällige Entscheidung zur Begründetheit der Klage vor. In dieser Grundkonstellation ist das Hilfsgutachten in der _Sache_ Teil des „eigentlichen" Gutachtens. Es nimmt **Darstellungen** auf, **welche durch das Wesen eines Gutachtens ohnehin gefordert sind** (Rn. 827). Der Ausdruck „Hilfsgutachten" steht für „hilfsweise" Erörterungen. Zusätzlich „greifen" die Weisungen der Justizprüfungsämter aber auch in Fällen, in welchen die Klage _eindeutig_ unzulässig ist. Selbst wenn der Bearbeiter den Sachverhalt noch nicht hat ausschöpfen können und/oder „an sich" besondere materiellrechtliche Probleme vorhanden sind, hat das Hilfsgutachten _hier_ keinerlei praktische Bedeutung. Es ist nur Behelf für den _Bearbeiter,_ in an sich _überflüssiger_ Weise Kenntnisse und Fähigkeiten darzutun, welche er im eigentlichen Gutachten nicht hat entfalten können (= **Behelfsgutachten**).

Natürlich stellt der Bearbeiter nicht nur im Klageschema bei der Zulässigkeit der Klage, sondern auch an vielen anderen Stellen seiner Arbeit und unabhängig vom Klageschema etwa durch die Auslegung eines Gesetzes, durch die Stellungnahme zu einer Streitfrage oder durch die Subsumtion die Weichen zu dem Ergebnis seines Gutachtens. _Wenn_ die Weichenstellung dazu führt, daß eine Gelegenheit zur vollständigen Ausschöpfung des Sachverhalts und/oder zur Erörterung von Rechtsproblemen abgeschnitten wird, welche bei anderer Weichenstellung notwendig wäre, stellt sich auch hier die Frage nach einem Hilfsgutachten. Auch jetzt läßt sich die Unterscheidung zwischen hilfsweisen Erörterungen und einem bloßen Behelf fruchtbar machen. Je danach, wie weitgehend man über die Weichenstellung streiten kann oder wie weitgehend die Weichenstellung eindeutig zu sein scheint, ist dabei der **Übergang von „echten" Hilfserwä-**

---

[12] Daher kann das Hilfsgutachten entfallen, wenn die materielle Rechtslage keinerlei Probleme aufwirft und es sich (also) um einen „reinen" _Prozeß_rechtsfall handelt.

gungen zum bloßen Behelf gleitend. Ist – auf der einen Seite der Skala – die Weichenstellung besonders problematisch, können hilfsweise Erörterungen nach den Maßstäben in Rn. 827 vom Wesen des Gutachtens *gefordert* sein. Ist die Weichenstellung – auf der anderen Seite der Skala – eindeutig, kann es allenfalls um ein „Behelfsgutachten" gehen. Ein **Behelfsgutachten** kommt **nur** in Betracht, **wenn** der Bearbeiter *wesentliche* Teile des Sachverhalts noch nicht hat ausschöpfen können oder wenn er im Gutachten selbst keine angemessene Gelegenheit gefunden hat, seine Kenntnisse und Fähigkeiten *hinreichend* darzutun. Zwischen den beiden vorerwähnten Polen hängt es von der Überzeugungskraft der Weichenstellung, von der Ausschöpfung des Sachverhalts und von den bisherigen Möglichkeiten zu hinreichender „Selbstdarstellung" ab, *ob* der Bearbeiter sich zu hilfsweisen, vielleicht schon eher behelfsweisen Erörterungen entschließt oder ob er von solchen Erörterungen „die Finger läßt".

Soweit es (noch) um „echte" Hilfserwägungen geht, kann der Bearbeiter das Wort „Hilfsgutachten" vermeiden und seine hilfsweisen Erörterungen unmittelbar in das Gutachten selbst aufnehmen. Damit ihm keine Inkonsequenz vorgeworfen werden kann, muß der Bearbeiter nur hinreichend deutlich machen, *warum* er den Fall auch noch von einer anderen Weichenstellung aus weiter durchdenkt, obgleich er sich vorher gegen diese Weichenstellung entschieden hatte. Beispielsweise kann der Bearbeiter ankündigen, er wolle vorsorglich untersuchen, ob die Lösung auch mit der anderen Weichenstellung zum gleichen Ergebnis führt.

Beim bloßen Behelf für den Bearbeiter läßt sich das Wort „Hilfsgutachten" nicht vermeiden. Bevor der Bearbeiter den Weg über ein Behelfsgutachten geht, sollte er sehr sorgfältig prüfen, ob er in seinem Gutachten alle Probleme und Aspekte hinreichend erkannt hat. Die Korrekturerfahrung lehrt, daß die meisten Behelfsgutachten durch Fehler und Auslassungen im eigentlichen Gutachten veranlaßt sind.

Beachte besonders: *Jedes* Hilfsgutachten muß eine **exakte Anknüpfung** bei einer Weichenstellung des Gutachtens haben. Zusammenhanglose Ausführungen zu weiteren Aspekten der Rechtslage sind kein Hilfs*gutachten*.

Sind *tatsächliche Umstände,* auf welche es für die Entscheidung ankommt, **833** nach dem Sachverhalt *ernsthaft* zweifelhaft, werden vom Wesen des Gutachtens (nach den Maßstäben in Rn. 817) gleichwertige *alternative* Erörterungen, kein *Hilfs*gutachten gefordert. Wird im Wege einer Sachverhaltsergänzung von den tatsächlichen Umständen ausgegangen, welche nach der Lebenserfahrung wahrscheinlich sind (Rn. 813), kommt für die unwahrscheinliche Alternative allenfalls ein Behelfsgutachten in Betracht.[13]

§ 60. Niederschrift

Die wichtigsten **Formalien** der Niederschrift sind **im Anhang**[1] zusam- **834** mengestellt. Hier werden einige besonders wichtige *sachliche* Hinweise

---

[13] Das gegen *E. Schneider* (o. Fn. 10, 11).
[1] Rn. 840 ff.

gegeben. Ergänzend sollten die Darstellungen von *Diederichsen/Wagner* zur BGB-Klausur herangezogen werden,[2] besonders ihre Ausführungen zur Technik der juristischen Argumentation[3] und zum juristischen Stil.[4]

I. Den Leser führen

835   Die Lösung wird für einen *fremden* Leser niedergeschrieben. Dieser muß *geführt* werden. Das sollte *nicht* geschehen durch lange Begründungen des Verfassers zu seinem eigenen Aufbau und schon gar nicht durch die nichtssagende, aber unerträglich oft gebrauchte „Es ist zu prüfen"-Formel (*Wieso ist* zu prüfen?). Es reicht, daß der Verfasser seine Gedanken *logisch* und *durchsichtig* entfaltet.

II. Kein Abgleiten in Routine ohne Inhalt

Aufgabe der Niederschrift ist es, den *Fall* zu lösen, *nicht* die Kenntnis von Schemata[5] zu dokumentieren, mit häufig formelhaften Wendungen Selbstverständlichkeiten zu Papier zu bringen und Routine walten zu lassen.[6] Wer seitenlang Schemata „abklappert", tritt „auf der Stelle", „punktet" nicht, sondern riskiert einen Punkteabzug. Darzustellen ist *nicht,* was ganz unproblematisch vorliegt und zu dem der Bearbeiter *selbst* nicht die geringsten Zweifel hat. „Gepunktet" wird bei den **eigentlichen Fragen** des Falles.

III. Kein übertriebener „Gutachtenstil"

836   Fast allgemein wird in der Ausbildungsliteratur und in mündlichen Fallanleitungen gefordert, es müsse in einem fragenden, suchenden (und damit schwerfälligen) **„Gutachtenstil"** geschrieben werden, nicht in dem kurzen und bestimmten **„Urteilsstil".**[7] Das führt die Studenten zumeist in das Mißverständnis, sie müßten so gut wie jeden Gedanken im – von den Prüfern immer wieder beanstandeten – „könnte"-Stil darstellen und sogar (in einer Examensklausur) etwa schreiben: „Es ist fraglich, ob sich der Kläger vor dem Verwaltungsgericht durch einen Rechtsanwalt vertreten lassen kann." Derartige Formulierungen rufen beim Prüfer den Eindruck hervor, der Verfasser sei schon in den selbstverständlichen Dingen unsicher. Deshalb sei eindringlich empfohlen, weniger wichtige und unpro-

---

[2] *Diederichsen/Wagner,* BGB-Klausur, S. 120 ff.
[3] S. Rn. 154 ff.; lesenswert auch *Butzer/Epping,* Arbeitstechnik, S. 30 ff. (Auslegungsmethoden), S. 44 ff.
[4] S. Rn. 189 ff.; ferner *Möllers,* JuS 2001, L 65, 81.
[5] Zu Nutzen und Schaden von Schemata allgemein schon Rn. 11 ff., 798.
[6] S. zum Zusammenhang auch schon Rn. 23 („Bewertungskriterien").
[7] Zum Unterschied lies z. B. *Diederichsen/Wagner,* BGB-Klausur, S. 206 ff.; *Butzer/ Epping,* Arbeitstechnik, S. 24 ff.

blematische Dinge im Urteilsstil darzustellen. Dieses Erfordernis wird
übrigens gerade auch von *den* Fallanleitungen ausdrücklich hervorgehoben, die den Gutachtenstil propagieren.[8] Der **Gutachtenstil kommt nur
für die Schwerpunkte** der Arbeit in Betracht. Wem es aber nicht gelingt,
den Gutachtenstil sprachlich einwandfrei ohne zu viel „könnte" und ohne
jedes „Es ist zu prüfen" zu schreiben,[9] oder wem der Gutachtenstil auf die
Dauer zu breit wird, der möge *insgesamt* den leichteren und kürzeren Urteilsstil benutzen. Mancher Leser wird das sehr zu danken wissen. **Daß
ein strenger Gutachtenstil unbedingt einzuhalten sei, steht in keiner
Prüfungsordnung und ergibt sich auch nicht aus dem Wesen eines
Gutachtens.** Der Gutachtenstil spiegelt die *Denkarbeit* zu jeder Einzel-
frage in *der* Reihenfolge wider (vom Aufwerfen der Frage bis zur Antwort), in welcher sich die Denkarbeit vor *jeder* juristischen Niederschrift,
also auch vor einem Urteil, vollziehen muß. Wie gezeigt wurde, ist aber
die Niederschrift eines Gutachtens erst das *Ergebnis* aller Denkarbeit.
Ebensowenig wie eine Niederschrift die Abwege widerspiegeln darf, auf
denen sich der Bearbeiter bei seiner Denkarbeit befand, braucht sie die
verwertbare Denkarbeit in genau der gleichen Form wiederzugeben, in
welcher sie im einzelnen abgelaufen ist. Für den Anfänger ist das Schreiben im Gutachtenstil zwar besonders nützlich, weil er so noch einmal
selbst kontrollieren kann, ob seine Überlegungen lückenlos und folge-
richtig waren. Dem Fortgeschrittenen sollte diese gleichsam mechanische
Selbstkontrolle aber nicht mehr aufgezwungen werden. Auch die Höf-
lichkeit gegenüber dem juristisch geschulten Leser, der seine Nachprü-
fungen seinerseits wieder im „Gutachtenstil" vollzieht, gebietet nicht das
Schreiben in diesem Stil. Denn der Leser ist es gewohnt, selbst im Urteilsstil zu schreiben und seine Gedanken somit laufend vom einen in den anderen Stil zu transformieren. Unbedingt nötig ist es nur, daß das **Gutachten,** welches die eigentliche Entscheidung ja nur *vorbereitet,* **im großen
tastend** und abwägend gefaßt wird.

IV. Subsumtionen, Begründungen und Zitate

In der Einzeldarstellung der „wirklichen" Fragen werden die für die
Benotung relevanten Punkte durch exakte, knappe und klare Ausführungen verdient, vor allem durch **saubere Subsumtionen „hart" am
Gesetzestext.** Die saubere Subsumtion ist das oberste Gebot für jede
juristische Arbeit.

837

Die geforderte **Subsumtion fehlt, wenn** eine Arbeit einerseits den Wortlaut der
Norm und andererseits den Sachverhalt wiedergibt und dann sagt, die Voraussetzungen der Norm seien „also" erfüllt. Bei dieser Vorgehensweise bleibt die Subsumtion,
nämlich die Auslegung der *einzelnen* Tatbestandsmerkmale der Norm und die präzise

---

[8] S. die in Fn. 7 Zitierten.
[9] Vorschläge zur sprachlichen und darstellungstechnischen Überwindung solcher
Stilschwächen bei *G. Wolf,* JuS 1996, 30.

Zuordnung der *einzelnen* Elemente des Sachverhalts zu den *einzelnen* Tatbestandsmerkmalen, dem Leser der Arbeit überlassen. – Auch die bloße Zuordnung zu Beispielsfällen oder zu in der Rechtsprechung entschiedenen Vergleichsfällen ist keine Subsumtion. – Eine Subsumtion ist mit Fehlerquellen behaftet, wenn der Bearbeiter den Gesetzeswortlaut mit eigenen Worten wiedergibt und dann unter die eigenen Worte statt unter den Gesetzestext subsumiert.

Neben der sauberen Subsumtion ist die **Qualität der Problemdiskussionen und der Begründungen** des Verfassers notenrelevant. *Sie* und nicht das (nach *subjektiver* Ansicht des Korrektors „richtige" oder „vertretbare") *Ergebnis* sind entscheidend.[10] Begründungen werden nicht ersetzt durch Übertreibungen wie „offenbar", „natürlich", „selbstverständlich", „in keiner Weise" usw.

Solche Übertreibungen offenbaren zumeist einen Selbstbetrug: Der Bearbeiter nimmt sich seine Unsicherheit in einer Frage, welche ihm „an sich" höchst zweifelhaft ist. Er entzieht sich vorzeitig rationaler juristischer Argumentation.

Zitate ersetzen keine Begründung. Sie sind nur Belege. Darstellung und Fußnoten zusammengenommen müssen erkennen lassen, wie weitgehend die Ansicht des Verfassers in Literatur und Rechtsprechung geteilt wird, ob sich eventuell auch abweichende Ansichten finden. Denn der Leser erwartet ein *Gutachten,* mit dessen Hilfe er die Rechtslage *real einschätzen* kann.[11] Diese **Anforderungen sind nicht erfüllt, wenn** der Bearbeiter eine wichtige Weichenstellung mit lediglich *einem* Zitat belegt und sich über alles andere ausschweigt (= häufiger Fehler). Wenn von einer „*herrschenden*" Ansicht gesprochen wird, sind umfassende Belege erforderlich. Wer (wie es häufig geschieht) für die *nicht* herrschende Gegenansicht mehr Stimmen zitiert als für die h. M., muß sich fragen lassen, wonach er *bemißt,* was herrschend ist. Weil insoweit eindeutige Maßstäbe fehlen und erhebliche Gefahren der Manipulation bestehen,[12] sollte die Kennzeichnung „h. M." nur spärlich verwendet werden. Der Bearbeiter darf sich nicht darauf beschränken, nur *Literatur*stimmen zu zitieren. Stets muß der Leser auch erfahren, was die *Rechtsprechung* sagt. Denn ihr kommt nach dem Gesagten[13] für eine realistische Einschätzung der Rechtslage eine hervorgehobene Bedeutung zu. Für die Einzelheiten zur Zitierweise wird auf die Zusammenstellung in Rn. 844 f. verwiesen.

V. Erörterung von Streitfragen

838 **Streitfragen**[14] **sind präzise vom Gesetzestext her zu entwickeln** und nicht ohne Verbindung mit dem Gesetzestext *als solche* darzustellen.

---

[10] Demgemäß sollten es die Korrekturassistenten unterlassen, die *Ergebnisse* mit „r", „f" oder „vertretbar" abzuhaken.

[11] Dazu auch schon Rn. 773.

[12] Vgl. *T. Brosdeck,* Die herrschende Meinung, Autorität als Rechtsquelle, 1989.

[13] Rn. 29.

[14] Zum Umgang mit ihnen auch schon Rn. 26 ff.

Denn auch im Zusammenhang mit Streitfragen gilt selbstverständlich das „Subsumtionsgebot". Der Leser muß erkennen, wo die jeweilige Ansicht ihre genaue Anknüpfung im Gesetzestext hat und wieso die andere Ansicht in der Anknüpfung an den gleichen Gesetzestext zu einer anderen Auslegung kommt. Demgemäß muß der Leser insbesondere auch die **Argumentation der jeweiligen Ansicht** erfahren.

Fehlerbeispiel: Der Bearbeiter einer Hausarbeit hatte zu beurteilen, ob es mit Art. 79 III GG vereinbar wäre, wenn der Bundestag seine *laufende* Wahlperiode wegen einer besonderen außenpolitischen Situation durch verfassungsänderndes Gesetz *einmalig* von vier Jahren (= Art. 39 I 1 GG) auf fünf Jahre verlängerte. Zutreffend verwies der Bearbeiter auf das in Art. 79 III GG erwähnte Demokratieprinzip des Art. 20 GG und führte dann aus: Die h. M. halte eine Verlängerung der Wahlperiode über vier Jahre hinaus prinzipiell für möglich, eine „Mindermeinung" aber nicht. Weil beide Meinungen jedoch *jedenfalls* die Verlängerung einer *laufenden* Wahlperiode als unzulässig ansähen, sei eine Entscheidung der Streitfrage nicht erforderlich. Die Verlängerung verstoße so oder so gegen das Demokratieprinzip. – Mit dieser Vorgehensweise subsumierte der Bearbeiter bloß unter *Meinungen*, nicht aber unter das Gesetz. Mit dem Fall als *Klausur*aufgabe konfrontiert, *hätte* sich der Bearbeiter (ohne Kenntnis der Streitfrage) um eine saubere Subsumtion unter Art. 20 II GG bemüht und im Idealfall etwa ausgeführt: Weil die Staatsgewalt vom Volke auszugehen habe (Art. 20 II 1 GG) und das Volk die Staatsgewalt dabei durch Wahlen real legitimiere (Art. 20 II 2 GG), der gegenwärtige Bundestag aber nur für vier Jahre gewählt worden sei, entstehe im fünften Jahr eine verfassungswidrige Staatsgewalt, die nicht nach Art. 20 II 1 GG vom Volke ausgehe. Von einer derartigen Subsumtion war der Bearbeiter selbstverständlich nicht befreit, bloß weil er in seiner Hausarbeit über einen Blick in die Kommentare auf eine Streitfrage gestoßen war.

Ansonsten gilt: Die Darstellung einer Streitfrage hat kein „Gesicht", wenn der Bearbeiter die verschiedenen Ansichten und ihre Begründungen „so wie sie kommen" aneinanderreiht. Vielmehr sind **Gruppen** zu **bilden,** in denen sachlich verwandte Meinungen zusammengefaßt werden. Nach der **Korrekturerfahrung** folgen die Bearbeiter **stereotyp** dem Schema „Erste Meinung", „Zweite Meinung", (evtl.) „Vermittelnde Meinung", „Eigene Ansicht". In diesem Schema hat der Bearbeiter häufig Schwierigkeiten, die eigene Ansicht noch sinnvoll zu begründen. Denn die Argumente pro und contra sind bereits erschöpfend dargestellt. **Vorteilhafter** kann es deshalb sein, die Subsumtion und **Argumentation der Ansicht, der man folgen will, als eigene Ansicht voranzustellen,** die eigene Ansicht mit den insoweit einschlägigen Literaturstellen zu belegen und die abweichenden Ansichten dann jeweils an der eigenen Ansicht zu messen und *dabei* argumentativ auszuscheiden.

VI. Überarbeitung des Geschriebenen

Auch wenn das Konzept der Arbeit vor der Niederschrift bis ins Detail hinein gedanklich genau festgelegt war: In der Niederschrift selbst läßt sich das gedankliche Konzept so gut wie nie „voll" durchhalten. Der Autor „schreibt sich klar". Es werden neue Aspekte entdeckt. Es ver- 839

schieben sich bestimmte Grundlinien. Was vorne schon zu Papier gebracht wurde, läßt sich mit Erkenntnissen in späteren Teilen der Arbeit
vielleicht nicht mehr vereinbaren oder wird „schief". Wie jeder Autor
einer schriftlichen Stellungnahme muß der Verfasser seine **Hausarbeit**
deshalb **mehrfach überarbeiten** und vervollkommnen, bevor er sie aus
der Hand gibt. Wie die Korrekturerfahrung lehrt, wird diese Grundregel
wissenschaftlicher Arbeitsweise häufig nicht beachtet.

Anhang
Formalien einer Hausarbeit

I. Kopf   840

Name, Vorname, Semesterzahl, Anschrift des Bearbeiters.

II. Text der Aufgabe

III. Abkürzungsverzeichnis

Es dürfen nur sinnvolle und gebräuchliche Abkürzungen gewählt werden *(BVerfGE, NJW, JuS, BTag, BReg. usw.)*. Worte der Umgangssprache sollten im Text nicht abgekürzt werden. Über die üblichen Abkürzungen in rechtswissenschaftlichen Abhandlungen informieren *Kirchner/Butz*, Abkürzungsverzeichnis der Rechtssprache, 6. Aufl. 2007. Man sollte aber nicht einen Generalverweis auf Kirchner/Butz an die Stelle eines eigenen Abkürzungsverzeichnisses treten lassen. Denn der Korrektor hat den Kirchner/Butz häufig nicht greifbar. In kleineren Arbeiten (Anfängerhausarbeit) braucht eventuell kein Abkürzungsverzeichnis vorangestellt zu werden.

IV. Literaturverzeichnis   841

1) Das Literaturverzeichnis ist **keine Bibliographie zum Thema** und soll auch nicht die (angebliche) Belesenheit des Autors kundtun, sondern darf *nur* die in den späteren Ausführungen *zitierten* Abhandlungen enthalten.

Durch die bibliographisch saubere und vollständige Aufnahme der Titel ins Literaturverzeichnis wird der Leser in den Stand versetzt, die (in den Fußnoten zum Text nur verkürzt zitierten) Abhandlungen in der Bibliothek aufzufinden, wenn er sie nachlesen will.

2) Die Titel sind nach den **Autoren in alphabetischer Reihenfolge** aufzuführen.

Mitunter wird eine Untergliederung in Monographien, Aufsätze, Kommentare usw. empfohlen. Diese Untergliederung erschwert das Auffinden der in den Fußnoten zitierten Abhandlungen im Literaturverzeichnis und sollte daher nicht praktiziert werden.

3) **Je ein Beispiel für die Aufnahme der wichtigsten Literaturgattungen** ins Literaturverzeichnis:

- *Monographien/Lehrbücher/Kommentare*

  Hesse, Konrad: Grundzüge des Verfassungsrechts der Bundesrepublik Deutschland, 20. Aufl., Karlsruhe 1995 (der *Erscheinungsort* darf auch fortgelassen werden).

  Maunz, Theodor; Dürig, Günter: Grundgesetz, 4. Aufl., 1974 ff. (Loseblattausgabe).

- *Dissertationen*

  Dürig, Günter: Die konstanten Voraussetzungen des Begriffs „Öffentliches Interesse", Diss. jur. München 1949.

- *Zeitschriftenaufsätze*

  Lüke, Gerhard: Der Streitgegenstand im Verwaltungsprozeß, JuS 1967, 1.

- *Festschriftenbeiträge*

  Ehmke, Horst: „Staat" und „Gesellschaft" als verfassungstheoretisches Problem, in: Festgabe für *Rudolf Smend,* 1962, S. 23.

- *Beiträge zu Sammelbänden*

  Ipsen, Hans Peter: Gleichheit, in: *Neumann-Nipperdey-Scheuner* (Herausgeber), Die Grundrechte, Zweiter Band, 1954, S. 111.

- *Urteilsanmerkungen*

  Battis, Ulrich: Anmerkung zu BVerwG, Urt. v. 6. 2. 1975 (II C 68/73), NJW 1975, 1143.

  Professoren- und Doktortitel sind nicht mit aufzunehmen. Denn in einer wissenschaftlichen Arbeit geht es nicht um Autoritäten, sondern um Argumente.

842   4) **Nicht selbständig ins Literaturverzeichnis** gehören z. B.:
  - Entscheidungen
  - Entscheidungssammlungen
  - Zeitschriften
  - Gesetzblätter
  - Gesetzesmaterialien

843   **V. Gliederung**

  1) Man sollte **keine „selbstgestrickten" Gliederungsschemata** verwenden, sondern sich an die in der Rechtswissenschaft üblichen Gliederungsmuster halten. Sonst bereitet man dem Leser unnötige Schwierigkeiten. **Zwei Gliederungsmuster** stehen zur Auswahl:

Herkömmliches Muster	Numerisches System
A.	1. ......
I.	1.1. ......
1	1.1.1. ......
a)	1.1.1.1. ......
b)	1.1.1.2. ......
2	1.1.2. ......
a)	1.1.2.1. ......
b)	1.1.2.2. ......
c)	1.1.2.3. ......

II.	......	1.2.	......
1	......	1.2.1.	......
2	......	1.2.2.	......
B.	......	2.	......

Der Leser kann eine Gliederung nach dem herkömmlichen Muster wesentlich leichter durchschauen als eine numerische Gliederung. Der Autor sollte auch insoweit an den Leser denken.

Beachte (häufiger Fehler!): „**Wer a)** (oder 1.) **sagt, muß auch b)** (oder 2.) **sagen**". Ist neben a) für b) keine sachliche Substanz vorhanden, gehört der Gedanke aus a) in den nächsthöheren Gliederungspunkt.

2) Die Gliederung sollte einerseits bis in die umfassenderen Untergliederungen des Gedankenganges hinabreichen, andererseits aber **nicht zu perfektionistisch** sein. Einer Untergliederung bis hin zu A. I. 1. a) aa) α) αα) (1) bzw. 1.1.1.1.1.1.1.1.1. kann kein Leser mehr folgen.

3) Im Inhaltsverzeichnis ist hinter jedem Gliederungspunkt die **Zahl der Seite** anzugeben, auf der er im Text beginnt.

VI. Text 844

1) Zunächst gelten die früheren Ausführungen zur Gestaltung des Textes (insbes. Rn. 834 ff.) auch hier.

2) Die Seiten des Textes sind durchlaufend zu numerieren.

3) Die **Gliederungsüberschriften sind im Text zu wiederholen**. Sie müssen wortgetreu mit der Gliederung übereinstimmen.

4) **Wörtliche Zitate** dürfen im Text nur auftauchen, wenn es auf den genauen Wortlaut ankommt. Sie sind kenntlich zu machen („Nicht mit fremden Federn schmücken!").

5) **Bei Gesetzesparagraphen** ist **der einschlägige Absatz**, evtl. auch der *einschlägige* Satz anzugeben (Art. 2 II 2 GG, nicht nur Art. 2 GG).

6) **Nachweise in den Fußnoten** dienen *nicht* der pseudowissen- 845 schaftlichen Garnierung von Selbstverständlichkeiten oder Dingen, die bereits im Gesetz stehen. Sie sollen Aussagen des Verfassers belegen, an deren Verifizierung der Leser interessiert sein könnte. Im einzelnen ist zu beachten:

– Die Fußnoten müssen klar erkennen lassen, in welcher Weise sie die Textaussage belegen (*„ebenso"*, *„auf gleicher Linie"*, *„a. A."*, *„zusammenfassend"*). „Vgl." sollte nur ausnahmsweise benutzt werden; für den Leser muß klar sein, *was* er *genau* vergleichen soll.
– Fußnoten ersetzen nicht die eigene Begründung des Verfassers im Text.
– Sachaussagen gehören in der Regel in den Text, nicht in die Fußnoten.
– Die Belege sind jeweils sorgfältig auszuwählen. Sie sind besonders auf Leitentscheidungen und auf die *Primär*literatur zu konzentrieren, nicht auf Sekundärliteratur, welche lediglich die Erkenntnisse *anderer* Autoren oder die Rechtsprechung übernimmt.

- Es sollte keine Literatur zitiert werden, welche nicht nachgelesen worden ist (Blindzitate).
- Als Beleg für die *herrschende* Meinung genügt nicht nur ein einziger Nachweis. Auch die abweichende Ansicht ist zu bezeichnen.
- Literatur *und* Rechtsprechung sind zu berücksichtigen.
- Ältere Meinungsäußerungen dürfen nicht so dargestellt werden, als sei ihr Verfasser an der gegenwärtigen Diskussion beteiligt. Vielleicht würde er seine Ansicht in Kenntnis der Fortschritte, welche die wissenschaftliche Behandlung des Themas und die Rechtssprechung inzwischen gemacht haben, gar nicht mehr aufrechterhalten (s. schon Rn. 808).
- Entscheidungen sind aus den amtlichen Sammlungen (*BVerfGE* 6, 32) zu zitieren, wenn sie dort abgedruckt sind, nicht aus Zeitschriften (*BVerfG*, NJW 1957, 297). Jeder Zeitschriftenband enthält einen „Findex", über den sich die Fundstellen in den amtlichen Entscheidungssammlungen leicht ermitteln lassen.
- Fundstellen aus der JuS sind kein ausreichender Beleg für Entscheidungen, weil die JuS die Entscheidungen nicht im Original abdruckt, sondern über sie nur berichtet. Gleiches gilt eventuell für andere Ausbildungszeitschriften.
- Entscheidungen des *Großen Senats* eines Gerichts sind als solche zu kennzeichnen (*BGHZ (GS)* 13, 92), weil ihnen naturgemäß eine *besondere* Bedeutung zukommt.
- Monographien, Kommentare, Lehrbücher usw. werden zweckmäßigerweise nur mit Verfasser, schlagwortartig zusammengefaßtem Titel und genauer Fundstelle zitiert:
  Hesse, Verfassungsrecht, Rn. 49.
  Dürig, Diss., S. 20.
- Hat ein Werk mehrere Verfasser, so ist der Verfasser anzugeben, der die benutzte Stelle geschrieben hat:
  Di Fabio, in: Maunz-Dürig, GG, Art. 2 I Rn. 3.
- Bei Zeitschriftenaufsätzen und Beiträgen zu Festschriften und Sammelbänden wird der Titel der Abhandlung in der Regel fortgelassen:
  Lüke, JuS 1967, 2.
  Ehmke, Festgabe für Smend, S. 23.
  Ipsen, Grundrechte II, S. 113.
- Es ist genau die Seite, Erläuterungsnummer oder Randnummer anzugeben, wo sich der in Bezug genommene Gedanke findet.
- Bei Entscheidungen zitiert man zusätzlich die Seite, auf welcher ihr Abdruck in der amtlichen Sammlung beginnt: *BVerfGE* 25, 371 (375).
- Was bereits klar im Gesetz steht, darf nicht durch Zitate aus der Literatur und Rechtsprechung belegt werden.
- Ein Zitat darf nicht so ungeschickt plaziert werden, daß der falsche Eindruck entsteht, der zitierte Autor oder die Rechtsprechung habe genau den zu bearbeitenden Sachverhalt entschieden (Fehlerbeispiel: „*X* hat im Ausgangsfall keinen Anspruch gegen Z, so *BGH* aaO.").

VII. Unterschrift

Paragraphenregister

Die angegebenen Fundstellen beziehen sich auf die Randnummern.

Sachverzeichnis

Die Fundstellennachweise beziehen sich auf die Randnummern.